Wissenschaftliche Monographien zum Alten und Neuen Testament

Begründet von
Günther Bornkamm und Gerhard von Rad

Herausgegeben von
Cilliers Breytenbach, Bernd Janowski,
Reinhard G. Kratz und Hermann Lichtenberger

110. Band
Anja Angela Diesel
»Ich bin Jahwe«

Neukirchener Verlag

Anja Angela Diesel

»Ich bin Jahwe«

Der Aufstieg der Ich-bin-Jahwe-Aussage
zum Schlüsselwort des alttestamentlichen Monotheismus

2006

Neukirchener Verlag

© 2006
Neukirchener Verlag
Verlagsgesellschaft des Erziehungsvereins mbH, Neukirchen-Vluyn
Alle Rechte vorbehalten
Umschlaggestaltung: Kurt Wolff
Druckvorlage: Anja Angela Diesel
Gesamtherstellung: Hubert & Co., Göttingen
Printed in Germany
ISBN 10: 3–7887–2138–3
ISBN 13: 978–3–7887–2138–1

Bibliografische Information der Deutschen Nationalbibliothek

Die Deutsche Nationalbibliothek verzeichnet diese Publikation in der Deutschen Nationalbibliografie; detaillierte bibliografische Daten sind im Internet über http://dnb.d-nb.de abrufbar.

Meinen Eltern
Inge und Ingbert Erich Diesel
gewidmet

In memoriam
Diethelm Michel
(1931-1999)

Vorwort

Die vorliegende, für den Druck gekürzte, Studie wurde am Fachbereich Evangelische Theologie der Johannes Gutenberg-Universität Mainz 2005 als Dissertation angenommen.

Prof. Dr. Diethelm Michel hat die Arbeit angeregt und bis zu seinem Tod († 02. 07. 1999) betreut. Die Liebe zum Alten Testament, zum Althebräischen und die Bedeutung genauer Sprachanalyse für die exegetische und damit theologische Arbeit habe ich in seinen Veranstaltungen und in der Zusammenarbeit mit ihm entdeckt.

Prof. Dr. Wolfgang Zwickel, der am Ende das Erstgutachten schrieb, habe ich es zu danken, dass die Arbeit nach dem Tod Diethelm Michels in Mainz weiter- und zu Ende geführt werden konnte. Diese Möglichkeit zu erhalten, ist nicht selbstverständlich und ich achte sie als ein großes Entgegenkommen. Prof. Dr. Jan Christian Gertz hat dankeswerter Weise das Zweitgutachten übernommen.

Für Kontinuität im Wandel der Zeiten hat über all die Jahre Frau Maria Theresia Küchenmeister gesorgt. Ohne ihre zuverlässige Zusammenarbeit und Verbundenheit kann ich mir die Mainzer Jahre nicht vorstellen.

Die Arbeit ist ohne das ehemalige 'Mainzer Hebraisticum' nicht zu denken; hier wurde die Nominalsatztheorie von Diethelm Michel diskutiert, erprobt und in Verbindung mit einem von der DFG geförderten Forschungsprojekt zur Nominalsatzsyntax auch weiterentwickelt. In dankbarer Verbundenheit sei, stellvertretend für alle, die in diesen Jahren am Hebraisticum teilgenommen haben, sein Stamm genannt: Prof. Dr. Achim Behrens, Dr. Johannes F. Diehl, Dr. Reinhard G. Lehmann, Dr. Martin Mark, Dr. Achim Müller, Prof. Dr. Franz Sedlmeier und PD Dr. Andreas Wagner M.A. Wesentliche Einsichten aus der gemeinsamen Arbeit sind in die vorliegende Untersuchung eingeflossen, Querverbindungen zu wissenschaftlichen Arbeiten der Genannten werden in der vorliegenden Untersuchung immer wieder zu entdecken sein.

Aus diesem Kreis stammen auch diejenigen, die als Gesprächspartner, kritische Probeleser, Freunde die Arbeit befördert haben. Mit ihnen ist bis heute wissenschaftliches Nachdenken im ungeschützten Dialog möglich. Ich danke ihnen ganz herzlich dafür.

Förderung habe ich in diesen Jahren nicht nur aus dem eigenen Fach erfahren. Die Entscheidung zwischen Altem Testament und Systemati-

VIII

scher Theologie ist mir nicht leicht gefallen und ich habe die Arbeit am Alten Testament immer im Horizont der gesamten Theologie verstanden. In der Systematischen Theologie ist mir Prof. Dr. Eilert Herms zum Lehrer geworden. Auch ihm gilt mein Dank.

Ich danke Prof. Dr. Bernd Janowski und Prof. Dr. Reinhard Kratz für die Aufnahme in die Reihe WMANT, dem Neukirchener Verlag, insbesondere Herrn Dr. Volker Hampel für Unterstützung und Geduld sowie der Evangelischen Kirche im Rheinland für finanzielle Unterstützung bei den Druckkosten.

Meine Familie, insbesondere meine Eltern, mussten einen langen Atem haben in ihrer Begleitung meiner schulischen und wissenschaftlichen Arbeit; ihre Unterstützung aber hat Schule, Studium und Promotion erst ermöglicht. Ich danke ihnen besonders herzlich dafür.

Waldesch, im August 2006   Anja Angela Diesel

Inhalt

1 Einleitung

1.1 Thema und Anliegen

Im Zentrum der folgenden Untersuchung steht eine Formel, die in den alttestamentlichen Texten zahlreich und durchweg in theologisch zentralen Zusammenhängen begegnet: die sog. Selbstvorstellungsformel *ʾanî Yhwh*/אֲנִי יְהֹוָה[1].

Die Arbeit möchte aufweisen, dass die *ʾanî Yhwh*-Aussage im Verlauf ihrer Geschichte eine für die weitere Theologie- und Geistesgeschichte kaum zu unterschätzende theologische Position, die das Zentrum der altisraelitischen Religion betraf, in sprachlich prägnanter Weise formulierte. Ziel der vorliegenden Untersuchung ist es, über das Verstehen der Formel[2], d.h. über das Verstehen der sprachlichen Aussage als solcher, über die Analyse der Verwendung der Formel in ihren Ko- und Kontexten[3] und über die Rekonstruktion ihrer Geschichte ein Stück alttestamentlicher Theologiegeschichte zu erschließen.

Innerhalb der Religionsgeschichte des antiken Israel bildet sich eine Überzeugung mit weltgeschichtlichen Konsequenzen heran, die Überzeugung, dass es nur einen einzigen Gott gibt.[4] Diese Überzeugung ist nicht mit einem Schlag da, sie ist über Vorstufen und über weite Strecken wohl als Minderheitsposition gewachsen.[5] Während sich in Israel zunächst der Gedanke entwickelt, dass es eine besondere Beziehung

---

[1] Zur der in dieser Arbeit gebrauchten Begrifflichkeit 'ʾanî Yhwh-Aussage' vgl. unten 1.2.
[2] Zu Begriff und Theorie der Formeln vgl. A.Wagner, Prophetie als Theologie, 63–92; dort auch zu Fragen des Formelfeldes, der Konventionalisierung von Formeln u.a.
[3] Zur Unterscheidung von Ko- und Kontext vgl. unten im Kap. 3.2.
[4] Zur Diskussion um die Entstehung des Monotheismus in Israel vgl. immer noch die Sammelbände G.Braulik u.a., Gott, der einzige; W.Dietrich/A.A.Klopfenstein (Hg.), Ein Gott allein; B.Lang (Hg.), Der einzige Gott; O.Keel (Hg.), Monotheismus; und neueren Datums M.Oeming/K.Schmid (Hg.), Der eine Gott; einen Einblick in den Diskussionsstand gibt auch der Aufsatz von J.v.Oorschot, Der eine und einzige Gott; vgl. außerdem U.Becker, Von der Staatsreligion zum Monotheismus und W.Zwickel, Religionsgeschichte Israels.
[5] Vgl. zum Folgenden etwa M.Weippert, Synkretismus und Monotheismus, passim, v.a. 160ff.

gibt zwischen dem Gott Jahwe und dem Volk Israel, war damit die Überzeugung, dass es für Israel und sicher für andere Völker andere Götter gibt, durchaus und vermutlich auch unproblematisch vereinbar, einschließlich des Gedankens, dass die Götter der verschiedenen Völker, wo es um das Wohl ihrer jeweiligen Völker geht, miteinander in Konkurrenz und Konflikt geraten können. Soweit und solange dürfte sich die Religionsgeschichte Israels wenig von der anderer altorientalischer Völker unterschieden haben. Irgendwann jedoch tritt Israel aus dieser Einbettung heraus und bringt in die Weltgeschichte einen neuen Gedanken ein, den des nicht nur für Israel, sondern für die ganze Welt einzigen Gottes. Vorstufen können die Jahwemonolatrie in Israel, die Überzeugung des allen anderen Göttern überlegenen Gottes, des Gottes, der allein Wirkung entfalten kann, gewesen sein. Von diesen Vorstellungen aus war es dann nur konsequent weitergedacht, die anderen Götter für Nichtse, für nichtig, für nicht existent zu erklären.

Christentum und Islam haben die Überzeugung des einen Gottes als Erbe übernommen, eine Überzeugung, die mit all ihren Licht- und Schattenseiten seither nicht mehr aus den weltgeschichtlichen Verläufen wegzudenken ist.

In Israel hat sich nicht nur der Monotheismus[6] ausgebildet, sondern die theologischen Denker Israels haben gleichzeitig Grundprobleme dieser Idee aufgespürt und versucht, ihnen zu begegnen. Dieses theologische Nachdenken hat sprachlichen Ausdruck gesucht und gefunden, ist über diesen sprachlichen Ausdruck für uns heute zu greifen und nachzuvollziehen: In Bezug auf die Entwicklung der monotheistischen Überzeugung und eines mit ihr verbundenen Grundproblems, das ich das erkenntnistheoretische nennen möchte, hat dieses theologische Nachdenken prägnanten sprachlichen Ausdruck gefunden; er liegt uns in der *ʾanî Yhwh*-Aussage einerseits und in der Erkenntnisaussage *ydˁ kî ʾanî Yhwh*[7] andererseits vor.[8]

Seit einiger Zeit erfahren die lange gering geschätzten und daher in der Forschung wenig beachteten Formeln neue Aufmerksamkeit. Nachdem

---

6 Auch in der alttestamentlichen Monotheismusdiskussion werden zunehmend die Kategorien Monotheismus – Polytheismus als aus religionsgeschichtlicher Sicht problematisch diskutiert, vgl. dazu etwa K.Schmid, Differenzierungen; G.Ahn, Monotheismus; (dort jeweils weitere Lit.), M.Albani, Der eine Gott, 8–19. Eingedenk dieser Problematik, aber angesichts des noch bestehenden "heuristischen Wert(es)" (K.Schmid, Differenzierungen, 19), werden die Kategorien in dieser Arbeit dennoch Anwendung finden.

7 Idealerweise müssten die *ʾanî Yhwh*-Aussage und die Erkenntnisaussage gemeinsam in ihrem Zusammenhang als Teile eines Formelfeldes, in dem die Bedeutung der einen, unter Berücksichtigung der jeweils anderen Formel bestimmt wird, behandelt werden; da eine Behandlung auch der Erkenntnisaussage den Rahmen der Arbeit gesprengt hätte, muss sie an anderer Stelle erfolgen.

8 Daneben gibt es selbstverständlich andere sprachliche Fassungen der sich ausbildenden monotheistischen Konzeption, v.a. die dtn-dtr Literatur ist hier eigene Wege gegangen (vgl. dazu etwa schon G.v. Rad, Das 5. Buch Mose, 59f).

"Formelgeschichte" seit Noths Diktum, "daß unter der stillschweigen-
den Voraussetzung der immer gleichbleibenden Bedeutung einmal ge-
prägter 'Formeln' die 'Formel-Geschichte' sich zu einer 'Formel-Unge-
schichte' entwickelt",[9] einen schweren Stand hatte, Formgeschichte zunehmend mit dem Stempel "überholt" versehen wurde, zeichnen sich in
neuerer Zeit differenziertere Überlegungen zu diesem Thema ab. Die
Unverzichtbarkeit einer im Hinblick auf die heutigen wissenschaftlichen Erkenntnisse und Erfordernisse weiterentwickelten Formgeschichte wird zurecht herausgestellt.[10] Und wenn O.H.Steck für die Bücher
der Propheten "eine gezielte Untersuchung [...] des Gebrauchs der ver-
wendeten Kommunikationsformeln"[11] fordert, dann zeichnet sich auch
darin ein Umdenken ab, das (nicht nur für die prophetische Literatur)
die Formeln in ihrer Bedeutung für die Textinterpretation wieder in den
Blick nimmt. Sie werden als Versuche expliziten theologischen Redens
neu wertgeschätzt.[12]
Mit dem Stichwort 'explizites theologisches Reden' kommt ein Phänomen in den Blick, auf das wir im AT streckenweise treffen und "das
man vielleicht 'Sprachschwierigkeit'"[13] nennen könnte. D.Michel hat
dieses Phänomen bei Hosea und Qohelet beobachtet und so beschrieben, dass hier jeweils ein Denker versucht, (theologische oder philoso-
phische) Sachverhalte auszudrücken "für [die] es in seiner Umgebung
und unter seinen 'Vordenkern' (...) keine Beispiele gibt und also keine
sprachlichen Aussagemuster"; so versucht er "mit den überlieferten
Sprachmitteln anderes zu sagen, als bisher mit ihnen gesagt worden
ist."[14] Neue Gedanken ringen da um einen adäquaten sprachlichen Ausdruck. Auf diese "Sprachschwierigkeiten"[15] und auf Versuche, sie zu
überwinden, stoßen wir auch an anderen Stellen im AT. Wir finden hier
zwar nicht in gleicher Weise wie etwa in der griechischen Philosophie
die *begriffliche* Fassung von Sachverhalten, wohl aber das Bemühen,
das Ergebnis von Reflexionsprozessen vielleicht nicht auf einen Begriff, so doch auf eine Formel zu bringen. An vielen Stellen lässt sich
das Bemühen *um* und die erfolgte Fassung theologischer Sachverhalte

---

9 M.Noth, Tendenzen theologischer Forschung, 120.
10 A.Wagner, Prophetie als Theologie, hat im Zusammenhang seiner Untersuchungen zu den so-spricht-Jahwe-Formeln unter Voraussetzung "der geschichtlichen
Dimension auch der Formeln eine Formeltheorie entworfen (...), die dem neuesten
Forschungsstand der Exegese und derjenigen Disziplinen, die sich mit Formelinter-
pretationen beschäftigen, Rechnung trägt" (70; vgl. 70–92). Von der dort entwickelten Formeltheorie profitiert auch die vorliegende Arbeit zur *ᵃnî Yhwh*-Aussage.
Vgl. außerdem A.Behrens, Prophetische Visionsschilderungen, 4ff.
11 O.H.Steck, Gott in der Zeit entdecken, 158.
12 Vgl. A.Wagner, Prophetie als Theologie, 418ff. Vgl. z.B. L.Massmann, Ruf in
die Entscheidung, 154ff (Das formelhafte Gut der priesterschriftlichen Redaktion).
13 D.Michel, Geschichtsverständnis, 224.
14 Beide Zitate in: D.Michel, Unter der Sonne, 94, vgl. ders., Geschichtsverständnis, 224.
15 Vgl. dazu auch K.Ehlich, הבל – Metaphern der Nichtigkeit, 49–62.

in Formeln greifen, das Ergebnis eines Reflexionsprozesses wird auf eine Formel gebracht. Die Gestaltidentität eines Formelkerns weist dabei gerade nicht auf gedankliche Starrheit, mangelnde Phantasie oder fehlende Kreativität; aufgrund der theologischen und sprachlichen Leistung deren Produkte die alttestamentlichen Formeln oftmals sind, verdienen sie Aufmerksamkeit; sie zu verstehen bedeutet auch ein Stück theologischer Entwicklungen zu entschlüsseln.

Die *ʾanî Yhwh*-Aussage stellt ein solches auf die Formel[16] gebrachtes Ergebnis eines Reflexionsprozesses über die zentrale Glaubensüberzeugung des Alten Testaments dar. *ʾanî Yhwh*-Aussage wird zum "*Schlüsselwort*"[17] der monotheistischen Gotteskonzeption. Mit dem Stichwort des Schlüsselwortes greife ich in der Auswertung in Kap. 7 eine in der neueren Sprachwissenschaft beschriebene Kategorie auf, weil sie m.E. das Phänomen der *ʾanî Yhwh*-Aussage sehr genau zu beschreiben hilft. In der Kategorie des Schlüsselwortes finden sich Aspekte, die sich mit meinen in dieser Arbeit vorgetragenen Beobachtungen zur *ʾanî Yhwh*-Aussage eng berühren. Warum diese Aussage etwa in bestimmten Literaturwerken zu finden ist, in anderen nicht, warum sie in einer bestimmten geschichtlichen Epoche eine Hochzeit erlebt und es nach dieser Epoche keinen produktiven Umgang mit der *ʾanî Yhwh*-Aussage mehr gibt, warum sie dort, wo sie verwendet wird, stets wiederholt, mehrfach und oftmals in polemischen oder abgrenzenden Zusammenhängen verwendet wird, das erkärt sich bestens aus ihrer Funktion als Schlüssel"wort".

Die *ʾanî Yhwh*-Aussage ist ein Paradebeispiel dafür, wie sich die sprachliche Bedeutung einer Formel unter bestimmten Bedingungen wandeln kann, bzw. dieser Wandel ganz bewusst gestaltet wird. In einem bestimmten Stadium ihrer Entwicklung dokumentiert sie einen Wandel, der einen neuen Religionstyp, den der Bekenntnisreligion zum Ergebnis hat.[18] Untrennbar mit dieser Entwicklung dürfte die Entstehung der Erkenntnisaussage verbunden sein; mit ihrer Hilfe wird eine mit jener

---

[16] Von einer Formel soll in dem Sinne gesprochen werden, dass wiederholt eine gestaltidentische Wortverbindung auftritt. Die Gestaltidentität bezieht sich auf einen Kern, der für die "Erkennbarkeit der Formel sorgt", der aber durch Zusätze variiert werden kann (vgl. dazu A.Wagner, Prophetie als Theologie, 76f.; Zitat 76).
[17] Zu Begriff und Konzeption von "Schlüsselwörtern" vgl. in Kap. 7 dieser Arbeit.
[18] Zu Begriff und Konzept von Bekenntnisreligion im Unterschied zur Traditions- bzw. Kulturreligion vgl. J.Assmann, Ma'at, 20; vgl. in diesem Zusammenhang auch die Unterscheidung von primärer und sekundärer Religion, die Assmann in Anschluss an Sundermeier (Th.Sundermeier, Religion, Religionen, 417; vgl. auch ders., Was ist Religion?, 34–42) aufnimmt (vgl. J.Assmann, Ma'at, 19. Zur Diskussion um Primäre – sekundäre Religion als Kategorie der Religionsgeschichte des AT (und AO) vgl. A.Wagner (Hg.), Primäre – sekundäre Religion, passim und A.Diesel, Primäre und sekundäre Religion – das Konzept von Th.Sundermeier und J.Assmann.

Glaubensüberzeugung (die sprachlich in Form der *ʾanî Yhwh*-Aussage in die Erkenntnisaussage eingeht) mit gesetzte Grundschwierigkeit (Frage der Erkennbarkeit des einen, der Welt transzendenten Gottes)[19] reflektiert.

1.2 Zur Begrifflichkeit

Walther Zimmerli hat in den fünfziger Jahren des 20. Jh.s die Aussage *ʾanî Yhwh* (*ʾælohêka/ʾælohêkæm* o.ä.) systematisch behandelt. Auf ihn geht die Bezeichnung zurück, die sich seither in der (deutschsprachigen)[20] alttestamentlichen Forschung eingebürgert hat. Er sprach für *ʾanî Yhwh* (*ʾælohêka/ʾælohêkæm* o.ä.) etc. von "Selbstvorstellungsformel"[21], und erhob damit zum Bezeichnungskriterium, was er als Ursprung der *ʾanî Yhwh*-Aussage erkannte.

In der Forschung seit Zimmerli (und in Ansätzen auch bei Zimmerli selbst) ist bereits gesehen und vielfach notiert worden, dass in zahlreichen Belegen von *ʾanî Yhwh* im AT allerdings keine echte Selbstvorstellung Jahwes vorliegt. Trotzdem wird bis in die gegenwärtige Forschung hinein, die Rede von der "Selbstvorstellungsformel", manchmal auch als Rede von der "*sog.* Selbstvorstellungsformel" weiter tradiert. Diese Begrifflichkeit trägt aber ungewollt dazu bei, dass die Leistungen der *ʾanî Yhwh*-Aussage an vielen Stellen nicht wirklich in den Blick kommen; oftmals wird vom Kotext her eine bestimmte Aussagerichtung erspürt, ohne dass der Beitrag der, irgendwo doch noch als Selbstvorstellungsformel "abgelegten", *ʾanî Yhwh*-Aussage richtig erfasst werden kann.[22]

Die Rede von der "*sog.* Selbstvorstellungsformel" bleibt ihrerseits unbefriedigend, da sie nur auf eine empfundene Inadäquatheit der Begrifflichkeit hinweist, diese aber weiter mitschleppt.

Von den bisher versuchten alternativen Bezeichnungen des Phänomens (Huld-/Heiligkeitsformel; Offenbarungsformel usw.)[23] konnte sich bis-

---

[19] Das in der Erkenntnisaussage reflektierte Grundproblem des neuen sekundären Religionstyps (vgl. J.Assmann, Ma'at, 19f) kann hier nur angedeutet und muss an anderer Stelle entfaltet werden.

[20] Zur Terminologie in englisch- bzw. französischsprachiger Literatur vgl. unten Kap. 5.1.3.

[21] W.Zimmerli, Ich bin Jahwe, 14. Für die sog. Selbstvorstellungsformel werden in der Forschung nach Zimmerli, v.a. in neuerer Zeit, auch andere Begriffe wie Selbstpräsentations-/Selbstidentifikationsaussage o.ä. gebraucht. Diese Versuche, die Formel anders zu bezeichnen, sind Anzeichen dafür, dass, zumindest in bestimmten Gebrauchskotexten der Formel, die Zimmerli'sche Bezeichnung als nicht ganz zutreffend empfunden wurde.

[22] Diese grundsätzliche Problemanzeige gilt auch für die nicht-deutschsprachige Literatur, die zwar nicht in jedem Fall die Zimmerli'sche Terminologie übernimmt, aber weitgehend auf seinen Überlegungen zur *ʾanî Yhwh*-Aussage fußt.

[23] Vgl. dazu auch Kap. 2.

lang keine durchsetzen, was auch daran liegt, dass alle diese Bezeichnungen, wie die Rede von der Selbstvorstellungsformel selbst, bereits
Interpretationen des Phänomens bieten, gleichzeitig aber auch gesehen
wird, dass keine diese Interpretationen auf alle Belege zutrifft.[24] Ich
ziehe die deskriptive Bezeichnung der *ʾanî Yhwh*-Aussage vor, da sie
noch keine Interpretation vorwegnimmt und auf alle Belege gleichermaßen anwendbar ist.[25]
Obgleich ich die *ʾanî Yhwh*-Aussage als "Formel" verstehe, scheint mir
die Rede von der *ʾanî Yhwh*-AUSSAGE gegenüber der Rede von der
ʾanî Yhwh-FORMEL die offenere, die mit dem Formelbegriff verbundene Vorverständnisse oder Vorurteile zunächst noch fernhält und die
außerdem den Blick auf die Satzhaftigkeit des *ʾanî Yhwh* lenkt.

1.3   *ʾanî Yhwh*-Aussage und "Ich-bin-Worte"[26]

Die alttestamentliche Aussage *ʾanî Yhwh* ist vor dem Hintergrund einer
Fülle vergleichbarer Aussagen zu sehen, die sich in all ihrer Unter-
schiedlichkeit unter dem Stichwort "Ich-bin-Worte" zusammenfassen
lassen. Das alttestamentliche *ʾanî Yhwh* ist vor diesem Hintergrund
sprachlich und inhaltlich zu profilieren.
Das Stichwort "Ich-bin-Worte" lässt in theologischem Kontext zunächst an die bekannten Worte Jesu aus dem Johannesevangelium denken: "Ich bin das Brot des Lebens" – "Ich bin das Licht der Welt" – "Ich
bin der gute Hirte" usw. Diese Worte bilden jedoch nur einen kleinen
Ausschnitt von Belegen einer Aussage "Ich (bin) X", die auch außerhalb des Neuen Testaments und außerhalb der Bibel sehr breit bezeugt
ist. Sie begegnet im Munde von Göttern und von Menschen, von Königen, wie von "einfachen Leuten". Sie begegnet in verschiedenen altorientalischen Kulturen und zu verschiedenen Zeiten. Die Redeform ist
so einfach, wie mannigfaltig einsetzbar. Sie dürfte zu Grundsituationen
menschlicher Existenz gehören, die durch den historischen Wandel
hindurch erhalten bleiben, Situationen in denen eine Selbstthematisie-
rung des Subjekts (im Nominalstil) erfolgt.
Dabei scheint die Aussage klar und dem Verstehen keine Schwierigkeiten zu bereiten. Es wird sich jedoch zeigen, dass die Analyse der
Realisierung der Redeform in einer bestimmten Sprache, in diesem Fall

---

[24] Das verwundert nicht, wenn man bedenkt, dass "sich der Sinn einer Formel –
ganz oder teilweise – aus ihrem Gebrauch in der Situation [manifestiert]" (A.Wag-
ner, Prophetie als Theologie, 79).
[25] Die Ungenauigkeit, die sich daraus ergibt, dass manche Belege mit *ʾānokî* anstelle von *ʾanî* formuliert sind, scheint mir dabei erträglich.
[26] Vgl. H.Thyen, Art. Ich-Bin-Worte, 147–213. Vgl. zum Stichwort Aretalogie
auch J.Assmann, Art. Aretalogie.

im Hebräischen, unter spezifischen syntaktischen Bedingungen erfolgt und entsprechende (syntaktische) Fragen aufwirft und Bedeutungsspielräume zutage fördert.[27] Die Verschiedenartigkeit der Sprecher, die Verschiedenartigkeit dessen, was für "X" einzusetzen ist und die Verschiedenartigkeit der Kotexte[28], in denen die Redeform belegt ist, nötigen außerdem dazu, verschiedene Funktionen[29] zu unterscheiden und gegebenenfalls zu klären, was ein und dieselbe Redeform befähigt, diese verschiedenen Funktionen wahrnehmen zu können.

1.4 Die *ᵓanî Yhwh*-Aussage im Alten Testament

Die *ᵓanî Yhwh*-Aussage samt ihrer Varianten ist im Alten Testament nicht nur zahlreich belegt, sie tritt auch an prominenten Stellen auf oder wird zum Charakteristikum ganzer Textkomplexe. Als wichtige Belegkotexte seien hier nur genannt: Ex 6,2–6, der Dekalog Ex 20/Dtn 5, das Heiligkeitsgesetz Lev 17–26, Ezechiel und Deuterojesaja.
Ein erster Blick auf diese zentralen Verwendungskotexte lässt auch bereits erkennen, dass die *ᵓanî Yhwh*-Aussage in unterschiedlicher Weise in ihre jeweiligen Kotexte eingebracht wird, es treten die möglichen Modifikationen bzw. Varianten der Formel zutage. Folgende Formulierungen sind belegt:

1. יהוה [30]אני/אנכי (כי) *(kî) ᵓanî l̊ᵓānokî Yhwh*
2. יהוה אני/אנכי (כי) *(kî) ᵓanî l̊ᵓānokî Yhwh* mit אלהים/l̊ᵓᵉlohîm + Suffix
[3. יהוה אני כי ידע *ydᶜ kî ᵓanî Yhwh*
4. יהוה אני כי ידע *ydᶜ kî ᵓanî Yhwh* mit אלהים *ᵓᵉlohîm* + Suffix]
5. 1.–4., weitergeführt mit Partizip oder konjugiertem Verb.

Die unter 1. und 2. aufgeführten Aussagen sowie entsprechende Aussagen weitergeführt mit Partizip oder konjugiertem Verb (vgl. 5.) sind Gegenstand der vorliegenden Untersuchung.
Seit den entscheidenden Aufsätzen Zimmerlis und Elligers zum Thema[31] werden die *ᵓanî Yhwh*-Aussage (und die Erkenntnisaussage) dort,

---

27 Vgl. dazu Kap. 3.
28 Vgl. dazu Kap. 5 (für den altorientalischen Bereich) bzw. Kap. 4 und 6 (alttestamentliche Belegstellen).
29 Vgl. dazu R.Bultmann, Das Evangelium des Johannes, 167f Anm. 2; außerdem in der vorliegenden Arbeit Kap. 5, zusammenfassend Kap. 5.3 (für den altorientalischen Bereich); zur *ᵓanî Yhwh*-Aussage zusammenfassend Kap. 7.5.
30 אנכי statt אני ist an 11 Stellen im AT belegt: Ex 4,11; 20,2.5; Dtn 5,6.9; Jes 43,11; 44,24; 51,15; Hos 12,9; 13,4; Ps 81,11.
31 Vgl. Kap. 2.

wo man bei der Behandlung alttestamentlicher Schriften auf sie trifft, meist kleinerer oder größerer Exkurse gewürdigt. In monographischer Form erfolgte bisher keine Behandlung der beiden Formeln und der Fragen, die sie aufgeben. Die Form der bisherigen Veröffentlichungen zum Thema als Aufsätze oder Exkurse hat notwendig eine starke Beschränkung in der Darbietung des Materials mit sich gebracht. Es konnten stets nur wenige Stellen dargeboten und besprochen werden, während die übrigen Stellen unter das Besprochene subsumiert werden mussten. In der vorliegenden Arbeit soll daher ein ausführlicher Überblick über die Belege der *ʾanî Yhwh*-Aussage geboten werden, um dem Leser einen eigenen Eindruck von der Vielzahl der Kotexte und Verwendungsweisen der *ʾanî Yhwh*-Aussage[32] und ihrer theologischen Bedeutung zu ermöglichen.

1.5   Verlauf der Untersuchung

Einleitend soll der *Diskussionsstand* zu *ʾanî Yhwh* umrissen werden. Anhand eines Überblicks über die wichtigsten Forschungsbeiträge zum Thema soll in die Fragen eingeführt werden, die der Gegenstandsbereich aufwirft (Kap. 2).

Es wird sich dabei als sinnvoll und notwendig herausstellen mit *Überlegungen zur Syntax des Nominalsatzes ʾanî Yhwh* und seiner Modifikationen zu beginnen. Sie werden den Ausgangspunkt und einen ersten Schwerpunkt bilden. Hier ergeben sich entscheidende Weichenstellungen für das Verständnis der *ʾanî Yhwh*-Aussage. (Kap. 3)

Sodann sind *der Bestand und die verschiedenen Kotexte*, in denen die *ʾanî Yhwh*-Aussage vorkommt, zu analysieren und nach ihrer jeweiligen Funktion in den verschiedenen Kotexten zu fragen. Schwerpunkte ergeben sich aus dem Vorkommen der Formeln.

Dabei wird, nach einer exemplarischen Analyse des in Bezug auf die *ʾanî Yhwh*-Aussage programmatischen alttestamentlichen Textes Ex 6,2–8 (Kap. 4), zunächst das *außeralttestamentliche Material* gesichtet und bedacht. (Kap. 5)

Hinsichtlich des *Vorkommens innerhalb des AT* (Kap. 6) spricht vieles dafür, dass auf die *ʾanî Yhwh*-Aussage einerseits Michels These einer

---

[32] Dieses Vorgehen resultiert aus der Einsicht, dass "sich der Sinn einer Formel – ganz oder teilweise – aus ihrem Gebrauch in der Situation [manifestiert]" und dass deshalb "das Verständnis der Formel nicht (allein) aus der Analyse ihres Wort-/ Satzsinns gewonnen werden kann, sondern nur aus der Analyse des Zusammenspiels von Formel und Situation; dabei ist auch die geschichtliche Dimension zu beachten" (A.Wagner, Prophetie als Theologie, 79); "eine Formel identischen Wort- und Satzinhalts [kann] in unterschiedlichen Gebrauchssituationen unterschiedliche Bedeutung haben" (ebd. 81).

Ausschließlichkeits- oder monotheistischen Formel[33] für bestimmte Textgruppen zu erhärten ist. Michel wies aber selbst darauf hin, dass "man bei anderen Belegen der Wendung *ʾanî Yhwh* auch das Verständnis als Selbstvorstellungsformel im Sinne Zimmerlis für sinnvoll halten kann"[34], was sich im Zug der Untersuchung bestätigen wird. Dann aber muss man sich dem Problem stellen, dass mit *einer* Formel mindestens *zweierlei* ausgesagt sein kann.

Dieser Teil (Kap. 6) wird in erster Linie Textanalysen beinhalten. Die *Arbeitshypothese* lautet: Diese Funktion der Formel hat sich im Laufe der Zeit gewandelt. Es gilt es den Möglichkeitsbedingungen dieses Funktionswandels, der ja wiederum die sprachliche Ebene nicht unberührt lassen kann, zu fragen. In diesem Zusammenhang ist auch der *Formelhaftigkeit* der *ʾanî Yhwh*-Aussage besondere Aufmerksamkeit zu widmen, die die Frage nach dem Verhältnis von Bedeutung des Wortlauts und Bedeutung der Formel aufwirft. Formeln haben mindestens zwei Aussageebenen: 1. Die wörtliche Bedeutung; sie mag verblasst, in den Hintergrund getreten sein, aber sie ist nicht einfach aufgehoben. 2. Als Formel bedeutet die Aussage aber noch anderes, als der wörtlichen Bedeutung zu entnehmen ist; es ist mit Aussagemomenten zu rechnen, die die wörtliche Bedeutung überschreiten. Wie die Formeln eingesetzt sind, welches ihre Funktion im Kotext ist, ist hier besonders zu beachten.[35]

In Kap. 7 sollen abschließend und im Sinne einer *Auswertung* die einzelnen Fäden aus den vorausgehenden Kapiteln zusammengeführt werden. Dabei wird u.a. diachron nach der Entwicklung der (Bedeutung der) Formel, nach Gründen und Triebfedern dieser Entwicklung gefragt. Die Geschichte der *ʾanî Yhwh*-Aussage wird hier nachgezeichnet und gefragt: Wie weit lässt sich der Gebrauch der Wortverbindung(en) zurückverfolgen? Was besagt ihr schwerpunktmäßiges Vorkommen in späten (exilischen-nachexilischen) Textkomplexen? Handelt es sich dabei um eine konsequente Weiterentwicklung von früherem Gebrauch und früherer Bedeutung oder ist zwar nicht die Formel selbst, so doch, was ihr als Bedeutung in den späten Texten beigelegt wird, eine „Neuschöpfung"?

Das Konzept des Schlüsselwortes wird dabei helfen, Funktion und Leistung der *ʾanî Yhwh*-Aussage zu erfassen und zu beschreiben.

---

33 Die Terminologie kommt in dem Aufsatz D.Michel, "Nur ich bin Jahwe" zwar noch nicht vor (vgl. aber F.X.Sedlmeier, Studien zu Komposition und Theologie von Ezechiel 20, 308), aber die gemeinte Sache ist deutlich.

34 D.Michel, "Nur ich bin Jahwe", 151.

35 Vgl. dazu die Ausführungen von A.Wagner, Prophetie als Theologie, 81–83 zur Textidentität und Funktions- bzw. Sinndivergenz.

1.6 Die Verteilung der Formeln (tabellarischer Überblick)[36]

	$^{\jmath}an\hat{\imath}$ $l^{\jmath}\bar{a}nok\hat{\imath}$ $Yhwh$	$^{\jmath}an\hat{\imath}$ $l^{\jmath}\bar{a}nok\hat{\imath}$ $Yhwh$ mit $^{\jmath}\!æloh\hat{\imath}m$ + Suffix bzw. $^{\jmath}\!æloh\hat{e}$ + x	yd^{ς} $k\hat{\imath}$ $^{\jmath}an\hat{\imath}$ $Yhwh$	yd^{ς} $k\hat{\imath}$ $^{\jmath}an\hat{\imath}$ $Yhwh$ mit $^{\jmath}\!æloh\hat{\imath}m$ + Suffix.
Gen	1	1		
Ex	8 davon: 1x nach $k\hat{\imath}$	3 davon: 1x nach $k\hat{\imath}$	7 *davon: 1x mit Verb 1.sg.; 1x mit Partizip (Ptz.) mit Suffix*	3 *davon: 1x mit Ptz. mit Artikel*
Lev	29 davon: 1x mit Ptz. mit Artikel (nach: $k\hat{\imath}$); 6x mit Ptz. mit Suffix; 1x mit Verb 1.sg.; 2x $k\hat{\imath}$ $q\bar{a}d\hat{o}\check{s}$ $^{\jmath}an\hat{\imath}$ $Yhwh$ (+ Ptz. doppelt gezählt)	23 davon: 6x nach $k\hat{\imath}$ 1x $k\hat{\imath}$ $q\bar{a}d\hat{o}\check{s}$ $^{\jmath}an\hat{\imath}$ $Yhwh$ $^{\jmath}\!æloh\hat{e}k\!æm$		
Num	5 davon: 1x nach $k\hat{\imath}$ und mit indeterm. Ptz.	3		
Dtn		2		*1*
Jos				
Ri		1		
1./2.Sam				
1.Kön			2	
2.Kön				
Jes	21 davon: 5x mit indeterm. Ptz.; 1x mit Ptz. mit Artikel; 3x Ptz.suff.; 4x mit Verb 1.sg.	4 davon: 2x nach $k\hat{\imath}$	4 *davon: 1x mit Ptz. mit Artikel 2x mit Ptz. mit Suffix*	

---

[36] Obwohl die Erkenntnisaussage in den folgenden Kapiteln der Arbeit nicht weiter betrachtet wird, schien mir eine Aufnahme in die Übersichtstabelle sinnvoll, weil sie einerseits noch einmal dem Zusammenhang beider Formeln ins Gedächtnis ruft, und gleichzeitig charakteristische Verteilungen und Schwerpunkte im Vorkommen der Formeln erkennen lässt.

Jer	1 mit indeterm. Ptz.	1	*(2)* *davon:* *1x mit inde-* *term. Ptz.*	
Ez	15 davon: 14x mit Verb 1.sg. (davon 2x mit *kî*; 1x nach *rᵓh*); 1x mit indeterm. Ptz.	2	*61* *davon:* *8x mit Verb* *1.sg.; 2x mit* *indeterm. Ptz.;* *1x mit Ptz. mit* *Suffix*	5
Hos		2		
Joel				*1 (mit inde-* *term. Ptz.)*
Am, Ob, Jona, Mi, Nah, Hab, Zeph, Hag				
Sach		1 (nach *kî*)		
Mal	1 (mit *kî*)			
Ps		1		
Hi, Spr, Ruth, Hl, Pred, Klgl, Est, Dan, Esr, Neh, 1./2. Chr				

2 Stand der bisherigen Forschung[1]

Fällt in der Forschung das Stichwort "Selbstvorstellungsformel", fällt unweigerlich auch der Name Walther Zimmerli. Zimmerli gilt bis heute (neben Karl Elliger[2]) als derjenige, der das mit diesem Stichwort beschriebene Phänomen einschlägig[3] bearbeitet hat. 1953 gab er in seinem Aufsatz "Ich bin Jahwe" dem zur Rede stehenden Gegenstand seinen Namen: Ausgehend von dem Vorspruch des Dekalogs Ex 20,2 fragte Zimmerli nach Übersetzung und Bedeutung der Worte *ʾānokî Yhwh ʾælohǽka*/אָנֹכִי יְהוָה אֱלֹהֶיךָ. Drei Möglichkeiten, von denen eine jede in der Forschungsliteratur vertreten worden war, standen ihm vor Augen: 1. 'Ich bin Jahwe, dein Gott', 2. 'Ich, Jahwe, bin dein Gott' und 3. 'Außer mir, Jahwe, deinem Gott, der ich dich …, sollst du keine anderen Götter haben'[4]. Zimmerli schied die dritte Möglichkeit, die *ʾānokî Yhwh ʾælohǽka* nicht als Nominalsatz, sondern als appositionelle Fügung versteht, als nicht zwingend aus, da andere Stellen zeigten, dass die Aussage *ʾānokî Yhwh ʾælohǽka* zumindest *auch* als eigenständiger Nominalsatz verwendet werden kann. Weiter glaubte Zimmerli im Heiligkeitsgesetz einen "promiscue-Gebrauch"[5] von *ʾanî Yhwh* und *ʾānokî Yhwh ʾælohǽka* beobachten zu können. Beide Aussagen können daher wohl kaum "je einen ganz verschiedenen Gehalt aufweisen"[6] und eine unterschiedliche Übertragung der beiden Formeln ist dann ebenfalls nicht sinnvoll. Da *ʾanî Yhwh* aber nur als 'Ich bin Jahwe' übersetzt wer-

---

[1] In diesen Abschnitt haben lediglich die Forschungsbeiträge Eingang gefunden, die die sog. Selbstvorstellungsformel zum Gegenstand einer eigenen Untersuchung gemacht haben (Zimmerli, Elliger, Michel), Fragestellungen verfolgt haben, innerhalb deren dann auch die sog. Selbstvorstellungsformel wichtig geworden ist, bzw. solche Beiträge, die exemplarischen Charakter in Bezug auf die aufgeworfenen und verhandelten Fragen haben.

[2] S. u. S. 29.

[3] Wie stark Zimmerlis Thesen zur sog. Selbstvorstellungsformel gewirkt haben, zeigt sich etwa daran, dass Alfred Jepsen davon sprechen konnte, dass "vielfach Elligers und vor allem Zimmerlis Untersuchungen als abschließend angesehen" werden (A.Jepsen, Auslegung und Geschichte des Dekalogs, 285).

[4] So nach A.Poebel, Das appositionell bestimmte Pronomen der 1. Pers. Sing.

[5] W.Zimmerli, Ich bin Jahwe, 13.

[6] W.Zimmerli, Ich bin Jahwe, 13.

den kann,[7] ergibt sich als Übersetzung von *ʾānokî Yhwh ʾælohǽka*: 'Ich bin Jahwe, dein Gott'. Zimmerli bestimmte die Leistung der (beiden) Aussage(n) als Selbstvorstellung und bezeichnete sie als Selbstvorstellungsformel(n) (SF).[8]

"Ein bisher Unbenannter tritt aus seiner Unbekanntheit heraus, indem er sich in seinem Eigennamen erkennbar und nennbar macht. Das Gewicht liegt auf der Nennung des Eigennamens Jahwe ..."[9]

"Die Aussage 'ich bin Jahwe' enthält das Element der Selbstvorstellung unter dem Eigennamen in reiner Form. Die vollere Formulierung: 'Ich bin Jahwe, euer Gott', fügt zu dieser Selbstvorstellung unter dem Eigennamen als Zweites die Feststellung, daß der sich unter dem Namen Jahwe Vorstellende zugleich in der göttlichen Herrenbeziehung zu der im Suffix bezeichneten Menschengruppe (zu Israel, dem Volk Jahwes) stehe. Diese zweite Feststellung will dabei offenbar nicht ein Fremdes, neuartig Zweites zum Ersten hinzutragen, sondern nur die sachgemäße Entfaltung des Ersten sein. Israel kennt Jahwe nicht anders denn als seinen Gott. Oder richtiger sagen wir: Jahwe hat sich Israel nie anders kundgegeben denn als Israels Gott."[10]

Mit Blick auf die (form)geschichtliche Entwicklung geht Zimmerli von einer Priorität der Kurzform (*ʾanî Yhwh*) gegenüber der Langform (*ʾanî/ ʾānokî Yhwh ʾælohêkæm*) aus.[11]

Im Heiligkeitsgesetz und bei Ezechiel, in denen die Selbstvorstellungsformel gehäuft auftritt, zeigt sich eine doppelte Tendenz der weiteren Entwicklung: Zum einen drängt die "Aussage (...) auf Entfaltung, weitere Explikation"[12], etwa durch ein finites Verb, durch eine partizipiale oder adjektivische Ergänzung. Diese Entwicklung kann schließlich zu einer "Zersetzung der ursprünglichen SF" führen, sodass "die den Jahwenamen prädizierende Aussage als betontes Prädikat der ganzen SF vorangestellt und der Jahwename zum Attribut des Subjektes degradiert wird"[13]. Zimmerli vermerkt jedoch, dass auch dort, wo das ursprüngliche Satzgefüge als gesprengt gelten muss, "die alte SF mit anklingt, so daß die (...) Übertragungen keinesfalls den Vollgehalt der hebräischen Formulierung mit ihren Unterklängen wiederzugeben vermögen"[14].

---

7   Vgl. W.Zimmerli, Ich bin Jahwe, 13.
8   W.Zimmerli, Ich bin Jahwe, 14.
9   W.Zimmerli, Ich bin Jahwe, 11.
10 W.Zimmerli, Ich bin Jahwe, 14.
11 Vgl. W.Zimmerli, Ich bin Jahwe, 14.
12 W.Zimmerli, Ich bin Jahwe, 14.
13 W.Zimmerli, Ich bin Jahwe, 15.
14 W.Zimmerli, Ich bin Jahwe, 16. Vgl. später S. 30 ähnliche Aussagen zu entsprechenden Belegen bei Dtjes: "Man wird bei dem schwebenden Charakter des hymnischen Stils bei DtJs, in dem eine Prädikation die andere drängt, hier nicht mit scharfem Entweder–Oder auf eine bestimmte syntaktische Zuordnung des Jahwenamens drängen können."

Neben diese Zersetzung der Formel tritt die Möglichkeit, dass die Formel geschlossen in sich verschalt, als "erratischer Block",[15] in das Satzgefüge eingesprengt werden kann. Zimmerli beschreibt ihre Funktion in diesen Fällen folgendermaßen:

"Sie kann ... die H e r a u s h e b u n g d i e s e s e i n z i g a r t i g e n I c h s, des Ichs Jahwes, das sich in seiner Selbstvorstellung am schärfsten zu Gehör bringt, vollziehen."
"Die SF ist hier ihres ursprünglichen Lebens ganz verlustig gegangen und in der Versteinerung zu einem h a r t u n t e r s t r i c h e n h e r a u s g e h o b e n e n 'I c h' im Munde Jahwes geworden."[16] (beide Hervorhebungen A.D.)

Auf der Suche nach dem ursprünglichen Sitz im Leben der Selbstvorstellungsformel bleibt Zimmerli zunächst im Bereich der priesterlichen Tradition. Ein Vergleich von Ex 6 und Ez 20 zeigt "daß Ez.20 ganz so wie Ex.6 die Offenbarung an das aus Ägypten ziehende Israel mit starker Betonung unter die SF ... rückt"[17], sodass der Anschein entsteht:

"All das, was Jahwe seinem Volke zu sagen und anzukündigen hat, erscheint als eine Entfaltung der grundlegenden Aussage: Ich bin Jahwe."[18]

Und in Bezug auf die Erkenntnisaussage in Ex 6 schreibt Zimmerli:

"Die ganze geschichtliche Führung, zu der Mose gesandt wird, trägt ihren gottgewollten Sinn nicht nur im Geschehen ihres Ablaufs, sondern im Wirken der Erkenntnis eben dieser fundamentalen Offenbarungswirklichkeit: der Erkenntnis des Namens Jahwe als einem Geschehen der Selbstvorstellung Jahwes."[19]

In Ez 20 trägt die "als Schwur interpretierte Selbstvorstellung Jahwes [...] ganz unmittelbar in sich die Forderung Jahwes an sein Volk, s i c h a u s j e d e r a n d e r e n G o t t e s b i n d u n g z u l ö s e n"[20] (Herv. A.D.). Dieser Umgang mit der Selbstvorstellungsformel erinnert an das im Heiligkeitsgesetz beobachtete Verfahren, Geboten oder Gebotsgruppen die Selbstvorstellungsformel asyndetisch nachzustellen, wodurch jede "dieser kleinen Gruppen von Rechtssätzen ... ganz unmittelbar zu einer Rechtsmitteilung aus dem Kern der alttestamentlichen Jahweoffenbarung heraus"[21] wird.
Unter erneutem Rekurs auf Ex 6 arbeitet Zimmerli "zwei durchaus voneinander verschiedene Gelegenheiten" heraus,

---

15 W.Zimmerli, Ich bin Jahwe, 17.
16 Beide Zitate: W.Zimmerli, Ich bin Jahwe, 17.
17 W.Zimmerli, Ich bin Jahwe, 20.
18 W.Zimmerli, Ich bin Jahwe, 20.
19 W.Zimmerli, Ich bin Jahwe, 20.
20 W.Zimmerli, Ich bin Jahwe, 22.
21 W.Zimmerli, Ich bin Jahwe, 23.

"bei denen das אֲנִי יהוה laut wird: 1. in der Stunde der eigentlichen Gottesbegegnung im Munde Jahwes, 2. in der von dieser Erstoffenbarung her bestimmten, von ihr aber verschiedenen Stunde, in welcher der Gesandte seinen Auftrag dem Volk weitergibt"[22].

Die Beobachtungen in der Priesterschrift, im Heiligkeitsgesetz und bei Ezechiel zusammengenommen führen nach Zimmerli schließlich bezüglich der Frage nach dem Sitz im Leben der Selbstvorstellungsformel "auf einen gottesdienstlichen Vorgang, bei welchem ein durch göttliches Geheiß legitimierter Sprecher gewichtigste Gehalte der Gemeinde im Wort vermittelt"[23]. Zimmerli denkt an eine "gottesdienstliche(n) Gesetzesproklamation", an die "Situation der Anrede durch den zu Bundesschluss und Rechtsmitteilung erscheinenden Gott"[24].

In den nichtpriesterschriftlichen Belegen der Bücher Genesis und Exodus ist dagegen die Formel im Kontext von Theophanien belegt, in denen es "meist um die Zusage bevorstehender Hilfe und Führung"[25] geht. Dabei finden sich Stellen, in denen "sich Gott durch den Rückverweis auf schon Bekanntes oder früher Geschehenes als der Bekannte"[26] vorstellt. Zimmerli erwägt für diese Belege einen Zusammenhang mit dem von Begrich[27] herausgearbeiteten Heilsorakel. Anders als in der von Begrich rekonstruierten Form, finden sich in der Umwelt, in den dem Asarhaddon zuteilgewordenen Orakeln, solche, die "die SF im Munde der Gottheit in fester Wiederkehr"[28] bieten. Von diesen Belegen ausgehend könnte man nach Zimmerli zumindest fragen, ob es auch in Israel eine Form des Heilsorakels mit Selbstvorstellungsformel gegeben haben könnte.[29]

Die Fülle der Belege von Variationen der Selbstvorstellungsformel bei Deuterojesaja gehört nach Zimmerli in den Zusammenhang der auch sonst zu beobachtenden Verwendung gottesdienstlichen Materials bei Deuterojesaja. Zimmerli stellt fest,

"daß die Selbstvorstellung Jahwes unter seinem Namen bei Dtjes weit mehr ist als bloß einleitende, die Unbekanntheit des Redepartners durch die namentliche Vorstellung beseitigende und damit ein folgendes Gespräch ermöglichende Selbstvorstellung. (...) In der Selbstvorstellung ist die höchste Aussage zu hören, die Jahwe von sich selber machen kann."[30]

---

[22] W.Zimmerli, Ich bin Jahwe, 23.

[23] W.Zimmerli, Ich bin Jahwe, 24

[24] W.Zimmerli, Ich bin Jahwe, 34.

[25] W.Zimmerli, Ich bin Jahwe, 26.

[26] W.Zimmerli, Ich bin Jahwe, 25.

[27] Vgl. J.Begrich, Das priesterliche Heilsorakel.

[28] W.Zimmerli, Ich bin Jahwe, 26; zu den angesprochenen Orakeln der Ischtar an Asarhaddon vgl. unten Kap. 5.2.4.3.

[29] Vgl. W.Zimmerli, Ich bin Jahwe, 27.

[30] W.Zimmerli, Ich bin Jahwe, 31.

In der Kurzform erinnert die Selbstvorstellungsformel bei Dtjes einerseits an die auch in der Umwelt zu findenden hymnischen Aussagen der Selbstverherrlichung einer Gottheit. Da jedoch andererseits gerade bei Deuterojesaja immer wieder klargestellt wird, dass es keine Jahwe vergleichbaren Größen gibt, "erfährt dieses Element seine letzte Potenzierung und bekommt eine hart polemische Schärfe"[31]. Als Ergebnis seiner Durchsicht der gesamten prophetischen Belege der Selbstvorstellungsformel hält Zimmerli fest:

"Die Propheten, die doch in ihrer zentralen Amtsausrichtung von einer Gottesbegegnung herkommen, erfahren diese nicht in der Form der von der alten Tradition beschriebenen Theophanie mit 'Ich bin'-Vorstellung. Die Situation des prophetischen Botschaftsempfangs ist eine andere als die in der gottesdienstlichen Gesetzesproklamation je neu aktualisierte Situation der Anrede durch den zu Bundesschluß und Rechtsmitteilung erscheinenden Gott."[32]

Abschließend behandelt Zimmerli die drei Stellen Ri 6,10; Ps 50,7 und Ps 81,11. Sie belegen gemeinsam den Zusammenhang von Selbstvorstellungsformel und Rechts- bzw. Dekalogsmitteilung. Darüber hinaus erlaubt Ps 50,7 nach Zimmerli Rückschlüsse auf die syntaktischen Verhältnisse innerhalb der Selbstvorstellungsformel. Die entsprechende Wendung in V. 7 lautet: $^{\jmath ae}loh\hat{\imath}m\ ^{\jmath ae}loh\hat{ae}ka\ ^{\jmath}\bar{a}nok\hat{\imath}/$ אֱלֹהִים אֱלֹהֶיךָ אָנֹכִי. Da der Psalm Teil des elohistischen Psalters ist und ursprüngliches *Yhwh* durch $^{\jmath ae}loh\hat{\imath}m$ ersetzt wurde, müsste die Stelle ursprünglich gelautet haben *Yhwh* $^{\jmath ae}loh\hat{ae}ka\ ^{\jmath}\bar{a}nok\hat{\imath}*/$.

"Die hier vorliegende Umstellung von Prädikat und Subjekt im Nominalsatz, die den (im Rahmen des elohistischen Psalters durch ein אלהים ersetzten) Jahwenamen besonders akzentuieren möchte, erlaubt eine eindeutige Feststellung von Subjekt und Prädikat. אנכי יהוה אלהיך kann nur übersetzt werden: 'Jahwe, dein Gott, bin ich'.[33]

Für Zimmerli bestätigt sich damit

"daß der Vorspruch des Dekalogs, wie es uns schon die Analogie der priesterlichen Formulierungen nahelegen konnte, zu übersetzen ist: 'Ich bin Jahwe, dein Gott', und nicht: 'Ich, Jahwe, bin dein Gott.' (...) Das Schwanken in der Übersetzung des Vorspruches darf mit Fug aus der wissenschaftlichen Literatur verschwinden."[34]

Der Vergleich von Ps 50 und 81 hinsichtlich der Stellung der Selbstvorstellungsformel belegt erneut die bereits oben beobachteten Möglichkeiten einer einleitenden Voranstellung oder einer Stellung nach der Gebotsmitteilung:

---

[31] W.Zimmerli, Ich bin Jahwe, 32.
[32] W.Zimmerli, Ich bin Jahwe, 34.
[33] W.Zimmerli, Ich bin Jahwe, 36.
[34] W.Zimmerli, Ich bin Jahwe, 36.

"Eine Aussage der Selbstvorstellung gehört, solange sie streng als solche verstanden ist, an die Spitze der Rede. Sie schafft dem Redenden die Bekanntheitsqualität, die seiner nachfolgenden Rede den Boden ebnet. Tritt die SF an den Schluß, so verrät sich darin, daß in dieser Aussage noch anderes mitschwingt. Sie erhält etwas vom Gewicht einer Begründung."[35] (Herv. A.D.)

Diese Funktion kann (später) dann auch dadurch klargestellt werden, dass die Selbstvorstellungsformel mit *kî/כּי* angeschlossen wird. Und dieses Moment kann auch dann mitschwingen, wenn die Selbstvorstellungsformel im Dekalog am Anfang steht.[36]

Durch Zimmerlis Untersuchung ist die Aussage *ʾanî Yhwh* samt ihrer Variationen als eigenständige, gewichtige Größe klarer als zuvor ins Bewusstsein gehoben und gewürdigt worden. Wenn Zimmerli für die mit *ʾanî Yhwh* abgeschlossenen Rechtssätze im Heiligkeitsgesetz festhält, dass durch die nachgestellte Selbstvorstellungsformel die Rechtsmitteilung dadurch als "aus dem Kern der alttestamentlichen Jahweoffenbarung heraus"[37] erfolgend verstanden wird, dann wird deutlich, dass wir es hier, nach Meinung Zimmerlis, mit der Formulierung eines (des?) zentralen Inhaltes alttestamentlicher Theologie zu tun haben, eine Einschätzung, die sich bestätigen wird.

Zimmerlis Ausführungen sind auch insofern instruktiv, als sie Anlass geben, an bestimmten Stellen nach- und weiterzufragen:

1. Zimmerli hat die Aussage *ʾanî Yhwh* als Selbstvorstellungs*formel* bezeichnet und sie eingereiht in das alttestamentliche *Formelgut*[38]. Was aber macht genau die Formelhaftigkeit einer Aussage aus und welche Konsequenzen hat die Formelhaftigkeit einer Aussage für ihre Bedeutung? Zimmerli selbst hat bereits auf Entwicklungen in Formulierung, Verwendung und Verständnis der Formel hingewiesen. Dem gilt es noch einmal nachzuspüren.

2. Zimmerli geht mehr oder weniger implizit[39] von einer bestimmten Satzteilfolge im hebräischen Nominalsatz aus, wonach das Prädikat dem Subjekt folgt.[40] Seiner Deutung der Aussage entsprechend unterstellt er also eine Prädikatstellung des Jahwenamens.[41] Allerdings rechnet er auch mit der Möglichkeit, dass im Nominalsatz das Prädikat

---

35 W.Zimmerli, Ich bin Jahwe, 36f.
36 Vgl. W.Zimmerli, Ich bin Jahwe, 37. Nach Zimmerlis Analyse hatte sich für den priesterlichen Bereich ja eine enge Verklammerung von SF und Rechtsproklamation ergeben, die sich so in der Umwelt nicht findet. Zimmerli erwägt deshalb, ob nicht gerade die Verklammerung von SF und Rechtsproklamation eine Eigenart des alttestamentlichen Bundeskultes gewesen sein könnte (vgl. 40).
37 W.Zimmerli, Ich bin Jahwe, 23.
38 Vgl. W.Zimmerli, Ich bin Jahwe, 39.
39 Explizit festgehalten in Zusammenhang der Analyse von Ps 50,7, vgl. W.Zimmerli, Ich bin Jahwe, 36.
40 Vgl. W.Zimmerli, Ich bin Jahwe, z.B. 13.
41 Vgl. W.Zimmerli, Ich bin Jahwe, z.B. 30.

zwecks Betonung voranstehen kann[42].[43] Gleichzeitig schwankte er bei der Frage, wann das ursprüngliche Satzgefüge der Selbstvorstellungsformel als gesprengt gelten muss. Seit den Veröffentlichungen Zimmerlis ist die Forschung zum hebräischen Nominalsatz fortgeschritten. Auf der Basis dieser gegenwärtig vorliegenden Erkenntnisse ist einerseits die von Zimmerli für die Verhältnisse im Nominalsatz gemachte Voraussetzung der Satzteilfolge Subjekt – Prädikat bzw. der Möglichkeit der Voranstellung des Prädikat zwecks Hervorhebung zu überprüfen. Andererseits gilt es, bestimmte Beobachtungen[44] bzw. Aussagen Zimmerlis, die die Heraushebung des Ichs Jahwes betreffen,[45] von dieser Seite aus zu beleuchten.

3. Im Gefolge Zimmerlis hat sich der Ausdruck 'Selbstvorstellungsformel' eingebürgert. Damit hat Zimmerli *einen* Aspekt des Phänomens zu seiner Bezeichnung herausgegriffen, seine (im Verständnis Zimmerlis) entstehungsgeschichtlich ursprüngliche Funktion, ohne dass diese die einzige Funktion gewesen wäre, die Zimmerli wahrgenommen und beschrieben hat. Im Zuge der Rezeption des Begriffs 'Selbstvorstellungsformel' sind dann jedoch Differenzierungen und Nuancen, die Zimmerli noch im Blick hatte, verloren gegangen. Zimmerli hat durchaus gesehen, dass die Wendung auch mehr und anderes als reine Selbstvorstellung ist.[46] Auf der Grundlage der Ergebnisse der grammatischen Überlegungen werden diese verschiedenen Funktionen, die im Begriff der Selbstvorstellung nur unzureichend (und z.T. irreführend) erfasst sind, noch einmal herauszuarbeiten sein. Der Begriff der Selbstvorstellungsformel sollte aufgegeben bzw. in seiner Verwendung auf echte Selbstvorstellungen beschränkt werden; statt seiner ist eine deskriptive Begrifflichkeit wie 'ʾanî Yhwh-Aussage' für die Bezeichnung der Formel vorzuziehen.

---

42 Vgl. W.Zimmerli, Ich bin Jahwe, 36.
43 Zimmerli repräsentiert mit diesen Voraussetzungen den Stand der grammatischen Erkenntnisse seiner Zeit, für die Gesenius/Kautzsch (W.Gesenius, Hebräische Grammatik) die Gewährsinstanz gewesen sein dürfte. Dort heißt es § 141.4: "Die naturgemäße *Wortstellung* ist im Nominalsatz als der Beschreibung eines Zuständlichen die Folge Subjekt – Prädikat; auf ersteres als den Gegenstand der Beschreibung fällt der Hauptnachdruck. Sehr häufig findet sich jedoch auch (...) die umgekehrte Folge: Prädikat – Subjekt. Letzteres *muß* eintreten, wenn auf dem Prädikat ein besonderer Nachdruck liegt, oder wenn es in einem Fragewort besteht." (475) Unter *m* wird verwiesen auf die Untersuchung von C.Albrecht, Die Wortstellung im hebräischen Nominalsatze, die eine vollständige Auflistung der Ausnahmen von der Folge Subjekt – Prädikat enthält. (475f) Erststellung gilt also als betonte Stellung, und zwar unabhängig davon, ob Subjekt oder Prädikat voransteht.
44 Etwa die "starke Unterstreichung des Subjekts der SF durch Verdopplung und Verwendung des lautlich gewichtigeren אָנֹכִי" bei Deuterojesaja, vgl. W.Zimmerli, Ich bin Jahwe, 29.
45 Vgl. etwa: W.Zimmerli, Ich bin Jahwe, 17.
46 Vgl. z.B W.Zimmerli, Ich bin Jahwe, explizit 31. Vgl. auch Hervorhebungen in den obigen Zitaten.

4. Die Frage nach den Funktionen der Formel steht in engem Zusammenhang mit der von Zimmerli ebenfalls gestellten und beantworteten Frage nach ihrem möglichen Sitz im Leben. Man wird bei der Beantwortung dieser Frage zwar heute nicht mehr so ungebrochen zuversichtlich wie Zimmerli es getan hat, auf einen bestimmten gottesdienstlichen Vorgang schließen können,[47] damit sind jedoch die Hinweise, die Zimmerli in diesem Zusammenhang gegeben hat, nicht notwendig abgetan, etwa

– die Beobachtung, dass in den biblischen Texten die *ʾanî Yhwh*-Aussage sowohl in primären Situationen verwendet wird, wenn also Jahwe direkt zu Mose spricht, als auch in sekundären Situationen, wenn nämlich Mose beauftragt wird, unter Verwendung der *ʾanî Yhwh*-Aussage das ihm von Jahwe Aufgetragene an das Volk weiterzugeben;[48]
– die damit in Verbindung stehende (wenn auch nicht identische) Rede von der (primären) Funktion "der eigenen Selbstvorstellung des gegenwärtigen Gottes"[49] und der "sekundäre(n) Funktion einer Begründung des Gebotes durch das Ich Jahwes"[50];
– oder der Hinweis auf die Verwendung der *ʾanî Yhwh*-Aussage in unterschiedlichen Gattungen.

Rolf Rendtorff hat in einem Aufsatz über Offenbarungsvorstellungen im Alten Israel[51] bei der Behandlung der Formel *ydˁ kî ʾanî Yhwh/* ידע יהוה אני כי) auf Zimmerli Bezug genommen[52] und an entscheidender Stelle Kritik angemeldet. Er betont, dass für die Mehrzahl der Belegstellen, gerade nicht davon ausgegangen werden kann, dass ein bisher Unbekannter spricht.[53]
Der entscheidende Unterschied der Position Rendtorffs zu der Zimmerlis besteht in der Einschätzung dessen, was der Name *Yhwh* innerhalb der Aussage *ʾanî Yhwh* leistet. Für Rendtorff fließt (unabhängig von etymologischen Herleitungen) in diesem Namen alles zusammen, was in der zurückliegenden Geschichte Jahwes mit seinem Volk von diesem Gott ausgesagt wurde und gerinnt zum Ausdruck seines Machtanspruches. Rendtorff sieht daher anders als Zimmerli in der Kurzform *ʾanî Yhwh* nicht die Grundform, sondern die spätere Reduktion älterer, län-

---

[47] Bedenken dagegen hatte schon R.Rendorff, Offenbarungsvorstellungen, 53, Anm. 70 erhoben.
[48] Vgl. W.Zimmerli, Ich bin Jahwe, 38.
[49] W.Zimmerli, Ich bin Jahwe, 38.
[50] W.Zimmerli, Ich bin Jahwe, 38.
[51] R.Rendtorff, Offenbarungsvorstellungen, 39–59.
[52] Vgl. dazu Zimmerlis Replik: "Offenbarung" im Alten Testament, 15–31.
[53] Nur für Ex 3,6 (mit Einschränkung) und Jos 5,14 (jeweils nicht mit dem Jahwenamen formulierte Stellen) nimmt Rendtorff an, dass "die Selbstvorstellung ein eigenes Redestück [bildet], das im Erzählungszusammenhang eine selbständige Funktion hat, so daß man von einer Selbstvorstellung im eigentlichen Sinne reden kann" (a.a.O. 51).

gerer Aussagen, wie 'Ich bin Jahwe, der Gott deines Vaters' u.a.[54]. In der Kurzform sind alle anderen Aussagen verdichtet. Zimmerlis Anliegen hingegen ist es, den Namen von jeder Sachaussage fernzuhalten.[55] In seiner Erwiderung auf Rendtorff verdeutlicht Zimmerli, was aus seiner Sicht die Selbstvorstellung im Namen impliziert:

> Im "Geschehen der Selbstvorstellung im Namen schwingt ein Doppeltes mit: 1. Eine souveräne Freiheit. Meinen Namen kann zunächst nur ich selber nennen, den listet mir niemand ab, wenn ich ihn nicht selber preisgebe. So ist die Selbstvorstellung eine unumkehrbare Aussage. 'Ich bin Jahwe' ist etwas qualitativ anderes als die Aussage 'Du bist Jahwe', die nur als Echo der ersten möglich ist – nie aber umgekehrt. (…) Dazu kommt 2.: Die Selbstvorstellung im Namen ist eine Aussage, in der das Geheimnis des Ich, und nicht nur eine Chiffre der Mächtigkeit zur Aussprache kommt, wie es bei Rendorff in dieser Ichaussage Jahwes scheinen möchte. Als solche ist sie wesensmäßig geschieden von jeder Sachaussage beschreibender Art. Wenn David sagt: 'Ich bin David', so ist das ein Sich-Hergeben der Person, das zunächst etwas ganz anderes ist als die Aussage: 'Ich bin König!', 'Ich bin mächtig!'"[56]

Zimmerli unterstreicht, dass sich eine Aussage "ich bin X", wobei für X ein Nomen proprium einzusetzen ist, von Aussagen "ich bin Y", wobei für Y ein anderes Nomen, Adjektiv usw. einzusetzen ist, grundlegend unterscheidet. Erstere sind Akte souveräner Freiheit, nur das Ich kann seinen Namen kundtun. Es sind unumkehrbare Vorgänge, die nur vom Ich ausgehen können.

Zimmerli wendet sich gegen die mindestens implizit zum Ausdruck kommende Auffassung Rendtorffs, die Formel sei Chiffre für die Mächtigkeit Jahwes. Nach Meinung Zimmerlis kehrt Rendtorff damit

> "wieder zu dem älteren Verständnis dieser Aussage, *das den Jahwenamen als Prädikat verstand*, und ihn in seinem Gehalt auf ein neutrisches "mächtig" reduzierte zurück."[57] (Herv. A.D.)

In der Antwort an Rendtorff wird noch deutlicher als in Zimmerlis früherem Aufsatz, dass das in dieser Formel an- und ausgesprochene Phänomen für ihn das Wesen alttestamentlichen Gottesglaubens unmittelbar berührt. Das Ringen um die genaue Beschreibung dessen, was da ausgesagt wird und was nicht, macht deutlich, es geht um nichts Geringeres als um den grundlegenden Vorgang, durch den Gott Menschen

---

[54] R.Rendtorff, Offenbarungsvorstellungen, 52.
[55] R.Zimmerli, "Offenbarung" im Alten Testament, 15–31.
[56] W.Zimmerli, "Offenbarung" im Alten Testament, 21.
[57] W.Zimmerli, "Offenbarung" im Alten Testament, 23. Zimmerli verwendet den Begriff "Prädikat" an dieser Stelle nicht im grammatischen Sinne, das würde seiner eigenen Auffassung von der Prädikatstellung (im grammatischen Sinn) des Jahwenamens (vgl. z.B. W.Zimmerli, Ich bin Jahwe, 30) widersprechen; es geht ihm an dieser Stelle um die Abwehr eines Verständnisses, das im Jahwenamen eine inhaltliche, 'beschreibende' Information findet.

den Zugang zu sich erschließt, wobei in der Art und Weise, wie das geschieht, wesentliche Erkenntnisse über diesen Gott mitgesetzt sind.

Etwa zeitgleich mit und unabhängig von Zimmerli[58] befasste sich auch Karl Elliger mit den Formeln *'anî Yhwh* und *'anî Yhwh 'ælohêkæm*[59]. 1954 veröffentlichte er seinen Aufsatz "Ich bin der Herr – euer Gott"[60]. Seinen Ausgangspunkt nimmt er, anders als Zimmerli, bei der Frage nach möglichen Unterschieden im Gebrauch der beiden Wendungen. Die Beantwortung genau dieser Frage erwies sich dann als Dissenspunkt gegenüber Zimmerli. Zimmerli war ja zur Annahme eines "promiscue-Gebrauch(s) der beiden Formeln"[61] gelangt. Elliger setzt mit seinen Untersuchungen beim Heiligkeitsgesetz ein. Dort finden sich Kapitel, die nur die kürzere (*'anî Yhwh*), solche die nur die längere (*'anî Yhwh 'ælohêkæm*) und schließlich solche, die beide Formeln enthalten. Eine Analyse von Lev 18 ergibt, dass die beiden Formeln in einer je anderen Schicht belegt sind und entsprechend der theologischen Schwergewichte der verschiedenen Schichten andere theologische Aspekte zum Ausdruck bringen: die Langform "das huldvolle Heilshandeln in der Geschichte"[62] (Huldformel), die Kurzform "das heilige eifersüchtige Wesen Gottes"[63] (Heiligkeitsformel). Die Untersuchung der weiteren Belege im Heiligkeitsgesetzes bestätigt nach Elliger diese Differenzierung. Allerdings bespricht er auch Fälle, in denen seine Differenzierung nicht glatt aufgeht. Er erwägt daher die ursprüngliche Verwandtschaft der beiden Formeln, ihr Wachsen aus derselben Wurzel und ihre Auseinanderentwicklung unter bestimmten geschichtlichen Einflüssen und in bestimmten theologischen Kreisen.[64]

In Zusammenhang der Belege in der Grundschrift der Priesterschrift sind zwei Beobachtungen Elligers wichtig:

Ex 6,2ff zeigt "daß auch die Formel 'Ich bin Jahwe' von Hause aus Theophanieformel ist. Dabei ist in dieser priesterlichen Einleitung der Sinaioffenbarung *der Name mehr als bloße Form, mehr als äußerliches Unterscheidungsmerkmal gegenüber anderen Göttern, sondern ein theologisch aufs stärkste angefüllter Begriff, höchste Stufe der Offenbarung.*"[65] (Herv. A.D.)

In diesem Abschnitt wie insgesamt für Pg und darüberhinaus für die älteste erreichbare Literatur im Alten Testament gilt, "der Unterschied

---

[58] Vgl. K.Elliger, Ich bin der Herr – euer Gott, 33f.
[59] Elliger benutzt als Oberbegriff für beide Formeln etwa "Selbstaussage" (15) oder "Selbstbezeugungsformeln" (30).
[60] K.Elliger, Ich bin der Herr – euer Gott, 9–34.
[61] W.Zimmerli, Ich bin Jahwe, 13.
[62] K.Elliger, Ich bin der Herr – euer Gott, 15.
[63] K.Elliger, Ich bin der Herr – euer Gott, 15.
[64] Vgl. K.Elliger, Ich bin der Herr – euer Gott, 24.
[65] K.Elliger, Ich bin der Herr – euer Gott, 29.

'Huldformel–Hoheitsformel' fällt hier dahin."[66] Elliger geht davon aus, dass Heilswille und Gehorsamsverpflichtung aus der Kurzformel herauszuhören waren und dass andererseits, die Zufügung von "dein Gott" eine sachgemäße Exegese des in der Kurzform Gemeinten sein konnte. Im Laufe der Geschichte hätten dann jedoch "Theologen" wie Ezechiel die Gefahr der einseitigen Betonung des Heilswillens in der Langform gesehen und sie zugunsten der Kurzform gemieden, bis sich durch die Erfahrung des Exils die Situation wieder zugunsten der Langform änderte (vgl. Deuterojesaja).[67]

Elliger gibt *ʾanî Yhwh*, wie Zimmerli, durch "Ich bin Jahwe" wieder, außer in den Fällen, in denen der Jahwenamen nach Elliger als Apposition zu *ʾanî* verstanden werden muss. Kritierien, die eine Entscheidung für die eine oder andere Möglichkeit nahelegen, nennt er nicht, und die von ihm angeführten Stellen[68] sind durchaus verschiedener Art[69].

Elliger unterstützt an verschiedenen (nicht allen) Stellen, die Auffassung der Massoreten, die an einigen Stellen אני יהוה אלהיכם nicht als "Ich bin Jahwe, euer Gott", sondern als "Ich, Jahwe, bin euer Gott" verstehen.[70] Für dieses Verständnis gibt es jeweils inhaltliche Gründe, etwa, dass in diesen Fällen weder die strenge Heiligkeitsformel, noch die strenge Huldformel gemeint war, sondern "von der Heiligkeitstheologie her ... eine Brücke zu der Huldformel ... gebaut wird"[71]. Elliger entwickelt diese Auffassung an Lev 20,7 und interpretiert die Aussage: "Ich, Jahwe und nicht Irgendwer, bin doch euer Gott. Hier ist das durch den Namen näherbestimmte »ich« und nicht »euer Gott« betont"[72]. Damit wäre also auch für die durch אלהים erweiterte Formel nicht von vorneherein klar, welches die obligatorischen Glieder des Nominalsatzes sind und welches der Glieder Apposition ist. Steht anstelle des אלהים ein Partizip, möchte Elliger Jahwe als Apposition[73] auffassen.

Elliger schwankt also in seiner Übersetzung und damit im Verständnis der Langform. Ähnlich wie Zimmerli sieht er an bestimmten Stellen eine Betonung des "ich" gegeben. Andererseits ist nach Elliger in bestimmten Aussagezusammenhängen und für die Aussage *ʾanî Yhwh* der Namen "mehr als äußerliches Unterscheidungsmerkmal gegenüber anderen Göttern, sondern ein theologisch aufs stärkste aufgefüllter Begriff, höchste Stufe der Offenbarung"[74].

---

66 K.Elliger, Ich bin der Herr – euer Gott, 29; vgl. auch 33.
67 Vgl. K.Elliger, Ich bin der Herr – euer Gott, 33.
68 Vgl. K.Elliger, Ich bin der Herr – euer Gott, 20.
69 Schlussstellung von אני יהוה z.B. in Ex 6,8; in das Satzgefüge "eingesprengt" z.B. in Num 3,41; fortgeführt durch Verb, z.B. in Num 14,35; fortgeführt durch Partizip, z.B. in Ex 31,13; vgl. dazu K.Elliger, Ich bin der Herr – euer Gott, 29.
70 Vgl. K.Elliger, Ich bin der Herr – euer Gott, 18f.
71 K.Elliger, Ich bin der Herr – euer Gott, 18.
72 K.Elliger, Ich bin der Herr – euer Gott, 18.
73 Vgl. Lev 22,32b bei K.Elliger, Ich bin der Herr – euer Gott, 17.
74 K.Elliger, Ich bin der Herr – euer Gott, 29.

Ähnlich wie bei Zimmerli drängt sich auch im Anschluß an die Überlegungen Elligers die Frage auf nach dem Aussagefälle innerhalb des Nominalsatzes, die Frage, wie die Glieder einander syntaktisch zuzuordnen sind, was sie leisten und welches ihre Bedeutungsgehalte sind.

1967 greift Alfred Jepsen in einem Aufsatz zum Dekalog[75] die Arbeiten Zimmerlis und Elligers auf. Eine analoge Übersetzung von *ʾanî Yhwh ʾælohǣka* und *ʾanî Yhwh* scheint ihm gegen Zimmerli nicht zwingend; für *ʾanî Yhwh* erwägt er die von Zimmerli abgewiesene[76] Übersetzung Klostermanns "Ich Jahwe"[77]. In der Langform will er durchgehend Jahwe appositionell zum Pronomen verstehen.
Er klagt eine stärkere Beachtung der Funktion der Formel im Kontext ein und unterscheidet Begründungsformel ["Jahwes Gottheit (die bekannt ist) genügt als Grund für Gebote"[78]], Offenbarungsformel ("wie sie in Genesis und in Ex 3,6 vorliegt; hier gibt sich die Gottheit als El Schaddaj oder als Jahwe zu erkennen [analog zu dem profanen: 'Ich bin Joseph']"[79]) und Huldformel ("in der Jahwe sich als der Gott Israels erklärt"[80]). Letztere sieht er überall in Verbindung mit *ʾælohǣka* gegeben. Darin besteht eine gewisse Nähe zu Elliger, allerdings übersetzt Elliger seine Huldformel meist analog zu *ʾanî Yhwh* mit "ich bin Jahwe, euer Gott".
Im Vorspruch zum Dekalog sieht Jepsen dann die Huldformel gegeben. "Der Ton liegt im Zusammenhang nicht auf der Selbstvorstellung, wie bei der Offenbarung, sondern auf der Zusage und der sich daraus ergebenden Forderung"[81]. Im Zusammenhang der Frage nach der Übersetzung von Ex 20,3 gibt Jepsen dann folgende verdeutlichende Übertragung der Verse 2 und 3: "*Weil* ich, Jahwe, und *nur ich* dein Gott bin, hat für dich kein anderer Gott Anrecht auf Verehrung (Herv. A.D.)."[82] Und er erläutert dazu:

"Gewiß ist damit nur gesagt, daß es für Israel keinen Gott außer Jahwe gibt; über die Existenz anderer Götter ist zunächst nichts ausgesagt. Aber wo einem Gott das Recht auf Verehrung abgesprochen wird, wird ihm im Grunde die Existenz abgesprochen. (…) Und so greift diese Aussage doch sehr viel weiter, als der genaue Wortlaut annehmen läßt."[83],[84]

---

[75] Vgl. A.Jepsen, Auslegung und Geschichte des Dekalogs, 275–304.
[76] Vgl. W.Zimmerli, Ich bin Jahwe, 13
[77] Vgl. A.Jepsen, Geschichte des Dekalogs, 285.
[78] A.Jepsen, Auslegung und Geschichte des Dekalogs, 285.
[79] A.Jepsen, Auslegung und Geschichte des Dekalogs, 286.
[80] A.Jepsen, Auslegung und Geschichte des Dekalogs, 286.
[81] A.Jepsen, Auslegung und Geschichte des Dekalogs, 286.
[82] A.Jepsen, Auslegung und Geschichte des Dekalogs, 287.
[83] A.Jepsen, Auslegung und Geschichte des Dekalogs, 287.
[84] Jepsen will das לא יהיה in V. 3 nicht als Verbot ("du sollst keinen anderen Gott haben"; Jepsen fasst אלהים אחרים als Singular auf), sondern als Aussage ("kein anderer Gott hat für dich Anspruch auf Verehrung") verstehen. Damit kann er dann

Dieses Weiterausgreifen, das Jepsen hier wahrnimmt, muss dann doch wohl in Richtung eines Ausschließlichkeitsanspruches Jahwes (in Bezug auf Israel) interpretiert werden.

Die im Anschluss an die referierten Positionen sich ergebenden Fragen wiederholen sich zunehmend. Auch bei Jepsen ist unklar, weshalb er bestimmte Übersetzungsmöglichkeiten wählt.

Wie schon Elliger versucht auch Jepsen, verschiedene Funktionen der Formel(n) zu unterscheiden, ein Anliegen, das aufgrund der verschiedenen Kotexte, in denen die Formel belegt ist und ihrer Möglichkeit, verschiedene Stellen innerhalb eines Redeganges einzunehmen, weiterzuverfolgen ist. Dabei ist jedoch zu beachten, ob sich für diese Unterscheidung einheitlichere Kriterien finden lassen, als sie bei der Differenzierung Jepsens in Begründungs-, Offenbarungs- und Huldformel wirksam waren.

Im Zusammenhang dieser Funktionsunterscheidungen, aber auch ein Stück darüber hinausgehend, findet sich bei Jepsen ebenfalls ein gewisses Schwanken darüber, wo eigentlich der Aussageschwerpunkt der Formel(n) jeweils liegt: in der Offenbarungsformel wohl auf dem Namen, in der Huldformel auf "dein/euer Gott", allerdings in der Verwendung der Huldformel in Ex 20,2 vielleicht doch eher auf dem "ich" bzw. "ich, Jahwe", wie die Fortsetzung in V. 3 zeigt. Hier besteht also noch erheblicher Präzisierungsbedarf.

Den bisher besprochenen Untersuchungen zur ʾ*anî Yhwh*-Aussage ist gemeinsam, dass sie die Fragen von Wortstellung und Syntax (ausgenommen die Frage des appositionellen Verständnisses von *Yhwh* und/ oder ʾ*ælohîm*) weitgehend außer Acht lassen. Daneben gibt es Untersuchungen, die Hinweise auf die Relevanz der Wort(arten)stellung geben, ohne dass diese Ansätze in der weiteren Forschungsgeschichte wirksam geworden wären:

Bereits 1922 hatte B.Jacob in seinem Aufsatz "Mose am Dornbusch" die Bedeutung von ʾ*anî Yhwh* dadurch zu erhellen versucht, dass er Nominalsätze mit dem Pronomen der 1. sg. in Zweitstellung verglichen hatte mit solchen, in denen das Pronomen in Erststellung steht. Seine Auffassung ist dabei der später von Zimmerli vertretenen entgegengesetzt:

"Wenn sich jemand bekannt geben will, sei es auf die Frage: wer bist du? sei es um ungefragt seine folgende Rede zu begründen, so geschieht dies durch nachgestelltes אנכי (niemals אני)."[85]

---

auch in V. 2 seiner funktionalen Aufteilung entsprechend eine Huldformel sehen. Würde man dagegen in V. 3 ein Verbot sehen, wäre die von Jepsen vorgenommene funktionale Aufteilung an diesem Punkt unstimmig, da dann die Huldformel doch wohl Begründungsfunktion hätte.

[85] B.Jacob, Mose am Dornbusch, 187.

"Fängt dagegen der Satz mit אֲנִי an, so ist der folgende Name und die Person dem anderen längst bekannt und der Redende will dem angeredeten nur zum Bewußtsein bringen, mit wem er es zu tun hat, und damit die folgende Rede verständlich machen. (...) "Während daher der Satz mit nachgestelltem אָנֹכִי die Rede notwendig beginnen muß, könnte derjenige mit vorangestelltem אֲנִי sie ebensowohl beschließen, als Bekräftigung und Besiegelung."[86]

Letzteres trifft für *ʾanî Yhwh* zu, das "eine göttliche Kundgebung legitimieren und bekräftigen soll. Dies ist wahrscheinlich (internationaler) Amtsstil des Altertums."[87] Jacob stellt die Frage nach Subjekt und Prädikat nicht. Aus seinen Ausführungen wird aber deutlich, dass der Schwerpunkt der Aussage auch bei den Sätzen mit vorangestelltem Pronomen auf dem folgenden Namen oder Nomen liegt: "Die beiden Worte (sc. *ʾanî Yhwh* A.D.) appellieren an das bekannte, durch den Namen aufgerufene und vorgestellte Wesen Ihvhs und seine Eigenschaften."[88] Der Name Jahwe steht dabei je nach Zusammenhang für die Allmächtigkeit, für das Sich-selbst-treu-sein usw.[89] Wichtig ist die Beobachtung Jacobs, dass die Sätze mit vor- und nachgestelltem Pronomen Unterschiedliches leisten, und zwar so, dass die Sätze mit nachgestelltem Pronomen auf die Frage 'wer bist du?' antworten, während die Sätze mit Pronomen in Erststellung die Bekanntheit des Ich-Redners voraussetzen. Jacob fragt dabei nicht nach syntaktischen Gegebenheiten, und so stellt sich für ihn das Problem nicht, was sich aus seinen Erkenntnissen für die Bestimmung von "Subjekt" und "Prädikat" in den entsprechenden Sätzen ergibt: ist der Name jeweils "Prädikat", dann wäre zu fragen, warum die Satzteilfolge einmal "Subjekt" – "Prädikat", einmal "Prädikat" – "Subjekt" ist; oder ist die Beobachtung, dass in beiden Satztypen (mit vor- und nachgestelltem Pronomen) das Aussagegefälle hin zum Namen geht, auf einer anderen als der syntaktischen Ebene zu verorten?

Peter Weimar hat diese Erkenntnisse Jacobs in seiner Dissertation "Hoffnung auf Zukunft" bzw. in "Untersuchungen zur priesterschriftlichen Exodusgeschichte" mit explizitem Bezug auf Jacob aufgegriffen und untermauert:

"Wie nämlich der profane Sprachgebrauch deutlich zu erkennen gibt, besteht ein klarer Bedeutungsunterschied zwischen der Wortfolge אָנֹכִי/אֲנִי + Benennung und Benennung + אָנֹכִי/אֲנִי. Während bei nachgestelltem אָנֹכִי/אֲנִי der sich Vorstellende seinem Gegenüber unbekannt ist, besteht bei vorangestelltem אָנֹכִי/אֲנִי auf jeden Fall (wenigstens in der Intention des Erzählers) eine Bekanntheitsqualität zwischen dem Redenden und dem Angeredeten. In diesem zweiten Fall hat die Kundgabe des Namens entweder die Funktion, daß sich der bekannte, aber nicht erkannte Redende seinem Gegenüber zu erkennen gibt, oder sie dient dazu, die eigene Macht

---

86   B.Jacob, Mose am Dornbusch, 188.
87   B.Jacob, Mose am Dornbusch, 188f.
88   B.Jacob, Mose am Dornbusch, 188.
89   Vgl. B.Jacob, Mose am Dornbusch, 190.

herauszustellen (vgl. Gen 41,44) oder aber der nachfolgenden Rede ein besonderes Gewicht zu verleihen. (...) Demnach wird die SF יהוה אני nicht zunächst und eigentlich meinen, daß Jahwe aus seiner Unbekanntheit durch Nennung seines Namens heraustritt, sondern daß der schon längst bekannte Jahwe sich selbst – und darin sein Wesen – kundgibt, um so seine Zusagen und Rechtssatzungen zu unterstreichen und zu legitimieren."[90]

Wie schon bei Jacob ist auch bei Weimar der Hinweis auf die unterschiedliche Leistung von Sätzen, die sich in der Wort(arten)stellung (אנכי/אני + Benennung und Benennung + אנכי/אני) unterscheiden, hervorzuheben und in der Forschung der Folgezeit zu unrecht kaum beachtet worden. In der Konsequenz seiner Gedanken liegt eine umfassende syntaktische Grundlegung zur Satzteilfolge im hebräischen Nominalsatz und die Anwendung der dabei erzielten Ergebnisse auf *ʾanî Yhwh*. Auch die Betonung, dass die sog. Selbstvorstellungsformel eigentlich keine echte Selbstvorstellung leistet, ist in den Forschungsbeiträgen nach Weimar kaum in dieser Deutlichkeit festgehalten worden. Die unzureichende Rezeption der Thesen Weimars zur *ʾanî Yhwh*-Aussage dürfte u.a. ihrem Grund darin haben, dass Weimar von Zimmerli die Abkürzung "SF" (= Selbstvorstellungsformel) übernimmt, damit auch die Rede von der Selbstvorstellungsformel und so über die Terminologie die Zimmerli'schen Anschauungen transportiert, wodurch er gleichzeitig mit dieser Terminologie seine eigene Position ein Stück unkenntlich macht.

Weimar verweist außerdem auf altorientalisches Vergleichsmaterial.[91] Während er mit seiner Bemerkung, dass "zu einer sachgerechten Wertung der SF neben dem theologischen Gebrauch der Formel in Hymnen und Orakeln auch ihre profane Verwendung im königlichen Selbstpreis sowie in den Königsinschriften und Gesetzesprologen zu berücksichtigen ist"[92], richtig liegen dürfte, ist die Aussage, dass zu "allen Verwendungsmöglichkeiten der SF (...) Analogien in der ao Literatur vor[liegen]"[93] zu differenzieren.[94]

In den bereits besprochenen Aufsätzen ist eine Beobachtung stets angeklungen, aber kaum weiter verfolgt worden: Wie immer die Formel(n) bestimmt und übersetzt wird (werden), irgendwann drängt sich so etwas wie ein exklusiver Anspruch auf[95], den der Sprecher mit dieser Aussage erhebt. Diethelm Michel verfolgte 1973 diese Spur weiter, in sei-

---

90 P.Weimar, Untersuchungen, 90f. – Weimar bietet auch eine Liste von Stellen sowohl für die Wortfolge אני/אנכ + Benennung als auch für die Folge Benennung + אני/אנכ, vgl. ebd. 90, Anm. 32. Vgl. dazu in der vorliegenden Arbeit Kap. 3.
91 P.Weimar, Untersuchungen, 88, Anm. 25.
92 P.Weimar, Untersuchungen, 88.
93 P.Weimar, Untersuchungen, 88.
94 Vgl. dazu in der vorliegenden Arbeit Kap. 5.
95 Vgl. oben im Referat Zimmerlis und Elligers z.B. die Stellen, an denen sie eine Betonung des "Ich" annehmen.

nem Aufsatz "Nur ich bin Jahwe".[96] Michel beschränkt sich in dieser
Untersuchung auf die Kurzform (*ʾanî Yhwh*) und stellt sich einer in der
bisherigen Forschung vernachlässigten Frage, der nach den syntaktischen Verhältnissen innerhalb des Nominalsatzes *ʾanî Yhwh*. Seine
Analyse fußt auf neuen, zum größten Teil eigenen Erkenntnissen über
die hebräische Nominalsatzsyntax.[97]
Michel analysiert *ʾanî Yhwh* vergleichbare Formulierungen, Nominalsätze, bestehend aus Pronomen und Nomen. Er wählt zunächst bewusst
Beispiele aus dem profanen Bereich, etwa Gen 41,44 אני פרעה. Er untersucht dabei Nominalsätze mit vorangestelltem und solche mit nachgestelltem Personalpronomen, sowie Texte in denen beide Möglichkeiten nebeneinander belegt sind. Die untersuchten Beispiele zeigen, dass
die Abfolge Pronomen – Nomen/Nomen – Pronomen nicht etwa beliebig ist, sondern dass das 'Prädikat' dem 'Subjekt' voran steht.[98] Die ge-
wonnene Regel[99] lässt sich dadurch bestätigen, dass sich dort, wo Nominalsätze mit vorangestelltem und solche mit nachgestelltem Pronomen nebeneinander vorkommen, Bedeutungsunterschiede nachweisen
lassen.
Eine wichtige Abweichung von dieser Regel ist jedoch zu beachten:

"Wenn allerdings der Satz aus einem Eigennamen und einem Personalpronomen
besteht, steht das Pronomen regelmäßig an erster Stelle im Satz, auch wenn es als
Mubtada dient."[100]

Die Erkenntnis, dass in den Sätzen des Typs Pronomen – Nomen das
Pronomen "Chabar sein k a n n "[101], wendet Michel dann auf die Aussage *ʾanî Yhwh* an. Vom grammatischen Befund her müsste es somit möglich sein, in *ʾanî* das "Prädikat" und damit den Aussageschwerpunkt zu
sehen. Eine Übersetzung, die diese Einsicht umsetzt, müsste etwa lauten "*Ich bin Jahwe*", meint "Ich (und keiner sonst) bin Jahwe" oder
"Nur ich bin Jahwe".
Michel untersucht Belege aus Deuterojesaja. Hier stützt der Kotext,
Michels These, die sich in seiner Übersetzung "nur ich bin Jahwe" nie-
derschlägt, am deutlichsten.

---

[96] D.Michel, Nur ich bin Jahwe, 145–156.
[97] Die Ergebnisse der Untersuchungen Michels zur Nominalsatzsyntax, die bereits zu Teilen in diesen Aufsatz eingeflossen sind, wurden erst später systematisch
ausgearbeitet veröffentlicht, vgl. dazu unten Kap. 3.3.3.
[98] Michel selbst verwendet nicht die Termini 'Prädikat' und 'Subjekt', sondern
spricht (in Anlehnung an die Terminologie der arabischen Nationalgrammatiker)
von 'Chabar' und 'Mubtada'. Zu dieser Begrifflichkeit vgl. auch D.Michel, Grundlegung 2, 25–30.
[99] Diese Regel stimmte auch mit dem überein, was Michel bereits unabhängig
von dem hier verhandelten Problem für eine andere Gruppe von Nominalsätzen
(sog. nominale Mitteilungen) erhoben hatte, s.unten Kap. 3.3.3.
[100] D.Michel, Nur ich bin Jahwe, 148.
[101] D.Michel, Nur ich bin Jahwe, 150.

Dieses Verständnis des Nominalsatzes[102] hat jedoch Konsequenzen für die Bedeutung des *Yhwh* bzw. setzt eine bestimmte Bedeutung des *Yhwh* voraus:

"Dann freilich ist klar, daß 'Jahwe' für Deuterojesaja mit einem Inhalt gefüllt sein muß, mit einem Anspruch verbunden sein muß, den auch andere Götter erheben können, so wie ja Gen 41,44 auch 'Pharao' nicht bloßer Name war, sondern etwa die Bedeutung hatte: Träger der höchsten Macht o.ä."[103]

Michel geht der Frage nach, ob aus dem Kotext, in dem die Formel bei Deuterojesaja auftritt, etwas für die Füllung des Wortes *Yhwh* zu erheben ist. Die Analyse der Gerichtsrede Jes 43,8–13[104] in Zusammenhang mit Ratschows Ausführungen zu היה[105] und der Jahwenamenserklärung in Ex 3,14 lassen Michel vermuten, man könne für Jahwe "'er erweist sich' (sc. als in der Geschichte handelnd)"[106] o.ä. einsetzen. Als Fazit der untersuchten Stellen bei Deuterojesaja hält Michel fest:

"1. An einer Reihe von Stellen ist die Formel יהוה אני bei Deuterojesaja so zu analysieren, daß אני als Chabar und יהוה als Mubtada aufzufassen ist, zu übersetzen sind diese Stellen 'nur ich bin Jahwe' oder 'Jahwe bin nur ich'.
2. An diesen Stellen ist 'Jahwe' eine sinngefüllte Bezeichnung; die Bedeutung dieses 'Namens' ist etwa 'er erweist sich'. Mit ihr soll der Gott Israels als derjenige charakterisiert werden, der als Schöpfer und Herr der Geschichte allein wirksam ist und sich eben damit als Gott erweist. Hinter diesen Texten steht eine 'Theologie des Jahwenamens'."[107]

---

[102] Michel weist darauf hin, dass in ähnlicher Weise bereits Köhler (vgl. L.Köhler, Deuterojesaja, 59) und Volz (vgl. P.Volz, Jesaja II, 41) die Aussage verstanden haben (vgl. D.Michel, Nur ich bin Jahwe, 150). Köhler hatte festgehalten: "… das Hebräische hat im einfachen Aussagesatz (…) die Wortfolge: erst P, dann S. (…) Daher heißt [Jes] 43,10 עדי אתם nur: 'meine Zeugen seid ihr und nicht andere' oder אנכי אנכי יהוה 43,11 nur: 'Jahwe bin ich, ich und kein anderer' (also heißt es nicht auch: 'Ich, ich bin Jahwe und nicht Marduk')." (L.Köhler, Deuterojesaja, 59) Volz: "Der Ausdruck [Jes 43] **11a** erinnert an Ezechiel, *Jahwe* ist Subjekt (Köhler) und ist der Name der monotheistischen Gottheit." (P.Volz, Jesaja II, 41.)

[103] D.Michel, Nur ich bin Jahwe. 150. Gegen ein solches Verständnis hatte sich Zimmerli ausgesprochen: "Darum sind alle Versuche, die strenge Erkenntnisaussage bei Ezechiel und anderswo von einer aus Ex 3,14 erschlossenen Sinngebung des Jahwenamens her zu verstehen, im Ansatz falsch, weil sie das nicht auf eine Sinnbedeutung reduzierbare Geheimnis des Eigennamens und die unumkehrbare Richtung des Vorganges der Selbstvorstellung verkennen." (W.Zimmerli, Erkenntnis Gottes, 104f, Anm. 90.)

[104] Vgl. D.Michel, Nur ich bin Jahwe, 151.

[105] Danach bezeichnet היה "kein statisches Sein, sondern ein Wirken, ein Wirksam-Sein, ein Sich-Erweisen" (D.Michel, Nur ich bin Jahwe, 151.) Vgl. C.Ratschow, Werden und Wirken, passim, v.a. 29f.53.

[106] D.Michel, Nur ich bin Jahwe, 151.

[107] D.Michel, Nur ich bin Jahwe, 153. – Schon Bultmann hatte in seinem Kommentar zum Johannesevangelium damit gerechnet, dass in den Ich-bin-Aussagen das Pronomen Prädikat sein kann und sich dafür v.a. auf Stellen bei Deuterojesaja

Im Ausblick skizziert Michel, dass auch über Deuterojesaja hinaus seines Erachtens diese 'Theologie des Jahwenamens' zu finden ist. Er
nennt 1.Kön 20, einige Erkenntnisformeln in priesterschriftlichem Kotext und verweist auf Ezechiel.[108]

Das Verdienst dieses Aufsatzes besteht darin, die Frage nach den syntaktischen Verhältnissen innerhalb des Nominalsatzes $^{\prime a}n\hat{\imath}$ *Yhwh* explizit gestellt und in den Mittelpunkt des Interesses gerückt zu haben. Der
Versuch einer Klärung dieser Frage ist grundlegend für das Verständnis der Aussage und allen weiteren Überlegungen zu Bedeutung, Funktion und Differenzierung ihrer verschiedenen Varianten vorzuordnen.
Die These Michels bedarf nun in zwei Richtungen weiterer Überprü-
fung[109]:
1. Die Belege außerhalb Deuterojesajas, auf die Michel in seinem Aufsatzes verweist, von denen er aber nur wenige ausgewählte besprechen
kann, müssten daraufhin untersucht werden, inwieweit seine These hier
trägt.
2. Michel selbst weist darauf hin, dass die Satzteilfolge "Prädikat" –
"Subjekt" in Sätzen, die aus einen Pronomen und einem Nomen proprium bestehen, nicht in jedem Fall zu gelten scheint.[110] In diesen Sätzen steht das Pronomen immer in Erststellung, auch dann, wenn es
Mubtada ("Subjekt") ist und nach der Regel eigentlich in Zweitstellung, nach dem Nomen proprium stehen müsste. Aus Michels Bei-
spielanalysen geht dann in der Konsequenz hervor, dass ein Satz bestehend aus Pronomen (in Erststellung) und Nomen proprium (in Zweitstellung) sowohl die Satzteilfolge Chabar – Mubtada (vgl. Michel zu
Gen 45,4.4) als auch Mubtada – Chabar (vgl. Michel zu Ruth 3,9) aufweisen kann. Auf die Aussage $^{\prime a}n\hat{\imath}$ *Yhwh* wendet Michel dieses Problem explizit nicht an. Implizit thematisiert er es in folgender Formulierung:

"Während man bei den anderen Belegen der Wendung יהוה אני auch das Verständnis als Selbstvorstellungsformel im Sinne Zimmerlis für sinnvoll halten kann [in
diesem Fall müßte von einer Satzteilfolge Mubtada – Chabar ausgegangen werden,

---

berufen: "Auch diese Formel (sc. die Rekognitionsformel, in der das Pronomen
Prädikat ist, A.D.) findet sich im Sakralstil, und zwar manchmal so, dass durch das
ἐγώ εἰμι etwas, was man schaut oder schon kennt, neu interpretiert wird (…) In
eigentümlicher Anwendung in Deut.=Jes, wo sich Gott in der dichterisch-fingierten
Gerichtsverhandlung den anderen Göttern gegenüber durch sein: Ich bin es, der ...
ausweist." R.Bultmann, Das Evangelium des Johannes, 168.
[108] Vgl. D.Michel, Nur ich bin Jahwe, 153f.
[109] Dabei soll die Nominalsatztheorie selbst, auf der die These fußt, als den Verhältnissen im Hebräischen adäquat vorausgesetzt werden.
[110] Michel präzisiert die Regeln für die Satzteilfolge im Nominalsatz in späteren
Veröffentlichungen weiter (vgl. D.Michel, Probleme des Nominalsatzes, 215–224;
ders. Grundlegung 2), was aber ohne Konsequenzen für den Spezialfall Pronomen
– Nomen proprium bleibt.

A.D.], fordern die oben aus Deuterojesaja zitierten Stellen m.E., das vorangestellte Pronomen als Chabar zu verstehen und also zu übersetzen: 'Jahwe bin nur ich'."[111] (Herv. A.D.)

Wenn es sich aber so verhielte, dass man für bestimmte Stellen Zimmerlis Verständnis, für andere jedoch Michels mit Blick auf Deuterojesaja und andere Stellen entwickeltem Verständnis folgen müsste, wenn also je nach Stelle und Kotext unter Verwendung ein und derselben Oberflächenstruktur (*ᵃnî* auf der ersten Position, *Yhwh* auf der zweiten Position) zwei verschiedene Aussagen gemacht werden könnten, würde das voraussetzen, dass sich die syntaktische Struktur verändern kann, ohne dass sich die Oberflächenstruktur verändert.[112] Die Frage, ob im Falle des *ᵃnî Yhwh* mit einem solchen Phänomen zu rechnen ist und wenn ja, welche Bedingungen dabei eine Rolle spielen, ist noch offen.

Franz Sedlmeier[113] hat in seiner Arbeit zu Ezechiel 20 Michels These auf die Belege in diesem Kapitel angewandt und bestätigt gefunden. In einem Exkurs über die "sog. Selbstvorstellungsformel" resümiert er: "Statt von SF wäre es demnach sachlich richtiger von 'Absolutheits'- oder' Einzigkeits'- oder noch deutlicher von einer 'Ausschließlichkeitsformel' zu sprechen"[114].

In jüngerer Zeit sind Beiträge zur *ᵃnî Yhwh*-Aussage selten geworden; sie wird, wo die Ausleger im Rahmen ihrer Arbeit auf sie treffen zwar durchaus als eigenes Phänomen gewürdigt, inhaltlich gingen (und gehen z.t.) die Beschreibungen jedoch kaum über den bisher dargestellten Forschungsstand hinaus, in der Regel, wird als Referenzliteratur auf die Arbeiten Zimmerlis und Elligers verwiesen. Gegenwärtig finden sich jedoch hier und da Einschätzungen der *ᵃnî Yhwh*-Aussage, die (wie Michel und Sedlmeier) eine Interpretation in Richtung Alleinigkeitsanspruch Jahwes vertreten.[115]

---

111 D.Michel, Nur ich bin Jahwe, 151.
112 Von dieser Möglichkeit ist auch W.A.M.Beuken, Confession, ausgegangen, der in einer Untersuchung zu Jes 45,18–25 von 1974 Überlegungen zur *ᵃnî Yhwh*-Aussage bei Deuterojesaja anstellt, und dabei auf die syntaktischen Voraussetzungen und Möglichkeiten reflektiert.
113 F.Sedlmeier, Ezechiel 20.
114 F.Sedlmeier, Ezechiel 20, 308. Vgl. dazu bereits W.A.M.Beuken, Confession, der in Bezug auf die Verwendung der *ᵃnî Yhwh*-Aussage bei Deuterojesaja zu dem Schluss gelangt: "Therefore, it is in DI basically not a phrase of self-presentation, but rather one of claiming exclusivity vis-a-vis the other gods." (ebd. 352) Beuken spricht dann auch von "exclusivity formula" (ebd). Vgl. auch M.Nissinen, Die Relevanz der neuassyrischen Prophetie, der in Zusammenhang der Formel יהוה אני bei Deuterojesaja von einem "monotheistischen Manifest" (236) spricht, jedoch nicht aufgrund syntaktischer Überlegungen, sondern aufgrund des Kotextes.
115 Vgl. etwa R.G.Kratz, Kyros, der אני יהוה unter die "'monotheistischen' Formeln" (31, Anm. 93) einreiht. Ausführlicher L.Massmann, Ruf in die Entschei-

Einer der Beiträge aus jüngerer Zeit, der die *ʾanî Yhwh*-Aussage bzw.
die »Ich bin«-Formel im Alten Testament zum Gegenstand hat, stammt
von Joachim Becker.[116]. Sein Beitrag zielt nicht auf eine umfassende
Behandlung der *ʾanî Yhwh*-Aussage, vielmehr auf den Nachweis, "daß
es der »Ich bin«-Formel keineswegs erst im kultischen und theologischen Bereich oder auch in literarischen Stilformen, sondern schon in
gewöhnlicher Rede gelegentlich eigen ist, über die bloße die Selbstvorstellung hinaus Ausdruck des Selbstwertgefühls, der Autorität, der Hoheit zu sein"[117]. Für diese Funktionen schlägt Becker den Begriff der
"Autoritätsformel" oder "Imponierformel"[118] vor. Becker unterscheidet
Fälle echter Selbstvorstellung von solchen, in denen s.E. die "Autoritätsformel" vorliegt. Er differenziert dabei nicht zwischen Belegen mit
Pronomen in Erst- und Pronomen in Zweitstellung, wie die von ihm
angeführten Beispiele belegen.[119] "Verglichen mit dem Unterschied
zwischen bloßer Selbstvorstellung und autoritativer »Ich bin«-Aussage

---

dung, der in einer Arbeit zu Lev 20 auch die "Ich-JHWH-Formel" (vgl. 165ff) bedenkt. Er grenzt sich in der syntaktischen Bestimmung des Nominalsatzes אֲנִי יְהוָה
gegen Michel ab, versteht אֲנִי als Subjekt, "d.h als das Bekannte" (166), יְהוָה als
Prädikat, "d.h. als das Neue" (166), und versteht die Aussage als "Selbstprädikation" (166; mit Rekurs auf M.Weippert, Assyrische Prophetien) oder "Selbstbe-
hauptung" (171). Massmann hält fest, dass es an den meisten Stellen (Ausnahme
ist für ihn Ex 6,2–8) "nicht um eine Namensoffenbarung" (171) geht. "Vielmehr
weist die Formel darauf hin, daß JHWH allein Gott Israels ist" (171), deshalb geht
er von einer mit der *ʾanî Yhwh*-Aussage verbundenen "Grundassoziation (171) im
Sinne eines "*Nur ich bin JHWH und kein anderer*" (171) aus. Mit der anfänglich
vorgenommenen syntaktischen Analyse wird diese Interpretation jedoch nicht mehr
vermittelt. Und diese Analyse scheint mir von vornherein mit erheblichen Unklar-
heiten belastet: Massmann setzt sich kritisch von Michels Übersetzung von Gen
41,44 ab, die lautet: "'Pharao bin nur ich' oder 'Nur ich bin Pharao'" (L.Massmann,
Ruf in die Entscheidung, 166, Anm. 34) und setzt seine eigene Übersetzung dagegen "'Ich bin Pharao. *Aber ohne Dich* wird keiner Hand oder Fuß heben im ganzen
Land Ägypten'" (166, Herv. Massmann); mir ist die inhaltliche Differenz beider
Übersetzungsvorschläge nicht deutlich geworden. Wenn Massmann außerdem zu
Lev 20,26 כִּי קָדוֹשׁ אֲנִי יְהוָה schreibt: "Dabei liegt zwar dieselbe Wortfolge (sc.
אֲנִי יְהוָה, A.D.), jedoch eine andere grammatische Konstruktion vor: יְהוָה ist Apposition zu אֲנִי" (168), so ist das sicher richtig, was aber meint die Fortsetzung "[יְהוָה
ist Apposition zu אֲנִי"] nicht, wie für die Ich-JHWH-Formel beobachtet, *Objekt* eines Nominalsatzes" (168, Herv. A.D.)? An späterer Stelle (188f) greift Massmann
dann im Zusammenhang der Analyse zusammengesetzter Nominalsätze doch auf
die Terminologie "mubtada"/ "ḫabar" zurück. In einer Graphik (188) erscheinen
dabei Rhema/ḫabar-Prädikat/semantisches Prädikat einerseits und Thema/mubtada-
Subjekt/semantisches Subjekt irgendwie gleich bedeutend, ohne dass, soweit ich
sehe, für eines der Begriffspaare (Thema/Rhema etc.) ausgeführt wäre, was die
Verwendung der jeweiligen Kategorien für die Analyse der entsprechenden Sätze
konkret leistet.

[116] J.Becker, Zur »Ich bin«-Formel im Alten Testament.
[117] J.Becker, Zur »Ich bin«-Formel im Alten Testament, 45.
[118] J.Becker, Zur »Ich bin«-Formel im Alten Testament, 46.
[119] Vgl. J.Becker, Zur »Ich bin«-Formel im Alten Testament, 46f.

ist die Wortstellung kein nennenswerter Faktor."[120] Diese Einschätzung ist Teil einer Stellungnahme zu D.Michels Aufsatz "Nur ich bin Jahwe"[121]. Michels Vorgehen wird dabei mindestens missverständlich wiedergegeben. "Michel verficht die These, dass die »Ich bin«-Formel mit vorangestelltem Pronomen (*ᵃnī mōšæh*) wenigstens in manchen Fällen soviel besagt wie »Ich *allein* bin Mose«, »Mose ist allein ausschließlich identisch mit mir und mit keinem anderen«, während die »Ich bin«-Formel mit vorangestelltem Prädikatsnomen (*mōšæh ᵃnī*) soviel besagt wie »Ich bin allein *Mose*«, »Ich bin identisch mit Mose und nicht mit Aaron«."[122] Michel selbst benutzt in seinem Aufsatz weder das Beispiel *ᵃnī mōšæh* und schon gar nicht *mōšæh ᵃnī*, da ein solcher Fall Eigenname + Pronomen der 1. sg. im Alten Testament überhaupt nicht belegt ist. Auch die von Becker gegebenen Paraphrasen der von ihm konstruierten Beispiele finden sich nicht im Aufsatz Michels. Wenn Becker schreibt, "für die rechte Einschätzung der Wortstellung [dürfte] die traditionelle hebräische Syntax den Vorzug verdienen. Sie hält *ᵃnī mōšæh* für die normale Wortstellung, ohne daß der Alleinanspruch emphatisch ausgedrückt würde"[123], dann ist auch diese Aussage zumindest ungenau. Die Frage der Abfolge von *Wortarten* ist von der Frage der *Satzteilfolge* zu unterscheiden. In der Syntax geht es an dem von Becker angesprochenen Punkt zunächst nicht um die Abfolge von Wortarten (Pronomen, Eigennamen) sondern von Satzteilen, es wird die Abfolge von Subjekt und Prädikat diskutiert; bezüglich dieser *Satzteilfolge* hat – das ist gegenüber Becker festzuhalten – die "traditionelle hebräische Syntax" wie unten noch zu zeigen sein wird,[124] durchaus uneinheitlich votiert. Betrachtet man hingegen für Nominalsätze, die aus einem Pronomen der 1. sg. und einem Eigennamen bestehen, die mögliche *Abfolge der beiden Wortarten*, so ist die Abfolge Pronomen 1. sg. – Eigenname nicht nur die "normale", sondern die im AT alleinig belegte.[125] Beckers Anliegen, die nichttheologischen Kotexte von »Ich bin«-Aussagen ins Blickfeld zu rücken, ist zu unterstützen. Wie in einigen der bereits referierten Beiträge ist auch er zu Recht bemüht, verschiedene Funktionen der »Ich bin«-Aussage zu beschreiben. Dass »Ich bin«-Aussagen neben Selbstvorstellung auch Ausdruck des Selbstwertgefühls, der Autorität, der Hoheit" sein können, liegt durchaus innerhalb des Leistungsspektrums solcher Aussagen. Insgesamt ist Beckers Ansatz in Bezug auf die »Ich bin«-Aussagen, auch in der von ihm selbst vorgenommenen Beschränkung, jedoch zu ungenau, um weiterführend zu sein. Die genaue Beachtung der sprachlichen Realisierung wie der Ko-/

---

[120] J.Becker, Zur »Ich bin«-Formel im Alten Testament, 51.
[121] Zur Position D.Michels vgl. oben.
[122] J.Becker, Zur »Ich bin«-Formel im Alten Testament, 51.
[123] J.Becker, Zur »Ich bin«-Formel im Alten Testament, 51.
[124] Vgl. Kap. 3.3.2.
[125] Ausführlich dazu Kap. 3.4.1.

Kontexte von »Ich bin«-Aussagen wird sich in der vorliegenden Untersuchung als unverzichtbar für die genaue Beschreibung ihrer Funktionen erweisen.[126]
In den oben referierten Forschungsbeiträgen ist die Aussage *ʾanî Yhwh* unter ganz unterschiedlichen Fragestellungen behandelt worden, aufgrund derer sich unterschiedliche Akzente und Differenzierungen in Verständnis und Deutung ergeben. Darüber hinaus haben sich geradezu gegensätzliche Deutungen des *ʾanî Yhwh* herauskristallisiert. Die beiden Deutungen als Selbstvorstellungsformel einerseits und als Ausschließlichkeitsformel andererseits, die bezüglich der Deutungsmöglichkeiten die beiden Pole darstellen, sind zunächst nicht miteinander vereinbar. Beide Deutungen stimmen zwar darin überein, dass sie *ʾanî*

---

[126] Hans Rechenmacher hat 1997 eine "sprach- und literaturwissenschaftliche Studie zur Ausschließlichkeitsformel" veröffentlicht. Wie der Haupttitel 'Außer mir gibt es keinen Gott' bereits zeigt, liegt der Schwerpunkt der Arbeit, anders als das Stichwort 'Ausschließlichkeitsformel' im Untertitel nach dem bisherigen Forschungsüberblick nahe legen könnte, *nicht* auf den *ʾanî Yhwh*-Aussagen. Ausschließlichkeitsformel heißt bei Rechenmacher eine Aussage, die die "grundsätzliche Negierung anderer Götter syntaktisch greifbar zum Ausdruck bringt [...]" (H.Rechenmacher, "Außer mir gibt es keinen Gott", 1. Mit den Vorschlägen Sedlmeiers und Rechenmachers liegt für verschiedene formelhafte Wendungen eine identische Begrifflichkeit vor, sodass die Gefahr einer terminologischen Verwirrung in der weiteren Forschung vorprogrammiert ist. Rechenmacher benutzt für die *ʾanî Yhwh*-Aussage, die er traditionell und anders als Sedlmeier versteht, den Terminus Selbstidentifikationsformel.) Die von Rechenmacher sogenannte Ausschließlichkeitsformel steht v.a. bei Deuterojesaja und einigen wenigen anderen Stellen in Verbindung mit *ʾanî Yhwh*-Aussagen. Aufgrund dieser Verbindung behandelt Rechenmacher auch die sog. Selbstidentifikationsformel. (Vgl. H.Rechenmacher, "Außer mir gibt es keinen Gott!", 165f. An die Stelle von *Yhwh* kann gegebenenfalls auch eine andere Gottesbezeichnung treten; vgl. die entsprechenden Überlegungen ebd.) Außer dieser finden sich weitere Formeln im Umfeld der sog. Ausschließlichkeitsformel und Rechenmacher unterscheidet dabei solche, "die mit ihr in Kombination erscheinen (Selbstidentifikationsformel, Fremdidentifikationsformel, Erkenntnisformel, Unvergleichlichkeitsformel)" und solche "die vergleichbare Inhalte ausdrücken können (Unvergleichlichkeitsformel, Nichtassoziationsformel, Alleinigkeitsformel). [...] Während die ersteren v.a. im Hinblick auf ihr kombinatorisches Verhalten gegenüber der Ausschließlichkeitsformel untersucht werden, richtet sich bei den letzteren das Interesse auf die Frage nach ihrer semantischen Gleichwertigkeit mit der Ausschließlichkeitsformel." (H.Rechenmacher, Außer mir gibt es keinen Gott!", 161.) Es wird sich zeigen wird, dass die Ergebnisse Rechenmachers im Hinblick auf die sog. Ausschließlichkeitsformel die Überlegungen zur *ʾanî Yhwh*-Aussage, wie sie hier vorgetragen werden, stützen. Gerade die Verbindung beider Formeln wird dabei wichtig. Aber im Unterschied zu Rechenmachers Zuordnung wird sich eine Einschätzung zumindest eines Teils der Belege der *ʾanî Yhwh*-Aussage als der sog. Ausschließlichkeitsformel 'semantisch gleichwertig' nahelegen. – Die Arbeit von Catrin H. Williams [I am He. The Interpretation of *ʾanî hûʾ* in Jewish and Early Christian Literature (WUNT,2. Reihe, 113), Tübingen 2000] bietet ebenfalls Berührungspunkte zu der in dieser Arbeit behandelten Thematik. Da diese Berührungspunkte jedoch in erster Linie für Aussagen bei Deuterojesaja wichtig sind, soll in Kap. 6.4.2 darauf eingegangen werden.

Yhwh als eigenständigen Nominalsatz auffassen, jedoch gehen sie von einer unterschiedlichen Bestimmung der Satzglieder aus: Während die Deutung als Selbstvorstellungsformel voraussetzt, dass das Neue, das mitgeteilt werden soll, der Name ist, dass also *Yhwh* Prädikat und *'anî* folglich Subjekt ist, gründet sich die Deutung als Ausschließlichkeitsformel auf die Einsicht, dass die Satzgliedfolge "Prädikat" – "Subjekt" sein müsse. Darüber hinaus hatten einige Ausführungen Anlass zu der Vermutung gegeben, dass sich die Autoren oftmals keine Rechenschaft über die bei den Deutungen unterstellten syntaktischen Verhältnisse gegeben haben bzw. die (meist implizit) vorausgesetzten syntaktischen Verhältnisse nicht konsequent für die entsprechende Deutung in Anschlag gebracht haben, was den Eindruck von Unklarheit hinterlässt. Diese Unklarheit schlägt sich auch in den Übersetzungen, v.a. der Langform nieder. Da wird etwa Lev 11,44 übersetzt: "*… denn ich, Jahwe, bin euer Gott*" und derselbe Ausleger übersetzt Lev 18,2 "*… Ich bin Jahwe, euer Gott*".[127] Oder: Die Übersetzung von Lev 18,2 "*Ich, JHWH, bin euer Gott*" steht beim selbem Ausleger neben der Übersetzung des Dekalogvorspruchs Dtn 5,6: "*Nur ich bin JHWH, dein Gott*".[128] Zwar ist nicht von vornherein auszuschließen, dass die *'anî Yhwh*-Aussage diese verschiedenen Möglichkeiten, die sich in den Übersetzungen niederschlagen, in sich birgt, problematisch ist, dass viele Ausleger keine Rechenschaft darüber ablegen, warum sie einmal so und einmal so, oder so und nicht anders übersetzen. Es drückt sich darin ein Schwanken bei der Auffassung der *'anî Yhwh*-Aussage aus und der Eindruck, in dem einen Kotext passe diese Wiedergabe besser, in einem anderen jene. Diesem Schwanken ist auf den Grund zu gehen, und zu fragen, welche Übersetzungen sich begründen lassen. So müssen zunächst die Probleme, die sich von der Syntax her stellen, genauer beschrieben und einer Lösung zugeführt werden. Bevor hier nicht größere Klarheit erzielt ist, sind alle weiteren Schritte notwendig belastet. Wie sich der Bedarf einer Klärung der syntaktischen Verhältnisse als Desiderat aus den bisherigen Untersuchungen zu *'anî Yhwh* ergibt, ergeben sich im Anschluss an die einzelnen referierten Positionen weitere Aspekte und Fragenstellungen, die in die vorliegende Untersuchung einfließen werden. Die wichtigsten seien hier noch einmal gebündelt:
– Was besagt *'anî Yhwh*? Unterscheidet sich diese Aussage von anderen Aussagen der Form "ich bin X" und wenn ja, wodurch? Dabei ist die Tatsache der Formelhaftigkeit der Aussage(n) zu berücksichtigen.
– Der Frage der Leistung/Funktion/den Leistungen/Funktionen der Formel(n) und damit der Frage nach einer adäquaten Begrifflichkeit ist nachzugehen.
– Die Frage nach Leistung und Funktion steht in engem Zusammenhang mit derjenigen nach dem Sitz im Leben bzw. in der Literatur: In

---

[127] E.Gerstenberger, Das dritte Buch Mose, 120 und 224.
[128] E.Otto, Theologische Ethik, 238.215.

welchen Situationen wird die *ʾanî Yhwh*-Aussage laut, wie sehen die textlichen Umfelder der Formel aus, in welchen Gattungen tritt sie auf, welches ist ihre Funktion im Rahmen redaktioneller Tätigkeit? Hat die *ʾanî Yhwh*-Aussage eine Geschichte?

– Neuere Arbeiten zeigen, dass Formeln wieder stärker das Interesse der Ausleger auf sich ziehen, die erkennen, dass die Beschäftigung mit diesen Größen nicht allein von linguistischem oder formelgeschichtlichem Interesse ist, sondern Relevanz im Rahmen der alttestamentlichen Theologie entfaltet. Auch für die *ʾanî Yhwh*-Aussage ist die *theologische* Bedeutung herauszuarbeiten; diese führt hinein in das Zentrum der Jahwe-Theologie[129], aus der der Monotheismus erwächst.

---

[129] Die Theologie des Alten Testaments beantwortet "die Frage nach dem Wesen und Wirken Jahwes, des Gottes Israels, des Schöpfers der Welt und Lenkers der Geschicke des Einzelnen wie der Völker" (O.Kaiser, Der Gott des Alten Testaments 2, 9). Die Feststellung, dass im Alten Testament Aussagen über Gott mehrheitlich als Aussagen über *Jahwe* getroffen werden, mag auf den ersten Blick selbstverständlich erscheinen, und doch liegen in den Implikationen der Rede von *Jahwe* entscheidende Spezifika alttestamentlicher Rede von Gott. (Vgl. die neueren Theologien: O.Kaiser, Der Gott des Alten Testaments 1 und 2, v.a. Bd. 2 § 2–8; H.D. Preuss, Theologie des Alten Testaments Bd. 1, § 4 (und § 5); J.Schreiner, Theologie des Alten Testaments, vgl. v.a. I.B – VII: "Das AT spricht von Jahwe und will ihn bezeugen, den Gott Israels und der ganzen Welt, den einzigen Gott." (12).

3 Zur Syntax von *ʾanî Yhwh*

3.1 Die beiden Formen des Pronomens 1. sg. in der *ʾanî* / *ʾānokî Yhwh*-Aussage

Bevor der Fokus in diesem Kapitel auf die Frage der Syntax gerichtet wird, ist eine grundsätzliche Eigenart der zu untersuchenden Aussage anzusprechen: Die *ʾanî* / *ʾānokî Yhwh*-Aussage kann sowohl mit אֲנִי als auch mit אָנֹכִי formuliert werden. Ein Bedeutungsunterschied ist bisher nicht auszumachen.[1] Was den Gebrauch der einen oder der anderen Form des Pronomens bestimmt, ist unklar.[2] Wenn B.Jacob[3] schreibt:

---

[1] Vgl. etwa E.Jenni, Lehrbuch, 98: "אֲנִי ist häufiger als אָנֹכִי, das in den späteren Texten zurücktritt und nur in Gen, Dtn, Jos, Ri, ISam, Am und Ruth über die Kurzform überwiegt. Ein Bedeutungsunterschied ist nicht zu erkennen." Vgl. auch die bedeutungsgleiche Verwendung von Kurz- (*ʾanā*) und Langform (*ʾanaku*) des Pronomens der 1. sg. im Ugaritischen, auch von dort, umgekehrt wie im Hebräischen, die Langform deutlich häufiger verwendet wird als die Kurzform, vgl. J.Tropper, Ugaritische Grammatik, 208.
[2] Vgl. dazu auch W.Zimmerli, Ich bin Jahwe, 25 Anm. 29 und D.Michel, Nur ich bin Jahwe, 155 Anm. 14. – Nach P.Joüon/T.Muraoka, A Grammar of Biblical Hebrew, § 39 etwa (ähnlich schon W.Gesenius/E.Kautzsch, Hebräische Grammatik, § 32 und F.Giesebrecht, Hexateuchkritik, 251–258) ist אָנֹכִי die ursprüngliche Form, während sich in den späteren Büchern des AT findet und im nachbiblischen Hebräisch אֲנִי v.a. in den späteren Büchern des AT findet und im nachbiblischen Hebräisch אֲנִי verdrängt (vgl. ebd. auch weitere Literatur). Darüberhinaus könnten an einigen Stellen Betonungsgründe vorliegen und אָנֹכִי die lautlich gewichtigere Form sein (vgl. dazu auch L.Köhler/W.Baumgartner, HALAT Bd. 1, s.v. אָנֹכִי: "die Wahl [sc. zwischen אֲנִי und אָנֹכִי] erfolgt nach Nachdruck und Klang" 70); dieser Unterschied zwischen beiden Formen lässt sich aber nicht durchgängig beobachten. Eine andere Möglichkeit bestünde darin, dass die Verwendung der einen oder anderen Form ihren Grund im Sprachgebrauch des jeweiligen Autors und/oder dialektale Ursachen hat; aber auch diese Hypothese scheint sich nicht zu bewähren, da in einheitlichen Texten beide Formen nebeneinander vorkommen; vgl. etwa Gen 28,13 und 28,15. Zur Bevorzugung der einen oder anderen Form des Pronomens der 1. sg. in bestimmten Literaturwerken, vgl. auch K.Günther, Art. אֲנִי, 217. Statistisch gesehen gibt es mehr als doppelt so viele Belege von אֲנִי wie von אָנֹכִי (acCordance weist 881 Vorkommen von אֲנִי und 359 Vorkommen von אָנֹכִי aus, wobei in diese Zahlen auch Wiederholungen des Pronomens wie in Jes 43,11 einfließen). In Bezug auf den Nominalsatz אָנֹכִי/אֲנִי יהוה ist zu beachten, dass die beiden Formen des Pronomens hier nicht annähernd gleich verteilt sind, wie bei den Gesamtvorkommen. Während אֲנִי יהוה 201 mal belegt ist, findet sich אָנֹכִי יהוה nur 11 mal

"Wenn sich jemand bekannt geben will, sei es auf die Frage: wer bist
du? sei es um ungefragt seine folgende Rede zu begründen, so geschieht dies durch nachgestelltes אָנֹכִי (niemals אֲנִי)"[4], so ist anzumerken, dass in den von Jacob behandelten Fällen nachgestelltes אֲנִי tatsächlich nicht belegt ist, grundsätzlich aber אֲנִי im Nominalsatz durchaus in Zweitstellung erscheinen kann (vgl. etwa Ri 16,17; 2.Sam 14,5;
15,34 u.ö.) und somit auch der Stellungsaspekt für die Wahl der einen
oder anderen Form des Pronomens nicht entscheidend sein dürfte.
Wenn also im folgenden von '*a*nî *Yhwh*-Aussage' die Rede ist, sind darin die Belege für '*ānokî Yhwh* eingeschlossen.

3.2 Problemstellung

Im Überblick über die bisherige Forschung zur '*a*nî *Yhwh*-Aussage
(Kap. 2) haben sich verschiedene Fragen als offen oder bisher unbefriedigend gelöst herauskristallisiert. Unter ihnen ist diejenige nach den
syntaktischen Verhältnissen insofern eine grundlegende, als erst dann,
wenn die von der Grammatik aus gestellten Weichen bzw. die von der
Grammatik her abgesteckten Verstehensmöglichkeiten klar sind, weitere Erörterungen sinnvoll in Angriff genommen werden können.
Anknüpfend an das im Forschungsüberblick Dargelegte lässt sich die
Problemstellung auf der grammatisch-syntaktischen Ebene anhand drei-
er Aspekte systematisieren:[5]
– Der *erste Aspekt* betrifft die Frage, ob '*a*nî *Yhwh* ein selbständiger
Satz ist ("Ich bin Jahwe"), oder ob *Yhwh* appositionell zu '*a*nî zu verstehen ist ("Ich, Jahwe, ...")[6]?
A.Poebel hatte 1932 in seiner Arbeit 'Das appositionell bestimmte Pronomen der 1. Pers. Sing. in den westsemitischen Inschriften und im Alten Testament' bezüglich vieler inschriftlicher Stellen, aber auch bezüglich der alttestamentlichen Stellen[7] die Frage zugunsten eines appositionellen Verständnisses des auf das Pronomen der ersten Singular

---

(Ex 4,11; 20.2.5; Dtn 5,6.9; Jes 43,11; 44,24; 51,15; Hos 12,10; 13,4; Ps 81,11).
Von diesen Belegen können Ex 20,2.5 und Dtn 5,6.9 eigentlich nur als 2 Belege
gezählt werden. An 5 von 11 oder (Ex 2,2 und Dtn 5,6 zusammengenommen) 4
von 10 Stellen ist die Aussage thematisch mit dem Auszug aus Ägypten verbunden
(vgl. außer Ex 20,2; Dtn 5,6 noch Hos 10,12; 13,4 und Ps 81,11).
[3] Zu B.Jacobs Überlegungen zu '*a*nî *Yhwh* vgl. auch Kap. 2.
[4] B.Jacob, Mose am Dornbusch, 187.
[5] Die Systematisierung ermöglicht eine unterschiedliche Gewichtung der Aspekte,
sie soll weder implizieren, dass die Aspekte im folgenden der Reihe nach und getrennt voneinander behandelt werden können, noch dass die sich ergebenden Fragen allein auf der syntaktischen Ebene zu lösen sind.
[6] Vgl. dazu A.Poebel, Das appositionell bestimmte Pronomen der 1. Pers. Sing.,
53ff.
[7] Poebel behandelt neben Ex 20,2.5 nur noch die Stellen aus der Genesis, die das
Pronomen der 1. sg. + יהוה/הָאֵל o.ä. aufweisen.

folgenden Nomen (proprium) beantwortet.[8] Poebels Sicht konnte sich in dieser Form nicht durchsetzen. Heute ist in der Regel unumstritten, dass es sich bei einer Vielzahl der Belege von *ʾanî Yhwh* um einen eigenständigen Satz und damit um einen Nominalsatz handelt.[9] An einer Reihe von Stellen bietet sich dieses Verständnis von der Stellung der Formel im Kotext[10] her an und ist dann aufgrund der weiten Verbreitung des Nominalsatzes im Hebräischen näherliegend als ein appositionelles Verständnis des Jahwenamens. Andererseits stellt sich die Frage nach einem möglichen appositionellen Verständnis des *Yhwh* nach wie vor an den Stellen, an denen zu *ʾanî Yhwh* weitere Glieder, wie *ʾælohîm* + Suffix, Partizip oder konjugiertes Verb, treten. Dieser Aspekt ist v.a. bei der Besprechung der einzelnen Belege für *ʾanî Yhwh* in Kapitel 6 zu bedenken.

– Der *zweite Aspekt* betrifft die Satzteilfolge in einem Nominalsatz *ʾanî Yhwh*. Wird *ʾanî Yhwh* als selbständiger Satz und damit als Nominalsatz verstanden, ist zu klären, welches der beiden Glieder "Subjekt", welches "Prädikat" ist? Dieser Aspekt ist im Rahmen der vorliegenden Arbeit der entscheidende. Eine Antwort auf diese Frage hat unmittelbare Konsequenzen für die Bedeutungsebene:

---

8 Nach Poebel waren die "Fälle des appositionell bestimmten Pronomens der 1. pers. Sing" (1) bislang fast alle als prädikative Aussagen missverstanden worden. Möglich wurde dieses Missverständnis, da, so Poebel, die semitischen Sprachen "Apposition und prädikative Aussage mit dem gleichen Mittel zum Ausdruck bringen", der "einfache(n) Nebeneinanderstellung" (A.Poebel, Das appositionell bestimmte Pronomen der 1. Pers. Sing., 1). Das heißt dann aber auch, dass die Oberflächenstruktur keine Indizien bereitstellt, um zwischen Apposition und prädikativer Aussage zu unterscheiden. Poebel untersucht stattdessen den Kontext der Aussage und ihre Einbindung in den sie umgebenden Text (vgl. ebd. 1f). Poebel sieht, dass in den alttestamentlichen Stellen die Annahme einer Selbstvorstellung Jahwes in vielen Fällen fehl am Platze ist. Er selbst versteht die Wendungen zum großen Teil auf dem Hintergrund des "Herrscher- und Urkundenstils" (ebd. 55 u.ö.) als "Ich, Jahwe" und bindet diese Wendung syntaktisch in den umgebenden Satz ein. Da diese Einbindung aber nicht in allen Fällen funktioniert, nimmt Poebel auch Textänderungen in Kauf (vgl. ebd. 64ff zu Gen 35,11), um seine These durchhalten zu können. Den Dekaloganfang möchte er ebenfalls im Sinne des appositionell bestimmten Pronomens verstehen, auch wenn er zugestehen muss, dass die LXX dann bereits die Aussage als Nominalsatz missverstanden hätte und bereits im Heiligkeitsgesetz, das bei der wiederholten Aussage (אלהיכם) יהוה אני nach Poebel auf den Dekaloganfang rekurriert, dieses (Miss-)Verständnis vorliegt. (Vgl. ebd. 53ff.)
9 Dafür hatte bereits Zimmerli plädiert und sich damit gegen Auffassungen gewandt, das Pronomen sei in diesem Zusammenhang generell appositionell zu verstehen (vgl. W.Zimmerli, Ich bin Jahwe, 12).
10 Im weiteren Verlauf der Arbeit soll zwischen dem Kotext als der "im engeren Sinn nur sprachliche[n] Umgebung" und dem Kontext, der "alle Elemente einer Kommunikationssituation" umfasst (beide Zitate bei A.Wagner, Prophetie als Theologie, 83) unterschieden werden. Vgl. zu dieser Unterscheidung H.Bussmann, Lexikon (Art. Kontext, 416–417); H.Glück, Art. Kontext; für den Bereich der alttestamentlichen Exegese A.Wagner, Prophetie als Theologie, 83–84.

a) Ist *Yhwh* "Prädikat" müsste die Übersetzung lauten: "*Ich bin Jahwe*". Die Bedeutung wäre dann mit Zimmerli etwa dahingehend zu bestimmen, dass ein bisher Unbenannter sich mit seinem Namen bekannt
macht, sich vorstellt. Diese Bestimmung bereitet in einheitlichen Texten, in denen die Wortverbindung mehrfach vorkommt, Schwierigkeiten. Eine wiederholte Selbstvorstellung, ohne dass Offenbarungsem-
pfänger, Ort oder Zeit gewechselt hätten, erscheint nicht sinnvoll.[11]
Während z.B. das ʾ*a*nî *Yhwh* in Exodus 6,3, auch noch in 6,6 als Selbstvorstellung im Sinne Zimmerlis verstanden werden könnte, erscheint
ein solches Verständnis für das Vorkommen in Ex 6,8 wenig wahrscheinlich[12].[13]
b) Ist ʾ*a*nî "Prädikat", so müsste die Übersetzung etwa lauten: "*Ich*
(d.h. *nur ich/ich allein) bin Jahwe*". Eine solche Aussage ist dann sinnvoll, wenn entweder mehrere Subjekte den Anspruch erhoben haben,
יהוה zu sein oder aber יהוה über den Eigennamen hinaus etwas Spezifisches bedeutet.

– Der *dritte Aspekt* betrifft die um ʾ*æ*lohîm + Suffix erweiterte ʾ*a*nî
Yhwh-Aussage (Bsp. Ex 20,2: אָנֹכִי יְהוָה אֱלֹהֶיךָ) bzw. das Hinzutreten
von Partizip oder konjugiertem Verb zu ʾ*a*nî *Yhwh*. (Bsp. Lev 20,8:
אֲנִי יְהוָה מְקַדִּשְׁכֶם; Num 14,35: אֲנִי יְהוָה דִּבַּרְתִּי). Verändert sich die für
den Nominalsatz ʾ*a*nî *Yhwh* getroffene Bestimmung der Satzglieder
durch diese Erweiterungen? Ist in diesem Fall also *Yhwh* oder ʾ*æ*lohîm
appositionell zu verstehen bzw. ist dort, wo ein Partizip oder ein konjugiertes Verb folgen, gegebenenfalls von zwei Sätzen, einem Nominalsatz und einem darauf folgenden Verbalsatz auszugehen? Wie stark
wirkt die formelhafte Prägung des ʾ*a*nî *Yhwh* auf die Syntax, wenn der
Satz nach der Formel noch weitergeführt wird? Auf der Bedeutungsebene ist zu fragen: Gibt es einen Bedeutungsunterschied zwischen der
Formulierung mit und ohne ʾ*æ*lohîm + Suffix, zwischen der sog. Kurzform und der Langform?[14] Dieser dritte Aspekt wird im Kapitel 3.5
thematisiert.

Im Zentrum des Kapitels 3 steht der zweite der genannten Aspekte.
Unter der Voraussetzung, dass ʾ*a*nî *Yhwh* (mindestens in einer Vielzahl
von Belegen) als eigenständiger Nominalsatz zu verstehen ist, ist die
Frage nach der Satzteilfolge in diesem Nominalsatz zu stellen. Es gilt

---

[11] Zimmerli selbst hat das Phänomen durchaus differenzierter gesehen, s. Kap. 2.
[12] Vgl. Kap. 4.
[13] Ein Nominalsatz אֲנִי יהוה, in dem יהוה Prädikat wäre, muss allerdings nicht notwendig als Selbstvorstellung verstanden werden, auch wenn in Teilen der Forschung diese Meinung geherrscht zu haben scheint. Den oben benannten Schwierigkeiten kann begegnet werden, wenn man bei gleichbleibender Bestimmung von
'Subjekt' und 'Prädikat' unterschiedliche Funktionen der Aussage unterscheidet; dazu unten mehr.
[14] Wie etwa Elliger ihn durch seine Differenzierung in Huld- und Heiligkeitsformel sehen wollte, s. oben Kap. 2.

deshalb in einem ersten Schritt, das Phänomen des Nominalsatzes im Biblischen Hebräisch generell zu beleuchten (3.3), um auf diesem Hintergrund solche Nominalsätze zu untersuchen, die als *ʾᵃnî Yhwh* vergleichbar gelten können (3.4).

3.3 *ʾᵃnî Yhwh* – ein Nominalsatz[15]

3.3.1 *Der Nominalsatz ʾᵃnî Yhwh und die Frage nach 'Subjekt' und 'Prädikat'*

Ein Nominalsatz besteht in der Regel aus zwei obligatorischen Gliedern. Obligatorisch heißen die beiden Glieder, weil sie den Nominalsatz konstituieren, sie müssen (mindestens) vorhanden sein, damit von einem Nominal*satz* gesprochen werden kann.[16] Zu den beiden obligatorischen Gliedern können Erweiterungen, fakultative Glieder, treten. Im Folgenden interessieren die beiden obligatorischen Glieder und deren Abfolge.

Diese Glieder lassen sich weiter beschreiben und bieten die Möglichkeit, verschiedene Nominalsatzgruppen zusammenzufassen. Die Glieder des Nominalsatzes unterscheiden sich etwa dadurch, dass sie verschiedenen Wortarten zugehören, sie unterscheiden sich aber auch dadurch, dass sie indeterminiert oder determiniert sein können. Der Nominalsatz *ʾᵃnî Yhwh* besteht aus Gliedern, die qua Wortart determiniert sind, nämlich Pronomen und Nomen proprium[17].

---

15 Während die infrage stehenden Sätze deutschsprachig mehrheitlich als "Nominalsätze" bezeichnet werden, sind außerhalb des deutschsprachigen Bereichs die Begriffe "nominal clause" und "verbless clause" in Gebrauch. In den unterschiedlichen Benennungen kommen oft unterschiedliche syntaktische Theorien zum Ausdruck. Vgl. zur Frage der Terminologie etwa C.L.Miller, Pivotal Issues, 6ff. In der vorliegenden Arbeit wird der Begriff "Nominalsatz" gebraucht. Unter "Nominalsatz" soll hier verstanden werden: ein Satz, der die für einen vollständigen Satz konstitutiven Elemente enthält, jedoch kein konjugiertes Verb (vgl. im Englischen "verbless clause"). Sätze, die eine konjugierte Form von היה enthalten sowie Zusammengesetzte Nominalsätze (vgl. dazu R.G.Lehmann, Überlegungen zur Analyse) bzw. invertierte Verbalsätze stellen ebenfalls einen eigenen Problemkomplex dar und können im Rahmen der vorliegenden Untersuchung ausgeblendet werden.

16 Daneben sind einpolige, aus einem Glied bestehende, Nominalsätze möglich.

17 "Das Tetragramm *JHWH* ist der Eigenname des Gottes Mose." (D.N.Freedman/ M.O'Connor, Art. יהוה, 534.) Obwohl bis in die Gegenwart die Frage der Etymologie und damit die Bedeutung des Jahwenamens (ein Überblick über diese Diskussion vgl. in: D.N.Freedman/M.O'Connor, Art. יהוה, 533ff, dort auch Lit.; vgl. auch B.Becking, Art. Jahwe) umstritten ist, wird יהוה in der Regel als Eigenname verstanden (vgl. etwa W.Gesenius, Handwörterbuch, 290; in HAL II, 377 wird יהוה als "nomen dei" ausgewiesen und generell zwischen nomen dei und nomen proprium unterschieden) und behandelt. Jahwe ist der Name des Gottes Israel wie Kemosch der Name des Gottes der Moabiter, Milkom der Gott der Ammoniter usw. Eine Bedeutungshaltigkeit der Namen spricht nicht gegen ihren Eigennamencharakter. Namen, Personen- wie Gottesnamen, eigneten Bedeutungen. Dass auch

Die Entscheidung, ʾanî Yhwh als Nominalsatz zu verstehen, zieht die
Frage nach "Subjekt" und "Prädikat" in diesem Nominalsatz nach sich.
Muraoka hat diese Frage an einem der Wortverbindung ʾanî Yhwh
ganz parallel gebauten Beispiel illustriert.[18] Er legt dar, dass man sich
eine Aussage wie יוסף אני, grundsätzlich als Antwort auf zwei unter-
schiedliche Fragen vorstellen kann:[19]
– "Who are you?" bzw. "What is your name?"
– "Who amongst you is known as Joseph?"
Bei der Antwort auf die erste Frage liegt der Schwerpunkt auf dem Na-
men, er ist das Erfragte, wäre "Prädikat". Die Antwort auf die zweite
Frage müsste lauten: "Der Joseph, das bin ich (und keiner sonst)"; in
diesem Fall wäre אני "Prädikat".
Die beiden Fragen und die dazu gehörigen Antworten charakterisieren
in etwa auch die beiden Pole in den Untersuchungen zu ʾanî Yhwh.[20]
Ist also ein solcher Nominalsatz grundsätzlich für verschiedene Verstehensmöglichkeiten offen, und wenn ja, warum; gibt es in diesem Fall
Kriterien, die die Entscheidung für eine der Möglichkeiten erlauben?
Die für das Verständnis entscheidende Frage nach Subjekt und Prädikat stellt sich nicht nur für den Satz ʾanî Yhwh, sondern für alle Nominalsätze im Biblischen Hebräisch.[21] Um also die Frage im speziellen
Fall von ʾanî Yhwh beantworten zu können, ist es notwendig, Klarheit
zu erzielen über die im Nominalsatz geltenden Regeln überhaupt (3.3.2
– 3.3.5). Danach ist eine Gruppe von Nominalsätzen genauer ins Auge
zu fassen: diejenige, deren obligatorische Glieder Pronomen 1. sg.[22]
und Nomen proprium (3.4) sind. Die gewonnenen Ergebnisse sind
dann für den speziellen Nominalsatz ʾanî Yhwh fruchtbar zu machen.

3.3.2 Der Nominalsatz im Biblischen Hebräisch und das Problem der 'naturgemäßen' Satzteilfolge

Ältere Arbeiten zur Syntax der Nominalsätze im Biblischen Hebräisch
gingen in der Regel davon aus, dass es so etwas wie eine 'naturgemäße'

mit dem Jahwenamen eine Bedeutung (Bedeutungen?) verbunden worden ist, lassen verschiedene Texte erkennen (vgl. Ex 3,14 u.a.m.). Ob sich die Bedeutung dabei aus der Etymologie des Jahwenamens ergibt oder sekundär mit dem Namen
verbunden wurde, muss hier nicht entschieden werden.
[18] Vgl. P.Joüon/T.Muraoka, A Grammar of Biblical Hebrew II, 567.
[19] Je nachdem, als Antwort auf welche der beiden folgenden Fragen der Satz auf-
gefasst wird, gehört er zur einen oder zur anderen der beiden von Muraoka unterschiedenen Nominalsatzgruppen, den deskriptiven oder den identifikatorischen Nominalsätzen. Vgl. P.Joüon/T.Muraoka, A Grammar of Biblical Hebrew II, 567;
vgl. ähnlich T.Muraoka, Emphatic Words, 7f.
[20] Vgl. oben Kap. 2 Selbstvorstellungsformel (Zimmerli u.a.) contra Ausschließlichkeitsformel (Michel, Sedlmeier).
[21] Vgl. die entsprechende Problembeschreibung bei C.L.Miller, Pivotal Issues, 4f
(ausgeführt am Beispiel des Schᵉmaᶜ) und 11ff.
[22] Auf die Pronomen der 2. sg./3. sg. ausgeweitet, und somit das unter 3.4 Darge-
botene ergänzend, ist die Untersuchung: A.Diesel, Die Nominale Behauptung.

Satzteilfolge[23] gibt, von der aus dann Ausnahmen definiert wurden. Dabei ergaben sich gegensätzliche Positionen hinsichtlich dessen, wie die 'naturgemäße' Satzteilfolge im Nominalsatz aussieht. Gesenius/Kautzsch § 141 l formulierten etwa:

"Die naturgemäße *Wortstellung* ist im Nominalsatz als der Beschreibung eines Zuständlichen die Folge Subjekt – Prädikat; auf ersteres als den Gegenstand der Beschreibung fällt der Hauptnachdruck. Sehr häufig findet sich jedoch auch (und zwar nicht bloß in der Poesie, wo an sich größere Freiheit in der Wortstellung herrscht) die umgekehrte Folge: Prädikat – Subjekt. Letzteres *muß* eintreten, wenn auf dem Prädikat ein besonderer Nachdruck liegt, oder wenn es in einem Fragewort besteht".[24]

Gesenius/Kautzsch greifen dabei auf die ausführliche Untersuchung von C.Albrecht zur Satzteilfolge im hebräischen Nominalsatz zurück,[25] die auch eine Auflistung aller Stellen enthält, die nach Albrecht Ausnahmen von der Satzteilfolge Subjekt – Prädikat darstellen. Und für diese Ausnahmen, die einen ganz erheblichen Anteil am Gesamtbestand der Nominalsätze ausmachen, wurden dann Erklärungen, "Regeln", gesucht.[26]
Aber auch die entgegengesetzte Auffassung bezüglich der Satzteilfolge wurde vertreten, etwa von Ludwig Köhler[27]. Er sah in der Satzteilfolge Subjekt – Prädikat gerade nicht die Ausnahme- sondern die Regelstellung.
Die Analyse hebräischer Nominalsätze bereitet bis in die Gegenwart hinein Schwierigkeiten:

"A definition of the constituents of the sentences as well as their order is a major problem of BH syntax and is still not agreed upon".[28]
"Although much progress has been made in describing and understanding verbless clauses, uncertainty remains about their internal syntactic structure…"[29]

In den letzten Jahrzehnten ist dem Nominalsatz innerhalb und außerhalb des Hebräischen vermehrt Aufmerksamkeit geschenkt worden: "The structure of the nominal clause has been one of the most hotly debated topics in Biblical Hebrew grammar during the past two decades or so."[30] Die Diskussion soll hier nicht im Einzelnen nachgezeichnet

23 In der älteren Literatur findet sich in der Regel der Begriff 'Wortstellung'. In der vorliegenden Arbeit wird stattdessen von 'Satzteilfolge' gesprochen.
24 W.Gesenius/E.Kautzsch, Hebräische Grammatik, § 141 l.
25 Vgl. C.Albrecht, Wortstellung im hebräischen Nominalsatze.
26 Vgl. W.Gesenius/E.Kautzsch, Hebräische Grammatik, § 141 l.–n.
27 Vgl. L.Köhler, Deuterojesaja, 59f.
28 A.Niccacci, Types and Functions, 215.
29 C.L.Miller, Pivotal Issues, 6.
30 P.Joüon/T.Muraoka, A Grammar of Biblical Hebrew II, 564. Vgl. dort auch Literatur. Vgl. außerdem T.Muraoka, Tripartite Nominal Clause, 187.

werden.[31] Für unseren Zusammenhang sind aber folgende Anliegen bzw. Ergebnisse, die sich in dieser Diskussion abzeichnen, wichtig:
a) Die 'naturgemäße' Satzteilfolge Subjekt – Prädikat ist zweifelhaft geworden, die Zahl der Stellen mit davon abweichender Satzteilfolge ist zu groß, um sie als "Ausnahmen" verstehen zu können: "Obviously those 'minority' cases which can be assumed to account for about one third of all nominal clauses in BH narrative cannot be explained away as mere exeptions."[32]
b) Wenn aber beide Satzteilfolgen Prädikat – Subjekt / Subjekt – Prädikat als regelhaft gelten, müssen Gründe benannt werden können, die die eine bzw. andere bedingen. Es liegen Versuche vor, die unterschiedlichen Satzteilfolgen aus unterschiedlichen Leistungen zu unterscheidender Nominalsatzgruppen zu erklären, etwa "classification" und "identification" (Andersen).[33] Andere, wie z.B. Joüon/Muraoka, unterscheiden zwar ebenfalls Nominalsatzgruppen nach ihrer Leistung ("descriptive" und "identificatory")[34], sie sehen die Satzteilfolge jedoch

---

[31] Beiträge zu dieser Diskussion haben etwa geleistet: F.A.Andersen, The Hebrew Verbless Clause (1970); vgl. dazu die Rezension von J.Hoftijzer, The Nominal Clause Reconsidered (1973); D.Michel, Nur ich bin Jahwe (1973); W.Richter, Grundlagen einer althebräischen Grammatik (1978.1979.1980) (zur Frage der Satzsyntax allgemein und des Nominalsatzes im Besonderen vgl. v.a. Bd. 3); E. Jenni, Lehrbuch (1981); B.L.Bandstra, The syntax of particle 'ky' (1982); R.Contini, Tipologia della frase nominale (1982); J.A.Linton, Four Views of the Verbless Clause in BH, (1983); D.Cohen, La Phrase nominale (1985); T.Muraoka, Emphatic Words and Structures in Biblical Hebrew (1985); E.J.Revell, The Conditioning of Word Order in Verbless Clauses, (1989); T.Muraoka, Biblical Hebrew Nominal Clause with a Prepositional Phrase (1991); A.Niccacci, Simple Nominal Clause (SNC) or Verbless Clause in Biblical Hebrew Prose (1993); D.Michel, Probleme des Nominalsatzes (1994); T.Zewi, The Nominal Sentence in Biblical Hebrew (1994); T.Zewi, The Definition of the Copula (1996); T.Zewi, Subordinate Nominal Sentence Involving Prolepsis in Biblical Hebrew (1996); W.Gross, Die Pendenskonstruktion; A.Wagner, Zum Problem von Nominalsätzen als Sprechhandlungen (1994); A.Wagner, Prädikation im Verbal- und Nominalsatz (1998). Vgl. außerdem den 1999 erschienenen Aufsatzband C.L.Miller (ed.), The Verbless Clause in Biblical Hebrew, mit Beiträgen von C.L.Miller, W.Gross, C.Sinclair, R.Buth, V.DeCaen, J.W.Dyk und E.Talstra, T.Muraoka, A.Niccacci, K.E.Lowery, L.J.DeRegt, E.J.Revell, E.van Wolde; D.Michel, Grundlegung 2 (2004).
[32] P.Joüon/T.Muraoka, A Grammar of Biblical Hebrew II, 568.
[33] Vgl. F.A.Andersen, The Hebrew Verbless Clause, 32; im Anschluss an Andersen: B.K.Waltke/M.P.O'Connor, Introduction, 130 (8.4a). – Zum Ansatz Andersens vgl. ausführlich Anm. 39.
[34] Vgl. P.Joüon/T.Muraoka, A Grammar of Biblical Hebrew II, 566f. – Joüon/ Muraoka unterscheiden zwei Gruppen von Nominalsätzen nach den verschiedenen Beziehungen ("two logico-semantic relationships"), in die Subjekt und Prädikat zueinander treten können. Von *deskriptiven Nominalsätzen* gilt: "the predicate describes the entitiy represented by the subject, the former indicating in what state, condition or location the latter is found, or what class or category it can be assigned to" (P.Joüon/T.Muraoka, A Grammar of Biblical Hebrew II, 566f). Von *identifikatorischen Nominalsätzen* gilt: "the predicate identifies und indicates the

stärker durch bestimmte bevorzugte Positionen bestimmter Wortarten im Satz, durch Betonung oder die Länge der Satzglieder bedingt.[35]
c) Für die Erforschung auch der hebräischen Grammatik wurden lange Zeit Kategorien der lateinischen Grammatik mehr oder weniger unreflektiert übernommen. Ein grundsätzlicher Wandel war erst im Zuge einer Neuorientierung der Sprachwissenschaft überhaupt möglich; die Überwindung des historisch-vergleichenden Ansatzes durch den Strukturalismus seit Beginn des 20. Jahrhunderts hat dabei eine bis heute andauernde Entwicklung eingeleitet.[36] Im Zuge dieser Entwicklung wurde es dann auch möglich, die Abhängigkeit von der lateinischen Grammatik zu erkennen und namhaft zu machen. Heute ist die Forschung zur biblisch-hebräischen Syntax, bei allen Unterschieden in den sprachwissenschaftlichen Zugängen, weitgehend bemüht, dem Hebräischen als eigengewichtiger altorientalisch-semitischer Sprache gerecht zu werden und seine syntaktischen Strukturen induktiv aus dem Repertoire der erhaltenen Texte selbst zu erheben.[37]
In diesen Großzusammenhang gehört auch die Einsicht, dass die Orientierung an den Denkkategorien der klassischen (lateinischen), von (im Sinne des Aristoteles) logischen Gesichtspunkten bestimmten Grammatik in Bezug auf die Definition von 'Subjekt' und 'Prädikat' aufzugeben ist, die den Verhältnissen im hebräischen Nominalsatz nicht gerecht wird.[38] Stattdessen hat es sich in verschiedenen Arbeiten als weiterführend erwiesen, die Einteilung und Unterscheidung von Nominalsätzen anhand des Kriteriums der Determination bzw. Inde-

---

entity to which alone the proposition expressed by the clause applies" (ebd. 567). An oben genanntem Beispielsatz "I am Joseph" illustriert heißt das: Als Antwort auf Frage "Who are you?" bzw. "What is your name?" kann der Satz "I am Joseph" nach Muraoka zu den deskriptiven Nominalsätzen gehören; er kann umschrieben werden durch "I am a man bearing the name *Joseph*" und ist einem Satz "I am an honest merchant" vergleichbar. (Vgl. P.Joüon/T.Muraoka, A Grammar of Biblical Hebrew II, 567; vgl. dazu W.Zimmerli, "Offenbarung" im Alten Testament, 21, der sich explizit gegen eine Vergleichbarkeit zweier solcher Sätze aussprach.) Als Antwort auf die Frage "Who amongst you is known as Joseph?" gehört der Satz "I am Joseph" hingegen zu den identifikatorischen Nominalsätzen (vgl. P.Joüon/ T.Muraoka, A Grammar of Biblical Hebrew II, 567). Anders als Joüon/Muraoka nimmt E.Jenni, Lehrbuch, 95, anhand des Kriteriums der Determination im Fall einer Determination der beiden Glieder auf jeden Fall einen gleichsetzenden Nominalsatz an.
35 Vgl. P.Joüon/T.Muraoka, A Grammar of Biblical Hebrew II, 567ff.
36 Eine Übersicht über diese Entwicklung der Sprachwissenschaft und ihre Rezeption in der Hebraistik bietet A.Wagner, Die Stellung der Sprechakttheorie.
37 Vgl. D.Michel, Grundlegung 1, 18f.
38 Vgl. etwa A.Niccacci, Types and Functions, 217: "(…) most of modern grammarians reject the traditional pair 'subject/predicate'; they propose instead 'topic/comment' or 'reference/predication' or 'thème/propos' or 'theme/rheme' or 'given/new information.'"

termination der obligatorischen Glieder vorzunehmen:[39] Es können
beide Glieder indeterminiert, beide determiniert sein oder eines indeter-

---

[39] Bereits bei W.Gesenius/E.Kautzsch, Hebräische Grammatik, §126 i finden sich
erste Ansätze, die Frage der Determination in Zusammenhang zu bringen mit der
Frage der Unterscheidung der Nominalsätze nach verschiedener Satzteilfolge. Im
Zusammenhang der Determination durch Artikel heißt es: "Dagegen unterbleibt
die Setzung des Artikels überall da, wo eine Person oder Sache als unbestimmt
(resp. unbestimmbar) oder noch unbekannt hingestellt werden soll; *somit auch vor
dem Prädikat* (Herv. A.D.), da dieses seiner Natur nach immer ein Allgemeines
ausdrückt, unter welches auch das Subjekt zu subsumieren ist" (424). Wenn in einem Nominalsatz in Zweitstellung ein durch Artikel determiniertes Adjektiv oder
Partizip steht, gilt dieses infolgedessen nicht als Prädikat, sondern als Subjekt, vgl.
§ 126 k und § 116 q, "und das Eigentümliche dieser Fälle besteht nur darin, dass
nicht Subsumierung des Subjekts unter einen Gattungsbegriff, sondern Gleichsetzung von Subj. und Präd. stattfindet" (425). Eine konsequente Analyse von Nominalsätzen, die auf der Einteilung und Unterscheidung von Nominalsätzen anhand
des Kriteriums der Determination bzw. Indetermination der obligatorischen Glieder basiert, hat allerdings erst F.A.Andersen vorgelegt (vgl. F.A.Andersen, The
Hebrew Verbless Clause): Andersen untersucht zunächst unabhängige nominale
Aussagesätze, deren Subjekt ein Pronomen ist und gelangt zur Unterscheidung folgender Möglichkeiten: 1. "When the predicate is definite (…), the preferred sequence is S–P". 2. "When the predicate is indefinite (…), the preferred sequence is
P–S". Findet sich in diesen Fällen dennoch die Folge S–P, so handelt es sich meist
um Sätze "*circumstantial* in function" (35). 3. "When the predicate is Ns [sc. Nomen mit Suffix,] or an expansion of Ns (…), the occurence of both sequences are
of the same order, S–P thirteen times, P–S nineteen times" (32). Im ersten Fall
spricht Andersen von "clause of identification" ("When both S and P are definite,
the predicate has total semantic overlap with the subject; that is, each has exactly
the same referent. The predicate supplies the identity of the subject." 32), im zweiten von "clause of classification" (When S is definite and P is indefinite […], the
predicate has partial semantic overlap with the subject; that is, it refers to the gene-
ral class of which the subject is a member. The predicate states the class of the
subject." 32). Für die Belege der dritten Möglichkeit ist in jedem Einzelfall zu prüfen, ob sie zu der identifizierenden oder klassifizierenden Gruppe gehören. "This
depends in part on the referent, in part on the intention of the speaker to highlight
either the identity or the character of the subject." (32) Nach Andersens Auffassung lässt ein Nomen mit Suffix nicht von vornherein erkennen, ob das Nomen
definit oder indefinit ist, das hängt von seinem jeweiligen Bezug ab. Andersen verdeutlicht diese Auffassung am Beispiel *benô*: "If a man has several sons, *benô* may
refer to any one of them but does not establish the identity of any one of them;
benô is then indefinite, although not as indefinite as *bēn*. If a man has only one
son, *benô* refers to that individual and so is definite." (32) Die aufgezeigten Regeln
sind nach Andersen auch in all jenen nominalen Aussagesätzen gültig, in denen
das definite Subjekt kein Pronomen ist. Zu den drei genannten Gruppen kommt
noch eine vierte hinzu. Gemeint sind diejenigen Fälle, in denen zu einem definiten
Subjekt ein Partizip tritt. Formal müsste diese Gruppe zu den Klassifikationssätzen
gehören, sie weist jedoch nach Andersen in der überwiegenden Mehrzahl ihrer Belege die Folge S–P auf und ist so von den Klassifikationssätzen zu unterscheiden:
"As such they may be called verbal." (34) Parallel zu Andersen erarbeitete Michel
seine Nominalsatztheorie, die er erstmals in: D.Michel, Nur ich bin Jahwe, 146
(1973) umriss; später dann E.Jenni, Lehrbuch, 95f (8.3.4); W.Richter, Grundlagen

miniert und das andere determiniert. Der Blick auf diese Unterscheidung wird der Frage nach Subjekt und Prädikat zumindest vorgeordnet.[40]
Von diesen Neuansätzen zur Erforschung des hebräischen Nominalsatzes wird im Folgenden die von D.Michel vorgetragene Nominalsatztheorie ausführlicher vorgestellt und dient als Grundlage für die Analyse des Nominalsatzes ʾanî Yhwh und diesem vergleichbarer Sätze.

3.3.3 Die Analyse der Nominalsätze nach D.Michel[41]

Michel unterscheidet verschiedene Klassen von Nominalsätzen anhand des Kriteriums Determination – Indetermination der beiden obligatorischen Glieder des Nominalsatzes[42]:

---

einer althebräischen Grammatik. B., 86ff (1980); R.Bartelmus, *HJH.* (1982); B.K.Waltke/M.O'Connor, Introduction, 130ff (8.4).

40 In der Diskussion um den hebräischen Nominalsatz vermischen sich immer wieder bestimmte Kriterien und verschiedene Ebenen. Die einander z.T. sehr verwandten Einteilungen verschiedener Nominalsatzgruppen kommen durchaus nicht immer anhand derselben Kriterien zustande und stehen auch nicht für eine einheitliche Einschätzung der Satzteilfolge; das Kriterium Determination/Indetermination der Satzglieder wird nicht immer rein formal gehandhabt, vergleiche etwa Andersens Überlegungen zu Nomina mit Suffix, die s.E. je nach Verwendungszusammenhang durchaus "indefinite" sein können, anders als E.Jenni, Lehrbuch, 95f (8.3.4) und Michel (s.u.), die das Kriterium Determination/Indetermination ganz formal handhaben. Schließlich lassen sich gerade bei der Frage nach "Subjekt" und "Prädikat" Vermischungen zwischen der Frage nach den syntaktischen Verhältnissen und anderen Bedeutungsdimensionen, etwa der Thema – Rhema Gliederung, greifen. Zwar sind die verschiedenen Bedeutungsdimensionen wichtig, dennoch ist ihre Unterscheidung aus Gründen der Klarheit und Übersichtlichkeit zu beachten. (Vgl. dazu A.Diesel/A.Wagner, "Jahwe ist mein Hirte", 393ff). Die im folgenden vorgestellte Nominalsatztheorie D.Michels argumentiert auf der syntaktischen Ebene, ohne zu beanspruchen, damit alles, was zur Bedeutungskonstitution im Nominalsatz beiträgt, zu benennen.

41 Vgl. D.Michel, Ich bin Jahwe; ders., Probleme des Nominalsatzes; ders., Grundlegung 2. Vgl. zu diesem Abschnitt insgesamt D.Michel, Grundlegung 1, 7–9 sowie zu D.Michels Ansatz und Anliegen A.Diesel/A.Wagner, "Jahwe ist mein Hirte", 379–384.

42 Vgl. D.Michel, Probleme des Nominalsatzes, 215; ders., Grundlegung 2, 31–34. In der Rezeption Michels ist des öfteren Kritik an seiner Terminologie geäußert worden, sowohl was die Bezeichnung der drei Nominalsatzklassen als Nominale Einleitung, Nominale Mitteilung und Nominale Behauptung betrifft, als auch, was die Bezeichnung der beiden obligatorischen Satzglieder als Chabar und Mubtada betrifft. Da sich über terminologische Fragen immer trefflich streiten lässt, ist zu bedenken, dass die vorgetragene Theorie nicht an den Begriffen hängt, auch wenn es Gründe für die Wahl der Begriffe gibt. "What matters is the analysis, rather than the terminoloy adopted." (A.Niccacci, Types and Functions, 219, nachdem er auf die terminologischen Schwierigkeiten in der Nominalsatzdebatte im allgemeinen hingewiesen hat.) Um die Theorie auf ihre Leistungsfähigkeit hin zu befragen, ist es wichtig, das Augenmerk auf die Phänomene zu richten, die die Begriffe bezeichnen wollen und sich nicht gerade diesen Blick durch einen Kampf gegen terminologische Windmühlenflügel zu verstellen.

– Die *Nominalen Einleitungen*, die aus zwei indeterminierten Gliedern bestehen.

– Die *Nominalen Mitteilungen*, bestehend aus einem determinierten und einem indeterminierten Glied, wobei das indeterminierte Glied dem determinierten vorausgehen oder folgen kann.[43]

– die *Nominalen Behauptungen*, Nominalsätze, deren beide Glieder determiniert sind.[44]

Michel hat das Kriterium Determination – Indetermination der Satzglieder nicht nur für die Klassifikation von Nominalsätzen herangezogen, sondern auch für das Auffinden von Regeln bezüglich der Satzteilfolge im Nominalsatz fruchtbar gemacht. Er geht dabei von den Nominalen Mitteilungen aus. In diesen Fällen ermöglicht die Determination eine Unterscheidung der beiden Glieder aufgrund eines formalen Kriteriums. Es sind Nominale Mitteilungen belegt, die ein indeterminiertes Glied in Erst- und ein determiniertes Glied in Zweitstellung haben (vgl. 2.Sam 17,7 לֹא־טוֹבָה הָעֵצָה), aber auch solche, in denen das determinierte Glied dem indeterminierten voransteht (vgl. 2.Sam 15,3 דְּבָרֶךָ טוֹבִים וּנְכֹחִים). Michel konnte zeigen, dass diese beiden möglichen Abfolgen von indeterminiertem und determiniertem Glied nicht beliebig sind, sondern beschreibbaren Regeln unterliegen.

Durch die beiden Abfolgen werden grundsätzlich unabhängige und abhängige, hypotaktische, Nominalsätze unterschieden. Es lässt sich folgende Regel aufstellen:

Die Folge *indeterminiertes Glied – determiniertes Glied* steht

– in unabhängigen Nominalen Mitteilungen,

– in allen Nominalen Mitteilungen nach אָם, אוּלַי, אָז,

– als Regelstellung[45] nach כִּי.

Die Folge *determiniertes Glied – indeterminiertes Glied* steht

– in abhängigen (hypotaktischen) Nominalen Mitteilungen,

---

[43] Vgl. zu diesem Satztyp auch etwa E.Jenni, Lehrbuch, 96, der von "prädizierenden (klassifizierenden) Sätzen" spricht und F.A.Andersen, The Hebrew Verbless Clause, der von "clause of *classification*" spricht (vgl. etwa 32 u.ö.). Da Andersen an dem traditionellen Konzept von Subjekt und Prädikat festhält, unterscheiden sich seine Ergebnisse in Bezug auf diesen und den folgenden Nominalsatztyp von den Ergebnissen Michels. (Zur Theorie Andersens vgl. auch oben Anm. 39.)

[44] Vgl. zu diesem Satztyp auch etwa E.Jenni, Lehrbuch, 95, der von "gleichsetzenden Nominalsätzen" spricht und F.A.Andersen, The Hebrew Verbless Clause, der von "clause of *identification*" spricht (vgl. etwa 32 u.ö.). Auch wenn Nominale Mitteilungen und Nominale Behauptungen Unterschiedliches leisten, so gilt doch auch für die Nominalen Behauptungen, dass die beiden obligatorischen Glieder nicht austauschbar sind, sondern eine Aussagerichtung haben, und es sinnvoll ist, die Termini Mubtada und Chabar auch für die Nominale Behauptung beizubehalten (vgl. D.Michel, Probleme des Nominalsatzes, 219ff.223).

[45] Nach כִּי ist in einigen Fällen auch die Folge determiniertes Glied – indeterminiertes Glied belegt; in der Mehrzahl dieser von der Regelstellung abweichenden Folge lassen sich Gründe benennen; vgl. D.Michel, Grundlegung, Teil 2, 87ff.

– "bei Aussagen, die keine echte Mitteilung machen, sondern lediglich etwas Bekanntes in Erinnerung rufen"[46],
– nach אֲשֶׁר, הִנֵּה und עוֹד.[47]

Michel verwendet bei seiner syntaktischen Beschreibung von Nominalsätzen nicht die Termini 'Subjekt' und 'Prädikat'. Sie und die mit
ihnen verbundenen Vorstellungen verstellen s.E. den Blick für die spezifischen Verhältnisse im Hebräischen und sind ein Grund dafür, warum frühere Grammatiker Schwierigkeiten bei der Erfassung von Satzteilfolgeregeln im Nominalsatz hatten. Michel knüpft zur Benennung
der Satzteile an die Unterscheidung von Bruno Snell[48] "Ins-Bild-Set-
zen" und "Mitteilung" (bei Michel: "Aussage") an und unterscheidet
die beiden Glieder nach der Frage: Was ist dasjenige Glied, das als bekannt eingeführt wird, an das angeknüpft wird, das 'ins Bild setzt', von
dem die (neue) Aussage gemacht werden soll und welches Glied stellt
das neue Element dar?[49] Er benennt die Glieder (in Anlehnung[50] an die
arabischen Nationalgrammatiker) als Mubtada – "das, womit man an-
fängt" und Chabar – "das Neue".[51] Mubtada heißt dann bei Michel dasjenige Satzglied, das, in der Nominalen Mitteilung determiniert, in der
Regel bereits Bekanntes aufnimmt, den Anküpfungspunkt (nach B.
Snell "Insbildsetzung") für die Aussage bietet (in der Mehrzahl der
Fälle entspricht das Mubtada in der traditionellen Terminologie dem
Subjekt), während das Chabar, in der Nominalen Mitteilung indetermi-

---

46 D.Michel, Probleme des Nominalsatzes, 219.
47 Vgl. D.Michel, Probleme des Nominalsatzes, 219.
48 Vgl. B. Snell, Der Aufbau der Sprache, 64–66.
49 Vgl. D.Michel, Probleme des Nominalsatzes, 217. Ähnlich T.Muraoka, Tripa-
rite Nominal Clause, der die Begrifflichkeit "subject"/"predicate" beibehält und definiert: "I define the subject as given (something known) and the predicate as being
new." (205)
50 Die Verwendung der Terminologie Mubtada/Chabar hat immer wieder Kritik
erfahren. Dabei ist der Hinweis Muraokas, dass von der arabischen Grammatik her
gedacht eine Satzteilfolge Chabar – Mubtada ein begrifflicher Selbstwiderspruch
wäre, da dort per definitionem Mubtada dasjenige Glied heißt, mit dem begonnen
wird, das also nie in zweiter Position stehen kann, berechtigt (vgl. T.Muraoka, Tri-
parite Nominal Clause, 188 Anm. 6) und insofern ist zu fragen, ob die Terminologie glücklich gewählt ist. Andererseits sind von Michels Position aus, die Begriffe
'Subjekt' und 'Prädikat' von der lateinischen Grammatik aus gedacht mindestens
genauso belastet. Die Begriffe Chabar und Mubtada waren zudem bereits vor Michel in die Hebraistik eingeführt (vgl. Anm. 51). Wichtig ist also im Folgenden zu
beachten, dass die Begriffe Chabar und Mubtada anders als in der arabischen
Grammatik bei Michel stärker auf die *Leistung* der Satzteile abzielen.
51 Vgl. D.Michel, Probleme des Nominalsatzes, 217. Die Begriffe wurden von
Michael Schlesinger (Satzlehre der aramäischen Sprache des babylonischen Talmuds, 1928) und Karl Oberhuber (Zur Syntax des Richterbuches, 1953) in die Se-
mitistik bzw. Hebraistik eingeführt.

niert, das Neue in der Aussage bringt (in der Mehrzahl der Fälle entspricht das Chabar in der traditionellen Terminologie dem Prädikat).[52] Während für die Nominalen Mitteilungen die Satzteilfolge anhand der Determination (>Mubtada) und Indetermination (>Chabar) der beiden Satzglieder ermittelt werden konnte, entfällt dieses Kriterium für die Nominalen Behauptungen, da hier per definitionem beide Glieder determiniert sind.[53] Dass auch in diesen Fällen eine Unterscheidung von Mubtada und Chabar möglich und nötig ist, dass also ein eindeutiges Aussagegefälle[54] vorliegt,[55] hat Michel nachgewiesen.[56] Es zeichnet sich nach seinen Analysen für die Nominalen Behauptungen ein den Nominalen Mitteilungen entsprechendes Ergebnis ab: Die Satzgliedfolge Chabar – Mubtada steht in unabhängigen Sätzen, Mubtada – Chabar in abhängigen Sätzen ab.[57]

3.3.4 *ʾanî Yhwh als Nominale Behauptung – Problembeschreibung*

Die von Michel vorgelegte Analyse hebräischer Nominalsätze soll im nächsten Schritt auf den Nominalsatz *ʾanî Yhwh* angewendet werden. Ein Nominalsatz wie *ʾanî Yhwh*, der aus zwei determinierten Gliedern, Pronomen und Eigennamen, besteht, ist nach Michels Nominalsatzthe-

---

[52] Vgl. D.Michel, Probleme des Nominalsatzes, 217; ders., Grundlegung 25–30. 158f. Vgl. eine ähnliche Überlegung bei T.Muraoka, The Tripartite Nominal Clause Revisited, 204f, wobei Muraoka in der Bestimmung der Satzteilfolge in Nominalsätzen im Ganzen andere Kritieren verwendet als Michel.

[53] Dass das Kriterium der Determination bei der Suche nach Satzteilfolgeregeln nur auf einen bestimmten Teil der Nominalsätze angewendet werden kann, spricht nicht gegen dieses Kriterium. Es ist ein formales Kriterium, das erlaubt, in einem bestimmten Bereich sicheren Boden zu gewinnen. Von da aus kann dann unter Zuhilfenahme anderer Fragestellungen geprüft werden, ob die an einem bestimmten Ausschnitt gewonnenen Regeln auf alle Nominalsätze hin verallgemeinerbar sind. Auf jegliche formale Kriterien zu verzichten, wie etwa E.J.Revell, The Conditioning of Word Order, scheint mir problematisch zu sein. Die eigene interpretatorische Arbeit anhand des Kotextes, die auch bei Michel eine große Rolle spielt, hat bei Revell anders als bei Michel kaum ein Korrektiv, wie es formale Kriterien sein können. Umgekehrt ist es jedoch auch nicht sinnvoll, die Forderung nach formalen Kriterien zu verabsolutieren.

[54] Im Laufe der weiteren Untersuchung spreche ich bisweilen auch von der "Gewichtung" oder "Betonung", die dem Chabar als Chabar zukommt. Gedacht ist immer daran, dass in einem Nominalsatz auf der syntaktischen Ebene das Aussagegefälle hin zum Chabar verläuft. Es ist dabei stets mit zu berücksichtigen, dass die syntaktische Ebene e i n e von mehreren Ebenen ist, auf denen sich Bedeutung im Satz konstituiert. Auf diesen anderen Ebenen sind ebenfalls Strategien von Gewichtung, Betonung, Hervorhebung zu verzeichnen, die die Vorgaben der syntaktischen Ebene unterstützen können, aber auch eigene Akzente setzen können.

[55] Nach Michel ist deshalb die Leistung von Sätzen mit zwei determinierten Gliedern mit 'Identifikation' (vgl. F.A.Andersen, The Hebrew Verbless Clause, 32) unzureichend beschrieben, vgl. D.Michel, Probleme des Nominalsatzes, 219.

[56] Zu Michels Vorgehen vgl. D.Michel, Probleme des Nominalsatzes, 219ff; vgl. auch A.Diesel/A.Wagner, "Jahwe ist mein Hirte", 382ff.

[57] Vgl. dazu: D.Michel, Probleme des Nominalsatzes, 223.

orie als Nominale Behauptung zu verstehen. In vielen Verwendungs-
kontexten der ʾanî Yhwh-Aussage ist darüber hinaus auch deutlich,
dass es sich um einen unabhängigen Nominalsatz handelt.

Wird der Nominalsatz ʾanî Yhwh als Nominale Behauptung bestimmt,
dann ist zu fragen, ob sich die für Nominalen Behauptungen gefundene
Satzteilfolgeregel auch auf die spezielle Nominale Behauptung ʾanî
Yhwh sinnvoll anwenden lässt?

Oder anders gefragt: Kann von einem Fall, wie etwa 2.Sam 12,7 (אתה
האיש)[58], in dem auf ein Pronomen ein determiniertes Nomen folgt und
ebenfalls ein unabhängiger Satz vorliegt, bezüglich der Bestimmung
der Satzglieder auf die Satzteilfolge in dem Satz ʾanî Yhwh geschlossen werden? In 2.Sam 12,7 ist das Pronomen (אתה) klar als Chabar, das determinierte Nomen (האיש) als Mubtada zu bestimmen. Ist
also in der nominalen Behauptung ʾanî Yhwh das Pronomen ʾanî Chabar[59], das als Eigenname determinierte Nomen Yhwh Mubtada und ist
entsprechend zu 2.Sam 12,7 paraphrasierend zu übersetzen *Jahwe bin
ICH und keiner sonst*?

Bei dem Versuch, die für die unabhängige Nominale Behauptung gefundene Satzteilfolgeregel (Chabar – Mubtada) auf die Nominale Behauptung ʾanî Yhwh anzuwenden, ist jedoch weiter zu beachten, dass
ʾanî Yhwh zu einer Untergruppe Nominaler Behauptungen gehört, in
der das determinierte Nomen ein Nomen proprium ist. In dieser Gruppe treten Belege auf, die sich zum Teil gegen ein Verständnis zu sperren scheinen, das sich aus der angenommenen Satzteilfolge Chabar –
Mubtada ergäbe.[60] Wenn etwa Ruth in Ruth 3,9 auf die Frage des Boas
מִי־אָתְּ, antwortet: אָנֹכִי רוּת אֲמָתֶךָ, dann ist das erfragte Glied Chabar[61]
und das ist in diesem Falle רות. Das Pronomen אנכי ist Mubtada. Die
erschlossene Satzteilfolge Mubtada – Chabar 'widerspricht' der Regel,
wonach in unabhängigen Nominalen Behauptungen Chabar – Mubtada
vorliegt. Diese Stellen[62] bereiten aber nicht nur in syntaktischer Hinsicht Schwierigkeiten, auch ihre Leistung ist mindestens auf den zweiten Blick schwer zu fassen. Zwar scheinen sie auf den ersten Blick

---

58 Zur Analyse der Stelle vgl. A.Diesel/A.Wagner, "Jahwe ist mein Hirte", 383f.
59 In der weiteren Untersuchung werde ich, trotz der in Anm. 50 namhaft ge-
machten Schwierigkeit, Michels Terminologie aufnehmen.
60 Diese Beobachtung findet sich bereits bei D.Michel, Nur ich bin Jahwe, 148:
"Wenn allerdings der Satz aus einem Eigennamen und einem Personalpronomen
besteht, steht das Pronomen regelmäßig an erster Stelle im Satz, auch wenn es als
Mubtada dient."
61 Zu der Überlegung, dass bei Nominalen Behauptungen Fragen helfen, die Satzteilfolge in der dazugehörigen Antwort zu bestimmen, vgl. D.Michel, Probleme des
Nominalsatzes, 220 und A.Diesel/A.Wagner, "Jahwe ist mein Hirte", 382f.
62 Eine ausführliche Behandlung der Belege erfolgt unten 3.4.1.1.

Selbstvorstellungen zu sein, aber die redende Person ist den Angeredeten nicht im strengen Sinne unbekannt.[63]
So lässt sich die Satzteilfolge von *ʾᵃnî Yhwh* nicht durch einen einfachen Rückgriff auf die von Michel vorgetragene Theorie zum Nominalsatz bzw. zur Nominalen Behauptung bestimmen. Vielmehr gilt es
auf der Grundlage dieser Theorie *ʾᵃnî Yhwh* vergleichbare Satztypen
genauer zu untersuchen, um ihrer spezifischen Leistung/ihren spezifischen Leistungen auf die Spur zu kommen.

3.3.5 *Zwischenbilanz*

Im Laufe der bisherigen Untersuchung zu *ʾᵃnî Yhwh* hatte sich ergeben, dass die beiden gegensätzlichsten Interpretationen, die als Selbstvorstellungsformel und die als Ausschließlichkeitsformel, auf der syntaktischen Ebene unterschiedliche Auffassungen darüber voraussetzen,
welches der beiden Glieder, Pronomen oder Nomen proprium, Chabar
bzw. Mubtada ist. Eine Klärung dieser Frage kann nur auf dem Weg
der Einsicht in die Satzteilfolge hebräischer Nominalsätze erfolgen.
Im zurückliegenden Abschnitt wurde daher diejenige Theorie zur Satzteilfolge (zur Abfolge von Chabar und Mubtada) in hebräischen Nominalsätzen allgemein vorgestellt, die in dieser Arbeit zugrundegelegt
wird und es wurden erste Überlegungen zu einer Anwendung dieser
Theorie auf *ʾᵃnî Yhwh* angestellt: *ʾᵃnî Yhwh* wird mit Michel als Nominale Behauptung bestimmt. Da Michels Untersuchungen ergeben
haben, dass sich für die biblisch-hebräischen Nominalsätze insgesamt
einheitliche Regeln aufstellen lassen, zog das die Vermutung nach
sich, dass die für die Nominalen Behauptungen geltenden Regeln auch
für *ʾᵃnî Yhwh* gelten. Eine Untergruppe Nominaler Behauptungen jedoch scheint sich gegen diese Regel zu sperren, diejenige, die aus Pronomen und Nomen proprium besteht. Da *ʾᵃnî Yhwh* Teil dieser Untergruppe ist, muss versucht werden, die Aussage auf dem Hintergrund
dieser Gruppe und verwandter Gruppen zu verstehen.

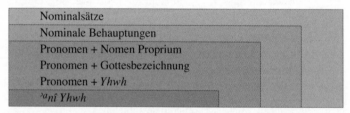

Nominalsätze
Nominale Behauptungen
Pronomen + Nomen Proprium
Pronomen + Gottesbezeichnung
Pronomen + *Yhwh*
ʾᵃnî Yhwh

Im folgenden Abschnitt sollen daher zunächst zwei Gruppen von Nominalsätzen untersucht werden, die *ʾᵃnî Yhwh* vergleichbar sind hinsichtlich ihrer Bauform; die zu untersuchenden Nominalsätze bestehen

---

[63] Vgl. in Bezug auf die Aussage *ʾᵃnî Yhwh* den Einwand Rendtorffs gegen Zimmerli (R.Rendtorff, Offenbarungsvorstellungen, 51ff; dazu oben Kap. 2).

– aus Pronomen 1. sg.[64] + Eigenname,
– aus Pronomen 1. sg. + Gottesbezeichnung.

An diesen Sätzen soll jeweils die oben vorgestellte Theorie überprüft und gefragt werden, welche Konsequenzen sich für das Verständnis von *ʾanî Yhwh* ergeben, wenn es auf dem Hintergrund dieser Nominalsätze verstanden wird.
In diesen Satzgruppen werden die Belege noch einmal durch die Abfolge der Wortarten (Pronomen etc. in Erst- oder in Zweitstellung – Umstellprobe) unterschieden.

3.4 Nominalsätze bestehend aus Pronomen 1. sg. und Eigennamen/ Pronomen 1. sg. und Gottesbezeichnung im Alten Testament[65]

3.4.1 *Pronomen 1. sg. und Nomen proprium (von Menschen)*
3.4.1.1 *Pronomen in Erststellung*[66]
Die folgenden Aussagen, in denen einem Pronomen der 1. sg. ein Nomen proprium folgt, sind die hinsichtlich der Satzstruktur nächsten Parallelen zu *ʾanî Yhwh*.
In der bisherigen Forschung ist die (ursprüngliche) Funktion von *ʾanî Yhwh* meist im Gefolge Zimmerlis als Selbstvorstellung bestimmt worden. Gleichzeitig ist deutlich geworden, dass diese Bestimmung an vielen Stellen nicht befriedigt. Mit dem Blick auf die *ʾanî Yhwh*-Aussage allein ist in der Frage ihrer Funktion bisher jedoch kein Durchbruch erzielt worden. Hier kann der Vergleich mit analog aufgebauten Nominalsätzen weiterhelfen. Deshalb ist für die folgenden Nominalsätze über die Satzteilfolge hinaus zu prüfen, welche Funktion sie in ihren jeweiligen Kotexten haben, ob sie als Selbstvorstellungen beschrieben werden können oder sich andere Funktionen nahelegen.
Auf der Suche nach Kriterien, die Satzteilfolge in Nominalen Behauptungen zu bestimmen, hat sich das Nebeneinander von Fragen und Nominalen Antworten als hilfreich erwiesen.[67] Das erfragte Glied ist das-

---

[64] Auf die ausführliche Behandlung der entsprechenden Nominalsatzgruppen mit dem Pronomen der 2. und 3. sg. muß im Rahmen dieser Arbeit verzichtet werden, vgl. dazu aber A.Diesel, Die Nominale Behauptung; zu den Ergebnissen der entsprechenden Untersuchung vgl. unter 3.4.4.
[65] Soweit nicht anders vermerkt, bespreche ich jeweils a l l e entsprechenden, in den hebräischen Teilen des Alten Testaments belegten Beispiele.
[66] Als ein Weg, auf dem Erkenntnisse über die Satzteilfolge in Nominalen Behauptungen erzielt werden können, hatte Michel (vgl. D.Michel, Probleme des Nominalsatzes, 220ff; vgl. auch A.Diesel/A.Wagner, "Jahwe ist mein Hirte", 383f die sog. Umkehrprobe herangezogen: Sätze, die aus den gleichen Wortarten bestehen, in denen aber eine je unterschiedliche Abfolge dieser Wortarten vorliegt (Pronomen – Nomen proprium / Nomen proprium – Pronomen), werden verglichen und nach Unterschieden hinsichtlich des jeweiligen Aussagegefälles befragt.
[67] Vgl. dazu vgl. D.Michel, Probleme des Nominalsatzes, 220; vgl. auch A.Diesel/A.Wagner, "Jahwe ist mein Hirte", 382f.

jenige, auf dem in der Antwort der Aussageschwerpunkt liegt. Das erfragte Glied ist das 'Neue', ist Chabar. Ich beginne deshalb mit zwei Stellen, Ruth 3,9 und Gen 27,19, an denen *vorausgehende Fragen Hinweise auf die Satzteilfolge* in den als Antwort folgenden Nominalsätzen Pronomen 1. sg. + Nomen proprium geben. Einsichten, die sich aus der Analyse dieser Stellen ergeben, können dann in die Analyse derjenigen Stellen einfließen, an denen ein solcher Hinweis aufgrund einer vorausgehenden Frage nicht vorliegt.

Pronomen (Prn) 1. sg. + Nomen proprium (NP)		
1. Gruppe: Ruth 3,9; Gen 27,19(.32); vorausgehende Frage gibt Hinweise auf Satzteilfolge in der nominalen Antwort	2. Gruppe: Gen 45,3.4; Gen 41,44 Fälle, ohne vorausgehende Frage, deren Analyse von Analogien zur ersten Gruppe profitieren kann	3. Gruppe: Dan 8,1.27 (Beispiele) Prn + NP bilden keinen Nominalsatz

In Ruth 3,9[68] ermöglicht eine Frage in der folgenden nominalen Antwort das Erfragte und damit das Chabar zu identifizieren.

Ruth 3,9	וַיֹּאמֶר מִי־אָתְּ וַתֹּאמֶר אָנֹכִי רוּת אֲמָתֶךָ וּפָרַשְׂתָּ כְנָפֶךָ עַל־אֲמָתְךָ כִּי גֹאֵל אָתָּה *Er fragte: "Wer bist du?" Sie antwortete: "Ich bin Ruth, deine Magd; breite deinen Gewandzipfel über deine Magd, denn du bist (ein) Löser."*

Boas findet Ruth des Nachts zu Füßen seines Lagers, er erschrickt und fragt sie: מִי־אָתְּ *Wer bist du*, worauf sie antwortet: אָנֹכִי רוּת אֲמָתֶךְ *Ich bin Ruth, deine Magd*.

Die Frage מִי אַתְּ zeigt, dass in der Antwort רוּת אמתך das Erfragte und damit das Chabar ist, die Satzteilfolge ist Mubtada – Chabar.[69]

Zur Erklärung dieser Satzteilfolge bieten sich folgende Überlegungen an:

i) Es wird sich im Laufe des Kapitels 3.4 ergeben, dass die Belege von Pronomen + Eigennamen hinsichtlich der Satzteilfolgeregeln in Nominalen Behauptungen eine 'Ausnahme' bilden. Der Kotext ermöglicht eine recht eindeutige Bestimmung der Satzglieder, es ergibt sich häufig eine Satzteilfolge Mubtada – Chabar, die für abhängige Nominalsätze oder nach bestimmten Konjunktionen zu erwarten ist, beides trifft in Ruth 3,9 und in den noch zu behandelnden Beispielen nicht zu. Da nach allem, was sich in der bisherigen Untersuchung der Nominalsätze im Hebräischen ergeben hat, die Satzteilfolge nicht beliebig ist, son-

---

68 Ich beginne mit der Ruth-Stelle, da sie im Vergleich zu Gen 27,19.32 die eindeutigere Stelle ist. Vgl. zur Stelle bereits oben 3.3.4 .

69 So auch D.Michel, Nur ich bin Jahwe, 147.

dern beschreibbaren Regeln unterliegt, könnte eine Erklärungsmöglichkeit für die Satzteilfolge Mubtada – Chabar in Ruth 3,9 und an weiteren Stellen (s.u.) darin liegen, dass für die Wortartenkombination Pronomen/Eigennamen (uns nicht explizit bekannte) Konventionen greifen, wonach in diesen Fällen das Pronomen immer an erster Stelle steht. In diesem Fall wäre zu beachten, dass ein Nominalsatz, bestehend aus Pronomen + Nomen proprium, in dem das Pronomen Chabar sein soll, sich in seiner Oberflächenstruktur nicht unterscheidet von einer Aussage, wie der oben genannten, in der das Pronomen Mubtada ist.

ii) Nach Michel kann die Satzteilfolge Mubtada – Chabar auch dann vorliegen, wenn die Aussage als eine solche ausgewiesen werden soll, die nicht etwas Neues bringt, sondern als eine solche, die auf einen bekannten Tatbestand rekurriert.[70] Die Satzteilfolge Mubtada – Chabar kann also signalisieren, dass nicht etwas Neues ausgesagt, sondern Bekanntes angesprochen wird: Dass die Aussage in Ruth 3,9 *eine Selbstvorstellung* in strengem Sinne leistet, ist *nicht wahrscheinlich*. Es handelt sich nicht um die erste Begegnung zwischen Boas und Ruth. Auch wenn in der Schilderung ihrer bisherigen Begegnungen nichts darüber verlautete, ob Boas lediglich Ruths familiäre Zugehörigkeit oder auch ihren Namen erfahren hat, ist letzteres zu vermuten. Boas Frage מִי אַתְּ beruht nicht darauf, dass er einen ihm völlig fremden Menschen vor sich sieht, sondern darauf, dass er, vermutlich aufgrund der Dunkelheit, das Gesicht der Frau nicht erkennen kann. Durch den Namen teilt Ruth Boas mehr mit als nur ihren Namen, sie spielt über den Namen auf die Bekanntschaft und auf die Boas bekannten Fakten bezüglich Ruths familiärer Situation an. Diese Situation hat für Boas unmittelbare Konsequenzen, die auch sogleich angesprochen werden: כִּי גֹאֵל אָתָּה[71]. Ruth geht in ihrer Antwort davon aus, dass Boas ihr Name und ihre Situation bekannt sind. Mit אָנֹכִי רוּת אֲמָתֶךָ macht sie sich Boas nicht bekannt, auch wenn sie sich zu erkennen gibt. Im Vordergrund steht der Rekurs auf Bekanntes.[72]

---

[70] Vgl. dazu D.Michel, Probleme des Nominalsatzes, 219: "M–Ch steht (…) bei Aussagen, die keine echte Mitteilung machen, sondern lediglich etwas Bekanntes in Erinnerung rufen". Diese Nominalen Mitteilungen werden von Michel als rekapitulierende Mitteilungen bezeichnet. Michel hat diese Möglichkeit im Zusammenhang Nominaler Mitteilungen erwogen. Dort ist die Unterscheidung zwischen dem (determinierten) bekannten Ausgangspunkt und dem (indeterminierten) Neuen, das über den Ausgangspunkt ausgesagt wird, deutlicher als in Nominalen Behauptungen, in denen nach Michel zwei bekannte Größen miteinander verbunden werden. Es sei deshalb noch einmal betont, dass sich auch in Nominalen Behauptungen ein Aussagegefälle beobachten lässt und auch hier das Chabar in gewisser Weise 'Neues' über das Mubtada aussagt.

[71] Nominale Mitteilung mit regelhafter Satzteilfolge Chabar (indeterm. Glied) – Mubtada (determinierter Glied).

[72] Eine vergleichbare Stelle, an der auf das Pronomen allerdings kein Eigenname sondern ein Nomen folgt, ist etwa 1.Sam 1,26: mit den Worten אֲנִי הָאִשָּׁה הַנִּצֶּבֶת

Für eine solche Erklärung könnte sprechen, dass sich die Situation in Ruth 3,9 von solchen Situationen echter Selbstvorstellungen, wo sich einander bisher Unbekannte begegnen, unterscheidet. In Situationen mit echten Selbstvorstellungen steht das Pronomen in Zweitstellung.[73] Allerdings sind in diesen Fällen in Erstposition keine Nomina propria belegt. Das alttestamentliche Material stellt wenig Belege für Nominalsätze zur Verfügung, die aus Pronomen und Nomen proprium (abgesehen von יהוה) bestehen und keine, in denen ein Nomen proprium dem Pronomen vorausginge (vgl. unter 3.4.1.2). Letzteres könnte zwar Zufall der Überlieferung sein, doch ist es auffällig, dass bei der Vielzahl der Belege von *ʾaˀnî Yhwh* nie die Abfolge *אני יהוה belegt ist. Das spricht gegen die Annahme eines Überlieferungszufalls.

Gen 27,18f	18 וַיָּבֹא אֶל־אָבִיו וַיֹּאמֶר אָבִי וַיֹּאמֶר הִנֶּנִּי מִי אַתָּה בְּנִי
	19 וַיֹּאמֶר יַעֲקֹב אֶל־אָבִיו אָנֹכִי עֵשָׂו בְּכֹרֶךָ עָשִׂיתִי כַּאֲשֶׁר דִּבַּרְתָּ אֵלָי (...)
	18 Er kam zu seinem Vater und sagte: "Mein Vater!" Der antwortete: Hier bin ich! Wer bist du, mein Sohn?" 19 Da antwortete Jakob seinem Vater: "Ich bin Esau, dein Erstgeborener, ich habe ausgeführt, was du mir aufgetragen hast.

Nachdem Rebekka Jakob das Essen zubereitet hat, das Isaak dem Esau zu bereiten aufgetragen hatte, geht Jakob zu Isaak hinein, um ihm das Gewünschte zu bringen und sich an Esaus Statt den Erstgeburtssegen zu sichern. Auf die Anrede אָבִי *mein Vater* hin fragt Isaak: מִי אַתָּה בְּנִי *Wer bist du, mein Sohn* und Jakob antwortet: אָנֹכִי עֵשָׂו בְּכֹרֶךָ *Ich bin Esau, dein Erstgeborener.*[74]

Die Frage weist hier in Gen 27,19 den Namen (+ Apposition) als das Erfragte und damit als Chabar aus. Da Isaak nicht nur *einen* Sohn hat, muss die Identität des Redenden durch Angabe des Namens geklärt werden. Die Satzteilfolge ist damit abweichend von der oben beschriebenen Regel für die Satzteilfolge im unabhängigen Nominalsatz Mubtada (Pronomen) – Chabar.[75]

עִמָּכָה בָּזֶה *ich bin die Frau, die hier bei dir stand (um zu Jahwe zu beten)*, erinnert Hanna Eli an ihre Begegnung einige Jahre zuvor.

[73] Vgl. unter 3.4.1.2.

[74] Nicht mit dem alttestamentlichen Befund übereinstimmend ist Wenhams Aussage: "The normal reply in Hebrew to his father's question is 'Esau am I', but he uses a more assertive form 'I am Esau'" (G.J.Wenham, Genesis,16–50, 208). Zwar mag hinter Wenhams Ausführung das richtige Gespür stehen, dass im unabhängigen Nominalsatz die Satzteilfolge Chabar – Mubtada zu erwarten wäre und die vorausgehende Frage eine Chabar-Stellung des "Esau" nahelegt. Da wir aber keine Belege für Eigennamen + Pronomen 1. sg. im AT haben, kann man nicht von einer "normal reply in Hebrew" in der Gestalt von "Esau am I" sprechen.

[75] So auch D.Michel, Nur ich bin Jahwe, 147.

Die Stelle macht auch deutlich, dass es sich *nicht um eine Selbstvorstellung* in dem Sinne handelt, dass ein bislang Unbenannter seinen Namen kundgäbe. Isaak kennt die Namen seiner beiden Söhne und dass es sich um einen seiner Söhne handelt, erkennt er an der Anrede אבי. In Isaaks Frage zeigt das בני, dass er davon ausgeht, dass einer seiner Söhne vor ihm steht; die Frage, die sich für den blinden Isaak ergibt, ist nur: welcher von beiden? Man müsste Isaaks Frage paraphrasierend wiedergeben als: *Welcher von beiden bist du, mein Sohn?*[76] Mit der Antwort wird hier mehr kundgegeben als der Name, wie die nachfolgende Apposition בכרך zeigt: Es geht um die Identifikation des Erstgeborenen, dem im Folgenden der Segen zuteil werden soll. Auch ohne Apposition klänge bereits im Namen Esaus allein sein Erstgeborenenstatus mit.[77]

Mit Gen 27,19 ist zu vergleichen Gen 27,32: Als später Esau zu Isaak kommt, das Gewünschte bringt und den Segen erbittet, fragt Isaak: מי־אתה *Wer bist du* und Esau antwortet: אני בנך בכרך עשו *Ich bin dein erstgeborener Sohn(,) Esau*. Betonter noch als in V. 19 geht es um den Erstgeburtsstatus, der Name ist an das Satzende gerückt. Obwohl Esau Isaak ebenfalls mit אבי angeredet hat, unterscheidet sich Isaaks Frage in V. 32 von derjenigen in V. 18 durch das fehlende בני.[78] Die Frage ist dadurch in gewisser Weise unspezifischer und nötigt den Antwortenden zu der gegenüber V. 19 zusätzlichen Angabe בנך.[79] Die Frage in V. 32 zeigt, dass das Erfragte und damit das Chabar עשו בכרך בנך ist. Damit liegt, wie in V. 19, die Satzteilfolge Mubtada – Chabar vor.

Wie ist der Befund in Gen 27,19.32 zu interpretieren? Drei Möglichkeiten sind zu erwägen:

i) Es könnte, wie bereits für Ruth 3,9 erwogen, eine sprachliche Konvention geben, wonach in Nominalsätzen, die durch Pronomen und Eigennamen gebildet werden, der Eigenname stets dem Pronomen folgt.

ii) Die unter i) gebotene Vermutung muss für Gen 27,32 noch einmal überdacht werden. Der Eigenname עשו steht in V. 19 und V. 32 an unterschiedlichen Positionen im Satz: Während er in V. 19 dem בכרך vorausgeht, folgt er ihm in V. 32. Wenn man nicht davon ausgehen will,

---

[76] Selbst wenn die Frage des Isaak keine 'echte', sondern eine im Zusammenhang mit dem Erstgeburtssegen ritualisierte Frage wäre (vgl. H.J.Boecker, 1. Mose 25,12–37,1, 47f. 50), würde das an der Analyse grundsätzlich nichts ändern.

[77] Das in diesem Satz auf der Apposition בכרך ein besonderer Akzent liegt, ist nicht zu bestreiten, ist aber nicht auf der syntaktischen Ebene zu klären; eine Beschreibung der Funktion von בכרך müsste etwa unter dem Thema-Rhema-Aspekt erfolgen, der von der syntaktischen Ebene zu unterscheiden ist. Vgl. dazu A.Diesel/A.Wagner, "Jahwe ist mein Hirte", 392ff.

[78] Vgl. dazu etwa H.J.Boecker, 1. Mose 25,12–37,1, 50.

[79] Die Antwort weist in der Abfolge בנך – בכרך – עשו eine zunehmende Spezifizierung auf; ein ähnliches Phänomen findet sich etwa Gen 22,2.

dass diese unterschiedliche Stellung ohne Belang ist,[80] dann spricht
einiges dafür, dass עשׂו in einem der beiden Verse Apposition ist. Dafür
kommt am ehesten V. 32 in Frage.[81] Wenn der Eigenname an dieser
Stelle Apposition ist, der Kernsatz aber aus אני בנך besteht, ist zu fragen, ob der Name als Apposition Einfluss auf die Satzteilfolge nehmen
kann. Entweder geht man davon aus, dass das möglich ist, dann wäre
für die Satzteilfolge die unter i) ausgesprochene Vermutung in Rechnung zu stellen. Oder man hält die Satzteilfolge in V. 32 weiter für erklärungsbedürftig, weil i) hier gerade nicht zutrifft. Wie in Ruth 3,9
kann die Satzteilfolge Mubtada – Chabar die Ich-Aussage als eine solche ausweisen, die nicht etwas Neues bringt, sondern als eine solche,
die auf einen bekannten Tatbestand rekurriert. Esau muss es als be-
fremdlich empfinden, wenn sein Vater nach Esaus Anrede an ihn (*Mein
Vater möge sich aufrichten und von dem Wildbret seines Sohnes essen,
auf dass du mich segnest*) nach seiner Identität fragt. Nur er, Esau
selbst, kann doch, so dürfte Esaus Meinung sein, das auf Verlangen
seines Vaters zubereitete Wild bringen und den Segen erwarten. So
könnte Esaus Antwort paraphrasiert lauten: *Wer soll ich schon sein?
Ich bin doch dein erstgeborener Sohn, Esau.*[82] Die Satzteilfolge Mubtada – Chabar hätte in diesem Fall die Aufgabe, die Aussage mit einer
zusätzlichen Kennzeichnung zu versehen, die den Inhalt der Aussage
als bekannten Sachverhalt ausweist.

Diese für V. 32 erwogene Erklärung könnte bereits für V. 19 zutreffen.
Obwohl der Name Chabar ist, würde durch die Satzteilfolge Mubtada –
Chabar angezeigt werden, dass es sich gerade nicht um eine Selbstvorstellung handelt. Die Frage Isaaks rechnet nicht damit, dass ein Unbekannter vor ihm steht (vgl. die Anrede בני). Nur seine Blindheit verhindert eine Identifikation (wie in Ruth 3,9 die Dunkelheit Boas an der

---

[80] Dass die unterschiedliche Stellung die Aussage nicht verändert, davon gehen
etwa die Lutherübersetzung und G.v.Rad, Das erste Buch Mose, 219f aus, die beide Sätze gleich wiedergeben. Auch dort, wo die Übersetzung von V. 19 und V. 32
unterschiedlich vorgenommen wird (V. 19: "Ich bin Esau, dein Erstgeborener." –
V. 32: "Ich bin dein Sohn, dein Erstgeborener, Esau." So etwa H.Seebass, Genesis
II, 294 oder H.J.Boecker, 1. Mose 25,12–37,1, 41f), wird die unterschiedliche Stellung nicht weiter thematisiert.
[81] In der Mehrzahl der Fälle steht die Apposition nach, vgl. W.Gesenius/E.
Kautzsch, Hebräische Grammatik § 131a, zu Ausnahmen vgl. § 131g; außerdem
D.Michel, Grundlegung 2, z.B. 77 (u.ö. vgl. "Erweiterung des Grundmodells").
[82] Vgl. dazu die Übersetzung von E.A.Speiser, Genesis, 207: "'Who are you?' his
father Isaac asked him. 'Why', he answered him, 'your son Esau, your first-born!'"
Das "Why" soll vermutlich die Verwunderung, das Befremden Esaus ob der Frage
des Vaters ausdrücken. Anders H.J. Boecker, 1. Mose 25,12–37,1, 50, der davon
ausgeht, dass "Esau (…) die Frage des Vaters «Wer bist du?» als die zum Ritual
gehörende Vergewisserungsfrage des Segnenden [versteht]" und die Verwunderung allein auf Isaaks Seite liegt: "Er ist aufs äußerste verwundert und will wissen,
wer da vor ihm steht. Stilistisch zeigt sich das an einer kleinen Veränderung der
Frage gegenüber V. 18. Es fehlt der Zusatz «mein Sohn»."

Identifikation Ruths hindert). Jakob tritt hier als Esau auf. Esau aber ist Isaak bekannt und er (Jakob als Esau) rekurriert in seiner Antwort auf diese Bekanntheit.

iii) Unter i) und ii) bin ich davon ausgegangen, von der Frage auf die Satzteilfolge in der Antwort schließen zu können. Das ist in der Regel möglich, aber nur dann, wenn die Antwort tatsächlich der Frage genau entspricht. Wie verhält es sich aber, wenn das einmal nicht der Fall ist? Isaak fragt nach Namen und damit nach Identität. Bedenkt man die Antwort auf dem Hintergrund, dass die regelhafte Satzteilfolge in Nominalen Behauptungen Chabar – Mubtada ist, und setzt diese Satzteilfolge auch im vorliegenden Fall voraus, dann könnte die Antwort so verstanden werden, dass sie das Erfragte lediglich als Anknüpfungspunkt bietet und betont *"Ich (und niemand sonst) bin Esau/dein erstgeborener Sohn"*. In der Antwort würde sich dann implizit der Konflikt spiegeln, der die Geschichte beherrscht. Der Kniff des Erzählers läge darin, dass Frage und Antwort sich nicht exakt entsprechen, wodurch die Antwort als doppelbödig ausgewiesen wird. Diese Interpretation ginge anders als die oben gebotene davon aus, dass in beiden Nominalsätzen die regelhafte Satzteilfolge Chabar – Mubtada vorläge.

Rückblickend auf die beiden Genesisstellen ist festzuhalten:

– Wenn sich Frage und Antwort in Gen 27,19.32 entsprechen, dann kann aufgrund der vorausgehenden Frage in der nominalen Antwort mit einiger Sicherheit auf eine Satzteilfolge Mubtada – Chabar geschlossen werden.

– Diese Satzteilfolge ist erklärungsbedürftig. Als Erklärungsmöglichkeiten sind zu erwägen: eine Restriktion der Wortartenfolge bei der Kombination Pronomen/Eigenname (vgl. i) oder eine bestimmte Leistung der Satzteilfolge Mubtada – Chabar, die die Aussage als Rekurs auf Bekanntes ausweist (vgl. ii).

– Aus inhaltlichen Erwägungen, die den Gesamtcharakter der Erzählung betreffen, ist nicht auszuschließen, dass die Antwort der Frage hier nicht genau entspricht, ein Rückschluss von der Frage auf die Satzteilfolge in der Antwort deshalb nicht möglich ist und von der Satzteilfolge Chabar – Mubtada auszugehen ist, die für die Mehrzahl der unabhängigen Nominalsätze kennzeichnend ist.

Vorausgehende Frage ermöglicht Bestimmung der Satzteilfolge:	
Satzteilfolge	Mubtada – Chabar
i) Erklärung a	Restriktion für Abfolge der Wortarten Prn/Eigennamen
ii) Erklärung b	Rekurs auf Bekanntes
Rückschluss von vorausgehender Frage auf Satzteilfolge in Antwort nicht möglich, weil Antwort der Frage nicht entspricht:	
iii) Satzteilfolge	Chabar – Mubtada

Um weiteren Aufschluss zu erzielen müssen die Beispiele vermehrt werden.

In den folgenden Beispielen geht dem Nominalsatz anders als in den obigen Belegen keine Frage voraus, die Hinweis auf die Satzteilfolge gäbe. Zumindest Gen 45,3.4 ist jedoch hinsichtlich der Situation, in der das *Ich bin N.N.* gesprochen wird, analog zu Ruth 3,9; Gen 27,19.32.

Gen 45,3.4	3 וַיֹּאמֶר יוֹסֵף אֶל־אֶחָיו אֲנִי יוֹסֵף הַעוֹד אָבִי חָי וְלֹא־יָכְלוּ אֶחָיו לַעֲנוֹת אֹתוֹ כִּי נִבְהֲלוּ מִפָּנָיו 4 וַיֹּאמֶר יוֹסֵף אֶל־אֶחָיו גְּשׁוּ־נָא אֵלַי וַיִּגָּשׁוּ וַיֹּאמֶר אֲנִי יוֹסֵף אֲחִיכֶם אֲשֶׁר־מְכַרְתֶּם אֹתִי מִצְרָיְמָה
	3 *Joseph sagte zu seinen Brüdern: "Ich bin Joseph; lebt mein Vater noch?" Aber seine Brüder konnten ihm nicht antworten, weil sie vor ihm (vor seinem Angesicht) erschraken. 4 Da sagte Joseph zu seinen Brüdern: "Tretet doch her zu mir!" Und als sie herantraten, sagte er: "Ich bin Joseph, euer Bruder, den ihr nach Ägypten verkauft habt (von dem gilt: ihr habt mich nach Ägypten verkauft)."*

Joseph offenbart sich nach mehreren Zusammentreffen, bei denen er incognito geblieben ist, seinen Brüdern schließlich mit den Worten: אֲנִי יוֹסֵף und er wiederholt die Aussage einen Vers später in erweiterter Form[83]: אֲנִי יוֹסֵף אֲחִיכֶם אֲשֶׁר־מְכַרְתֶּם אֹתִי מִצְרָיְמָה *Ich bin Joseph, euer Bruder, den ihr nach Ägypten verkauft habt.*

Der Kotext in Gen 45,3.4 legt es nahe, auch hier, wie in den obigen Beispielen, von einem Aussagegefälle hin zum Namen, also von einer Satzteilfolge Mubtada – Chabar auszugehen.[84] Die möglichen Gründe, die die Satzteilfolge bedingt haben können, sind den oben genannten vergleichbar:

i) Die Satzteilfolge könnte in einer sprachlichen Restriktion begründet sein, wonach in Nominalsätzen, die durch Pronomen und Eigennamen gebildet werden, der Eigenname stets dem Pronomen folgt; vgl. Gen 27,19 (.32); Ruth 3,9.

ii) Die Satzteilfolge Mubtada – Chabar könnte auch hier so erklärt werden, dass der Nominalsatz im Prinzip Bekanntes als Bekanntes zur Sprache bringt. Der zweite Mann Ägyptens bezweckt mit der Namensnennung mehr als die Selbstvorstellung eines bisher Unbenannten. Mit der Nennung des Namens wird die Vergangenheit, das Verhalten der Brüder Joseph gegenüber wieder lebendig. Schon der Name "Joseph" allein sagt, was in Vers 4 explizit erläuternd hinzugefügt wird: *Joseph, euer Bruder, den ihr nach Ägypten verkauft habt.* War Isaak aufgrund seiner Blindheit und Boas aufgrund der Dunkelheit gehindert, die frag-

---

83 Für die syntaktische Analyse ist es an dieser Stelle ohne Belang, wenn die beiden Verse Gen 45,3.4 zu verschiedenen (so die traditionelle literarkritische Analyse und in neuerer Zeit auch A.Graupner, Elohist, 384 u.ö.) literarischen Schichten gehören würden.

84 So z.B. J.Hoftijzer, Nominal Clause Reconsidered, 491.

liche, aber bekannte Person zu identifizieren, so verhindern die langen
Jahre, die die Brüder Joseph nicht gesehen haben, und die Veränderungen, die in der Zwischenzeit mit ihm vorgegangen sind, dass die Brüder
im zweiten Mann Ägyptens Joseph erkennen.
iii) Der Kotext in Vers 4 eröffnet jedoch noch eine andere Möglichkeit,
ähnlich der auch für Gen 27,19.32 erwogenen. Sie setzt anders als in i)
und ii) eine Satzteilfolge Chabar – Mubtada voraus. Die Aussage wäre
folgendermaßen zu verstehen: *Der Joseph, den ihr nach Ägypten verkauft habt, das bin ICH (und niemand sonst)*. Vom so verstandenen
Vers 4 fiele dann auch ein Licht auf Vers 3. So will wohl Muraoka[85]
diese Stelle verstehen: "Joseph, fully conscious of his own self, drama-
tically reveals himself to his bewildered and incredulous brothers."[86]
Muraoka parallelisiert diese Stelle mit אֲנִי יהוה אֱלֹהֵיכֶם in Ri 6,10 und
entsprechenden Vorkommen im Heiligkeitsgesetz:

"The prominence accorded to the preceding pronoun may approach that of identification: Jdg 6.10 אֲנִי יהוה אֱלֹהֵיכֶם (...) followed immediately by 'you shall not
pay reverence to the gods of the Amorites'. The same can be said of the same phrase as a refrain concluding a whole series of Levitical commandments: Lv 18.6;
19.12 et passim."[87]

Anders als in den Belegen aus Gen 27 und Ruth 3 gibt in Gen 45 keine
vorausgehende Frage einen Hinweis auf das Chabar. Bei einer Abwä-
gung der drei genannten Verstehensmöglichkeiten können daher nur
inhaltliche Indizien herangezogen werden: Joseph macht eine geradezu
unglaubliche Karriere vom Sklaven zum zweiten Mann Ägyptens. In
der Logik der Geschichte läge es, wenn Joseph sich seinen Brüdern
nicht nur einfach zu erkennen gibt, sondern den Akzent darauf legt,
dass der zweite Mann Ägyptens *niemand anderes* ist als der ehemals
als Sklave verkaufte Bruder Joseph: *So unglaublich es ist, der Joseph (,
den ihr nach Ägypten verkauft habt), das bin ich und niemand sonst.*
Diese Verständnis setzt die Satzteilfolge Chabar – Mubtada voraus.[88]
Ein Vergleich der drei bisher behandelten Stellen Gen 27,19.32; Ruth
3,9 und Gen 45,3.4 ergibt folgendes:
– In ihrer Oberflächenstruktur sind die Stellen gleich gebaut: Prn 1. sg.
+ Nomen proprium (+ Apposition).
– Während in Ruth 3,9 von einer Satzteilfolge Mubtada – Chabar aus-
zugehen ist, liegt für Gen 45,3.4 die Satzteilfolge Chabar – Mubtada

---

85 Vgl. P.Joüon/T.Muraoka, A Grammar of Biblical Hebrew II. Allerdings geht
Muraoka dabei von der Satzteilfolge Subjekt – Prädikat aus. Die von ihm beobachtete Hervorhebung des Pronomens beruht nach Muraokas Auffassung nicht auf dessen Satzteilfunktion, sondern resultiert aus seiner Frontstellung im Satz. Vgl. dazu
auch T.Muraoka, Emphatic Words, 11ff.
86 P.Joüon/T.Muraoka, A Grammar of Biblical Hebrew II. 568.
87 P.Joüon/T.Muraoka, A Grammar of Biblical Hebrew II, 568.
88 Vgl. dazu auch D.Michel, Nur ich bin Jahwe, 148.

nahe; Gen 27,19(.32) ist für beide Möglichkeiten offen. Trifft die Interpretation der Stellen zu, dann muß davon ausgegangen werden, dass trotz gleicher Wortartenfolge (Prn + Np), trotz gleicher Oberflächenstruktur in Ruth 3,9 und Gen 45,3.4 unterschiedliche Satzteilfolgen vorliegen.

Gen 41,44	אֲנִי פַרְעֹה[89] וּבִלְעָדֶיךָ לֹא־יָרִים אִישׁ אֶת־יָדוֹ וְאֶת־רַגְלוֹ
	בְּכָל־אֶרֶץ מִצְרָיִם
	Ich bin Pharao, aber ohne dich soll keiner seine Hand oder seinen Fuß heben im ganzen Land Ägypten.

V. 44 steht im Kotext der Amtseinsetzung Josephs zum zweiten Mann im Staat.[90] In diesem Zusammenhang definiert der Pharao das Verhältnis des neuen Amtes zu dem des Pharao. In Vers 40 war bereits der Machtbereich Josephs umrissen worden und der Pharao hatte sich vorbehalten: *Nur was den Thron anlangt, bin ich größer als du.* Vers 44 kann als abschließendes Resumée verstanden werden. V. Rad übersetzt: *"Ich bin der Pharao; aber ohne deinen Willen soll niemand in ganz Ägyptenland Hand oder Fuß heben."*[91] Das "aber" bringt die Gegenüberstellung zum Ausdruck: Pharao auf der einen Seite, der, ohne den niemand Hand und Fuß regen soll, auf der anderen Seite. Es entsprechen sich in dieser Gegenüberstellung אֲנִי und בִלְעָדֶיךָ einerseits sowie פַרְעֹה und der Inhalt des Verbalsatzes andererseits.

Bei der Frage nach der Satzteilfolge in dem Nominalsatz אֲנִי פַרְעֹה sind beide Möglichkeiten, Mubtada – Chabar/Chabar – Mubtada, zu prüfen.

i) Die Analogie zu Gen 27,19 und Ruth 3,9 könnte die Annahme einer Satzteilfolge Mubtada – Chabar nahelegen. פַרְעֹה wäre mithin Chabar.

– Eine Selbstvorstellung scheidet in Gen 41,44, deutlicher noch als in den vorangegangenen Beispielen, gänzlich aus.

---

[89] פַרְעֹה erhält in den alttestamentlichen Texten nie einen Artikel oder ein Suffix und steht so syntaktisch den Nomina propria näher als anderen Nomina. Vgl. auch H.Cazelles, Art. פַּרְעֹה, 761: "Da der hebr. Terminus nie den Artikel bei sich führt, wird er offensichtlich als Eigenname verstanden."

[90] Den vorliegenden Text vorausgesetzt (s.u.), lässt sich ein klarer Ablauf dieser Amtseinsetzung greifen: V. 39 Begründung; V. 40 Ankündigung; V. 41 Vollzug vgl. Deklarativ רְאֵה נָתַתִּי אֹתְךָ עַל כָּל־אֶרֶץ מִצְרָיִם (vgl. dazu A.Wagner, Sprechakte, 92 u.ö.); V. 42 begleitende Zeichenhandlung; V. 43 öffentliche Proklamation; V. 44 abschließende Bestimmung des Verhältnisses beider, vgl. so schon zu Beginn in V. 40. (Allerdings sehen einige Ausleger in V. 41 eine Dublette und wollen zwischen V. 41 einerseits und 40.42ff trennen, so etwa H.Holzinger, Genesis, 236; G.v.Rad, Das erste Buch Mose 309; anders H.Gunkel, Genesis, 438; G.J.Wenham, Genesis, 16–50, 396 und C.Westermann, Genesis 37–50, 98, der das vorliegende Schema der Amtseinsetzung, in das V. 41 hineingehört, für eine Zugehörigkeit des Verses zum umliegenden Text anführt.)

[91] G.v. Rad, Das erste Buch Mose, 306.

– Die Satzteilfolge Mubtada – Chabar könnte den Nominalsatz als (adversativen) Chalsatz[92] ausweisen: *Zwar bin ich Pharao (= der erste Mann im Staat), aber ohne deinen Willen...*
– Wenn V. 44 ein Resumée darstellt, unterstreicht die Satzteilfolge Mubtada – Chabar, indem sie signalisiert, dass auf Bekanntes rekurriert wird, diesen Resumée-Charakter.

ii) Michel sieht in dieser Stelle, gerade weil der Kotext die Annahme einer Selbstvorstellung ausschließt, einen deutlichen Beleg für seine These, die Satzteilfolge sei Chabar – Mubtada. Er versteht die Aussage im Sinne von 'Pharao (bin, bleibe) ich (und keiner anderer, und nicht du)' bzw. 'Pharao bin nur ich'.[93] In unabhängigen Nominalen Behauptungen ist die zu erwartende Satzteilfolge Chabar – Mubtada. In Gen 41,44 spricht nichts gegen eine Anwendung dieser Regel. Gen 41,44 ist eine abschließende Verhältnisbestimmung. Es liegt nahe, sie so zu verstehen, dass der Ton dabei auf der Nennung der beiden liegt, die zueinander in ein Verhältnis gesetzt werden. Sie werden durch das Pronomen אני sowie durch das Suffix der 2. sg. vertreten: *Pharao bin ich, aber ohne deinen Willen ...* Gen 41,44 kann als Nominalsatz mit der Satzteilfolge Chabar – Mubtada verstanden werden.[94]

Auch wenn man bei der Bestimmung der jeweiligen Satzteilfolge und damit der Aussage der Nominalsätze schwanken kann, so ist den bisher besprochenen Stellen doch eines gemeinsam: Die Konstruktion Pronomen 1. sg. + Nomen proprium stellt in allen Fällen unzweifelhaft einen eigenständigen Nominalsatz dar. Das unterscheidet diese Stellen von

---

[92] Zu Chalsätzen vgl. E. Kuhr, Die Ausdrucksmittel der konjunktionslosen Hypotaxe, 11.14 u.ö.; auch D.Michel, Tempora und Satzstellung in den Psalmen, §29b; ders., Grundlegung 2, 139ff.230ff; in den Grammatiken auch unter dem Begriff Umstandssatz bzw. circumstantial clause behandelt, vgl. etwa P.Joüon/T.Muraoka, A Grammar of Biblical Hebrew II, § 159, zu dem mit ו angeschlossenen "Copulativ clause" vgl. § 159*d*.

[93] Vgl. D.Michel, Nur ich bin Jahwe, 146f. In diesem Fall läge bei der oben benannten Gegenüberstellung von Pharao und Joseph der Ton auf dem jeweils ersten Glied: "*ICH (allein) bin der Pharao, aber ohne DEINEN Willen...*" – Das alttestamentliche Material bietet für die Wortfolge Prn – פרעה nur noch einen weiteren Beleg, in Ez 31,18, dort mit Pronomen der 3. sg. und ermöglicht darüber hinaus keine Gegenprobe, da die Wortfolge פרעה + Pronomen sg. nicht belegt ist. Zwar ist für Ez 31,18 eine Satzteilfolge Chabar – Mubtada möglich (vgl. A.Diesel, Die Nominale Behauptung) wie sie Michel für Gen 41,44 annimmt, aber die Kotexte der beiden Aussagen und ihre Stellung im Textverlauf sind zu unterschiedlich, um Rückschlüsse von der einen auf die andere Stelle ziehen zu können.

[94] Gen 41,44 ist ein Grenzfall, was die Zugehörigkeit zu Sätzen Prn 1. sg. + Nomen proprium betrifft, vgl. dazu oben Anm. 89. Wenn P.Weimar, Untersuchungen, in seiner Stellenliste für Belege der Form אנכי/אני + Benennung außer den obengenannten Stellen noch Ex 18,6; 1.Sam 1,26; 1.Sam 9,18f aufführt, so sind diese Stellen hier nicht behandelt, weil das zweite Glied neben dem Pronomen kein Nomen proprium ist.

den folgenden, obgleich auch sie die Konstruktion Prnomen 1. sg. + Nomen proprium aufweisen. Sie sind äußerlich von den bisher besprochen nicht unterschieden. Entsprechende Aussagen finden sich in den hebräischen und aramäischen[95] Teilen des Buches Daniel und den aramäischen Teilen des Buches Esra. Ihre Einbettung in den Kotext macht jedoch ein Verständnis als Nominalsatz unwahrscheinlich.

Ich nenne nur zwei Beispiele:

Dan 8,1	בִּשְׁנַת שָׁלוֹשׁ לְמַלְכוּת בֵּלְאשַׁצַּר הַמֶּלֶךְ חָזוֹן נִרְאָה אֵלַי
	אֲנִי דָנִיֵּאל אַחֲרֵי הַנִּרְאָה אֵלַי בַּתְּחִלָּה
	Im dritten Jahr der Herrschaft des Königs Belsazar wurde mir eine Visio zuteil – ich (=mir?), Daniel – nach derjenigen, die mir am Anfang zuteil geworden war.

Ein selbständiger Nominalsatz אֲנִי דָנִיֵּאל ergäbe im Satzverlauf keinen Sinn. Die Wendung knüpft an אֵלַי an und scheint sich appositionell dazu zu verhalten. Mit Dan 8,1 beginnt ein neuer Abschnitt. Daher ist es sinnvoll, dass das Ich der Rede genannt bzw. vereindeutigt wird.

Dan 8,27	וַאֲנִי דָנִיֵּאל נִהְיֵיתִי וְנֶחֱלֵיתִי יָמִים וָאָקוּם...
	Ich, Daniel, war schwach[96] und einige Tage lang krank. Dann stand ich auf...

Syntaktisch wäre in Dan 8,27 ein Nominalsatz möglich, inhaltlich aber schwer verständlich. Näher liegt, dass die Identifikation des Ich, die in

---

[95] Die aramäischen Belege (אֲנָה נְבוּכַדְנֶצַּר) in Dan 4,1 eröffnet Briefcorpus; vgl. auch 4,15; 4,31 Einleitung der Wende in Nebukadnezars Geschick; 4,34 Abschluss der Erzählung von der Wende in Nebukadnezars Geschick, in einem Lobpreis Gottes; אֲנָה דָנִיֵּאל in Dan 7,15 Reaktion auf eine Traumvision, Ende eines Abschnittes; 7,28 Reaktion auf die Rede des Angelus interpres, Ende eines Abschnittes; אֲנָה דריוש in Esr 6,12 stellt eine Art Unterschrift unter einen Befehl dar; אֲנָה אַרְתַּחְשַׁסְתְּא in Esr 7,21 inmitten eines längeren Erlasses, geht es hier um die Vereindeutigung des "ich"?) werden im folgenden nicht weiter berücksichtigt, weil es sich eben um aramäische und nicht hebräische Vorkommen handelt und für das Aramäische, auch wenn sich in den vorliegenden Fällen die Konstruktionen zu entsprechen scheinen, eigene Untersuchungen notwendig wären.

[96] Die Wiedergabe von נִהְיֵיתִי ist schwierig, möglicherweise liegt auch eine Dittographie vor, vgl. Apparat BHS und W.Gesenius, Handwörterbuch, 179. E.Haag, Daniel, 66 gibt als wörtliche Übersetzung von נִהְיֵיתִי וְנֶחֱלֵיתִי יָמִים an: "erschöpft und tagelang krank"; D.Bauer, Daniel, 179 kommentiert: "Daniel versteht die Vision nicht und sie bedrückt (wörtlich 'verwüstet', vgl. 4,16) ihn" und L.F.Hartman/A.A.Di Lella, Daniel, übersetzen und kommentieren: "I, Daniel, was dazed and ill. The MT means literally 'I, Daniel, became [nihyêtî] and was ill.' Obviously, the word nihyêtî is either an inner Hebrew corruption or a blunged attempt of the translation to render an Aramaic word that had become corrupt or that the translator did not unterstant." (229) Mit Ginsberg vermuten sie eine Form von ʾtwht, nämlich ʾettawwᵉhēt "I was astonished, dazed" (229).

der vorausgegangenen Stelle auf die Ich-Rede folgt, ihr (d.h. dem Verb 1. sg.) hier vorausgeht. V. 27 bildet den Abschluss der Begegnung mit Gabriel. In 9,1 beginnt mit der erneuten Datierung ein neuer Abschnitt. Weitere Stellen sind Dan 8,15; 9,2; 10,2; 10,7; 12,5. Mehrfach geht אֲנִי דָנִיֵּאל einem Verb der ersten Singular voraus oder folgt ihm. In diesen Stellen aus dem Danielbuch wird man die Abfolge Pronomen – Nomen proprium aus inhaltlichen wie z.t. auch aus syntaktischen Gründen nicht als Nominalsatz auffassen dürfen. Der Name fungiert als Apposition zum Pronomen, wobei das Pronomen seinerseits an einigen Stellen in einer appositionellen Beziehung steht. Die Wendung kommt ausschließlich an markanten Stellen vor, die einen Abschnitt eröffnen, abschließen oder mindestens einen Einschnitt darstellen. Sie wird dadurch selbst zu einem Gliederungssignal. Sie dient der Einführung, Identifikation oder (autoritativen?) Hervorhebung des in der ersten Person Redenden.
Im Laufe der Untersuchung wird sich auch für einige der *ʾanî Yhwh*-Belege, v.a. bei Ezechiel und im Heiligkeitsgesetz, die Frage stellen, ob sie als eigenständige Nominalsätze zu werten sind oder nicht. Es ist zu beachten, dass die hebräische Wendung Pronomen 1. sg. + Nomen proprium (von Menschen), die keinen Nominalsatz darstellt, innerhalb des Alten Testaments für das Danielbuch typisch und auf das Danielbuch beschränkt ist[97].

3.4.1.2 *Pronomen in Zweitstellung (Umstellprobe)*
In Nominalen Behauptungen, besteht eine der Möglichkeiten, das Aussagegefälle eines Satzes zu erheben, in der sog. Umstellprobe. Man wählt Sätze, deren Glieder aus denselben Wortarten bestehen, also etwa Pronomen und Eigennamen, und vergleicht Sätze, in denen der Eigenname dem Pronomen folgt, mit solchen, in denen der Eigenname dem Pronomen voransteht. Diese Methode wäre auch hilfreich, um die Leistung der oben besprochenen Nominalsätze genauer zu bestimmen. Das alttestamentliche Material erschwert dieses Vorhaben nun insofern, als keine Fälle überliefert sind, die ein genaues Gegenstück zu einer Aussage אֲנִי רוּת o.ä. böten. Zwar gibt es reichlich Nominalsätze, in denen das Pronomen in zweiter Position steht, jedoch keine, in denen dem Pronomen ein Nomen proprium vorausgeht. Die nächstverwandten Nominalsätze sind solche, in denen dem Pronomen ein Gentilizium voransteht oder eine Constructus-Verbindung, in der das Regens ein Nomen proprium ist. Diese Stellen sollen ersatzweise herangezogen werden, auch wenn sie nur mit Vorbehalt als Umstellprobe gelten können:

---

97 Mit Ausnahme der beiden in Anm. 95 genannten, allerdings aramäischen, Belege aus Esra.

Gen 24,24	וַתֹּאמֶר אֵלָיו בַּת־בְּתוּאֵל אָנֹכִי בֶּן־מִלְכָּה אֲשֶׁר יָלְדָה לְנָחוֹר
	Sie antwortete ihm: "Ich bin die Tochter Betuels, des Sohnes der Milka, den sie dem Nahor geboren hat."

Abrahams Knecht ist auf dem Weg zu Abrahams Verwandtschaft um
eine Frau für Isaak zu werben. Vor Ort handelt er mit Gott ein Erken-
nungszeichen aus, aufgrund dessen er die künftige Braut Isaaks erkennen kann. Als er dann einer Frau begegnet, die sich so verhält, wie er
es mit Gott vereinbart hat, fragt er sie: בַּת־מִי אַתְּ. Die Antwort der Frau
findet sich in Vers 24.
Aufgrund der Frage ist deutlich, dass das Erfragte בת־(בתואל) ist, es ist
somit Chabar, die Satzteilfolge ist regelhaft Chabar – Mubtada.[98]
Dass בת־בתואל Chabar ist, wird zusätzlich durch V. 47 bestätigt. Abrahams Knecht erzählt der Familie Betuëls von seinem Auftrag, seiner
Reise, seiner Begegnung mit Rebekka und gibt ihre Antwort auf seine
Frage בַּת־מִי אַתְּ wieder mit מִלְכָּה אֲשֶׁר יָלְדָה־לּוֹ בֶן־נָחוֹר בַּת־בְּתוּאֵל. In
seiner Wiedergabe entfällt im Vergleich zu V. 24 also das Pronomen
אנכי. In V. 47 handelt es sich um einen einpoligen Nominalsatz, der als
solcher per definitionem lediglich das Chabar enthält.
Fragen, die derjenigen aus V. 23 vergleichbar sind, sind auch den oben
besprochenen Nominalsätzen in Gen 27,19.32 und Ruth 3,9 vorausgegangen. In den dort erfolgten Aussagen stand das Pronomen jedoch
stets in Erststellung. Auch die Situation ist in diesen Fällen verglichen
mit der in Gen 24 vorliegenden eine andere. Diese Aussage kommt
nämlich, auch ohne Nomen proprium, aufgrund der gesamten Szene, in
die sie eingebettet ist, einer echten Selbstvorstellung sehr nahe. Zwei
einander gänzlich unbekannte Personen, die sich zuvor nie gesehen haben, begegnen einander und die eine fragt zwar nicht nach dem Namen
der anderen, so doch nach dem Namens ihres Vaters und damit nach
ihrer Sippenzugehörigkeit.
Sowohl die Satzteilfolge als auch die Leistung des Satzes lassen sich in
Gen 24,24 genau bestimmen.

Gen 24,34	וַיֹּאמַר עֶבֶד אַבְרָהָם אָנֹכִי
	Er sagte: "Ich bin der Knecht Abrahams."

Abrahams Knecht wurde in Betuels Haus gebeten. Bevor er das ihm
angebotene Mahl annimmt, will er seinen Auftrag ausführen. Er eröffnet die Rede, die sein Anliegen schildert mit V. 34. Aus dem Kotext
geht nicht ganz eindeutig hervor, ob die Familie Betuels den Mann bereits zuvor mit Abraham in Verbindung bringt. Seine Identität wäre aus
V. 27 zu erschließen, wo er Gott für das bisherige Gelingen seines Un-
ternehmens dankt und sich dabei auf Abraham bezieht. Es scheint so,

---

98 So auch D.Michel, Nur ich bin Jahwe, 148.

als habe Rebekka diese Rede mitanhören können, dann wüsste die Familie bereits Bescheid. Auf jeden Fall aber liegt in V. 34 die offizielle Vorstellung (erstmalige Begegnung von einander bis dahin Unbekannten) und wohl auch so etwas wie eine Legitimation seines Verhaltens vor. Der Schwerpunkt der Aussage liegt auf עבד אברהם. Die Satzteilfolge ist Chabar – Mubtada.[99]

Ri 17,9	וַיֹּאמֶר־לֹו מִיכָה מֵאַיִן תָּבֹוא וַיֹּאמֶר אֵלָיו לֵוִי אָנֹכִי מִבֵּית לֶחֶם יְהוּדָה וְאָנֹכִי הֹלֵךְ לָגוּר בַּאֲשֶׁר אֶמְצָא *Micha sagte zu ihm: "Woher kommst du?" Er antwortete ihm:* *"Ich bin ein Levit aus Bethlehem in Juda und ich ziehe umher um* *mich dort niederzulassen, wo ich etwas finde."*

Micha, der auf dem Gebirge Ephraim lebt, hat ein Gotteshaus mit Gottesbild und beschäftigt dort zunächst einen seiner Söhne als Priester. Er begegnet einem Leviten (17,9), der in der Folge dann die Stelle des Priesters übernehmen wird. In Vers 9 trifft also Micha einen ihm Fremden und auf seine Frage מֵאַיִן תָּבֹוא hin, gibt der Fremde Auskunft über sein Herkommen. Er stellt sich nicht mit Namen vor (der war auch nicht erfragt worden), sondern mit seiner Stammeszugehörigkeit, die in diesem Fall gleichzeitig Auskunft über den "Beruf" gibt.[100] Aus dem Kotext (vgl. auch V. 13) ist deutlich, dass die entscheidende Auskunft in לֵוִי liegt. Die Satzteilfolge ist Chabar – Mubtada.[101]

1.Sam 9,21	וַיַּעַן שָׁאוּל וַיֹּאמֶר הֲלֹוא בֶן־יְמִינִי אָנֹכִי מִקַּטַנֵּי שִׁבְטֵי יִשְׂרָאֵל וּמִשְׁפַּחְתִּי הַצְּעִרָה מִכָּל־מִשְׁפְּחֹות שִׁבְטֵי בִנְיָמִן וְלָמָּה דִּבַּרְתָּ אֵלַי כַּדָּבָר הַזֶּה *Saul antwortete ihm und sagte: "Bin ich nicht ein Benjaminit aus* *einem der kleinsten Stämme Israels und ist meine Sippe nicht die* *geringste von allen Sippen des Stammes Benjamin? Wozu*[102] *hast* *du zu mir Derartiges gesagt?"*

---

99 So auch D.Michel, Nur ich bin Jahwe, 148.

100 Zu den Schwierigkeiten, die die Größe 'Levi' bietet, v.a. zu der Frage, ob es je einen 'weltlichen' Stamm Levi gab, vgl. als ersten Überblick, D.Kellermann, Art. לֵוִי *lewî*, v.a. 506–510. Zur Stelle und zu dem mit den "Leviten" aufgegebenen Fragenkomplex vgl. auch A.H.J.Gunneweg, Leviten und Priester, 14–23 und passim; zur neueren Diskussion um die Leviten vgl.etwa U.Dahmen, Priester und Leviten; E.Otto, Levitisierung; R.Achenbach, Levitische Priester; J.Schaper, Priester und Leviten.

101 Die beiden obligatorischen Glieder des Nominalsatzes אָנֹכִי und לֵוִי antworten in diesem Fall eigentlich nicht auf die zuvor gestellte Frage. Diese wird genaugenommen erst durch die postpositive Ergänzung מִבֵּית לֶחֶם יְהוּדָה beantwortet. Die Antwort gibt aber mit לֵוִי die im Duktus der Erzählung eigentlich interessante Information, für Micha ist das Levit-Sein des Mannes letztlich wichtiger als die Tatsache, woher er kommt.

102 Zur Unterscheidung von לָמָה und מַדּוּעַ vgl. D.Michel, "Warum" und "Wozu"?

Auf der Suche nach den verlorenen Eselinnen erhofft sich Saul Hilfe
vom Seher Samuel. Samuel hat indessen von Gott den Auftrag bekommen, Saul zum Fürsten über Israel zu salben. Als nun Saul und Samuel
zusammentreffen, beruhigt ihn Samuel in Bezug auf die Eselinnen und
fügt für Saul, der von seinem künftigen Amt noch nichts weiß, unver-
ständlich hinzu: *Wem gehört denn alles, was wertvoll ist in Israel? Gehört es nicht dir und dem ganzen Haus deines Vaters?* (V. 20) Saul reagiert auf die für ihn dunkle Aussage in V. 21. Er muss die Aussage in
V. 20 als Anmaßung empfinden, die einem Angehörigen des kleinsten
der israelitischen Stämme nicht zusteht. Der Aussageschwerpunkt in
dem הלוא-Satz liegt auf בֶּן־יְמִינִי, das durch die postpositive Ergänzung
מִקְּטַנֵּי שִׁבְטֵי יִשְׂרָאֵל weiter erläutert wird. Die Satzteilfolge ist Chabar –
Mubtada.

1.Sam 30,13	וַיֹּאמֶר לוֹ דָוִד לְמִי־אַתָּה וְאֵי מִזֶּה אָתָּה וַיֹּאמֶר נַעַר מִצְרִי אָנֹכִי
	עֶבֶד לְאִישׁ עֲמָלֵקִי וַיַּעַזְבֵנִי אֲדֹנִי כִּי חָלִיתִי הַיּוֹם שְׁלֹשָׁה
	David sagte zu ihm: "Zu wem gehörst du und woher kommst?" Er
	antwortete: "Ich bin ein junger Ägypter, Knecht eines Amaleki-
	ters. Mein Herr hat mich zurückgelassen, denn ich bin heute vor
	drei Tagen[103] krank geworden."

David setzt den Amalekitern, die Ziklag verwüstet und viele Gefangene gemacht hatten, nach. Sie stoßen dabei auf einen zurückgelassenen
Mann, der sie später zu den Amalekitern führen wird. Zunächst wird er
jedoch zu David gebracht, der ihn verhört (V. 13). Der Mann gibt Auskunft über seine Identität und Zugehörigkeit. Die neue Information ist
נַעַר מִצְרִי. Die Satzteilfolge ist Chabar – Mubtada. Allerdings ist zu beachten, dass Davids Frage des לְמִי־אַתה erst durch das nachgestellte
עֶבֶד לְאִישׁ עֲמָלֵקִי beantwortet ist. Dieser Teil gehört zum Chabar.[104]

2.Sam 1,8	וַיֹּאמֶר לִי מִי־אָתָּה וָאֹמַר[105] אֵלָיו עֲמָלֵקִי אָנֹכִי
	Er sagte zu mir: "Wer bist du?" und ich antwortete ihm: "Ich bin
	ein Amalekiter."

Ein der Niederlage des israelitischen Heeres Entkommener bringt David die Botschaft vom Tode Sauls und Jonathans. Er berichtet über sein
angebliches[106] Zusammentreffen mit dem schwer verwundeten Saul. V.
8 ist Teil des erzählten "Dialoges". Frage und Antwort entsprechen sich

---

103 Zur Übersetzung vgl. etwa G.Hentschel, 1 Samuel, 156: "heute vor drei Tagen"; ähnlich W.Caspari, Samuelbücher, 384: "Heute sind es drei Tage"; H.W.
Hertzberg, Samuelbücher, 183: "heute vor drei (Tagen)".
104 Zu solchen zweigeteilten Chabars vgl. D.Michel, Grundlegung 2, 86 (1.1.9.3).
105 So mit Qere.
106 Der Leser, der von 1.Sam 31 herkommt, weiß, dass der Bericht des Boten, was
seinen eigenen Anteil am Tode Sauls betrifft, erfunden ist.

exakt. Die Frage macht deutlich, dass עֲמָלֵקִי das Erfragte und somit Chabar ist. Die Satzteilfolge der Antwort ist Chabar – Mubtada.

2.Sam 1,13	וַיֹּאמֶר דָּוִד אֶל־הַנַּעַר הַמַּגִּיד לוֹ אֵי מִזֶּה אָתָּה וַיֹּאמֶר בֶּן־אִישׁ גֵּר עֲמָלֵקִי אָנֹכִי *David sagte zu dem jungen Mann, der ihm berichtet hatte: "Wo-* *her kommst du?" und er antwortete: "Ich bin der Sohn eines* *Fremden, eines Amalektiers."*

Nachdem der Überbringer der Nachricht vom Tode Sauls und Jonathans seinen Bericht beendet hatte und Totenklage gehalten worden war, fragt David den Mann erneut nach seinem Herkommen. Das Erfragte besteht in עֲמָלֵקִי בֶּן־אִישׁ גֵּר. Die Satzteilfolge ist Chabar – Mubtada. Neu gegenüber der Antwort, die der Mann angeblich Saul (auf eine etwas anders formulierte Frage) gegeben hatte, ist das בֶּן־אִישׁ גֵּר. עֲמָלֵקִי erscheint demgegenüber hier wohl als Apposition. Die Betonung בֶּן־אִישׁ גֵּר bereitet das Folgende vor. David verurteilt den Mann zum Tode, weil er den Gesalbten Jahwes getötet hat, eine Tat,[107] die dadurch noch verwerflicher erscheint, als er, so muss man wohl aufgrund von V. 13 verstehen, ein Fremder, ein nicht zum Volk Israel Gehöriger, ist.[108]

Jona 1,9	וַיֹּאמֶר אֲלֵיהֶם עִבְרִי אָנֹכִי וְאֶת־יְהוָה אֱלֹהֵי הַשָּׁמַיִם אֲנִי יָרֵא אֲשֶׁר־עָשָׂה אֶת־הַיָּם וְאֶת־הַיַּבָּשָׁה *Er sagte zu ihnen: "Ich bin ein Hebräer und fürchte Jahwe, den* *Gott des Himmels, der das Meer und das Trockene gemacht hat."*

Jona war, um sich dem Auftrag Gottes zu entziehen, auf ein Schiff nach Tarsis geflüchtet. Das Schiff gerät in Seenot, die Seeleute befragen das Los und dieses weist Jona als den aus, der für das Unglück verantwortlich ist. Die Seeleute befragen Jona dann: לְמִי־הָרָעָה הַזֹּאת לָנוּ מַה־מְּלַאכְתְּךָ וּמֵאַיִן תָּבוֹא מָה אַרְצֶךָ וְאֵי־מִזֶּה עַם אָתָּה *von wem kommt dieses Übel über uns, was ist dein Gewerbe, und von wo kommst du, was ist dein Land und aus welchem Volk bist du?* (V. 8) Die Antwort des Jona ... עִבְרִי אָנֹכִי beginnt in V. 9. עברי ist Teil des Erfragten und somit Chabar. Die Satzteilfolge ist Chabar – Mubtada.

---

107 Aus 1.Sam 31 ist deutlich: Der Gesalbte Jahwes ist unantastbar. Der Waffenträger Sauls wagt die Bitte des schwerverletzten Saul, ihn zu töten, nicht auszuführen, so dass sich Saul schließlich selbst in sein Schwert stürzt.

108 In der Logik der Erzählung gedacht, dürfte die Information, die die Apposition עֲמָלֵקִי bietet, das Schicksal des Mannes dann endgültig besiegelt haben: David, der gerade von seinem Feldzug gegen Amalek zurückgekehrt war, dürfte speziell auf Amalekiter nicht gut zu sprechen gewesen sein. Vgl. auch H.W.Hertzberg, Samuelbücher, 193f.

3.4.1.3 Zwischenergebnis

Auch wenn die Umstellprobe[109] anhand der besprochenen Stellen nur mit Einschränkung als eine solche gelten kann, weil keine echten Namen in Erstposition vor einem Pronomen der 1. sg. belegt sind, so sind doch folgende Beobachtungen wichtig:

i) In den unter 3.4.1.1 behandelten Stellen waren solche mit der Satzteilfolge Mubtada – Chabar und solche, für die auch die Satzteilfolge Chabar – Mubtada erwogen werden kann. In allen unter 3.4.1.2 behandelten Fällen konnte aufgrund vorausgehender Fragen oder anderer Kotextinformationen, die Satzteilfolge als Chabar – Mubtada bestimmt werden.

ii) Die Personen, die sich mit ᵃnî + Namen einführten (vgl. 3.4.1.1), waren denjenigen, denen sie sich "vorstellten" nicht wirklich unbekannt. Es lagen also keine echten Selbstvorstellungen vor. In allen Fällen hatte es, innerhalb der Erzählung gedacht, frühere Kontakte gegeben und nur die Umstände (Dunkelheit, Blindheit, jahrelange Trennung) verhindern es in der jeweiligen Situation, dass die fragliche Person, ohne eigenes Sich-Kundgeben erkannt werden kann. Anders verhält es sich in den Fällen, in denen eine Art Namensersatz, auf jeden Fall eine Aussage zur Identität, Zugehörigkeit etc. dem Pronomen vorausgeht. In diesen Fällen ist die nach ihrer Identität befragte Person, nach Ausweis der Texte, den Fragenden völlig fremd, es hat zwischen ihnen in der Vergangenheit kein Kontakt stattgefunden.[110] Die unter 3.4.1.2 behandelten Stellen, in denen das Pronomen dem Nomen folgte, stehen einer echten Selbstvorstellung ("Ein bisher Unbenannter macht sich mit seinem Namen bekannt") wesentlich näher als die, bei denen das Pronomen in Erstposition stand.

3.4.2 Pronomen 1. sg. und Gottesbezeichnungen (außer Yhwh)
3.4.2.1 Pronomen in Erststellung

Ähnlich wie an den unter 3.4.1.1. besprochenen Stellen liegen die Verhältnisse, wenn statt des Namens eines Menschen dem Pronomen der 1. sg. eine Gottesbezeichnung (außer Jahwe) folgt. Es handelt sich dabei um Stellen im Kontext von Theophanien, in denen sich Gott zum Teil "durch den Rückverweis auf schon Bekanntes oder früher Geschehenes als der Bekannte"[111] einführt. Für die erste der hier dargebotenen

---

[109] Sie bestand im vorliegenden Abschnitt in einem Vergleich von Sätzen, in denen der Eigenname (bzw. hier das Äquivalent eines Eigennamens) dem Pronomen voransteht mit den zuvor behandelten Beispielen, in denen der Eigenname dem Pronomen folgt.

[110] Vgl. zu dieser inhaltlichen Differenz zwischen sog. Selbstvorstellungen mit vor- und nachgestelltem Pronomen F.-L.Hossfeld, Untersuchungen, 166 im Anschluss an P.Weimar, Untersuchungen, 89–91.

[111] W.Zimmerli, Ich bin Jahwe, 25; ähnliches nimmt dann K.Günther, Art. אֵן, auch für die sog. Selbstvorstellungsformel ᵃnî Yhwh an: "Jahwe tritt nicht als Un-

Stellen, kann jedoch ein solcher Rückverweis auf Bekanntes vermutlich nicht angenommen werden.

Gen 17,1	וַיְהִי אַבְרָם בֶּן־תִּשְׁעִים שָׁנָה וְתֵשַׁע שָׁנִים וַיֵּרָא יְהוָה אֶל־אַבְרָם וַיֹּאמֶר אֵלָיו אֲנִי־אֵל שַׁדַּי הִתְהַלֵּךְ לְפָנַי וֶהְיֵה תָמִים *Als Abram 77 Jahre war, erschien (רֶאָה) Jahwe Abram und sag- te zu ihm: Ich bin El Shaddaj, wandle vor mir und sei fromm.*

V.Rad verweist im Rahmen der Auslegung von 17,1 für die "Selbstvorstellung Gottes mit dem Namen"[112] auf seine Auslegung von Gen 15,7. Dort schreibt er:

"Solche Selbstvorstellungen, in denen sich die Gottheit vom Menschen auf eine bestimmte Weise identifizieren läßt (im Alten Testament fast immer durch eine bekannte vorausgegangene Geschichtstat), sind viel mehr als eine feierliche Phrase. Der Lebenskreis des Menschen war nach dem Glauben der Alten um und um umgeben von gottheitlichen Mächten (…). Aber diese den Menschen oft bedrohende Welt des Numinosen war vielseitig und vielstimmig, und deshalb war es für den angerufenen Menschen einfach entscheidend, das Gott von sich aus aus seinem Incognito heraustrat und dass er sich selbst mit seinem Willen zu erkennen gab."[113]

Innerhalb der priesterschriftlichen Texte findet sich nach Gen 9 (Bund mit Noah) die nächste Gottesrede erst wieder in Gen 17 (Gott schließt einen Bund mit Abraham). Nimmt man die priesterschriftlichen Texte für sich, erzählt Gen 17 erstmals von einer expliziten Kontaktaufnahme Gottes mit Abraham. Abrahams Werdegang wurde bislang nur kurz skizziert, eine Bezugnahme auf Gott erfolgte nicht. Abraham ist der erste Mensch in der P-Erzählung, dem Gott mit der Aussage "אֲנִי ..." gegenübertritt. Da es innerhalb der Texte keine Hinweise darauf gibt, dass der Gott El Shaddai Abraham bereits bekannt ist, ist wohl v. Rads Beschreibung der Aussage als Selbstvorstellung zuzustimmen. Das Aussagegefälle geht hin zum Namen. Die Satzteilfolge ist Mubtada – Chabar. Sie lässt sich im vorliegenden Fall schwerlich damit begründen, dass auf Bekanntes angespielt wird;[114] näher liegt die Vermutung, dass in der Kombination der Wortarten Pronomen 1. sg. – Nomen pro-

---

bekannter auf, sondern verweist im Zusammenhang mit der Kundgabe seines Namens auf schon Bekanntes und früher Geschehenes …" (ebd. 220).

[112] G.v.Rad, Das erste Buch Mose, 154.

[113] G.v.Rad, Das erste Buch Mose, 144.

[114] Wo die Satzteilfolge Mubtada – Chabar 'Rekurs auf Bekanntes' signalisiert, muss dieser Rekurs nicht notwendig auf der Erzählebene funktionieren, er kann auch auf die Ebene Text – Leser/Hörer abzielen. Das ist grundsätzlich auch für Gen 17,1 nicht auszuschließen, es ist aber zu bedenken, dass der Gottesname El Shaddai in Gen 17,1 erstmals im AT fällt und so der Leser/Hörer nach außerhalb der gemeinsamen Textgrundlage verwiesen würde.

prium[115] eine Restriktion der Wortartenabfolge greift, wonach der Eigenname nicht vor das Pronomen tritt.

Gen 35,11	9 *Und Gott erschien* (רָאֹה ni.) *Jakob noch einmal, als er aus den Gefilden Arams zurückgekommen war und segnete ihn.* 10 *(Jakob erhält nun einen neuen Namen.)* 11 וַיֹּאמֶר לוֹ אֱלֹהִים אֲנִי אֵל שַׁדַּי פְּרֵה וּרְבֵה גּוֹי וּקְהַל גּוֹיִם יִהְיֶה מִמֶּךָּ וּמְלָכִים מֵחֲלָצֶיךָ יֵצֵאוּ *Gott sagte zu ihm: Ich bin El Shaddaj, sei fruchtbar und mehre dich, ein Volk und eine Versammlung von Völkern sollen von dir herkommen und Könige aus deinen Lenden hervorgehen.*

In Gen 35,9ff findet sich innerhalb von P die erste und einzige Gottesrede an Jakob.[116] Es besteht ein Zusammenhang mit den vergleichbaren Szenen in Gen 17 und Ex 6. Wie schon in Gen 17 ist der Kotext eine Erscheinung Gottes. Auffällig ist jedoch hier, dass die Aussage אֲנִי אֵל שַׁדַּי nicht am Beginn der Gottesrede steht, sondern erst in deren Verlauf. Dennoch geht wohl auch hier das Gefälle der Aussage hin zum Namen. Die Satzteilfolge ist Mubtada – Chabar. Unter den Beispielen, in denen auf das Pronomen der 1. sg. ein menschlicher Eigenname folgte (vgl. 3.4.1.1), waren solche, in denen die Satzteilfolge Mubtada – Chabar signalisierte, dass der Namen seinen Träger gerade nicht als einen bisher Unbekannten bekannt machten, sondern als einen solchen, der dem Gegenüber aus früheren Begegnungen durchaus bekannt ist. Ein solcher Fall könnte auch hier vorliegen. אֵל שַׁדַּי war bereits Abraham bekannt (vgl. Gen 17,1). Im Sinne des Erzählers ist vermutlich davon auszugehen ist, dass Jakob Kenntnis von El Shaddaj als Gott seines Ahnen hatte. Hinzu kommt, dass im jetzigen Kotext, bereits vor Kapitel 35 Kontakte zwischen Gott und Jakob bestehen und so kein Unbekannter zu Jakob spricht.

---

[115] שַׁדַּי ist Gottesname und wird auch in der Kombination אֵל שַׁדַּי als solcher gebraucht (vgl. etwa Art. שַׁדַּי, in HALAT IV, 1319ff).
[116] עוֹד gilt G.v.Rad, Das erste Buch Mose, 276 als redaktioneller Zusatz, der jetzt die Verbindung zur vorausgehenden Erzählung herstellt. Nach H.Gunkel, Genesis, sind in Gen 35,6ff vermutlich zwei verschiedene Erzählungen zu einer geworden, wobei diese Verbindung nicht von P herrührt; auf P dürften zurückgehen 35,6a. 11ff. Indizien für eine Bearbeitung sind die Tatsache, dass die Namensnennung Gottes sonst zu Beginn von Reden begegnet; dass in Gen 48,3f zwar auf die Betheloffenbarung aber nicht auf die Umbenennung Jakobs Bezug genommen wird; פְּרֵה וּרְבֵה wäre *vor* der Reise nach Paddan Aram sinnvoller als bei der Rückkehr, daher dürfte die Betheloffenbarung ursprünglich *vor* dieser Reise Jakobs stattgefunden haben; (vgl. ebd. 387). Anders G.J.Wenham, Genesis, 16–50, 323, der zwar in Kapitel 35 heterogenes Material zusammengestellt sieht, eine Aufteilung desselben auf Quellen aber nicht mehr für möglich hält; A.Graupner, Elohist, 300f.384, sieht in Gen 35,1abα.7.8.16–19abα.20 den elohistischen Erzählfaden, die Vv. 9–13.15 rechnet er zu P, V. 14 gilt ihm als Zusatz.

Gen 26,24	וַיֵּרָא אֵלָיו יְהוָה בַּלַּיְלָה הַהוּא וַיֹּאמֶר אָנֹכִי אֱלֹהֵי אַבְרָהָם אָבִיךָ
	אַל־תִּירָא כִּי־אִתְּךָ אָנֹכִי וּבֵרַכְתִּיךָ וְהִרְבֵּיתִי אֶת־זַרְעֲךָ בַּעֲבוּר
	אַבְרָהָם עַבְדִּי
	Jahwe erscheint (רָאֹה) Isaak in Beerscheba: *Jahwe erschien ihm in jener Nacht und sagte: Ich bin der Gott Abrahams deiner Vaters, fürchte dich nicht, denn ich bin mit dir, ich will dich segnen …*

Die Aussage steht wiederum im Kotext einer Gotteserscheinung, sie eröffnet die Rede an Isaak und ist mit der אַל־תִּירָא-Formel verbunden. Ihre Leistung ist, wie schon zu Gen 17,1 mit v.Rad ausgeführt, darin zu sehen, dass die Erscheinungsweisen eines Gottes kaum eindeutig waren, und so der Rückschluss von der Erscheinung auf einen bestimmten Gott der Selbstidentifikation bedurfte. Das Aussagegefälle verläuft hin zu אֱלֹהֵי אַבְרָהָם אָבִיךָ, die Satzteilfolge ist Mubtada – Chabar. Zu beachten ist, dass Gott im Rahmen der Selbstidentifikation auf sein schon Bekanntsein in der Sippe verweist (*Gott deines Vaters Abraham*).

| Gen 31,13 | Jakob berichtet Lea und Rahel von einem Traum, in dem der Bote Gottes zu ihm gesprochen hat: 11 *Und der Bote Gottes sprach zu mir im Traum: Jakob! Und ich antwortete:* הִנֵּנִי 12 *Er aber sprach:* (…) |

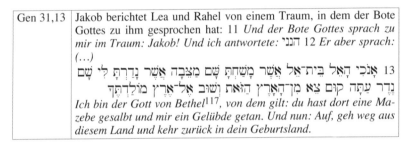

Ich bin der Gott von Bethel[117], von dem gilt: du hast dort eine Mazebe gesalbt und mir ein Gelübde getan. Und nun: Auf, geh weg aus diesem Land und kehr zurück in dein Geburtsland.

Die Aussage erfolgt im Rahmen einer Traumerscheinung (וָאֵרֶא בַּחֲלֹם). Das Aussagengefälle verläuft zu הָאֵל בֵּית־אֵל als Chabar. Wie in Gen 26,24 signalisiert die Satzteilfolge Mubtada – Chabar, dass sich Gott

---

[117] Die Wendung ist insofern problematisch als nach jetzigem Wortlaut eine im Hebräischen sonst nicht übliche doppelte Determination (durch Artikel und nachfolgenden determinierten Genitiv) vorliegt. Die Lesart der LXX lässt vermuten, dass ein Stück Text ausgefallen ist und ursprünglich möglicherweise kein Nominalsatz vorlag. Sollte dagegen doch von M auszugehen sein, so könnte nach W.Gesenius/E.Kautzsch, Hebräische Grammatik, § 127f, wie in vergleichbaren Fällen mit Nomen proprium, eine "Breviloquenz" vorliegen: *der Gott, nämlich der von Bethel*. Vgl. aber auch die Formulierung in Gen 46,3. Auch A.Graupner, Elohist, thematisiert die Schwierigkeit der doppelten Determination, die s.E. nicht textkritisch, sondern inhaltlich zu erklären ist (vgl. ebd. 255): "Da אֱלֹהִים den Gottesnamen vertritt (sc. bei E, A.D.), mithin als Appellativum nicht zur Verfügung steht, tritt dafür das Substantiv אֵל ein und erhält den Artikel, um eine Verwechslung mit dem Gottesnamen El auszuschließen." (348) Der Erzähler nimmt dafür, wie in 46,3, bewusst die Verletzung grammatischer Regeln in Kauf (vgl. ebd. 255). Wie oben übersetzen etwa H.Gunkel, Genesis, 343; G.J.Wenham, Genesis 16–50, 261; O.Procksch, Genesis, 355 übersetzt: "Ich bin der Gott zu Bethel" und C.Westermann, Genesis 12–36: "Ich bin der Gott, 'der dir in Bethel erschienen ist'".

(wenn auch durch einen Boten vermittelt) als der bereits bekannte zu erkennen gibt. Wie an etlichen anderen Stellen (vgl. bisher Gen 17,1 und 35,11) folgen auf die *ʾªnî N.N.*-Aussage Imperative.

Gen 46,3	1 Auf dem Weg nach Ägypten bringt Jakob in Beerscheba dem Gott seines Vaters Isaak ein Opfer dar. 2 In der Nacht redet Gott in einer Erscheinung (מַרְאֹת) zu Jakob: *Jakob, Jakob, und er antwortete* הִנֵּנִי.
	3 וַיֹּאמֶר אָנֹכִי הָאֵל אֱלֹהֵי אָבִיךָ אַל־תִּירָא מֵרְדָה מִצְרַיְמָה כִּי־לְגוֹי גָּדוֹל אֲשִׂימְךָ שָׁם
	3 *Da sagte er: Ich bin der Gott, Gott deines Vaters. Fürchte dich nicht nach Ägypten zu ziehen, denn ich will dich dort zu einem großen Volk machen.*

Die aus den bisher besprochenen Stellen bekannten Elemente wiederholen sich: Die Aussage "... אָנֹכִי" begegnet im Rahmen einer Erscheinung und wird mit der אַל־תִּירָא-Formel verbunden. Gott führt sich als der Bekannte, als der Sippengott, ein.[118] Inhaltlich liegt ein Aussagegefälle hin zu הָאֵל אֱלֹהֵי אָבִיךָ als Chabar nahe. Die inhaltlich durch אֱלֹהֵי אָבִיךָ zum Ausdruck gebrachte Bekanntheit des redenden Gottes, wird syntaktisch durch die Satzteilfolge Mubtada – Chabar unterstützt.

Ex 3,6	Gott redet mit Mose aus dem brennenden Dornbusch: 3 *Er sagte: Mose, Mose: Und er antwortete:* הִנֵּנִי. 5 *Da sagte er: Komm nicht näher, zieh deine Sandalen von den Füßen, denn der Ort, an dem du stehst, ist heiliger Boden.*
	6 וַיֹּאמֶר אָנֹכִי אֱלֹהֵי אָבִיךָ אֱלֹהֵי אַבְרָהָם אֱלֹהֵי יִצְחָק וֵאלֹהֵי יַעֲקֹב וַיַּסְתֵּר מֹשֶׁה פָּנָיו כִּי יָרֵא מֵהַבִּיט אֶל־הָאֱלֹהִים
	Und er sagte: Ich bin der Gott deines Vaters, der Gott Abrahams, der Gott Isaaks und der Gott Jakobs. Und Mose verbarg sein Gesicht …

---

[118] Die Formulierung der Ich-Aussage bereitet Schwierigkeiten. Wenn G.v.Rad etwa übersetzt: "Ich bin der Gott deines Vaters" (G.v.Rad, Das erste Buch Mose, 328.), dann hat er diese elegant umschifft, aber הָאֵל ignoriert. In der Tat scheint הָאֵל überflüssig, verglichen etwa mit Gen 26,24. Andererseits ist die Formulierung derjenigen in Gen 31,13 ähnlich, die allerdings ebenfalls Fragen aufwarf. In Gen 46,3 ist אֱלֹהֵי אָבִיךָ am ehesten als Apposition zu verstehen (vgl. H.Gunkel, Genesis: "Ich bin *ʾel*, deines Vaters Gott"; O.Procksch, Genesis: "Ich bin der wahre Gott, der Gott eines Vaters" (416); vgl. auch A.Graupner, Elohist, 349, der ebenfalls eine Apposition oder einen Relativsatz ohne אֲשֶׁר annimmt; Procksch sieht in הָאֵל das Prädikat des Satzes, er paraphrasiert: "der wahre Gott schlechthin (…) neben dem kein anderer steht" (417); C.Westermann, Genesis 37–50, 166: "Ich bin Gott, der Gott deines Vaters".) Der Kern des Nominalsatzes lautet dann, sowohl in Gen 31,13 als auch in Gen 46,3 אָנֹכִי הָאֵל. Dieser Kern wird durch Zufügungen erläutert. In Gen 31,13 bleibt auch bei dieser Annahme eine Textkorrektur notwendig. Am ehesten dürfte mit Ausfall eines אֱלֹהֵי(הֵי) nach הָאֵל zu rechnen sein, anders etwa A. Graupner, Elohist vgl. oben Anm. 117.

Der aus dem brennenden Busch Redende ist für Mose nicht zu identifizieren. Dass es sich um ein Numinosum handelt, dürfte aufgrund der Erscheinungsweise deutlich gewesen sein, unklar bleibt jedoch zunächst, welche numinose Macht zu Mose spricht. Gott muss sich folglich zu erkennen geben, er ist der schon bekannte Gott der Vorväter.[119] Erst diese Information ist es, die Mose zu entsprechenden Vorsichtsmaßnahmen in der Begegnung (Verhüllen des Gesichtes) veranlasst. Das Aussagegefälle geht hin zu אלהי אביך, die Satzteilfolge ist Mubtada – Chabar.

Die folgende Stelle unterscheidet sich in mehrfacher Hinsicht von den bisher besprochenen:

Jes 41,10	אַל־תִּירָא כִּי עִמְּךָ־אָנִי אַל־תִּשְׁתָּע כִּי־אָנִי אֱלֹהֶיךָ אִמַּצְתִּיךָ אַף־עֲזַרְתִּיךָ אַף־תְמַכְתִּיךָ בִּימִין צִדְקִי *Fürchte dich nicht, denn ich bin mit dir, schau nicht umher, denn* *ich (allein) bin dein Gott. Ich festige dich, ich helfe dir auch, ja,* *ich halte dich mit der Rechten meiner Gerechtigkeit.*

In den obigen Beispielen hatte die Aussage אני + Gottesbezeichnung entweder eine wörtliche Rede eröffnet oder stand doch am Anfang eines 'Satzes' innerhalb dieser wörtlichen Rede. In Jes 41,10 steht der Nominalsatz אני אלהיך dagegen innerhalb der Rede, ist durch כי eingeleitet und dem vorausgehenden Jussiv אל תשתע als Begründung syntaktisch untergeordnet. V. 10a enthält zwei jeweils durch כי eingeleitete Nominalsätze, beide mit einem Prn 1. sg. Im ersten Nominalsatz (כִּי עִמְּךָ־אָנִי) steht das Pronomen in Zweitposition, im zweiten (כִּי־אָנִי אֱלֹהֶיךָ) in Erstposition. Wenn die Wortfolge nicht beliebig ist, und das ist aufgrund der Regelhaftigkeit hebräischer Nominalsätze unwahrscheinlich, dann muss das Pron 1. sg. in Jes 41,10 in beiden Fällen unterschiedliche Funktion haben: Im ersten Nominalsatz ist die Aussage des Beistandes Gottes entscheidend, der Schwerpunkt liegt auf עמך. עמך ist Chabar, אני Mubtada. Einen Hinweis auf das richtige Verständnis des zweiten Nominalsatzes gibt m.E. das vorausgehende Verb שעה. Zwar wird seit langem bis in die Gegenwart hinein konsequent eine Ableitung von שעה (hitp.) bestritten und stattdessen eine Ableitung von שעע (q.) vertreten.[120] Man wird aber mindestens sagen müssen, dass

---

119 Vgl. etwa J.G.Janzen, Exodus, 29: "The voice that adresses Moses identifies itself as 'the God of Abraham, the God of Isaac, and the God of Jacob.'" A.Graupner, Elohist, 28, verweist auf den Zusammenhang zwischen Ex 3,6 und Gen 31,13; 46,3, der die Offenbarung an Mose mit der Väterzeit verbindet und der auch über die ʾānokî-Aussage in allen drei Stellen hergestellt wird.
120 Vgl. B.Duhm, Jesaja, 279, der allerdings noch eine Ableitung von שאה (verwüstete sein; sich verstört gebärden) vorschlägt; seit Belege für eine phönizische Wurzel שעע sowie eine ugaritische Wurzel ṯtʾ 'sich fürchten', ängstlich sein' gefunden wurden, wird auch eine entsprechende hebräische Wurzel (שתע) angenommen, die in Jes 41,10.23 belegt sein soll; vgl. etwa K.Elliger, Deuterojesaja 40,1–45,7,

die Argumente gegen eine Ableitung von שעה nicht zwingend sind, dagegen ergibt der Vers unter Beibehaltung der Wurzel einen guten Sinn. Wenn in 41,10aβ gemeint ist, was geschrieben ist, nämlich "umherschauen", dann muss der Sinn sein: "Schau dich nicht nach einem anderen Beistand um". In diesem Fall ist die Erstposition des אני im folgenden Nominalsatz konsequent, die Begründung für die Aufforderung ist folgerichtig: "*Denn ich* (= *nur ich/ich allein*) *bin dein Gott.*" Anders als an den bisher besprochenen Stellen spricht der Kotext für eine Satzteilfolge Chabar – Mubtada. Die Leistung der ʾaˀnî-Aussage ist in Jes 41,10 eine andere als an den vorausgegangenen Stellen, trotz offensichtlicher Gemeinsamkeiten (תירא אל; nominale Ich-Aussage; wenn Jes 41,10 Teil eines Heilsorakels ist, läge möglicherweise eine der Gotteserscheinung vergleichbare Situation vor). Es geht hier nicht um eine prinzipielle oder durch die Situation bedingte Unbekanntheit eines Redepartners, die durch die Ich-Aussage überwunden wird. Für die Ich-Aussage in Jes 41,10 ist bezeichnend, dass sie betont (polemisch) ihren Schwerpunkt auf dem "Ich" hat, dass sie einen exklusiven Anspruch erhebt.

Wie in den unter 3.4.1.1 behandelten Fällen ist auch für die Mehrzahl der Belege von Prn 1. sg. + Gottesbezeichnung[121] von einer Satzteilfolge Mubtada – Chabar auszugehen. Hier wie dort ist in der Mehrzahl der Fälle die Leistung des entsprechenden Nominalsatzes mit 'Selbstvorstellung' nicht treffend beschrieben, wenn 'Selbstvorstellung' besagen soll, dass "ein bisher Unbenannter sich mit seinem Namen bekannt macht" (Zimmerli). Eine Selbstvorstellung in diesem Sinne trifft für alle Erstbegegnungen oder erstmaligen Namensnennungen im strengen Sinne zu. Es sind jedoch auch Situationen denkbar und in den unter 3.4.1.1 und 3.4.2.1 besprochenen Stellen belegt, in denen der Name in gewisser Weise bereits bekannt ist, aber die Situation es nicht ohne weiteres ermöglicht, die redende "Person" zu identifizieren. Sei es, dass der nach der Identität des anderen Fragende blind ist (Isaak), dass es dunkel ist (Ruth – Boas), dass Jahre seit dem letzten Kontakt vergan-

---

132f; J.D.W.Watts, Isaiah 34–66, 98; HALAT IV, 1487 s.v. שעה; 1540f s.v. שתע. – Für diese Ableitung spricht, dass innerhalb des Parallelismus membrorum in 41,10aβ eine Entsprechung zum Verb ירא in 41,10aα erwartet wird und die Ableitung von שעה den Auslegern inhaltlich nicht sinnvoll erscheint. Ein weiteres Argument für die Ableitung von שתע wird vermutlich auch in dem einzig weiteren alttestamentlichen Beleg der Wurzel in Jes 41,23 gesehen, wo sie ebenfalls parallel zu ירא gebraucht ist (zur Textkritik vgl. etwa K.Elliger, Deuterojesaja, 172); zu ידע in 41,23aβ und der Gesamtaussage des Verses würde eine Aussage, *dass wir hinschauen und (es) alle zusammen sehen* durchaus passen.

121 Es verbleiben noch zwei Stellen mit Pronomen 1. sg. + Gottesbezeichnung: Ez 34,31 und Ps 46,11. Ez 34,31 ist textkritisch schwierig und daher für unseren Zusammenhang wenig hilfreich; vgl. z.St. W.Zimmerli, Ezechiel 2, 826.832.846f. Ps 46 gehört zum elohistischen Psalter (42–83), dort hat אלהים ursprüngliches יהוה ersetzt. Die Yhwh-Stellen wurden aber hier zunächst noch ausgeklammert und werden in Kap. (4 und) 6 ausführlich behandelt.

gen sind und sich die Person in dieser Zeit stark verändert hat (Joseph – Brüder), sei es, dass es sich um erscheinende Gottheiten handelt, die dem Menschen in uneindeutiger Weise gegenübertreten. In diesen Fällen liegt eine 'Selbstidentifikation', nicht eine 'Selbstvorstellung' im strengen Sinne (s.o.) vor.

Wie Jes 41,10 gezeigt hat, kann der Abfolge Pronomen 1. sg. + Gottesbezeichnung auch die Satzteilfolge Chabar – Mubtada zugrundeliegen (vgl. entsprechend Gen 41,44 ii) und Gen 45,3.4 iii) unter 3.4.1.1). In diesem Fall ist die Leistung der ᵓₐnî-Aussage eine andere als bei einer zugrundeliegenden Satzteilfolge Mubtada – Chabar. In Jes 41,10 stellt sich das "ich" weder vor noch identifiziert es sich selbst, vielmehr erhebt es einen exklusiven Anspruch (*ich und keiner sonst*).

3.4.2.2 Pronomen in Zweitstellung (Umstellprobe)

Bei der Übersicht über die Stellen, in denen einem Pronomen 1. sg. ein Eigenname folgte (3.4.1.1), war die Schwierigkeit, dass die Bedeutung allein vom Kotext her erschlossen werden musste und das alttestamentliche Material eine Gegenprobe (Eigenname + Pronomen 1. sg.) nur in eingeschränktem Sinne ermöglichte (3.4.1.2). Tritt nun an die Stelle des menschlichen Eigennamens eine Gottesbezeichnung, stellt sich das Bild wenig anders dar. Zwar finden sich Stellen, in denen einem אל oder אלהים[122] ein Pronomen folgt. An diesen Stellen liegt auch eine spezifisch andere Aussage vor, als an den Stellen Pronomen + Gottesbezeichnung und die Satzteilfolge ist deutlich als Chabar – Mubtada zu bestimmen. Jedoch stellt sich für alle diese Belege die Frage, ob אל bzw. אלהים nicht eher (indeterminierte) Gattungsbezeichnungen (bezeichnen den Gott gegenüber dem Menschen), Appellativa, sind und so den Nomina näher stehen als den Nomina propria.[123] Trotz dieser Einschränkung sollen die Stellen kurz besprochen werden:

Ez 28,2	בֶּן־אָדָם אֱמֹר לִנְגִיד צֹר כֹּה־אָמַר אֲדֹנָי יהוה יַעַן גָּבַהּ לִבְּךָ וַתֹּאמֶר אֵל אָנִי מוֹשַׁב אֱלֹהִים יָשַׁבְתִּי בְּלֵב יַמִּים וְאַתָּה אָדָם וְלֹא־אֵל וַתִּתֵּן לִבְּךָ כְּלֵב אֱלֹהִים

---

122 Andere Gottesbezeichnungen (etwa פַּחַד יִצְחָק; אֲבִיר יַעֲקֹב/יִשְׂרָאֵל) sind in Erststellung, gefolgt von einem Pronomen der 1. sg., nicht belegt.

123 Da אל und אלהים mit Artikel (und Suffix) versehen und in den Plural gesetzt bzw. als Plural konstruiert werden können, sind sie zunächst als Appellativa anzusprechen. Es ist aber andererseits auch deutlich, dass beide Begriffe in einer Reihe von alttestamentlichen Stellen stellvertretend für oder gleichbedeutend mit dem Gottesnamen stehen und so den Charakter eines Nomen proprium haben; vgl. zu dieser Frage etwa F.M. Cross, Art. אל, 276f.278f; H.Ringren, Art. אלהים, 295ff. 304f; W.H.Schmidt, Art. אלהים ᵓælōhīm Gott, 155; R.Rendtorff, ᵓEL als israelitische Gottesbezeichnung; B.Lang, Jahwe, 246.253.254; A.dePury, Gottesname, passim; gegen ein Verständnis von אלהים als Gottesnamen in bestimmten Fällen hat sich etwa E.Blum ausgesprochen (vgl. E.Blum, Vätergeschichte, 471–475, v.a. 473).

> *Mensch(ensohn), sage zu dem Fürsten von Tyrus: So spricht der Herr Jahwe: Weil sich dein Herz (= Verstand) überhebt und du sagst: Ich bin (ein?) Gott, auf dem/einen Göttersitz sitze ich, inmitten des Meeres, während du doch (ein) Mensch bist und nicht (ein) Gott und doch hälst du dich für gottgleich.*[124]

Ez 28,9	הֶאָמֹר תֹּאמַר אֱלֹהִים אָנִי לִפְנֵי הֹרְגֶךָ וְאַתָּה אָדָם וְלֹא־אֵל בְּיַד מְחַלְלֶיךָ
	Wirst du (auch noch) vor deinem Henker[125] *sagen: Ich bin (ein) Gott? Wo du doch (ein) Mensch bist und nicht (ein) Gott, in der Hand derer, die dich durchbohren.*

Die Verse 2.9 gehören in denselben Zusammenhang eines Gerichtswortes über den König von Tyrus (28,1–10).[126] Seit O.Eissfeldt אֵל in Ez 28,2 als Eigenname des obersten Gottes im ugaritischen Pantheon verstanden und übersetzt hat 'El I am',[127] wird in der Literatur die Bedeutung von אֵל in V. 2 diskutiert. Gegen die Interpretation Eissfeldts spricht jedoch, 1. dass bei der Wiederaufnahme der Aussage im V. 9 אֵל durch אלהים ersetzt werden konnte und 2. dass die Gegenüberstellung אֵל – אָדָם eher auf eine Gattungsbezeichnung denn auf einen Eigennamen weist.[128] Wenn die Annahme des Eigennames El also eher unwahrscheinlich ist, bleibt die Frage, ob der König von Tyrus behauptet, er sei *ein* Gott, d.h. göttlich, von göttlicher Art[129] oder aber umfassender, er sei (der) Gott (in monolatrischem/monotheistischen Sinn?)[130]. Letzteres scheint Zimmerli implizit vorauszusetzen, wenn er zu Vers 2 schreibt:

---

[124] Der hebräische Text ist hier im Deutschen wörtlich kaum wiederzugeben: *Du hast dein Herz/Verstand gehalten wie das Herz/den Verstand Gottes*; W.Eichrodt, Hesekiel, 264: "trotzdem in deinem Sinn dich Gott gleichstelltest"; W.Zimmerli, Ezekiel, 663: "aber du hast dich in deinem Sinn Gott gleich gedünkt", wörtlich: "Du hast dein Herz dem Herz Gottes gleichgemacht"; M.Greenberg, Ezekiel 21–37, 572: "yet you hold your heart to be like the heart of a god"; L.C.Allen, Ezekiel 20–48, 89: "and yet you have godlike pretensions"; K.-F.Pohlmann, Hesekiel 2, 389: "und dein Herz dem Herzen Gottes gleichstellest".

[125] Vielleicht als Plural zu lesen, vgl. App. BHS.

[126] Eine inhaltlich ähnliche, ebenfalls nominal formulierte Aussage findet sich noch Jes 31,3: ... וּמִצְרַיִם אָדָם וְלֹא־אֵל וְסוּסֵיהֶם בָּשָׂר וְלֹא־רוּחַ וַיהוָה יַטֶּה יָדוֹ.

[127] Vgl. O.Eissfeldt, El and Yahweh, 389 (zu Ez 28,2).

[128] So schon W.Zimmerli, Ezechiel, 667; L.Hossfeld, Untersuchungen, 165. Auch Cross übersetzt in Ez 28,2 zunächst *"Ich bin El"*, erwägt dann aber aufgrund der oben angeführten Argumente, dass der Prophet "mit dem doppelten Sinn des Wortes אֵל" spielt. (vgl. F.M.Cross, Art. אֵל, 271.)

[129] Vgl. F.M.Cross, Art. אֵל, 271. In diesem Fall läge eine Nominale Mitteilung (indeterminiertes – determiniertes Glied) mit der regelhaften Satzteilfolge Chabar – Mubtada vor.

[130] In diesem Fall läge eine Nominale Behauptung (zwei determinierte Glieder) vor. Bei dieser Bedeutung von אֵל wären die Grenzen zwischen Gattungsbezeichnung und Gottesname/-bezeichnung fließend.

"Die Wahl von אֵל als Parallelwort zu dem gleich nachher folgenden אֱלֹהִים erklärt sich dann allerdings daraus, dass der Eigenname Jahwe im Munde des heidnischen Königs nicht wohl gebraucht werden konnte und dass versucht wurde, etwas
heidnisches Lokalkolorit in das Wort des Königs hineinzubringen."[131]

Für das Verständnis Zimmerlis könnte ein Ergebnis der Untersuchungen Cross' zu אֵל im Alten Testament sprechen, wonach אֵל "oft einfach
als ein Name JHWHs gebraucht" wird, als Appellativum jedoch eher
selten.[132] Die Frage ist nicht eindeutig zu entscheiden, dennoch weist
die vorliegende explizite Gegenüberstellung Gott – Mensch in Ez
28,2.9 für das Verständnis von אֵל eher in Richtung Appellativum. Im
Blick auf die Satzteilfolge macht der Kotext deutlich, dass es um die
Frage geht, ist der König von Tyrus *Gott oder nicht.* Der Aussageschwerpunkt liegt also auf אֵל bzw. אֱלֹהִים.[133] In beiden Versen ist die
Satzteilfolge der Nominalsätze Chabar – Mubtda.

Hos 11,9	לֹא אֶעֱשֶׂה חֲרוֹן אַפִּי לֹא אָשׁוּב לְשַׁחֵת אֶפְרָיִם כִּי אֵל אָנֹכִי וְלֹא־אִישׁ בְּקִרְבְּךָ קָדוֹשׁ וְלֹא אָבוֹא בְּעִיר *Ich kann meinen glühenden Zorn nicht vollstrecken, kann Ephraim* *nicht wieder verderben: denn Gott bin ich, nicht Mensch, in deiner* *Mitte ein Heiliger: Ich lasse Zornesglut nicht aufkommen.*[134]

Hos 11,9 ist den beiden soeben besprochenen Stellen ähnlich, nur dass
die Inanspruchnahme des Gottesprädikates und die Abgrenzung vom
Menschsein hier von Gott selbst ausgeht, nicht wie Ez 28,2.9 von einem Menschen. Zwar ist ähnlich wie in Ez 28,2 auch für Hos 11,9 keine definitive Aussage darüber möglich, ob אֵל determiniert oder indeterminiert zu verstehen ist. Aber die explizite Gegenüberstellung Gott
– Mensch (אֵל – אִישׁ) legt es wiederum nahe, אֵל als Appellativum aufzufassen. Inhaltlich geht es darum, ob der Redende *Gott* oder *Mensch*
ist, nicht darum, ob *der Redende* oder etwa *ein anderer* Gott ist. Die
Satzteilfolge ist deutlich Chabar – Mubtada.

2.Kön 5,7	וַיְהִי כִּקְרֹא מֶלֶךְ־יִשְׂרָאֵל אֶת־הַסֵּפֶר וַיִּקְרַע בְּגָדָיו וַיֹּאמֶר הַאֱלֹהִים אָנִי לְהָמִית וּלְהַחֲיוֹת כִּי־זֶה שֹׁלֵחַ אֵלַי לֶאֱסֹף אִישׁ מִצָּרַעְתּוֹ...

---

131 W.Zimmerli, Ezechiel, 667.
132 Vgl. F.M.Cross, Art. אֵל, 276.278. Nur wenn אֵל kein Appellativum wäre,
könnten die beiden Stellen als Belege für die Abfolge 'Gottesbezeichnung – Pronomen' dienen.
133 Die Satzteilfolge in der Wendung וְאַתָּה אָדָם וְלֹא־אֵל (Ez 28,9) ist Mubtada –
Chabar. Sie erklärt sich als Satzteilfolge des abhängigen Nominalsatzes, hier eines
Chalsatzes mit adversativer Bedeutung: "*wo du doch Mensch bist und nicht Gott*".
134 Übersetzung nach J.Jeremias, Hosea, 139; vgl. zur Stelle auch D.Michel,
Grundlegung 2, 53.

> *Als der König von Israel den Brief gelesen hatte, zerriss er seine*
> *Kleider und sagte: Bin ich (denn) Gott, zu töten und lebendig zu*
> *machen, dass dieser zu mir schickt, dass ich einen Mann von sei-*
> *nem Aussatz heile …*

Die Wendung הָאֱלֹהִים אָנִי[135] ist hier eine mit he interrogativum eingeleitete Frage, ansonsten aber den bisher besprochenen Fällen vergleichbar. Der König von Aram hatte seinen aussätzigen Hauptmann Naa-
man zum König von Israel geschickt, mit der Bitte um Heilung. Der
König von Israel sieht in diesem Ansinnen eine Provokation. Nur Gott
kann s.E. eine solche Heilung vollbringen. Deshalb fragt er empört:
"Bin ich (denn) Gott?" Auch 2.Kön 5,7 ist die Gegenüberstellung Gott
– Mensch zwar nicht explizit ausgedrückt, aber deutlich impliziert. Hätte der König seiner Empörung statt mit einer rhetorischen Frage mit einer Aussage Ausdruck verliehen, müsste die gelautet haben: *"Ich bin*
(ein) Mensch und nicht Gott". Der Aussageschwerpunkt liegt auf אֱלֹהִים.
Die Satzteilfolge ist Chabar – Mubtada.
Anders als in den bisher besprochenen Stellen ist an den beiden folgenden mit der Verwendung der Vokabel אֱלֹהִים keine Gegenüberstellung Gott – Mensch intendiert, dennoch liegt mindestens in Jer 23,23
wohl auch appellativer Gebrauch vor.

Jer 23,23	הַאֱלֹהֵי מִקָּרֹב אָנִי נְאֻם־יְהוָה וְלֹא אֱלֹהֵי מֵרָחֹק
	Bin ich (nur) ein Gott, der nahe ist, Ausspruch Jahwes, und nicht
	(auch) ein Gott, der ferne ist?

הַאֱלֹהֵי מִקָּרֹב אָנִי ist eine durch he interrogativum eingeleitete Nominale
Frage. Inhaltlich ist deutlich, dass es um die Alternative geht אֱלֹהֵי
מִקָּרֹב – מֵרָחֹק אֱלֹהֵי. הַאֱלֹהֵי מִקָּרֹב ist Chabar. Die Satzteilfolge ist Chabar – Mubtada. Die Constructusverbindung, in die אֱלֹהִים eingebunden
ist und 'einen Gott von bestimmter Art' bezeichnet, spricht auch hier
dafür אֱלֹהִים eher als Appellativum denn als Gottesnamen zu verstehen.

Ps 50,7	שִׁמְעָה עַמִּי וַאֲדַבֵּרָה יִשְׂרָאֵל וְאָעִידָה בָּךְ אֱלֹהִים אֱלֹהֶיךָ אָנֹכִי
	Höre, mein Volk, ich will reden; Israel, ich will gegen dich zeu-
	gen: Gott, dein Gott, bin ich.

Ps 50,7 ist Teil des elohistischen Psalters, in dem ursprüngliches יהוה
in der Regel durch אֱלֹהִים ersetzt wurde. Wenn das auch für diese Stelle
gilt,[136] hätte sie ursprünglich geheißen *אָנֹכִי אֱלֹהֶיךָ יְהוָה* und wäre die

---

[135] Vgl. ebenfalls הַתַחַת אֱלֹהִים אָנֹכִי in Gen 30,2 und 50,19.
[136] Davon gehen etwa F.-L.Hossfeld/E.Zenger, Psalmen, 313, K.Seybold, Psalmen, 205 und M.Weippert, «Ich bin Jahwe», 42 Anm. 56 (mit Fehler im hebr.
Text: אָנֹכִי muss nachstehen) aus. Zu beachten ist jedoch, dass in Ps 50,1 der Jahwename stehen geblieben ist. Andererseits ist die Kombination אֱלֹהִים + אֱלֹהִים mit
Suffix nur im elohistischen Psalter belegt (Ps 45,8; 48,15; 50,7; 67,7), was dafür

einzige Stelle im AT, in der die Abfolge יְהוָה (+Apposition) + Prn 1.
sg. (indirekt) belegt wäre.[137] Bei der Vielzahl der *ʾanî Yhwh*-Stellen ist
für eine solche Annahme jedoch Vorsicht geboten. Auch die Nähen von
Ps 50 zu Ps 81,[138] der in V. 11 die Aussage אָנֹכִי יְהוָה אֱלֹהֶיךָ aufweist,
sind m.E. kein schlagendes Argument. Zwar sind Ps 50,7a und 81,9
einander in der Formulierung der Anklagethematik sehr verwandt, dennoch ist in Ps 81 der Kotext der *ʾanî Yhwh*-Aussage, der sie mit der He-
rausführungs- (V.11) und Fremdgötterthematik (V.10) verbindet, ungleich charakteristischer und darin vom Kotext von Ps 50,7 unterschieden.

Mit der Ersetzung des יְהוָה durch אֱלֹהִים könnte auch das Pronomen um-
gestellt worden sein. Das wäre nach den bisherigen Beobachtungen
(kein Beleg für die Abfolge NP – Prn 1. sg.) jedoch nur dann zu erwarten, wenn אֱלֹהִים nicht als Nomen proprium, sondern als Appellativum
verstanden worden wäre. Inwiefern ein יְהוָה ersetzendes אֱלֹהִים als Nomen proprium verstanden wurde, ist dabei kaum zu entscheiden:
Spricht zunächst seine Ersatzfunktion für ein Verständnis als Nomen
proprium, ist das folgende אֱלֹהִים mit Suffix aufgrund des Suffixes
deutlich als Appellativum ausgewiesen. Aufgrund des Doppelcharak-
ters von אֱלֹהִים als Appellativum und Nomen dei ist es an dieser Stelle
kaum möglich, Genaues zu sagen.

Da Ps 50,7 mit einer Reihe von Unsicherheiten belastet ist, ist die Stelle im vorliegenden Zusammenhang nicht weiterführend und kann nicht
zur Argumentation herangezogen werden.

3.4.3 *Ergebnis*

Die Untersuchung der Nominalsätze, deren obligatorische Glieder das
Pronomen der 1. sg. und ein Eigenname (bzw. ein dem Eigennamen
nahestehender Ausdruck) sind, hat ergeben:
i) Echte Eigennamen (und Gottesbezeichnungen, die als solche verstanden werden können,) finden sich in Verbindung mit dem Pronomen der
1. sg. nur in Zweitposition.[139] Sie folgen stets dem Pronomen der 1. sg.
ii) Die Satzteilfolge scheint in der überwiegenden Mehrzahl dieser Fälle Mubtada – Chabar zu sein. Diese Satzteilfolge ist in der Regel in abhängigen Sätzen oder nach bestimmten Konjunktionen belegt. Beides
trifft im Falle der hier untersuchten Nominalsätze nicht zu. Darüber hinaus wird die Satzteilfolge Mubtada – Chabar verwendet, um eine Aus-

---

spricht, dass die Wendung die geläufige Kombination יְהוָה + אֱלֹהִים mit Suffix vertritt.

[137] F.-L.Hossfeld/E.Zenger, Psalmen, 313 sprechen von "der invertierten Selbstvorstellungsformel", reflektieren aber keine Gründe für diese Inversion oder die
Tatsache, dass eine solche nur an dieser Stelle belegt wäre.

[138] Vgl. dazu F.-L.Hossfeld/E.Zenger, Psalmen, 309.313 und K.Seybold, Psalmen, 205.207.

[139] Im vorliegenden Kapitel wurde die Aussage *ʾanî Yhwh* selbst ausgeklammert,
vgl. deren ausführliche Untersuchung in Kapitel 6.

sage als eine solche zu markieren, die nicht etwas Neues beinhaltet, sondern auf Bekanntes rekurriert. Diese Möglichkeit ist für einige der genannten Stellen zu erwägen. Andererseits besteht auch die Möglichkeit, dass die Satzteilfolge Mubtada – Chabar ihren Grund in der speziellen Kombination Pronomen 1. sg. und Eigennamen hat und in diesen Fällen uns nicht bekannte Konventionen greifen, wonach das Pronomen in solchen Verbindungen stets an erster Stelle steht.[140]

iii) Die Leistung dieser Aussagen ist mit dem Stichwort 'Selbstvorstellung' unzureichend beschrieben. Der Begriff 'Selbstidentifikation' bringt den Aspekt, dass der Redende keine prinzipiell unbekannte Größe ist, dass sich das redende Ich zu einer bereits bekannten Größe in Beziehung setzt, sich als diese Größe identifiziert, besser zum Ausdruck.

iv) Selbstvorstellungen im echten Sinne liegen viel eher in jenen Beispielen vor, die in Ermangelung echter Umstellproben (ein Eigenname, der dem Pronomen vorausginge,) ersatzweise herangezogen wurden, Belege also, in denen das Pronomen in Zweitstellung steht und einem 'Eigennamenersatz' folgt.

v) Die Satzteilfolge lässt sich in diesen Selbstvorstellungen ('Eigennamenersatz' + Pronomen) meist eindeutig als Chabar – Mubtada bestimmen.

vi) Für Belege von Pronomen 1. sg. und Gottesbezeichnung finden sich als Umstellprobe nur solche Stellen, an denen אֵל oder אֱלֹהִים dem Pronomen vorausgeht. Die besondere Schwierigkeit besteht darin zu entscheiden, ob אֵל und אֱלֹהִים als Appellativa oder Gottesbezeichnungen zu verstehen sind. Es muss auch für diese Fälle bezweifelt werden, dass sie als echte Umkehrproben gelten können.

vii) Anders als in jenen Beispielen, in denen das Pronomen einem menschlichen 'Eigennamenersatz' folgt (vgl. v), leisten die Aussagen אֲנִי אֵל o.ä keine Selbstvorstellung, sondern die Inanspruchnahme des Gottesprädikates.[141]

Nominalsätze, die aus einem Pronomen 1. sg. und einem Eigennamen bestehen, sind im Alten Testament nur spärlich belegt, im zurückliegenden Kapitel habe ich das alttestamentliche Material vollständig besprochen. Angesichts der schmalen Materialbasis könnte es Zufall der Überlieferung sein, dass bei dem Pronomen der 1. sg. die Abfolge No-

---

[140] Eine vergleichbare Beobachtung, wonach bestimmte Wortarten auf eine bestimmte Position im Satz festgelegt sind und diese Festlegung zur Umkehrung der zu erwartenden Satzteilfolge führt, hat Huehnergard in Bezug auf das Personalpronomen für das Akkadische notiert: "In most Akkadian dialects, the usual word order for each of these clause types (sc. verblose Sätze) is Subject–Predicate (...) When the subject is personal pronoun, the word order is usually inverted, in most dialects, the pronoun standing at the end of its clause ..." (J.Huehnergard, On Verbless Clauses in Akkadian, 221.223).

[141] אֵל ist in diesen Fällen (mit Prn 1. sg.) nie durch Artikel oder Suffix formal determiniert.

men proprium – Pronomen 1. sg. nicht belegt ist. Erweitert man die Materialbasis, in dem man nach dem Muster der bisherigen Untersuchung Nominalsätze analysiert, deren obligatorische Glieder neben Eigennamen (Gottesbezeichnungen/Jahwenamen) Pronomen der 2. sg. bzw. 3. sg. sind, lässt sich ein besserer Einblick in die Sprachkompetenz und in die Leistungen dieser Nominalsätze erzielen. Erst an einer gewissen Fülle von Stellen lässt sich ein Gespür dafür gewinnen, welche (unterschiedlichen und differenzierten) Leistungen Nominalsätze dieser Art erbringen können. Und dieses Gespür ist wichtig für die Beurteilung der Leistung des Nominalsatzes *ʾanî Yhwh*. Im folgenden rekurriere ich allerdings nur auf die Ergebnisse einer entsprechend ausgeweiteten Analyse.[142]

3.4.4 Nominalsätze mit Pronomen 2. sg./3. sg. + Nomen proprium/ Gottesbezeichnung/Yhwh

3.4.4.1 Pronomen 2. sg.

– Echte Nomina propria oder Jahwename sind nie in Erststellung vor einem Pronomen als obligatorische Glieder eines Nominalsatz belegt. Anders verhält es sich bei Gottesbezeichnungen wie Elohim o.ä., die durchaus in Erststellung auftreten.

– Die Satzteilfolge ist in der Regel Chabar – Mubtada, unabhängig von der Wortartenfolge; die abweichende Satzteilfolge Mubtada – Chabar weist die entsprechenden Nominalsätze als abhängige Sätze, Entsprechungssätze oder solche Sätze aus, die auf Bekanntes rekurrieren.

– Dort, wo auf Pronomen + Nomen bzw. Nomen + Pronomen ein Verb folgt, ist die Entscheidung darüber, ob Pronomen + Nomen bzw. Nomen + Pronomen einen Nominalsatz bilden oder vorgezogenes Subjekt des Verbs sind, im Einzelfall schwierig. In der Mehrzahl der Fälle ist ein vorgezogenes Subjekt zum Verb anzunehmen. Aber die Grenzen zum selbständigen Nominalsatz sind möglicherweise fließend.

– Eine *ʾanî Yhwh* in Häufigkeit des Vorkommens und Verwendungsweise vergleichbare Wendung *ʾattâ Yhwh* gibt es nicht.

3.4.4.2 Pronomen 3. sg.

– Die Nominalsätze mit dem Pronomen der 3. Person weisen gegenüber denen mit Pronomina der 1. und 2. Person etliche Unterschiede auf. Diese dürften mit der Sonderstellung des Personalpronomens der 3. Person unter den Personalpronomina zusammenhängen.

Im vorliegenden Zusammenhang besteht der wichtigste Unterschied darin, dass mit dem Pronomen der 3. sg., anders als mit den Pronomina der 1. und 2. sg. die Abfolge Eigenname – Pronomen belegt ist.

– Mit der unterschiedlichen Wortartenfolge (Pronomen in Erst- oder Zweitstellung) sind unterschiedliche Leistungen der Nominalsätze verbunden.

---

142 Vgl. dazu A.Diesel, Die Nominale Behauptung.

– Die Satzteilfolge ist in den behandelten Nominalsätzen Chabar –
Mubtada, unabhängig von der Wortartenfolge, dort, wo es sich um unabhängige Nominalsätze handelt; die Satzteilfolge Mubtada – Chabar,
die bei den Sätzen Prn 3. sg. + Eigennname mehrheitlich belegt ist,
weist die entsprechenden Nominalsätze als solche Sätze aus, die auf
Bekanntes rekurrieren.

– Eine *ʾⁱⁿî Yhwh* in Häufigkeit des Vorkommens und der Verwendungsweise vergleichbare Wendung *hû Yhwh* gibt es nicht.

3.5 Die um *ʾⁱᵉlohîm* + Suffix erweiterte *ʾⁱⁿî Yhwh*-Aussage

Im Kap. 3.2 war das Untersuchungsfeld, das sich für die *ʾⁱⁿî Yhwh*-
Aussage auf der grammtisch-syntaktischen Ebene ergibt, in drei Aspekten umrissen worden. Ein Aspekt betraf die Frage, ob sich die für
den Nominalsatz *ʾⁱⁿî Yhwh* zu treffende Bestimmung der Satzglieder
durch Hinzutreten von *ʾⁱᵉlohîm* + Suffix verändert, ob in diesem Fall
also *Yhwh* oder *ʾⁱᵉlohîm* appositionell zu verstehen ist?
Ich gehe in dieser Frage von folgenden Überlegungen aus:
i) In der überwiegenden Mehrzahl der Belege folgt im Hebräischen die
Apposition ihrem Bezugswort.

"Die Apposition im engeren Sinn ist die Nebeneinanderstellung zweier Substantiva
im gleichen Kasus zum Zweck der näheren Bestimmung (Ergänzung) des einen
durch das andere, und zwar in der Regel (…) des voranstehenden durch das nachfolgende."[143]
"Apposition is the simple juxtaposition of a noun to a preceding noun."[144]

Eine mögliche Ausnahme von dieser Regel, also "Voranstellung des
Nomens, welches der Näherbestimmung des anderen dient, findet sich
nur in gewissen Verbindungen, wie הַמֶּלֶךְ דָּוִד"[145] oder הַמֶּלֶךְ שְׁלֹמֹה.
ii) *ʾⁱⁿî Yhwh* ist als eigen- und vollständiger Nominalsatz ohne *ʾⁱᵉlohîm*
+ Suffix belegt. Wenn *ʾⁱᵉlohîm* + Suffix dazu tritt, dann steht es stets
nach dem Jahwenamen, nie zwischen *ʾⁱⁿî* und *Yhwh*.
Zusammen mit der Beobachtung, dass Appositionen in der Regel nachgestellt werden, spricht das eher dafür, in diesen Fällen *ʾⁱᵉlohîm* + Suffix appositionell zu verstehen, als anzunehmen, dass *Yhwh* seine Funktion als obligatorisches Glied an *ʾⁱᵉlohîm* + Suffix abtritt.
iii) Sprachlich vergleichbare Fälle, in denen ein Nominalsatz aus Pronomen + Eigennamen + Nomen mit Suffix besteht, sind:

---

143 W.Gesenius/E.Kautzsch, Hebräische Grammatik, § 131a.
144 P.Joüon/T.Muraoka, A Grammar of Biblical Hebrew II, § 131 a, 477.
145 W.Gesenius/E.Kautzsch, Hebräische Grammatik, § 131g.

Gen 27,19[146]	וַיֹּאמֶר יַעֲקֹב אֶל־אָבִיו אָנֹכִי עֵשָׂו בְּכֹרֶךָ עָשִׂיתִי כַּאֲשֶׁר דִּבַּרְתָּ אֵלָי *Da sagte Jakob zu seinem Vater: Ich bin Esau, dein Erstgeborener,* *ich habe getan, was du mir aufgetragen hast …*
Gen 45,4[147]	וַיֹּאמֶר יוֹסֵף אֶל־אֶחָיו (…) אֲנִי יוֹסֵף אֲחִיכֶם אֲשֶׁר־מְכַרְתֶּם אֹתִי מִצְרָיְמָה *Da sagte Josef zu seinen Brüdern: (…) Ich bin Josef, euer Bruder,* *den ihr nach Ägypten verkauft habt …*
Ruth 3,9[148]	וַיֹּאמֶר מִי־אָתְּ וַתֹּאמֶר אָנֹכִי רוּת אֲמָתֶךָ וּפָרַשְׂתָּ כְנָפֶךָ עַל־אֲמָתְךָ *Er fragte: Wer bist du? Da antwortete sie: Ich bin Ruth, deine* *Magd, breite (doch) deinen (Gewand-)Zipfel über deine Magd …*

Auch wenn die Übersetzer für die genannten Stellen zum Teil ein anderes Verständnis vorauszusetzen scheinen,[149] spricht nichts dagegen, in allen Fällen gleichermaßen die Namen als Bezugswort und als das neben dem Pronomen zweite obligatorische Glied der Nominalsätze zu verstehen, das auf den Eigennamen folgende Nomen mit Suffix als Apposition. Die Namen spielen an allen drei Stellen eine entscheidende Rolle, die folgenden Nomina mit Suffix bringen einen Sachverhalt zum Ausdruck, der für die Angeredeten bei der Nennung der Namen bereits aufleuchtet (zumindest in Gen 27,19 und Gen 45,4), die Nomina mit Suffix explizieren etwas, das für die Angeredeten implizit bereits in den Namensnennungen anklingt, die Nomina mit Suffix stehen deutlich in der Funktion von Appositionen.

Soll hingegen das Nomen mit Suffix obligatorisches Nominalsatzglied bzw. Bezugswort und der Name Apposition sein, dann tauschen Nomen mit Suffix und Name ihre Positionen, wie die folgende Stelle zeigt.

Ex 18,6	וַיֹּאמֶר אֶל־מֹשֶׁה אֲנִי[150] חֹתֶנְךָ יִתְרוֹ בָּא אֵלֶיךָ וְאִשְׁתְּךָ וּשְׁנֵי בָנֶיהָ עִמָּהּ *Er sagte zu Mose: Ich bin dein Schwiegervater Jethro, der zu dir* *kommt, sowie deine Frau und ihre beiden Söhne mit ihr.*

---

146 Vgl. zur Stelle oben Kap. 3.4.1.1.

147 Vgl. zur Stelle oben Kap. 3.4.1.1.

148 Vgl. zur Stelle oben Kap. 3.4.1.1.

149 Zu Gen 27,19 vgl.: "Ich bin Esau, dein Erstgeborener" (Einheitsübersetzung); "Ich bin Esau, dein erstgeborener Sohn" (Lutherübersetzung); aber: "Ich bin dein Erstgeborener Esau" (G.v. Rad, Das erste Buch Mose 219f); zu Gen 45,4 vgl.: "Ich bin Josef, euer Bruder" (Lutherübersetzung und Einheitsübersetzung); aber: "Ich bin euer Bruder Joseph" (G.v.Rad, Das erste Buch Mose 324); zu Ruth 3,9 allerdings einheitlich; vgl.: "Ich bin Rut, deine Magd" (Lutherübersetzung; Einheitsübersetzung; H.W.Herzberg, Die Bücher Josua, Richter, Ruth, 272; ähnlich E.F. Campell, Ruth, 115; E.Zenger, Ruth, 68).

150 So M; Samaritanus, LXX und Syriaca setzen הִנֵּה voraus.

Außerhalb des Nominalsatzzusammenhangs ist sowohl die Abfolge Nomen mit Suffix – Nomen proprium, als auch Nomen proprium – Nomen mit Suffix belegt.[151] Beide Abfolgen sind also möglich. Durch die Vor- oder Nachstellung wird angezeigt, welches Glied Bezugswort und welches Apposition ist.[152]

Aufgrund dieser Überlegungen gehe ich bei der Einzelanalyse der ᵃ*nî Yhwh*-Aussagen davon aus, dass in Fällen der um ᵃᵉ*lohîm* + Suffix erweiterten Aussage ᵃᵉ*lohîm* + Suffix Apposition ist.[153]

---

[151] Vgl. zu Ex 18,3 die umgekehrte Abfolge יְתֵר/יִתְרוֹ חֹתְנוֹ in Ex 3,1 und 4,18. Zur Abfolge Nomen proprium – Nomen mit Suffix vgl. etwa: Gen 4,1.8; 10,15; 11,31; 17,15; Ex 2,18; 7,1; Jos 1,7; 1.Sam 13,16; 2.Sam 1,4; 1.Kön 1,13; Jes 41,8; Jer 33,26; Ps 105,26; Ruth 2,22; Est 5,14 u.ö.; zur Abfolge Nomen mit Suffix – Nomen proprium vgl. etwa Gen 24,12; 27,24; 30,3; 32,5; 45,9; 48,2; Num 12,7; 14,24; 1.Sam 24,17; 26,21; 2.Sam 11,11; 1.Kön 1,11; 2.Kön 9,36; Jes 44,2; Jer 30,10; Ez 37,24; Hi 2,3 u.ö. Bestimmte Kombinationen sind mit beiden Abfolgen belegt, vgl. etwa: מֹשֶׁה עַבְדִּי Num 12,7 – עַבְדִּי מֹשֶׁה Jos 1,7; דָּוִד עַבְדִּי 1.Kön 11,32 – עַבְדִּי דָוִד 1.Kön 11,13.

[152] Entsprechend wäre, soll *Yhwh* Apposition sein, eher die Folge ᵃᵉ*lohæka*/ ᵃᵉ*lohîm Yhwh* im Sinne von "(dein) Gott, nämlich Jahwe" zu erwarten. Die Abfolge ᵃᵉ*lohîm* + Suffix + *Yhwh*, wobei dann Jahwe Apposition wäre, ist nicht belegt; wohl aber die Abfolge ᵃᵉ*lohîm* + *Yhwh*, vgl. 1.Chr. 13,6 (אֲרוֹן הָאֱלֹהִים יְהוָה); 2.Chr. 30,19 (לִדְרוֹשׁ יְהוָה הָאֱלֹהִים) und in Ps 50,1 die Wendung אֵל אֱלֹהִים יְהוָה. (S.u.) Als Apposition wird *Yhwh* im allgemeinen in Jos 22,22 verstanden: אֵל אֱלֹהִים יְהוָה אֵל אֱלֹהִים יְהוָה הוּא יֹדֵעַ וְיִשְׂרָאֵל הוּא יֵדָע "Gott, der Herr, Jahwe, – Gott, der Herr, Jahwe, – Er weiß es..." (H.W.Hertzberg, Josua, Richter, Ruth, 124; "Der starke Gott, der Herr, der starke Gott, der Herr, weiß es..." (Luth.). Die Fortsetzung וְיִשְׂרָאֵל הוּא יֵדָע könnte zwar nahelegen, dass auch im ersten Teil lediglich ein zusammengesetzter Satz vorliegt, in dem das Pronomen das eigentliche Subjekt betont wieder aufgreift. Eine weitere und mir wahrscheinlichere Möglichkeit ist jedoch, dass die eines Vergehens angeklagten Stämme ihre Unschuld zunächst durch ein Bekenntnis zu Jahwe beteuern, und zwar in einem Nominalsatz אֵל אֱלֹהִים יְהוָה – *Gott der Götter ist Jahwe.* Dieselbe Wendung liegt noch Ps 50,1 vor, hier wären dieselben Überlegungen wie zu Jos 22,22 anzustellen. Nach A.Weiser, Psalmen I, bilden die beiden ersten Worte einen Nominalsatz (wobei er wegen des elohistischen Psalters als ursprünglichen Text אֵל יהוה voraussetzt), das dritte Wort (יהוה) zieht er als Subjekt zum folgenden Verb: "Der Herr ist Gott. Der Herr hat geredet ..." (ebd. 264). Außerdem sind zu vergleichen 1.Chr 13,6 לְהַעֲלוֹת מִשָּׁם אֵת אֲרוֹן הָאֱלֹהִים יְהוָה יוֹשֵׁב הַכְּרוּבִים – "um von da heraufzubringen die Lade Gottes, des Herrn, der über den Cherubim thront" (Luth.); in V. 7 ist dann nur von אֲרוֹן הָאֱלֹהִים die Rede; 2.Chr 30,19 כָּל־לְבָבוֹ הֵכִין לִדְרוֹשׁ הָאֱלֹהִים יְהוָה אֱלֹהֵי אֲבוֹתָיו – "allen, die ihr Herz darauf richten, Gott zu suchen, den Herrn, den Gott ihrer Väter" (Luth.)

[153] Diese Auffassung, wonach ᵃᵉ*lohæka* Apposition ist und *Yhwh* zusammen mit ᵃ*nokî* den Nominalsatz bildet, entspricht derjenigen Zimmerlis (vgl. oben Kap. 2). S.E. kommt der Kurzform formgeschichtlich Priorität zu gegenüber der Langform. Die Kurzform konnte durch verschiedene Elemente erweitert werden, wobei der Nominalsatzkern zunächst erhalten bleibt. Die Stelle Ps 50,7 zeigt, dass innerhalb dieses Nominalsatzes אלֹהיך als Apposition zu verstehen ist. Mir scheint in der Mehrzahl der Belege Zimmerlis Position, dass das zu ᵃ*nî Yhwh* Hinzutretende als Erweiterung zu verstehen ist (zumindest solange bis das ursprüngliche Satzgefüge in ein anderes umgewandelt wird), wahrscheinlich. Es gibt unter den Belegen der

3.6 Rückblick und erste Folgerungen für das Verständnis von ʾᵃnî Yhwh

3.6.1 Das Ausgangsproblem

Im Zuge der Darstellung der wichtigsten Forschungspositionen (Kap. 2) hatten sich als Pole der Diskussion um ʾᵃnî Yhwh zwei Interpretationen herauskristallisiert: 1. ʾᵃnî Yhwh ist als Selbstvorstellungsformel zu verstehen (Zimmerli). 2. ʾᵃnî Yhwh leistet eine Ausschließlichkeitsaussag (Michel). Es hatte sich auch gezeigt, dass sich die Differenz zwischen beiden Interpretationen auf der syntaktischen Ebene beschreiben lässt als eine Differenz in der Einschätzung dessen, was 'Subjekt'/ Mubtada und was 'Prädikat'/Chabar in diesem Nominalsatz ist. Wo ʾᵃnî Yhwh als Selbstvorstellungsformel gilt, muss ʾᵃnî als Mubtada, Yhwh als Chabar verstanden sein, während das Verständnis als Ausschließlichkeitsformel, aus der Einsicht in die umgekehrte Satzteilfolge, Yhwh als Mubtada, ʾᵃnî als Chabar, erwachsen ist. Dass der Frage nach den syntaktischen Verhältnissen in dieser Situation der ungeklärten Bedeutung von ʾᵃnî Yhwh eine grundlegende Funktion zukommt, ist deutlich und so galt das letzte Kapitel, ausgehend von Überlegungen zum No-

---

um ʾᵆlohîm+Suffix erweiterten ʾᵃnî Yhwh-Aussage (ähnliches gilt für die um Partizip+Suffix/Partizip mit Artikel erweiterte ʾᵃnî Yhwh-Aussage), einige Stellen, an denen das inhaltliche Gewicht auf ʾᵆlohîm + Suffix zu liegen scheint und die dann die Frage aufwerfen, ob hier nicht doch ʾᵆlohîm + Suffix das neben dem Pronomen zweite obligatorische Glied ist und Yhwh appositionell zum Pronomen steht. K.Elliger, Ich bin der Herr – euer Gott, 18f etwa, war von dieser Möglichkeit ausgegangen, u.a. mit Hinweis auf die masoretische Akzentuation, die an einigen Stellen Yhwh nicht zu ʾᵆlohîm + Suffix, sondern zu ʾᵃnî zieht. Dennoch scheint mir für das syntaktische Verständnis die Formelhaftigkeit der ʾᵃnî Yhwh-Aussage in der Regel stärker zu wirken. Sinnvoller erscheint es mir in den Fällen, in denen auf ʾᵆlohîm + Suffix ein besonderer inhaltlicher Akzent liegt, zu bedenken, ob dieser statt auf der syntaktischen Ebene, auf der Thema-Rhema-Ebene zu beschreiben ist: Die Apposition ʾᵆlohîm+Suffix, die innerhalb des Satzes ʾᵃnî Yhwh ʾᵆloĥeka eine Nebenprädikation darstellt, wäre Rhema des Satzes. Vgl. zu einer analogen Erscheinung A.Diesel/A.Wagner, "Jahwe ist mein Hirte", dort v.a. 392ff. (Die Thema-Rhema-Forschung kann hier nicht dargestellt werden; vgl. dazu: V.Mathesius, Satzperspektive; F.Daneš, A Three-Level-Approach; ders., Functional Sentence Perspective; L.Lutz, Zum Thema »Thema«; W.H.Eroms, Funktionale Satzperspektive. Zur Rezeption in der Hebraistik vgl.: A.Disse, Informationsstruktur; W.Gross, Doppelt besetztes Vorfeld.) In Richtung der von Zimmerli (und dann auch in der vorliegenden Arbeit) vertretenen Position, geht auch die Analyse von L.Massmann, Ruf in die Entscheidung, der eine durch den "Nominalsatz konstituierte *Konstante*" (167, Herv. Massmann) ʾᵃnî Yhwh annimmt, zu der als Variablen bezeichnete Erweiterungen hinzutreten können (vgl. 167). "Bei diesen Variablen handelt es sich um appositionelle Attribute." (168) Die Varianten haben nach Massmann "explikative Funktion" (168). Sie sollen "das Verstehen des Rezipienten leiten, indem sie die Konstante erläuter[n] und ausleg[en]" (168). Die einzelne Variante hebt "jeweils einen Aspekt des gesamten Bedeutungsspektrums der Konstanten besonders" (172) hervor.

minalsatz allgemein, einer Beschreibung der syntaktischen Verhältnisse und der Analyse '*a*nî *Yhwh* vergleichbarer Nominalsätze.

Der Nominalsatz '*a*nî *Yhwh* selbst wurde im zurückliegenden Kapitel 3
noch ausgeblendet, da er Gegenstand der weiteren Untersuchungen ist,
die dann auch erst Aufschluss über die vorliegende Satzteilfolge in diesem Nominalsatz bringen werden. Im Folgenden sind die Ergebnisse
des Kapitels 3 zusammengefasst, die von der grammatisch-syntaktischen Seite aus Hintergrund und Rahmen der weiteren Untersuchungen
zur '*a*nî *Yhwh*-Aussage bilden.

3.6.2 Rückblick

3.6.2.1 Als Ergebnis der Untersuchungen des Kapitels 3 ist allgemein
festzuhalten, dass für die unter Anwendung der von D.Michel entwickelten Nominalsatzgrammatik[154] analysierten Nominalsätze (weitgehend Nominale Behauptungen) gilt:
i) Die Satzteilfolge Chabar – Mubtada liegt in unabhängigen Sätze vor.
Die Satzteilfolge Mubtada – Chabar hingegen weist die Sätze entweder
als abhängige aus, ist bedingt durch bestimmte Konjunktionen oder signalisiert, dass mit der Aussage ein bereits bekannter Sachverhalt o.ä.
zur Sprache kommt.
ii) Diese Satzteilfolgeregeln (vgl. i) gelten grundsätzlich unabhängig
von den am Nominalsatz beteiligten Wortarten (zu einer Ausnahme vgl.
unten 3.6.2.3).
Insgesamt hat sich im Laufe der Analyse das syntaktische Instrumentarium der Satzteilfolge als ein regelhaftes, in dieser Regelhaftigkeit aber
sehr differenziert gebrauchtes erwiesen.

3.6.2.2 Folgende Einzelergebnisse sind hervorzuheben:
i) Für die Kombination Pronomen 1. sg. + *Yhwh* ist nur die Abfolge
'*a*nî *Yhwh* belegt, eine Umkehrung der Aussage, also **Yhwh* '*a*nî[155], ist
nicht belegt. Das gilt ebenso für die Kombination Pronomen 2. sg. +
Yhwh, auch in diesem Fall finden sich keine Belege für einen Nominalsatz **Yhwh* '*attâh*.[156]
ii) Ein eigenständiger Nominalsatz '*attâh Yhwh*, in Entsprechung zur
Selbstaussage '*a*nî *Yhwh*, ist zwar vermutlich möglich gewesen, aber es
gibt keine auch nur annähernd der geprägten und ausgeprägten Verwendung von '*a*nî *Yhwh* entsprechende Verwendung von '*attâh Yhwh*.

---

154 Vgl. oben Kap. 3.3.3.
155 Ps 50,7 ist mit zu großen Unsicherheiten belastet, um als ein solcher gelten zu
können.
156 Nominalsätze mit dem Pronomen der 3. sg. weisen etliche Unterschiede im
Vergleich zu Nominalsätzen mit dem Pronomen der 1. und 2. sg. auf (vgl. A.Diesel, Die Nominale Behauptung). Diese Unterschiede sind vermutlich in der Sonderstellung des Personalpronomens der dritten Person unter den Personalpronomina begründet, vgl. dazu K.Ehlich, Verwendungen der Deixis, 728 u.ö.

iii) Wo ein Pronomen der 1. oder 2. sg. und die Gottesbezeichnungen ˀel oder ˀælohîm[157] (Nomina appellativa) die obligatorischen Glieder eines Nominalsatzes bilden, sind, anders als bei ˀanî Yhwh, beide Wortartenfolgen belegt, das Pronomen kann sowohl in Erst- als auch Zweitstellung stehen.

Bis auf wenige Ausnahmen ist in diesen Fällen die Satzteilfolge (in unabhängigen Sätzen) Chabar – Mubtada: Steht das Pronomen in Zweitstellung ist es Mubtada, steht es in Erststellung, ist es Chabar. Anders verhält es sich für die Aussage ˀanî Yhwh: sie ist nur in dieser Abfolge Pronomen 1. sg. + Yhwh (Nomen proprium) belegt. Diese Beobachtung besitzt angesichts der Vielzahl der Belege von ˀanî Yhwh Auffälligkeitswert und deutet auf eine für die Kombination Pronomen 1. sg. + Yhwh bestehende Restriktion hin.

3.6.2.3 In denjenigen Nominalsätzen, in denen ein Nomen proprium neben dem Pronomen der 1. sg./2. Sg. das zweite obligatorische Glied bildet, scheint die Abfolge der Wortarten (entgegen der oben festgehaltenen grundsätzlichen Unabhängigkeit der Satzteilfolge von den am Nominalsatz beteiligten Wortarten) Sonderbedingungen zu unterliegen. In diesen Nominalsätzen sind Nomina propria (einschließlich Yhwh) nur in Zweitstellung nach dem vorausgehenden Pronomen, nicht jedoch in Erststellung vor dem Pronomen belegt. Dabei stellt sich die Frage, ob das Fehlen der Abfolge Nomen proprium – Pronomen
– ein Zufall der Überlieferung ist oder
– auf eine sprachliche Konvention bzw. Restriktion hindeutet, die etwa so ausgesehen haben müsste, dass in Nominalsätzen, deren obligatorische Glieder ein Pronomen der 1. sg. (oder 2. sg.) und ein Eigenname sind, das Pronomen dem Namen stets voransteht, unabhängig davon, welcher Satzteil es ist. Sie hätte zur Konsequenz, dass die gleichbleibende Abfolge Pronomen – Nomen proprium einen unabhängigen Nominalsatz vorausgesetzt, syntaktisch sowohl Chabar – Mubtada als auch Mubtada – Chabar bedeuten kann.

M.E. ist die Möglichkeit "Zufall der Überlieferung" unwahrscheinlich. Wir haben Belege für die Abfolge Pronomen 1. sg. – Nomen proprium und keine Belege für die Abfolge Nomen proprium – Pronomen 1. sg. Zwar gibt es unter diesen Belegen für menschliche Eigennamen nur wenige Beispiele (insofern könnte hier Überlieferungszufall im Spiel sein), für ˀanî Yhwh aber (ohne Erkenntnisaussage) über hundert, für Yhwh ˀanî* keinen einzigen. Angesichts dieser Überlieferungssituation führt kaum ein Weg an der Annahme einer sprachlichen Restriktion vorbei.[158]

---

[157] Zum Problem der Determination von ˀel oder ˀælohîm vgl. oben Anm. 117; die Frage der Wortartenfolge wird davon aber nicht berührt.
[158] Da sich gezeigt hat, dass sich das Pronomen der 3. sg. in seiner Funktion teilweise von den Pronomina der 1. und 2. sg. unterscheidet, sind die beiden Belege

In den im Kap. 3.4.1.1 besprochenen Beispielen (Ruth 3,9; Gen 27,18f; Gen 45,3.4), in denen auf ein Pronomen ein (menschlicher) Eigenname folgt, verläuft das Aussagegefälle, soweit der Kotext entsprechende Hinweise gibt, in der Regel zum Namen hin. Die Satzteilfolge ist Mubtada – Chabar. Diese Stellen sind die der *'anî Yhwh*-Aussage nächstverwandten und geben daher wichtige Hinweise auf ihre Bedeutung. Trotz des Aussagegefälles zum Namen hin leisten die Sätze mit dem Pronomen der 1. sg. keine echte Selbstvorstellung. Die Ich-Redner sind ihren Gesprächspartnern bereits grundsätzlich bekannt, lediglich die Umstände verhindern ein Erkennen und machen die entsprechenden Ich-Aussagen notwendig.

3.6.3 Erste Folgerungen für das Verständnis von *'anî Yhwh* und weiterführende Überlegungen

i) Bei einer Analyse von *'anî Yhwh* ist nach zwei Seiten Vorsicht geboten. Weder kann der Nominalsatz *'anî Yhwh* herkommend von der allgemeinen Satzteilfolgeregel von vorneherein auf die Satzteilfolge Chabar – Mubtada festgelegt werden, noch ist seine Leistung glatt als Selbstvorstellung zu charakterisieren.

ii) Die beobachtete Regelhaftigkeit des syntaktischen Instrumentariums einerseits und seine Differenziertheit andererseits bedeutet für die Analyse des Nominalsatzes *'anî Yhwh*, dass die Frage, welche der beiden möglichen Satzteilfolgen in Anschlag zu bringen ist, nicht auf der syntaktischen Ebene allein beantwortet werden kann. Diese Einsicht marginalisiert den Beitrag der syntaktischen Analyse zur Problemlösung jedoch keineswegs. Die Leistung der syntaktischen Analyse besteht neben der Möglichkeit, eine genauere Problembeschreibung geben zu können, darin, den Bedeutungsspielraum abgesteckt und die innerhalb dieses Spielraumes vorhandenen Möglichkeiten benannt zu haben:
In Bezug auf *'anî Yhwh* stehen sich gegenüber die Satzteilfolgeregel für unabhängige Nominalsätze Chabar – Mubtada[159] und die Satzteilfolge Mubtada – Chabar, die in den Sätzen Prn 1. sg. + Nomen proprium vorlag. Bleibt also die Frage, welche dieser beiden Satzteilfolgen auf *'anî Yhwh* anzuwenden ist, zumal die Ausleger[160] aus inhaltlichen bzw. kotextuellen Gründen den Aussageschwerpunkt einmal mehr auf dem Namen, ein anderes Mal mehr auf dem Pronomen gesehen haben.

iii) Angesichts dieser Situation ist die im Anschluss an die Darstellung der Michel'schen Position aufgeworfene Frage, ob nicht bei gleicher

---

beim Pronomen der 3. sg. (1.Sam 28,14; 2.Kön 1,8), in denen der Eigenname dem Pronomen voransteht, m.E. kein zureichender Beweis dafür, dass die Abfolge Nomen proprium – Pronomen generell, auch bei den Pronomina der 1. und 2. sg., möglich gewesen sein *muss*.

[159] Wie sie etwa für die verwandte Aussage אֲנִי פַרְעֹה Gen 41,44 vorausgesetzt werden kann, vgl. oben 3.4.1.1.

[160] Vgl. unter Kap. 2.

Wortartenfolge Pronomen 1. sg. + *Yhwh* für den unabhängigen Nominalsatz unterschiedliche Satzteilfolgen vorliegen können, zu bejahen. Da sprachlich nur die Wortartenfolge Pronomen 1. sg. + Nomen Proprium/*Yhwh*, nicht aber die umgekehrte Folge möglich gewesen zu sein scheint, hat das Auswirkungen auf der Ebene der Satzteilfolge. Ist der Name Chabar, so kann er *nicht* die dem Chabar in unabhängigen Nominalsätzen eigene Erstposition im Satz einnehmen. Der Nominalsatz ᵃ*nî Yhwh* bleibt auf der Oberflächenstruktur unverändert, unabhängig davon, welche Möglichkeiten auf der Ebene der Satzteilfolge realisiert sind. Unter den Bedingungen der für ᵃ*nî Yhwh* auf der Ebene der Wortartenfolge bestehenden Restriktion kann ᵃ*nî Yhwh* auf der grammatisch syntaktischen Ebene zu analysieren sein als Chabar – Mubtada oder Mubtada – Chabar; dabei kann die Satzteilfolge Mubtada – Chabar entweder den Nominalsatz als abhängigen ausweisen,[161] als einen der auf Bekanntes rekurriert, oder – und das träfe dann nur für die restringierten Fälle Pronomen 1. sg. + Nomen Proprium/*Yhwh* zu – keine dieser Bedeutungen (Abhängigkeit, Rekurs auf Bekanntes) implizieren, sondern durch die Restriktion auf der Ebene der Wortartenfolge erzwungen sein.[162]

	ᵃ*nî Yhwh*	
<Ch – M>	<M – Ch>	
bedeutet:	bedeutet:	
• unabhängiger Nominsatz	(• abhängiger Nominsatz)	
	oder	
	• Rekurs auf Bekanntes	
	oder	
	• erzwungen durch Restriktion auf Ebene der Wortartenfolge	

Der (selbständige) Nominalsatz ᵃ*nî Yhwh* ist also nicht auf *eine* Satzteilfolge festgelegt.[163] Das Schwanken in der Interpretation bzw. die gegensätzlichen Interpretationen von ᵃ*nî Yhwh*, die aus den bisherigen Forschungsbeiträgen sprachen, sind letztlich verursacht durch diesen auf der Ebene der Syntax bestehenden, aber bisher nicht erkannten Spielraum. Der hier vorgelegte Versuch, die Bedeutung(en) der Aussage ᵃ*nî Yhwh* zu erheben, wird das bisherige Schwanken in der Interpretation nicht dadurch entscheiden, dass für alle Vorkommen der ᵃ*nî Yhwh*-Aussage gleichermaßen *eine* der vorgetragenen Deutungen in

---

161 Diese Möglichkeit ist eine die für ᵃ*nî Yhwh* zumindest theoretisch besteht; unter den Belegen ist mir keine Stelle begegnet, an der sich für ᵃ*nî Yhwh* die Deutung als abhängiger Nominalsatz nahelegen würde.
162 Gründe für diese Restriktion lassen sich kaum aufweisen. Analoge Phänomene finden sich jedoch auch in anderen Sprachen, vgl. oben für das Akkadische 3.4.3 Anm. 140.
163 Vgl. dazu bereits W.A.M.Beuken, Confession, 351.

Anschlag gebracht wird, sondern wird angesichts des auf der syntaktischen Ebene bezeichneten Spielraums ein Modell entwickeln, das Beobachtungen aus den verschiedenen Deutungen Rechnung trägt.

iv) Einen im Ansatz vergleichbaren Weg hat bereits Rudolf Bultmann
in seinem Kommentar zum Johannesevangelium (1941) in Bezug auf
die ἐγώ εἰμι-Formel beschritten. Auch wenn seine Überlegungen vom
griechischen Text ausgehen, können sie für das Verstehen von *ʾᵃnî
Yhwh* orientierend sein. Bultmann unterscheidet verschiedene Leistungen der ἐγώ εἰμι-Formel[164] und zieht dabei Parallelen aus der Umwelt
und aus dem Alten Testament mit heran. Er lässt sich in seinen Bestimmungen von der Frage nach Subjekt und Prädikat leiten und unterscheidet vier Formeln, denen gemeinsam ist, dass sie im Griechischen
immer die Form "ἐγώ εἰμι X" haben. Die *Präsentationsformel* antwortet auf die Frage: Wer bist du?, die *Qualifikationsformel* auf die Frage:
Was bist du?, und mit der *Identifikationsformel* identifiziert sich der
Redende mit einer anderen Person oder Größe. In diesen drei Formeln
ist nach Bultmann jeweils ἐγώ Subjekt. Darin unterscheidet sich die
vierte Formel von den drei anderen. In der *Rekognitionsformel*, die auf
die Frage antwortet: Wer ist der Erwartete, Erfragte, Besprochene?, ist
ἐγώ Prädikat.

Bultmann weist mit seinen Überlegungen auf ein Phänomen sprachlicher Mehrdeutigkeit: Selbständige Sätze mit gleicher Oberflächenstruktur können a) unterschiedliche Satzteilfolge aufweisen und b) sowohl
abhängig von der Satzteilfolge (b1) als auch bei gleicher Satzteilfolge
(b2) unterschiedliche Bedeutungsleistungen erbringen. Das entspricht
dem oben zu den hebräischen Nominalsätzen – speziell zu *ʾᵃnî Yhwh* –
Beobachteten:[165]

v) Gunkel hatte Aussagen der Form Pronomen 1. sg. + Gottesbezeichnung ihrem Ursprung nach in polytheistischem Kontext verortet.[166]
Unter der Voraussetzung vieler Gottheiten muss sich die jeweils redende Gottheit als die bestimmte zu erkennen geben. In die Tradition dieser Selbstvorstellungen oder vielleicht besser Selbstidentifikationen fü-
gen sich etliche der alttestamentlichen Aussagen *ʾᵃnî* + Gottesbezeichnung und ursprünglich wohl auch die Aussage *ʾānokî/ʾᵃnî* + Jahwename ein. Von diesen Überlegungen ausgehend ist das im Forschungsüberblick und nun v.a. in der syntaktischen Analyse Dargelegte die
Grundlage für die Arbeitshypothese[167] einer Entwicklung der Formel

---

[164] Vgl. R.Bultmann, Das Evangelium des Johannes, 167f, Anm. 2. Zur Aufnahme der entsprechenden Überlegungen Bultmanns vgl. den Hinweis bei R.Harder,
Karpokrates von Chalkis, 10, Anm. 1, außerdem D.Müller, Ägypten, 17 Anm. 2;
J.Bergman, Ich bin Isis, 221; E.Schweizer, Ego eimi, 27; J.Assmann, Art. Aretalogie, 426 und 431f, Anm. 15; H.Ringgren, Art. הוא, 369.
[165] Sprachliche Phänomene sind in vielen Fällen mehrdeutig (Problem der sprachlichen Ambiguität), es handelt sich hier also nicht um einen Einzelfall.
[166] Vgl. H.Gunkel, Genesis, 267.
[167] Vgl. auch Kap. 1.4.

ʾᵃnî Yhwh, im Laufe derer sich die Satzteilfolge und damit ihre Bedeutung verändert,[168] ja in gewisser Weise umgekehrt hat: In polytheistischem (vielleicht auch noch monolatrischem?) Kontext dient sie als (Selbstvorstellungs-/)Selbstidentifikations- oder in Bultmann'scher Terminologie Präsentationsformel, ihre Satzteilfolge ist Mubtada – Chabar, ihr Aussagegefälle verläuft somit hin zum Jahwenamen. Sie wird dann auf dem Hintergrund des sich wandelnden religionsgeschichtlichen Kontextes zu einer Formel, die den Anspruch Jahwes auf alleinige Verehrung bzw. auf alleiniges Gottsein dokumentiert, ihre Satzteilfolge ist Chabar – Mubtada, das Aussagefälle verläuft zum Pronomen hin.[169] Da die syntaktische Analyse zwar die Bedeutungsmöglichkeiten von ʾᵃnî Yhwh zu umreißen, Eindeutigkeit jedoch nicht zu erzielen vermochte, muss die Frage nach dem Aussagegefälle, danach, welches der beiden Glieder, Pronomen oder Jahwename, Chabar oder Mubtada ist, in jedem Einzelfall gestellt werden. Das Wissen um die syntaktischen Möglichkeiten muss um die Analyse der jeweiligen Kotexte, die Einzelanalyse von Texten, in denen ʾᵃnî Yhwh belegt ist, ergänzt werden. Dabei ist der Frage nachzugehen, inwieweit die Kontexte, in denen die Formel belegt ist, inhaltlich die aufgestellte Hypothese von der sich wandelnden Bedeutung stützen.

Da es nicht möglich ist, alle Texte in extenso zu besprechen, möchte ich die Durchsicht der Belegstellen mit einer exemplarischen Auslegung eröffnen. Sie wird Ex 6,2–8 zum Gegenstand haben.

---

[168] Ein solcher Vorgang wäre keineswegs singulär; vgl. dazu etwa M.Weippert, Synkretismus und Monotheismus, 143, der für die Interpretation des Schᵉma auf eine analoge Erscheinung verweist: "... denn die Formel von Dtn. 6,4 ist in ihrem hebräischen Wortlaut mehrdeutig (Rose, 1975, 134f). Mochte sie anfangs bedeutet haben:» Höre, Israel: Unser Gott Jahwe ist *ein* Jahwe!«, also hier nicht anders als dort (Donner 1973), so konnte sie, von der Grammatik ohne weiteres gedeckt, auch so gelesen werden:»Höre, Israel: Unser Gott Jahwe – Jahwe ist einzig!«"
[169] In dieser Phase gewinnt die Aussage ihre eigentliche Bedeutung, dazu später mehr.

4 Von der Syntax zur Auslegung. Ein exemplarischer Zugang zu den alttestamentlichen Belegen: Ex 6,2–8 – ein Programmtext

4.1 Ex 6,2–8 als Gegenstand einer exemplarischen Auslegung

Nachdem im vorherigen Kapitel der Blick geweitet worden war auf Nominalsätze, als deren Sonderfall *ᵃnî Yhwh* gelten kann, ist in diesem Kapitel wieder *ᵃnî Yhwh* selbst Gegenstand. Der Schwerpunkt liegt auf der Analyse eines konkreten Kotextes: Ex 6,2–8.

Ex 6,2–8 gehört zu den prominenten, exegetisch oft diskutierten und recht unterschiedlich bewerteten Texten im AT.[1] Was ihn geeignet erscheinen lässt, den Reigen der *ᵃnî Yhwh*-Texte zu eröffnen und breiter als die übrigen *ᵃnî Yhwh*-Vorkommen besprochen zu werden, ist die Tatsache, dass es im Alten Testament keinen anderen in sich geschlossenen Text gibt, der binnen so weniger Verse die Formel mehrfach und abgewandelt aufgreift,[2] und zwar in inhaltlich gefüllter Weise.[3] Wenn, wie in der Literatur verschiedentlich festgehalten wird, der Rede in den Vv. 2–8 programmatische Bedeutung zukommt,[4] dann ist die Aussage *ᵃnî Yhwh* wesentlicher, vielleicht sogar der wesentlichste Bestandteil dieses Programms. Sie ist Thema in diesem Abschnitt.[5]

Die mehrfachen Vorkommen der Formel in Ex 6,2–8 wecken außerdem bereits bei einem ersten Durchgang durch den Text den Verdacht,

---

[1] Ex 6,2–8 gehört zu den priesterschriftlichen Texten im Pentateuch. Als Vertreter derjenigen Forscher, die sich zu Fragen der Entstehung des Pentateuch geäußert und sich in diesem Zusammenhang auch explizit auf Ex 6,2–8 bezogen haben, sei auf E.Blum (Studien; zu Ex 6,2–8 vgl. S. 232ff; vgl. auch schon ders., Vätergeschichte, 429f); J.-L.Ska (Quelques remarques; zu Ex 6,2–8 v.a. 106f) und J.Chr. Gertz (Tradition, 237–250) verwiesen.

[2] Zwar weist z.B. auch das Heiligkeitsgesetz (s.u. 6.2.4) eine große Dichte an *ᵃnî Yhwh*-Belegen auf, die Art und Weise der Verwendung von *ᵃnî Yhwh* ist dort aber für die Frage der (sich wandelnden) inhaltlichen Bedeutung weniger aufschlussreich.

[3] Bereits W.Zimmerli (Ich bin Jahwe, 18) und K.Elliger (Ich bin der Herr – euer Gott, 29) heben in ihren Untersuchungen zu יהוה אני (אלהיך) die Bedeutung von Ex 6 hervor.

[4] Vgl. etwa N.Lohfink, Ursünde, 44 (allerdings bezogen auf Ex 6,5–8); E.Zenger, Gottes Bogen, 142.

[5] Insofern halte ich die Beschreibung Weimars, die Formel stehe "im Dienst der Aussage" (P.Weimar, Untersuchungen, 93) von Ex 6,2–8, noch für zu schwach.

dass ^ɔa*nî Yhwh* nicht an allen Stellen die gleiche Leistung erbringt bzw. den gleichen Aussagewert hat.[6] So gibt der Text Hinweise darauf, dass möglicherweise nicht von der *einen* Bedeutung, sondern von verschiedenen Bedeutungen von ^ɔa*nî Yhwh* auszugehen ist, und dies nicht nur in Ex 6,2–8, sondern auch darüber hinaus.

Ein Verständnis der Bedeutung(en) von ^ɔa*nî Yhwh* in Ex 6,2–8 kann nur aus der Einsicht in die Aussageabsicht der gesamten Textpassage erwachsen.[7] Dieser Aussageabsicht dient die durchkomponierte Struktur. Sie aufzuzeigen, wird der Schwerpunkt der folgenden Ausführungen sein.

4.2 Zur Frage der Abgrenzung und Einheitlichkeit von Ex 6,2–8

Die Redeeinleitung in V. 2 grenzt den Text zur vorausgehenden direkten Rede ab und markiert seinen Anfang.[8] Umstrittener ist das Ende des Abschnittes, das mehrheitlich mit 7,7 angesetzt wird;[9] es werden aber auch die Abgrenzungen 6,2–12[10], 6,2–13[11] sowie 6,2–8[12] vertreten, wo-

---

6 Vgl. dazu ein Ergebnis der syntaktischen Analyse, wonach in bestimmten Fällen damit zu rechnen ist, dass in einem unabhängigen Nominalsatz bei gleicher Wortartenfolge (Pronomen – Nomen proprium) unterschiedliche Satzteilfolge (Chabar – Mubtada bzw. Mubtada – Chabar) vorliegen kann, vgl. oben 3.6.2.3.

7 Neben den Kommentaren zur Stelle, ist auf die ausführliche Analyse von Ex 6,2–8 hinzuweisen, die P.Weimar im dritten Kapitel (135ff) seiner Dissertation, Hoffnung auf Zukunft (1971) vorgelegt hat (vgl. auch die bearbeitete und gekürzte Fassung der Dissertation "Untersuchungen zur priesterschriftlichen Exodusgeschichte" 1973, dort 78–173). Er nimmt das Vorkommen von ^ɔa*nî Yhwh* in Ex 6,2–8 zum Anlass, ausführlicher auf die 'Selbstvorstellungsformel' im Alten Testament einzugehen (vgl. 150ff), und hebt hervor, dass im Alten Testament "nirgends der Aspekt einer Selbst-Vorstellung im eigentlichen Sinne des Wortes (Selbstbekanntgabe eines Unbekannten) vorherrschend" (153) ist. In Bezug auf Ex 6,2–8 unterstreicht er die Bedeutung der ^ɔa*nî Yhwh*-Vorkommen für die Aussage der Textpassage und weist auf "eine jeweils verschiedene Nuancierung" (P.Weimar, Hoffnung auf Zukunft, 155) der verschiedenen Belege hin.

8 Außerdem wird ab V. 2 ein anderer Gottesname gebraucht; nach der traditionellen Quellenscheidung wechselt mit V. 2 die Quelle. – Die Abgrenzung vom unmittelbar vorausgehenden Kotext ist sicher so vorzunehmen. Es ist jedoch daran zu erinnern, dass nach übereinstimmender Forschungsmeinung Ex 6,2 an Ex 2,23aβb-25 anknüpft und in 6,2 möglicherweise die in 2,24f begonnene Waw-Imperfekt-Reihe fortgeführt wird (vgl. etwa W.H.Schmidt, Exodus, 271).

9 Vgl. H.Holzinger, Exodus, 18ff; B.Baentsch, Exodus–Leviticus–Numeri, 43ff; B.S. Childs, Exodus, 108ff; M.Noth, Das zweite Buch Mose, 41ff; F.Kohata, Jahwist, 28ff. Bei dieser Abgrenzung ist zu berücksichtigen, dass die Genealogie 6,14–25 in jedem Fall als sekundär eingelagert gilt, ebenso die Vv. 28–30, vgl. dazu etwa J.Chr.Gertz, Tradition, 251f.

10 Vgl. H.Holzinger, Exodus, 18ff als Unterabschnitt zu 6,2–7,7; W.H.Schmidt, Exodus, 266ff; vgl. aber 270 ("der mit 6,2–12 ausgegrenzte Abschnitt" stellt "keine

bei diese mit der Abgrenzung des größeren Abschnittes mit 7,7 einhergehen können. Die Frage der Abgrenzung steht meist in Zusammenhang mit der Frage, welcher Gattung die entsprechende Textpassage zuzuordnen ist und ob eine Parallelerzählung zu Ex 3 gegeben ist.[13] Unabhängig davon, ob man der Abgrenzung des größeren Abschnitts mit 7,7 zustimmt oder nicht, ist es sinnvoll, 6,2–8 als eigenen (Unter-) Abschnitt zu betrachten. Mit 6,8 endet die in 6,2 eingeleitete Gottesrede an Mose und Mose wendet sich zunächst den Israeliten zu. Der in V. 10 einsetzende Dialog zwischen Gott und Mose trägt einen anderen Charakter als die Gottesrede in 6,2–8. Letztere hat programmatischen Charakter, ab V. 10 geht es um konkrete Schritte zur Umsetzung der Herausführungsverheißung in die Tat.

Die so abgegrenzte Textpassage 6,2–8 ist mehrheitlich, aber nicht einstimmig als einheitlich angesehen worden. Einige Beobachtungen wurden als innerhalb eines einheitlichen Textes schwierig empfunden und haben zu unterschiedlichen literarkritischen Vorschlägen geführt:[14]

– Unter anderem mit dem Argument des für P unüblichen Vokabularsin den Vv. 6–8 wurden die Vv. 2–5 und 6–8 literarkritisch geschieden.[15]

– Mit dem Hinweis auf ein von P abweichendes Landverständnis[16] bzw. mit dem Hinweis darauf, dass die Erkenntnisaussage, die normalerwei-

---

in sich gerundete Einheit" dar); Schmidt versteht den Text als Parallele zu Ex 3 (vgl. 270f).

[11] Vgl. G.Beer, Exodus, 42, der zwar die größere Einheit bis 7,7 gehen lässt, darin aber 6,2–13 als Unterabschnitt nennt; J.I.Durham, Exodus, 71, der 6,2–13 als ersten Teil des Abschnittes 6,2–7,13 nennt.

[12] Vgl. J.-L.Ska, La place d'Ex 62–8, 531f; u.a.

[13] Während unter den Auslegern die Übereinstimmung in der Benennung der einzelnen Aspekte der Thematik der Passage groß ist (die Offenbarung des Jahwenamens, die Füllung dieses Namens, die Identifikation Jahwes mit dem Vätergott, die Bestätigung des Bundes), so herrscht eine gewisse Unklarheit, wenn es darum geht, den Skopus der Passage als ganzer zu benennen. Anzeichen dieser Schwierigkeit sind die unterschiedlichen Textabgrenzungen und damit verbunden die unterschiedlichen Antworten auf die Frage nach der Gattung des Textes.

[14] Vgl. dazu auch P.Weimar, Hoffnung auf Zukunft, 136f und ders., Untersuchungen 78ff. Weimar geht davon aus, dass dem "priesterlichen Bericht von der Offenbarung des Mose (...) eine von J/E verschiedene, direkte Vorlage zugrundegelegen [hat], die ihrerseits die unmittelbare Voraussetzung der in Ex 1/2 herausgearbeiteten vorpriesterlichen Tradition darstellt" (ebd. 83f).

[15] Vgl. dazu auch W.-H.Schmidt, Exodus, 274, der sich selbst gegen "größere literarkritische Operationen" in Ex 6,2–12 ausspricht (vgl. 275). – Zu dem Aspekt des für P unüblich Vokabulars vgl. B.Baentsch, Exodus–Leviticus–Numeri, 47. Nach J.Chr.Gertz, Tradition, 245–248 ist der für P auffällige Sprachgebrauch in Ex 6,6–8 nicht Anzeichen für einen Nachtrag, sondern lässt sich als "Gemeinsamkeiten und Kenntnis der 'Ezechielüberlieferung'" (249), wie sie auch für andere Stücke der Priesterschrift erwiesen sind, sowie als Rückgriff auf nichtpriesterschriftliche Formulierungen erklären (vgl. 248f).

[16] Vgl. F.Kohata, Jahwist, 29ff.

se eine Rede oder Redeteile beschließe, hier nicht in Schlussstellung
steht, wurde der V. 8 von den Vv. 2–7 abgetrennt.[17]
Die folgenden Beobachtungen zur Struktur sollen zeigen, dass Ex 6,2–
8 in seiner jetzigen Gestalt eine stark durchkomponierte und durchdach-
te Struktur aufweist, angesichts derer sich literarkritische Operationen
erübrigen.

4.3 Beobachtungen zur Struktur von Ex 6,2–8

Richtet man den Blick allein auf die Verse Ex 6,2–8, wird man der in
sich geschlossenen Struktur dieses Abschnitts ansichtig, die wiederum
ein Argument für die vorgenommene Textabgrenzung ist. Da die Abgrenzung des Textes z. T. bis in die Gegenwart anders vorgenommen
wird, kam die Struktur von Ex 6,2–8 lange Zeit nicht in den Blick. Mittlerweile liegen jedoch detaillierte Untersuchungen zur Struktur von Ex
6,2–8 vor: Nach W.H.Schmidt etwa bilden die Verse 2–8 den Abschnitt
I ("Rede Gottes an Mose") innerhalb des von ihm abgegrenzten Stückes 6,2–12, das insgesamt vier Unterabschnitte enthält.[18] Schmidt entwirft für den Abschnitt I eine lineare Gliederung,[19] während andere
Entwürfe einen konzentrischen Aufbau bzw. eine mehrfache Klammerung der Passage aufzeigen.[20] Wie sich im Folgenden zeigen wird, ge-

---

[17] Je nach vorausgesetzter literarkritischer Theorie begegnet auch die Vorstellung,
dass mit V. 7bβ die vorpriesterliche Tradition endete und V. 8 von der priesterlichen Redaktion angefügt wurde, vgl. etwa P.Weimar, Hoffnung auf Zukunft, 211
(Weimar geht von einer vorpriesterlichen Tradition inV.2.5a (ohne וגו').5b.6a.6bα.
7b aus; auf Pg gehen dann V. 2–4.5a (nur וגו').5b.6bβ.7a.8 zurück, vgl. ebd. zusammenfassend 224f). Vgl. demgegenüber auch L.Schmidts Plädoyer für eine Zugehörigkeit von V. 8 zu diesem Abschnitt, (L.Schmidt, Studien, 4 u. 185f): V. 8 ist
durch V. 4f fest verankert; außerdem greifen Num 20,12 (W.H.Schmidt, Exodus 1,
275), Num 14,3; Num 14,31; Ex 16,3 auf Ex 6,8 zurück.
[18] Vgl. W.H.Schmidt, Exodus, 269.
[19] 1. Selbstvorstellung mit Kundgabe des Jahwenamens (V. 2), Rückblick in die
Geschichte (V. 3f) und Blick in die Gegenwart (V. 5) zur Begründung: a) Offenbarung in der Väterzeit unter anderem Namen (V.3), b) Heilszusage an die Väter:
Bund, Landgabe (V. 4), c) Erhörung der Klage Israels, Gedenken des Bundes (V.
5). – 2. (Erster) Auftrag an Mose zur Verkündigung als Folge und zugleich inhaltliche Entfaltung von Gottes Zuwendung; Heilszusage umrahmt von der Selbstvorstellung (V. 6–8): a) Herausführung, Rettung, Erlösung (V. 6; vgl. 7,4f), b) Gemeinschaft Gott – Volk, mit Ziel der Gotteserkenntnis (V. 7), c) Landgabe (V. 8).
[20] Vgl. P.Auffret, Literary Structure, 46–54: I a v. 3; b v. 4 – II a v. 5a; b v. 5b – II'
a' v. 6aβb; b' v. 7a – I' a' v. 7b; b' v. 8abα. Auffret lehnt sich nach eigener Aussage
an A.M.Besnard, Le mystère du nom, 54–56 an; wobei Besnards eigene Wiedergabe (vgl. ebd. 54f) der Struktur eine weitere übergeordnete Ebene: A. (Ex 6,2–5)
und B. (Ex 6,6–8) enthält [A. – I – a); b) – II – a); b) – B. – II' – a'); b') – I' – a');
b')]. J.Magonet, The Rhetoric of God, schreibt in einer Antwort auf Auffrets Beitrag: "What Auffret does extremly well is to indicate the tightness of the structure
and the interaction between the various themes" (J.Magonet, Response, 74); mir

hen diese Vorschläge zwar in die richtige Richtung, berücksichtigen jedoch noch nicht alle Struktursignale.
In zwei Durchgängen durch den Text möchte ich im Folgenden, unter besonderer Berücksichtigung der Vorkommen von *ʾanî Yhwh*,[21] Hinweise auf die Textstruktur sammeln und dabei meine Sicht des Textaufbaus entwickeln.
Das Textstück Ex 6,2–8 bietet in 7 Versen die Wortverbindung *ʾanî Yhwh* viermal, dreimal in der Kurzform (אני יהוה), einmal im Rahmen der Erkenntnisaussage (...כי ידע), die ihrerseits die Langform (אני יהוה אלהיכם) beinhaltet.
– *ʾanî Yhwh* eröffnet und beendet die Jahwerede (V. 2/V. 8) und bildet somit die äußere Klammer um die Vv. 2–8.
– Außerdem soll die wörtlich in Auftrag gegebene Rede des Mose an das Volk damit eröffnet werden (V. 6).
– *ʾanî Yhwh* in V. 8 ist vermutlich so zu lesen, dass es sich zweifach rückbezieht.[22] Es korrespondiert nicht nur dem *ʾanî Yhwh* in V. 2, sondern wohl auch demjenigen in V. 6, beschließt also nicht nur die Rede Gottes an Mose, sondern ist vermutlich auch als Abschluss der Rede des Mose an das Volk gedacht.
Auch *ʾanî Yhwh* in V. 6 dürfte mit doppeltem Bezug zu lesen sein. Dieser geht nicht allein auf V. 8, sondern auch auf die Erkenntnisaussage in V. 7.
Hier ist eine kurze Zwischenüberlegung einzuschieben, die die Abgrenzung von Jahwerede, sofern sie allein Mose gilt und derjenigen Jahwerede, die Mose an das Volk weitergeben soll, betrifft: Der Beginn dieser letzten Rede ist klar markiert: V. 6 לכן אמר לבני־ישראל. Weniger eindeutig ist auf den ersten Blick das Ende dieser Rede. Endet sie mit Vers 7 oder erst mit Vers 8? Für ein Ende mit V. 7 sprechen folgende Beobachtungen: Zunächst fällt die Entsprechung von *ʾanî Yhwh* in V. 2 und V. 8 als äußere Klammer und die von V. 6 und V. 7 als innere Klammer ins Auge. Hinzu kommt die Vermutung mancher Ausleger,

---

scheint jedoch das sehr komplexe Verweissystem, von dem Auffret ausgeht, zu dem dabei erzielten Erkenntnisgewinn kaum im rechten Verhältnis zu stehen. Magonets eigener Vorschlag ist mir nachvollziehbarer. Er nimmt seinen Ansatz bei einer von N.Leibowitz (Studies in Shemot, 116f) vorgeschlagenen Struktur. Zur ausführlichen Version seines eigenen Vorschlags vgl. J.Magonet, The Rhetoric of God, 62. Die Kurzfassung seines Vorschlags sieht wie folgt aus: 1. Covenant (Patriarchs, Land) – 2. Freedom – 3. Freedom – 4. Redemption – 3'. Covenant – 2'. Freedom – 1'. Covenant (Land, Patriarchs) (Bezifferung A.D.) – Einen konzentrischen Aufbau nimmt außerdem K.Schmid, Erzväter an: "Ex 6,2bb-8 ist konzentrisch um die Bundesaussage 6.7a aufgebaut" (260).
21 Die meisten Ausleger weisen auf das wiederholte Vorkommen von *ʾanî Yhwh* in diesem Abschnitt hin, vgl. z.B. B.S.Childs, Exodus, 114, seine strukturierende Funktion ist dabei mehr oder weniger ausführlich thematisiert worden, vgl. etwa W.H.Schmidt, Exodus, 269; am ausführlichsten P.Weimar, Hoffnung auf Zukunft, 155ff; ders., Untersuchungen, 92ff.
22 So scheint es auch W.H.Schmidt, Exodus, 269 zu verstehen.

V. 8 sei sekundär angefügt.[23] Ein wesentlicher Grund für diese Annahme liegt in der Erkenntnisaussage in V. 7. Sie ist sonst nach Meinung derer, die diese These vertreten, in Schlussstellung zu finden. Der dritte Grund ist inhaltlicher Art. Es wird sich zeigen, dass die Vv. 6 und 7 formal wie inhaltlich einen eigenen Block bilden, ebenso wie die Vv. 3.4 zusammen mit 8, wobei 3.4 deutlich nur für Mose bestimmt sind. Jedoch lassen sich von diesen Argumenten, die für ein Ende der in Auftrag gegebenen Rede in V. 7 sprechen, das erste relativieren und das zweite entkräften. Erstens: Man braucht *ʾanî Yhwh* in V. 6 nicht einlinig auf V. 7 zu beziehen, zumal es in V. 7 ja innerhalb der Erkenntnisaussage steht, sondern eben auch auf V. 8, wo sich die V. 6 entsprechende Kurzform findet. Zweitens: Die Behauptung der Schlussstellung der Erkenntnisaussage ist zwar tendenziell richtig, aber eben nur tendenziell. Es gibt andere Belege, an denen diese Schlussstellung nicht gegeben ist und die redaktionell unverdächtig sind.[24] Drittens: Gegen ein Ende der Mose aufgetragenen Rede in V. 7 spricht, dass die Anredeform 2. Person Plural über V. 7 hinaus weiterläuft, während in den Vv. 2–5 von den Israeliten nur in der 3. Person Plural gesprochen wurde. Es ist zwar nicht von vornherein auszuschließen, dass die Zusagen in V. 8 dem Mose allein, als Teil des Volkes, gegeben werden, aber die erste Annahme, dass weiter alle Israeliten angeredet sind, liegt doch wohl näher.

Dass diese Frage überhaupt einer Erörterung wert war, hat mit der Struktur des gesamten Abschnittes 6,2–8 zu tun. Die Beobachtungen, die einerseits für ein Ende der Moserede in V. 7 zu sprechen scheinen, andererseits diejenigen, die dafür sprechen, ihr Ende doch erst mit V. 8 anzusetzen, haben je für sich genommen ein gewisses Recht. Sie sind Hinweise auf eine zweifache Struktur der Textpassage. Zwar müssen die Hinweise darauf unten durch weitere Beobachtungen verstärkt werden, das Ergebnis sei hier aber schon einmal angedeutet:

– Auf einer ersten Ebene ist die Struktur von Ex 6,2–8 konzentrisch, bzw. so, dass es einen Mittelpunkt gibt, um den herum Klammern gelegt sind.

– Auf einer zweiten Ebene und ein Stück weit quer zur ersten liegt eine andere Gliederung, die stärker linear verläuft.

Man sollte diese beiden Strukturen, bzw. die Beobachtungen, die zu der einen oder zu der anderen gehören, nicht gegeneinander ausspielen, denn sie widersprechen sich nicht. Vielmehr schlagen sich in ihnen die beiden Ebenen nieder, die im Text selber ganz deutlich angesprochen werden:

– Der gesamte Abschnitt ist als Gottesrede (an Mose) konzipiert und als solche hat er eine die Vv. 2–8 übergreifende (konzentrische) Struktur.

---

[23] Vgl. oben Anm. 17. und 18.
[24] Vgl. etwa Ex 7,17; Ex 29,46; Ez, 20,42.44 u.ö.

– Innerhalb dieser Rede ist nun zu unterscheiden zwischen den Informationen, die Gott allein Mose gibt (2–5) und der Rede in der Rede, nämlich die Mose von Gott aufgetragene Rede an die Israeliten (6–8); diese Unterscheidung führt zu zwei Textabschnitten,[25] die in sich ihre eigenen Untergliederungen aufweisen.

Für einen *konzentrischen Aufbau* der Vv. 2–8 bzw. für mehrere um eine Mitte gelegte Klammern sprechen folgende Beobachtungen:
i) Wie oben bereits ausgeführt, verknüpft *ʾanî Yhwh* die Vv. 2 und 8 einerseits, die Vv. 6 und 7 andererseits.
ii) Durch ähnliche Inhalte, nämlich Rekurs auf die Väter und das Versprechen der Landgabe, sind die Vv. 3 und 4 einerseits und V. 8 andererseits eng aufeinander bezogen.[26]
iii) Innerhalb der Rede an das Volk bilden die Vv. 6 und 7 einen Block, der in doppelter Weise gerahmt wird: a) durch *ʾanî Yhwh*, das die Rede eröffnet und dann in der Langform innerhalb der Erkenntnisaussage in V. 7 wieder erscheint; b) durch die Wurzel יצא bzw. durch den ganzen Ausdruck יצא אתכם מתחת סבלת מצרים. Der Eindruck eines eigenen Blocks in V. 6 und 7 wird dadurch verstärkt, dass die Aussagen zwischen diesen Rahmungen eng zusammengebunden sind durch eine Reihe von 5 Waw-Perfecta, die והוצאתי (אתכם מתחת סבלת מצרים) in Vers 6 eröffnet. Die Wendung erscheint dann in Partizipialformulierung wieder in V. 7, die Reihe zusammenfassend und qualifizierend.

Die zweifache Struktur, die ich in Zusammenhang der Überlegungen zur Abgrenzung von Gottesrede an Mose allein und der dem Volk zugedachten Rede, angesprochen habe, tritt an dieser Stelle noch einmal deutlich zutage: Die Rahmung bzw. Klammerung der Vv. 6 und 7 (יצא אתכם מתחת סבלת מצרים), die die Waw-Perfekt-Reihe umschließt und nach außen abschließt, erweckt den Eindruck, dass die Vv. 6 und 7 einen eigenen Block bilden. Diese Beobachtung gehört zur Ebene der gesamten Gottesrede (konzentrische Textstruktur). Liest man weiter, findet die Waw-Perfekt-Reihe in V. 8 eine Fortsetzung in והבאתי und ונתתי,[27] V. 8 ist damit deutlich (linear) an die Vv. 6 und 7 angebunden. Diese Beobachtung gehört zu derjenigen Ebene, auf der die beiden Redenteile – Rede Gottes, die Mose allein gilt (Vv. 2–5), und die dem Mose aufgetragene Rede an die Israeliten (Vv. 6–8) – zu unterscheiden sind (lineare Textstruktur).
Außerdem wird der Block der Vv. 6 und 7 auch an das vorausgehende Redestück rückgebunden: Die Verse 6 und 7 gipfeln in der Erkenntnisaussage. Mit dem Verb ידע ist der Bezug zurück zu V. 3 (לא נודעתי) hergestellt.

---

25 Vgl. W.H.Schmidt, Exodus, 269, zu den inhaltlichen Unterschieden beider Abschnitte 284.
26 Allerdings fehlt in V. 8 das Stichwort ברית.
27 Dadurch erhöht sich die Zahl der Glieder der Reihe auf 7.

In einem zweiten Durchgang möchte ich, der *linearen Textstruktur*
nachgehend, sprachlich angezeigte Gliederungshinweise herausarbei-
ten.
i) Vv. 2–5: Da mit dem Redeauftrag Gottes an Mose in V. 6 ein deutlicher Einschnitt innerhalb der Gottesrede vorliegt, können die Vv.
2–5 als ein erster Abschnitt der Gottesrede betrachtet werden. Als diesen
Abschnitt strukturierendes Element fällt das zweimalige וגם in V. 4 und
V. 5 ins Auge. Wie ist וגם in beiden Fällen zu beziehen? Welchen Hinweis gibt es damit auf das Verhältnis von V. 4 und V. 5? Wie ist aufgrund von וגם der inhaltliche Anschluss von V. 4 an V. 3 zu denken?
Die Ausleger sind unterschiedlich mit diesem וגם umgegangen, teils explizit, teils lässt es sich nur aus den Übersetzungen schließen.[28]

---

[28] Die verschiedenen Vorschläge lassen sich folgendermaßen gruppieren: a) Beide
Vorkommen von וגם werden einheitlich verstanden, und zwar α) so, dass die durch
וגם verbundenen Sätze als koordiniert angesehen werden: Beer: "4 Auch habe ich
meinen Bund mit ihnen aufgerichtet ... 5 Auch habe ich das Seufzen ... gehört"
(G.Beer, Exodus, 42); Noth: "4 Ich habe mit ihnen auch meinen Bund aufgerichtet
... 5 Auch habe ich gehört das Seufzen der Israeliten ..." (M.Noth, Das zweite
Buch Mose, 41); β) so, dass beide Male emphatischer Sprachgebrauch vorliegt:
Durham übersetzt: "4 Indeed, I set up my covenant ... 5 I have myself heard ..."
und schreibt zu 5: "This emphasis is shown by the use of the independent pers pronoun אני "I" plus the 1st pers common form of שמע "hear" and also by the use of גם
"also", introducing particle the "primary function" of which is emphasis" (J.I.Dur-
ham, Exodus, 72 mit Verweis auf Labuschagne, s.u.). b) Gegen ein Verständnis,
das mindestens V. 4 und V. 5 koordiniert sieht, hat sich schon Holzinger ausgesprochen: "4 גַּם'וְ mit נַּם'וְ 5 als sowohl .... als auch zusammenzunehmen (Dillmann
54f, Strack), geht nicht, da die Sätze nicht koordiniert sind, v. 5 vielmehr die Konsequenz von v. 4 giebt." (H.Holzinger, Exodus, 19). Leider findet sich bei Holzinger keine Übersetzung. Vermutlich aber hat er dann die beiden וגם unterschiedlich
verstanden. Das erste wohl doch so, dass es V. 4 mit V. 3 koordiniert, das zweite in
V. 5 als Einleitung der Konsequenz aus V 4. Dort wo beide Vorkommen unterschiedlich verstanden werden, gibt es wiederum mehrere Möglichkeiten: Schmidt
übersetzt: "4 Freilich habe ich ihnen meinen Bund aufgerichtet ... 5 Zudem habe
ich das Seufzen ... gehört ..." und schreibt: "4a וגם hat hier im Gegenüber zu V.
3b, aber in (steigender?) Fortführung von V. 3a wohl eine andere Nuance als in der
Einleitung von V. 5, da dort der Kontrast zu V. 3b nicht mehr gegeben ist, vielmehr aus V.4 die Folge für die Gegenwart gezogen wird. Die Übersetzung "freilich" sucht die Bedeutung von "allerdings" und "gewiss" zu verbinden" (W.H.
Schmidt, Exodus, 267f). Also Kontrast in V. 4, Folge in V. 5. So auch Auffret, der
allerdings für וגם in V. 4 alleine schon zwei Funktionen veranschlagt, nämlich eine
adversative in Bezug auf V. 3b und eine kumulative in Bezug auf 3a (P.Auffret,
Literary Structure, 47; von einem Rückbezug auf V. 3a geht auch N.Leibowitz,
Studies in Shemot, 119, im Anschluss an Mizraḥi aus). Beide Funktionen versucht
er in folgender Übersetzung zu verbinden: 3 "... and if it was not by my name
YHWH that I made myself KNOWN to them, 4 I nevertheless swore, by the
OATH I took with them ...". Koordination von V. 3 und V. 4, Kontrast (?) zwischen V. 4 und V. 5 legt die Übersetzung von Baentsch nahe: "4 Auch habe ich
ihnen meine unverbrüchliche Zusage gegeben ... 5 Aber auch das Wehklagen der
Söhne Israels ... habe ich gehört". Ein etwas anderer Akzent deutet sich innerhalb
seiner Auslegung an, wenn er paraphrasiert: "Nicht nur um ihnen seinen Namen

Das zweimalige וגם legt es auf den ersten Blick nahe, die Verse 3a, 4a und 5a als einander gleich- bzw. nebeneinander geordnet zu verstehen. Der zweite Blick fällt dann jedoch auf die unterschiedlichen Fortführungen von וגם in V. 4 und V. 5: in V. 4 folgt unmittelbar eine finite Verbform (Afformativkonjugation), in V. 5 zunächst ein Pronomen, dem sich dann erst die finite Verbform (Afformativkonjugation) anschließt. Diese Beobachtung rät zur Vorsicht gegenüber einem vorschnellen einheitlichen Verständnis in beiden Fällen.

Van der Merwe hat in einer monographischen Arbeit die verschiedenen Funktionen von גם untersucht.[29] Er hat u.a. noch einmal darauf hingewiesen, dass die Partikel sich sowohl auf Sachverhalte beziehen und dann als Satzkoordinator wirken, sich aber auch auf einzelne Gegenstände beziehen kann. Diese Unterscheidung ist m.E. an das Vorkommen der Partikel in V. 4 und V. 5 heranzutragen. Dabei gelangt man dann für V. 4 zu der auch in den obigen Beispielen vertretenen Auffassung, wonach dieses וגם den Vers 4 dem Vers 3 koordiniert, während ich וגם in V. 5 anders (ähnlich wie Durham) verstehen möchte:

Nach dem Nominalsatz ʾanî Yhwh (V. 2 Ende) folgt in V. 3a zunächst ein Verbalsatz, in 3b ein zusammengesetzter Nominalsatz, in V. 4a ein Verbalsatz, in V. 5a wiederum ein zusammengesetzter Nominalsatz, V. 5b ein Verbalsatz. Zu klären ist zunächst, wie die zusammengesetzten Nominalsätze zu verstehen sind. V. 3b ist wohl als V. 3a untergeordnet zu verstehen, im Sinne eines Umstandssatzes[30] (... *wobei ich mich ihnen nicht*[31] *mit meinem Namen Jahwe zu erkennen gegeben habe / ... ohne mich ihnen mit meinem Namen Jahwe zu erkennen zu geben*). Wenn aber V. 3b V. 3a untergeordnet ist, bezieht sich וגם in V. 4 am ehesten auf den Hauptsatz bzw. auf dessen Verbalhandlung zurück. Es hat dann die Funktion, diese Verbalhandlung mit derjenigen in V. 3a zu verbinden, und zwar so, dass beide auf derselben Ebene liegen und וגם hier eine Addition im Sinne van der Merwes[32] leistet: "Ich bin erschienen ..., auch habe ich meinen Bund aufgerichtet ...."

El-saddaj zu offenbaren, ist Elohim den Vätern erschienen, sondern auch (וגם), um seine Berith mit ihnen festzuhalten ..." (B.Baentsch, Exodus–Leviticus–Numeri, 45f). Die Paraphrase weist auf eine steigernde Funktion von וגם in V. 4 hin. Und schließlich noch Childs: "4 I also established my covenant ... 5 Now I have heard. ..." Er verweist für Vers 4 auf Labuschagne, der "argues that *gam* functions here as emphasis rather than addition" (B.S.Childs, Exodus, 108.110).

[29] C.H.J.van der Merwe, The Old Hebrew particle *gam*.

[30] Nach W.Gesenius/E.Kautzsch § 141e und § 142d, wonach ein mit ו an einen vorangehenden Verbalsatz angeschlossener Nominalsatz oder Verbalsatz mit vorangestelltem Subjekt als Umstandssatz zu verstehen ist, der auch einen Gegensatz zum Ausdruck bringen kann.

[31] Für eine Interpretation des לא im Sinne von "nicht allein", wie von H.Jagersma, Exodus 1, 104 verstanden ["ʾeb (met) mijn naam Heer heb ik mij niet alleen bekend gemaakt"], besteht kein Anlass.

[32] Vgl. C.H.J.van der Merwe, The Old Hebrew particle *gam*, 177f.189.

וגם in V. 5 dagegen bezieht sich m.E. lediglich auf אני und hat als solches nicht die Funktion eines Satzkoordinators. Es referiert nicht wie in V. 4 auf einen "Sachverhalt"[33], koordiniert also eigentlich nicht שמעתי dem הקמתי und וארא, sondern referiert auf einen einzelnen Gegenstand, der bereits genannt wurde, in diesem Fall auf das in den Verbformen enthaltene "ich" in V. 3 und 4. Es leistet auch nicht eigentlich eine Addition, sondern hat mit van der Merwe inkludierende Funktion[34], dergestalt, dass das in V. 5 genannte "ich" sich subsumiert unter das zuvor bereits genannte: *Und ich bin es auch, der das Schreien hört* ...[35] Noch nicht geklärt ist dann, ob der Bezug des "ich" in V. 5 allein zu demjenigen in V. 4 geht, oder, da das "ich" in V. 3 und V. 4 dasselbe ist, beide Verse im Blick hat. Mir scheint letzteres wahrscheinlich. Das bedeutet dann, dass sich die durch וגם koordinierten Vv. 3 und 4 einerseits sowie der V. 5 andererseits gegenüberstünden:[36] Das Verhalten Jahwes gegenüber Israel wird in Beziehung gesetzt zu seinem Verhalten gegenüber den Vätern, und zwar so, dass die beiden Traditionen sowohl gegeneinander abgesetzt (engere Rückbindung von V. 4 an V. 3 als von V. 5 an V. 4; zwischen V. 4 und V. 5 verläuft inhaltlich die Grenze zweier Epochen, der Väter und der Mosezeit) als auch gleichzeitig miteinander verbunden werden. Das Verbindende ist das "ich" (und der "Bund").[37]

---

[33] Begriff nach C.H.J.van der Merwe, The Old Hebrew particle *gam*, passim.

[34] Vgl. C.H.J.van der Merwe, The Old Hebrew particle *gam*, 187.

[35] Gegen ein solches Verständnis spricht sich P.Weimar, Hoffnung auf Zukunft, 180f, ders., Untersuchungen, 112f aus, der das Personalpronomen אני an dieser Stelle aus vorgegebener Tradition erklären möchte. Er sieht in V. 5a.b vorpriesterliche Tradition und priesterliche Redaktion vertreten und vermutet, dass אני in der vorpriesterlichen Tradition den Beginn einer selbständigen Gottesrede markiert hat. Selbst wenn die beiden von Weimar benannten Schichten hier so zusammengeflossen sein sollten, eine Annahme, zu der man m.E. kaum genötigt ist, ist mir die Vorstellung, wie dabei gearbeitet worden sein soll, zu schematisch. Zuerst ist zu fragen, ob und wie וגם אני im jetzigen Text syntaktisch und inhaltlich verstanden werden kann.

[36] Anders P.Weimar, Hoffnung auf Zukunft, 158f bzw. ders., Untersuchungen, 95f: "Dem ersten, in v3 vorliegenden Teil (...) stehen die beiden durch וגם eingeleiteten und dadurch in Parallele zueinander gesetzten Verse 4 und 5 als zweiter Teil gegenüber". (Zitat 159 bzw. 95f.)

[37] Möglicherweise ist innerhalb des Abschnittes Vv. 3–5 zudem mit einer spiegelbildlichen Struktur zu rechnen, die durch die beiden Waw-Imperfecta des Abschnittes וארא und ואזכר sowie das zweimalige וגם gebildet wird: וגם – וארא – וגם – ואזכר. Sinn dieser Struktur könnte es ebenfalls sein, die beiden Epochen einander gegenüberzustellen und gleichzeitig ihre Verbindung zu unterstreichen: Das erste Waw-Imperfect umreißt bzw. charakterisiert die Väterzeit, das zweite Waw-Imperfect steht für den Beginn der nächsten Epoche, die als Fortsetzung der ersten verstanden werden soll. Das erste Vorkommen von וגם gehört in den Kontext der ersten Epoche, das zweite in den Kontext der sich abzeichnenden zweiten Epoche.

ii) Vv. 6–7: Die Vv. 6 und 7 zeichnen sich durch die Reihe von fünf Waw-Perfecta aus, alle in der Form der 1. Pers. sg.,[38] die dem die Rede des Mose an das Volk eröffnenden *ʾanî Yhwh* folgen. Eine der möglichen Funktionen des Waw-Perfekts ist die konsekutive oder explikative.[39] Das Vorausgegangene wird erläutert oder eine (notwendige) Folge daraus benannt. Diese Funktion dürften die fünf Waw-Perfecta in Ex 6,6.7 haben. Joüon/Muraoka nennen Ex 6,6 als Beispiel für den konsekutiven Gebrauch des Waw-Perfekts und übersetzen: "I am Yahweh and (therefore) I will bring you out ..."[40].

Die Vv. 6.7 sind für die Frage nach der Bedeutung von *ʾanî Yhwh* insofern interessant, als durch die auf den Nominalsatz folgenden Waw-Perfecta eine inhaltliche Füllung der *ʾanî Yhwh*-Aussage oder eine Erläuterung zum Inhalt dieser Aussage signalisiert und geleistet wird.[41] Die Reihe der fünf Waw-Perfecta wird mit einem Hifil der Wurzel יצא eröffnet. In der Erkenntnisaussage, auf die die Reihe der Waw-Perfecta als ihr Zielpunkt[42] zuläuft, findet sich das Partizip Hifil der Wurzel יצא wieder, sodass יצא diesen Abschnitt umschließt und, indem es in V. 7 als Attribut Jahwes steht, den Eindruck erweckt, die umfassende und zusammenfassende Beschreibung dessen zu sein, was in dieser Waw-Perfekt-Reihe ausgesagt werden sollte.

iii) V. 8, der auf den ersten Blick nach der Erkenntnisaussage in V. 7 etwas angehängt wirkt, ist bei näherem Hinsehen in dreifacher Weise mit den verschiedenen vorausgehenden Textabschnitten verknüpft: Mit dem Block Vv. 6/7 insofern er mit zwei weiteren Waw-Perfecta 1. sg. die Reihe aus V. 6 und 7 fortsetzt. Die Thematik (Väter, Land) verbindet ihn mit den Vv. 3 und 4 und schließlich weist das abschließende *ʾanî Yhwh* auf das die Rede in V. 2 (und 6) einleitende zurück.[43]

---

38 Die Erkenntnisaussage in V. 7 ist nicht in diese Reihe einzurechnen, da das Verb zwar ebenfalls im Waw-Perfekt, aber nicht in der 1. Pers. sg. steht.
39 Vgl. W.Gesenius/E.Kautzsch § 112; P.Joüon/T.Muraoka, A Grammar of Biblical Hebrew II, §119; D.Michel, Tempora und Satzstellung, § 13.
40 P.Joüon/T.Muraoka, A Grammar of Biblical Hebrew II, 397.
41 So auch J.G.Janzen, Exodus, 53.
42 Ähnlich N.Leibowitz, Studies in Shemot, 122.
43 L.Schmidt, Studien zur Priesterschrift (BZAW 214), 4 weist darauf hin, dass in den Vv. 6–8 die Botschaft an die Israeliten zweigeteilt ist, wobei die Erkenntnisaussage einen Einschnitt markiert. Die Errettung aus Ägypten ist eine eigenständige Heilstat, was durch die Erkenntnisaussage unterstrichen wird. Auch wenn sie natürlich bezogen ist auf die in V. 8 angesprochene, weitere Heilstat, die Hinführung in das verheißene Land und die Gabe dieses Landes (V. 8). Demgegenüber finden sich Stimmen, die den Schwerpunkt eindeutig auf der Ankündigung der Landgabe sehen (gegen Tendenzen unter den Exulanten in der Exilszeit), der gegenüber die Herausführung aus Ägypten "nur eine dienende, auf die Landgabe bezogene Funktion" zukomme (P.Weimar, Hoffnung auf Zukunft, 241; ders., Untersuchungen, 169).

4.4 Konsequenzen für das Verständnis von *ʾanî Yhwh* in Ex 6,2–8

Die Überlegungen zur Struktur waren notwendig, um den Charakter des Textes als eines stark durchkomponierten und damit durchdachten aufzuzeigen. Dieser Charakter des Textes ist zu berücksichtigen, wenn nun nach der Bedeutung bzw. den Bedeutungen von *ʾanî Yhwh* in Ex 6,2–8 gefragt werden soll. Die Häufung der *ʾanî Yhwh*-Aussage ist auffällig genug, dass sie von den meisten Auslegern notiert wird. Worin aber liegt die Bedeutung der wiederholten Aussage? Handelt es sich um stereotype, vielleicht stilistisch[44] bedingte Wiederholungen, oder weisen die Aussagen ins inhaltliche Zentrum des Abschnitts[45]? Herkommend von der als Parallelüberlieferung herangezogenen Erzählung Ex 3 gilt vielen Auslegern die Offenbarung des Jahwenamens als ein thematischer Schwerpunkt von Ex 6,2–8.

Jahwe eröffnet seine Rede an Mose mit den Worten *ʾanî Yhwh*. Diese Form der Redeeröffnung 'Pron. 1. sg. + Gottesbezeichnung' ist an sich nicht ungewöhnlich, sie findet sich in den P zugewiesenen Stücken im vorausgehenden Kotext auch in Gen 17,1 und Gen 35,11.[46] Der Leser wird durch das in V. 3 folgende Stichwort שַׁדַּי אֵל dazu angeleitet, *ʾanî Yhwh* in Analogie zu diesen beiden vorausgehenden vergleichbaren Aussagen שַׁדַּי אֵל אֲנִי אָנֹכִי zu verstehen.[47] Zimmerlis Sicht der Selbstvorstellungsformel findet an Stellen wie diesen guten Anhalt. Die Gottheit wendet sich einem Menschen zu und führt sich in den ersten Sätzen ihrer Rede selbst ein. Gunkel hat dieses Phänomen im Alten Orient auf dem Hintergrund des herrschenden Polytheismus verstanden. Wenn es mehrere Götter gibt, muss derjenige, der gerade spricht, sich selbst als der bestimmte zu erkennen geben.[48]

Inhaltlich bemerkenswert ist die Weiterführung in V. 3. Zwar ist in der Tradition die Identifikation des sich offenbarenden Gottes und dann auch Jahwes mit dem Vätergott geläufig, aber sie wird unter der Hand vollzogen in der Formel "ich bin X, der Gott Abrahams, deines Vaters/ Isaaks und Jakobs" (Gen 28,13; Gen 46,3,) oder "Ich bin der Gott (Abrahams) deines Vaters (…) (Gen 26,24; Ex 3,6)". P gebraucht diese Formel in Gen 35 nicht und vollzieht hier in Ex 6 die Identifikation

---

[44] Vgl. N.Lohfink, Die priesterschriftliche Abwertung, 7.
[45] So z.B. E.Zenger, Gottes Bogen in den Wolken: "Hier geht es nicht, wie bisweilen angenommen wird, um eine 'Abwertung des Jahwenamens', [Fußnote verweist auf N.Lohfink, Abwertung, 1–8] sondern hier kommt die theologische Konzeption von P^g zu ihrem Höhepunkt, wonach sich Jahwes innerstes Wesen eben erst in Herausführung, Rettung und Schöpfung seines Volkes erweist." (155)
[46] Zur weiteren Vorkommen von *ʾanî Yhwh* in P zugeschriebenen Stücken vgl. Abschnitt 6.2.1.
[47] Vgl. auch P.Weimar, Hoffnung auf Zukunft, 156; ders., Untersuchungen, 93.
[48] H.Gunkel, Genesis, 267. Inwieweit (formelhafte) Selbstvorstellungen von Göttern im Alten Orient wirklich belegt sind, muss Kapitel 5 erweisen.

sprachlich explizit. Es wird auf die Gottesbezeichnung in den Erscheinungen bei den Vätern rekurriert, diese wird von der jetzigen Namenskundgabe unterschieden.[49] Durch die Aussage וּשְׁמִי יהוה לֹא נוֹדַעְתִּי לָהֶם ist das einleitende *ʾᵃnî Yhwh* deutlich als Namenskundgabe qualifiziert, V. 3b macht hinreichend deutlich, dass innerhalb des Nominalsatzes *ʾᵃnî Yhwh* das Neue יהוה ist.[50] Der bislang nicht genannte Name "Jahwe" ist nun genannt. Zwar wird durch die Formel nicht eigentlich eine Unbekanntheit überwunden, vielmehr ist der Redende bereits bekannt,[51] allerdings unter einer anderen Bezeichnung[52]. Dass es sich aber in V. 2 um einen bereits Bekannten handelt, wird erst durch die Identifikation deutlich, die V. 3 leistet. Der unmittelbare Kotext von V. 2 und die Kotexte, auf die durch V. 2 und 3 verwiesen wird, leiten also dazu an, *ʾᵃnî Yhwh* in V. 2 als Namenskundgabe und damit durchaus in Sinne von Zimmerlis 'Selbstvorstellungsformel'[53] zu verstehen.

Wie Gott seine Rede an Mose eröffnet hat, so soll Mose (V. 6) die ihm von Gott aufgetragene Rede an die Israeliten ebenfalls mit *ʾᵃnî Yhwh* eröffnen. Legt sich zunächst ein analoges Verständnis des *ʾᵃnî Yhwh* in V. 6 zu demjenigen in V. 2 nahe, werden aber bald die Differenzen der beiden Vorkommen offenbar:

i) *ʾᵃnî Yhwh* in V. 6 soll im Munde des *Mose* erklingen.

ii) Anders als in V. 3, der mit einem Waw-Imperfekt an den Nominalsatz in V. 2 angeschlossen hat, erfolgt dieser Anschluss in V. 6 durch Waw-Perfekt.

Zu i): Der Vergleich der Belege in V. 2 und V. 6 zeigt zwei verschiedene Situationen, in denen *ʾᵃnî Yhwh* begegnen kann, die Situation der

---

[49] Anders, J.G.Janzen, Exodus, 52, der davon ausgeht, dass das Verb ידע ni. "does not refer to the announcing of a divine name previously unknown, but, rather, refers to God acting in such a way as to be consistent with the meaning of th divine name Yahweh." – R.Rendtorff, Offenbarungsvorstellungen, will aus der Gegenüberstellung von ראה und ידע ni. in Ex 6,3, sowie aus der Tatsache, dass Ex 6,2ff anders als Gen 17,1 und 35,11 nicht als Gotteserscheinung ausgewiesen ist, eine Differenzierung der Offenbarungsweisen in der Väter- und Mosezeit lesen: "Das Erscheinen Jahwes wird einer vorläufigen Stufe zugewiesen; mit Mose beginnt etwas Neues: Jahwe gibt sich *als er selbst* zu erkennen." (43) Dem hat unter anderem Weimar widersprochen, vgl. P.Weimar, Hoffnung auf Zukunft, 168; ders., Untersuchungen, 103.

[50] So auch F.X.Sedlmeier, Studien, 306: "Damit [sc. durch die Aussage von V. 3, A.D.] ist eindeutig festgelegt, dass in *ʾᵃnî Yhwh* von Ex 6,2 יהוה als Eigenname die Funktion des Chabar (des Neuen, des Prädikats) ausübt, und אני als Mubtada (Subjekt) anzusehen ist."

[51] Vgl. dazu auch P.Weimar, Untersuchungen, 93.

[52] Zur Herleitung und Bedeutung von שׁדי als Jahweepitheton vgl. F.M.Cross, Art. אל, 273–275. Es scheint mir in Ex 6,3 nicht ganz deutlich zu werden, ob El Shaddai im selben Sinn wie Jahwe als Eigenname gilt oder als eine allgemeinere Gottesbezeichnung und gerade noch nicht als Name ausgewiesen werden soll. Vgl. aber 3.4.2.1 Anm. 117.

[53] Vgl. oben Kap. 2.

unmittelbaren Gottesbegegnung, des unvermittelten Offenbarungsempfangs und die Situation, in der Gott durch einen Boten/Mittler o.ä. zu Menschen redet.[54] Das mögliche Vorkommen in diesen beiden Situationen ist zu bedenken bei der Frage, was die Aussage genau leistet. Ihre Leistung ist in V. 6 eine andere als in V. 2. Zwar gilt für V. 6 wie für V. 2, dass *ᵃnî Yhwh* deutlich macht, wer redet. In Kapitel 3 sagt Mose in dieser Situation zu Jahwe: *Die Leute werden mich fragen, wie der Name des Gottes ist, der mich gesandt hat* (vgl. 3,13). Dieser hier in Kap. 6 unausgesprochenen Frage kommt die Redeeinleitung *ᵃnî Yhwh* in gewisser Weise zuvor. So wird, wie in V. 2, Unbekanntheit bzw. Unbenanntheit aufgehoben, aber es wird darüberhinaus mehr signalisiert, etwa, dass Mose nicht in eigener Machtvollkommenheit spricht, dass es nicht seine Worte sind, dass die Ich-Formen der folgenden Verben nicht auf Mose zu beziehen sind.

Zu ii): Durch die sich anschließenden Waw-Perfecta erhält die Aussage *ᵃnî Yhwh* in V. 6 zudem ein Gepräge, das sie von derjenigen in V. 2 weiter unterscheidet. Ich hatte oben auf die konsekutive bzw. explikative Funktion des Perfekts hingewiesen und halte daher die Übersetzung von Joüon/Muraoka für treffend: "I am Yahweh and (therefore) I will bring you out..."[55]. Wenn das richtig ist und sich die Waw-Perfecta in dieser Weise an den vorausgehenden Nominalsatz anschließen, dann wird damit in *ᵃnî Yhwh* mehr gesehen als eine Namenskundgabe. Vielmehr wird in V. 6f die Namenskundgabe aus V. 2 konsequent weitergeführt. Nachdem der Name einmal bekannt ist, wird nun deutlich, dass dieser Name nicht "Schall und Rauch"[56] ist. Die syntaktische Konstruktion 'Nominalsatz + folgende Waw-Perfecta' muss so verstanden werden, dass die Waw-Perfecta auffalten,[57] was im Nominalsatz inhaltlich bereits angelegt ist: "ich bin Jahwe, und deshalb werde ich herausführen, retten, erlösen, zum Volk nehmen, Gott sein (vielleicht: als Gott erweisen?[58])". Durch die Waw-Perfecta wird der Name als ein sinn-

---

54 Vgl. dazu W.Zimmerli, Ich bin Jahwe, 38.

55 P.Joüon/T.Muraoka, A Grammar of Biblical Hebrew II, 397.

56 M.Noth, Das 2. Buch Mose, 44: "und da ein Name nicht nur Schall und Rauch sein konnte, musste ein neuer Gottesname zugleich einen neuen Offenbarungsinhalt bedeuten. ... Das durch den neuen Gottesnamen bezeichete Neue ist aber dies, dass Gott nunmehr in geschichtlichem Handeln die noch ausstehenden Zusagen mit der Herausführung aus Ägypten füllen will" (44).

57 Auch P.Weimar, Untersuchungen, 94f richtet sein Augenmerk auf die "syntaktische(n) Verbindung SF + w-qatalti". Er beschreibt den Zusammenhang auf der inhaltlichen Ebene dann folgendermaßen: "(...) daß die Formel יהוה אני grundlegend Jahwes Zuwendung Israel gegenüber umschreibt, während die w-qatal-Sätze entfaltend Jahwes konkretes Eingreifen umreißen". Diese Sicht kommt der oben vorgetragenen nahe, verbindet sich aber nicht mit der Annahme, dass dem Jahwenamen hier konsequent eine bestimmte inhaltliche Füllung beigelegt bzw. er als sinngefüllt ausgewiesen werden soll.

58 Vgl. etwa 1.Kön 18, wo die Frage des Gott-seins entschieden werden soll anhand eines Erweisungsaktes.

gefüllter ausgewiesen.[59] Damit ist ein wichtiger Schritt über V. 2 hinaus getan.[60] Ob der Jahwename eine inhaltliche Bedeutung hat bzw. ihm eine solche beigelegt wurde oder nicht, wurde in der Forschung immer diskutiert[61] und von Zimmerli für sein Vorkommen innerhalb der 'Selbstvorstellungsformel' vehement bestritten[62]. Neben Ex 3,14 scheint mir Ex 6,6f ein deutliches Indiz dafür zu sein, dass mit dem Jahwename eine bestimmte inhaltliche Füllung verbunden wurde.[63] In

---

[59] Vgl. dazu F.X.Sedlmeier, Studien, 306f, Anm. 281: "Ex 6,6 ist wohl auch im Sinne von v. 2 zu verstehen, da durch Mose JHWH den Israeliten vorgestellt werden soll. Zugleich jedoch beginnt v. 6 den Namen יהוה in seiner Bedeutung zu entfalten, wie die Fortführung der SF zeigt. Damit übersteigt אני יהוה bereits die bloße Mitteilung eines Namens und offenbart die diesem Namen implizite Theologie. In v. 7b folgt mit כֹ eingeführt die Langform ... Eine erneute Selbstvorstellung kommt sicher nicht mehr in Frage. יהוה ist vielmehr als Apposition zu אני zu verstehen. Im NS אני...אלהיכם ist wahrscheinlich אני als Chabar (das Neue) und אלהיכם als Mubtada (das Bekannte) zu bestimmen, das in v. 7aβ bereits eingeführt wurde: והייתי לכם לאלהים. Die unmittelbar vorausgehende Bundesformel spricht somit dafür, אלהיכם als das Bekannte (Mubtada/Subjekt) zu verstehen, אני hingegen als Chabar, das durch die explizierende Apposition יהוה erschlossen wird. Also: euer Gott, das bin ICH, JHWH." – Der Gedanke, dass der Jahwename in Ex 6,2–8 expliziert wird, findet sich auch bei J.L.Ska,La place d'Ex 62–8, 544. Er bezieht sich dabei allerdings nicht auf die Waw-Perfekt-Reihe im Anschluss an ʾᵃnî Yhwh in V. 6, sondern auf die Tatsache der Rahmung der Rede durch die "formules d'affirmation de soi". Durch diese Rahmung wird die Rede zu einer langen Explikation dessen, wer Jahwe ist, was dieser neue Gottesname bedeutet. (Vgl. ebd.). Angelegt ist dieser Gedanke auch bei P.Weimar, Hoffnung auf Zukunft, 157f, vgl. auch ders., Untersuchungen, 93ff, deutlich ausgesprochen dann in seiner späteren Arbeit, Die Meerwundererzählung, 186. Schon Zimmerli schrieb: "All das, was Jahwe seinem Volke zu sagen und anzukündigen hat, erscheint als eine Entfaltung der grundlegenden Aussage: Ich bin Jahwe" (Ich bin Jahwe, 20), wobei Zimmerli gleichzeitig eine Bedeutungshaltigkeit des Jahwenamens ablehnte (vgl. W. Zimmerli, Erkenntnis Gottes, 104f Anm. 90).

[60] Dieser Schritt wird sich als ein ganz wesentlicher und als Voraussetzung für eine "Entwicklung" des Verständnisses der Formel hin zur einer Ausschließlichkeitsformel erweisen. Eine Aussage "Nur ich bin Jahwe" kann eigentlich nur verstanden werden, wenn Jahwe ein bedeutungshaltiger Name ist. Das, was dieser Name bedeutet, kann dann ein Ich anderen absprechen und ausschließlich für sich beanspruchen.

[61] Zu Diskussion und Literatur vgl. D.N.Freedman/P.O'Connor, Art. יהוה *JHWH*, I-IV, 534–549; K.van der Toorn, Art YHWH (DDD), 913ff; B.Lang, Jahwe, 257f.

[62] Vgl. W.Zimmerli, Erkenntnis Gottes, 104f Anm. 90: "Darum sind alle Versuche, die strenge Erkenntnisaussage ... aus einer aus Ex.3,14 erschlossenen Sinngebung des Jahwenamens her zu verstehen, im Ansatz falsch, weil sie das nicht auf eine Sinnbedeutung reduzierbare Geheimnis des Eigennamens und die unumkehrbare Richtung des Vorgangs der Selbstvorstellung verkennen."

[63] Das gilt unabhängig von der Frage einer Etymologie des Jahwenamens. Ich bin skeptisch, ob, historisch gesehen, der Jahwename etymologisch erschlossen werden kann, etwa durch den Hinweis auf היה bzw. הוה. Deutliche Hinweise aber gibt es auf eine Etymologisation (zum Begriff vgl. J.Heller, Namengebung, 77ff) des Namens. In Ex 3,14 wurde er mit היה in Verbindung gebracht und es ist vielleicht

Ex 6,6 beziehen sich diese Inhalte auf ein konkretes geschichtliches
Handeln Jahwes, die Herausführung aus Ägypten, die hier dreimal in
verschiedenen Wendungen in Aussicht gestellt wird. Diese wird in V.
7 über die Bundesformel verbunden mit der Stiftung des Volk-Gott-
Verhältnisses.[64]
In V. 7b begegnet *'anî Yhwh* zum dritten Mal, allerdings gegenüber den
beiden bisherigen Belegen in zweifacher Weise variiert:
i) folgt auf *Yhwh* ein *'ælohîm* + Suffix,
ii) ist der Nominalsatz *'anî Yhwh* eingebunden in ein größeres Satzgefüge, die Erkenntnisaussage.
Beide Variationen der *'anî Yhwh*-Aussage sind je für sich genommen
typische formelhafte Wendungen, die auch außerhalb von Ex 6,2–8
zahlreich belegt sind.
Zu i): Entsprechend der Ausführungen in Kap. 3.5 gehe ich davon aus,
dass *'ælohêkæm* innerhalb der Verbindung *'anî Yhwh 'ælohêkæm* Apposition ist. Im speziellen Fall von Ex 6,7 ist außerdem zu bedenken,
dass, wenn *yd'* in V. 7 auf V. 3b zurückverweist, wo es deutlich um die
Erkenntnis des Jahwenamens ging, man jetzt hier in V. 7b die positive
Formulierung des Erkenntnisgegenstandes sehen kann und es auch von
dieser Überlegung her naheliegt, *Yhwh* als obligatorisches Satzglied
aufzufassen.[65]
Zu ii): Die Aussage *'anî Yhwh* ist im Alten Testament mehrfach als
Teil einer anderen, ebenfalls formelhaften Wendung, der Erkenntnisaussage, belegt. In der Erkenntnisaussage in V. 7b, kumulieren in bestimmter Weise die bisherigen Aussagen. Die Wendung המוציא אתכם
מתחת סבלות מצרים weist zurück auf das erste Glied der Waw-Perfekt-
Reihe, fasst sie zusammen und hebt den Aspekt der Herausführung
noch einmal als den entscheidenden hervor. Hatten die Waw-Perfecta

---

kein Zufall, dass das letzte Glied der Waw-Perfekt-Reihe in Ex 6,7 vor der Erkenntnisaussage, ebenfalls eine Form von היה ist.
[64] Dass diese auf אני יהוה folgende Fünferkette von Sätzen als letztes Glied mit
dem zweiten Teil der Bundesformel auf die Aussage zuläuft *ich werde euch zum
Gott werden*, ist möglicherweise auf dem Hintergrund einer Diskussion zu sehen,
die wir im Alten Testament an anderen Stellen mit je etwas unterschiedlichem Akzent deutlicher greifen können. In dieser Diskussion geht es um die Frage, wodurch
sich eine Größe als Gott erweist. Die Antworten darauf können dann zwar im einzelnen unterschiedlich ausfallen [derjenige, der sich als wirksam erweist (etwa
1.Kön 18); derjenige der sich speziell durch geschichtliches Handeln (z.T. bei Dtjes, vgl. aber v.a. den Kotext von Erkenntnisaussagen) oder ethisches Verhalten (Ps
82) auszeichnet], im Kotext geht es aber stets darum aufzuzeigen, dass Jahwe (allein) die Kriterien für das Gottsein erfüllt. Die hier in Ex 6,6.7 angesprochenen
Themen 'Jahwe – sein (geschichtliches) Handeln – sein Gottsein' könnten in diesem Zusammenhang gehören.
[65] Auch P.Weimar, Meerwundererzählung, versteht אלהיכם als Apposition, bestimmt aber ihre Leistung so, dass "durch die Herausführung aus dem Frondienst
Ägyptens Jahwe nicht nur sein eigentliches Wesen offenbart, sondern dadurch
zugleich zum Gott Israels wird" (187).

das vorausgehende ʾ*a*nî *Yhwh* entfaltet, so bindet das Partizip הַמּוֹצִיא,
das sich an die Erkenntnisaussage anschließt, das Auszugsgeschehen
zusammenfassend an Jahwe an.
Die Wurzel *ydʿ* weist zurück auf V 3. In beiden Fällen spielt der Jahwename bzw. Jahwe eine Rolle. Während der Kotext in V. 3 nahelegte,
das Wissen-Lassen des Namens erfolge über die mündliche Kundgabe
des ʾ*a*nî *Yhwh*, scheint es in V. 7b so, dass die Erkenntnis des ʾ*a*nî
Yhwh in unmittelbarem und unabdingbarem Zusammenhang steht mit
dem in den fünf vorausgegangenen Waw-Perfecta Gesagten, das durch
die Wiederaufnahme der Wurzel *yzʾ* im folgenden Partizip zusammenfassend wiederholt wird. Die Erkenntnisaussage wirft unter anderem
die Frage nach Erkenntnisgrund (das, was die Erkenntnis auslöst bzw.
ermöglicht, was Anlass der Erkenntnis ist) und -gegenstand (das, worauf sich Erkenntnis richtet; das, was erkannt wird oder werden soll)
auf. Erkenntnisgrund scheint nach der bisherigen Interpretation nicht
eigentlich die mündliche Kundgabe, sondern die Erfahrung eines bestimmten Handelns Jahwes, des Auszugsgeschehens.[66] Der Erkenntnisgegenstand ist zwar sprachlich in der Erkenntnisaussage klar benannt:
ʾ*a*nî *Yhwh* ʾ*œ*lohêk*œ*m; was aber heißt das genau, was soll eigentlich
erkannt werden? Wenn der Erkenntnisgegenstand kein solcher ist, der
auf dem Weg der 'Selbstvorstellung' erschlossen wird, zumindest nicht
allein, ist das auch eine Anfrage an ein Verständnis des Nominalsatz
ʾ*a*nî *Yhwh*, der innerhalb der Erkenntnisaussage den Erkenntnisgegenstand[67] formuliert, als 'Selbstvorstellung' dort, wo er eigenständig vorkommt. Bei der Frage nach der Bedeutung von ʾ*a*nî *Yhwh* muss also
mitbedacht werden, dass der Nominalsatz als Formulierung des Erkenntnisgegenstandes Eingang gefunden hat in die Erkenntnisaussage.
Am Ende der Gottesrede begegnet ʾ*a*nî *Yhwh* ein viertes und letztes
Mal. War mit … הַמּוֹצִיא in V. 7 bereits der Bogen zurück zu V. 6 geschlagen worden, führt Vers 8[68] mit dem Thema 'Land' und 'Väter' weiter zum Anfang des Textes zu V. 3.4 zurück, bis wir mit ʾ*a*nî *Yhwh* am
Ende wieder wortgleich am Ausgangspunkt des Textes stehen. Wie
Gott seine Rede eröffnet hat, so beendet er sie auch. Aber nach all dem,
was seit dem ersten ʾ*a*nî *Yhwh* gesagt wurde, hat dieses letzte ʾ*a*nî
Yhwh einen ganz anderen Klang als das erste. Konnte man das erste in
Analogie zu אֲנִי אֵל שַׁדַּי in Richtung von Zimmerlis 'Selbstvorstellungsformel' verstehen, so kann man dies in Vers 8 sicher nicht. Hier
muss der Sinn ein anderer sein. Dieses letzte Vorkommen ist im Vergleich zu den anderen Vorkommen, dasjenige, das syntaktisch am we-

---

66 Die enge Verbindung von ʾ*a*nî *Yhwh* und dem Exodusgeschehen in V. 6 und 7
unterstreicht auch P.Weimar, Meerwundererzählung, 187, Anm. 59.
67 Dass ʾ*a*nî *Yhwh auch* als Namenskundgabe und damit in Richtung Selbstvorstellung verstanden werden kann, hatte V. 3 in Zusammenhang mit V. 2 gezeigt.
68 Zur Verbindung von Ex 6,8a zu Ez 20,28.42 sowie von Ex 6,8b zu Ez 36,5 vgl.
P.Weimar, Hoffnung auf Zukunft , 220f; ders., Untersuchungen, 148ff.

nigsten eingebunden ist. Es hat den Charakter einer abschließenden Bekräftigung, einer Zusage,[69] im Sinne von *Sowahr ich Jahwe bin.* Die
Tatsache, dass *ʾanî Yhwh* das letzte Wort ist, bestärkt zusammen mit
den anderen Vorkommen der Aussage, die den Text durchziehen, den
Eindruck, dass diese Aussage und das, was im Text verhandelt wird
(Väterbund und Landverheißung damals und jetzt, Bundesgedächtnis
im Sinne der Bundestreue, Herausführungsverheissung und Stiftung
des Volk-Gott-Verhältnisses), untrennbar zusammengehören.

4.5   Gibt es Ex 6,2–8 vergleichbare Texte im Alten Testament?

Zu Beginn des Kapitels habe ich auf die Sonderstellung von Ex 6,2–8
im Alten Testament hinsichtlich der Verwendung von *ʾanî Yhwh* hingewiesen. Abschließend soll gefragt werden, ob trotz dieser Sonderstellung Ex 6,2–8 andere Texte an die Seite gestellt werden können, die in
bestimmter Hinsicht vergleichbar sind. Diese Frage deckt sich zumindest teilweise mit derjenigen nach der Gattung. Die wichtigsten Gattungsvorschläge hat J.-L.Ska[70] zusammengestellt; ich lehne mich an
diese Zusammenstellung an. Danach gibt es im Wesentlichen vier Vorschläge, welcher Gattung Ex 6,2-x[71] zuzurechnen ist: a) Berufungser-
zählung[72], b) Heilsankündigung[73], c) Gerichtswort[74], d) (erweitertes)
Erweiswort[75]. Die Einordnung als Berufungsgeschichte findet sich dabei, v.a. in den älteren Kommentaren, häufig und ist wesentlich davon
beeinflusst sein, dass man in Ex 6,2ff (zumindest vor seiner redaktionellen Einbindung in den jetzigen Kotext) eine Parallele zu Ex 3 sieht.
Ska selbst geht aus von der Abgrenzung 6,2–8 und findet verwandte

---

[69] Vgl. H.Jagersma, Exodus 1, 107; P.Weimar, Hoffnung auf Zukunft, 158; ders.,
Untersuchungen, 95. Nach Weimar ist die Unterstreichung von Aussagen oder ihre
Legitimation generell eine der Hauptfunktionen der *ʾanî Yhwh*-Aussage, vgl. ders.,
Untersuchungen, 91.

[70] Vgl. J.L.Ska, La place d'Ex 62–8 , 532ff.

[71] Abgrenzung und Gattungszuordnung hängen dabei unmittelbar zusammen.

[72] Vgl. H.Holzinger, Exodus, 18; B.Baentsch, Exodus–Leviticus–Numeri, 43;
G.Beer, Exodus, 42; M.Noth, Das 2. Buch Mose, 41; nach B.S.Childs, Exodus, war
Ex 6,1ff von P als Berufungsgeschichte konzipiert, im jetzigen Kotext hat der Text
eine andere Funktion, er "serves as a confirmation of Ex 3,1ff." (114).

[73] Vertreter nach Ska: J.F.Wimmer, Tradition reinterpreted; N.Lohfink, Die priesterschriftliche Abwertung; in Ansätzen J.Palastaras, The God of Exodus; J.Kinyon-
go, Origine et signification.

[74] Vertreter nach Ska: M.Oliva, Revelación.

[75] Vgl. P.Weimar, Hoffnung auf Zukunft, 243; ders., Untersuchungen, 172. Die
Grundschicht, die Weimar herausarbeitet, die Pg vorgelegen haben soll, ist demge-
genüber ein 'begründetes Heilswort' gewesen (vgl. Hoffnung auf Zukunft, 241f;
Untersuchungen, 158ff).

Texte weniger in Ex 3 als vielmehr bei Ezechiel,[76] im Heiligkeitsgesetz und bei Deuterojesaja. Es handelt sich um Texte, die er "oracle" nennt. Die sog. Selbstvorstellungsformel (formule de presentation de soi) spielt in diesen Texten eine wichtige Rolle.[77] In einem Teil dieser Texte antwortet Gott auf Vorwürfe, Ereignisse, Klagen, Anmaßungen. Die Antworten haben oftmals polemischen Charakter. Dieser Charakter, polemische Antwort zu sein,[78] eignet nach Ska in gewisser Weise auch Ex 6,2–8.[79] Ex 6,2–8 unterscheidet sich von den genannten Texten,[80] weil er ursprüngliche Mitteilung sein will, Fundament aller späteren Offenbarungen. Die mit anderen Texten gemeinsame polemische Ausrichtung, hängt mit dem Skopus des Textes zusammen: Nach Ska geht es hier nicht wie in Ex 3/4 darum, einem Volk zur Hilfe zu kommen, sondern darum, dass Gott auf eine Herausforderung antworten muss, diejenige der Ägypter, die ihn ignorieren wollen und diejenige der Israeliten, die an seiner Macht zweifeln.

Skas Vorschlag nimmt den Text konsequent in seiner Eigengestalt ernst und versucht von da aus eine Einordnung. Ohne dass man im einzelnen alle Überlegungen Skas teilen muss,[81] ist der Ansatz hilfreich, Ex 6,2–8 nicht nur mit Blick auf Texte wie Gen 17 und Ex 3 zu erklären, sondern sich gerade durch das mehrfache Vorkommen von *ʾanî Yhwh* anleiten zu lassen, andere Textbereiche, die die Formel häufiger aufweisen, in die Überlegungen mit einzubeziehen.[82] Dann tritt ein Aspekt des Textes deutlicher zutage, der polemische bzw. auf eine Herausforderung antwortende Charakter.

Die genannten Gattungsvorschläge, die alle mehr oder weniger Anhalt am Text von Ex 6,2–8 haben, zeigen, zusammen mit der Vielzahl von Textthemen, die die Ausleger angeben, dass sich Ex 6,2–8 gegen eine

---

[76] Vgl. dazu auch Th.Pola, Priesterschrift, der Ex 6,2–9 "als von Ez 20,5ff geprägt" (337) sieht.

[77] Zu den Gemeinsamkeiten und Unterschieden im einzelnen vgl. J.L.Ska, La place d'Ex 62–8, 537ff.541ff.

[78] Eine Antwort Gottes wäre als Reaktion unterschieden von einer unabhängigen Initiative Gottes (vgl. J.L.Ska, La place d'Ex 62–8, 543).

[79] Vgl. J.L.Ska, La place d'Ex 62–8, 541.543f.

[80] Zu den Unterschieden, vgl. J.L.Ska, La place d'Ex 62–8, 541ff.

[81] So hat mich etwa seine Überlegung, dass der Text Ex 6,2–8 deshalb von den späteren 'oracles' der Form nach abweicht, weil er früher sein will als sie, weil er ein "oracle par exellence, résponse première de Dieu à son peuple" (J.L.Ska, La place d'Ex 62–8, 544) sein will, nicht überzeugt.

[82] Auch bei P.Weimar, Hoffnung auf Zukunft, 243, ders., Untersuchungen, 172 kommen über die Gattungszuordnung 'erweitertes Erweiswort' im Anschluss an Zimmerli (vgl. Hoffnung auf Zukunft, 243, Anm. 325; Untersuchungen, 173, Anm. 208), andere Textbereiche in den Blick.

glatte Ein- und Zuordnung sperrt.[83] Der Hinweis auf Gen 17 oder Ex 3 ist sicher auf der Erzählebene naheliegend. Wenn man aber einmal einen Augenblick lang davon abstrahiert, dass der Text innerhalb eines erzählerischen Kotextes steht, dann springt m.e. ins Auge, dass dieser Text diskutiert, dass er möglicherweise eine Gegenposition im Blick hat, mit der er sich auseinandersetzt, und dann kommen die von Ska genannten Textbereiche als Vergleichsmaterial in den Blick. Der Text muss inhaltlich für weit mehr herhalten, als im Verlauf der Erzählung zu erwarten wäre. Er bietet eine komplexe theologische Reflexion; die Erzählung gerät unter der Hand zu einem systematisch-theologischen Lehrstück[84], das Sachverhalte, vielleicht Fronten, klären will.

---

[83] Vgl. neben der Analyse Skas (La place d'Ex 62–8) auch W.H.Schmidt, Exodus, 270.

[84] Der Eindruck, dass es in diesem Text um grundlegende theologische Fragen geht, wird dadurch verstärkt, dass er mit einer Vielzahl theologisch hoch besetzter Wendungen arbeitet: Innerhalb der Vätertradition ist es die Kategorie des Bundes. Innerhalb der Explikation des Jahwenamens verdichtet sich das Auftauchen solcher Wendungen: die die Vv. 6/7 rahmende Herausführungsformel (vgl. W.Gross, Herausführungsformel, v.a. zu "Formel 1", 430–437), das Verb גאל, das in exilisch/nachexilischer Zeit, so lässt sich aus seinem Vorkommen bei Deuterojesaja schließen, ein gewichtiger Terminus für göttliches Handeln wurde (nach Jes 63,16 geradezu Name Jahwes) (vgl. dazu auch H.Ringgren, Art. גָּאַל etc., 889) und schließlich die Bundesformel. S.Böhmer, Heimkehr schreibt zur Bundesformel zusammenfassend: "Literarhistorisch gesehen, ist das sechste Jahrhundert die große Zeit der Bundesformel: die überwiegende Zahl der einschlägigen Texte ist während des babylonischen Exils entstanden." (107) Einige dtn Stellen sind in das 7. Jh., P-Stellen in das 5. Jh. zu datieren. "Die Bundesformel spielt also erst eine Rolle, als der Jahweglaube in eine tiefe Krise geraten ist. Israel steht in der Gefahr, sich ganz an die Religionen der anderen Völker zu verlieren." (108) Damit könnte auch die Verwendung der Bundesformel an dieser Stelle ein Hinweis auf den polemischen, diskutierenden Charakter des Textes sein. Zum Gebrauch der Bundesformel in Ex 6,7 vgl. auch P.Weimar, Hoffnung auf Zukunft, 202ff.207ff; ders., Untersuchungen, 131f. 136ff. – Die genannten geprägten Vorstellungen werden aufgenommen, aber auch jeweils variiert: Der Ort, von dem herausgeführt wird, wird nur hier mit מתחת סבלת מצרים bezeichnet. Die Wendung בזרוע נטויה ובשפטים גדלים klingt in Verbindung mit גאל nur noch in Ps 77,16 an: גאלת בזרוע עמך בני־יעקב ויוסף. Die Volkaussage der Bundesformel ist nur in Ex 6,7 mit ולקחתי formuliert (vgl. dazu W.H. Schmidt, Pentateuch und Prophetie, 193). Die hier versammelten theologischen Topoi sind zwar auch an anderen Stellen in Verbindung miteinander [zur Bundesformel oder einem Teil der Bundesformel + weiterer der hier belegten Elemente vgl. z.B: Gen 17,7; (Ex 19,5.6); Ex 29,45; (Lev 11,45); Lev 22,33; Lev 25,38; Lev 26,12; Lev 26,45; Num 15,40; Dtn 4,20; Dtn 7,6ff; Dtn 29,12b; (2.Sam 7,24); Jer 7,23; Jer 11,4; Jer 31,33; Ez 34,30; Ez 36,28; Ez 37,37; zum Beieinander der übrigen Elemente vgl. z.B. Ri 6,8ff; Mi 4,10; Ps 106,10.43.45] belegt (vgl. auch W.Gross, Herausführungsformel, v.a. zur Verbindung der Formel 1 und 2 mit der 'Selbstvorstellungsformel' 430ff.437), aber ohne dass es die Verbindung aller in Vv. 6/7 vorkommenden Verben noch einmal gäbe. Der Verfasser kumuliert also geprägte theologische Topoi, wozu auch die Verbindung solcher Topoi gehört, bei gleichzeitig origineller Fügung derselben. – P erzählt so, dass die erzählte Ge-

4.6 Ausblick auf eine Gesamtinterpretation von Ex 6,2–8

'P' thematisiert in Ex 6,2–8 ein Faktum der Tradition, das zwar seinen Vorgängern längst bekannt war und mit dem sie bereits irgendwie umgehen mussten, das sie jedoch keinesfalls in so expliziter Weise benannt haben. Dieses Faktum besteht darin, dass die 'Väter' Jahwe (als Jahwe?) noch nicht verehrt haben. Das hatte natürlich des weiteren zur Folge, dass die Traditionen, die mit dem Gott der Väter[85] verbunden waren, sich erheblich unterschieden von denen, die mit dem Gott Jahwe verbunden waren.[86] Dies war ein brisantes Faktum und so hätte es auf den ersten Blick doch näher gelegen, im Laufe der Religionsgeschichte Israels, zumal in den späteren Phasen, dieses Faktum der Vergessenheit anheim zugeben und elegant darüber hinwegzugehen. Stattdessen macht P es explizit zum Thema, wenn auch in der abgeschwächten Form, dass es nicht etwa um unterschiedliche Götter, sondern um den einen Gott unter verschiedenen Namen/Bezeichnungen geht[87], aber gerade diese Klarstellung und Präzisierung ist bereits eine der Leistungen, die erbracht werden soll.[88]
Wenn die Ausleger als ein wesentliches Anliegen dieser Passage die Identifizierung Jahwes mit dem Gott der Väter angeben, so beziehen sie sich genau darauf. Man muss jedoch das von P angewandte Verfahren noch genauer verfolgen. Auf der einen Seite hebt der Verfasser die unterschiedlichen Traditionen deutlich voneinander ab, um sie als deut-

---

schichte transparent wird auf die Situation der Leser/Zeitgenossen hin; vgl. dazu u.a. N.Lohfink, Die Priesterschrift und die Geschichte. Für V. 8 im Vergleich zu Num 13/14 und Num 30 hält P.Weimar, Hoffnung auf Zukunft (vgl. 223) fest: "Vor diesem Hintergrund wird in V.8 deutlich eine Abwehr von Tendenzen greifbar, die in der Gegenwart des Schreibers unter den Exulanten umgelaufen sein müssen" (224) und die auf ein Desinteresse am Land hinausliefen (vgl. dazu auch ders., Untersuchungen, 169).

[85] Zum Problem des Gottes der Väter, vgl. A.Alt, Der Gott der Väter. Alts Sicht wird heute weitgehend zurückgewiesen, auch wenn Einzelbeobachtungen ihre Gültigkeit behalten haben, vgl. dazu etwa H.Vorländer, Mein Gott; R.Albertz, Persönliche Frömmigkeit; M.Köckert, Vätergott; N.P.Lemche, Vorgeschichte Israels, 45f; V.Fritz, Die Entstehung Israels, 146ff. Das Problem kann hier nicht diskutiert werden. Unabhängig davon, wie das von Alt herausgearbeitete Phänomen heute religionsgeschichtlich zu beurteilen ist, ist nach der Leistung zu fragen, die die Vätergottvorstellung im AT erbringt. In unserem Zusammenhang ist wichtig: Sie bewahrt die sicher richtige Erinnerung daran, dass Jahwe nicht von jeher (von allen später zu Israel gewordenen Gruppen) verehrt wurde.

[86] Vgl. zu diesem Problem auch Jos 24,15f.

[87] Zu dem oben aufgezeigten konzeptionellen Umgang mit dem Jahwenamen vgl. auch, dass A.dePury, Gottesname, 35 und passim für P einen ähnlichen programmatischen Umgang mit der Gottesbezeichnung אלהים aufzuzeigen versucht; demnach konzipiert P אלהים "als universale[n], interrligöse[n] Name des alleinigen, über alle Menschen und von allen Menschen anerkannten Gottes" (40); zu Ex 6,2f vgl. ebd. 36f.

[88] Vgl. auch P.Weimar, Hoffnung auf Zukunft, 149; ders., Untersuchungen, 87.

lich geschiedene zueinander in Beziehung zu setzen. Hier werden die
Beobachtungen zur Struktur noch einmal wichtig: וגם אני setzt das im
folgenden V. 5 Gesagte vom Vorhergehenden in gewisser Weise deutlich ab, aber so, dass gleichzeitig die enge Beziehung ersichtlich wird,
die zusätzlich durch die Wiederaufnahme des Stichworts בריתי unterstrichen wird. Es folgt in den Vv. 6/7 der in sich abgeschlossene Komplex der "Jahwetradition", die auf einen deutlichen, vorläufigen Abschluss in V. 7 zuläuft. Wenn der V. 8 dadurch zunächst von den Vv.
6/7 abgesetzt ist, so wird er doch gleichzeitig durch die Fortführung der
Waw-Perfekt-Reihe mit ihnen verbunden. Wir haben also den Kern der
Jahwetradition im Zentrum, umschlossen von der Vätertradition und
als äußerste Klammer das Vorzeichen, unter dem der Text verstanden
werden soll: *ʾanî Yhwh.* Der Text dokumentiert ein explizites und
durchdachtes Ringen um die Beziehung zweier Traditionskomplexe.
Über die Situation, in der eine solche Klärung notwendig geworden
sein könnte, kann nur spekuliert werden. Es ist keine neue Erkenntnis,
dass in der Exilszeit die Väter und die ihnen gegebenen Verheißungen
eine Aufwertung erfuhren angesichts der Tatsache, dass die späteren
Verheißungen des Gottes Israels fraglich geworden waren, als das, was
man als seine Stiftungen angesehen hatte (Staat, König, Tempel), verloren war. Die den Vätern gegebenen Verheißungen standen in dieser
Situation für Verlässlichkeit und Kontinuität. Diese theologische Entwicklung bildet die Voraussetzung für einen Text wie Ex 6,2–8. Der
mit Abraham geschlossene Bund gilt als Grundlage allen weiteren Handelns Gottes (vgl. Vv. 4/5). Aber, und hier scheint mir das eigentliche
Anliegen P's in diesem Abschnitt zu liegen, so wichtig und richtig der
Rekurs auf den Gott der Väter und das Vertrauen auf seine Verheißung
ist, dieser Rekurs steht unter einem unabdingbaren Vorzeichen, dem
des *ʾanî Yhwh.* Die "Jahwetradition" steht im kompositorischen und inhaltlichen Zentrum des Textes. Der Autor macht deutlich, es ist *Jahwe,*
der in beiden Traditionskreisen, dem der Väter und dem des Volkes
(בני ישראל) der Gott ist, der damals den Vätern erschien und den Bund
mit ihnen aufrichtete und der jetzt auf das Schreien des Volkes hört
("und *ich* bin es auch, der hört...) und jenes Bundes gedenkt. Die Verlässlichkeit, die man dem Vätergott und seinen Verheißungen zutraut,
wird qua Identifikation Jahwes mit dem Vätergott eben auch für Jahwe
in Anspruch genommen. Aber nun nicht so, dass Jahwe einfach nur
von der positiven Besetzung des Vätergottes profitiert. Der Verfasser
füllt bzw. definiert die Jahwetradition in einer ganz bestimmten Weise,
indem er den Jahwenamen verstehbar macht als einen, der das befrei-
ende und volkstiftende Handeln seinem Wesen nach (ablesbar am Namen) garantiert. Die Zeit für dieses Handeln, war in der Vergangenheit,
bei den Vätern, noch nicht gegeben. Weil die Möglichkeit der Erkenntnis des Namens an dieses Handeln gebunden ist, ist den Vätern dieser
Name noch nicht bekannt gewesen. P betont damit das eigene, neue,
über die Vätergottvorstellungen hinausgehende Profil Jahwes, als des

Gottes, der wesentlich mit dem Befreiungsakt verbunden ist, sich eben darin als Gott erweist und in diesem Erweisungsakt für die gegenwärtige Generation erfüllt, was den Vätern erst für ihre Nachkommen zugesagt war.[89]

4.7 Zusammenfassung

Die Analyse von Ex 6,2–8 hat Gelegenheit gegeben, auf viele der zentralen Fragen, die im Laufe der weiteren Untersuchung begegnen werden, einen ersten Blick zu werfen. Ich fasse die wichtigsten Punkte aus dem bisher Gesagten zusammen:

i) Man kann zeigen, dass Ex 6,2–8 in hohem Maße durchstrukturiert ist; dieser Struktur entspricht ein konsistenter Gedankengang.

ii) Innerhalb der jetzigen Textstruktur und vor allem in Bezug auf den Gedankenfortschritt, hat $^{\prime a}n\hat{\imath}$ *Yhwh* seinen festen Platz. Zusammen mit der Häufigkeit des Vorkommens wird deutlich, dieser Text ist ohne $^{\prime a}n\hat{\imath}$ *Yhwh* nicht zu denken, ohne dem Text die eigentliche Spitze abzubrechen.

iii) Ex 6,2–8 ist ein theologischer Programmtext. $^{\prime a}n\hat{\imath}$ *Yhwh* gehört ins Zentrum dieses Programms.

iv) Der Kernsatz $^{\prime a}n\hat{\imath}$ *Yhwh* wird durch die Hinzufügung von $^{\prime æ}loh\hat{e}kæm$ und den Einbau in die Erkenntnisaussage variiert.

v) Auf dem Hintergrund von Struktur und Gedankengang des Textes lässt sich zeigen, dass a) innerhalb des Textes mit inhaltlichen Verständnisvariationen (mindestens zwei) von $^{\prime a}n\hat{\imath}$ *Yhwh* gearbeitet wird,[90] b) "Jahwe" als bedeutungshaltig verstanden ist, wodurch sich die Bedingung der Möglichkeit der Namenserkenntnis gänzlich von derjeni-

---

[89] Diese Interpretation, die Ex 6,2–8 v.a. als Reaktion auf Diskussionen bzw. Entwicklungen im Innern der eigenen Religionsgemeinschaft versteht, kann ergänzt werden durch Überlegungen von A.de Pury, Gottesname, der Ex 6,2f als "(jüdisch/judäische) Antwort auf die von Kyros eingeführte Reichstheologie" versteht. Ex 6,2f besagt: "In zeitlicher Hinsicht: nicht alle Generationen haben Gott unter dem gleichen Namen verehrt. In räumlicher Hinsicht: nicht alle zeitgenössischen Menschen verehren Gott unter dem gleichen Namen." Diese Aussagen sind nach Pury in Zusammenhang mit der persischen Religionspolitik zu sehen: "Der persische Großkönig kann »Babylonier mit den Babyloniern, und Jude mit den Juden«, und ab Dareios »Ägypter mit den Ägyptern« sein, weil er überzeugt ist, dass sich in den Religionen seiner Untergebenen letztlich kein Anderer manifestieren kann als sein eigener Gott des Himmels, Ahuramazda. P greift dieses Angebot dankbar auf: Der Herr des Universums, 'Gott', ist überall derselbe und Eine, er kann aber von den verschiedenen Völkern unter verschiedenen Namen angerufen werden. Bloß in Bezug auf die eigentliche, tiefe, ursprüngliche, intime Identität des einen Gottes gehen die Wege auseinander." (Alle Zitate auf 37.)

[90] Es ist entscheidend wichtig zu sehen, dass nicht alle Belege der $^{\prime a}n\hat{\imath}$ *Yhwh*-Aussage in Ex 6,2–8 über den einen Kamm "Selbstvorstellung" geschoren werden dürfen, gegen etwa L.Massmann, Ruf in die Entscheidung, 166.169.171.

gen unterscheidet, die bei einer angenommenen Selbstvorstellung vorausgesetzt ist.

vi) Für die *ᵃnî Yhwh*-Aussage und die Erkenntnisaussage (mindestes in Vv. 6.7) ist die Bindung an ein konkretes geschichtliches Handeln Jahwes, die Herausführung aus Ägypten, zentral.

vii) Der Text setzt voraus, dass *ᵃnî Yhwh* grundsätzlich in zwei unterschiedlichen Situationen begegnen kann: der des unmittelbaren Offenbarungsempfangs und der der Weitergabe der göttlichen Botschaft durch einen Beauftragten.

viii) Auf der Suche nach Ex 6,2–8 vergleichbaren Texten, sind bereits jene Traditionskomplexe in den Blick gekommen, die die *ᵃnî Yhwh*-Aussage und/oder die Erkenntnisaussage (jenseits der Väter- und Auszugsgeschichte) schwerpunktmäßig beinhalten: das Heiligkeitsgesetz, Ezechiel, Deuterojesaja.

5 Ich-Aussagen im Alten Orient

5.1 Die alttestamentliche ʾanî Yhwh-Aussage im altorientalischen und antiken Kontext

5.1.1 Vorüberlegungen

Bevor die ʾanî Yhwh-Aussagen innerhalb der alttestamentlichen Überlieferung weiter verfolgt werden, soll ein Blick auf den altorientalischen Befund geworfen werden. Die Aussage ʾanî Yhwh erklingt auf dem Hintergrund umfangreichen altorientalischen Materials von "Ich-bin-Aussagen"[1]. Vor diesem Hintergrund kann die alttestamentliche Aussage in ihren Gemeinsamkeiten, die sie mit dem altorientalischen Material teilt, und ihren Besonderheiten wahrgenommen werden.

Fragt man nach ʾanî Yhwh vergleichbaren Aussagen aus der Umwelt des Alten Testaments, dann sind zunächst einmal alle "Ich(-bin)-Aussagen" angesprochen, besonders natürlich jene, in denen auf "Ich (bin)" ein Eigenname folgt.[2] Dabei ist es sinnvoll, den Blick zunächst zu weiten und

---

[1] Zum Terminus 'Ich-bin-Aussage' s. u.

[2] Für das praktische Verfahren ergeben sich verschiedene Schwierigkeiten. Die Übersetzer der jeweiligen Texte sind, wie sich zeigen wird, unterschiedlicher Auffassung darüber, ob ein Nominalsatz vorliegt oder nicht. Ähnliche Phänomene treten ja auch in der Forschungsgeschichte zu ʾanî Yhwh auf. Ob sich also hinter einem "Ich, NN" auch ein Nominalsatz verbergen könnte, ob die appositionelle Stellung sprachlich eindeutig ist oder ob das "Ich" im Originaltext überhaupt nicht erscheint, sondern vom Übersetzer der Verdeutlichung halber gesetzt ist, ist nicht in allen Fällen zu beurteilen. Dort, wo im Folgenden, wie etwa beim Akkadischen, auf die Originalsprache zurückgegriffen und festgestellt werden kann, dass Pronomen und Eigenname vorhanden sind, ist eine syntaktische Analyse, wie ich sie für die hebräischen Belege vorgenommen habe, für den Nichtassyriologen (beim gegenwärtigen Stand der Forschung) nicht möglich. Zwar gibt es etwa bei W.v.Soden (Grundriss der akkadischen Grammatik, § 126 c + j) Angaben über die Satzteilfolge im Nominalsatz, diese bewegen sich aber etwa auf dem Stand, den für das Hebräische W.Gesenius/E.Kautzsch, Hebräische Grammatik, und diese aufnehmende Grammatiker bieten, und leiden an vergleichbaren Unzulänglichkeiten. Neuere Untersuchungen zu syntaktischen Fragen (vgl. etwa J.Huehnergard, The Akkadian of Ugarit) und speziell zu den Nominalsätzen (vgl. F.R.Kraus, Nominalsätze in altbabylonischen Briefen; J.Huehnergard, On Verbless Clauses in Akkadian) gehen über die Erkenntnisse v. Sodens hinaus und haben ihrerseits auch entsprechende hebraistische Veröffentlichungen (etwa F.I.Andersen, The Hebrew Verbless Clause in the Pentateuch) im Blick. Die diachron bedingten Veränderungen, die lokalen Diversi-

nicht zu schnell nach direkten Parallelen zu *ʾanî Yhwh* zu fragen; denn
diese Frage ist im Zweifelsfall bereits von einem bestimmten Vorverständnis der (vermeintlichen) Bedeutung von *ʾanî Yhwh* geleitet.[3]

5.1.2 Die Frage nach der Leistung der Aussagen in ihrem jeweiligen Ko- und Kontext

Die altorientalischen Belege sollen daraufhin befragt werden, wer redet
und was die Leistung dieser Rede ist. Damit soll eine Frage aufgegriffen werden, die sich im Zuge der bisherigen Analyse alttestamentlicher
Aussagen ergeben hatte. Der Begriff der Selbstvorstellung, unter dem
die entsprechenden alttestamentlichen Belege (einschließlich der Belege für *ʾanî Yhwh*) meist behandelt werden, impliziert die bisherige Unbenanntheit und/oder Unbekanntheit des Redenden,[4] die durch die Aussage 'Prn 1.sg. + NP' aufgehoben werden sollen. Mindestens für einige
der alttestamentlichen profanen Beispiele galt nun aber gerade nicht,
dass Name und Person prinzipiell unbekannt gewesen wären.[5] Diese
Schwierigkeit erfährt eine Steigerung dort, wo in einheitlichen Texten
der Redende die Aussage mehrfach einsetzt (vgl. v.a. Beispiele aus Jahwe-Rede). Das altorientalische Material soll daraufhin befragt werden,
welche Hinweise auf die Leistung der Aussagen die jeweiligen Kotexte
hier geben, und ob sich von daher Rückschlüsse auf das Verständnis der
alttestamentlichen Aussagen nahe legen.

Bei der Frage nach der Leistung der verschiedenen Aussagen sind R.
Bultmanns Anregungen zu bedenken, der vier verschiedene Aussagety-
pen der ἐγώ ἐίμί-Formel (Präsentations-, Qualifikations-, Identifika-
tions- und Rekognitionsformel) unterschied, wobei er Parallelen aus der
Umwelt und aus dem Alten Testament mit heranzog.[6]

Die Belege für 'Ich(-bin)-X-Aussagen' im Alten Orient sind zahlreich.
Es dürfte sich dabei kaum um ein Spezifikum dieser historischen Zeit
oder dieses historischen Raumes handeln. Es gibt Unterschiede in der
jeweiligen sprachlichen Realisierung, aber grundsätzlich dürften sich
Aussagen dieser Struktur zu mehr oder weniger allen Zeiten und in allen Räumen finden. Losgelöst aus ihrem jeweiligen Kotext ist die Aussage dabei unspezifisch. Nicht nur ein Wort erhält seine Bedeutung
durch seine Stellung in einem bestimmten Kotext, auch bei dieser Aussage verhält es sich so. In den verschiedenen Kotexten, kann sie durchaus Verschiedenes leisten, und Bultmanns Versuch, vier Funktionen für

---

fikationen sowie die Strittigkeit bestimmter Phänomene unter den Fachgelehrten
erlegen aber dem Fachfremden Zurückhaltung in der syntaktischen Beurteilung von
Nominalsätzen auf.

[3] Um ein größeres Spektrum in den Blick zu bekommen, habe ich darauf verzichtet, den zeitlichen Rahmen der im folgenden zusammengestellten Texte eng zu fassen, es finden sich Texte aus dem 3. Jahrtausend v. Chr. bis in hellenistische Zeit.

[4] Vgl. W.Zimmerli, Ich bin Jahwe, 11; vgl. dazu oben Kap. 2.

[5] Vgl. oben 3.4.1.3.

[6] Vgl. oben unter 3.6.3.

ein und denselben Aussagetyp zu unterscheiden, ist die Frucht entsprechender Beobachtungen.

5.1.3 Zur Terminologie

Mit der Frage nach der Leistung der Aussagen ist auch eine terminologische Frage verbunden. Es hat sich gezeigt, dass der Terminus 'Selbstvorstellungsaussage' die in den alttestamentlichen Belegen gemeinte Sache nicht (immer) trifft.[7] Neben dem Begriff 'Selbstvorstellungsformel/-aussage', der von denjenigen Forschern benutzt wird, die in erster Linie den alttestamentlichen (altorientalischen) Bereich im Blick haben, ist der weiter geschnittene Terminus 'Ich-bin-Wort' in diejenige Literatur eingegangen, die stärker am Neuen Testament orientiert, nach der religionsgeschichtlichen Herkunft der Ich-bin-Worte Jesu im Johannesevangelium fragt.[8] Hier sind v.a. die Arbeiten von Norden[9] und Schweitzer[10] zu nennen, aber auch der im Reallexikon für Antike und Christentum erschienen Artikel "Ich-Bin-Worte" von H.Thyen[11]. Unter dem Terminus 'Ich-bin-Wort' werden dabei nicht nur Aussagen verstanden, in denen dem "Ich-bin" ein Eigennamen folgt, sondern auch solche, in denen ein anderes Nomen oder Äquivalent eines Nomens folgt. Der Terminus 'Ich-bin-Wort' hat gegen-

---

[7] In der englisch- und französischsprachigen Literatur findet sich in der Regel zur Bezeichnung von ʾaⁿî Yhwh der Begriff 'self-identification(-formular') (vgl. z.B. E.W.Conrad, "Fear Not" Oracles, 143 u.ö.), 'formular of self-presentation' (vgl. z.B. A.Schoors, I am God, 70 bzw. 'formule de présentation de soi/de Dieu' (vgl. z.B. P.Auffret, "Écoute, mon peuple!", 289), auch von 'self-declaration' oder 'self-confessional phrase' ist die Rede (vgl. z.B. J.I.Durham, Exodus, 284). Bezogen auf außerbiblische vergleichbare Redeformen wird im Englischen auch von 'self-presentation' gesprochen (vgl. etwa H.G.Güterbock, The Hittite conquest of Cyprus reconsidered, 74.). Im Einzelfall ist zu prüfen, welches Phänomen die jeweils verwendete Begrifflichkeit genau bezeichnet. Wenn etwa A.Barucq in seinem Werk 'L'expression de la louange divine et de la prière dans la Bible et en Égypte' als ein Element in ägyptischen und biblischen Hymnen bzw. Gebeten die "présentation de soi" namhaft macht, dann ist der Begriff hier vergleichsweise weit gefasst: "Le fidèle s'y fait connaître au dieu en une proposition construite, le plus souvent, avec une verbe à la première personne." (ebd. 26). Barucqs Fokus liegt gerade nicht auf nominalen Aussagen, auch wenn diese mit einbegriffen sind (vgl. etwa 365f). Es geht auch nur um Aussagen, mit denen Menschen Gott gegenübertreten (hierzu zählt auch die "Présentation sous couvert d'une divinité", vgl. 379f).

[8] "Als die beiden fraglos vorchristl. Quellen, aus denen dieser Redetyp [sc. die Ich-bin-Worte] sprudelte, haben darum mit Norden [vgl. E.Norden, Agnostos Theos, A.D.] einerseits das AT samt der Welt der altoriental. Religionen, die es umgeben u. darin vielfach ihre Spuren hinterlassen haben, andererseits die in den Isisaretalogien der hellenist. Zeit gipfelnden Götter- u. Königssprüche Ägyptens zu gelten." (H.Thyen, Art. Ich-Bin-Worte, 149f.)

[9] E.Norden, Agnostos Theos.

[10] E.Schweitzer, Ego Eimi.

[11] H.Thyen, Art. Ich-Bin-Worte, 147–213. Hier ist auch die bisher vermutlich umfangreichste Zusammenstellung von Material zu diesem Aussagetyp zu finden.

über demjenigen der 'Selbstvorstellungsaussage' den großen Vorteil,
dass er die möglichen Leistungen der Aussage noch völlig offen lässt.[12]
Nachteilig ist jedoch in gewisser Weise, dass in den meisten Vorkommen der Aussage im Bereich der altorientalischen Sprachen das "bin"
(anders als im Griechischen εἰμί) keine Entsprechung hat. Es findet
sich etwa im Hebräischen an den entsprechenden Stellen keine Form
von היה. Das wirft, wie bereits gezeigt, in vielen Fällen die Frage auf,
ob an diesen Stellen ein Nominal*satz* vorliegt (dann könnte man von einem Ich-bin-Wort reden) oder ob das Nomen (proprium) nicht als Attribut zum Pronomen verstanden werden muss (dann läge kein Ich-bin-
Wort vor). Darüber hinaus könnte 'Ich-bin-Wort' schon in gewisser Weise ein Aussagegefälle innerhalb der 'Ich bin NN/X'-Sätze implizieren,
ein Aussagegefälle hin zu dem anstelle des NN/X einzusetzenden Satz-
teils.[13] Diese Vorbehalte sind mitzuhören, wo ich im Folgenden die Rede von Ich-bin-Aussagen dennoch aufgreife.

5.1.4 Zur Gliederung des Kapitels

Ich möchte unter den oben genannten Vorbehalten (und ohne Anspruch
auf Vollständigkeit) einen repräsentativen Einblick in die Vielfalt der
Ko- und Kontexte geben, in denen "Ich bin NN"-Aussagen getroffen
werden. Um das Material zu sortieren, sollen unterschieden werden: Belege der Redeform im Munde von 1. 'beliebigen' Menschen, 2. des Königs und 3. von Göttern. In vielen Fällen sind die Belege im Mund eines Angehörigen einer der drei Gruppen verbunden mit bestimmten
Formen/Gattungen, wie sie für diese Personengruppe typisch sind. Es
kommt aber auch zu zahlreichen Überschneidungen. Außerdem ist zu
bedenken, dass für die erstgenannte Gruppe generell weniger Überlie-
ferungsmaterial zu Verfügung steht, was nicht heißt, dass bestimmte
Formen nicht auch innerhalb dieser Gruppe angewandt wurden.[14]

---

[12] Die Untersuchung von Aussagen unter dem Stichwort 'Ich-bin-Wort' richtet sich
auf Aussagen mit Eigennamen und solche mit anderen Nomina gleichermaßen.
Zimmerli wollte einen grundsätzlichen Unterschied sehen, der seiner Auffassung
nach zwischen "Ich bin Jahwe" und jeder anderen Prädikatsaussage über Jahwe besteht. Die Kenntnis des Namens יהוה ist, so Zimmerli, einzig und allein möglich,
wenn der Namensträger ihn kundtut, der Name lässt sich nicht von außen erschlies-
sen, wie das etwa bei anderen Prädikatsaussagen möglich wäre. (Vgl. W.Zimmerli,
Erkenntnis Gottes, 102.) Bei der Durchsicht des Materials wird zu bedenken sein,
ob sich eine Unterscheidung im Sinne Zimmerlis bewährt oder nicht.
[13] Allerdings hat etwa Bultmann eine solche Festlegung des Aussagegefälles gerade nicht gesehen, wenn er für ἐγώ εἰμί … und verwandte Aussagen aus dem
nichtgriechisch sprachigen Bereich sowohl mit einer Satzteilfolge Subjekt–Prädikat
als auch mit Prädikat–Subjekt rechnete (vgl. R.Bultmann, Das Evangelium des Johannes, 167f Anm. 2).
[14] Eine häufig anzutreffende Form der Ich-Rede lautet in der deutschen Übersetzung "ich(,) der NN/X". Nicht immer ist dabei auszumachen (vgl. Anm. 3), ob die
Originalsprache Hinweise darauf gibt, dass es sich tatsächlich um eine appositionelle Fügung handelt oder ob sprachlich nicht auch ein Nominalsatz möglich wäre.

5.2 Texte

5.2.1 *Deklarative Ich-Aussagen*[15]

Ein Typ von Aussagen soll der Gliederung nach verschiedenen Sprechergruppen vorangestellt werden, da sie diese übergreift und in ihrer Leistung klar abgrenzbar ist: Es handelt sich um deklarative Ich-Aussagen, Ich-Aussagen, die wirklichkeitsverändernden Charakter haben. Ein Beispiel: Niqmadu II von Ugarit wendet sich um Unterstützung an den hethitischen König Šuppiluliuma[16]:

"Die Sonne, der Großkönig, mein Herr, möge mich aus der Hand der Feinde retten. 12 ma-a a-na-ku ardu^du ša ^il^š[amši^š]^i^šarri rabî bêli-ja *Ich bin der Diener Meiner Sonne, des Großkönigs, meines Herrn. Gegen einen Feind* 13 *meines Herrn bin ich feindlich, mit einem Verbündeten meines Herrn bin ich verbündet. (…)"*[17]

Mit seiner Aussage 'Ich bin der Diener Meiner Sonne' erkennt Niqmadu die Oberhoheit Šuppiluliumas an und unterstellt sich ihm. Die Aussage schafft eine rechtliche Verbindlichkeit, was dadurch unterstrichen wird, dass sie jetzt Teil eines Vertrages ist.[18] Das Aussagegefälle des Satzes geht hin zu demjenigen Satzteil, der in der deutschen Übersetzung *"der Diener Meiner Sonne …"*, lautet.[19]

In Fällen, in denen für mich nachprüfbar sprachlich beides möglich ist, ist zu sehen, dass die Übersetzer in der Mehrzahl einer appositionellen Fügung den Vorzug vor einem Nominalsatz geben (vgl. dazu A.Poebel, Das appositionell bestimmte Pronomen der 1. Pers. Sing., der sich auch für die von ihm behandelten altorientalischen Belege durchgängig für ein appositionelles Verständnis einsetzte). Ausschlaggebend für die Bevorzugung appositioneller Fügungen sind dabei, wie sich zeigen wird, in der Regel nicht syntaktische Überlegungen, sondern z.t., ähnlich wie bei den alttestamentlichen Belegen, ein eindimensionales Vorverständnis der Ich(-bin)-Aussagen im Sinne von Selbstvorstellungen o. ä.

[15] Die Rede von deklarativen Aussagen gehört in den Bereich der Sprechaktanalyse. Zur Anwendbarkeit der Sprechaktanalyse auf historische Sprachen vgl. A.Wagner, Sprechakte; zu den Deklarativen vgl. ebd. 7-27.

[16] Das Hilfegesuch findet Eingang in den Vertrag, den beide aufgrund dieses Gesuches schließen, und durch den sich Šuppiluliuma seine Hilfe entgelten lässt.

[17] Text: J.Nougayrol, Textes Accadiens, II A 3, 17.340, Zitat: 49; Übersetzung: TUAT I, 131 (Herv. A.D.).

[18] Vgl. auch im Rahmen der Vertragstexte der Könige Bar-ga'jā von KTK und Matī‘-'el von Arpad (Sefire, Stele I-III): … גבר עדן הא אנה] "Ein Vertragsmann bin [ich …]"; Text und Übersetzung KAI Nr. 222 (I, 42 bzw. II, 241); vgl. auch TUAT I, 183: "[Ich] bin ein Vertragsmann!"

[19] Vielleicht ist auch eine Reihe ägyptischer Belege, v. a. aus der Totenbuchliteratur hier einzuordnen sind: In ihnen identifiziert sich der Tote mit einem Gott, etwa mit dem göttlichen Horus(-Falken), um so "in die Barke des Sonnengottes aufgenommen zu werden" (TUAT II, 506): *"Ich bin der Unbeschnittene, der aus Re hervorgekommen ist (…) Ich bin der Falke, der aus Re hervorgekommen ist, ich bin die lebendige Uräusschlange, (…). Ich fliege hinauf, um mich in der Barke Chepris niederzulassen, am Bug der Barke, die im Urgewässer ist."* (CT Spruch 364, V 24d-25d, TUAT II, 507) – *"Herausgehen am Tage durch NN. Ich weiß, daß*

5.2.2 Belege der Redeform 'Prn 1.sg. + NP', von beliebigen Menschen gesprochen

5.2.2.1 Eine echte Selbstvorstellung

Eine echte Selbstvorstellung leistet ein Beleg der Redeform im akkadischen Gilgamesch-Epos[20]:

Kol. iv
1 (…)
Sursanabu spricht zu ihm, zu Gilgamesch:
5 *'Wer (bist du), deinen Namen sage mir!*
Ich bin Sursanabu, der (Mann) des fernen Uta.naischtim!'
Gilgamesch spricht zum ihm, zu Sursanabu:
'Gilgamesch ist mein Name (und bin) ich,
der ich aus Uruk, dem Hause des Anu, kam, (…)

Die Frage bzw. Aufforderung *Wer (bist du), deinen Namen sage mir!* weist die folgende Ich-Aussage deutlich als Selbstvorstellung aus. Das Aussagegefälle geht hin zum Namen, er ist das Erfragte. Die folgende Aussage des Gilgamesch leistet Vergleichbares.

5.2.2.2 Identifizierende Selbstvorstellung

Die drei folgenden Texte enthalten der Selbstvorstellung nahe kommende Aussagen. Sie unterscheiden sich aber von einer echten Selbstvorstellung dadurch, dass der Name, die Funktion o. ä. gerade nicht unbekannt ist, vielmehr die Nennung auf Bekanntes rekurriert. Der Redende ist nicht prinzipiell unbekannt, nur die Situation verhindert, dass der Redepartner ihn erkennt.[21] Die Aussage erbringt eher eine Identifikationsleistung als eine Selbstvorstellung. Das Aussagegefälle verläuft hin zum Namen bzw. zu der Bezeichnung, die anstelle des Namens steht:

– Bei seinem ersten Besuch beim Bürgermeister führte Gimil-Ninurta eine Ziege mit. Bei einem späteren Besuch sagt er dann:

146 (…) ›*Ich bin der Mann mit der Ziege*‹![22]

und identifiziert sich damit durch Rekurs auf die frühere Begebenheit.

– Achiqar bringt sich seinem Henker in Erinnerung mit den Worten:[23]

---

ich von Sachmet empfangen wurde, daß mich Schesemtet gebar. Ich bin Horus, der als Horusauge hervorgegangen ist, ich bin Uot, die als Falke hervorging. Ich bin Horus, der hinaufgeflogen ist; auf dem Scheitel Res habe ich mich niedergelassen (…).'' (TB Spruch 66, TUAT II, 507). Ich halte es für möglich, dass diesen Aussagen Wirklichkeit setzende Kraft zugetraut wurde, vgl. zu dazu auch unter 5.2.1.
20 Zitiert nach TUAT III, 646ff zitierter Text auf 667.
21 Vgl. entsprechende alttestamentliche Aussagen in 3.4.1.1.
22 Die Zeile stammt aus 'Der arme Mann von Nippur', zitiert nach TUAT II, 174.

Kol XVII, 15 *[...] ich bin der Achiqar, der dich vormals vor einem unschuldigen Tod errettete (...).*[24]

– Enki verschafft sich Eingang bei Uttu, indem er die Gestalt des Gärtners annimmt, der Uttu bestimmte Gartenprodukte bringen sollte.[25] Als er klopft, fragt sie:

171 *(Sie fragt:) 'Wer bist denn du?'*
172 *(Er antwortet:) Ich bin der Gärtner, Gurken, Äpfel (und) [Trauben] will ich dir für (dein) 'So sei es!' geben.*[26]

5.2.2.3 Graffiti am Osiris-Tempel in Abydos

Schwieriger ist die Funktion der Aussagen in Inschriften zu bestimmen, die sich am Osiris-Tempel in Abydos befinden, Graffiti, die in das 5. bis 3. Jh. v. Chr. datiert werden.[27] Dort haben Wallfahrende (?), Reisende, ihre Namen eingeritzt. "Die Ritzzeichen sind teilweise nicht fertig - gestellt, zerstört oder nur ganz schwach eingetragen, auch vielfach übereinander geschrieben, so dass die Lesung häufig unsicher ist."[28] Trotz dieser Unsicherheit, lässt sich eines ziemlich deutlich erkennen: In der Mehrzahl der Belege folgt auf ein Pronomen 1. sg.[29] ein Eigenname, z.T. mit weiteren Näherbestimmungen, zu denen auch der Beruf gehören kann. In einem Fall (Nr. 5) wurde das Pronomen dem Namen nachgestellt. In wenigen Fällen scheint allein der Eigenname eingetragen worden zu sein.[30] Einige Beispiele[31]:

(4) Ich bin ʾŠMNŠLK.	אנך אשמנשלך (4)
(5) MLK (bin) ich.	מלך אנך (5)
(6) Ich bin BʿLSKR.	אנכי בעלסכר (6)
(7) Ich bin PSR, Sohn des BʿLJTN, der Paukenspieler.	אנכי פסר בן בעליתן המתפף (7)
(8) Ich bin ʿBDRŠP, Sohn des [.]ḤŠQ	אנך עבדרשף בן ـ חֹשֹק (8)
(10) PRSJ	פרסי (10)

---

23 Vgl. 'Die Geschichte und die Sprüche des weisen Achiqar', TUAT III, 320ff. Es handelt sich um einen aramäischen Weisheitstext.
24 TUAT III, 344.
25 Vgl. 'Enki, Ninsikila und Ninchursaga', TUAT III, 363ff (sumerisch).
26 Zitiert nach TUAT III, 378.
27 Vgl. KAI II, 65, zu Nr 49.
28 KAI II, 65, zu Nr. 49.
29 Das Pronomen der 1. sg. ist sowohl in der Form אנך (Zeile 4,7,8 u.ö.) als auch in der Form אנכי (Zeile 6,7,13) belegt.
30 Einmalig Nr. 14: ל + Eigenname, vgl. KAI I, 11 (Nr 49, Zeile 14).
31 KAI I, 11f (Nr. 49) listet 49 Eintragungen auf.

Da kein textliches Umfeld vorhanden ist, ist über die Leistung der Aussagen kaum Sicheres zu sagen. Es spricht nichts gegen die Annahme, dass es sich um Nominalsätze handelt. Das Aussagegefälle dürfte hin zu den jeweiligen Namen gehen. Dafür könnte auch Zeile 10 sprechen, wenn es richtig ist, dass hier nur ein Name steht. Andererseits haben sich die meisten der Schreiber der Mühe unterzogen, auch das Pronomen einzuritzen. Die Aussagen stehen den Selbstvorstellungen sicher nahe, wollen aber wohl mehr sein als Selbstvorstellungen. Der Fundkontext lässt vermuten, dass es den Schreibern wichtig war zu betonen, dass der Namensträger persönlich vor Ort war, deshalb das Pronomen, und seinen Namen nicht etwa durch einen anderen hat einritzen lassen.

5.2.2.4 Sarg- bzw. Grabinschriften

Eine Reihe von Grabinschriften beginnt mit dem Pronomen 1. sg. + NP. In einigen dieser Inschriften ist, geht man überhaupt davon aus, dass eine satzhafte Äußerung vorliegt, allein die Auffassung als Nominalsatz, in anderen auch als appositionelle Fügung möglich. Es sind Inschriften in Zusammenhang mit bildlichen Darstellungen belegt und solche, zu denen keine bildliche Darstellung vorhanden ist, wobei vielfach nicht deutlich ist, ob eine solche Darstellung nie existiert hat oder nur nicht aufgefunden wurde.

Poebel[32] hat phönizische Inschriften untersucht und vertritt, wo immer möglich die appositionelle Auffassung, da eine Selbstvorstellung s. E. in den meisten Fällen der Aussageabsicht der Inschriften nicht gerecht wird. Unter den Belegen, die auch er als Selbstvorstellung verstehen muss, findet sich auch ein Beleg in Zusammenhang mit einer bildlichen Darstellung.

"Die hier vorliegende Selbstvorstellung von der Art, wie ein persönlich anwesender Unbekannter sich vorstellen würde, erklärt sich also (…) keineswegs etwa daraus, dass eine solche Selbstvorstellung des aus der Inschrift in erster Person Redenden allgemeiner Inschriftenstil wäre, sondern lediglich aus dem Umstand, daß hier ein Bildwerk zu dem Beschauer redet und ferner die Rede nichts weiter bezweckt als den Beschauer über die Persönlichkeit des Redenden zu unterrichten. Die Inschriften dagegen, die ein anderes Ziel verfolgen, wie z.B. Bauinschriften, Warnungsinschriften usw., halten sich nie mit einer ausdrücklichen Selbstvorstellung auf, (…) und geben die Information über die Persönlichkeit des aus der Inschrift Redenden lediglich in der Form von Appositionen zu dem die Inschrift einleitenden אָנֹךְ.[33]

Poebel schließt daraus, dass auch dort, wo keine bildliche Darstellung vorliegt, die Inschrift aber nicht anders denn als Nominalsatz verstanden werden kann, ursprünglich auch eine bildliche Darstellung vorhanden gewesen sein muss.[34] Dieser Schluss ist in keiner Weise zwingend

---

[32] A.Poebel, Das appositionell bestimmte Pronomen der 1. Pers. Sing..
[33] A.Poebel, Das appositionell bestimmte Pronomen der 1. Pers. Sing., 26f.
[34] Vgl. A.Poebel, Das appositionell bestimmte Pronomen der 1. Pers. Sing., 28.

und m.E. nicht mit zu vollziehen. Die Überlegungen Poebels aber weisen doch auf einen wichtigen Punkt, der nicht nur für Grabinschriften gilt. Es ist die Frage, ob die Redeform Pronomen 1. sg. + NP, die eine Inschrift einleitet und in Zusammenhang mit einer bildlichen Darstellung steht, eine andere Funktion hat als in einer Inschrift, die nicht im Zusammenhang einer solchen Darstellung steht. Die Frage ist hier nur zu notieren und unten im Zusammenhang der Königsinschriften noch einmal aufzugreifen.

Poebel ist in seiner Argumentation für ein appositionelles Verständnis, die er auch für andere, auch alttestamentliche, Textstellen führt, zu sehr auf die Vorstellung fixiert, es müsse bei einem Verständnis als Nominalsatz eine Selbstvorstellung im strengen Sinne vorliegen und verstellt sich so den Blick für Überlegungen, ob ein Nominalsatz auch andere Funktionen haben könnte.

– Inschrift auf einer Grabstele in Athen (phöniz./griech.)[35]

1 אנך שם בן עברעשתרת אשקלני
2 אש יטנאת אנך דעמצלח בן דעמחנא צדני

Ich bin Šem, der Sohn des ʿAbd-ʿAštarte, ein Askalonier.
Ich (aber), der ich (das Denkmal) aufstellte, bin Daʿm-ṣlḥ, der Sohn des Daʿm-ḥanno, ein Sidonier.[36]

Zu dieser Inschrift wird in einem Relief "ein auf einer Kline aufgebahrter Toter dargestellt, der von einem Löwen angegriffen ist, aber von einem Wesen verteidigt wird, das, obwohl sonst Mensch, als Kopf ein Schiffsvorderteil hat"[37]. Die erste der beiden Inschriften bezieht sich auf den Toten. Da er im Bild dargestellt ist, geht Poebel davon aus, dass es sich "unzweifelhaft" um eine Selbstvorstellung handelt, weil "der Beschauer des Denkmals ohne weiteres die Frage aufwirft: 'Wer ist der auf der Bahre Liegende?', worauf der auf dem Relief Abgebildete eben antwortet: 'Ich bin der so und so'."[38] Syntaktisch besteht in diesem Fall kaum eine andere Möglichkeit als die eines Nominalsatzes.
Die zweite der beiden Inschriften bezieht sich auf den Stifter der Grabstele. Poebel geht davon aus, dass sie keine Entsprechung in der bildlichen Darstellung hat, nimmt aber trotzdem auch für diese Inschrift an, dass sie im Sinne eines "Ich bin …" zu verstehen ist. Der Grund liegt nach Poebel in dem bewusst parallelen Aufbau beider Inschriften.[39]
In Analogie zu dieser Inschrift versteht Poebel auch die folgende:

---

35 Ich gebe die Inschriften in anderer Reihenfolge wieder als Poebel selbst.
36 Text und Übersetzung nach A.Poebel, Das appositionell bestimmte Pronomen der 1. Pers. Sing., 26; vgl. auch KAI Nr. 54 (I, 13; II, 71).
37 A.Poebel, Das appositionell bestimmte Pronomen der 1. Pers. Sing., 26.
38 Vgl. A.Poebel, Das appositionell bestimmte Pronomen der 1. Pers. Sing., 26.
39 Vgl. A.Poebel, Das appositionell bestimmte Pronomen der 1. Pers. Sing., 27.

– Inschrift aus dem Piräus

1 אנך אספת בת אשממשלם צדנת אש יטנא לי

2 יתנבל בן אשממצלח רב כהנם >ל<אלם נרגל

1 *Ich bin Asept, die Tochter des ᵓEšmun-šillem, eine Sidonierin.*
2 *Der mir aber (das Denkmal) errichtete, ist Jaton-Bêl, der Sohn des ᵓEšmun-ṣḥl,
der Oberpriester des Gottes Nerigal.*[40]

Eine dazugehörige bildliche Darstellung ist hier nicht bezeugt, muss
aber nach Poebel existiert haben. Im Unterschied zu der vorausgegangenen Inschrift ist in dieser die Nennung des Stifters des Grabmals in
der Ich-Form der Toten gehalten.[41]
Während in den genannten Inschriften der (nach Poebel) im Bild präsente Tote über seine Identität informiert, sind die folgenden Inschriften
ausführlicher als die vorgenannten, sie geben mehr und andere Informationen als lediglich über die Identität der Toten. Nach Poebel haben
sie völlig andere Abzweckungen als die obengenannten Inschriften. Dieser anderen Abzweckung entspricht es, dass seines Erachtens das einleitende Pronomen 1. sg. + NP nicht als Nominalsatz, d.h. als Selbstvorstellung, zu verstehen ist:[42]

– Grabinschrift des Abdosir aus Kition (3. Jh. v. Chr.)[43] (phöniz., aus
Zypern)

1 אנך אבדאסר בן עבדססם בן חר מצבת 2 למבחיי יטנאת על משכב
נחתי לעלם ולא3שרי לאמתעשתרת בת תאס בן עבדמלך

1 *Ich, Abdosir, Sohn des ABD-SSM, (…) habe eine Stele 2 noch zu meinen Lebzeiten aufgerichtet über meiner ewigen Ruhestätte – auch für meine Fr3au (…)*[44]

Syntaktisch ist es möglich, das Pronomen, wie in der oben zitierten
Übersetzung, mit dem folgenden Verb der 1. sg. zusammenzuziehen.
Nach Poebel, der dieses Verständnis teilt, berichtet "die Inschrift ihrem

---

[40] Text und Übersetzung nach A.Poebel, Das appositionell bestimmte Pronomen
der 1. Pers. Sing., 28; vgl. auch KAI Nr. 59 (I, 13; II, 72).
[41] Vgl. außerdem folgende phönizische Grabinschrift: אנך מחדש בן פנסמלת אש
כתי *Ich bin Mḥdš, der Sohn des Penû-SMLT, der Kitiäer.* Text und Übersetzung
nach A.Poebel, Das appositionell bestimmte Pronomen der 1. Pers. Sing., 28; vgl.
auch KAI Nr. 57 (I, 13; II, 71). Auch in diesem Fall ist nach Poebel davon auszugehen, dass es eine bildliche Darstellung gegeben hat, auf die sich die Inschrift bezieht.
[42] Poebel behandelt hier auch die Sarginschrift des Königs Tabnit sowie dessen
Sohnes ᵓEšmun-ᶜAzar, auf ich unten in Zusammenhang mit den Königsinschriften
zu sprechen komme.
[43] Datierung nach TUAT II, 600.
[44] Text: A.Poebel, Das appositionell bestimmte Pronomen der 1. Pers. Sing., 25,
Übersetzung TUAT II, 601, Poebel bzgl. der Übersetzung von אנך אבדאסר entsprechend; vgl. auch KAI Nr. 35 (I, 8; II, 52).

Wortlaut nach lediglich die Aufstellung der Stele", gehört "also formell in die Klasse der Bauinschriften"[45]. Mindestens bedenkenswert erscheint es mir aber, im Anschluss an die oben behandelten Inschriften ... אנך אבדאסר als Nominalsatz zu verstehen.[46] Poebel wendet sich gegen dieses Verständnis mit dem Argument, dass in dem Grab ja zwei Personen liegen. Wäre also eine Selbstvorstellung der im Grab Liegenden gemeint, müsste man mit einer Rede in der 1. Plural rechnen. Aber selbst wenn ein Nominalsatz tatsächlich eine Selbstvorstellung bedeuten würde, erscheint mir Poebels Argument angesichts der Stellung der Frau zu dieser Zeit wenig stichhaltig.

Auf dem Hintergrund der oben genannten Inschriften, die neben dem Toten auch den Stifter des Grabmals nannten, ist vermutlich die folgende aramäische Grabinschrift zu verstehen:

– Grabinschrift des Priestersohnes Abba aus Givat ha-Miṭar, Jerusalem:

אנה אבה בר כהנה א²לעז(ר) בר אהרן רבה אנ³ה אבה מעניה מרד⁴פה די¹
יליד בירושלם ⁵וגלא לבבל ואסק למתת⁶י(ה) בר יהוד(ה) וקברתה
במ⁷ערתה דזבנת בגטה⁴⁷

Ich, Abba, der Sohn des Priesters E2leazar, des Sohnes Aaron des Älteren, i3ch, Abba, der Unterdrückte (und) Verfolg4te, der in Jerusalem geboren wurde, 5ins Exil nach Babylon ging und Matta6thi(ah), den Sohn des Yehud(ah), heraufbrachte. 6Und ich beerdigte 7ihn in der 6Höh7le, die ich durch den Kaufvertrag gekauft habe.[48]

Die Übersetzung stellt ein Beispiel dafür dar, dass Übersetzer bei Ich-Aussagen auch dort ungern einen Nominalsatz übersetzen, wo er sich syntaktisch durchaus nahe legt. Was sie vermutlich in diesem Zusammenhang zurückgehalten hat und was bei dieser Grabinschrift auffällig ist, ist, dass der Ich-Redner und der Tote nicht identisch sind und der Tote selbst gar nicht zu Wort kommt. Das mag mit der aus der Inschrift ablesbaren Situation zusammenhängen, wonach der Tote in dieses Grab erst nach seiner Überführung gelangte. Die Redeform 'Prn 1. sg. + NP' schlägt formal die Brücke zu anderen Grabinschriften, auch wenn sie inhaltlich, da keine Ich-Rede des Toten, davon unterschieden ist. Trotz dieser ungewöhnlichen Nichtidentität von Ich-Redner und Totem spricht zunächst einmal nichts dagegen, einen Nominalsatz anzunehmen.

Schon die wenigen zitierten Sarg- und Grabinschriften lassen eine Vielfalt von inhaltlichen Möglichkeiten erkennen. Poebel machte in seinen Ausführungen zu recht darauf aufmerksam, dass die Inhalte der In-

---

45 A.Poebel, Das appositionell bestimmte Pronomen der 1. Pers. Sing., 25.
46 Denn Poebels Argument, wonach ein Verständnis der Aussage als Nominalsatz ein Bildwerk voraussetzt, ist ja zunächst eine unbewiesene Behauptung.
47 Text: K.Beyer, Die aramäischen Inschriften, 347 (yJE 80; um Christi Geburt).
48 TUAT II, 575.

schriften darauf hinweisen, dass sie sehr unterschiedliche Abzweckungen haben können. Was vielen dieser Inschriften, trotz ihrer unterschiedlichen Inhalte, die im Verlauf der Inschriften sichtbar werden, gemeinsam ist, ist der Beginn durch ein Pronomen der 1. sg. + NP. Dies ist, wie sich v.a. bei den Königsinschriften zeigen wird, keine Gemeinsamkeit nur von Sarg- und Grabinschriften. Sie teilen dieses Merkmal mit einer Reihe anderer Inschriften. Die Frage erhebt sich, ob die Unterschiede in der Abzweckung der Inschriften (innerhalb einer Gruppe wie den Sarg- und Grabinschriften und zwischen den verschiedenen Inschriftengruppen) Einfluss haben, auf das Verständnis des sie eröffnenden Pronomen der 1. sg. + NP oder ob diesen Inschriften etwas Gemeinsames eignet, das ein einheitliches Verständnis dieser einleitenden Redeform ermöglicht.

5.2.2.5 *Betonte Ich-Rede*
Ob ein Nominalsatz oder eine appositionelle Fügung vorliegt, kann in vielen Fällen nicht entschieden werden. Eine bestimmte Funktion können aber vermutlich beide syntaktischen Konstruktionen übernehmen. Ich möchte diese Funktion die 'betonte Ich-Rede' nennen. Es geht dem Sprecher um die Hervorhebung, dass er selbst geredet oder gehandelt hat.[49] Sie ist v.a in den Königstexten verbreitet, einige Belege lassen sich aber von anderen menschlichen Sprechern anführen.

– In dem sumerischen sog. ›Hiobtext‹ »Der Mensch und sein Gott«[50] folgt auf einen Er-Teil in Zeile 1–24 (so auch wieder ab Zeile 117?) in Zeile 26ff eine Ich-Rede des jungen Mannes:

26 *Ich, der junge Mann, ich der Wissende, kann [dasjenige, was] ich weiß, nicht* <u>*erfolgreich machen,*</u> *(…)*[51]
31 *nachdem ich, der junge Mann, auf die Straße hinausgegangen bin* (…)
42 *Warum werde ich, der Weise, mich einem unwissenden Jüngling anschließen,* (…),
43 *warum werde ich, der Wissende, inmitten der unwissenden Leute gezählt?* (…)
113 *will ich, der junge Mann, vor dir meine Sünden* <u>*demütig bekennen!*</u>[52]

– Ich-Rede dieser Form, mit vorangestelltem Pronomen der 1. sg. + Eigennamen ist auch in den ägyptisch-aramäischen Papyri häufig belegt,[53] etwa im Kontext von Verträgen:

---

[49] Vielleicht ist auch die Grabinschrift des Priestersohnes Abba, s.o., dieser Gruppe von Aussagen zuzurechnen.
[50] TUAT III, 102ff.
[51] Die in den Texten unterstrichenen Passagen sind im nicht kursivierten Original kursiv.
[52] TUAT III, 104ff. Ähnliche Wendungen sind im Text vermutlich noch häufiger belegt, da in TUAT nur Auszüge übersetzt sind. Die unterstrichenen Teile sind in TUAT kursiviert in einem ansonsten nicht kursiv gesetzten Text.

Mahseyah und Yedanyah schließen einen Vertrag, in dem sie unter sich die Sklaven ihrer Mutter, Miphtachja, verteilen. Der Vertragsgegenstand wird in der Wir-Form formuliert. Danach ist Mahseyah der Redende, Yedanyah der Angeredete.[54]

3 (...) והא זנה חלקא זי מטאך בחלק אנת ידניה
(...)
5 (...) והא זנה חלקא זי מטאני בחלק אנה מחסיה
(...)
7 (...) לא אכהל
8 אנה מחסיה בר וברה לי (...) דינן למרשה עליך ועל בניך
9 שמה עבדא זי מטאך בחלק(...)

3 (...) *Und siehe, dies ist der Anteil, der Dir als Teil zufällt, Dir, Yedanyah:* (...) 5 (...) *Und siehe, dies ist der Anteil, der mir als Teil zufällt, mir, Mahseyah:* (...) 7 (...) *Nicht bin ich, 8 – ich, Mahseyah, weder mein Sohn noch meine Tochter* (...) – *imstande, gegen Dich und gegen Deine Kinder bezüglich des Sklaven* (...), *9 der Dir als Teil zufällt, etwas zu unternehmen.*

Die Kombination von Pronomen und Name leistet in Zeile 3 und 5 die betonte Gegenüberstellung der Vertragspartner, in Zeile 8 setzt sich Mahseyah durch die Ich-Rede von seinen Nachkommen bzw. Verwandten ab, im Sinne von 'ich selbst sowie meine Kinder usw.'[55]

5.2.2.6 Beschwörungen und magische Bräuche
Eigene Funktionen dürften Namens- oder Funktionsnennungen im Ko- bzw. Kontext von Beschwörungen oder (anderen) magischen Bräuchen haben.

---

53 Vgl. etwa TAD, 126f (B 5.5 Zeile 3), im Munde der Miphtachja, oder TAD, 74f (B 3.7, Zeile 2.3.12.14.15), ein Text aus dem Anani-Archiv. Die Abfolge Pronomen und Eigennamen findet sich in diesen Texten nicht nur für die 1. sg., auch das Pronomen der 2. sg. begegnet häufig dem Eigennamen vorangestellt, vgl. obiger Text Zeile 3. Unterschiedliche Handhabung des Pronomens scheint vorzuliegen, wenn es um mehrere Personen geht; in diesem Fall kann entweder das singularische Pronomen stehen, vgl. TAD, 44f (B 2.10, Zeile 9) "ich, Jedanjah und meine Kinder" oder aber das pluralische Pronomen der 1. Person, vgl. TAD, 48f (B 2.11, Zeile 9) "wir, Machseja und meine Kinder".

54 Text nach TAD, 222 (B 2.11); Übersetzung: TUAT I, 258ff (als "Sklavenverteilungsvertrag aus Elephantine"), Zitat auf 259. Der Vertagstext trägt ein Datum, das dem 10. 02. 410 v. Chr. entspricht.

55 Die Ich-Aussage (Z. 2) auf der sog. "Fluchtafel" (KAI Nr. 89: I, 18; II, 102) ist möglicherweise auch diesem Zusammenhang betonter Ich-Rede zuzurechnen. Der Text gehört zu Inschriften in punischer Sprache. "Die Inschriften in punischer Schrift und Sprache stammen in ihrer Hauptmasse aus der tyrischen Kolonie und Metropole des punischen Reiches Karthago." (...) Zeitlich dürften diese Dokumente vom 9. Jh. v. Chr. bis zur Zerstörung der Stadt (146 v. Chr.) einzuordnen sein (...) doch ist eine sicherer Datierung meist nicht möglich (...). Doch dürfte der größte Teil der Inschriften in die Blütezeit der Stadt, d.h. ins 3.-2. Jh. v. Chr. gehören." (KAI II, 75).

– In einem sumerischen Beschwörungstext heißt es:

1. "1 *Beschwörung.* *Böser Udug, Totengeist des Brunnens des Berglandes*"[56] [es folgt eine lange Reihe ähnlicher Aussagen, in denen stets zu böser Udug andere Prädikationen angefügt werden; in Zeile 27 geht es dann weiter:]
2. *Ich bin der Beschwörungspriester, der Obertempelverwalter des Enki, der Herr hat mich zu ihm gesandt, mich hat er als Boten im E'engurra zum ihm gesandt.*[57] [Unter 3. folgt dann, was der beschworene Dämon nicht tun soll.]

Nach Bultmann wäre diese Aussage wohl den Qualifikationsaussagen zuzurechnen. Der Redende gibt sich zu erkennen, und zwar als einer, der das Recht und die Macht hat, die Beschwörung zu vollziehen. Das Aussagegefälle geht hin zu *der Beschwörungspriester* (…).[58]

In Beschwörungen sind Ich-bin-Aussagen aber noch in anderer Funktion belegt:

– Das Ritual 'Die Kuh des Sin', für eine schwierige Geburt[59] hat mehrere Abschnitte: 'Beschwörungen', in denen vom Schicksal der Kuh des Sin die Rede ist, die in große Geburtsschmerzen kommt und der von Sin geholfen wird. Dann folgen Ritualanweisungen: "Staub von einer Wegkreuzung …" In der dritten Beschwörung heißt es:

54 *Beschwörung: Ich bin die Kuh des Sin, gehöre dem Sin. Hochträchtig bin ich, und (daher) besonders stößig …*[60]

---

56 TUAT II, 192.
57 TUAT II, 193. (Herv. A.D.) Dieser Beschwörungstext gehört laut TUAT I, 191, vermutlich aufgrund der oben hervorgehobenen Aussage, zum 'Legitimationstytp' sumerischer Beschwörungstexte, der vom 'prophylaktischen Typ', der diese Aussage nicht enthält, unterschieden wird.
58 Ähnliches leistet die Aussage in einem Text zum Neujahrsfest in Babylon. Auf der Tafel ›II‹, die das Ritual für den 4.-5. Nisan enthält, heißt es: *1 Am 4. Nisan, 3¹/3 Stunden (vor Ende) der Nacht, 2 steht der Oberpriester auf und wäscht sich im Flußwasser. Den linnenen Vorhang 3 vor Bel und Beltija entfernt er. 4 Er erhebt zu Bel wie folgt die Hand, spricht (dabei) zu Bel das folgende Gebet:* [Es folgt eine längere Anrede des Gottes, mit Prädikationen. In 29 heißt es dann:] *Ich bin der Oberpriester des Tempels Etuscha, der bei dir ein gutes Wort einlegt: (…)* [Es folgt die eigentliche Bitte.] (TUAT II, 215f) In dem folgenden Gebet an Beltija fehlt eine entsprechende Aussage. – Vergleichbares findet sich auch in Ägypten, vgl. Texte aus dem täglichen Tempelritual [TUAT II, 391ff "eine Sammlung von Texten, die der diensthabende Priester beim allmorgendlichen Gottesdienst im Tempel rezitierte" (391)]. Ein Beispiel: Spruch für das Nehmen des Räuchergefasses: *Heil dir, Räuchergerät der Götter, die im Gefolge Thots sind. (…) Ich bin der Lebende Diener des Re, ich bin der Priester, da gereinigt wurde. Meine Reinigungen sind die Reinigungen der Götter. Ein Opfer, das der König gibt. Ich bin rein.* (TUAT II, 396) Ähnliche Ich-Aussagen finden sich auch in weiteren Texten dieses Rituals.
59 TUAT II, 274ff.
60 TUAT II, 276.

Hier findet mittels der Ich-bin-Aussage eine Identifikation statt, die der Gebärenden die Hilfe des Sin sichern soll. Ähnlich wie in den ägyptischen Totentexten scheint es mir auch hier denkbar, dass die Aussage deklarativen, Wirklichkeit setzenden oder verändernden Charakter hat.

5.2.2.7 *Zusammenfassung*

Die Redeform 'Ich (bin) NN' ist in unterschiedlichen Ko- und Kontexten belegt. Die Bedeutung und Leistung der Aussage ist von diesen jeweiligen Ko-/Kontexten abhängig, wobei im Einzelfall hinsichtlich Syntax und Leistung Interpretationsspielräume bestehen. Deutlich ist, dass keineswegs alle Belege als Selbstvorstellungen verstanden werden können, auch wenn die Redeform eine Selbstvorstellung leisten *kann*. Für die zentrale Frage, ob ein Nominalsatz vorliegt oder eine appositionelle Fügung, zeichnen sich keine eindeutigen Kriterien ab. Während sich in den unter 5.2.2.5 genannten Fällen betonter Ich-Rede die Annahme einer appositionellen Fügung nahelegt, sollte in den meisten anderen Belegen die Möglichkeit eines Nominalsatzes mindestens erwogen werden. Geht man von einem Nominalsatz aus, dann verläuft das Aussagegefälle in den genannten Belegen jedoch stets zum Namen hin. Bultmann hat mit seinem Klassifizierungsvorschlag[61] den Blick auf die verschiedenen Leistungen von Ich-bin-Aussagen gelenkt. Die bisher gebotenen Belege bestätigen die Notwendigkeit einer solchen Differenzierung, andererseits will es nicht recht gelingen, mit den vier von Bultmann vorgeschlagenen Kategorien auszukommen, da etwa die Gruppe der deklarativen Aussagen als eigene Gruppe namhaft gemacht werden muss. Bultmann nannte diejenige Ich-Aussage, die auf die Frage *Wer bist du?* antwortet, Präsentationsformel. Die Selbstvorstellungsaussage wäre eine solche Präsentationsformel. Aufgrund des bisher vorgelegten Materials scheint mir jedoch eine Differenzierung zwischen Selbstvorstellung und Präsentation hilfreich. Neben echten Selbstvorstellungen sind etliche Stellen zutage getreten, die mit dem Begriff 'Selbstvorstellung' unzureichend beschrieben sind. Der Terminus 'Präsentation' käme diesen Stellen weit eher entgegen. Es handelt sich dabei zunächst um die Sarg- und Grabinschriften. Die Leistung dieser Ich(-bin-)NN-Aussage mit dem Stichwort 'Selbstvorstellung' zu fassen, wäre wohl möglich, scheint aber defizitär, wenn man von einer Selbstvorstellung im Sinne einer Information ausgeht, einer Selbstvorstellung in dem Sinne, dass ein "bisher Unbenannter (…) aus seiner Unbekanntheit heraus-[tritt]"[62]. Zu interpretierendes Faktum bleibt, dass die Inschrift in der Ich-Form gehalten ist, und zwar angesichts der nicht (lebendig) leibhaften Anwesenheit des Redenden. Ihre Funktion ist geradezu, diese Abwesenheit zu kompensieren und die Vorstellung von der ('vitalen') Prä-

---

61 Siehe oben unter 5.1.2.
62 W.Zimmerli, Ich bin Jahwe, 11.

senz des Redenden zu erwecken, vielleicht sogar diese Präsenz in gewisser Weise herzustellen. Der Redende "präsentiert" sich. Diese Leistung von Ich-bin-Aussagen ist m.E. weder von dem Vorhandensein einer bildlichen Darstellung abhängig[63], auch wenn diese den Gedanken
der Präsenz unterstützt, noch auf Grab- bzw. Sarginschriften beschränkt.
Gräber und Sarkophage sind Kontexte, in denen der Gedanke der ('vitalen') Präsenz des Grabinhabers von besonderem Interesse ist. Über die
Ich-Rede hat der Tote Anteil am 'Land der Lebendigen'. Diese Funktion kann für sich bestehen, sie kann aber wiederum weiteren Zwecken
dienstbar gemacht werden, etwa wenn Fluchandrohungen das Grab vor
Grabräubern schützen sollen,[64] verleiht die Ich-Form der Rede Mächtigkeit.[65] Neben Grab und Sarkophag gibt es dann aber andere Kontexte, in denen der Aspekt der Präsenz eines nicht leibhaft Anwesenden eine Rolle spielt. Entsprechend könnte eine Deutung der Graphiti am O-
siris-Tempel in Abydos aussehen. Auch die Eröffnungen der im nächsten Abschnitt zu behandelnden Königsinschriften lassen sich m.E. von
diesem Gedanken aus verstehen.

Neben den echten Selbstvorstellungen, den wie dargelegt verstandenen
Präsentationsaussagen, finden sich Aussagen, die man mit Bultmann als
Identifikationen bezeichnen kann, wobei auch hier eine weitere Differenzierung angebracht ist in Aussagen, mit deren Hilfe sich der Redende (mit sich) selbst identifiziert (sich als der bereits Bekannte ausweist)
und Aussagen, mit deren Hilfe der Redende sich mit einer anderen Grös-
se identifiziert, im Sinne einer Falschaussage oder (magischen?) Eins-
werdens mit der anderen Größe.

---

[63] Gesondert zu betrachten ist der Bezug zwischen Inschrift und Darstellung bei
den sog. Beischriften. "Eine figürliche Darstellung kann mit einer identifizierenden
Nameninschrift versehen sein (…)" (D.O.Edzard, Art. Königsinschriften A. Sumerisch, 61). "Die Funktion der *Beischriften* (…) mag primär gewesen sein, ein Bild
zu erläutern; darüber hinaus war sie aber wohl dazu bestimmt, die Rolle des Dargestellten zu verewigen" (ebd. 64). Sind diese Beischriften im Ich-Stil gehalten (vgl.
etwa Beischriften zu Reliefdarstellungen), dann kommen sie einer Selbstvorstellung nahe; vgl. dazu A.Poebel, Das appositionell bestimmte Pronomen der 1. Pers.
Sing., zu entsprechenden Grabinschriften in Zusammenhang mit einer bildlichen
Darstellung; dabei ist m.E. nicht hinreichend deutlich, dass diejenigen Grabinschriften, in deren Kontexte eine bildliche Darstellung belegt ist, notwendig als Beischriften zu verstehen wären; generell dürfte der Hinweis Rengers gelten, den dieser in
Zusammenhang von Beischriften aus altakkadischer Zeit gibt, wonach in "vielen
Fällen (…) sich (…) nicht genau entscheiden läßt, ob eine Textpassage Beischrift
oder Teil der Hauptinschrift ist" (vgl. J.Renger, Art Königsinschriften B. Akkadisch, 66f). Dass außerhalb der Gruppe der Beischriften die Beziehung zwischen
Darstellung und schriftlichem Bericht durchaus locker sein kann, ergibt sich aus
Rengers Hinweisen zu den Wandorthostaten Tiglatpileser III. und Sargons II. (vgl.
J.Renger, Art. Königsinschriften B. Akkadisch, 74).
[64] Vgl. dazu unten (unter 5.2.3.3) die Sarginschrift des Königs Tabnit.
[65] Diese Überlegungen treffen zwar auch für ein appositionelles Verständnis zu,
sie eröffnen aber mindestens die Möglichkeit für ein Verständnis als Nominalsatz,
da sie nicht länger von der Gleichung Nominalsatz = Selbstvorstellung ausgehen.

Ein Beleg für die von Bultmann sogenannte Rekognitionsformel, in der das Pronomen Prädikat der Aussage ist, hat sich nicht gefunden.

5.2.3 Belege der Redeform 'Prn 1. sg. + NP', vom König gesprochen

Wie die unter 5.2.2 besprochenen Aussagen leisten auch die von Königen gesprochenen 'Ich-bin-Aussagen' je nach Ko- bzw. Kontext und Gattung Verschiedenes. Allerdings wird die Masse der Belege von den Königsinschriften gestellt, andere Kotexte sind dagegen vergleichsweise wenig ergiebig.[66] Die beiden ersten Beispielgruppen entstammen zum Teil ebenfalls dem königsinschriftlichen Bereich, die Ich-bin-Aussagen unterscheiden sich jedoch von den später zu behandelnden.

5.2.3.1 Identifikation (als Falschaussage)

In der Behistun-Inschrift Darius' des Großen[67] wird u.a. berichtet, dass Kambyses, Sohn des Kyros, seinen Bruder Smerdis erschlug, ohne dass dem Volk diese Tatsache bekannt wurde. In Abwesenheit des Kambyses trat nun ein Magier namens Gaumata auf:

"(...) *Er belog das Volk so: '39 Ich bin Smerdis, der Sohn des Kyros, der Bruder des Kambyses.'* 40 *Darauf fiel das ganze Volk von Kambyses ab* (...)"[68]

Mit Gaumata beginnt eine Reihe von neun Königen, die sich gegen Darius aufgelehnt und Machtansprüche auf den Königsthron ihres jeweiligen Landes erhoben haben. Diese Machtansprüche untermauern sie mit falschen Identifikationen in der Form: "Ich bin X/NN (...)". Darius rühmt sich, diese Könige in diversen Schlachten geschlagen zu haben. Nachdem Darius Gaumata getötet hatte, empörte sich ein Mann namens Assina in Elam:

(i-gab-bi um-ma) ana-ku šar matuelamtiki[69]
" 75 *Zum Volk sprach er: 'Ich bin König in Elam.' Darauf wurden die Ela76mer abtrünnig;* (...)"[70]

---

[66] Zu 'Ich-bin'-Aussagen im Munde des Königs aus Ägypten und deren verschiedenen Funktionen vgl. J.Bergman, Ich bin Isis, 224, Anm. 3.
[67] TUAT I, 419ff. "Das Felsbildwerk Darius' I. (Regierungszeit 522–486 v. Chr.) zu Behistun mit seinen Inschriften in altpersischer, elamischer und babylonischer Keilschrift ist die bedeutendste Urkunde Vorderasiens im Altertum, weil es die Entzifferung dieser Schriften ermöglicht und damit das eigentliche Tor zur Geschichte des Alten Orients außerhalb Ägyptens geöffnet hat. Zudem handelt es sich auch unabhängig davon um ein historisches Dokument ersten Ranges." (419)
[68] TUAT I, 425, in § 11 der Inschrift. In der babylonischen Version nicht erhalten, vgl. aber altpersische und elamische Version bei F.H.Weissbach, Die Keilschrift der Achämeniden, 16. Vgl. auch § 13 um seine falsche Identität wahren zu können, muss Gaumata mögliche Mitwisser umbringen: 52 (...) *'Sie sollen von mir nicht merken, daß ich nicht Smer53dis bin, der Sohn des Kyros!'* ša a Ibar-zi-iá ana-ku aplušu ša Iku-ra-aš, Text: F.H. Weissbach, Die Keilschrift der Achämeniden, 19.
[69] Text: F.H.Weissbach, Die Keilschrift der Achämeniden, 23.

Ebenso machte es ein Babylonier:

"Er belog das Volk so: 'Ich bin Neb79ukadnezar, der Sohn des Nabonid.' Darauf
ging das ganze babylonische Volk 80 insgesamt zu diesem Nidintu-Bel über.
(...)"[71]

Während Darius in Babel für Ordnung sorgt, entsteht erneut Unruhe in
Elam. Ein Mann namens Martiya beansprucht die Macht:

"Zum Volk sprach er so: 'Ich bin Immanisch, König von Elam.' (...)"[72]

Auf den ersten Blick sehen die vier Belege aus der Behistuninschrift
aus wie Selbstvorstellungen – ein Unbekannter tritt dem Volk gegenüber und nennt seinen Namen –, bei näherem Hinsehen haben sie eine
völlig andere Funktion. Das dritte Beispiel ist dabei das schönste: Hier
wird ganz deutlich, dass der Name, zusammen mit der Apposition 'Sohn
des Nabonid', eine *Bedeutung* hat, wenn auch nicht im etymologischen
Sinn. Mit der Namensnennung allein weist sich der Namensträger als
Thronerbe aus. Im ersten, zweiten und vierten Beispiel wird dieser Anspruch auf den Thron expliziter erhoben durch die Aussage 'König in/
von ...'. Die Selbstaussage, die Preisgabe der Identität, die hier eine
Falschaussage ist, bringt den Machtanspruch zum Ausdruck. Der Name
steht nicht für sich selbst, er verweist auf eine bestimmte Geschichte,
auf Zusammenhänge, die durch die Namensnennung evoziert werden.
Zwar geht auch in diesen Beispielen das Gefälle hin zum Namen oder
zur Funktionsbezeichnung, möglicherweise aber erhält das 'ich' aufgrund des Ko-/Kontextes in diesen Fällen eine gewisse polemische Be-

---

[70] TUAT I, 428, in § 16 der Inschrift.
[71] TUAT I, 428. In der babylonischen Version nur noch ana-ku erhalten, vgl. F.H.
Weissbach, Die Keilschrift der Achämeniden, 23. Die Aussage "Ich bin Nebukadnezar (, König von Babel)", wird in der babylonischen und elamitischen Version im
weiteren Verlauf noch zweimal zitiert, vgl. § 18 und 19.
[72] TUAT I, 430, in § 21 der Inschrift. In der babylonischen Version sind nur Reste
des Namens erhalten, vgl. aber die altpersische und elamische Version, F.H.Weiss-
bach, Die Keilschrift der Achämeniden, 28f. Vergleichbare Aussagen, mit denen
Personen über meist falsche Identitätsangaben Machtansprüche begründen, finden
sich noch häufiger, vgl. etwa: IV C § 24, S. 430; F.H.Weissbach, Die Keilschrift
der Achämeniden, 29 (Seitenzahlen bei Weissbach beziehen sich auf die babylonische Version). § 31 babylonische Version, S. 434; F.H.Weissbach, Die Keilschrift
der Achämeniden, 37. § 33, S. 435; F.H.Weissbach, Die Keilschrift der Achämeniden, 41. IV F § 40, S. 437; F.H.Weissbach, Die Keilschrift der Achämeniden, 47
u.ö; vgl. die Zusammenfassung mit den entsprechenden Redezitaten in VI § 52, S.
443; in der babylonischen Version nur zum Teil erhalten, vgl. F.H. Weissbach, Die
Keilschrift der Achämeniden, 59, sowie die Beischriften B-J zu den einzelnen Fi-
guren des Reliefs, in der Form: *"Dies ist Gaumata der Magier; er log; so sprach er:*
'Ich bin Smerdis, der Sohn des Kyros. Ich bin König.'" S. 450; anāku steht jeweils
dem Namen voran, vgl. F.H.Weissbach, Die Keilschrift der Achämeniden, 77.79.

tonung: 'Sollten irgendwelche Zweifel entstehen, *ich*, und nur ich, bin NN, der rechtmäßige König.'

5.2.3.2 Rechtlicher Ko-/Kontext

Als Beispiele für Belege, die rechtlichem Kontext entstammen,[73] seien einige Stellen aus dem Codex Hammurapi[74] genannt: In den Zeilen 1–49 des Prologes wird zusammenfassend etwa ausgesagt: Als Anu und Enlil Marduk die Enlil-Würde verliehen, Babel großmachten und ihm ein ewiges Königtum festsetzten, haben Anu und Enlil Hammurapi mit seinem Namen genannt.

Kol I, 50) Ḫa-am-mu-ra-pí 51) re-ju-um 52) ni-bi-it 53) [d]Ellil (EN.LÍL) a-na-ku 54) mu-kam-me-er [es folgt eine lange Reihe Prädikationen, die nächste Ich-Rede folgt dann in:] Kol V, 13) mi-gi₄-ir [d]Ištar (INANNA) a-na-ku 14) i-nu-ma …

Die Übersetzungen verstehen die fragliche Konstruktion syntaktisch unterschiedlich. Die Übersetzung in ANET[75] geht von einem Nominalsatz aus, diejenige in TUAT nicht[76]:

Ich Hammurapi, der von Enlil berufene Hirte, der Hülle und Fülle aufhäufte und alles Erdenkliche fertigstellte [...] Kol V, 13 der Liebling der Ischtar, ich – als Marduk mich beauftragte ...[77] ab Kol V, 26 Gesetze.

---

[73] Vgl. außerdem die „Vorschriften für Diener des Königs" in einem hethitischen Rechtsbuch (vgl. TUAT I, 124f). Dort heißt es unter anderem: *II* (…) *17* (…) *Wer aber unrein ist, 18 den wünsche ich, der König, nicht.* (…) (TUAT I, 124) *III* (…) *16 Ich, der König, kann den (Wagen dann) einem Ausländer schicken* (…). *24 Einst fand ich, der König, in der Stadt Sanahuitta 25 im Waschbecken ein Haar.* (TUAT I, 125). Die Wendung "ich, der König" findet sich an vereinzelten Stellen innerhalb der Vorschriften. Das 'ich' steht weder bei jeder Erwähnung des Königs, noch steht die Wendung "ich, der König" innerhalb der verschiedenen Bestimmungen an vergleichbaren Stellen. Die Kombination von Pronomen und Nomen entspricht den oben unter 5.2.2.5 behandelten Belegen 'betonter Ich-Rede'. Erst durch die Kombination beider Elemente wird die größtmögliche Autorität der Bestimmungen erzielt. Das Nomen "König" macht stets deutlich, dass hinter diesen Bestimmungen die höchste Autorität im "Staat" steht, das Pronomen "ich" vergegenwärtigt diese Autorität. Im 'Ich' ist der König präsent. Die Beschreibung der Leistung der Ich-Aussage trifft sowohl für einen Nominalsatz als auch für eine appositionelle Fügung zu.
[74] Umschrift aus: R.Borger, Babylonisch-Assyrische Lesestücke II. Der CH ist im 18. Jh. v. Chr. entstanden. [Die Regierung Hammurabis wird unterschiedlich datiert; TUAT I gibt "nach sog. mittlerer Chronologie 1793–1750" an (39).] Er besteht aus Prolog, Rechtssammlung, Epilog. Er "ist aufgebaut nach einem Schema, das für ausführlichere königliche Bauinschriften entwickelt worden war, wobei der Baubericht durch die Rechtssammlung ersetzt wurde" (TUAT I, 39).
[75] J.B.Pritchard, (Hg.), Ancient Near Eastern Texts.
[76] Vgl. auch R.Borger, Lesestücke III, 101, der zu Zeile 53 kommentiert: „'ich', nicht '(bin) ich'", und damit wohl einen Nominalsatz explizit ausschließen will.
[77] TUAT I, 40.

Hammurabi, the shepard, calles by Enlil, am I; The one who makes affluence and
plenty about; who provides in abundance all sorts of things ... Kol V, 13 the favou-
rite of Inanna am I. When Marduk commissioned me ...[78]

Im Epilog hält Hammurapi u.a. noch einmal die Verdienste seiner se-
gensreichen Herrschaft fest und gibt der Hoffnung Ausdruck, dass auch
seine Nachfolger sein Gesetz beachten. Es folgen umfangreiche Fluch-
wünsche für Nichtbefolgen. Während die Übersetzung in TUAT bei den
folgenden Stellen wieder durchgehend der Auffassung folgt, dass kein
Nominalsatz vorliegt, ist in den Übersetzungen aus ANET ein Schwanken zu beobachten:

Kol XLVII, 9) Ḫa-am-mu-ra-pí 10) šar-ru-um gi-it-ma-lum a-na-ku ...15 ú-ul e-gu
...
Ich Hammurapi, der vollkommene König, ... wurde nicht säumig ...[79]
I, Hammurabi, the perfect king, was not careless (or) neglectful ...[80]

41) ib-bu-ú-nin-ni-ma 42) a-na-ku-ma 43) rē'šûm (SIPA) mu-ša-al-li-mu-um 44) ša
...[81]
(Die großen Götter) haben mich berufen. Ich, der heilbringende Hirte, dessen Stab
gerecht ist – mein guter Schatten ist über meine Stadt gebreitet ...[82]
The great gods called me, so I became the benificent shepherd whose scepter is
righteous ...[83]

79) šarrum (LUGAL) ša in šàr-rí 80) šu-tu-ru a-na-ku ...
Ich, der König, der unter den Königen hervorragt – meine Worte sind erlesen ...[84]
I am the king who preeminent among kings; my words are choice ...[85]

Kol XLVIII, 95) Ḫa-am-mu-ra-pí 96) šàr mi-ša-ri-im 97) ša dŠamaš (UTU) ki-na-
tim 98) iš-ru-ku-šum an-na-ku
Hammurapi, der König der Gerechtigkeit, dem, der Sonnengott Recht geschenkt
hat, ich – meine Worte sind erlesen ...[86]
I, Hammurapi, am the king of justice, to whom Shamash committes law. My words
are choice ...[87]

Der Gebrauch von Pronomen 1. sg. und Eigennamen in Prolog und Epilog des Codex Hammurapi in den zitierten Beispielen hat große Ähn-
lichkeit mit demjenigen Gebrauch, der in den unten zu nennenden Kö-

---

[78] ANET, 164.
[79] TUAT I, 75.
[80] ANET, 177.
[81] Borger kommentiert zu 42): „-ma betonend, also etwa 'ich selbst, eben ich'",
R.Borger, Lesestücke III, 106.
[82] TUAT I, 76.
[83] ANET, 178.
[84] TUAT I, 76.
[85] ANET, 178.
[86] TUAT I, 77.
[87] ANET, 178.

nigsinschriften anzutreffen ist. Im Codex Hammurapi ist das Pronomen
dem Namen nachgestellt. Zwischen den Eigennamen und das Pronomen
treten dabei Näherbestimmungen zum Namen. Der einzige Beleg (Kol
XLVII, 42), in dem *anāku* nicht nachgestellt ist, ist außerdem derjenige, in dem ein *-ma* an *anāku* angehängt ist.[88] Die Voranstellung scheint
ihren Grund nicht darin zu haben, dass das Pronomen an dieser Stelle
nicht auf den Eigennamen, sondern auf ein anderes Nomen bezogen ist,
da sonst auch Kol V, 13 (s.o.) und Kol XLVII, 80 (s.o.) eine Voranstellung zu erwarten wäre. Die Übersetzer sind, wie gezeigt, unterschiedlicher Auffassung darüber, ob ein Nominalsatz vorliegt oder nicht. Syntaktisch und inhaltlich wäre die Annahme eines Nominalsatzes möglich. In den Fällen, in denen sich das Pronomen auf ein Nomen bezieht,
bestehen inhaltlich keine Schwierigkeiten, und auch diejenigen Fälle, in
denen der Eigenname Bezugspunkt ist, sind dann nicht problematisch,
wenn man in einer solchen Ich-bin-Aussage nicht automatisch eine
Selbstvorstellung sehen zu müssen meint.

5.2.3.3 *Königsinschriften*
Die Redeform 'Prn 1. sg. + NP', von einem König gesprochen, findet
sich in ihrer Mehrzahl in den Königsinschriften.[89]

"Als K. werden konventionell Inschriften bezeichnet, die ein Herrscher (oder Mit-
glied seiner Familie) anläßlich eines offiziellen, in seine Kompetenz fallenden Vor-
habens verfasste, (…), die auf die Dauer Geltung haben sollten und die gewöhnlich
nicht auf dem alltäglichen Schriftträger der Tontafel niedergelegt sind."[90]

Es gibt verschiedene Möglichkeiten diese Inschriften zu klassifizie-
ren.[91] Berger unterscheidet nach "dem Befund von Material und Form
(…): Inschriften an *Gebrauchsgegenständen, Votivgegenständen, Bau-
materialien* und *Monumental-Inschriften*"[92]. Hinzu tritt eine Unterschei-

---

[88] Prinzipiell kann wie im Hebräischen so auch im Akkadischen innerhalb des Nominalsatzes das Pronomen sowohl in Erst- als auch in Zweitposition (bezogen auf
die beiden obligatorischen Glieder des Nominalsatzes) stehen, vgl. W.v.Soden,
Grundriss, § 126, Beispiel unter d) und g); zu enklitischem -ma in diesem Zusammenhang vgl. § 127 e) und g).
[89] Die bislang in 5.2.3 genannten Texte gehörten bereits teilweise zu diesen Inschriften.
[90] D.O.Ezard, Art. Königsinschriften A. Sumerisch, 59. Es finden sich zwar durchaus auch Tontafelinschriften, diese duplizieren aber in der Regel Inschriften eines
anderen Inschriftenträgers und dienten wohl "archivarisch-annalistischen Zwecken"
(P.-R.Berger, Die neubabylonischen Königsinschriften, 101).
[91] Da die Kritierien für eine Klassifikation in der Forschung nach wie vor umstritten sind, existieren verschiedene Modelle nebeneinander, die sich meist an den speziellen Erfordernissen des jeweils edierten und bearbeiteten Materials orientieren,
vgl. dazu etwa H.Tadmor, The inscriptions of Tiglath-Pileser III, 22; E.Frahm, Einleitung in die Sanherib-Inschriften, 33f.
[92] P.-R.Berger, Die neubabylonischen Königsinschriften, 3. Berger weist darauf
hin, dass die Bezeichnung "neubabylonisch" für diese Inschriften sprachgeschicht-

dung unterschiedlicher Inschriftenformulare,[93] wobei die "materialbe-
stimmten Inschriftengruppen auch literarische Gruppen bilden, mit einheitlichen stilistischen Baumerkmalen"[94].
Der zeitliche und lokale Rahmen der im Folgenden zusammengetrage-
nen Inschriften ist weit gesteckt. Dennoch weisen die Inschriften genü-
gend Gemeinsamkeiten auf, um sie alle als 'Königsinschriften' zu bezeichnen und sie gemeinsam auf die Funktion der Ich(-bin)-KN-Aussa-
gen, soweit vorhanden, zu befragen.[95]
Obwohl die Ich-Rede für eine Vielzahl der Königsinschriften typisch
ist, ist nur in einem Teil der Königsname in Zusammenhang mit dem
Pronomen 1. sg. belegt.[96] Berger, der für die neubabylonischen Inschriften 'Votivformular' und 'profanes Formular' unterscheidet[97] und für beide Formen eine gewisse Entwicklung verzeichnet, schreibt:

"Eine andere Entwicklung dieses einfachen Grundformulars (sc. des 'profanen' For-
mulars) kennzeichnet die Einführung des Personalpronomens in der ersten Person,
das die Inschriften aus ihrer zurückhaltenden Unpersönlichkeit heraushebt."[98]

---

lich irreführend ist, da die Schriftzeugnisse als spätbabylonisch einzustufen sind,
vgl. ebd. 1. Berger hat in der genannten Arbeit einen Schwerpunkt auf den literarischen Bau und die Formensprache dieser Inschriften gelegt.
[93] Vgl. P.-R.Berger, Die neubabylonischen Königsinschriften, 9ff. Ähnliche Wege
gehen D.O.Edzard/J.Renger, Art. Königsinschriften.
[94] P.-R.Berger, Die neubabylonischen Königsinschriften, 10. Berger macht diese
Beobachtung an den neubabylonischen Königsinschriften, sie dürfte cum grano sa-
lis aber auch für die Mehrzahl der anderen in diesem Abschnitt benannten Inschriften gelten. Zu Formalisierungsversuchen in Bezug auf die altorientalischen Königsinschriften vgl. S.Franke, Königsinschriften und Königsideologie. Zu ihrer terminologischen Unterscheidung verschiedener Inschriftentypen, vgl. 29ff.
[95] Wie diese Gemeinsamkeiten jeweils zustande gekommen sind, lässt sich nicht
immer zurückverfolgen. Deutlich ist, dass spätere Herrscher durchaus Inschriften
früherer Herrscher – nicht nur ihrer unmittelbaren Vorgänger – kannten, und sich
von älteren Formularen beeinflussen ließen (vgl. P.-R.Berger, Die neubabylonischen
Königsinschriften, 92ff). Hinzukommt, dass durch die Gattung 'Königsinschrift' ein
bestimmtes Repertoire an Inhalten vorgegeben ist, die sich wenigstens zum Teil in
vergleichbaren Formen niedergeschlagen haben. – Als eine der ersten systematischen Untersuchungen zu Form und Stil der Königsinschriften vgl. S.Mowinckel,
Die vorderasiatischen Königs- und Fürsteninschriften, 278–322, vgl. hier auch zur
Funktion der Ich-Rede in den Inschriften 297ff.304.314.
[96] Das Pronomen steht häufig in dem auf den Königsnamen *folgenden* Kotext.
[97] Vgl. P.-R.Berger, Die neubabylonischen Königsinschriften, 83.
[98] P.-R.Berger, Die neubabylonischen Königsinschriften, 83. Die Königsinschriften früherer Zeit scheinen weitgehend in der 3. sg. gehalten gewesen zu sein. S.
Franke, die die Königsinschriften der altakkadischen Epoche untersucht (zu den
Texten dieser Epoche vgl. I.J.Gelb/B.Kienast, Die altakkadischen Königsinschriften
des dritten Jahrtausends v. Chr.), weist darauf hin, dass sich die erste Person nur in
den Beteuerungsformeln in Inschriften des Rīmuš (vgl. S.Franke, Königsinschriften, 144) und im erzählenden Abschnitt erst in einer Inschrift Narām-Suens findet,
eine Neuerung, die sich nicht sogleich hat durchsetzen können (vgl. ebd., 186.246.
249). Auf das Vorkommen des Pronomens der 1. sg. in Zusammenhang mit dem

Auch im Votivformular kann das Personalpronomen der ersten Person eingeführt werden. Es steht in einer Königsinschrift also nicht notwendig in Zusammenhang mit dem Königsnamen, andererseits ist die Redeform so häufig belegt, dass sie als ein (typisches, wenn auch nicht notwendiges) Formelement von Königsinschriften gelten kann.[99] Auch über die von Berger behandelten neubabylonischen Königsinschriften, frühere wie spätere, hinaus gilt: Es sind sowohl Inschriften mit dem Namen vorangestelltem, als auch mit nachgestelltem Pronomen der 1. sg. belegt. Ist das Pronomen vorangestellt, folgt der Name unmittelbar; ist das Pronomen nachgestellt, sind Name und Pronomen durch eine z.T. erhebliche Anzahl von Epitheta u.ä. voneinander getrennt. Ob es Gründe für eine Vor- oder Nachstellung des Pronomens gibt und ob mit der unterschiedlichen Stellung unterschiedliche Aussageleistungen verbunden sind, ist, soweit ich sehe, noch nicht geklärt, nur selten wird überhaupt die entsprechende Frage gestellt. Poebel hatte diachrone Gründe vermutet; allerdings sind in einigen Fällen beide Wortfolgen unter einem König belegt. Auch die archaisierende Tendenz verschiedener Königsinschriften könnte eine Rolle spielen.[100] Wenn Berger schreibt, dass die Position des Pronomens innerhalb der Titulatur "austauschbar" ist,[101] geht er wohl nicht davon aus, dass mit der unterschiedlichen Stellung Bedeutungsunterschiede verbunden sind. In den von Berger behandelten Inschriften findet sich vorangestelltes *anāku* nur in einer Inschrift Nabonids. Berger glaubt nachweisen zu können, dass die "Einleitung der *Nabonid*-Inschrift (…) in Anlehnung an" assyrische Inschriften Assarhaddons und seiner Nachfolger, für die vorangestelltes *anāku* typisch gewesen ist, formuliert wurde.[102] In der

---

Königsnamen geht Franke nicht ein, es scheint in den von ihr bearbeiteten Texten nicht vorzukommen (das entspricht dem Ausweis der von I.J.Gelb/B.Kienast, Die altakkadischen Königsinschriften bearbeiteten Texte; einzige Ausnahme ist Elam 12, ebd. 337: *Ich bin Kutik-inšuši-nak, Landerbe von Susa … Vgl.* außerdem einen (bislang unpublizierten) Text, auf den Franke hinweist. Er wurde in der neubabylonischen Tempelbibliothek von Sippar gefunden und ist die Kopie einer Inschrift Maništušus. Der Anfang des Textes lautet nach W.Al-Jadir/K.Al Adami, NABU 2/ 1987, 30: anāku ma-nu-uš-tu-us-su mār šarru-kīn (vgl. S.Franke, Königsinschriften, 7, Anm. 41).

[99] Nach J.Renger lautete das Schema der "Königsinschriften der Achämeniden aus Persien (538-ca. 400)": "ich bin KN + Titel + Filiation + göttliche Erwählung als König durch den Gott Ahuramazda" (J.Renger, Art. Königsinschriften, B. Akkadisch, 71).

[100] Vgl. P.-R.Berger, Die neubabylonischen Königsinschriften, 4.92ff.

[101] "Üblicherweise steht es [sc. das Personalpronomen], sofern es auftritt, am Schluss der Titulatur. In wenigen Fällen ist es vor dem Autonym, bzw. am Anfang der Inschrift zu finden. Dies jedoch nur in Inschriften Nabonids." Vgl. P.-R. Berger, Die neubabylonischen Königsinschriften, 84. An der Stellung des *anāku* in dieser Inschrift ist zudem auffällig, dass es am Schluss der Titulatur noch einmal wiederholt wird (vgl. P.-R.Berger, Die neubabylonischen Königsinschriften, 53).

[102] Vgl. P.-R.Berger, Die neubabylonischen Königsinschriften, (53) 96.

Regel lassen sich für bestimmte Zeiträume, für eine bestimmte Herr-
scherabfolge eine der beiden Wortfolgen als typisch aufweisen.

Bei voran- wie bei nachgestelltem Pronomen ist zu fragen, ob es sich
bei diesen Belegen um Nominalsätze handelt oder nicht.

Renger gibt
durch seine Übersetzung "ich bin KN" zu erkennen gibt, dass er für die
achämenidischen Königsinschriften aus Persien von einem Nominalsatz ausgeht, Berger lehnt im Anschluss an Poebel das Verständnis als
Nominalsatz ab.[103] Eine Mehrheit der Übersetzer entscheidet sich ebenfalls gegen einen Nominalsatz. Die Ablehnung eines Nominalsatzes geschieht dort, wo über Gründe Auskunft gegeben wird, in der Regel im
Gefolge Poebels, der "geltend gemacht [hatte], dass es syntaktisch wie
inhaltlich untragbar sei, bei dem entsprechenden Auftreten des Personalpronomens *anāku* innerhalb der Texte einen Nominalsatz zur Selbstvorstellung des Autors (...) anzunehmen"[104]. Stattdessen gilt als Leistung der Redeform die "betonende Hervorhebung", in der Übersetzung
ist das Pronomen "dem syntaktischen Zusammenhang unterzuord-
nen".[105] Dass die Leistung der Redeform für einige Stellen damit richtig beschrieben ist, ist nicht zu bestreiten, zweifelhaft sind aber die
Gründe für die prinzipielle Ablehnung eines Nominalsatzes. Ich vermute, dass auch die Übersetzer großteils von der Gleichsetzung Nominalsatz = Selbstvorstellung ausgehen und eine entsprechende Übersetzung
eher aus inhaltlichen denn aus syntaktischen Gründen ablehnen. Wer
aber sagt, dass ein solcher Nominalsatz eine Selbstvorstellung leisten
muss? Wird diese Prämisse aufgegeben, sind auch mehrmalige Vorkommen in einem Text nicht mehr grundsätzlich problematisch[106].[107]

103　Vgl. P.-R.Berger, Die neubabylonischen Königsinschriften, 87.

104　P.-R.Berger, Die neubabylonischen Königsinschriften, 87.

105　P.-R.Berger, Die neubabylonischen Königsinschriften, 87. Unabhängig davon,
ob man sich der Argumentation Poebels und Bergers in der Ablehnung eines Nominalsatzes anschließt, das von Poebel herangezogene (und von Berger übernom-
mene) Beispiel der Badalapposition aus der arabischen Grammatik ["Zaid, sein Vater ist gestorben = Zaids Vater ist gestorben (P.-R.Berger, Die neubabylonischen
Königsinschriften, 87; vgl. A.Poebel, Das appositionell bestimmte Pronomen der 1.
Pers. Sing., 41)], das als vergleichbare grammatische Erscheinung die Leistung der
Kombination Prn 1.sg. und NP klären soll, ist in diesem Zusammenhang m. E. un-
brauchbar: 1. Wäre es höchstens mit den Belegen des dem Namen vorangestellten
Pronomens zu vergleichen; 2. steht das Charakteristikum dieser grammatischen Erscheinung im Arabischen (Badalapposition) im krassen Gegensatz zu dem fraglichen Phänomen in den Königsinschriften, da es bei der Badalapposition gerade um
die Nichtidentität zwischen der durch das vorangestellte Nomen bezeichneten Person und der im folgenden Verbalsatz benannten geht.

106　Ohne vertiefte Einsicht in die Grammatik des akkadischen Nominalsatzes kann
die Frage, an welchen der folgenden Stellen ein Nominalsatz vorliegt und welche
Rolle die Wortfolge (vor- oder nachgestelltes Pronomen) spielt, nicht beantwortet
werden. Bis dahin muss sie, auch im Rahmen dieser Arbeit, offen bleiben.

107　Die folgenden Inschriften gliedere ich vorrangig nach den Königen, zu denen
sie gehören. Eine Gliederung nach Material und/ oder Formular würde eine genauere Bearbeitung einiger Inschriften voraussetzen, als sie im Rahmen dieser Arbeit

– Hammurapi/Die Sippar-Inschrift[108]

1) Ḫa-am-mu-ra-pí 2) šarrum (LUGAL) da-núm (…) 10) a-na-ku (…)

Borger kommentiert zu Zeile 10: "Nach anāku ein Gedankenstrich; nicht '(bin) ich' zu übersetzen"[109]. Dieser Auffassung entspricht auch die Übersetzung in der 'Keilschriftlichen Bibliothek'[110]:

[*Ḫammurabi, der mächtige König, König von Bâbilu (Babylon), König der 4 Welttheile, der Erbauer des Landes, ein König dessen Werke dem Šamaš und Marduk (Merodach) wohlgefallen, ich – erhöhte die Mauer …*[111]]

25) Ḫa-am-mu-ra-pí 26) ba-ni ma-tim 27) šarrum (LUGAL) ša (…) 31) a-na-ku (…)
Ḫammurabi, der Erbauer des Landes, … ich – [liess] Sippar und Bâbilu (Babylon) … wohnen.[112]

36) Ḫa-am-mu-ra-pí 37) mi-gi₄-ir ᵈŠamaš (UTU) 38) na-ra-am ᵈMarduk (AMAR.UTU) 39) a-na-ku (…)
Ḫammurabi, ein Günstling des Šamaš, ein Liebling des Marduk (Merodach) ich, (…).[113]

Die von Poebel als falsch beanstandete Übersetzung lautet:

'Ich bin Hammurabi. Den Wall von Sippar erhöhte ich. Ich bin Hammurabi. Sippar und Babylon ließ ich in ruhiger Wohnung wohnen. Ich bin Hammurabi. Was keiner der früheren Könige gebaut hat, habe ich dem Šamaš gebaut.'[114]

Das Pronomen ist, wie in der Mehrzahl der entsprechenden Stellen im Codex Hammurapi, nachgestellt.[115]

Die Stellen aus dem Codex Hammurabi, der Sippar-Inschrift (und der Inschrift Samsuilunas) samt ihren Übersetzungen geben einen Einblick

---

sinnvoll ist. Für die Bestimmung der Leistung der jeweiligen Ich-Rede ist zwar die intendierte Funktion der Inschrift wichtig, ich möchte aber vorrangig danach fragen, ob sich eine Leistung der Ich-Rede erheben lässt, die für ihr Vorkommen in den verschiedenen Inschriften gilt.

108 Text in Umschrift vgl. R.Borger, Lesestücke II, 1; Bearbeitung: A.Poebel, Das appositionell bestimmte Pronomen der 1. Pers. Sing., 3ff.
109 R.Borger, Lesestücke III, 101.
110 E.Schrader u.a., Keilschriftliche Bibliothek III, 1, 117.
111 Anmerkung zu *erhöhte* lautet: "Undeutlich und kaum leserlich auf dem Original." (E.Schrader u.a., Keilschriftliche Bibliothek III, 1, 118) Gelesen wurde: lu-u-ul-li (vgl. ebd. 117); R.Borger, Lesestücke II, 1 dagegen liest: lu ù-ul-li; vgl. auch Lesestücke III, 101 zur Stelle.
112 E.Schrader u.a., Keilschriftliche Bibliothek III, 1, 119, Übersetzung entsprechend zu Zeile 10 s.o.
113 E.Schrader u.a., Keilschriftliche Bibliothek III, 1, 119.
114 A.Poebel, Das appositionell bestimmte Pronomen der 1. Pers. Sing., 4f.
115 Vgl. entsprechend in der Inschrift Samsuiluna A. Ziffer 'A' nach R.Borger, Lesestücke II, 47, vgl. dort auch den Text in Umschrift. Übersetzung auch in E. Schrader u.a., Keilschriftliche Bibliothek III, 1, 131f. Samsuiluna war Sohn Hammurapis (1686–1648), vgl. W.v.Soden, Einführung in die Altorientalistik, 48.

in die Problematik für den Bereich der akkadisch-sprachigen Literatur: In der Mehrzahl der Fälle vermeiden es die Übersetzer, einen Nominalsatz zu übersetzen, lehnen diese Übersetzung z. T. explizit ab. Andererseits wird an zwei der zitierten Stellen von einigen doch ein Nominalsatz übersetzt. Den zitierten Stellen ist gemeinsam, dass das Pronomen *anāku* nachsteht. Die Stellen weisen eine vergleichbare Satzstruktur auf und es ist daher sinnvoll, sie einander entsprechend zu übersetzen. Dabei ist zu beachten, dass 1. die Übersetzungen zwar mehrheitlich, aber keineswegs einstimmig, davon ausgehen, dass kein Nominalsatz vorliegt, 2. ein Nominalsatz sprachlich keineswegs ausgeschlossen zu sein scheint. Möglicherweise beruht auch in diesen Fällen die Ablehnung des Nominalsatzes darauf, dass die Übersetzer einen Nominalsatz 'ich bin NN' automatisch mit einer Selbstvorstellung gleichsetzen. Die in einigen Fällen gewählte Übersetzung, das nachgestellte *anāku* durch ein nachgestelltes "ich –" wiederzugeben, ohne es syntaktisch einzubinden, ist kaum plausibler als ein Nominalsatz. Es wäre dann eher zu prüfen, ob eine Konstruktion im Sinne eines "Zusammengesetzten Nominalsatzes" vorliegen könnte: *Was mich anlangt, meine Worte sind erhaben/ ich erhöhte die Mauer* usw.

– Der Thronfolgeerlass des Telipinu[116] (heth./akkad.) (etwa ab 1650 v. Chr.)
Der Erlass referiert zunächst über die vorausgegangene Zeit blutiger Auseinandersetzungen um die Thronfolge. In A II, 16 ist der Bericht in der Gegenwart des Telipinu angelangt, der die Frage der Thronfolge regeln will. Von hier an spricht Tilipinu in der Ich-Form:

16 *Sowie ich, Tilipinu, mich auf den Thron meines Vaters setzte, (…)*[117]
Wenn sich im Folgenden Tilipinu selber nennt, geschieht dies meist in der Form: *Ich, Tilipinu (…) oder ich, der König (…)*[118]

---

[116] TUAT I, 464ff.
[117] TUAT I, 467.
[118] Vgl. A II, 20, TUAT I, S. 467; 26.28.34, S. 468. – Ähnlich wie im Thronfolgeerlass des Tilipinu steht auch in den Zehnjahr-Annalen Mursilis II (heth.) (1335–1300) häufig die vergleichbare Wendung *ich, Meine Sonne tat xy*. Vgl. TUAT I, 471ff. Die Wendung begegnet dann mehrfach im folgenden Bericht über verschiedene Feldzüge, vgl. I, 32, S. 473; 50, S. 474; II, 25.37.41, S. 475; 49, S. 478; 60.76, S. 479; IV, 40, S. 481. – Vgl. auch die Inschrift Tuthalijas IV (Abschrift) (1250–1220) TUAT I, 493f: *6' (vielmehr) ich, Suppililiam[a, der Großkönig]*, (… Appositionen …) und die Inschrift Suppiluliamas II (Abschrift) (ab 1205) TUAT I, 494: *22' Ich (bin) Meine Sonne, der Tabarna, Suppiluliama, der Großkönig* (… Appositionen …). Vgl. dazu H.G.Güterbock, The Hittite conquest, 73–81. Güterbock plädiert dafür in Col I, 22 den Beginn eines neues Textes zu sehen (vgl. die Doppellinie vor Zeile 22); er übersetzt *I am my Sun* … (78) und begründet seine Übersetzung mit dem Vorhandensein der Partikel -za (der Text lautet: ú-uk-za ᵈUTU-ŠI …, 76). Im weiteren Verlauf der Inschrift, dem Tatenbericht, ist zweimal (III, 4'; IV, 4') die betonte Ich-Rede *Ich, Suppiluliama tat xy* zu erken-

– Die "Autobiographie"[119] des Königs Idrimi von Alalah[120]

1. a-na-ku [m]Id-ri-mi mār (DUMU) [m]Ilim (DINGIR)-i-lim-ma
2. (...)
3. i-na (...)
1 *Ich bin Idrimi, der Sohn des Ilimilimma* (... Appositionen ...)

Mit Zeile 3 beginnt das eigentliche Corpus, das "von seiner Flucht aus
seiner Vaterstadt, seinem Exil und seiner Rückkehr mit der folgenden
Begründung seines Königtums" berichtet[121].
Das Pronomen ist dem Namen unmittelbar vorangestellt.

– "Inschrift Agum-karimí's, d.i. Agum des Jüngeren"[122]

Die Inschrift handelt von der Rückführung der Statuen Merodachs und
Sarpânît aus dem Land Ḫanî. Die Inschrift beginnt mit Prädikationen
Agums des Jüngeren, die dreimal auf ein *anāku* zulaufen, bevor das eigentliche Thema angesprochen wird. Die drei Stellen werden in KB jeweils gleich übersetzt:

1 [A-gu-um] ka-ak(g)-ri-mi (...) 8 iṭ-lum da-an-nu 9 ša (ilu) Iš-tar ga-rid-ti 10 i-la-a-
ti a-na-ku
1 *Agum der Jüngere* (...) 8 *ein gewaltiger Held* 9 *der Ištar, der Kämpin* 10 *der
Götter ich* (...)

– Die Inschriften Tukulti-Ninurtas I. und seiner Nachfolger[123]
In einer Inschrift Tukulti-Ninurta I (1242–1206) heißt es:

---

nen oder zu vermuten; vgl. TUAT I, 494f. – Zu 'Ich (-bin)-Aussagen' allerdings in
anderer Funktion, vgl. auch die Apologie Hattusilis III (ca. 1278–1250) (heth.)
(Übersetzung in TUAT I, 481ff): § 10b (...) 45' *Ich aber war König in Hakpissa.*
[innerhalb eines Berichtes] (TUAT I, 488).
119 Für eine Auswahl altorientalischer Texte, deren gemeinsames Kennzeichen u.a.
der Beginn durch *Ich bin NN* ist, wurde in der Forschung die Bezeichnung "Autobiographie" vorgeschlagen. Zwar wird dieser Begriff mittlerweile meist als problematisch erachtet, er begegnet aber, meist in Anführungszeichen, weiterhin. Außer
dem obigen Text der Idrimi-Stele zählen etwa die Grabinschrift der Adad-Guppi
und die sog. Geburtslegende des Sargon zu diesen Texten (zum Begriff und einer
kurzen Charakterisierung der Texte vgl. E.Reiner, Die akkadische Literatur. "Autobiographie", 176–179.
120 TUAT I, 501ff. Die Inschrift befindet sich auf einer Statue Idrimis und ent-
stand zwischen 1500 und 1480 v. Chr. (vgl. ebd. 501).
121 Text: S.Smith, The statue of Idri-mi, 14; Übersetzung TUAT I, 501; auch
Smith übersetzt einen Nominalsatz: *I am Idri-mi* ..., ebd. 15.
122 Text und Übersetzung nach E.Schrader, Keilschriftliche Bibliothek III, 1,
134ff.
123 E.Weidner, Die Inschriften Tukulti-Ninurtas I.

I 1 [ᴵtu]kúl-ti-ᵈnin-urta šar₄ kí[ššati] 2 [ša]ttu dan-nu (…) 18 (…) ana-ku
*[Tu]kulti-Ninurta, der König der Ges[amtheit], der mächtige [Kö]nig, der König
des Landes Assyrien (… weitere Epitheta … 17 der die vier Weltteile nächst Šamaš
18 weidet), (bin) ich –* + Filiation + 21 *enuma (Nachdem Assur den König eingesetzt* + Feldzüge).¹²⁴

Die Abfolge *Tukulti-Ninurta,* (…) *anāku* + Filiation + *enuma* ist noch
in weiteren Inschriften Tukulti-Ninurtas belegt,¹²⁵ ohne dass *anāku* für
alle Inschriften obligatorisch ist; in einigen, deren Anfangsteil vergleichbar aufgebaut ist, kann es fehlen.¹²⁶ In der Tendenz haben die Inschriften mit *anāku* die ausführlichere Titulatur und sind insgesamt um-
fangreicher. Steht das Pronomen, dann ist es, wie das obige Schema
zeigt, dem Namen nachgestellt, wobei, zwischen Name und Pronomen
eine Reihe von Epitheta o.ä. tritt.
Diesselbe Form wie bei Tukulti-Ninurta findet sich in einer Inschrift
des Aššur-nâdin-apli (1205–1203): *Aššur-nâdin-apli* + Epitheta + *anāku*
+ Filiation + *enuma.*¹²⁷
In Inschriften Tukulti-Ninurtas und seines Nachfolgers steht das Pronomen 1. sg. dort, wo es in Verbindung mit dem Eigennamen belegt ist, in
dem auf den Eigennamen folgenden Kotext. Die Konstruktion ist charakteristisch, aber nicht obligatorisch für den Beginn der Inschriften.
Sie ist derjenigen vergleichbar, die oben bei Hammurapi (und Samsuiluna) verzeichnet wurde. Die Übersetzungen von Weidner und Luckenbill scheinen in diesen Fällen von Nominalsätzen auszugehen.

---

¹²⁴ Text und Übersetzung: E.Weidner, Die Inschriften Tukulti-Ninurtas I., 1; vgl.
auch A.K.Grayson, Assyrian Rulers 1, 231ff (Text A.O.78.1, Kol 1, Zeile 1–18);
vgl. außerdem die Übersetzung von D.D.Luckenbill, Ancient Records, Volume I,
50: "Tukulti-Urta, king of universe, king of Assyria (…) am I; (…)."
¹²⁵ Vgl. zu *Tukulti-Ninurta,* (…) *(bin) ich* + Filiation + enuma E.Weidner, Die Inschriften Tukulti-Ninurtas I., Text 2 Vs. vgl. ebd. 8; Text 5 vgl. ebd. 11; Text 9,
vgl. ebd. 18; Text 12, vgl. ebd. 21; Text 16, wobei *anāku* hier nicht unmittelbar vor
der Filiation steht, sondern inmitten der Epitheta, vgl. ebd. 26.; vgl. in Text 2 Vs.
außerdem Zeile 37–39: 37 rubû ma-ḫ[i-ir …] (…) 39 a-na-ku *der Machthaber, der
[ihr]e [Ergebenheitsgeschenke] in Empfa[ng nimmt], der Hirte, 38 der sie über-
wacht, [und der Hüter, der] sie [in Ord]nung hält, 39 (bin) ich,* ebd. 8f.
¹²⁶ Ohne *anāku* Text 6, vgl. E.Weidner, Die Inschriften Tukulti-Ninurtas I., 13f;
Text 7, vgl. ebd. 14f; Text 8, vgl. ebd. 17; Text 10, vgl. ebd. 19; Text 13, vgl. ebd.
22; Text 14, vgl. ebd. 23; vermutlich in Text 17, vgl. ebd. 30; Text 18, vgl. ebd. 31;
Text 20, vgl. ebd. 33.
¹²⁷ Vgl. E.Weidner, Die Inschriften Tukulti-Ninurtas I., 46, Text 40; vgl. auch
A.K.Grayson, Assyrian Rulers 1, 300 (Text A.O.79, Zeile 1–11). Es folgen zeitlich
sechs Könige, von denen nach Ausweis Weidners keine eigenen Inschriften belegt
sind; allerdings verzeichnet A.K.Grayson, Assyrian Rulers 1, 303–308 (Texte A.O.
82 und 83) Fragmente von Ninurta-apil-Ekur und Aššur-dān, die allerdings nicht
aussagekräftig sind). Der nächste König mit eigenen Inschriften ist Aššur-rêš-iši
(1130–1113), allerdings sind unter den von ihm überlieferten Inschriften, keine mit
anāku. Vgl. v.a. Text 60, vgl. E.Weidner, Die Inschriften Tukulti-Ninurtas I., 54;
Text 61, vgl. ebd. 55; Text 63, vgl. ebd. 56.

– Inschriften der assyrischen Herrscher im frühen 1. Jahrtausend[128]
Tiglath-pileser I (1114–1076):[129]

1) ina re-ṣu-te šá aš-šur
2) ᵈUTU ᵈIŠKUR DINGIR.MEŠ
3) GAL.MEŠ EN.MEŠ-a
4) ana-ku ᵐtukul-ti-A-é-šár-ra
5) MAN KUR AŠ A ᵐAŠ-SAG-i-ši
6) MAN KUR AŠ A ᵐmu-tàk-kil-ᵈnus[ku]
7) MAN KUR AŠ-ma ka-šid i[š-tu(?)]
8) tam-di GAL-te šá KUR a-mur-ri
9) u tam-di šá KUR na-i-ri
10) 3-šú ana KUR na-i-ri DU
1–10) *With the aid of the gods Aššur, Šamaš, (and) Adad, the great gods, my lords,
I, Tiglath-pileser, king of Assyria, son of Aššur-rēša-iši (I), king of Assyria, son of
Mutakkil-Nusku, (who was) also king of Assyria, (I) the conqueror from the Great
Sea of the land Amurru and the sea of land(s) Nairi, marched thrice to the land(s)
Nairi.*

Das Pronomen 1. sg. ist dem Eigennamen vorangestellt, der Übersetzer
geht von einer appositionellen Fügung aus. Die Konstruktion steht nicht
direkt zu Beginn der Inschrift, gehört aber in den Anfangsteil und führt
den König ein.

Aššur-rēša-iši II:[130]

1) a-na-ku ᵐᵈEN-APIN LÚ.ŠID š[a …]
I, Bēl-ēriš, vice-regent of […], lover of the god Sa[mnuḫa] …

In Zeile 2 geht der Titel weiter, Zeile 3 folgt eine mit *ina* eingeleitete
Zeitangabe, weitere Zeitangaben folgen. Redender ist ein assyrischer
Vasall, aus der Zeit Aššur-rabi II und Aššur-rēša-iši II. *anāku* ist dem
Eigennamen wiederum vorangestellt und scheint (soweit der Text lesbar ist) nicht Subjekt eines folgenden Verbes der 1. sg. sein (auch wenn
ab Zeile 12 Verben der 1. sg. auftauchen). Unter dieser Voraussetzung
ist zu erwägen, ob nicht auch ein Nominalsatz vorliegen könnte, auch
wenn der Übersetzer von einer appositionellen Fügung ausgeht, ist.

Adad-nārārī II (911–891 BC):[131]
Der Text eröffnet mit einer Nennung (Widmung? Anrede?) verschiedener Götter (Z. 1ff), in Zeile 5 ist von dem Handeln dieser Götter zugunsten des Königs die Rede. Die Passage läuft in Zeile 10 darauf zu,

---

128 A.K.Grayson, Assyrian Rulers.
129 A.K.Grayson, Assyrian Rulers, 61 (Text A.0.87.15).
130 A.K.Grayson, Assyrian Rulers, 126ff (Text A.0. 96 2001).
131 A.K.Grayson, Assyrian Rulers, 145ff (Text A.0.99.2).

dass die Götter ihm seinen Namen Adad-nārārī, König von Assyrien, gaben. Darauf folgt, ebenfalls in Zeile 10, die Aussage:

10) (...) MAN dan-ᵣnu MAN KUR AŠ⌝ MAN kib-rat 4-i ᵈšam-šu kiš-šat UN.MEŠ a-na-ku
Strong king, king of Assyria, king of the four quarters, sun(god) of all people, I;

In Zeile 11f folgt die Filiation, in 13–15 durch *ina* eingeleitet die Tatsache der Beauftragung des Königs durch die Götter, gefolgt von einer Reihe im Stativ gehaltener Ich-Aussagen: *Ich bin König* (šar-ra-ku), *ich bin Herr* (be-la-ku), *ich bin mächtig* (geš-ᵣra-ku) usw. In 16ff wird noch einmal der Titel aufgegriffen, ausgebaut durch entsprechende Prädikationen:

16) [ᵐ]ᵈIŠKUR-ÉRIN.TÁḪ MAN dan-nu MAN KUR aš-šur MAN kib-rat 4-i mu-né-er a-ia-bi-šu ana-ku MAN le-ʾu-ú MURUB4 sa-pi-in URU.UR[U]
17) mu-šaḫ-me-ṭí KUR.MEŠ ša KUR.KUR.MEŠ ana-ku zi-ka-ru qar-du mu-la-iṭ ᵣáš-ṭu⌝-te-šú ḫi-it-muṭ rag.gi ù ṣe-ni ana-ᵣku⌝
Adad-nārārī, strong king, king of Assyria, king of the four quarters, the one who defeats his enemies, I, the king capable in battle, owerwhelmer of cities, the one who scorches the mountains of (foreign) lands, I, the virile warrior, the one who controls those opposed to him, who is inflamed against the evil and wicked, I, (die nächsten 5 Zeilen, 18–22, beginnen vermutlich jeweils mit kima); *I scorch like the god Girru (fire god), I owerwhelmed like the deluge, [...], I have no successful opponent;* (Übersetzung bis Zeile 18 einschl.)¹³²

Im Gegensatz zu den Inschriften der Vorgänger ist *anāku* hier nachgestellt, wobei die Beziehungsworte Nomina, keine Eigennamen sind.

Ashurnasirpal II (883–859 BC)¹³³ – Text 1:¹³⁴
Der Text gehört nach Aussage Graysons zu den längsten und wichtigsten assyrischen Königsinschriften. Die Einleitung umfasst die Zeilen 1–42. Sie enthält die Widmung an Ninurta (1–9), den Namen des Kö-

---

¹³² Vgl. dazu auch Text 4 S. 156ff, in dem die entsprechende Passage aber weitgehend ergänzt ist.
¹³³ A.K.Grayson, Assyrian Rulers 2, 191ff; zitierter Text (A.0.101.1) und Übersetzung 196.
¹³⁴ Vgl. auch Text A.0.101.17 in: A.K.Grayson, Assyrian Rulers 2, 237ff. Der Text beginnt mit einen Anrufung (?) verschiedener Götter; es folgt der Königsname mit Epitheta und die Beschreibung der ersten fünf Feldzüge. Dieser Teil (Col. i 12- Col. iv Ende) entspricht im wesentlichen Text 1 (A.0.101.1), Col. i 18b-ii 125a. Für das Vorkommen von *anāku* im Zusammenhang mit Epitheta des Königs sind hier Col. i 38 und 39, als Entsprechung zu Col. i 34 in Text 1 (A.0.101.1) zu vergleichen. Vgl. ebenso Text A.0.101.26 in: A.K.Grayson, Assyrian Rulers 2, 279ff: Die Anfangszeilen 1–58a entsprechen im wesentlichen Col. iii 113b-136 aus Text 1 (A.0.101.1); dieser Text ist deshalb auch für das Vorkommen von *anāku* in Zeile 41 von Text 2 zu vergleichen. (Textaufbau: Königsname + Epitheta; Berufung durch Assur und Eroberungen mit Hilfe der Götter; Königsname + Epitheta 2x; Wiederaufbau der Stadt Calah; Palastausbau; Fluch und Segen).

nigs, durch Epitheta usw. ergänzt; eingebettet darin ist die Aussage über die Berufung durch Assur (17b–18a). Die Passage endet mit der Filiation (28ff). Ab 31b folgt durch *ina* eingeleitet ein Abschnitt (31b–37) mit Ich-Aussagen im Stativ (32–Anfang 33). In Zeile 33 erfolgt mit der Namensnennung des Königs ein gewisser Neueinsatz. Es folgen Epitheta u.ä., zweimal steht dabei *anāku*, danach stehen nur Epitheta:

33) lab-ba-ku u zi-ka-ra-ku ᵐaš-šur-PAB-A MAN dan-nu MAN KUR aš-šur ni-bit ᵈ30 mi-gir ᵈa-nim na-mad ᵈ10 kaš-kaš DINGIR.MES 34) ana-ku GIŠ.TUKUL la pa-du-ú mu-šam-qit KUR KÚR.MEŠ-šú ana-ku MAN le-eʾ-ú qab-li šá-giš URU.URU u ḫur-šá-ni
33) *I am a lion, and I am virile; Ashurnasipal, strong king, king of Assyria, designate of the god Sîn, favourite of the god Anu, loved one of the god Adad (who is) almighty among the gods,* 34) *I, the merciless weapon which lays low lands hostile to him, I, the king, capable in battle, vanquisher of cities and highlands, (…)*

Das Pronomen ist dem Beziehungswort, das nicht der Name ist, vorangestellt.

In diese Inschrift eingelagert bzw. an sie angehängt sind Texte, die nach Grayson eigentlich unabhängig sind.[135] Dazu gehört auch der Schluss iii 126b-136, eine Notiz über den Wiederaufbau der Stadt Calah. Die Einleitung dieses Textstückes besteht aus einer ausführlichen Titulatur Ashurnasirpals. Zweimal wird der Name genannt, gefolgt von ausführlichen Epitheta. Im Zusammenhang der auf die zweite Namensnennung folgenden Epitheta steht auch ein *anāku*:[136]

129) (…) ᵐ*aš-šur-PAB-A*
130) MAN dan-nu ni-bit ᵈ30 me-gir ᵈa-nim na-mad ᵈIŠKUR kaš-kaš DINGIR.MEŠ GIŠ.TUKUL la pa-du-ú mu-ú-šam-qit KUR KÚR.MEŠ-šú ana-ku MAN le-ʾu-ú qab-li
129 *Ashurnasirpal*
130 *strong king, designate of the god Sîn, favourite of the god Anu, loved one of the god Adad (who is) almighty among the gods, the merciless weapon which lays low lands hostile to him, I, the king, capable in battle, (…)*

Ashurnasirpal II – Text:[137]
Der Text beginnt in Zeile 1–7a (nach dem Formular der Standardinschrift[138]) mit "Palast Ashurnasirpals" es folgen Epitheta des Königs; in 7b–17a geht es um die Berufung des Königs durch den Gott Assur und um eine Nennung von eroberten Gebieten. In 17b–21 folgen auf den Namen Ashurnasirpal weitere Epitheta des Königs, 21b–23a verbale allgemein gehaltene Ich-Aussagen:

135 Vgl. A.K.Grayson, Assyrian Rulers 2, 191.
136 Text und Übersetzung A.K.Grayson Assyrian Rulers 2, 222.
137 A.K.Grayson, Assyrian Rulers 2, 223ff (Text A.0.101.2).
138 "'*Standard-Inschriften*' sind kurze Inschriften ohne finite Verbalform, die nur den Namen des Herrschers und einen oder eine beschränkte Zahl von Titeln notieren" (D.O.Edzard, Art. Königsinschriften A. Sumerisch, 60).

22 (...) *they ever revere my command*
23) ú-sa-pu-ú EN-ti ana-ku ᵐaš-šur-PAB-A eršu mu-du-ú ḫa-si-su pe-et uz-ni né-
me-qi ᵈé-a MAN ZU-AB uš-ma-ni a-na ía-ši
23) *(and) pray to my lordship; I, Ashurnasirpal, sage, expert, intelligent one, open
to counsel (and) wisdom which the god Ea, king of the apsû, destined for me;*

Hier ist *anāku* dem Namen vorangestellt.

Tiglath-Pileser III (8.Jh.):
Auf der einzigen von Tiglath-Pileser bekannten Stele findet sich eine
Inschrift in deren Verlauf einmal die folgende Aussage belegt ist:

ana-ku ᵐTukul-ti-apil(A)-É-šár₄ māt Aš-šur ...
I (am) Tiglath-pileser, king of Assyria, ...[139]

Die Aussage steht im Textinnern, leitet aber möglicherweise einen Unterabschnitt ein.[140]

– In den "Inschriften der altassyrischen Könige"[141] begegnet eine nominale *anāku*-Aussage bei Salmanasser I., allerdings nicht in Verbindung mit dem Eigennamen. Bei seinen Vorgängern ist der Ich-Stil zwar
durchaus geläufig, aber die Inschriften werden zu einem großen Teil
durch Namensangabe + Prädikationen (einpolige Nominalsätze?) eingeleitet, im Verlauf finden sich dann verbale Ich-Aussagen. Die besagte
Inschrift Salmanassers[142] nennt zunächst ebenfalls 'Salmanasser + Prädikationen'. Dann beginnt in verbaler Ich-Form ein Bericht über die Tä-
tigkeiten Salmanassers auf militärischem Gebiet. Der zweite Block zu
den kultischen Taten Salmanassers wird eingeleitet durch:

ri-ú ki-nu ša a-nu ù enlil šum-šú a-na da-ra-ti ib-bu-ú ana-ku
*Der legitime Hirte, dessen Namen Anu und Enlil für die Ewigkeit ausgesprochen
haben, bin ich, aus ewigem Geschlecht, der die Götter kennt* (mu-du ilâni) ...

Das Pronomen ist nachgestellt und nicht auf ein Nomen proprium bezogen.
Obwohl viele Inschriften Salmanassers wiedergegeben sind, kommt eine vergleichbare Stelle nicht wieder vor. Die Inschriften haben feste
wiederkehrende Formelemente. Deshalb ist besonders zu vermerken,

---

[139] Text und Übersetzung: H.Tadmor, The inscriptions of Tiglath-Pileser III, 104f,
Stele II B Zeile 18'.
[140] H.Tadmor, The inscriptions of Tiglath-Pileser III, 92 gliedert wie folgt: ...
Zeile 4'-17' "The extent of the conquests in the west", Zeile 18'-24' "Paean of praise
of the king" ... Eine vergleichbare Aussage '*anāku* in Verbindung mit Königsname'
ist mir bei den übrigen Inschriften Tiglath-Pilesers (in der Edition von Tadmor)
nicht wieder begegnet.
[141] Vgl. E.Ebeling u.a., Die Inschriften der altassyrischen Könige.
[142] Vgl. E.Ebeling u.a., Die Inschriften der altassyrischen Könige, 11ff.

dass sich in der die Inschrift eröffnenden Wendung, die Salmanasser + Prädikationen o.ä enthält, nie eine nominale *anāku*-Aussage findet.

– Die Inschriften Asarhaddons (681–669)[143]
Bau- und Weihinschriften:

Ass. A[144]

I 1–17 Königsname + Epitheta; 18–28 Lücke; 31– II 26 günstige Omina der Götter für Asarhaddon; ab 42 Maßnahmen Asardaddons
II 27 Bal-til[ki] maḫa-zu 28 re-eš-tu-ú 29 ša ul-tu u[4]-me 30 ul-lu-ti it-ti 31 [lú]ṣâbêmeš [d]A-nim 32 [d]En-líl 33 ki-din-nu-us-su-un 34 šá-ak-na-atma 35 ka-nak-ka-šú-nu 36 Ù.GÁ.E[d]EN.LÍL.LÁ 37 a-na-ku [I] [d]Aš-šur-aḫu-idina[na] (…) 43 eli ša maḫ-ri 44 ma-diš šu-tu-ri III 1 ina kar-ši-ia ib-ši-ma
II 42 *Den šubarû* 27.39 *der Einwohner von Baltil,* 27f *dem uralten Kultorte,* 29.33 *deren kidinnûtu* 29f *von alters her mit* 31 *der der (übrigen) Leute des Anu* 32 *und des Enlil* 34 *eingesetzt war,* 35 *deren kanakku (Teil der Tür)* 36 *(mit) "Löwen (?) Enlils" (geschmückt war?),* 37 *und die ich, Asardaddon,* 38 *König von Assyrien,* 40 *wie mein kostbares Leben* 41 *liebe,* 43f *weit über den früheren hinaus zu steigern,* III 1 *lag mir im Sinn* 2 *und beschäftigte mein Gemüt.*[145]

Ab III 16 – IV 6: Rückblick auf die Wiederaufbaumaßnahmen der Vorfahren am Assur-Tempel. Asarhaddon selbst zögert, erhält aber positiven Bescheid durch die Götter.

7 a-na-ku [I] [d]Aš-šur-aḫu-idina[na] (…) 13 ú-paḫ-ḫi-ir
7 *Ich Asarhaddon,* 8 *König von Assyrien,* 9 *demütiger König, frommer König,* 10 *Günstling der grossen Götter,* 13 *versammelte* 11f *die von mir gefangen weggeführten Bewohner des Landes* 14 *und liess sie Hacken und Tragekörbe (?) tragen.*[146]

Im weiteren Verlauf wird von Ausbau und Fertigstellung des Assur-Tempels berichtet sowie seiner Annahme durch Assur; es folgt eine Notiz über die Ausfertigung von Urkunden und Schriftdenkmälern, Fluchbestimmungen und Datierung. An beiden der oben wiedergegebenen Stellen ist das Pronomen dem Namen vorangestellt. Die Belege gehören nicht zur einleitenden Titulatur, anders in Ass. E[147] und Ass. F[148], in denen das dem Namen vorangestellte Pronomen jeweils die einleitende Titulatur eröffnet.

---

143 Vgl. dazu R.Borger, Die Inschriften Asarhaddons.
144 R.Borger, Die Inschriften Asarhaddons, 1ff.
145 Text und Übersetzung: R.Borger, Die Inschriften Asarhaddons, 2f.
146 Text und Übersetzung: R.Borger, Die Inschriften Asarhaddons, 3f.
147 In Ass. E (vgl. Text und Übersetzung: R.Borger, Die Inschriften Asarhaddons, 8) ist das Pronomen dem Namen vorangestellt und eröffnet die einleitende Titulatur (a-na-ku [I]Aš-šur-áḫu-ídina šárru dan-nu).
148 Wie in Ass.E ist das Pronomen dem Namen vorangestellt und eröffnet die einleitende Titulatur (1 a-na-ku [I]Aš-šur-e-tel-ilâni[meš]-múkîn-apli 2 šar4 kiššati … Zu Ass. F. vgl. Text und Übersetzung: R.Borger, Die Inschriften Asarhaddons, 9).

Aus dem Prisma Ninive A Asarhaddons[149]

53 a-na-ku ^I ^dAš-šur-áḫu-ídina ša (...) 55 ep-še-(e)ti-šú-nu lem-né-e-ti ur-ru-ḫi-iš áš-me-e-ma

Ich, Asarhaddon, der mit Hilfe der grossen Götter, meiner (eig.: seiner) *Herren, im Kampfgetümmel nie zurückwich, erfuhr alsbald von ihren bösen Taten.*

I (...) *53 Ich, Assarhaddon, der ich in Vertrauen auf die großen Götter, meine Herren, 54 inmitten des Kampfes nie zurückwich, 55 erfuhr sehr bald ihr bösen Taten.*

Trotz älterer Brüder ist Asarhaddon zum Kronprinz designiert worden. Vor der zitierten Stelle ist vom Verhalten der Brüder die Rede, hier kommt Asarhaddon auf seine Reaktion zu sprechen; möglicherweise markiert a-na-ku ^I ^dAš-šur-áḫu-ídina (betonte Ich-Rede?) diesen Übergang.[150] Das Pronomen ist dem Namen vorangestellt. Die Redeform ist hier nicht Teil der Einleitung.

Nin A-F Episode 3[151]

Asarhaddon ist aus den Kämpfen um den Thron siegreich (s. o.) hervorgegangen und hat die Aufrührer bestraft (Episode 2 II,10f). Mit Zeile 12 beginnt eine Art Zwischenstück, bestehend aus ausführlicher Titulatur und einer zusammenfassenden Beschreibung seiner durch die Götter unterstützten Herrschaft, bevor ab Zeile 40 ein konkretes Ereignis in den Blick genommen wird.

12 a-na-ku ^I ^(d)Aš-šur-aḫu-idina^{na} šàr kiš-šá-ti (...) 28 (...) ma-al-ki ša kib-rat er-betti^{ti} ú-šak-ni-šu še-pu-u-a

Mir, Asarhaddon, König des Weltreiches (...) *28* (...) *– (mir) unterwarfen sie die Fürsten der vier Weltufer zu meinen Füßen.*

Das Pronomen ist dem Namen vorangestellt.[152]

---

[149] Text und erste Übersetzung: R.Borger, Die Inschriften Asarhaddons, 43 (Nin. A-F, Episode 2 Zeile 53); 2. Übersetzung: TUAT I, 393ff.

[150] Als Beispiele DEKLARATIVER Rede vgl. außerdem um-ma an-nu-ú ma-a-ru ri-du-ti-ia *Dieser ist mein Erbprinz.* Text bei R.Borger, Die Inschriften Asarhaddons, 40 (Nin A-F, Episode 2, Zeile 12); Übersetzung TUAT I 393 (Zeile 12). Vgl. auch Zeile 14 (...) um-ma šu-ú te-nu-(u-)ka *er ist dein Nachfolger* – Designierung und Bestätigung dieser Designierung durch die Götter sowie Zeile 77 (...) um-ma an-nu-u šàr-a-ni *dieser ist unser König* – Anerkenntnis des Königtums durch den ehemaligen Feind.

[151] Text und Übersetzung: R.Borger, Die Inschriften Asarhaddons, 45f.

[152] Dem Namen vorangestelltes Pronomen begegnet auch in Nin. A-F, Episode 14: A, IV 1–31, Zeile 25 (vgl. Text und Übersetzung bei R.Borger, Die Inschriften Asarhaddons, 54); Nin. O Zeile 1 (Inschrift eröffnend; vgl. Text und Übersetzung bei: R.Borger, Die Inschriften Asarhaddons, 70); Trb.B. Zeile 1 (Inschrift eröffnend; vgl. Text und Übersetzung bei R.Borger, Die Inschriften Asarhaddons, 72); vgl. auch Trb. C., 73, anders Trb. D., 73 in der Er-Form. Vom Typ der Inschrift her ähnlich, mit *anāku* KN zu Beginn, vgl. R.Borger, Die Inschriften Asarhaddons, § 63 (K 2388), 92. Vgl. auch § 101 (80-7-19, 44). R.Borger, Die Inschriften Asarhad-

Monumente:[153]

Mnm. A.[154] (Sendschirli-Stele)

Die beiden ersten Abschnitte, Nennung von Göttern und Nennung des Königs gefolgt von ausführlichen Epitheta, leitet Borger ein durch: "(Die Symbole stellen dar:)" es folgen die Götter; "(Der abgebildete König ist:)". Diese verdeutlichenden Zusätze haben keine Entsprechung im Originaltext.[155] Im Zuge der Epitheta des Königs findet sich folgende Stelle:[156]

Rs. 21 ni-šit Aššur (…) 22 (…) a-na-ku-ma
21 erwählt von Assur, Nabû, Marduk, berufen von Sin, Günstling des Anu, Geliebter der Königin Ištar, der Göttin des gesamten Alls, die schonungslose Waffe, die das Feindesland zittern macht, (bin) ich.

Das Pronomen ist nachgestellt, nicht auf einen Eigennamen bezogen und mit enklitschem *-ma* versehen.

Der 'Gottesbrief':[157]

Ein Vasall (?) Asarhaddons hat sich gegen ihn vergangen, dann aber in einem Brief um Vergebung gebeten. Unmittelbar nach Wiedergabe des Briefes heißt es:

Gbr. II: I 25 a-na-ku [I] Aš-šur-áḫu-ídina (…) 29 [ki]-a-am aq-bi-šu-ma
25 Ich, Assardaddon, der mächtige König (…) 29 sprach jedoch folgendermaßen zu ihm: 'Hast du je das Wort eines mächtigen Königs zweimal vernommen?
30 ù a-na-ku šarru dan-dan-nu a-di 3-šú áš-pur-kam-ma
30 Und ich, ein obmächtiger König, habe dir sogar dreimal geschrieben, doch du hast das Wort meiner Lippen nicht befolgt, (…).

An beiden Stellen ist das Pronomen dem Eigennamen bzw. dem Nomen, auf das es bezogen ist, vorangestellt. Das erste Vorkommen fällt mit einem Texteinschnitt zusammen. An beiden Stellen spricht vieles für einen appositionellen Gebrauch, auch wenn das Verständnis als Nominalsatz, gerade auch beim zweiten der beiden Belege, möglich wäre.

---

dons, 119. Vgl. außerdem ina u4-me-šú-ma a-na-ku [I] Aš-šur-áḫu-ídina in AsBbA. (vgl. R.Borger, Die Inschriften Asarhaddons, 79ff. Text und Übersetzung ebd. 81f) Rs Zeile 9.
153 R.Borger, Die Inschriften Asarhaddons, 96ff.
154 R.Borger, Die Inschriften Asarhaddons, 96ff.
155 Vgl. ebenso bei Mnm. C., 101f. Vgl. aber die Bemerkung am Ende des Textes: *Ein Denkmal mit meinem Namen liess ich herstellen (…).*
156 Text und Übersetzung R.Borger, Die Inschriften Asarhaddons, 98.
157 R.Borger, Die Inschriften Asarhaddons, 102ff.

– Inschriften Assurbanipals[158]
Die Annalen:
Der Rassam-Cylinder (V R 1–10)
Der Rassam-Cylinder enthält den Bericht über neun Feldzüge, gestaltet als direkte Rede Assurbanipals. Der Bericht beginnt Col. I, 1. Den eigentlichen Feldzugsberichten, ab Col I, 52, vorgeschaltet, ist ein Abschnitt, in dem Assurbanipal festhält, wie ihm sein Vater auf Geheiß der Götter die Nachfolge auf den Königsthron sicherte, einen Hinweis auf seine Ausbildung, wie er schließlich nach seinem Vater König wurde und das Land in dieser Zeit mit Fruchtbarkeit gesegnet war. Dieser den Feldszugsberichten vorgeschaltete Abschnitt beginnt mit:

Col I, 1 a-na-ku $^{I\,ilu}$aššur-bân-aplu
Ich (bin) Assurbanipal, das Geschöpf Aššurs und der Bêlit …[159]
Es folgen Epitheta, aber kein Verb in einem Hauptssatz; in Zeile 8 beginnt ein neuer auf Assurbanipal bezogener Satz. In diesem ersten Teil sind zwei weitere Stellen zu beachten:
Col I, 31 ù a-na-ku $^{I\,ilu}$aššur-bân-aplu ki-rib-šu a-ḫu-uz ni-me-ḳí ^{ilu}nabû
auch ich, Assurbanipal, habe dort die Weisheit Nabûs (…) mir angeeignet.[160]

Streck versteht den Satz über die Ausbildung Assurbanipals wohl als Einschub, da er ihn in Parenthese setzt. Inhaltlich bringt er einen neuen Gedanken, *anāku* könnte diesen gedanklichen Einschnitt markieren.

Col I, 39f zi-ka-ru ḳar-du na-ram ^{ilu}aššur u ^{ilu}ištar ^{40}li-ib-li-pi šarru-u-ti a-na-ku
ich, der Mannhafte, der Held, der Liebling Aššur's und der Ištar, der königliche Sprößling.
Kotext:
23 *unter Freude (und) Jubel zog ich in das bît-ridûti ein, (…)* 35 *auf Befehl der großen Götter, deren Namen ich angerufen,* 36 *deren Ruhm ich geredet, welche mir befahlen, die Königsherrschaft auszuüben,* 37 *mir die Ausstattung ihrer Tempel auftrugen,* 38 *die an meiner Statt meinem Widersacher entgegneten (und) meine Feinde töteten (?),* 39 *ich, der Mannhafte usw. (s.o.)*[161]

Möglicherweise stellt 39f den Abschluss des Blicks auf die Kronprinzenzeit dar. Es ist nicht ganz eindeutig, da in 36 von den Göttern die Rede ist, *welche mir befahlen, die Königsherrschaft auszuüben (…)* In 41ff aber heißt es dann: *Seit Aššur, Sin usw. (…) mich wohlwollend auf dem Thron des Vaters, meines Erzeugers, hatten Platz nehmen lassen …* M.E. beginnt mit 41 ein neuer Unterabschnitt, dann würde 39f den vorangehenden Teil abschließen.[162]

---

[158] Zur Stellung des *anāku* in diesen Inschriften, vgl. A.Poebel, Das appositionell bestimmte Pronomen der 1. Pers. Sing., 3–7.
[159] Text und Übersetzung: M.Streck, Assurbanipal, 2f.
[160] Text und Übersetzung: M.Streck, Assurbanipal, 4f.
[161] Text und Übersetzung: M.Streck, Assurbanipal, 4ff.
[162] Vgl. in Col I, 55 ein einem Eigennamen vorangestelltes Pronomen der 3.sg., wobei sicher kein Nominalsatz vorliegt: 53 *Tarḳû, der König von (…),* 54 *welchen*

Im Bericht über den fünften Feldzug kommt zur Sprache, dass der König von Babylon sich gegenüber Assurbanipal als Verräter erwiesen hat. Zunächst hat er Assurbanipal jedoch eine Gesandtschaft geschickt, die ihm huldigen soll (um ihn in Sicherheit zu wiegen?). Als Reaktion Assurbanipals auf die Gesandtschaft heißt es:

Col. III, 87ff a-na-ku $^{I\,ilu}$aššur-bân-aplu (…) 91ul-ziz-su-nu-ti
Ich, Assurbanipal, der König von Assyrien, dem die großen Götter ein gnädiges Geschick bestimmten (…) ließ diese Babylonier an leckerer Tafel Platz nehmen (…).[163]

Wie der Fortgang zeigt, ist a-na-ku $^{I\,ilu}$aššur-bân-aplu der erste Teil einer Gegenüberstellung. Der zweite folgt in 96 mit ù šú-u $^{I\,ilu}$šámaš-šum-ukîn (…) 100 uš-bal-kit *Aber Šamš-šum-ukîn, der verräterische Bruder (…) brachte die Einwohner (…) zum Abfall von mir (…).*[164] Inhaltlich werden die gastfreundliche Verhaltensweise Assurbanipals und die verräterische Schamaschschumukins gegenübergestellt. Die betonte Redeweise Pronomen+Eigennamen dient dieser Gegenüberstellung, sodass in diesem Fall wohl kein Nominalsatz vorliegt.

Während des sechsten Feldzuges kommt es zur Unterwerfung Tamaritus, eines Gegners Assurbanipals. Als Reaktion auf die Unterwerfungsgesten Tamaritus heißt es:

Col. IV, 37ff a-na-ku $^{I\,ilu}$aššur-bân-aplu (…) 39 (…) ar-ši-šu-ma
Ich, Assurbanipal, der Weitherzige, der nicht auf Peinigung sinnt, der tilgt die Vergehen, gewährte dem Tammaritu Gnade.[165]

Auch hier wäre ein Nominalsatz prinzipiell möglich, im Sinne einer eingeschalteten Selbstcharakterisierung Assurbanipals, die die Grundlage seiner im Folgenden berichteten Verhaltensweise bietet. Vielleicht ist aber doch die Annahme eines betont vorgezogenen Subjekts zum Verb wahrscheinlicher. Die Redeweise dient auch hier dazu, das Verhalten gegenüber einem Gegner betont herauszustellen.
Dem neunten Feldzugbericht angeschlossen ist ein (Bau-)Bericht über die Wiederherstellung des bît-ridûti. Damit wird ein Bezug zum Anfang hergestellt, in dem die Bedeutung des bît-ridûti bereits deutlich geworden war. In Col X, 51ff wird zunächst erwähnt, dass das bît-ridûti verfallen ist. Sein Wiederaufbau wird folgendermaßen eingeleitet:

Col X, 57f a-na-ku $^{I\,ilu}$aššur-bân-aplu šarru rabû^{u} šarru dan-nu 58 šar kiš-ša-ti šar matu.^{ilu}aššur^{ki} šar kib-rat irbitim^{tim}

Assarhaddon, der König von Assyrien, der Vater, mein Erzeuger 55 besiegt und sich dessen Land bemächtigt hatte, - er, Tarkû (šu-u ^{I}tar-ku (…) im-ši-ma), vergaß (…) (Text und Übersetzung: M.Streck, Assurbanipal, 6f).
[163] Text und Übersetzung: M.Streck, Assurbanipal, 30f.
[164] Text und Übersetzung: M.Streck, Assurbanipal, 30f.
[165] Text und Übersetzung: M.Streck, Assurbanipal, 36f.

Ich, Assurbanipal, der große König, der mächtige Könige der Welt, der König von Assyrien, der König der vier Weltgegenden, da (ich) in diesem bît-ridûti aufgewachsen war (...), 74 so legte ich seine verfallenen Teile nieder.[166]

Die Wendung in Zeile 57f ist geprägt. Ob ein Nominalsatz vorliegt oder nicht, lässt sich kaum sicher entscheiden, hingewiesen sei hier nur darauf, dass das nächste Verb der 1. sg. relativ weit vom Pronomen entfernt steht. Den Vorkommen von Pronomen 1. sg. in Zusammenhang mit dem Königsnamen ist gemeinsam, dass das Pronomen dem Namen voransteht. In Col I, 39f ist im Zusammenhang mit anderen Nomina nachgestelltes *anāku* belegt.

Der Cylinder B.
Die Wendung aus Col. X, 57f des Rassam-Cylinders findet sich dann auch, um weitere Prädikationen vermehrt, als Anfang des Cylinders B.[167] Von Streck wiedergegeben durch: *Ich (bin) Assurbanipal (...)*[168]. Dort ist im Bericht über den sechsten Feldzug außerdem ein Gebet Assurbanipals an Ischtar belegt,[169] das folgendermaßen beginnt:

Col. V, 30 (...) be-lit ᶦˡᵘarba-ilu a-na-ku ᶦˡᵘáššur-bân-aplu šár ᵐᵃᵗᵘáššur - *O, Herrin von Arbela! Ich bin Assurbanipal, der König von Assyrien, 31 das Geschöpf deiner Hände, [dem Aššur, der König der Götter], dein Vater, dein Erzeuger, 32 die Erneuerung der Tempel Assyriens und die Vollendung der Städte von Akkad [befohlen hat]. Ich habe mir angelegen sein lassen (a-na-ku ašri-e-ki)...*[170]

Nach den Prädikationen geht der Text weiter mit: a-na-ku aš-ri-e-ki. Die erneute Setzung des Pronomens könnte ein Hinweis darauf sein, dass es sich bei dem einleitenden a-na-ku ᶦˡᵘáššur-bân-aplu um einen Nominalsatz handelt, wenn man nicht mit einer einfachen Wiederholung des Pronomens (*Ich, Assurbanipal, ich habe mir angelegen sein lassen ...*) rechnen will. Auch hier entspricht dem betonten *a-na-ku* (vermutlich dem zweitgenannten) im Fortgang ein betont gegenübergestelltes 34 ù šú-ú ᶦte-um-mam – *Aber er, Teummam* (...). Dass der Nominalsatz eine Selbstvorstellung meint, ist nicht auszuschließen, man könnte denken, dass Assurbanipal sein Gebet damit eröffnet, dass er sich Ischtar vorstellt. Aber hier schwingt doch wohl auch schon eine bestehende Bekanntschaft mit. Zwar wird durch den Nominalsatz zu erkennen gegeben, wer redet, aber so, dass dabei auf Bekanntes rekur-

---

166 Text und Übersetzung: M.Streck, Assurbanipal, 84ff.
167 Vgl. M.Streck, Assurbanipal, 92f.
168 M.Streck, Assurbanipal, 93.
169 Vgl. zu diesem Vorgang auch Tontafelinschrift K 2652, dort v.a. Vorderseite Zeile 11ff. M.Streck, Assurbanipal, 188ff.190f.
170 Text und Übersetzung: M.Streck, Assurbanipal, 114f.

riert wird (vgl. *das Geschöpf deiner Hände; dem dein Vater* (…) *befohlen hat).*[171]

Sogenannte Prunkinschriften:[172]
Der Cylinder L[1]

1 I ilu_{aššur-bân-àplu} šarru dan-nu šarru kiššati šar ^{mâtu}·áššur šar kib-rat irbitti^{ti} (…)
7 (…) a-na-ku-ma
(Ich,) Assurbanipal, der mächtige König, der König der Welt, der König von Assyrien, der König der vier Weltgegenden (…) *(weitere Prädikationen) 7 der Enkel Sanheribs, des mächtigen Königs, des Königs der Welt, des Königs von Assyrien – bin ich.* 8 *Das Werk von Ê-sagila,* (…) 9 a-na-ku ú-šak-lil *ich vollendete es.* (…)[173]

Das um enklitisches -*ma* ergänzte *anāku* steht am Ende der Titulatur, die mit dem Königsnamen beginnt.[174]

Demgegenüber beginnt der Cylinder L[6] (P[2]) mit einer Widmung an Marduk. Erst auf diese folgt dann die Selbstnennung Assurbanipals.[175]

---

[171] In der Folge wird berichtet, dass Ischtar das Gebet erhört hat: *Meine klagenden Seufzer vernahm Ištar und: 'Fürchte dich nicht' sagte sie, indem sie mir das Herz vertrauensvoll machte. 'Dafür, daß du deine Hände zum Gebet erhoben hasst (und) sich deine Augen mir Tränen erfüllt haben, erbarme ich mich deiner.' Während jener Nacht, in der ich sie anflehte, legte sich ein Seher nieder und sah ein Traumgesicht.* (Vgl. M.Streck, Assurbanipal, 117.) Der Seher berichtet Assurbanipal dieses Traumgesicht, in dem Ischtar Assurbanipal genauere Verhaltensanweisungen gibt. Auf den Vorgang, der hier ausführlich zur Sprache kommt, Gebet und Erhörung, wird an anderer Stelle kurz zusammenfassend Bezug genommen: *Auf die Gebete, welche ich an Aššur und Ištar richtete, hin nahmen (diese) mein Seufzen entgegen (und) hörten auf die Rede meiner Lippen.* (M.Streck, Assurbanipal, 131.) – Pronomen 1.sg + KN ([a-na-ku] ^Iaššur-bân-aplu) vielleicht auch in K 2631 + K 2653 + K 2855 (Tontafelinschriften mit Teilen der Annalen vgl. M.Streck, Assurbanipal, 176ff), den Teil eröffnend, der sich an die Widmung an Nergal anschließt, allerdings ist das Pronomen erschlossen. M.Steck, Assurbanipal, 208, vermutet die Wendung auch in K 2846. Sie begegnet außerdem in K 2867 als Anfang der Inschrift, vgl. M.Streck, Assurbanipal, 210. Vgl. auch K 3405, Vorderseite Zeile 20, im Verlauf der Inschrift, vgl. M.Streck, Assurbanipal, 224.
[172] Zum Begriff 'Prunkinschrift' vgl. J.Renger, Art. Königsinschriften. B. Akkadisch, 73.
[173] Text und Übersetzung: M.Streck, Assurbanipal, 226f. Die Inschrift erwähnt Assurbanipals Einsatz für Ê-sagila und Babylon und bittet dafür um den Segen der Götter. Die Inschrift endet mit einem häufig anzutreffendem Element, dem Fluch für alle, die den Namen Assurbanipals (und seines in der Inschrift genannten Bruders Šamaššumukîn) und die Schrifturkunde zerstören.
[174] Vergleichbares (NP + Prädikationen + anakuma) findet sich auch am Anfang des Cylinders L[2] (Zeile 1–8); Cylinder P[1] (Zeile 1–7); Ê-maḫ-Cylinder (Zeile1–7), die auch im Inhalt dem Cylinder L[1] vergleichbar sind; Texte bei M.Streck, Assurbanipal.
[175] Dass in diesen Fällen, in denen auf eine Widmung die (Selbst-)nennung Assurbanipals folgt, *anāku* nicht notwendig stehen muss, zeigen "Die Weihinschrift

a-na-ku ^I ilu_aššur-bân-aplu šarru rabû šarru dannu šar kiššati šar ^mâtu·_áššur šar kib-rat irbitti^ti_ (…) 9 (…) a-na-ku-[ma]
Ich, Assurbanipal, der große König, der mächtige König, der König der Welt, der König von Assrien, der König der vier Weltgegenden (…) *weitere Prädikationen* 9 (…) – *bin ich.*[176]

Der Inhalt ist dem der oben genannten Cylinder vergleichbar. Bemerkenswert ist bei dieser Stelle das zweimalige *anāku*. Das erste ist dem Königsnamen vorangestellt, das zweite mit enklitischem -*ma* schließt die Titulatur ab.[177]
Nur ein dem Eigennamen vorangestelltes *anāku* findet sich in der "Weihinschrift an Marduk"[178]. Sie beginnt mit ausgedehnten Prädikationen Marduks (Zeile 1–13). An sie schließt sich an:

a-na-ku ^I.ilu_aššur-bân-aplu šarru rabû^u šarru dan-nu šar kiššati be-[el kib-rat irbitti-ti].
Ich (bin) Assurbanipal (…)[179]

---

an Nabû" (vgl. M.Streck, Assurbanipal, 272f), "Die Weihinschrift an Ninlil" (ebd., 274f) sowie die unter o) wiedergebene Tafelunterschrift (ebd., 364ff, Zeile 5).
[176] M.Streck, Assurbanipal, 236f.
[177] Wie Cylinder L^6 (P^2) weisen auch die Stele S^2 (vgl. Zeile 1–23), Stele S^3 (Zeile 1–36) vorgestelltes *anāku* und nachgestelltes anakuma auf. Der jeweilige Inhalt ist dem der oben genannten Cylinder vergleichbar; Texte bei M.Streck, Assurbanipal.
[178] Vgl. M.Streck, Assurbanipal, 276ff. Ebenso in der "Weihinschrift an Ningal" (vgl. M.Streck, Assurbanipal, 286ff, vgl. Vorderseite, Zeile 12, Epitheta bis Zeile 18; Zeile 19: ú-še-piš-ma *Ich ließ durch den Sohn des N.N. tallu's* …), in der es um die erfolgte Anfertigung von tallus (Bedeutung unklar, vgl. Vgl. M.Streck, Assurbanipal, 290, Anm. 2) geht, die in irgendeiner Beziehung zum Ningal-Kult oder – Heiligtum stehen müssen. Die Weihinschrift stand laut Unterschrift auf diesen tallus geschrieben. Vgl. auch "Weihinschrift an Ašur und Marduk" Col IV, Zeile 6, in: M.Streck, Assurbanipal, 300: [ana-k]u ^I.ilu_aššur-bân-aplu *[I]ch (bin) Assurbanipal* (…). 10[ê]-sag-ila ú-šak-lil *[Ê]-sagila vollendete ich*. In dritter Person sind die "Backsteinlegenden" (vgl. M.Streck, Assurbanipal, 350ff) formuliert, vgl. etwa: *Für Marduk, [seinen] Herrn, hat Assurbanipal, der König der Welt, der König von Assyrien; der Sohn Assarhaddons, des Königs der Welt, des Königs von Assyrien, des Königs von Bab[yl]on, die Backsteine von Ê-temenanki von neuem herstellen lassen.* (M.Streck, Assurbanipal, 351.) In den "Tafelunterschriften der Bibliothek Assurbanipals" (vgl. M.Streck, Assurbanipal, 354ff) begegnet in der unter b), n) und w) wiedergegebenen Unterschrift einleitendes ^I ilu_aššur-bân-aplu (šarru rabû šarru dan-nu šar kiššati) šár ^mâtu_áššur^(ki) ohne vorangestelltes Pronomen. Die Mehrzahl der Texte beginnt mit *Palast Assurbanipals, des großen Königs* usw.
[179] Vgl. Vorderseite, Zeile 14; Text und Übersetzung: M.Streck, Assurbanipal, 280f. Die Inschrift erwähnt kriegerische Vergeltungszüge (?) auf Geheiß Marduks sowie die Anfertigung einer Räucherschale, die im Marduk-Kult eingesetzt werden soll. – Unter den von Streck verzeichneten Inschriften der Nachfolger Assurbanipals (vgl. M.Streck, Assurbanipal, 380ff) findet sich ein Beleg für die Wendung Pronomen 1. sg. + Eigennamen. Auf dem "Backstein von Nimrûd" heißt es: ana-ku ^I ilu_aššur-etil-ilâni^meš šár kiššati šár ^mâtu_aššùr^ki (…) 4 ú-še-piš^ma libittu (…) *Ich*

– Aus der Zeit Assurbanipals
Inschriften Šamš-šum-ukîn's[180]
Die »Bilinguis«: Assyrischer (babylonischer) Text[181]

(ilu) Šamaš-šumu-ukîn šarru dan-nu šar Am-na-nu šar Bâbili (...) *a-na-ku
Šamaš-šumu-ukîn, der mächtige König, König von Amnanu, König von Babylon,
der Gewaltige, Kluge, der Hirte, der Günstling Bels, des Šamaš und des Merodach,
König von Sumer und Akkadû, ich –* (...)[182].

Es folgen u.a. Hinweise auf die Taten (Bauarbeiten?) während *Šamaš-
šumu-ukîns* Herrschaft, mit der abschließenden Bitte um Segen.
Das Pronomen ist nachgestellt und schließt die einleitende Titulatur ab.

Erklärende Texte zu Reliefdarstellungen[183]
Jagdinschrift:
Eine Darstellung zeigt Assurbanipal, der "über 4 toten Löwen ein
Trankopfer" darbringt[184]. Die Aufschrift lautet:

a-na-ku [I ilu]aššur-bân-aplu šar kiššati šár [mâtu]áššur[ki] *Ich (bin) Assurbanipal, der
König der Welt, der König von Assyrien (dem Aššur (und) Ninlil erhabene Macht
verliehen haben. (Was) die Löwen, die ich getötet, (betrifft), (so) richtete ich den
furchtbaren til(?)panu der Ištar, der Herrin der Schlacht, auf ihnen auf. Eine
Spende brachte ich über ihnen dar. Wein goß ich über sie als Libation aus.)*[185]

Das Pronomen ist dem Königsnamen vorangestellt und eröffnet die Inschrift. Für Inschriften in Zusammenhang mit Darstellungen wurde bereits die Frage aufgeworfen, inwieweit von einem direkten Bezug beider aufeinander auszugehen ist. Beantwortet die einleitende Ich-Rede
die von der Darstellung hervorgerufene Frage: Wer ist der Abgebilde-

---

*(bin) Aššuretililâni, der König der Welt, der König Assyriens (...). Ich ließ herstel-
len Backsteine (...)* (Text und Übersetzung: M.Streck, Assurbanipal, 380f.).
[180] E.Schrader, Keilschriftliche Bibliothek III, 1, 195. Erhebliche Lücken weist
die Cylinder-Inschrift auf: Nach der Widmung an Nebo, mit ausführlichen Prädikationen desselben, ist lesbar: a-na-ku (ilu) Š[...] šar Bâbili usw. (KB 3,1, 196).
In der eckigen Klammer ergänzt KB Š[amaš-šumu-ukîn šarru dan-nu]. Die Übersetzung ergänzt *[Dem Nebo ...] ... [habe] ich ...*, wobei in der Übersetzung ein Partizip zu *habe* fehlt. Aufgrund der Lücken im Text, ist der Übersetzung möglicherweise davon ausgegangen, dass ein entsprechendes Wort ausgefallen ist.
[181] E.Schrader, Keilschriftliche Bibliothek III, 1, 199f.
[182] E.Schrader, Keilschriftliche Bibliothek III, 1, 199.
[183] So die Überschrift bei M.Streck, Assurbanipal, 304.
[184] M.Streck, Assurbanipal, 304f, Inschrift α).
[185] Text und Übersetzung: M.Streck, Assurbanipal, 304f. Vgl. ebenso die Inschriften β-ε, wobei bei ε zu beachten ist, dass das Relief nach Streck zeigt, wie
Soldaten (wohl nicht Assurbanipal selbst) Löwen durchbohren, die Inschrift aber
trotzdem mit a-na-ku [I ilu]aššur-bân-aplu beginnt. Vermutlich ist Assurbanipal aber
auch auf der Darstellung erschienen. In der Inschrift heißt es: *"Die Macht selbiger
Löwen brach ich"*, M.Streck, Assurbanipal, 311.

te? Für Grabmäler mit Inschriften und Darstellungen hatte Poebel einen solchen Zusammenhang angenommen und die Kombination Pronomen + Eigennamen in diesen Fällen als Nominalsatz verstanden.

Aufschriften auf Reliefs mit Darstellungen der politischen (speziell der Kriegs-) Geschichte:[186]
Aufschriften zu Darstellungen, die andere Personen als Assurbanipal zum Gegenstand haben und in der dritten Person verfasst sind, weisen kein Personalpronomen vor dem Eigennamen auf.[187] Beziehen sich die Aufschriften jedoch auf Assurbanipal,[188] so lauten sie:

a-na-ku ^{I} ilu$_{aššur}$-bân-aplu (šar kiššati) šár $^{mâtu.ilu.}$áššur^{ki} .[189]

Das Pronomen steht dem Eigennamen stets voran.

Bauinschriften
Der Bericht des Nabopolassar über die Wiedererrichtung von Etemenanki:[190]

---

[186] Vgl. M.Streck, Assurbanipal, 310ff
[187] Eine Darstellung etwa zeigt Teumman, einen Gegner Assurbanipals, der durch einen Pfeil verwundet am Boden kniet (vgl. M.Streck, Assurbanipal, 311) und durch seinen Sohn mit dem Bogen verteidigt wird. Die Aufschrift lautet: ^{I}te-um-man ina mi-ḳit ṭe-e-me a-na mâri-šu iḳ-bu-ú šú-li-e ^{išu}kašta *Teumman in (seiner) Niedergeschlagenheit sagte zu seinem Sohne: "Schieß mit dem Bogen!* Ähnliche Beispiele in b-h.k. Dem Namen wird dabei nie ein Pronomen vorangestellt. Auf die Apposition folgt meist ein mit ša eingeleiteter Relativsatz. Ein weiteres Beispiel (β) in Übersetzung: "Darstellung: 2 Personen werden von assyrischen Soldaten getötet." Der Text dazu lautet: "1 *Teummann, der König von Elam, welcher in einer gewaltigen Schlacht 2 verwundet worden, (und) Tamârîtu, sein ältester Sohn, 3 der seine Hand ergriffen hatte, 4 flohen, um ihr Leben zu retten, (und) verbargen sich in einem Gehölze. 5 Unter dem Beistande Aššurs und der Ištar tötete ich sie 6 (und) hieb ihre Köpfe einander gegenüber ab."* M.Streck, Assurbanipal, 313.
[188] Wie in q, i und l, Assurbanipal wird hier dargestellt, wie er Gesandte oder Gefangene und Beute empfängt.
[189] Vgl. M.Streck, Assurbanipal, 316.318.320. Vgl. dazu auch die "Tontafeln mit Erläuterungen von Palastskulpturen", vgl. M.Streck, Assurbanipal, 320f a) K 2637, Zeile 5; 328f c) K2674 + Sm 2010 + B.M. 82,2–4,186, Vorderseite, Zeile 45; 332ff d) K 3096, Rückseite, Zeile 1, 3 und 6. Die Tafel K 4457 (bei M.Streck, Assurbanipal, 334ff) enthält die Wendung Zeile 6 im Verlauf der Inschrift; zuvor werden mehrere andere Personen genannt, mit Namen und Appositionen, ohne vorangestellte Pronomen. Ob in diesem Fall *anāku* Teil eines Nominalsatzes oder vorgezogenes Subjekt zu am-ḫu-ur-ma 'ich flehte' ist, ist unklar; vgl. ebenso Rückseite von K 4457, Zeile 3 (M.Streck, Assurbanipal, 338f). Als Nominalsatz dürfte die Wendung eher dort zu verstehen sein, wo ein ša folgt, vgl. M.Streck, Assurbanipal, 338 "f. Aus Rm 40". Vgl. weitere Belege der Wendung "g. Aus Sm 1350", Zeile 4 (M.Streck, Assurbanipal, 340f); "h. Aus Br. M. 80,7–19, Nr. 102 (M.Streck, Assurbanipal, 342f). Schamaschschumukin war der ältere Bruder des Assurbanipal.
[190] TUAT II, 490ff. Von Nabopolassar sind (laut P.-R.Berger, Die neubabylonischen Königsinschriften, 32) sechs Zylinder-Inschriften belegt, von denen Zyl. I, 1;

I 1 a-na ^dmarduk (…)
8 ^dna-bi-um-aplu-ú-su-úr 9 šakkanakku bāb-ili^ki (…) 20 (…) a-na-ku^191
I 1 *Marduk, dem großen Herrn* [… *weitere Appositionen* …] 8 *Nabopolassar, der Statthalter von Babylon* [… *weitere Appositionen* …] 20 *bin ich*.^192 Es folgt der eigentliche Bericht.

Das Pronomen ist nachgestellt, es schließt die auf die Widmung folgende Titulatur des Königs ab.^193

II, 1; II, 2 und (vermutlich) II, 3 in ihrer einleitenden Titulatur nachgestelltes (vgl. zum Formular der Titulatur ebd. 22) *anāku* aufweisen. Zu der Besonderheit der einleitenden Passage von Zyl. I, 2, in der zweimal *anāku* (erster Beleg mit -*ma*, zweiter ohne) vgl. ebd. 33f.
^191 Text: F.Wetzel/F.H.Weissbach, Das Hauptheiligtum des Marduk, 42; Regierungsdaten Nabopolassars: 626–605, vgl. ebd. 41. Vgl. auch eine weitere kurze Inschrift Nabopolassars, die sich ebenfalls auf den Bau von Etemenanki bezieht: 1 ^dna-bi-um-aplu-usuur 2 šar bāb-ili^ki 3 šakkanakku (…) 5 (…) a-na-ku, ebd. 44.
^192 TUAT II, 491.
^193 Auch von Nabopolassars Nachfolgern, Nebukadnezar II (605–562), Neriglissar sind Inschriften mit einem dem Eigennamen nachgestellten *anāku* belegt. Zu Nebukadnezar II vgl. Vgl. F.Wetzel/F.H.Weissbach, Das Hauptheiligtum des Marduk, 48: Backsteininschrift b.: 1 ^dnabū-kudurru-ú-su-úr 2 šar bāb-ili^ki (…) 6 (…) a-na-ku. Bei zwei weiteren von Wetzel/Weissmann wiedergegebenen Inschriften lässt sich diese Form vermuten, vgl. ebd. 44, Tonzylinder 2. Stück und 48, Backsteininschrift a. Vgl. außerdem die Hinweise bei P.-R.Berger, Die neubabylonischen Königsinschriften, 35ff auf die Zyl. II, 1 (=B I,12); II, 8; II, 5; II, 3; II, 9; II, 2; III, 4, Seite 38ff auf die Zyl. II, 11; II, 6; II, 7; Frgm: I, 3; Frgm. II, 5; II, 12; II, 10, deren Titulatur trotz Unterschieden jeweils nachgestelltes *anāku* aufweist. Vgl. außerdem "Die große Steintafel Nebukadnezars", die im Schlussteil noch einmal die Titulatur mit nachgestelltem Pronomen (mit enklitischem -*ma*) aufgreift; vgl. ebd. 59f; die Wadi-Brisa-Inschrift (Titulatur mit Pronomen wiederholte Male im Verlauf der Inschrift), vgl. ebd. 64ff; die Nahr el Kelb-Inschrift, vgl. ebd. 67. – Zu Neriglissar vgl. P.-R.Berger, Die neubabylonischen Königsinschriften, 47ff, Zyl. II, 1 und II, 3. – Vgl. außerdem den 'Bericht des Nabonid über den Wiederaufbau des Echulchul in Harran' (TUAT II, 493ff): 1 *Ich bin Nabonid, der große König, der mächtige König* [weitere Appositionen] 7 *bin ich*. (Ebd. 494) Es folgt der Bericht. Vgl. auch den Hinweis bei P.-R.Berger, Die neubabylonischen Königsinschriften, 49f auf die Zylinderinschriften Zyl. II, 4 ; II, 9, Seite 50f Zyl. II, 8; II, 1, Seite 51 Zyl. II, 6, Seite 52 Zyl. III, 1, Seite 52f Zyl. II, 2, Seite 53f Zyl. III, 2 (mit vor- und nachgestelltem Pronomen), Seite 54f Zyl. II, 3, Seite 56f Zyl. III, 3, deren Titulatur trotz Unterschieden jeweils nachgestelltes *anāku* aufweist. Vgl. außerdem ebd. 60f die Stelen Nabonids: Frgm. III, 1 bietet im Zuge der Einleitung die Wendung anāku Nabûna'id (ebd. 61) (vorangestelltes *anāku*!), von Berger als Selbstvorstellung verstanden; Frgm. XI Kol. VIII (Stellung des *anāku* unklar …), Kol. IX (nachgestelltes *anāku*). Vgl. die Tontafelinschrift Nabonids VI, 1 (ebd. 69ff), in deren Verlauf eine ältere aufgefundene Statuen-Inschrift zitiert wird (vgl. ebd. 70). Vorangestelltes *anāku* findet sich in der von C.J.Gadd, The Harran inscriptions of Nabonidus, wiedergegebenen Inschrift H2 A und B (vgl. ebd. 56f): In den ersten 5 Zeilen der Kolumne 1 erfolgt ein Rekurs auf Sin, Zeile 6 leitet zu Nabonid über, indem sie die Verbindung zwischen Sin und Nabonid herstellt. In Zeile 7 heißt es dann (…) a-na-ku (m.d.)*PA.I* – (…) *I (am) Nabonidus* (…). – In diesem Zusammenhang ist auch die Inschrift der Adad-guppi, der Mutter Nabonids zu vergleichen; zwar handelt es

– Inschriften des Kyros (539–529)
Der Kyroszylinder[194]
Der Anfangsteil der Inschrift redet bis Zeile 19 von Kyros in der dritten
Person. Es wird berichtet, wie Marduk ihn zur Herrschaft berief und
Kyros mit göttlicher Unterstützung seinen Eroberungsfeldzug nach Ba-
bel unternahm. Nachdem der Bericht bei der freudigen Begrüßung des
Kyros durch die Einwohner von Babel angelangt ist, heißt es:

20 a–na-ku ^{I}ku-ra-aš šar kiš-šat šarru rabu šarru dan-nu šar babili$_2$ šar mat šú-me-ri
ù ak-ka-di-i šar kib-ra-a-ti it-bi-ti-im
20 *Ich (bin) Kyros, der König des Alls, der große König, der mächtige König, König von Babylon, König von Šumer und Akkad, König der vier Weltgegenden* 21 +
Filiation[195]
20 *Ich, Kyros, der König des Weltreiches (... weitere Prädikationen ...)* – *als ich
friedlich in Babel eingezogen war (...) 27 Mich, Kyros, den König, der ihn verehrt,
(...) 28 segnete er gnädig.*[196]

Das Pronomen ist dem Königsnamen vorangestellt und eröffnet die den
König einleitende Titulatur.

Backsteininschrift

1 ^{I}ku-ra-aš ba-ni-im 2 é-sag-ila u é-zi-da 3 apal ^{I}kam-bu-zi-ịa 4 šarru dan-nu a-na-ku
1 *Kyros, der Erbauer 2 Esagila's und Ezida's, 3 Sohn des Kambyses, 4 der mächtige König (bin) ich.*[197]

Das Pronomen ist hier an das Ende der Titulatur gestellt.

---

sich dabei um eine Grabinschrift, von ihrem Inhalt her ist sie aber den Königsinschriften, die Tatberichte enthalten, direkt vergleichbar: Col. I., 1. a-na-ku (SAL.
d.)adda-GU-up-pi-'i (...) I 1 *Ich bin die Adad-guppi, die Mutter* 2 *des Nabonid, des
Königs von Babylon ...* Text: C.J.Gadd, The Harran inscriptions of Nabonidus, 46,
es folgt kein direkt auf *anāku* zu beziehendes Verb für 1. sg.; die Übersetzung von
Gadd lautet: "1. *I (am) the lady Adda-guppi', mother* 2. *of Nabium-na'id, king of
Babylon*" (ebd. 47). Deutsche Übersetzung: TUAT II, 479ff. "Die Inschrift der A-
dad-guppi, der Mutter des letzten unabhängigen babylonischen Königs Nabonid
(556–539 v. Chr.), stellt ein in jeder Hinsicht einzigartiges Dokument babylonischer Religiosität und Geisteskultur dar. (...) Der vorangehende autobiographische
stilisierte erste Teil stellt die enormen Verdienste der Adad-guppi um den Kult (...)
heraus. (...) Mit der Ich-Formulierung entspricht der erste Teil stilistisch weitgehend einer Königsinschrift; in solchen aber sind Berichte über Tod und Bestattung
des Herrschers, wie im zweiten Teil der Inschrift erhalten, natürlich unmöglich und
daher unüblich." Einige Elemente sind typisch für die Inschriften des Nabonid.
(479f; Zitat 479.)
[194] Vgl. TUAT I, 407ff.
[195] Text und Übersetzung: F.H.Weissbach, Die Keilschrift der Achämeniden, 4f.
[196] TUAT I, 408f.
[197] Text und Übersetzung: F.H.Weissbach, Die Keilschrift der Achämeniden, 8f.

– Inschriften des Darius (des Großen) (522–486)
Die Behistun-Inschrift[198]

I § 1 1 *Ich (bin) Darius, der Großkönig,* (... weitere Appositionen ...)[199]
§ 5 (...) ina ṣilli ša ^ilu^ú-ri-mi-iz-da-' ana-ku šarru ^ilu^ú-ri-mi-iz-da-' šarru-tu ana-ku id-dan-nu[200] (...) *Nach dem Willen Ahuramazdas bin ich König; Ahuramazda übertrug mir die Herrschaft.*[201]

Das erste Pronomen ist dem Bezugswort, einem Nomen, vorangestellt. Die Konstruktion lässt sich an dieser Stelle kaum anders denn als Nominalsatz verstehen.[202]

Inschriften von Naḳš-i-Rustam[203]
Die große obere Inschrift (NRa) hinter der Figur des Königs lautet:

§ 1 *Ein großer Gott (ist) Ahuramazda, der die Erde schuf* (...), *der den Darius zum König machte* (...)
§ 2 a-na-ku 4 ^I^da-a-ri- ia-muš šarru rabu-u (...) *Ich (bin) Darius, der große König* (...)[204]
§ 4 *Als Ahuramazda diese Erde im Kampf begriffen sah, gab er sie mir, machte mich zum König, ana-ku šarru ich bin König.* (...)[205]

---

198 TUAT I, 419ff. Zur Behistun-Inschrift vgl. oben Anm. 67.
199 TUAT I, 421. Dieser Teil ist in der babylonischen Version nicht erhalten, wohl aber in der altpersischen und elamischen Version (vgl. F.H.Weissbach, Die Keilschrift der Achämeniden, 8f).
200 Vgl. dazu § 9, die entsprechende Wendung ohne *anāku* ^ilu^ú-ri-mi-iz-da šarru-tu id-dan-nu *Ahuramazda hat mir diese Herrschaft verliehen;* in § 13 wie oben.
201 Text und Übersetzung: F.H.Weissbach, Die Keilschrift der Achämeniden, 11. a-na-ku ^I^da-a-ri- ia-[a-muš] ist auch auf einer der Inschriften von Susa zu erkennen, vgl. Dar. Susa c. ebd. 99, vielleicht auch Dar. Susa e § 2, ebd. 101, in der elamischen Version vgl. außerdem Dar. Susa d, ebd. 98. Vgl. weiter die Inschrift am Berge Elwend § 1 *Ein großer Gott ist Ahuramazda* (...) *der den Darius zum König machte* (...) § 2 a-na-ku ^I^da-a-ri- ia-a-muš *ich (bin) Darius* (...), ebd. 103; Gewicht-Inschriften Dar. Pond a.b, ebd. 105; Siegelinschrift: Darstellung zeigt den König auf Löwenjagd (vgl. ebd. XXIII) ebd. 107, immer mit vorangestelltem *anāku*.
202 Vgl. auch die entsprechende Aussage in der Inschrift von Naḳš-i-Rustam § 4. s.u. – In einer weiteren Inschrift des Darius (TUAT I, 613; Altpersisch (= Elamisch = Akkadisch) heißt es: 1 (...) *Dies ist die Statue aus Stein,* 2 *die der König Darius in Ägypten zu machen befohlen hat, damit in Zukunft jedem offenbar werde, daß der Persische Mann Ägypten hat. Ich bin Darius* 3 *der Großkönig, der König der Könige* (...). *Der König Darius sagt: 'Ahura Mazda soll mich beschützen und was von mir gemacht ist!*
203 Grab Darius' I mit Relief, das u.a. den König zeigt, aber auch Ahuramazda und weitere Personen.
204 Text und Übersetzung: F.H.Weissbach Die Keilschrift der Achämeniden, 87.
205 Text und Übersetzung: F.H.Weissbach Die Keilschrift der Achämeniden, 89; Inschrift hat insgesamt 6 Paragraphen.

Das Pronomen geht jeweils dem Königsnamen bzw. seinem Bezugswort voraus. In § 4 ist die Aussage *ana-ku šarru* wie zuvor schon in der Behistun-Inschrift kaum anders denn als Nominalsatz zu verstehen.

– Inschriften des Xerxes (486–465)
Inschriften von Persepolis
Xerx. Pers. a

§ 1 Ein großer Gott (ist) Ahuramazda (...) der den Xerxes zum König machte (...)
§ 2 a-na-ku ^Iḫi-ši-ʾ-ar-ši Ich bin Xerxes, der große König (...)
§ 3 *Erwähnt die Erbauung eines Torweges*
§ 4 *Bittet Ahuramaza um Schutz.*[206]

Das Pronomen ist dem Königsnamen vorangestellt.[207] Nachgestelltes *anāku* findet sich dann wieder in der Tonzylinder-Inschrift des Antiochus I. Soter, die sich aber auch in der Form von den achämenidischen Inschriften unterscheidet:

Col I. 1 ^Ian-ti-ʾu-ku-us šarru rabu-ú (...) 6 a-na-ku (i-nu-ma ...)
1 *Antiochus, der große König,* 2 *der mächtige König, König des Alls, König von Babylon, König der Länder,* 3 *Ausschmücker von Esagila und Ezida,* 4 *erstgeborener Sohn des Seleukos, des Königs,* 5 *des Makedoniers, Königs von Babylon,* 6 *(bin) ich.*[208]

Die Kombination von Pronomen (vor- oder nachgestellt) und Königsname ist fester, wenn auch nicht obligatorischer Bestandteil der Königsinschriften. Wie diese Redeform syntaktisch aufzuschlüsseln ist, bedürfte einer erneuten systematischen Untersuchung. Einen Nominalsatz von vorneherein auszuschließen, erscheint jedoch weder sinnvoll noch notwendig. Andererseits bietet sich nicht für alle Belege grundsätzlich die Auffassung als Nominalsatz an; hier wäre auf die Einbindung in den jeweiligen größeren syntaktischen Kotext zu achten. Die Redeform ist vorzugsweise als Bestandteil der Königstitulatur belegt, die eine Inschrift einleitet oder doch im Einleitungsteil der Inschrift steht. Die Abweichungen in der Stellung hängen, ebenso wie die Frage, ob überhaupt

---

[206] Text und Übersetzung: F.H.Weissbach, Die Keilschrift der Achämeniden, 107. 109; ebenso Xerx. Pers. c (am Darius-Palast) und d (am Xerxes-Palast); Inschrift am Berge Elwend § 2 (Inschrift in einer Nische der Felswand), vgl. ebd. 117; Inschrift von Wan § 2 (Inschrift in einer Nische in Felswand), vgl. ebd. 119; § 1 jeweils wie oben.

[207] Vergleichbare Inschriften finden sich auch bei den nachfolgenden Achämeniden, meist entweder in der dreiteiligen Form (*Ein großer Gott ist Ahuramazda* (...) – *Ich (bin) KN* (...) – *Bitte um Schutz für Erbautes, Person und Herrschaft*); zu Artaxerxes I. Makrocheir (465–424) vgl. F.H.Weissbach, Die Keilschrift der Achämeniden, 12; zu Artaxerxes II. Mnemon (404–359) vgl. ebd. 125; zu Kyros dem Jüngeren (?) vgl. ebd. 127; zu Artaxerxes III. Ochis, vgl. ebd. 128 (nur altpersisch). Oder auch direkt mit der Ich(-bin)-Aussage beginnend.

[208] Text und Übersetzung: F.H.Weissbach, Die Keilschrift der Achämeniden, 133.

ein Pronomen der 1. sg. in diesen Zusammenhängen steht, mit unterschiedlichen Inschriftformularen zusammen, wie sie Berger für die neubabylonischen Inschriften systematisch erarbeitet hat und wie sie in vergleichbarer Weise auch für die Königsinschriften der anderen Epochen gelten.[209] Die Redeform ist jedoch nicht auf den Anfangsteil von Inschriften beschränkt; sie findet sich auch in deren Hauptteil und kann dort mehrfach auftreten. Durch diese Mehrfachbelege sahen die Bearbeiter der Inschriften häufig ihre Annahme gestützt, syntaktisch könne die Redeform nicht als Nominalsatz verstanden werden, da eine wiederholte Selbstvorstellung nicht sinnvoll scheint.[210] Löst man sich jedoch von der Voraussetzung, ein Nominalsatz bestehend aus Pronomen 1. sg. und Name bringe notwendig eine Selbstvorstellung zum Ausdruck, dann kann aus syntaktischen Gründen an vielen dieser Stellen durchaus von einem Nominalsatz ausgegangen werden. Die Bestimmung der Leistung der Redeform ist natürlich letztlich weder von der Bestimmung ihrer Syntax noch von der jeweiligen Art der Inschrift zu lösen. Darüberhinaus ist der Ort der Redeform innerhalb einer Inschrift zu berücksichtigen. Die Voraussetzung, von der m.E. stillschweigend ausgegangen wird, wonach die Leistung unabhängig vom Standort einheitlich zu bestimmen versucht wird, muss so nicht geteilt werden. Syntaktisch gibt es grundsätzlich drei Möglichkeiten:

i) Es liegt, zumindest in einigen Fällen, ein Nominalsatz vor.

ii) Die Redeform ist in einen größeren syntaktischen Zusammenhang eingebunden und das Pronomen nimmt etwa das Subjekt eines folgenden Verbes der 1. sg. auf.

iii) Die Redeform ist weder als Nominalsatz zu verstehen, noch ist sie in einen größeren syntaktischen Zusammenhang eingebunden, sie lautet "ich(,) KN" ohne direkte Weiterführung.

Gemeinsam können diese drei Möglichkeiten auf die Funktion der Ich-Rede hin befragt werden. Dabei ist die Definition von Königsinschriften als Dokumente, "die auf die Dauer Geltung haben sollten" (s.o.), mitzubedenken. Besonders eindrücklich wird dieser Anspruch auf dauerhafte Gültigkeit in den Schlussbestimmungen einiger Inschriften, die den/die Nachfolger ermahnen die Inschrift zu belassen und umfangreiche Fluchbestimmungen enthalten für die Person, die die Inschrift zerstört oder missachtet. Königsinschriften sind zu einem großen Teil in der Ich-Form gehalten angesichts der Tatsache, dass der König für den jeweiligen Leser der Inschrift nicht leibhaft präsent ist, sei es, weil er zu Lebzeiten ja nicht ständig neben seiner Inschrift steht, sei es, weil er mittlerweile verstorben ist. Ähnlich wie für die Sarg- und Grabinschriften ausgeführt, scheint mir die Funktion der Ich-Rede in den Königsin-

---

[209] Vgl. dazu Hinweise bei D.O.Ezard/J.Renger, Art. Königsinschriften. Zu den altakkadischen Königsinschriften vgl. S.Franke, Königsinschriften, passim.

[210] Vgl. P.-R.Berger, Die neubabylonischen Königsinschriften, 87 in Aufnahme von A.Poebel, Das appositionell bestimmte Pronomen der 1. Pers. Sing., 4f u.ö.

schriften zunächst einmal darin zu liegen, dass sich der König damit eine gewisse Präsenz verschafft angesichts seiner leibhaften Absenz.[211] Der 'Leser'[212] der Inschrift sieht sich unmittelbarer mit dem Ich-Redner konfrontiert, als das bei einer Person der Fall wäre, von der in der 3. Pers. die Rede ist.[213] In den einleitenden Abschnitten könnte diese Ich-Rede im Falle eines Nominalsatzes durchaus eine Art Selbstvorstellung leisten. Dennoch scheint mir auch hier der Terminus 'Selbstpräsentation' in vielen Fällen angemessener. Inhaltlich geht es in den Königsinschriften in der Regel um res gestae des entsprechenden Königs.

Auch den folgenden Königsinschriften (aramäisch, phönizisch, moabitisch) ist die Redeform Pronomen 1.sg. + Königsnamen zu Beginn oder im Anfangsbereich der Inschriften gemeinsam. Das Pronomen geht hier immer dem Eigennamen unmittelbar voraus.

– Die Inschrift des Königs Zakkur von Hamath[214] (785 v. Chr.)

A 1 Die [St]ele, die Zakkur, der König von Hamath und Lu'asch, für Ilu-Wer ... aufgestellt hat. 2 זכר · [א]נה *Ich bin Zakkur, der König von Hamath und Lu'asch. Ein einfacher Mann war ich, aber (...)*[215]

---

[211] Diese Funktion der Ich-Rede umgreift die verschiedenen Funktionen, die mit den unterschiedlichen Inschriftarten gegeben sind. Zu diesen Funktionen vgl. D.O. Edzard, Art. Königsinschriften A. Sumerisch § 5; für die neubabylonischen Inschriften: P.-R.Berger, Die neubabylonischen Königsinschriften, 99ff. Bei der Frage nach der Funktion nehmen die Tontafelinschriften eine Sonderstellung ein. Es handelt sich um Kopien älterer Inschriften; daneben finden sich Tontafelfassungen zeitgenössischer (Monumental-)Inschriften, die wohl als Entwurf oder Kopie dienten. Hier ist der Sitz im Leben der verzeichneten Texte im Original / an ihrem Bestimmungsort zu trennen von der zumeist archivarischen Funktion der Tontafel.

[212] Zum intendierten 'Leserkreis' gehören, je nach Inschriftart, auch die Götter.

[213] Dass einige Inschriften (etwa auf Backsteinen oder sog. Gründungszylindern) nicht öffentlich einsehbar waren, braucht dem nicht zu widersprechen. Zur Frage der Adressaten von Königsinschriften vgl. S.Mowinckel, Die vorderasiatischen Königs- und Fürsteninschriften, 304ff. Zur Funktion der Sanherib-Inschriften vgl. E. Frahm, Einleitung zu den Sanherib-Inschriften, 36: Die Hauptfunktion der Tonfässchen-/Tonprismeninschriften, die in die Fundamente von Profanbauten eingemauert wurden, war es, "einen Nachfahren auf dem Thron zu veranlassen, des früheren Königs und seiner Taten in Ehrfurcht zu gedenken", als einzig mögliche Form der Teilhabe der mesopotamischen Herrscher an der Ewigkeit. Ob diese Inschriften darüberhinaus gegenwartsorientierte propagandistische Wirkungen haben sollten, ist umstritten, ihre Archivierung deutet darauf hin, dass sie "der Elite am Hof" bekannt gewesen sein könnten. Adressaten der Gründungsurkunden von Tempeln waren, wie die darin enthaltenen Gebete zeigen demgegenüber die Götter; E.Frahm, Einleitung zu den Sanherib-Inschriften, 34. Zur Unterscheidung zwischen 'verborgenen' und 'sichtbaren' Inschriften, vgl. A.Fuchs, Die Inschriften Sargons II.

[214] TUAT I, 626, mit Resten einer bildlichen Darstellung "einer menschlichen oder menschenähnlichen Figur".

[215] Text KAI I Nr. 202; Übersetzung TUAT I, 626. Übersetzung KAI Nr. 202 bzgl. des Nominalsatzes entsprechend.

– Die Inschrift des Königs Barrakib von Sam'al I[216] (ca. 730 v. Chr.)

1 אֿנה · ב[ר]ר[כב · *Ich bin Ba[r]rakib, 2 der Sohn des Panammu, der König von Sam3'al (...)*[217]

– Die Inschrift des Königs Kilamuwa von *J'DJ* (Sam'al) (phöniz.)[218]

(1) אנך · כלמו · בר · חי]א[(...) (4) (...) ואֿנך · כלמו · בר · תמ‑ · בר · כלמו · מאש · פעלת

---

[216] TUAT I, 630f, Bauinschrift, mit bildlicher Darstellung des Königs.
[217] Text KAI I Nr. 216, Übersetzung TUAT I, 631; Übersetzung KAI Nr. 216 bzgl. des Nominalsatzes entsprechend. Ebenso beginnt eine weitere Inschrift Barrakibs, mit Resten eines Reliefs des König vgl. KAI Nr. 217; TUAT I, 631f. Vgl. auch KAI Nr. 218; TUAT I, 632, in dieser Inschrift oben rechts: *1 Mein Herr ist Baʿal-Harran*; oben links: אנה ברכב *Ich bin Barrakib, der Sohn des Panamm[u].*
[218] Mit bildlicher Darstellung des Kilamuwa. Text KAI I Nr. 24; Übersetzung TUAT I, 638. Übersetzung KAI Nr. 24: 1 *Ich bin KLMW/*4 *I[ch] aber, KLMW,/*9 *Ich, KLMW.* – Als weitere Inschriften mit Prn 1.sg. + KN vgl. die Inschrift des Azitawadda, Königs der Danunäer (phöniz.) (TUAT I, 640ff): I 1 אֿנך אזתוד *Ich bin Azitawadda, der Gesegnete Baals, der Diener Baals, (...)* (Text KAI I Nr. 26; Übersetzung TUAT I, 641. Übersetzung von KAI Nr. 26 bzgl. des Nominalsatzes entsprechend.) – Votivinschrift des Königs Jehawmilk (5./4. Jh. v. Chr) (TUAT II, 586ff. Die Inschrift befindet sich auf einer Stele. Sie enthält im oberen Teil der Vorderseite ein Relief, auf dem König Jehamilk dargestellt ist, der zur 'Herrin von Byblos' betet. Auf dem unteren Teil der Vorderseite befindet sich die Inschrift (vgl. TUAT II, 586). ... אֿנך יחומלך מלך גבל 1 *Ich bin Jehamilk, der König von Byblos* (...) (Text A.Poebel, Das appositionell bestimmte Pronomen der 1. Pers. Sing., 12, Übersetzung TUAT II, 587; Poebel übersetzt: "Ich, Jeḥamilk, der König von Byblos (...)"; er rechnet die Inschrift nicht zu den Weihinschriften, vgl. 14; anders als bei den Grabinschriften nimmt er das Relief nicht zum Anlass einen Nominalsatz zu übersetzen, da s.E. eine Selbstvorstellung gegenüber der Gottheit fehl am Platze wäre, vgl. 14f). Jehamilk hat sich an die Göttin gewandt und sie hat ihn erhört. Er hat ihren Tempel dafür ausgestattet und erbittet ihren Segen. Die Inschrift endet mit dem (üblichen) Fluch für denjenigen, der das, was Jehamilk der Göttin zu Ehren geschaffen hat, wegnimmt und seinen Namen auslöscht. Das Verständnis der Wendung Prn 1. sg. + NP als Nominalsatz ist syntaktisch möglich. – Die Inschrift des Königs Mesa von Moab (TUAT I, 646ff) (Votivtext) (moab.):1 · אֿנך משע *Ich bin Mesa, Sohn des Kamosch[jat], der König von Moab, aus Dibon.* (...) Text KAI Nr. 181; Übersetzung TUAT I, 646. Übersetzung KAI Nr. 181: "*Ich (bin) Mēšaʿ".* – Ein den genannten Inschriften vergleichbares Beispiel aus Ägypten ist: Die Siegesstele des Pije (740–713 v. Chr.); mit bildlichen Darstellungen; TUAT I, 557ff: 1. Datierung (...) 2. Einleitung: *Dekret, erlassen durch Meine Majestät: 'Hört, was ich tat, wodurch ich meine Vorfahren übertraf! Ich bin der König, das Abbild Gottes, (...) 2 (...) Ich bin der gute Gott, geliebt von den Göttern Sohn des Re, (...)'* (TUAT I, 559f) [Es folgt der eigentliche Bericht.] – Vgl. außerdem: Die Einsetzung der Gottesgemahlin Nitokris, 656 v. Chr. (TUAT I, 594ff): 1. Rede des Königs über die Hingabe seiner Tochter Nitokris und die Antwort der Versammlung: (...) *2 Ich bin sein erstgeborener Sohn, den der Vater der Götter fördert, der das Götter-Ritual vollzieht (...) 3 (...) Niemals werde ich tun, was man nicht tun darf, und einen Erben von seinem Platz verjagen; denn ich bin ein König, der 4 die Wahrheit liebt; Lüge ist mir überaus ekelhaft; (ich bin) ein Sohn, der seinen Vater beschützt hat (...)*. (TUAT I, 596.) [Es folgt der eigentliche Bericht.]

(...) (9) אנך · כלמו (...) [ל · כסא ·]ישבת (...) אנך · אבי (...)

1 *Ich bin Kilamuwa, der Sohn des Chaja.* 2 *Gabar war König über J'DJ, aber leistete nichts.* (...) *Aber ic[h], Kilamuwa* (...), *– was auch immer ich leistete,* 5 <u>*die Früheren*</u> *hatten nicht(s dergleichen) geleistet.* (...) 9 *Ich, Kilamuwa, der Sohn des Chaja, saß auf dem Thron meines Vaters.* (...)[219]

Zu beachten ist das dreimalige Vorkommen von אנך כלמו.

– Sarkophaginschrift des Königs Tabnit (5. Jh. v. Chr.) (phöniz.)[220]

Analog zu den bisher behandelten Königsinschriften beginnt auch die Sarkophaginschrift des Königs Tabnit mit 'Pronomen 1.sg + KN'.[221]

1 אנך תבנת כהן עשתרת מלך צדנם ... 2 ... שכב בארן ז ...

1 *Ich, Tabnit, der Priester der Astarte, der König der Sidonier* (...) *ruhe in diesem Sarg.*

Die meisten Übersetzer der Inschrift geben den Beginn mit *ich, Tabnit* (...) wieder. In diesem Fall wird dann meist das Partizip שכב mit dem Pronomen verbunden.[223] Dieses Verständnis ist sprachlich möglich, aber nicht zwingend. אנך תבנת könnte sprachlich auch als Nominalsatz verstanden werden, das Partizip wäre dann in der Übersetzung als Relativsatz aufzulösen und mit מי את כל אדם begänne ein neuer Satz. Poebel hat sich explizit gegen diese Interpretation gewandt und sie als "grotesk", "unmöglich" und "sinnwidrig" abgetan. Die Inschrift enthält im weiteren Verlauf die Warnung, die Ruhe des Toten zu stören und sein Grab auf der Suche nach Schätzen zu öffnen; sie betont, dass keine Grabbeigaben zu finden sind und nur der Tote allein in dem Grabe liegt. Aufgrund diesen Inhalts schreibt Poebel:

"Die Inschrift ist nicht eine Grabinschrift, die dem Fremden sagen soll, wer in dem Sarg liegt, sondern eine Warninschrift, welche etwaige schätzegierigen (sic!) Eindringlinge davon abhalten soll, den Sarg zu öffnen (...) Bei dieser Sachlage würde es beinahe grotesk wirken, wenn sich der König den auf Beute bedachten Eindringlingen ausdrücklich mit den Worten 'Ich bin Tabnit (usw.)' vorstellen würde."[224]

---

[219] TUAT I, 638f.

[220] TUAT II, 589.

[221] Unter den Königsinschriften wurden oben bereits die Adad-guppi-Inschrift (vgl. Anm. 193) auf dem Grabmal der Mutter Nabonids und die Inschrift von Naḳš-i-Rustam, dem Grab des Darius (s.o.) genannt. – Vgl. außerdem die Sarginschrift der Königsmutter Batnoam (350 v.Chr.) (phöniz.): בארן זן אנך בתנעם אם (...)מלך עזבעל שכבת *In diesem Sarg ruhe ich, Batnoam, die Mutter des Königs Azibaal* (...) (Text und Übersetzung vgl. KAI Nr. 11, vgl. auch TUAT II, 588f).

[222] Text: A.Poebel, Das appositionell bestimmte Pronomen der 1. Pers. Sing., 15.

[223] Anders A.Poebel, Das appositionell bestimmte Pronomen der 1. Pers. Sing., 16.

[224] A.Poebel, Das appositionell bestimmte Pronomen der 1. Pers. Sing., 17. Das obige Zitat zeigt einmal mehr, wie selbstverständlich die Gleichsetzung Nominalsatz und Selbstvorstellung hier ist.

Bei den oben unter 5.2.2.4 behandelten Sarg- und Grabinschriften hatte sich gezeigt, dass Poebel ein Pronomen der 1. sg. + NP nur dort als Nominalsatz verstehen will, wo die Inschrift sich (nach Poebel) auf eine bildliche Darstellungen bezieht. In allen anderen Fällen widerspricht s. E. die Annahme eines Nominalsatzes im Sinne einer Selbstvorstellung, der eigentlichen Intention der jeweiligen Inschriften. Poebel hat sicher insoweit Recht, dass es hier in der Inschrift des Tabnit nicht um eine Selbstvorstellung im Sinne einer reinen Information geht. Dennoch ist m.E. auch hier wieder stark zu machen, dass die Inschrift in der 1. Pers. steht. Die Ich-Rede erweckt, unterstützt durch die bildliche Darstellung, die Vorstellung von der Präsenz des Redenden. Die Ich-Form verleiht der Rede Mächtigkeit. Die Fluchandrohungen werden auf diese Weise wirkungsvoller. Von der Macht, die der Tote zu Lebzeiten hatte, hofft er vielleicht auf diese Weise auch als Toter zu profitieren. Diese Überlegungen treffen zwar auch für ein appositionelles Verständnis zu, sie eröffnen aber mindestens die Möglichkeit für ein Verständnis als Nominalsatz. Dass der Beginn solcher Inschriften mit Pronomen 1. sg. + NP nicht notwendig zum Stil der Inschriften gehört, spricht nicht gegen diese Deutung. Wenn aber der Sinn der Ich-Rede tatsächlich die mächtige Präsenz des Redenden wäre, dann bleibt zu bedenken, ob die 'einfachen' Inschriften', die allein den Nominalsatz enthalten, diese Leistung ebenfalls erbringen können und sollen.

5.2.3.4 *Gebete*

Belege für das Pronomen der 1. sg in Zusammenhang mit einem Eigennamen finden sich auch in Gebeten, wobei die Gebete ihrerseits Teil von Inschriften sein können.

– Gebet Assurbanipals an den Sonnengott Schamasch[225]
Nach einer längeren Anrede des Gottes beginnt der "Hauptteil" mit:

11 *Ich, Assurbanipal, ein Sohn seines Gottes,* 12 *rief dich im reinen Himmel an,*
(…)[226]

---

[225] Vgl. auch den akrostichischen Hymnus des Assurbanipal auf Marduk (TUAT II, 765ff). Der Hymnus "gliedert sich in 30 strophenartige Abschnitte, (…) deren jeweilige Anfangszeichen akrostichisch gelesen folgendes Gebet ergeben: *'Ich bin Assurbanipal, der dich rief! [Verleih mir Le]ben, Marduk, und ich will dein Lobpreis singen.'*" (TUAT II, 765.) Text bei A.Livingstone, Court Poetry, 6–10.
[226] TUAT II, 773. Vergleichbar ist das zunächst für den allgemeinen Gebrauch konzipierte Gebet an Nergal (773ff) Zeile 11: "*Ich bin NN, Sohn des NN, sein Diener*" (774); zwei Handschriften bezeugen, das dieses Gebete von Assurbanipal und Schamaschschumukin übernommen wurde, in dem die entsprechende Zeile ihren Namen enthält.

– Schlussgebet Nebukadnezars II an Marduk[227]
Im Laufe des Gebetes findet sich die Aussage:

42 *Ich bin der König, der Versorger, der dein Herz erfreut,* 43 *dein treuer Hirte, der deine Menschen heil macht* (…)

– Hethitische Hymnen und Gebete
Erstes Pestgebet Mursilis II[228]
Nach der Anrede an die Götter heißt es:

5 (…) *Sehet, zu euch* 6 *bete ich, Mursili, euer [Pri]ester (und) Diener.*[229]
Ab Zeile 8 folgt das Gebetsanliegen.

– Gebet der Königin Puduhepa an die Sonnengöttin von Arinna –[230]
Nach der Anrede an die Gottheit heißt es Zeile 7:

7 Ich aber, Puduhepa, bin seit jeher deine Dienerin, 8 bin dir ein Kalb in deinem Rinderstall, der Grundstein deines Fundaments.[231]

5.2.3.5 Lied/Selbstlob

Ein Lied mit Selbstlob des Königs Schulgi von Ur III (ca. 2093–2046 v. Chr.)[232] (sumerisch)

1 *Ich, der König, bin von Mutterleib an ein Held,*
2 *ich, Schulgi, bin von Geburt an ein mächtiger Mann,*
3 *ich bin ein Löwe mit wütedem Auge, der, den ein Drache gezeugt hat,*
4 *ich bin der König der vier Ränder (Mesopotamiens),*
(…)" die Ich bin-Rede geht weiter bis 19:
"19 *Ich bin der weise Tafelschreiber Nisabas,*"
(…) Charakterisierungen im Ich-Stil, aber verbal.
"26 *ich, Schulgi, bin der mächtige König, der alles übertrifft.* (…)

---

[227] TUAT II, 782f. Nebukadnezar beendet den Bericht über seine Baumaßnahmen in Babylon mit einem Gebet an Marduk.
[228] TUAT II, 808ff.
[229] Vgl. im weiteren Verlauf des Gebetes, Zeile 39 die Wendung "I[ch], Mursili, [euer] Die[ner], [kann] die Erregung [in (meinem) Herzen] ni[cht mehr beherrschen] (…)" (810).
[230] TUAT II, 813ff.
[231] TUAT II, 813. Vgl. außerdem Vs. II Zeile 11: "Nun habe ich, Puduhepa, deine Dienerin, diese Worte der Sonnengöttin von Arinna (…) als ein Bittgebet formuliert"; Zeile 17: "Ich, Puduhepa, habe (…)" (815); Rs IV Zeile 18: "Die Worte, die [ic[h Puduhepa, deine Dienerin (…) gesprochen habe" (816); Zeile 33: "Diese [Worte], die ich, Puduhepa, deine Dienerin als Gebet sp[reche], (…)" (817).
[232] TUAT II, 673ff. "Die Dichtung besingt eine Wagenfahrt, die Šulgi von Ur III einmal von Nipru nach seiner Hauptstadt Ur für kultische Zwecke unternahm. Noch am selben Tag kehrte der König zurück, wobei er von einem starken Unwetter überrascht wurde. Die Entfernung der beiden Städte betrug etwa 160 km! Diese Leistung Šulgis wurde im Namen seiner 7. Regierungsjahres festgehalten." (673)

5.2.4 *Belege der Redeform 'Prn 1.sg + NP', von Göttern gesprochen*
In der Umwelt des Alten Testaments sind "Ich-bin-Worte" auch in solchen Texten belegt, in denen Götter reden. Von den Sprechern aus gedacht, stehen sie den אֲנִי יְהוָה-Aussagen am nächsten.[233]

5.2.4.1 Ägyptische Totenliteratur/Ritual- und Beschwörungstexte

In Äypten stammen die Belege v.a. aus der Totenliteratur, aber auch aus einigen Ritual- und Beschwörungstexten[234]. In der Totenliteratur sind Aussagen der Form 'Ich bin Gott N' "Legion"[235]. Allerdings ist es gerade in diesen Aussagen schwierig, "Rede des Königs" und "Rede Gottes" zu unterscheiden: Es spricht der König in der Ich-Form, identifiziert sich dabei aber mit verschiedenen Göttern.[236]

---

[233] Außeralttestamentliche *ʾanî Yhwh*-Aussagen sind m.W. bislang nicht belegt. In einer der Inschriften von Khirbet Beit Lei (Inschriften in der Vorkammer eines Felsgrabes. Lesung und Datierung sind sehr umstritten, vgl. TUAT II, 559ff) wird zwar von manchen Forschern eine solche vermutet, allerdings ist das Pronomen an dieser Stelle erschlossen. Die erste Zeile der Inschrift lautet nach G.I.Davies, AHI, 15.006, der mit F.M.Cross, The Cave Inscriptions und P.D. Miller, Psalms liest: [ʾny] yhwh ʾlhykh. ... 1 *Ich bin Jahweh, dein Gott, (ich will gnädig behandeln* 2 *die Städte Judas und will Jerusalem erlösen.)* (TUAT II, 560.)
[234] Zu dieser Gattung der Ritualtexte ist auch ein Beispiel aus Sumer zu vergleichen. "Die Fahrt Nannas nach Nippru (vgl. TUAT II, 175ff). Der Text gehört zu einer als 'Götterreisen' bezeichneten Gattung. Es handelt sich um rituelle Reisen, die die "durch ihre Statuen repräsentierten Gottheiten" jährlich "zu den Heiligtümern ihrer Väter Enlil von Niru (Nippur) oder Enki von Eridu" unternahmen (TUAT II, 175). In der Übersetzung finden sich hier aber lediglich appositionelle Fügungen ("ich, Suen ...") oder syntaktisch nicht eingebundenes Pronomen (*Ich – zu meiner Stadt will ich gehen ...*).
[235] J.Assmann, Art. Aretalogien, 426. und J.Bergman, Ich bin Isis, 222 Anm. 1.
[236] Vgl. J.Assmann, Art. Aretalogien, 426. Diese Schwierigkeit ergibt sich aus der ägyptischen Königsideologie und der engen Verflechtung von Gott und König in der Gestalt des Königs. (Vgl. dazu in anderem Zusammenhang auch J.Bergman, Ich bin Isis, 220 und D.Müller, Ägypten, 17 Anm. 2: "Der Zauber und überhaupt die ganze ägyptische Totenliteratur bieten für die Identifikationsformel eine Unzahl von Belegen.") – Wie Müller greift auch Assmann die von Bultmann vorgeschlagene Klassifizierung von Ich-bin-Aussagen auf. Nach Assmann unterscheiden sich die präsentierenden Aussagen von den identifizierenden dadurch, dass auf "'ich bin N' eine Reihe qualifizierender Sätze folgt, die sich thematisch im Rahmen der Wesensdarstellung einer Gottheit halten, so dass die einleitende Formel nicht identifizierenden, sondern 'präsentierenden' (...) Sinn hat, indem sich die Gottheit ... vor- und darstellt, d.h. 'offenbart'." (J.Assmann, Art. Aretalogien, 426.) Nach Assmann sind Aussagen, die von Bultmann sog. Rekognitionsformel (in ihr wäre das Pronomen Prädikat) entspricht, im ägyptischen Material nicht belegt (vgl. ebd. Anm. 15, S. 432.). Anders D.Müller, Ägypten, 17 Anm. 2, der in der Isisaretalogie die Aussage *Ich bin es, die für die Menschen die Feldfrucht erfunden hat* als Rekognitionsformel bezeichnet (so auch R.Bultmann, Das Evangelium des Johannes, 168, Anm. 2). Aufgrund seiner Übersetzung ist zu schließen, dass Müller auch die von ihm so bezeichneten Aussagen M 9 und M 10 der Isisaretalogie entsprechend versteht. Das Verständnis dieser Stellen als Rekognitionsformel ist von J.Bergman, Ich bin Isis, 221 Anm. 2 angezweifelt worden. – Texte aus der ägyptischen Totenli-

Unter den Ritual- und Beschwörungstexten sind etwa Texte der Metter-nichstele[237] und dem Papyrus Leiden I 348[238] zu vergleichen:

– Metternichstele: d) Spruch zum Schutz des Horus[239]

168 *Ich bin Isis, die ihr Kind trug, die mit dem göttlichen Horus schwanger war. Ich gebar Horus, den Sohn des Osiris, im Nest von Chemmis ...*

– Papyrus Leiden I 348: c) Texte zur Geburtshilfe

12,4 *Steige herab, o Plazenta! Steige herab, o Plazenta! Steige herab! Ich bin Horus, der beschwört, damit die Gebärende gesünder wird, als sie es (zuvor) war, als wäre sie (schon) gelöst.*
(...)

---

teratur, die Ich-bin-Aussagen enthalten, sind zusammengestellt bei H.Thyen, Art. Ich-Bin-Worte, 150f und J.Assmann, Art. Aretalogien, 427.

[237] TUAT II, 358f. "Die Metternichstele gehört zu der Gattung der sog. Horus-stelen, die zuerst in der zweiten Hälfte des Neuen Reiches (1554/51–1080 v. Chr.) auftreten, dann aber vor allem in der Spätzeit sehr zahlreich vorkommen." (359) Es handelt sich um Spruchsammlungen.

[238] TUAT II, 381ff. Text des Papyrus besteht aus 39 Einzeltexten.

[239] Weitere Texte der Metternichstele: e) Anbetung des Horus zur Beschwörung von gefährlichen Tieren: Der Text besteht aus der Anrufung des Horus und der vor-getragenen Bitte. Er endet: 124 (...) *Die Beiden Wahrheiten werden in deiner Gestalt verehrt und alle Götter* 125 *wie deinesgleiches gepriesen. Denn siehe, dein Name wurde heute gerufen:»Ich bin Horus, der Erretter.«*(TUAT II, 373) – g) Spruch zum Schutz des Horus: 138 *Ich bin Thot. Ich bin aus dem Himmel gekommen, um Horus zu schützen* 139 *um das Gift des Skorpions abzuwehren, das sich in allen Gliedern des* 140 *Horus befindet. Dein Kopf gehört dir, Horus; er wird fortbestehen und die Weiße Krone tragen.* Im weiteren Verlauf werden die verschiedenen Körperteile des Horus ebenso wie hier der Kopf thematisiert, in der Form: 'Dein NN gehört dir' + ein kurzer, Segen oder Schutz verheißender, Zusatz dazu. (TUAT II, 374) – i) Spruch zur Beschwörung eines Skorpions: *48 Ich bin Isis. Als ich aus der Spinnerei kam, in die mich mein Bruder Seth gesteckt hatte,* 49 *da sprach zu mir Thot, der große Gott ...* Im weiteren Verlauf spricht die Isis eine Beschwörung für ein vom einem Skorpion gebissenes Kind. Zunächst spricht sie dessen Mutter an: 57 (...)»*Komm doch zu mir, komm doch zu mir. Sieh, mein Mund ist mit Leben gefüllt. Ich bin die Tochter, die in ihrer Stadt bekannt ist, die die Giftschlange durch den Spruch vertreibt, den mich mein Vater anzuwenden gelehrt hat; denn ich bin seine 58 leibliche geliebte 57 Tochter.«* 58 *Da legte Isis ihre Hände auf das Kind, um das an Atemnot leidende Kind zu beleben.»Oh, Gift der Tefenet! Komm hervor und fließ zur* 59 *Erde aus! Du sollst nicht umherziehen, und du sollst nicht eintreten! Gift der Befenet! Komm hervor und fließ zur Erde aus! Ich bin Isis, die Göttliche, die Herrin des Zaubers, die die (Zauber-)Macht anwendet, deren Reden nützlich und deren Worte mächtig sind ...* (TUAT II, 377) – k) Spruch zum Schutz des Stieres. *83 Er geht im Himmel auf, in der Unterwelt geht es unter ...* 84 *... Ich bin der, der die beiden Länder erleuchtet, der die Dunkelheit (der Nacht) vertreibt und von jeden Tag von neuem aufgeht. Ich bin der Stier des (Ost)gebirges und der Löwe des West(gebirges), der täglich den Himmel überquert, ohne dass er zurückgehalten wird. ...* (TUAT II, 379f).

Siehe, Hathor wird ihre 12,6 Hand <als> ein Gesamtheitsamulett auf sie legen. Ich bin Horus, der sie rettet.[240]

Als "unique" bezeichnet Lambert einen akkadischen Beschwörungstext, in dem der Gott Marduk, unter einem seiner Namen, Asarluḫi, selbst gegen Dämonen auftritt.[241] Soweit erhalten, beginnen die Zeilen in weiten Teilen der ersten und zweiten Kolumne stets mit ana-ku ᵈasar-lú-ḫi, es folgen, häufig durch šá eingeleitet, "laudatory descriptions"[242].[243] Die syntaktische Konstruktion legt einen Nominalsatz nahe und Lambert übersetzt entsprechend: *I am Asarluḫi.*

Die hier unter 5.2.4.1 genannten Ich-Aussagen sind in ihrer Funktionen den oben unter 5.2.2.6 (Beschwörungen und magische Bräuche) genannten zu vergleichen. Dort standen allerdings Funktionsbezeichnungen an der Stelle der Eigennamen. Aufgrund dieser Funktionsbezeichnungen hatte ich die Belege (nach Bultmann) als Qualifikationsaussagen verstanden. In den vorliegenden Beipielen stehen Eigennamen. Für diese Aussagen ist m.E. das Verständnis als Präsentationsaussage naheliegend. Die Redner geben ihren Namen bekannt. Mit dieser Namensnennung wird ein bestimmter Anspruch erhoben: Die Redner präsentieren sich als solche, die die Macht haben, bestimmte Dinge zu tun. Es zeigt sich, dass die Grenze zwischen Qualifikationsaussagen und Präsentationsaussagen fließend ist, die Namen in den vorliegenden Beispielen leisten den Funktionsbezeichnungen aus 5.2.2.6 Vergleichbares.[244]

---

240 TUAT II, 188. Weiterer Text aus dem Papyrus Leiden I 348: d) Texte gegen Verbrennungen: *»Ich bin Horus, der über die Wüste eilt, zu der brennenden Stelle.«* (…) (TUAT II, 390).
241 Vgl. W.G.Lambert, An Address of Marduk, 310–321.
242 W.G.Lambert, An Adress of Marduk, 310.
243 Vgl. v.a. den von W.G.Lambert, An Adress of Marduk, 313 unter "C." wiedergebenen Text. Fünfzehn solcher Zeilenanfänge sind sicher zu lesen, weitere sieben werden erschlossen. – Bezüglich der Stellung des Pronomens *anāku* ist zu beachten, dass im Schlussteil des Textes eine ganze Reihe von Zeilen, deren Anfang nicht erhalten ist, mit *anāku*, das Teil eines Nominalsatzes sein muss, schließen; vorausgeht meist ein durch šá eingeleiteter Satz.
244 Je nach Situation und Kontext können solche Aussagen auch Identifikationsaussagen sein. Im Kult konnten die Gottheiten von Priestern dargestellt werden: "Im kultischen Drama gab es somit einen grossen Raum für Identifikationsaussagen. Diese als blosse Rollenvermerke aufzufassen ist m.E. ungebührlich. 'Ich bin Thot' im Munde eines Priesters bedeutete nicht nur, dass er als Thot agierte und dazu legitimiert war, sondern dass Thot sich jetzt in ihm offenbarte. Erst wenn man diese Einsicht gewonnen hat, versteht man richtig, dass es auch bezüglich der Identifikationsproklamationen berechtigt ist, von Offenbarungsformeln zu sprechen. Dann erfüllt anscheinend eine sogenannte Identifikationsaussage eine doppelte Funktion, indem sie auch Präsentationsaussage ist und die folgenden Qualifikationen der sich im Priester offenbarenden Gottheit zuzurechnen sind." (J.Bergman, Ich bin Isis, 222f.)

5.2.4.2 Hymnen in der Ich-Form[245]
– Hymnen, Klagelieder[246] und Gebete in sumerischer Sprache[247]
Eine Hymne mit Selbstlob Inannas:[248]

8 *Mein Vater hat mir den Himmel gegeben, hat mit die Erde gegeben,*
9 *ich – die Himmelsherrin bin ich.*
10 *Mißt sich einer, ein Gott mit mir?*
11 *Mullil hat mir den Himmel gegeben, hat mit die Erde gegeben,*
12 *ich – die Himmelsherrin bin ich.*
(…)
21 *Die Götter sind (nur gewöhnliche) Vögel, ich (aber) – ich bin der (Jagd-)Falke*
(…)

– Akkadische Hymnen und Gebete[249]
Der große Hymnus auf Gula des Bullussarabi:[250]

I 1 *Die Göttin die fähigste unter allen Göttern, die Heiligtümer bewohnen:*
2 *Ich bin Fürstin, Herrin, bin herrlich und erhaben,*
3 *ich bin hoch an Stellung, bin weiblich, besitze Würde!*
4 *Ich bin hervorragend unter den Göttinnen.*
(…)
III 35 *Die die Saatfurche öffnet, das Hellwerden richtig lenkt,*
36 *die das (Zug)rind treibt, die Herrin der Pflugschar,*
(…)
43 *die Mutter Nansche, die Herrin der Grenze, bin ich!*[251]

– Ägyptische Hymnen
Für Ägypten gilt, dass die "'Ich-Hymnen' in der Masse der Überlieferung nur höchst vereinzelt belegt" sind[252]; sie haben ihre Blüte in der 1.

---

245 Vgl. J.Assmann, Art. Aretaologie, 427.
246 Vgl. das sumerische Klagelied über Dumuzi, TUAT 693ff: Ich-Rede der Klagenden zu Beginn; oder Klagelied der Göttin Inanna, TUAT II, 708ff, in dem in Zeile 14 ein wenig signifikantes "als ich, die Herrin, mich auf dem Heck eingeschifft hatte" (709) zu finden ist; Texte sind im folgenden nicht aufgenommen.
247 TUAT II, 645.
248 TUAT II, 646ff.
249 TUAT II 718ff.
250 TUAT II, 759ff. "Unter den verschiedenen Hymnen und Gebeten auf bzw. an Gula (…) nimmt der große Hymnus des Bullussarabi aus mehreren Gründen eine besondere Stellung ein. Zum einen handelt es sich um eine selbstprädikative Hymne, eine Genre, das in der einsprachig-akkadischen Literatur nicht gerade häufig ist (…)." (759) Sie enthält 10 Abschnitte, in denen Gula ihre eigenen Vorzüge sowie die ihres Ehegatten vorstellt. (vgl. 759)
251 Im Folgenden begegnen immer wieder Ich-bin-Aussagen, nach der Übersetzung sowohl in der Form "Ich bin X" als auch "X bin Ich", vgl. IV, 54, 57, 62f, 65, 67; VI 101; VII 118; X 178, 182f, 187.
252 J.Assmann, Art. Aretalogien, 428. Assmann schließt sich terminologisch an Bultmanns Unterscheidung von Identifikationsformel, Präsentationsformel, Qualifikationsformel und Rekognitionsformel (vgl. dazu oben unter 3.6.3) an. Er be-

Zwischenzeit; thematisch liegt ein Schwerpunkt auf der Urgott- und Schöpfungsthematik[253].

"Zwischen der Konzeption des Verborgenen Gottes, dessen Sein in die Welt vor der Schöpfung zurückreicht, und der Form der Offenbarungsrede mögen Zusammenhänge bestehen. Auch bei den Nil-A. (…) ist der Sinn der Selbstvorstellung einsichtig: hier spricht ein 'neuer' Gott, der kultisch und theologisch noch nicht, wie die anderen Götter, etabliert ist, und von dem doch alles Leben abhängt."[254]
Auf eine Gruppe von Aretalogien wird im Zusammenhang mit $^{\prime}an\hat{\imath}$ *Yhwh*-Aussagen v.a. bei Deuterojesaja[255] immer wieder hingewiesen: die Isisaretalogie(n)[256]. Sie sind in griechischer Sprache überliefert und stammen aus hellenistischer Zeit[257].

"Die griech. Isisaretalogie ist ein Hymnus in der Ich-Form, der aufgrund seiner unzweifelhaft propagandistischen Intention zur Gattung Aretalogie gehört. Dem 'exoterischen' Zweck der Gattung entsprechend ist die gesamte Menschheit der (nicht eigens angeredete) Adressat dieses Hymnus, der – und das ist für die Gattung bisher einzigartig – der Göttin selbst in den Mund gelegt ist. Diese eigentümliche Form, die in der anaphorischen Repetition des Pronomens 'ich' schon rein sprach-

---

merkt dazu: "Die Rekognitionsformel ist in unserem Material nicht belegt." (J.Assmann, Art. Aretalogien, 432 Anm 15.)
253 Vgl. J.Assmann, Art. Aretalogien, 428.
254 J.Assmann, Art. Aretalogien, 428. Vgl. auch J.Bergman, Ich bin Isis, 221: "Die Funktion der 'Ich bin'-Aussagen verdient eine umfassende Untersuchung, wobei das in den ägyptischen Texten oft hervorgehobene geheime Wesen des Urgottes als tiefster Grund der Offenbarung zu beachten ist so wie das damit zusammenhängende Verhältnis, dass nur die Selbstprädikation des verborgenen Gottes eine authentische Gotteserkenntnis schenken kann." – Vgl. außerdem J.Assmann, Art. Aretalogien, 428f zu "Formen aretalogischer Prädikation in der 2. und 3. Person": Auch hier "tritt das unabhängige Personalpronomen stark hervor. Das gemeinsame Element lässt sich vielleicht mit dem Begriff der Offenbarung fassen. In der Ich-Prädikation spricht die sich offenbarende Gottheit, in der Du-Prädikation beantwortet der Mensch eine Offenbarung Gottes" (429); Assmann weist darüberhinaus auf entsprechende Formen der Du-Prädikation in bestimmten Königsinschriften hin, in denen "Höflinge einen besonderen Machterweis Pharaos" mit 'Du bist Re' beantworten (vgl. 429).
255 Vgl. u. Kap. 6.4.2.
256 Zur Frage, ob man einem Singular 'Isisaretalogie' oder einem Plural 'Isisaretalogien' sprechen sollte, vgl. J.Assmann, Art. Aretalogien, 431, Anm. 9. Zu weiterer Literatur vgl. etwa J.Bergman, Ich bin Isis, 314ff. Den griechischen Text des (vermutlich – vgl. Präskript des Kymehymnus – mit der Inschrift der Stele aus dem Ptah-Tempel in Memphis identischen) Kymehymnus ("einzige anscheinend vollständige Fassung der Prosaaretalogie", 1925 in Kyme/Kleinasien entdeckt, vgl. J.Bergman, Ich bin Isis, 13) bietet z.B. J.Bergman, Ich bin Isis, 301ff; die deutsche Übersetzung dieses Textes ist leicht zugänglich bei H.Thyen, Art. Ich-Bin-Worte, 153f; als weitere Literatur zur Isisaretalogie vgl. die beiden klassischen Arbeiten von D.Müller, Ägypten, und R.Harder, Karpokrates von Chalkis.
257 Wieweit sich diese Tradition zurückverfolgen lässt, ist nicht eindeutig zu beantworten. Im ersten Jahrhundert ist sie als bekannt und verbreitet bezeugt (vgl. J.Bergman, Ich bin Isis, 13ff).

lich dem Griechischen fremd ist, läßt auf orientalische Vorbilder schließen, die man allgemein, der antiken Überlieferung folgend, in Äg. gesucht hat, ohne bisher allerdings wirklich überzeugende Beispiele anführen zu können."[258]

Charakteristisch ist für diese Texte, die "lange(n) Reihe kurzer *Selbstanpreisungen* (Herv. A.D.) der Göttin, die, jeweils mit ἐγώ bzw. ἐγώ εἰμί eingeleitet, asyndetisch aneinandergefügt sind"[259]. Nach dem Präskript beginnt die Rede des Isis mit: Εἶσις ἐγώ εἰμι ἡ τύραννος πάσης χώρας. Der Name fällt im weiteren Verlauf nicht mehr. Auch tritt sonst nie ein Satzglied vor das Pronomen. In der Fortführung beginnt die überwiegende Mehrzahl der Sätze mit ἐγώ. Es gibt sowohl Aussagen, in denen ἐγώ und εἰμί unmittelbar aufeinander folgen, als auch solche, in denen ein Satzglied dazwischentritt. Nicht in allen Fällen ist ἐγώ ein εἰμί zugeordnet, häufig treten andere Verben der 1. sg. auf. Im Folgenden ein Textauszug[260]:

3a. *Isis bin ich, die Herrin der ganzen Erde,*[261]
3b. *erzogen von Hermes.*
(...)
4. *Ich habe den Menschen Gesetze auferlegt und angeordnet, was keiner auflösen kann.*
5. *Ich bin des Kronos älteste Tochter.*
6. *Ich bin Gattin und Schwester Osiris', des Königs.*
7. *Ich bin es, die da Frucht gewinnt für die Menschen.*
8. *Ich bin die Mutter des Königs Horus.*
(...)
12. *Ich habe die Erde vom Himmel getrennt.*
13. *Ich wies den Sternen ihre Bahn.*
(...)
15. *Ich erfand die Werke der Seefahrt.*
16. *Ich habe das Gerechte stark gemacht.*
17. *Ich habe Frau und Mann zueinandergeführt.*
(...)
19. *Ich habe geboten, daß das Kind seine Eltern innig liebe.*
20. *Ich habe lieblos gesinnte Eltern mit Strafe bedroht.*
(...)
22. *Ich habe die Menschen eingewiesen in die Mysterien.*
23. *Ich habe sie gelehrt, die Götterbilder zu verehren.*
(...)
31. *Ich ordnete die Sprachen für die Griechen und Barbaren.*
(...)

---

258 J.Assmann, Art. Aretalogie, 426
259 H.Thyen, Art. Ich-Bin-Worte, 153. J.Bergman, Ich bin Isis, geht davon aus, dass die Form der Ich-Aussage, wie sie für die Isisaretalogien typisch ist, Vorläufer in ägypt. Kulttexten hat und "daß Isis sich gern im Rahmen des ägyptischen Kultus und in davon abhängigen Kontexten durch ein 'Ich bin Isis ....' offenbarte" (229).
260 Übersetzung: H.Thyen, Art. Ich-Bin-Worte, 153f; Zeileneinteilung n. J.Bergman, Ich bin Isis, 301ff.
261 Vgl. R.Harder, Karpokrates von Chalkis, 36: "... so wie sich die Göttin zu Beginn mit Nennung ihres Namens 'vorgestellt' hatte".

41. *Ich bin die Herrin des Krieges* (Ἐγώ εἰμι πολέμου κυρία).
42. *Ich bin die Gebieterin des Donners* (Ἐγώ κεραυνοῦ κυρία εἰμί).

(...)

In Ägypten begegnet damit die Ich-bin-Aussage sowohl bei Königen als auch bei Göttern. Die Funktionen dieser Rede sind je nach Ko-/ Kontext und Redner unterschiedlich. Das Vorkommen dieser Aussagen ist entsprechend nicht auf Textanfänge beschränkt.[262]

5.2.4.3 "Zukunftsdeutungen in akkadischen Texten"[263]
– Die Marduk-Prophetie[264]

Kol. I

1 *Haharnum, Hajaschum, 2 Anum, Enlil, 3 Nudimmud, Ea, Muati, Nabu, 5 (ihr) großen Götter, die ihr meine Geheimnisse kennt: 6 Sobald ich meine Lenden gegürtet habe, werde ich meine Worte sprechen: 7 Ich bin Marduk, der große Herr, 8 der Überhohe, der Späher, der die Gebirge durchstreift, 9 der Hohe der die Länder zerschmettert. 10 Der alle Länder 11 vom Anfang der Sonne bis zum Untergang der Sonne 12 durchstreift, bin ich. (...) 18 Ich bin Marduk, der große Herr. 19 Der Herr der Geschicke und der Entscheidung bin ich. (...)*[265]

Marduk berichtet dann von seinem freiwilligen Gang nach Elam[266], wie es Babylon in dieser Zeit, nach dem Auszug der Götter schlecht erging und wie er, Marduk, seine Rückkehr, die Vorbereitungen des Königs für diese Rückkehr und die segensreiche Wirkung der Rückkehr der Götter prophezeite.[267]

– Ischtarorakel
Als den alttestamentlichen Belegen von *ʾanî Yhwh*, vor allem den Vorkommen in prophetischem Ko-/Kontext nahestehend, sind in der Forschung Passagen aus den Orakeln an Asarhaddon und Assurbanipal

---

262 Vgl. J.Bergman, Ich bin Isis, 224.
263 TUAT II, 56ff.
264 "Die Entstehung der Marduk-Prophetie geht offenbar auf die Zeit Nebukadnezars I. von Babylon (ca. 1124–1103 v. Chr.) zurück." In dieser Zeit vollzieht sich der "Aufstieg Marduks zum höchsten Gott des babylonischen Pantheons". "Die Marduk-Prophetie gehört (...) zu den Texten, die diesen Aufstieg literarisch begleiten." (TUAT II, 65)
265 Text in Übersetzung in TUAT I,65; Transkription des Textes bei R.Borger, Gott Marduk, 3–24.
266 Wo die Marduk-Statue im Exil gewesen ist und von Nebukadnezar I. zurückgeholt werden konnte; vgl. TUAT II, 65.
267 In der Kol. IV ist im Anschluss an diesen Text als Fangzeile der Anfang der nächsten Tafel verzeichnet, er lautet: "Ich bin Gott Schulgi." (TUAT II, 68) Die zweite Tafel enthält eine Prophetie des vergöttlichten Königs Schulgi (2093–2097), vgl. TUAT II, 65.

namhaft gemacht worden. Manfred Weippert[268] und Martti Nissinen[269] haben diese Texte untersucht.

Weippert analysiert Texte aus der Zeit der neuassyrischen Könige Asarhaddon[270] und Assurbanipal, die sich ihm aufgrund ihrer formalen und inhaltlichen Eigenart als eine zusammengehörige Gruppe darstellen.[271] Diese Texte sind "zu einem beträchtlichen Teil aus mehrfach wiederkehrenden Elementen aufgebaut [...] Deutlich ist, dass diese Bauelemente in Texten unterschiedlicher Zielrichtung auch unterschiedlichen Zwecken dienstbar gemacht werden können"[272]. Weippert bezeichnet die Texte als königliche Heilsorakel oder kurz Königsorakel, sie erwecken s.E. den Eindruck als seien sie "'spontan', nicht als Antwort auf eine Anfrage"[273] ergangen, durch Personen vermittelt, "die nicht ohne weiteres als 'Priester' oder 'Priesterinnen" angesprochen werden können, wenn sie auch wahrscheinlich in einer gewissen Beziehung zu Tempeln standen"[274]. Er erstellt eine vorläufige Typologie der Einzeltexte anhand der Textanfänge. Der zweite von Weippert beschriebene Texttyp[275] enthält *anāku* GN (= Gottesname), gefolgt von Anrede oder Adresse. Zu diesem Typus 2 schreibt Weippert:

"In der Regel wird in der Literatur angenommen, daß die Verwendung einer Selbstvorstellungsformel in der Offenbarungsrede in polytheistischem Milieu sich von selbst verstehe, da es dort notwendig sei, die sprechende Gottheit namentlich zu identifizieren. Doch dürfte sich in Wirklichkeit mehr dahinter verbergen, da in bestimmten Fällen die Gottheit bereits durch die Umgebung, in der ihre Botschaft erging, etwa ihren Tempel, hinreichend gekennzeichnet gewesen sein mag, und die Selbstvorstellungsformel zudem auch im inneren von Sprucheinheiten vorkommt, wo eine erneute Bekanntgabe des Namens des Sprechers bzw. der Sprecherin über-

---

[268] M.Weippert, Assyrische Prophetien; vgl. auch ders., «Ich bin Jahwe».

[269] M.Nissinen, Die Relevanz der neuassyrischen Prophetie.

[270] Die im Folgenden von Weippert (und Nissinen) wiedergegebenen Texte entstammen (außer NAP 3.3:10–25) einer sechskolumnigen Sammeltafel aus Ninive, vgl. auch TUAT II, 56. Zu den von Weippert besprochenen Texten vgl. S.Parpola, Assyrian Prophecies, Text1.1; 1.2; 1.4; 2.2; 3.3.

[271] Die diesen Texte gemeinsamen und sie von anderen Texten unterscheidenden Kriterien sind nach Weippert: 1) Sie enthalten keinen Hinweis auf "technische" Orakel, sind also reine Wortgebilde. 2) Sie enthalten die direkte Anrede einer Gottheit an eine Person(engruppe), meist den König, wobei häufig der Name der vermittelnden Person und ihre Herkunft angegeben werden. 3) Sie beziehen sich nicht ausschließlich auf die Zukunft, sondern sind in eine bestimmte, meist politische Situation hineingesprochen; es eignet ihnen also der Charakter der Einmaligkeit. 4) Sie sind größtenteils im neuassyrischen Dialekt verfasst, vgl. M.Weippert, Assyrische Prophetien, 71–72.

[272] M.Weippert, Assyrische Prophetien, 89.

[273] M.Weippert, Assyrische Prophetien, 92.

[274] M.Weippert, Assyrische Prophetien, 92.

[275] Daneben unterscheidet Weippert folgende Typen: Typus 1: St.c. von abutu "Wort" + Gottesnamen im gen. subj.; Typus 3: lā tappalaḫ – "Beschwichtigungsformel"; Typus 4: Stichwort šulmu – "Heilsorakel"; Atypische Sprüche; Typus unklar; zur Beschreibung der Texttypen vgl. M.Weippert, Assyrische Prophetien, 76–81.

flüssig ist. Dazu kommt, daß die Selbstvorstellungsformel ausserhalb unserer Texte auch dort belegt ist, wo von vorneherein kaum ein Zweifel über die Identität der redenden Gottheit bestehen konnte, nämlich in der alttestamentlichen Prophetie. Man wird also annehmen dürfen, daß die emphatische Nennung des Namens der Gottheit in der Selbstvorstellung bei Adressaten der Botschaft bestimmte Assoziationen hervorrief, etwa solche, theologischer Natur mit den Eigenschaften und Wirkungsbereichen der betreffenden Gottheit, oder solche persönlicher Art mit Erfahrungen, die der angesprochene Mensch bereits früher mit ihr gemacht hatte [Anm. 12: "Darum gehört die Selbstvorstellung auch zu den Selbstprädikationen".]. Gerade auf letzteres wird in den Sprüchen ja häufig explizit hingewiesen."[276]

Weippert nennt das Element *anāku* + GN Selbstvorstellung (auch wo es im Innern von Sprucheinheiten, s.u., vorkommt), das Element Nomen o.ä + *anāku* Selbstprädikation, wobei für ihn die Selbstvorstellung eine Untergruppe der Selbstprädikation darstellt (s.o.).[277]

Als Beispiel für den gerade angesprochenen Texttypus 2 sei folgender Text[278] genannt, von dem für den vorliegenden Zusammenhang lediglich der Beginn zitiert zu werden braucht:[279]

I anāku Ištar ša [Arba'ile]	I *Ich bin Ištar von [Arbela]!*
II Aššur-ahu-idinna šar māt A[ššur]	II *Asarhaddon, König von A[ssyrien],*
III ina Libbi-āle Nin[uwa] Kalḫa Arba'ile	III *in den Städten Assur, Nin[eve],*
ūmē arkūt[e] šanāte dārât[e] ana Aššur-	*Kalḫu (und) Arbela gebe ich lang[e]*
ahu-idinna šarrij[a] addana	*Tage, dauernd[e] Jahre Asarhaddon,*
	mei[nem] König.
IV sabsubtak[a] rabītu anāku	IV *Dei[ne] große Hebamme bin ich!*[280]
V mušēniqtaka dēqtu anāku	V *Deine gute Amme bin ich!*
VI ša ūmē arkūte šanāte dārâte kussâka	VI *Für lange Tage, dauernde Jahre ha-*
ina šamê rabûte uktīn	*be ich deinem Thron unter dem grossen*
	Himmel Dauer verliehen.

---

[276] M.Weippert, Assyrische Prophetien, 77f. Der Sprachgebrauch Weipperts ist auch ein Beispiel für das bereits mehrfach beobachtete Phänomen, dass die Rede von der 'Selbstvorstellung' für bestimmte Ich-bin-Aussagen auch dann weitergeführt wird, wenn ein sehr deutliches Bewusstsein dafür vorhanden ist, dass die Leistung der entsprechenden Aussagen damit kaum adäquat beschrieben ist.

[277] Auch Nissinen bezeichnet die Aussage *anāku Ištar ša* als Selbstvorstellung und zählt sie "zu den charakteristischen Merkmalen der neuassyrischen Prophetie", die die "für Dtjes ebenso charakteristische biblische Entsprechung "Ich bin Jahwe" [hat] z.B. in der Kyros-Prophetie (Jes 45,5)." (M.Nissinen, Die Relevanz der neuassyrischen Prophetie, 236) Nissinen parallelisiert jedoch die beiden Ich-bin-Aussage nicht nur, er hebt deutlich hervor, "wo sich ihre biblische Funktion von der assyrischen unterscheidet". Er spricht davon, dass die Formel bei Deuterojesaja zum "monotheistischen Manifest" (ebd.) wird.

[278] Textbezeichnung für den Gesamttext nach Weippert: K 4310 III 7'-IV 35; vgl. zu diesem Text auch M.Nissinen, Die Relevanz der neuassyrischen Prophetie, 231f; vgl. auch S.Parpola, Assyrian Prophecies, 7–9, Text 1.6 III 7'-IV 35.

[279] Text und Übersetzung nach M.Weippert, Assyrische Prophetien, 84–85.

[280] Die Selbstprädikationen in IV.V haben nach Weippert gliedernde Funktion, vgl. M. Weippert, Assyrische Prophetien, 86.

Wegen des dreimaligen Vorkommens der Formel '*anāku* GN' im Textinnern ist für den vorliegenden Zusammenhang der folgende Text interessant, der nach der Typologie Weipperts zum Texttypus 3 gehört:[281]

I [Aššur-aḫu-idi]nna šar mātāte
II [lā t]apallaḫ
III [j]a' u šaru ša īdibakkāni aqappušu lā akusupūni

IV nakarūtēka ki šaḫšūrē ša simāne ina pān šēpēka ittangararrū
V bēltu rabītu anāku
VI anāku Ištar ša Arba'ile ša nakarūtēka ina pān šēpēka akarrarūni

VII ajjūte dibbēja ša aqabbakkanni ina muḫḫe lā tazzizūni

VIII anāku Ištar ša Arba'ile
IX nakarūtēka uqajja addanakka

X anāku Ištar ša Arba'ile
XI ina pānātūku ina kutallēka allaka
XII lā tapallaḫ
XIII attā ina libbi mūge
XIV anāku ina libbi ū'a
XV atabbe
XVI uššab

I *[Asarhad]don, König der Länder,*
II *[f]ürchte nicht [nicht]!*
III *[W]as für einen Wind (gab es), der gegen dich anstürmte, dessen Flügel ich nicht abgebrochen habe?*
IV *Deine Feinden rollen wie reife Äpfel vor deinen Füssen umher.*
V *Die grosse Herrin bin ich!*
VI *Ich bin Ištar von Arbela, die ich deine Feinde vor deine Füsse hinwerfe!*
VII *Welches sind denn meine Worte, die ich zu dir gesprochen habe, auf die du dich nicht verlassen konntest?*
VIII *Ich bin Ištar von Arbela!*
IX *Deinen Feinden laure ich auf, übergebe (sie) dir.*
X *Ich bin Ištar von Arbela!*
XI *Vor dir, hinter dir gehe ich her.*
XII *Fürchte dich nicht!*
XIII *Du liegst in Krämpfen –*
XIV *ich bin in Schmerzen.*
XV *Ich erhebe mich –*
XVI *du bleib sitzen!*

Weippert sieht nach der einleitenden Anrede mit Beschwichtungsformel (I.II) zwei grosse Hauptteile (Vergangenheit III-VII; Gegenwart/ Zukunft VIII - XVI). Im ersten Teil: Früher dem König gewährte Hilfe im Kampf gegen seine Feinde und erwiesene Verläßlichkeit früherer Zusagen der Göttin; "beide Hinweise werden höchst effektvoll durch die emphatische Selbstprädikation und Selbstvorstellung der Ištar von Arbela (V.VI) voneinander getrennt" (83). Der zweite Hauptteil beginnt mit einer erneuten "Selbstvorstellungsformel". Eine weitere "Selbstvorstellungsformel" leitet über zur Zusage göttlichen Schutzes. Die "Selbstvorstellungsformel" kommt hier nach Weippert wiederum als gliederndes Element zum Tragen.[282]
Weitere Beispiele für die Aussage '*anāku* + GN' finden sich etwa in:[283]

---

[281] Text und Übersetzung nach M.Weippert, Assyrische Prophetien, 81–82(83); Bezeichnung des Textes nach Weippert: K 4310 I 5'-30'; vgl. Textauszug auch bei M.Nissinen, Die Relevanz der neuassyrischen Prophetie, 244; vgl. auch S.Parpola, Assyrian Prophecies, 4–5, Text 1.1, 4'-27'.

[282] Vgl. M.Weippert, Assyrische Prophetien, 84.

[283] Zum Vorkommen der Aussage '*anāku* + GN' in den im Folgenden genannten Texten vgl. auch M.Weippert, «Ich bin Jahwe», 42ff.

Text 1.4, II Zeile 17'[284]
17' a-na-ku ^{d}EN is-si-ka 18' a-da-bu-bu
I am Bel. (Even as) I speak to you …
17 Ich, Bel, 18 spreche 17 mit dir.[285]
Text 1.4, II Zeile 30'[286]
a-na-ku ^{d}15 ša URU.arba-ìl
I am Ištar von Arbela.[287]
Text 1.4, II Zeile 38'[288]
a-na-ku ^{d}PA-EN qar–ṭup-pi
I am Nabû, lord auf stylus.
Text 1.8, V Zeile 12[289]
a-na-ku ^{d}be-let–arba-ìl
I am the Lady of Arbela.[290]

Auf einen letzten Text sei in diesem Zusammenhang noch hingewiesen: Auf Tontafel K. 1285 aus Ninive wird auf Gebete Assurbanipals an den Gott Nabu und auf dessen Antworten rekurriert.[291] In der Antwort Nabus (Vs. Zeile 7) heißt es:

I[ch(?)] …] dich, o Assurbanipal,
ana-ku ^{ilu}nábû a-di ṣa-at umê^{me}
ich, Nabû, bis zum Ende der Tage.[292]

---

[284] Textbezeichnung, Transkription und englische Übersetzung nach S.Parpola, Assyrian Prophecies, 6.
[285] Deutsche Übersetzung: TUAT II, 57f. Der Vergleich der englischen und deutschen Übersetzung zeigt einmal mehr die Unsicherheit im Umgang mit nominalen Ich-Aussagen, die aus Pronomen und Eigenname bestehen.
[286] Transkription und englische Übersetzung nach S.Parpola, Assyrian Prophecies, 6.
[287] Vgl. außerdem, Text 1.5 III Zeile 4'; Text 1.6 III 7'; nachgestelltes *anāku* nach Nomen in Text 1.6 III Zeile16'; Text 2.2 I Zeile 24.
[288] Transkription und englische Übersetzung nach S.Parpola, Assyrian Prophecies, 6.
[289] Transkription und englische Übersetzung nach S.Parpola, Assyrian Prophecies, 9; zu diesem Text vgl. auch M.Nissinen, Die Relevanz der neuassyrischen Prophetie, 231; Nissinen übersetzt ebenfalls einen Nominalsatz: "*Ich bin die Herrin von Arbela!*"
[290] Vgl. außerdem Text 1.10 VI Zeile 2; Text 2.3 I Zeile 36'; Text 2.6 IV Zeile 8'; mit Nomen (ba-ni-tu) Text 2.1 I Zeile 5'; mit Nomen (AD-ka, AMA-ka) Text 2.5. III Zeile 26'.
[291] Vgl. M.Streck, Assurbanipal, 342ff. Dieser Text bietet auch zwei Nominalsätze, die eine dem Hebräischen völlig vergleichbare Wortstellung aufweisen: Zeile 6f: "ṣi-iḫ-ru at-ta *Klein (warst) du, Assurbanipal, als ich dich überließ der Königin von Ninive.* la-ku-u at-ta *Schwach (warst) du, Assurbanipal, als du saßest im Schoße der Königin von Niniveh.*" (348f) Vgl. dagegen im Brief der Šerûa-êterat (M. Streck, Assurbanipal, 390ff) ù at-ti ma-rat *Aber du bist die Schwiegertochter*; in diesem Beispiel könnte eine Art adversativer Chalsatz vorliegen.
[292] Text und Übersetzung: M.Streck, Assurbanipal, 344f; vgl. auch TUAT II, 63.

Dieses *ana-ku* ^*ilu*^*nábû* kommt im folgenden Text (auch dort, wo deutlich neuerliche Antworten auf vorausgehende Gebete vorliegen (vgl. Zeile 23 ff oder Rs. Zeile 6ff) nicht wieder vor.

5.3 Zusammenfassung

Die umfangreiche Darbietung außeralttestamentlichen Materials an Ich-bin-Aussagen verfolgt einen zunächst schlichten Zweck, die die eingangs geäußerte These bestätigt: Ich-bin-Aussagen sind weit verbreitet und nicht gattungsspezifisch. Je nach Ko-/Kontext erfüllen sie sehr unterschiedliche Aufgaben. Es ist von daher sinnvoll, verschiedene Funktionen von Ich-bin-Aussagen zu unterscheiden.

Mit "Präsentationsformel", "Qualifikationsformel", "Identifikations-" und "Rekognitionsformel" hat Bultmann eine systematische Unterscheidung in die Untersuchung von Ich-bin-Aussagen eingebracht. Bultmann und diejenigen, die ihm gefolgt sind, nehmen damit eine übergeordnete Kategorie Ich-bin-Aussagen an, innerhalb derer sich Untergruppen unterscheiden lassen. Kriterium der übergeordneten Kategorie ist, dass ein Ich, das durch ein Pronomen der 1. sg. repräsentiert wird, irgendetwas im Nominalstil (oder im Griechischen auch über eine Kopula vermittelt) über sich aussagt; was es über sich aussagt, wird zum Definitionskriterium der Untergruppen.

Bultmann hat drei der vier Gruppen über Fragen definiert, auf die die Ich-bin-Aussagen jeweils Antworten darstellen. Damit werden Aussagen, die neben dem Pronomen der 1. sg. einen Eigennamen enthalten zu einer Untergruppe neben solchen Aussagen, die neben dem Pronomen der 1. sg. ein Nomen, Adjektiv o.ä. enthalten. Sie würden zur Gruppe der Bultmann'schen Präsentationsformeln gehören, die auf die Frage "Wer bist du?" antwortet. Der Vorschlag Bultmanns ermöglicht eine erste Einteilung und Beschreibung der Leistung der Stellen. Im Einzelfall ist die Beschreibung Bultmanns weiter zu präzisieren.

Auf diesem Hintergrund steht Zimmerli, mit seiner Behauptung, dass sich Selbstvorstellungen der Form "Ich bin N.N." kategorial von anderen Ich-bin-Aussagen unterscheiden, allein.

Die von Bultmann benannte Rekognitionsformel, in der im Unterschied zu den drei anderen Gruppen das Pronomen Prädikat ist, kommt sowohl nach Aussage einzelner Forscher[293] als auch nach Ausweis der vorliegenden Textbeispiele außeralttestamentlich nicht vor.

Der Überblick über die Beispiele von Ich-bin-Rede sollte den Hintergrund beleuchten, auf dem die alttestamentliche Rede *ʾanî Yhwh* er-

---

[293] Anders R.Bultmann, Das Evangelium des Johannes, 168, Anm. 2, der einige wenige Beispiel für Rekognitionsformeln aus der griechisch-sprachigen Literatur benennt und D.Müller, Ägypten, 17, Anm. 2, in Bezug auf eine Aussage innerhalb der Isisaretalogie.

klingt. Sie ist im Alten Testament in unterschiedlichen Kotexten belegt. Auf dem Hintergrund der außeralttestamentlichen Ich-bin-Aussagen ist diese Einbettung in verschiedene Kotexte kaum mehr verwunderlich.

Diese Aussagen zeigen, dass Ich-bin-Rede eben in verschiedenen Ko-/Kontexten belegt ist, nur dass wir es außeralttestamentlich meist mit unterschiedlichen Ich-bin-Aussagen zu tun haben, während im Alten Testament die gleiche Ich-bin-Aussage in den verschiedenen Kotexten anzutreffen ist.

Die Leistung der außeralttestamentlichen Ich-bin-Aussagen wird von ihrem jeweiligen Ko- und Kontext her bestimmt und ist je nach Ko-/Kontext verschieden. Diese Beobachtung legt es nahe, dass auch die Aussage *ʾanî Yhwh* in den verschiedenen Kotexten durchaus unterschiedliche Leistungen erbringen kann. Auf dem Hintergrund anderer Ich-bin-Aussagen ist es also nicht von vornherein zu erwarten, dass sich die *eine* Leistung von *ʾanî Yhwh* unabhängig vom Ko-/Kontext ein für allemal etwa als Selbstvorstellung o.ä. bestimmen lässt und diese Bestimmung für alle Vorkommen passt. Ansätze zu einer solchen Differenzierung in der Leistung von *ʾanî Yhwh* (*ʾælohæka*) gibt es bereits (vgl. Forschungsüberblick), die Notwendigkeit einer solchen Differenzierung wird von den außeralttestamentlichen Ich-bin-Aussagen her bestätigt.

Ich-bin-Aussagen können echte Selbstvorstellungen leisten, auch wenn die Belege (je nach Einschätzung) eher selten sind. Das Vorhandensein einer Selbstvorstellung ist dabei nicht notwendig an das Vorhandensein eines Eigennamens gebunden.

Umgekehrt zeigen die Belege auch, dass ein Eigenname in Zusammenhang mit dem Pronomen der 1. sg. nicht notwendig eine Selbstvorstellung leisten muss. Und doch sind es gerade die Belege, in denen ein Pronomen der 1. sg. zusammen mit einem Eigennamen steht, an denen sich die Geister scheiden:

An einer Vielzahl von Stellen ist diese Konstruktion syntaktisch nicht eindeutig. Im Akkadischen[294] etwa kann, wie im Hebräischen, ein Nominalsatz vorliegen, es gibt aber hier wie dort keine eindeutigen Indikatoren. An diesem Punkt hat sich nun die Argumentation in Teilen der Forschung, ausgehend von Poebel, etwas verwirrt. Da es keine sprachlichen Indikatoren gibt, hat man nach inhaltlichen gesucht und hat Nominalsatz bestehend aus Pronomen der 1. sg. und Nomen proprium einerseits und Selbstvorstellung andererseits kurzgeschlossen. An den Stellen, an denen eine Selbstvorstellung inhaltlich dann keinen Sinn zu ergeben schien, wurde das Vorhandensein eines Nominalsatzes negiert. Diese Argumentation fällt dann in sich zusammen, wenn man davon

---

[294] Für andere Sprachen, aus denen oben Beispiele zitiert wurden, ist mir eine Einschätzung nicht möglich; für das Griechische stellt sich das Problem weniger scharf, da hier häufig die Kopula ἐιμί verwendet wird.

ausgeht, dass ein solcher Nominalsatz nicht notwendig eine Selbstvorstellung leisten muss. Auf der grammatisch-syntaktischen Ebene helfen die besprochenen Beispiele, gerade aus dem Akkadischen dann auch nicht weiter. Es lässt sich zwar vermuten, dass es auch hier, wie im Hebräischen keineswegs beliebig ist, ob etwa das Pronomen in Erst- oder Zweistellung steht, aber ohne Spezialuntersuchungen sind keine weitergehenden Aussagen möglich.[295] Die Schwierigkeiten bei der Bestimmung der jeweils vorliegenden Konstruktion gleichen denen, die bei *ʾanî Yhwh* anzutreffen sind. Wann liegt ein Nominalsatz vor? Wann ist das Nomen (proprium) Apposition. Hier können die außeralttestamentlichen Texte nicht weiterhelfen, es sei denn um die Vermutung zu stärken, dass die Grenze zwischen Nominalsatz und appositioneller Fügung in einigen Fällen entweder nicht scharf gezogen ist oder zumindest syntaktisch nicht angezeigt zu sein braucht.

In der überwiegenden Mehrzahl der Fälle, in denen Ich-bin-Aussagen vorliegen oder zu vermuten sind, geht das Aussagegefälle hin zu dem Satzglied, das auf "Ich bin" folgt (trifft auf die von Bultmann sog. Präsentations- Qualifikations- und Identifikationsaussagen zu). Möglicherweise gibt es einige wenige Belege, in denen das Pronomen stärker den Ton trägt bzw. das Aussagegefälle sich, im Sinne von Bultmanns Rekognitionsformel, hin zum Pronomen neigt. Diese Fälle sind uneindeutig und vereinzelt.

Ich-bin-Aussagen stehen am Anfang oder im Anfangsteil von Texten, sie sind aber auch im Textinneren belegt. Einige der Belege im Inneren von Texten legten eine gliedernde Funktion der Aussage nahe.

Einerseits sind Ich-bin-Aussagen in den unterschiedlichsten Ko-/Kontexten belegt, andererseits begegnen sie auch als für bestimmte Textgruppen typisch. Neben den Sarg- und Grabinschriften, bildeten die Königsinschriften diejenige Textgruppe, die am häufigsten Ich-bin-Aussagen aufweist. Nach ihrem Muster wurden dann z.T. andere Inschriften gebildet, etwa einige der ausführlichen Grabinschriften oder der Codex Hammurapi. Vielleicht ist es kein Zufall, dass Ich-bin-Aussagen häufiger in den Ischtar-Orakeln aus der Zeit Assarhaddons belegt sind und gerade die Königsinschriften Assarhaddons (und Assurbanipals) mit großer Regelmäßigkeit Ich-bin-KN-Aussagen aufweisen. Durch den Gebrauch in diesen Kontexten erhalten die Ich-bin-Aussagen den Charakter gewichtiger, machtvoller Rede; eine Rede, die zwar nicht ausschließlich von 'Personen' in wichtigen Positionen geführt wird, aber doch für sie charakteristisch ist. Die Funktion der Ich-Rede in diesen Zusammenhängen könnte, außer, dass sie keinen Zweifel über den Urheber der Inschriften lässt, der Vergegenwärtigung eines nicht (leib-

---

295 Solche Aussagen dürften für das Akkadische insofern schwieriger zu treffen sein als für das Hebräische, als für das Akkadische der diachrone Aspekt vermutlich eine wesentlich wichtigere Rolle spielt als im Hebräischen.

haft) Anwesenden dienen und so dessen Einfluss und Mächtigkeit auch in Abwesenheit sichern helfen.

Eine gewisse Sonderstellung nehmen Texte ein, in denen Ich-bin-NN-Aussagen in Reihung vorkommen und die häufig als "Selbstlob" o.ä. betitelt werden. Dennoch haben auch diese Reihungen mit der oben beschriebenen Funktion von Ich-bin-Aussagen gemeinsam, dass es um Redeformen geht, in denen im weitesten Sinne die Mächtigkeit der betreffenden Größe zum Ausdruck kommt, und zwar nicht nur über die genannten Fähigkeiten und Taten, sondern gerade dadurch, dass sie als sie selbst auftritt.

Durch die Ich-Aussagen rückt das Subjekt dem Hörer wesentlich unmittelbarer nahe, als durch Aussagen über das Subjekt in der dritten Person. Die Ich-bin-NN-Aussagen stellen dabei die größtmögliche Verdichtung der redenden Person dar. Realer und materialer kann eine nicht selbst (leibhaft) anwesende Person nicht werden. Ich-bin-Aussagen garantieren in diesen Zusammenhängen eine Art "Realpräsenz".

Die Texte zeigen, dass die alttestamentliche Aussage *ʾanî Yhwh* keineswegs ohne Vorbilder oder vergleichbare altorientalische Beispiele ist. Die Belege in Königsinschriften und einigen Texten, in denen Götter reden, weisen Gemeinsamkeiten mit dem Gebrauch von *ʾanî Yhwh* auf. Auch wenn es nicht möglich ist, eindeutige Abhängigkeiten und Einflüsse aufzuzeigen, so scheint es doch wahrscheinlich, dass der Gebrauch in diesen Texten Vorbild war, bzw. *ʾanî Yhwh* auf dem Hintergrund solcher und ähnlicher Texte erklungen ist und gehört wurde.

So dürfte also über weite Strecken, der autoritative, Macht beanspruchende und machtvolle Klang beiden Gruppen von Belegen gemeinsam sein. Der Name, der den Redenden als König oder Gott/Göttin ausweist, weist ihn zugleich als jemanden aus, der diesen Anspruch zu Recht erheben kann und dem die beanspruchte Macht zukommt. Der Aspekt der Vergegenwärtigung einer nicht leibhaft ansichtigen Größe durch die Ich-Rede, die dessen präsente Mächtigkeit unterstreicht, ist vermutlich hier wie dort im Spiel.

Aber gerade der außeralttestamentliche Hintergrund macht auch deutlich, dass es unter den altorientalischen Belegen kein wirklich *ʾanî Yhwh* vergleichbares Phänomen gibt. Die gleiche Aussage *ʾanî Yhwh* ist im Alten Testament in verschiedenen Ko-/Kontexten belegt. In den außeralttestamentlichen Texten scheint, soweit die Texte ein Urteil darüber ermöglichen, eine bestimmte Ich-bin-NN-Aussage an einen bestimmten Kotext gebunden. Trotz des Gewichtes, das den Ich-bin-Aussagen, gerade in Königsinschriften aber auch in anderen Textgattungen zukommt, bleiben sie letztlich auch dort Einzelbelege, wo sie zum mehr oder weniger festen Bestandteil einer Form werden. Keine Ich-bin-Aussage scheint in den Rang eines für eine bestimmte Form/Gattung konstitutiven Elements aufgerückt zu sein oder zu einer bestimmten Zeit in Rahmen einer bestimmten Literaturgattung programmatische Bedeutung gewonnen zu haben. Häufig sind unter ein- und demselben König vergleichbare Inschriften mit und ohne Ich-bin-Aussagen belegt. Zwar findet sich *ʾanî Yhwh* auch nicht in allen alttestamentlichen Schriften, der Eindruck der Geprägtheit und Formelhaftigkeit ist jedoch durch die Wiederholung und Dichte der Vorkommen wesentlich stärker als in den außeralttestamentlichen Texten. Auch wenn mit einer Aussage wie *ʾanî Yhwh* mit einiger Sicherheit an altorientalischen Sprachgebrauch angeknüpft wird, so wirkt sie bedeutungsgeladener als jede Ich-bin-Aussage in den genannten Belegen. Welche Bedeutung impliziert ist, muss die Durchsicht der alttestamentlichen Vorkommen in den nun folgenden Abschnitten ergeben.

6 ᵃnî Yhwh im Alten Testament

6.1 Einleitung

Die *bisherigen Kapitel* zielten darauf, auf unterschiedlichen Wegen Verstehensvoraussetzungen für die Aussage *ᵃnî Yhwh* zu schaffen:
– Der Forschungsüberblick führte in die bislang in Bezug auf *ᵃnî Yhwh* diskutierten Fragen ein; es wurde deutlich, dass eine grundsätzliche Frage darin besteht, wie der Nominalsatz *ᵃnî Yhwh* syntaktisch aufzuschlüsseln ist. Die Frage nach der Syntax ist verbunden mit der Frage nach der Leistung der Aussage: Ist sie eine Selbstvorstellung oder eine Ausschließlichkeitsaussage? Gibt es daneben weitere Möglichkeiten?
– Entsprechend haben sich an den Forschungsüberlick Überlegungen zur Syntax von Nominalsätzen allgemein und speziell zu solchen angeschlossen, die wie *ᵃnî Yhwh* aus einem Prn 1. sg. und Nomen proprium/Gottesbezeichnung bestehen. Das Ergebnis wies in unterschiedliche Richtungen: Unabhängige Nominale Behauptungen (= Nominalsätze mit zwei determinierten Gliedern) haben in der Regel die Satzteilfolge Chabar – Mubtada. Von dieser Regel weichen auch solche Aussagen nicht ab, die aus Pronomen gefolgt von einem determinierten Nomen bestehen. Ausgehend von dieser Beobachtung wäre für die Nominale Behauptung *ᵃnî Yhwh* die Satzteilfolge Chabar – Mubtada zu erwarten. Dieser begründeten Vermutung stehen solche Stellen gegenüber, in denen auf ein Pronomen ein Nomen proprium folgt. Hier steht nach den bisherigen Darlegungen das Pronomen dem Nomen proprium auch dann voran, wenn der Aussageschwerpunkt (Chabar) auf dem Nomen proprium liegt. Wenn das richtig ist, ist eine Aussage *Yhwh ᵃnî aus Gründen der Sprachkonvention nicht möglich gewesen. Anders als im Regelfall ist für die Nominale Behauptung *ᵃnî Yhwh* somit nicht von vornherein zu entscheiden, ob die Satzteilfolge Mubtada – Chabar oder Chabar – Mubtada vorliegt. Es muss mit beiden Möglichkeiten gerechnet werden, die inhaltlich zu grundverschiedenen Aussagen führen.
– Einen ersten Hinweis darauf, dass die von der Syntax her eröffneten Möglichkeiten, *ᵃnî Yhwh* bei gleichbleibender Wortfolge syntaktisch unterschiedlich zu verstehen, in den Vorkommen von *ᵃnî Yhwh* tatsächlich realisiert werden, hat die Auslegung von Ex 6,2–8 erbracht. In diesem Text wird mit Verständnisvariationen von *ᵃnî Yhwh* gearbeitet,

die u.a. ermöglicht sind durch die von der Syntax gegebenen Voraussetzungen. Die Auslegung von Ex 6,2–8 hatte darüber hinaus für die
Untersuchung von *ᵃnî Yhwh* exemplarischen Charakter. Aufgrund der
mehrfachen Vorkommen von *ᵃnî Yhwh* bot der Text Gelegenheit, einen ersten Blick auf einige der für die folgende Untersuchung relevanten Themen zu werfen.

– Zu der Erarbeitung der Verstehensvoraussetzungen gehörte schließlich der Blick in die altorientalische Umwelt, geleitet von der Frage
nach *ᵃnî Yhwh* vergleichbaren Aussagen und ihrer Leistung. Ergeben
hat sich einerseits eine große Bedeutungsbreite von Ich-Aussagen, andererseits hat sich die von früheren Forschern eher en passant vorausgesetzte Nähe zu Formen der Königsrede, wie sie in den Königsinschriften greifbar ist, bestätigt. In Götterreden finden sich ebenfalls vergleichbare Beispiele, wenn auch eher selten. Insgesamt ist festzuhalten,
dass in der Umwelt *ᵃnî Yhwh* vergleichbare Aussagen nie auch nur annähernd das Gewicht und die Bedeutung erlangt haben wie *ᵃnî Yhwh*
für bestimmte Bereiche der alttestamentlichen Literatur.

In den *folgenden Abschnitten der Untersuchung* soll diese Bedeutung
von *ᵃnî Yhwh* in den alttestamentlichen Schriften erhoben werden unter Berücksichtigung aller Vorkommen der Aussage.

Aufgrund der Verteilung von *ᵃnî Yhwh* werden Schwerpunkte auf den
Vorkommen im *Pentateuch*, bei *Deuterojesaja* und *Ezechiel* liegen.[1]

6.2   *ᵃnî Yhwh* im Pentateuch

6.2.1   *ᵃnî Yhwh in den priesterschriftlichen Texten und ihren Nach*
trägen

6.2.1.1   *ᵃnî Yhwh in den priesterschriftlichen Texten*

Hintergrund des Verfahrens, die Belege von *ᵃnî Yhwh* nach Textgruppen getrennt zu untersuchen, ist die Frage, ob die Verwendung von *ᵃnî
Yhwh* in den einzelnen Textgruppen ein je eigenes Profil aufweist, ob
die Aussageintention, nicht nur eines Einzeltextes, sondern der Text

---

[1] Die Untersuchung wird getrennt für diese Textgruppen erfolgen. Die Abfolge
der behandelten Textkomplexe Pentateuch – DtrG – Propheten – Psalmen ist im
Anschluss an die Anordnung der entsprechenden Literaturwerke im Kanon gewählt,
innerhalb dieser Großrubriken beginne ich jeweils mit den Werken, die den deutlichsten Befund (Priesterschrift, Deuterojesaja) zeigen; dieses Vorgehen bringt es
mit sich, dass die jüngeren Werke meist vor den älteren behandelt werden und im
Großen und Ganzen eher ein zeitliches Zurückschreiten erfolgt, die *ᵃnî Yhwh*-Aussage ausgehend von ihrem theologisch ausgereiften Gehalt zurückverfolgt wird
und nach möglichen Vorstufen ihrer späteren Funktion(en) gefragt wird. – Es werden nur diejenigen *ᵃnî Yhwh*-Stellen ausführlich (mit Text, Übersetzung und Kurzkommentar) dargeboten, an die sich weiterführende Beobachtungen anschliessen
lassen; die übrigen Stellen werden lediglich notiert.

gruppe mit einer je spezifischen Verwendung von ʾᵃnî Yhwh einhergeht.

Gegenüber den nichtpriesterschriftlichen (traditionell meist dem Jahwisten zugewiesenen) Texten ist in den priesterschriftlichen Texten[2] ʾᵃnî Yhwh einerseits zahlreicher belegt, andererseits stehen einige Vorkommen in für P zentralen theologischen Zusammenhängen.[3] Innerhalb von P lässt sich ein programmatischer Umgang mit der ʾᵃnî Yhwh-Aussage beobachten. Mit den P-Texten ist ein Spätstadium alttestamentlicher Textbildung erreicht. Somit ist hier auch ein vergleichsweise später Umgang mit der ʾᵃnî Yhwh-Aussage zu beobachten. P findet die Aussage bereits vor,[4] sie erscheint geeignet, in einer gewissen Uminterpre-

---

[2] Die Belege aus priesterschriftlichen Texten sollen vor den nichtpriesterschriftlichen untersucht werden, da hinsichtlich der Zuordnung der erstnannten Texte vergleichsweise große Einigkeit besteht. – Die Debatte um das Für und Wider konkurrierender Modelle zu Entstehung des Pentateuch sowie der Datierung der erhobenen Quellen, Blöcke, Schichten usw. [vgl. etwa die Forschungsberichte zur Pentateuchforschung: A.H.J.Gunneweg, Anmerkungen, 227–253 (1983); 107–131 (1985); E.Otto, Kritik der Pentateuchkomposition, 163–191; E.Otto, Forschungen zur Priesterschrift, 1–50; E.Otto, Forschungen zum nachpriesterschriftlichen Pentateuch, 125–155] hat bisher keine allgemein akzeptierte Lösung erbracht. Vgl. auch die "Literar- und forschungsgeschichtliche Problemanzeige" in: J.Chr.Gertz, Tora und Vordere Propheten, 195ff. Die Versuche, die bei der neueren Urkundenhypothese verbleibenden Probleme durch andere Modelle als das der Annahme ursprünglich eigenständiger Quellen lösen wollen, haben jeweils eigene Probleme zutage gefördert. "Grundsätzlich ist die Identifizierung und literarische Ausgrenzung des priesterschriftlichen Textbestandes in Gen 1-Ex 40 vollkommen unstrittig. Offen sind: 1) Einzelheiten in der Abgrenzung gegenüber dem nichtpriesterschriftlichen Text. 2) Die literarische Differenzierung von P selbst (in Vorlagen, Grundschrift und Ergänzungen). 3) Die literarische Selbständigkeit von P." (R.G. Kratz, Komposition, 233). In der vorliegenden Arbeit wird in den Pentateuch betreffenden Teilen von einer Unterscheidung in priesterschriftliche und nichtpriesterschriftliche Texte ausgegangen. Die Zusammenstellung der entsprechenden P-Texte erweist sich dabei als wesentlich unproblematischer als eine Gruppierung und Zuordnung nichtpriesterschriftlicher Texte; denn erstens bestand bei den hier zu verhandelnden P-Texten in der Forschung immer schon weitgehender Konsens über ihre Zugehörigkeit zu P und zweitens wird auch in den neueren Entwürfen ein Zusammenhang der P-Texte untereinander in irgendeiner Form angenommen. Bei den in 6.2.2 unter 'nichtpriesterschriftliche Texte' zusammengestellten Belegen ist die Diskussion über ihre Zugehörigkeit dagegen sehr kontrovers.

[3] Für die Grundschicht von P ist das 'zahlreichere' Vorkommen relativ zu sehen, gehäufter ist das Vorkommen erst in späteren Schichten. Zu unterstreichen ist aber die Bedeutung, die die Aussage für die Konzeption von P hat; insofern ist P.Weimar, Hoffnung auf Zukunft zuzustimmen, wenn er schreibt: "Dagegen zeichnet sich P^g durch sparsamen Einsatz der SF aus; jedoch hat sie hier gerade an herausragenden Stellen in der Gesamtkomposition der P^g Platz" (154); "(mit einer gewissen Ausnahme für 6,2 [sc. Ex 6,2, A.D.]) steht die Formel zur Eröffnung bzw. zum Abschluß von Zusagen, die für P^g entscheidend wichtig sind" (155).

[4] Die ʾᵃnî Yhwh-Aussage ist eine von etlichen Gemeinsamkeiten, die zwischen Priesterschrift und Ezechiel bestehen und die in der Auslegung immer wieder benannt worden sind. Einer direkte literarische Abhängigkeit ist dabei weniger wahr-

tation und Füllung die Gotteskonzeption P's in sprachlich prägnanter Weise zu fassen. In der *ʾanî Yhwh*-Aussage bringt P, wenn man etwas überspitzt formulieren will, seine Gotteskonzeption auf den "Begriff".

Im Blick auf die Gesamtheit der Belege in und außerhalb des Pentateuch wird im Laufe der Untersuchung zu fragen sein, ob und wieweit sich die Verwendung von *ʾanî Yhwh* zeitlich zurückverfolgen lässt, ob und wie sich der Gebrauch der Formel gewandelt hat, und ob sich soetwas wie eine Geschichte der *ʾanî Yhwh*-Formel rekonstruieren lässt. Aufgrund der engen Verwandtschaft von Aussagen bestehend aus Pronomen 1. sg. + Gottesbezeichnung mit der Aussage *ʾanî Yhwh* berücksichtige ich im Folgenden auch diese erstgenannten.

Belege im Überblick:

Gen 17,1		אֲנִי אֵל שַׁדַּי	redeeröffnend
Gen 35,11		אֲנִי אֵל שַׁדַּי	redeeröffnend
Ex 6,2		אֲנִי יְהוָה	redeeröffnend
Ex 6,6		אֲנִי יְהוָה	redeeröffnend
Ex 6,8		אֲנִי יְהוָה	redebeschließend
Ex 12,12		אֲנִי יְהוָה	im Innern der Rede
Ex 29,46	אֱלֹהֵיהֶם	אֲנִי יְהוָה	markiert Redeabschnitt
Nachträge:			
Ex 6,29		אֲנִי יְהוָה	redeeröffnend
Ex 15,26	רֹפְאֶךָ	אֲנִי יְהוָה כִּי	redebeschließend
Num 3,13		אֲנִי יְהוָה	redebeschließend
Num 3,41		אֲנִי יְהוָה	in den Satzzusammenhang eingeschoben
Num 10,10	אֱלֹהֵיכֶם	אֲנִי יְהוָה	redebeschließend
Num 15,41	אֱלֹהֵיכֶם אֲשֶׁר הוֹצֵאתִי אֶתְכֶם מֵאֶרֶץ מִצְרַיִם	אֲנִי יְהוָה	Vorschlussstellung
Num 15,41	אֱלֹהֵיכֶם	אֲנִי יְהוָה	redebeschließend
Num 35,34	שֹׁכֵן בְּתוֹךְ בְּנֵי יִשְׂרָאֵל	אֲנִי יְהוָה כִּי	redebeschließend

Bereits die drei ersten Vorkommen (Gen 17, Gen 35, Ex 6) der Aussage *ʾanî* + Gottesbezeichnung sind deutlich aufeinander bezogen. Auch

---

scheinlich, als dass beide Schriften auch in ihrer (je unterschiedlichen) Verwendung der *ʾanî Yhwh*-Aussage in einer gemeinsamen (priesterlichen Tradition) stehen; vgl. dazu auch unten 6.4.4.1. Anders jedoch Th.Pola, Priesterschrift, der etwa Ex 6,2–9 "als von Ez 20,5ff geprägt" (337) sieht und für die beiden aufeinanderbezogenen Texten Ex 6,2ff und 29,45ff festhält, dass hier "in der P-Schule ein die spätexilische Ezechieltradition bewußt rezipierender, in die eigene Komposition umsetzender Gestaltungswille vorhanden gewesen sei". (337)

mit Hilfe dieser Aussage wird ein Bogen gespannt von der Vätergeschichte zum Beginn der Volksgeschichte. Von Ex 6 her wird deutlich,
dass das Erklingen dieser Aussage für P nicht unwesentlich ist.
Der erste Mensch in der P-Erzählung, dem Gott mit ʾᵃnî + Gottesbezeichnung gegenübertritt, ist Abraham:

Gen 17,1f[5]	וַיְהִי אַבְרָם בֶּן־תִּשְׁעִים שָׁנָה וְתֵשַׁע שָׁנִים וַיֵּרָא יְהוָה אֶל־אַבְרָם 1
	וַיֹּאמֶר אֵלָיו אֲנִי־אֵל שַׁדַּי הִתְהַלֵּךְ לְפָנַי וֶהְיֵה תָמִים: 2 וְאֶתְּנָה
	בְרִיתִי בֵּינִי וּבֵינֶךָ וְאַרְבֶּה אוֹתְךָ בִּמְאֹד מְאֹד:
	1 Als Abram neunundneunzig Jahre alt war, erschien Jahwe dem
	Abram und sagte zu ihm: Ich bin El Shaddaj, wandle vor mir[6] und
	sei vollkommen[7]. 2 Dann will ich meinen Bund zwischen mir und
	dir aufrichten und dich sehr, sehr zahlreich machen.

---

[5] Vgl. auch die Behandlung dieser Stelle unter 3.4.2.1.

[6] Zu הלך hitp. + לפני vgl. außerdem Gen 24,40; Gen 48,15; 2.Kön 20,3 (= Jer
38,3); 1.Sam 2,30.35; (1.Sam 12,2); Ps 56,14; Ps 116,9. Nach Auffassung Helf-
meyers bedeutet הלך hitp. zunächst soviel wie 'leben'; durch den Zusatz לפני יהוה
gewinnt es zusätzliche Konnotationen, entweder im Sinne von "der gottgewollte
Lebenswandel" (so in Gen 17,1 und den Belegen im dtr Geschichtswerk) oder (im
Anschluss an Kraus) von 'Leben im Vollsinne des Wortes – Leben, das sich als
Gottes Gabe versteht und in Gott allezeit geborgen ist' (F.J.Helfmeyer, Art. הָלַךְ,
420ff; Zitate 421.422).

[7] Nach G.v.Rad, Das erste Buch Mose, 155 ist תמים auf das Gottesverhältnis bezogen im Sinne von "das Völlige, Ungeteilte der Hingabe". V.Rad übersetzt: "…
und sei ganz (mit mir)" (ebd. 153). Signalisiert also die Aussage bereits so etwas
wie die alleinige Zuwendung der Verehrer zu diesem Gott? So will es wohl W.H.
Schmidt, Einführung in das Alte Testament, 105 verstehen: "Der Zuwendung Gottes zu Abraham soll die Totalität der Zuwendung Abrahams zu Gott entsprechen.
Bereits das Gottesverhältnis der Väter ist durch die für den Jahweglauben entscheidende Ausschließlichkeit gekennzeichnet". Ähnlich H.Seebass, Genesis II/1, 100f.
Auf dem theologischen Hintergrund von P wäre diese Forderung durchaus verständlich: es muss sichergestellt sein, dass schon die Väter, in vieler Hinsicht Vorbild und 'Prototyp' des späteren Volkes Israel, nur *einen* Gott verehrt haben, und
zwar denjenigen, der auch der Gott Israels sein wird. Für diese Deutung könnte
außerdem Jos 24,14 sprechen, wo die Forderung, Jahwe בְּתָמִים וּבֶאֱמֶת zu dienen,
weitergeführt wird durch die Forderung, sich von anderen Göttern abzuwenden.
Die Deutung auf 'alleinige Hinwendung zu Jahwe' ist zwar mit der Grundbedeu-
tung der Wurzel תמם durchaus vereinbar ("Mit der Wurzel *tmm* ist vorderhand die
Vorstellung von einer Ganzheit, einer Vollständigkeit ohne jeglichen Abstrich verbunden", B.Kedar-Kopfstein, Art. תָּמַם, 691; vgl. ähnliches bei K.Koch, Art. תמם
tmm), das Wortfeld, in dem תמים belegt ist, weist dennoch eher auf die Bedeutung
'rechtschaffener Lebenswandel, untadelig' o.ä hin, wie sie mehrheitlich auch für
Gen 17,1 angenommen wird (vgl. B.Kedar-Kopfstein, Art. תָּמַם, 697f). – Einige
Ausleger übersetzen והיה תמים konsekutiv, vgl. H.Gunkel, Genesis, 267 (mit Verweis auf W.Gesenius/E.Kautzsch, Hebräische Grammatik, § 110) "so wirst du vollkommen sein", oder W.H.Schmidt, Einführung in das Alte Testament, 104 "dann
bist du untadelig"; andere erwägen "einen leicht konditionalen Beiklang" (N.Loh-
fink, Die priesterschriftliche Abwertung, 6, der auch die konsekutive Deutung für
möglich hält). In seiner Dissertation "Die Fortführung des Imperativs im Biblischen

Die Priesterschrift überliefert nach Gen 9 (Bund mit Noah) die nächste
Gottesrede erst wieder in Gen 17.[8] Gen 17 markiert den Beginn der
Geschichte Gottes mit Abraham. Abrahams Werdegang wurde bislang
nur kurz skizziert, eine Bezugnahme auf Gott erfolgte nicht. Die Gottesrede ergeht im Rahmen einer Erscheinung (ראה ni.). In Gen 17,1
lautet die Ich-bin-Aussage Gottes (noch) nicht *ᵃnî Yhwh* sondern אני
אל שדי.[9] Der Name אל שדי steht dabei (wie Ex 6,2ff zeigt) für eine
vorläufige Stufe der Offenbarung,[10] die für die Zeit der Patriarchen gilt.

Hebräisch", die u.a. aufzeigt, dass in Imperativketten in der Regel ein Gefälle hin
zum letzten Imperativ als dem tontragenden besteht, erwägt J.F.Diehl, Fortführung
des Imperativs, 106 für Gen 17,1 das konditionale Verständnis. Da es jedoch keine
eindeutigen syntaktischen Kriterien gibt, die eine solche implizite Hypotaxe anzei-
gen oder gar näher bestimmen, muss der Kotext inhaltliche Hinweise geben. In
Gen 17,1 finden sich keine deutlichen Hinweise auf ein konsekutives oder kondi-
tionales Verständnis.

[8] Die Zugehörigkeit von Gen 17,1 zu P ist weitgehend unumstritten (unabhängig
davon, ob P als Quelle oder Bearbeitungsschicht gilt), vgl. etwa, H.Gunkel, Genesis, 267; C.Westermann, Genesis 12–36, 306.309; H.Seebass, Genesis II/1, 112.
E.Blum, Vätergeschichte, 420ff; R.G.Kratz, Komposition, 231.240.247.

[9] Vgl. dazu H.Gunkel, Genesis: "Die Sagen erzählen, daß der erscheinende Gott
zunächst das wichtigste Wort gesprochen: daß er seinen Namen genannt habe, damit man wisse, wer er sei, und mit welchem Namen man ihn fortan anzurufen habe. (…) Jedenfalls ist die Redeweise uralt; denn sie stammt aus einer Zeit, die an
»viele Herren und viele Götter« glaubte." (267) Vgl. ähnlich C.Westermann, Genesis 12–36, 311, der weiter schreibt: "In Gn 17,1 ist es einfache Stilform der Offenbarungsrede; nach einem spezifischen Sinn aus dem Zusammenhang braucht nicht
gefragt zu werden." (311) Wenn der unten aufgewiesene Bogen von Gen 17 über
Gen 35 zu Ex 6 und Ex 12 richtig gesehen ist, unterschätzt Westermann mit dieser
letzten Bemerkung die Bedeutung von אני אל שדי in Gen 17,1.

[10] Die Forschungen zur Priesterschrift haben seit langem darauf aufmerksam ge-
macht, dass die Priesterschrift von drei Epochen bzw. Offenbarungsstufen – Urzeit,
Väterzeit, Mosezeit – ausgeht, die sie anhand der Gottesnamen unterscheidet. Nach
dieser Konzeption ist der Jahwename erst Mose offenbart worden (vgl. Ex 6,2ff).
Auf dem Hintergrund dieser Konzeption haben die Ausleger das Vorkommen des
Jahwenamens in Gen 17,1 als auffällig notiert. Mir scheint hingegen die etwa von
Schmidt geäußerten Auffassung (vgl. W.H.Schmidt, Exodus, 281) plausibel, wonach sich das Vorkommen des Jahwenamens außerhalb der Gottesrede, also nur im
Rahmen, durchaus mit der Gesamtkonzeption P's verträgt. Nicht auszuschließen ist
auch Weimars Vermutung (Vgl. P.Weimar, Untersuchungen, 86f), wonach P bereits hier die (erst in Ex 6,2f explizit gemachte) Identität zwischen אל שדי und יהוה
andeuten will. – Da in Gen 17,1 über die Begriffe הלך hitp. (in Gen 5,22.24 und
6,9 allerdings mit את) und תמים Bezüge zu Noah (und über הלך hitp. vielleicht
auch zu Henoch) hergestellt werden, ist zu vermerken, dass Noah gegenüber eine
solche "Vorstellung" Gottes nicht erfolgt ist; an ihn erging ohne Einleitung die
Mitteilung von Gottes Beschluss "alles Fleisch" zu vernichten und der Befehl zum
Bau der Arche (Gen 6,13ff). Mit Hilfe der Aussage *ᵃnî* + Gottesname differenziert
P in zweifacher Hinsicht. Die Aussage אני אל שדי (z.B in Gen 17,1) steht bei P in
einer direkten Verbindung zu אני יהוה (vgl. Ex 6) und weist auf diese Aussage voraus. Die Aussage אני יהוה sollte aufgrund der theologischen Bedeutung, die sie bei
P hat, vermutlich ausschließlich mit der Geschichte Israels verbunden werden. Mit

Der Aussage אֲנִי־אֵל שַׁדַּי folgt eine Aufforderung (Imperative)[11] sowie die Ankündigung von Bundesschluss[12] und Mehrungsverheißung.[13] Der unmittelbare Kotext gibt keinen direkten Hinweis auf die Satzteilfolge innerhalb der Aussage אֲנִי אֵל שַׁדַּי. Der Verwendungkotext entspricht demjenigen in den nichtpriesterschriftlichen Belegen[14] (außer Ex 4,11). Die Aussage eröffnet eine Gottesrede (im Rahmen einer Erscheinung Gottes, vgl. Gen 26,24), indem der redende Gott sich selbst identifiziert. Die Kommunikationssituation sowie der Rekurs auf Gen 17,1 in Ex 6,2 (… בְּאֵל שַׁדָּי וָאֵרָא אֶל־אַבְרָהָם) sprechen in Gen 17,1 für ein Aussagegefälle hin zum Namen. Damit liegt die Satzteilfolge Mubtada – Chabar vor. Wie unter 3.4.2.1 dargelegt, dürfte der Grund für die Satzteilfolge in einer Restriktion der Wortartenabfolge zu suchen, wonach der Eigenname nicht vor das Pronomen tritt.

Der Abrahambund, der in Gen 17 Gegenstand ist, ist für P von zentraler theologischer Bedeutung,[15] die auch darin deutlich wird, dass im Vergleich dazu das Sinaigeschehen gerade nicht als ברית verstanden ist. Zimmerli hatte vermutet, dass aus der Erfahrung des Exilsgeschehens heraus, der Sinaibund problematisch geworden war. In dieser Situation besinnt man sich auf den Abrahambund, der eine Aufwertung erfährt.[16]

---

den Patriarchen beginnt die spezifische Geschichte, die Hinwendung Gottes zu einer bestimmten Menschengruppe. Deshalb erklingt sofort zu Beginn dieser spezifischen Geschichte auch das ʾ^anî + Gottesname, über den Gottesnamen wird dann noch einmal die Vormosezeit von der Mosezeit unterschieden. Die Urgeschichte hingegen ist nicht speziell auf Israel bezogen, deshalb erklingt in ihr das ʾ^anî + Gottesname überhaupt nicht.

[11] Vgl. unten zu Gen 35,11.

[12] Ausgehend von den Stellen im Pentateuch, hat M.L. Phillips, Divine Self-Predication, die enge Verbindung der göttlichen Selbstprädikation (zu den Wendungen, die Phillips darunter subsumiert, vgl. ebd. 32) mit dem Thema "Bund" aufzuzeigen versucht.

[13] V. 4 greift die Mehrungsverheißung wieder auf und beinhaltet die Gabe des 'neuen' Namens', in V. 7ff erfolgt die Zusage von Land und Gottsein, wobei hier jeweils eigene Sinnabschnitte vorzuliegen scheinen (vgl. dazu auch G.v.Rad, Das erste Buch Mose, 155f).

[14] Vgl. dazu Kap. 6.2.2.

[15] Nachdem noch Wellhausen in Bezug auf die Priesterschrift von einem Vierbundesbuch (Schöpfung, Noah, Abraham, Sinai) gesprochen hatte (vgl. J.Wellhausen, Composition, 1), wurde im Verlauf der weiteren Forschungsgeschichte darauf hingewiesen, dass die Priesterschrift nur in Zusammenhang mit Noah und Abraham von ברית spricht.

[16] Vgl. W.Zimmerli, Sinaibund und Abrahambund, 208f.215. Nach E.Zenger, Gottes Bogen, entspricht dieser theologischen auch eine kompositorisch zentrale Stellung von Gen 17. Im Anschluss an P.Weimar, Jakobsgeschichte, beschreibt Zenger den Aufbau der Abrahamsgeschichte (wie der Jakobsgeschichte) so, dass die Gotteserscheinung (Gen 17 bzw. Gen 35) dabei jeweils im Zentrum steht (vgl. 149 bzw. 152): Um Gen 17* (Bund) als Zentrum sind gruppiert: Geburt Ismaels (Gen 16*) und Geburt Isaaks (Gen 21*) einerseits sowie Auszug und Wanderung nach Kanaan (Gen 11,27–13,12*) und Tod und Begräbnis im Lande Kanaan (Gen 23*; 25,7–10*) andererseits (vgl. 149). Dazu schreibt Zenger: "Im Zentrum der

Es ist festzuhalten, dass in P als Einleitung eines zentralen theologischen Themas (Abrahambund) das שַׁדַּי אֵל אֲנִי erklingt.
Gen 17 steht in deutlicher Beziehung zu Ex 6. Ex 6 nimmt auf Gen 17 Bezug.[17] In Ex 6,2ff werden angesprochen die Erscheinung (רָאָה ni.) Gottes, die Offenbarung unter dem Namen El Shaddaj (וָאֵרָא אֶל־אַבְרָהָם בְּאֵל שַׁדָּי) sowie der Bund, der nach Ex 6 die Gabe des Landes Kanaan, des Landes der Fremdlingschaft (מָגוֹר) zum Gegenstand hatte; in Gen 17 wie in Ex 6 eröffnet Gott seine Rede mit einer nominalen Ich-Aussage (אֲנִי יהוה/אֲנִי אֵל שַׁדַּי).[18]
Eine Etappe auf dem vorgezeichneten Weg von Gen 17 zu Ex 6 stellt Gen 35,11 dar:

Gen 35,11[19]	11 וַיֹּאמֶר לוֹ אֱלֹהִים אֲנִי אֵל שַׁדַּי פְּרֵה וּרְבֵה גּוֹי וּקְהַל גּוֹיִם יִהְיֶה מִמֶּךָּ וּמְלָכִים מֵחֲלָצֶיךָ יֵצֵאוּ: 12 וְאֶת־הָאָרֶץ אֲשֶׁר נָתַתִּי לְאַבְרָהָם וּלְיִצְחָק לְךָ אֶתְּנֶנָּה וּלְזַרְעֲךָ אַחֲרֶיךָ אֶתֵּן אֶת־הָאָרֶץ:
	11 *Gott sagte zu ihm: Ich bin El Shaddaj. Sei fruchtbar und mehre dich, wobei ein Volk und/ja eine Versammlung von Völkern von dir herkommen und Könige aus deinen Lenden hervorgehen sollen. 12 Und das Land, das ich dem Abraham und dem Isaak gegeben habe, will ich dir geben und deinen Nachkommen nach dir werde ich das Land geben.*

In Gen 35 findet sich die erste[20] und einzige Gottesrede an Jakob in P.[21] Es wird immer wieder hervorgehoben, dass P nur selten, bei den

---

Komposition steht eine Gottesrede, in der dem Abraham und seinem Samen die Gabe bzw. die Errichtung eines Bundes zugesprochen wird. Der Inhalt dieses Bundes ist zum einen die Wiederholung des Schöpfersegens aus der Urgeschichte, nun freilich gesteigert durch die Angabe 'sehr, gar sehr' und durch die Entfaltung, Gott wolle aus Abraham Völker und Könige hervorgehen lassen. Neu ist die Zusage, daß dem Abraham und dem Samen nach ihm das Land Kanaan übergeben wird, mit der Zielangabe, damit ein besonderes Gottesverhältnis zu ermöglichen: 'um dir und deinem Samen zum Gott zu werden.'" (E.Zenger, Gottes Bogen, 149.)

[17] Vgl. dazu auch P.Weimar, Untersuchungen, 81ff.

[18] Auch in der Struktur finden sich zwischen Gen 17,1–8 und Ex 6,2–8 Gemeinsamkeiten. Zwar ist die Struktur von Gen 17,1–8 weniger durchkomponiert als in Ex 6,2–8 und wirkt durch die mehrfachen Redeeinleitungen etwas patchworkartig, aber wie in Ex 6 bildet eine Reihe von fünf Waw-Perfecta in den Vv. 6–8 das Kernstück; die Reihe der Waw-Perfecta läuft wie in Ex 6 auf die eine Hälfte der Bundesformel וְהָיִיתִי לָהֶם לֵאלֹהִים zulaufen. – Die in Ex 6 ebenfalls wichtigen Themen Herausführung und Volksein fehlen in Gen 17 noch .

[19] Vgl. auch die Besprechung der Stelle unter Kap. 3.4.2.1.

[20] עוֹד in V. 9 (וַיֵּרָא אֱלֹהִים אֶל־יַעֲקֹב עוֹד), das im jetzigen Text dieser Auffassung widerspricht, ist wohl als angleichender redaktioneller Zusatz anzusehen (vgl. etwa G.v.Rad, Das erste Buch Mose, 276; R.G.Kratz, Komposition, 242, Anm. 22).

[21] Wenn auch die Abgrenzung im einzelnen leicht differiert und v.a. die Zugehörigkeit der V. 11 vorausgehenden Verse diskutiert wird (vgl. u. Anm. 27), werden die Vv. 11ff mehrheitlich P zugewiesen (vgl. etwa H.Gunkel, Genesis, 387; G.v.

für diese Schrift theologisch zentralen Themen, in die Breite geht und sich ansonsten durch eine geraffte, fast stichwortartig rekapitulierende Erzählweise auszeichnet. Entbehrliches wird ausgelassen. Auf diesem Hintergrund ist es kaum erstaunlich, dass Isaak und Jakob geringere Beachtung finden als Abraham, Isaak wiederum geringere als Jakob.[22] P berichtet nichts von einer an Isaak ergangenen Gottesrede, denn Isaak ist zwar als Bindeglied zu nennen, mit ihm verbindet sich aber nach P kein entscheidender Einschnitt in der Geschichte. Dieser Bindeglied-charakter Isaaks wird an Folgendem deutlich: An Abraham und Jakob ergehen Gottesreden des El Shaddaj, in denen er v.a. Mehrung und Landbesitz verheißt; an Isaak ergeht eine solche Rede nicht, aber er reicht diese Verheißung sozusagen in der Form des Segenswunsches von Abraham an Jakob weiter [Gen 28,3f[23]; die Stichwortanknüpfungen an bzw. Anspielungen auf Gen 17 (El Shaddaj, רבה, vgl. auch den Hin-weis auf בְּרְכַּת אַבְרָהָם) und Gen 35 (El Shaddaj, פרה, רבה, גוֹיִם/לְקְהַל עַמִּים, Landgabe) sind deutlich]. Jakob selbst empfängt wiederum eine Gottesrede,[24] deren Inhalt der Realisierung des Segenswunsches Isaaks gleichkommt[25]: "Im übrigen sind es wörtlich die Elemente der Abra-hamverheißung, die hier dem Jakob zugesprochen wird (…) Offenbar ist es ein Hauptanliegen unseres Textes, zu zeigen, dass diese Abra-hamsverheißung in vollem Umfang über Jakob erneuert wurde."[26] Trotz der deutlichen Bezugnahme auf Gen 17[27] sind die Differenzen zwi-schen Gen 17 und Gen 35[28] größer als zwischen Gen 17 und Ex 6.[29]

Rad, Das erste Buch Mose, 275f; C.Westermann, Genesis 12–36, 668; H.Seebass, Genesis II/2; J.A.Soggin, Genesis, 412.416; R.G.Kratz, Komposition, 232.242).

[22] Vgl. etwa R.G.Kratz, Komposition, der von "Hauptlinien" und "Nebenlinien" (240) spricht; mit Blick auf Abraham und Jakob vgl. E.Zenger, Gottes Bogen 153.

[23] 3 וְאֵל שַׁדַּי יְבָרֵךְ אֹתְךָ וְיַפְרְךָ וְיַרְבֶּךָ וְהָיִיתָ לִקְהַל עַמִּים: 4 וְיִתֶּן־לְךָ אֶת־בִּרְכַּת Themen: אַבְרָהָם לְךָ וּלְזַרְעֲךָ אִתָּךְ לְרִשְׁתְּךָ אֶת־אֶרֶץ מְגֻרֶיךָ אֲשֶׁר־נָתַן אֱלֹהִים לְאַבְרָהָם:
Mehrung, Segen Abrahams, der sich im Einnehmen des Landes verwirklichen soll.

[24] P.Weimar hat in "Aufbau und Strukur der priesterlichen Jakobsgeschichte" die zentrale Stellung von Gen 35 innerhalb der Jakobgeschichte herausgearbeitet; er bindet in seine Argumentation u.a. den Vor- (Gen 28,1–4) und Rückverweis (Gen 48,3–6) auf Gen 35 mit ein, sowie die Tatsache, dass es sich hier in Gen 35 im Un-terschied zu den beiden genannten Stellen, um eine Gottesrede handelt. – E.Zen-ger, Gottes Bogen, 152 nimmt auf Weimar Bezug, wenn er die Gottesrede an Ja-kob, wie schon zuvor diejenige an Abraham in Gen 17 im kompositorischen und inhaltlichen Zentrum der Jakob- bzw. Abrahamgeschichte sieht.

[25] Vgl. etwa E.Zenger, Gottes Bogen, 152.

[26] G.v.Rad, Das erste Buch Mose, 276.

[27] Vgl. die Ich-Aussage אֲנִי אֵל שַׁדַּי, die gemeinsamen Themen: neuer Name, Mehrung, Landgabe. Vgl. E.Zenger, Gottes Bogen im Anschluss an P. Weimar, Ja-kobsgeschichte zur Parallelisierung von Gen 17 und Gen 35 hinsichtlich Rahmung, Stellung und Funktion innerhalb des Zusammenhangs, dessen Mittelpunkt sie bil-den, vgl. E.Zenger, Gottes Bogen 149.152.

[28] Vgl. etwa E.Zenger, Gottes Bogen, der auch auf die Unterschiede zwischen Gen 17 und 35 hinweist, v.a. auf das Fehlen der Bundesformel in Gen 35 im Ver-

Die Verse Gen 35,9–13 sind durch zwei Redeeinleitungen (V.10 und
V. 11) in zwei Unterabschnitte gegliedert. Die Aussage אֲנִי אֵל שַׁדַּי erscheint erst nach der zweiten Redeeinleitung. Voraus geht in der ersten
Redeeinheit die Umbenamung Jakobs zu Israel. Die Position innerhalb
des gesamten Abschnittes unterscheidet die Aussage אֲנִי אֵל שַׁדַּי von
derjenigen in Gen 17 (und auch von den entsprechenden Aussagen in
den im nächsten Kapitel zu besprechenden nichtpriesterschriftlichen
Texten, in denen die Aussage in der Regel redeeröffnend ist[30]).
Wie in Gen 17 folgen auf אֲנִי אֵל שַׁדַּי Aufforderungen, aber sie sind
anderen Inhalts als in Gen 17. War das Thema 'Mehrung' in Gen 17 als

---

gleich mit Gen 17,7; für Zenger einer der Hinweise darauf, dass Abraham innerhalb der Konzeption P's größeres Gewicht zukommt als Jakob (vgl. ebd. 152f).
[29] U.a. fehlt ein wesentliches theologisch gewichtiges Stichwort in Gen 35, das
Stichwort בְּרִית. – Dass zwischen Gen 17 und Ex 6 größere Gemeinsamkeiten bestehen als zwischen Gen 35 und Gen 17/Ex 6 erklärt sich wohl daraus, dass Gen 17
und Ex 6 die eigentlichen epochalen Einschnitte markieren, insofern mit Abraham
die Vätergeschichte, mit Ex 6 die Volksgeschichte beginnt. Die beiden Passagen
verweisen in Aufbau und Thematik aufeinander. Die dazwischenliegenden Stufen,
die für die Kontinuität und die fortschreitende Realisierung der Mehrungsverheis-
sung stehen, sind für P nur als Zwischenglieder wichtig, sie tragen keinen eigenen
Akzent. Deshalb wohl braucht trotz der vorausgesetzten Offenbarung Gottes an die
drei Erzväter (vgl. Ex 6) keine Gottesrede an Isaak explizit ausgeführt zu werden
und kann diejenige an Jakob weniger konturiert sein.
[30] U.a. die Beobachtung, dass die Namensnennung eines Gottes am Beginn einer
Rede zu erwarten wäre, hatte Gunkel vermuten lassen, dass die Verbindung von
Vers 10 und 11 nicht auf P zurückgeht (vgl. auch H.Seebass, Genesis II/2, 445). Da
die Verheißung von Nachkommenschaft vor Beginn der Wanderung Jakobs sinnvoller erscheint, geht Gunkel davon aus, dass erst ein Redaktor (R^{JE.P}) die Betheloffenbarung an die jetzige Stelle setzte und sie mit der Pnueloffenbarung verbunden hat (vgl. H.Gunkel, Genesis, 387). Ähnlich O.Procksch, Genesis, 540 und
C.Westermann, Genesis 12–36, 673. Die Zugehörigkeit von V. 11ff zu P ist dabei
unumstritten. Etwas anders sieht die Analyse des Kapitels 35 bei Wenham aus: Er
geht zwar davon aus, dass der Herausgeber (editor) des Kapitels verschiedene
Quellen benutzt hat, dass er sie aber so zu einem Ganzen zusammengearbeitet hat,
dass eine Aufteilung nachträglich nicht mehr möglich ist (vgl. G.J.Wenham, Genesis 1650, 323). Blum versteht Gen 35,9–15 als Einheit. Den Grund für die Nachstellung der "Selbstvorstellungsformel" sieht Blum darin, dass die Struktur von
35,9ff genau derjenigen in 32,23ff entspricht. "Zuerst erhält Jakob einen neuen Namen, danach geht es um die Identität Gottes, die in 32,30 im Gegensatz zu Gen
35,11 nicht enthüllt wird (E.Blum, Vätergeschichte, 266). Für die Ursprünglichkeit
des Verses 10 spricht s.E. die Parallele zu Gen 17 mit den Namensänderungen von
Abraham und Sara (vgl. ebd.). Den Zusammenhang von V. 10 und 11 versteht er
so, dass dem neuen Namen 'Israel' die Zusage entspricht, ein Volk zu werden (vgl.
ebd.). Zu beachten ist, dass Jakob, als er in Gen 48,3f (mit deutlichen Stichwortanknüpfungen) auf die in Gen 35 berichtete Episode zu sprechen kommt, sich nur auf
den zweiten, durch אֲנִי אֵל שַׁדַּי eingeleiteten, Unterabschnitt bezieht, seine Umbenamung erwähnt er nicht. Hinweis auf diesen Bezug auch bei E.Zenger, Gottes
Bogen, 152. In Gen 48 wird als Ort der ehemaligen Gottesbegegnung Luz genannt,
das an anderen Stellen als mit Bethel zu identifizieren genannt wird vgl. 28,19;
35,6.

Verheißung bzw. Zusage im Waw-Imperfekt (V. 2 וארבה) bzw. Waw-Perfekt[31] (V. 6 והפרתי) angesprochen, erscheint es hier in der Form, in der es im Schöpfungsbericht laut wird, in den Imperativen פְּרֵה וּרְבֵה. Gibt es für diesen Unterschied einen bestimmten Grund? P.Weimar[32] schreibt zur sog. Selbstvorstellungsformel in Pᵍ: "(mit einer gewissen Ausnahme für 6,2) steht die Formel zur Eröffnung bzw. zum Abschluß von Zusagen, die für Pᵍ entscheidend wichtig sind";[33] er weist darauf hin, dass innerhalb von Pᵍ nur in Gen 17 אני + Gottesname von einem Gebot gefolgt wird, nicht aber in Ex 6,2 und verweist dazu auf Lohfink[34]. Lohfink hatte die Tatsache, dass in Ex 6,2 kein Gebot folgt, so gedeutet, dass in "Ex 6,2ff (...) die durch nachfolgende Gebote erzeugte Hochgestalt der göttlichen Selbstvorstellung"[35] fehlt und so "die Selbstvorstellung mit dem Jahwenamen in einen für P weniger zentralen Formzusammenhang gebracht"[36] ist. Zweierlei ist dazu anzumerken: 1. Lohfinks These, wonach es in Ex 6,2ff um eine Abwertung der Tradition der Offenbarung des Jahwenamens gehen soll, dürfte kaum zutreffend sein, wie die obige Analyse des Abschnittes noch einmal deutlich gemacht hat; dann aber hängt das Fehlen eines Gebotes in Ex 6,2 oder auch in Ex 6,6 nicht damit zusammen, dass das ʾᵃnî Yhwh hier in einem "weniger zentralen Formzusammenhang" erklingen sollte. 2. Zumindest der grammatischen Form nach folgt nicht nur in Gen 17 sondern auch in Gen 35 auf אני + Gottesname ein 'Gebot', insofern zwei Imperative folgen. Die Verbindung der beiden Verben פרה und רבה ist typisch für die Ur- und Vätergeschichte bei P, die sich wie ein roter Faden von der Schöpfung (Gen 1,22.28) über die Flut (Gen 8,17; 9,1.7), die Erzväter (Gen 28,3; 35,11; als Rückblick Gen 48,4; etwas anders auch Gen 17,2.6) bis hin zu Israels Mehrung in Ägypten (Gen 47,27) zieht. Außerhalb der Genesis ist die direkte Verbindung nur noch Jer 23,3 belegt als Zukunftsverheißung. Formal handelt sich in Gen 35,11 ebenso um zwei Imperative wie in Gen 17,1; inhaltlich bestehen sicher Unterschiede, insofern Fruchtbarkeit und Mehrung nach alttestamentlichem Verständnis nicht ausschließlich in der Hand des Menschen liegen, sondern immer auch von Gott gewährt sind. Deshalb erscheinen diese Inhalte in Gen 17 als Verheißung Gottes. Auf diesem Hintergrund schwingt auch in den Imperativen der Unterton des Segenswunsches o.ä. mit (vgl. auch den Rekurs Jakobs auf das hier Erzählte in Gen 48,3f; dort erscheint אל שׁדּי als Subjekt der Verben פרה und רבה). Trotz dieser inhaltlichen Differenz verbindet die Form אני אל שׁדּי +

---

31 Eine Reihe von Waw-Perfecta, in der Gott seine Zusagen gibt, und wie sie sowohl für Gen 17,1–8 als auch für Ex 6,2–8 charakteristisch sind, fehlt in Gen 35,9–13.

32 P.Weimar, Hoffnung auf Zukunft.

33 P.Weimar, Hoffnung auf Zukunft, 155 Anm. 72.

34 N.Lohfink, Die priesterschriftliche Abwertung.

35 N.Lohfink, Die priesterschriftliche Abwertung, 7.

36 N.Lohfink, Die priesterschriftliche Abwertung, 7f.

zwei Imperative Gen 17 und Gen 35 ebenso wie die Stichworte רבה
und פרה, die sowohl in Gen 17 (hier nur רבה) als auch in Gen 35 fallen. Ob es der Intention P's gemäß ist, eine Verbindung zwischen הִתְהַלֵּךְ
לְפָנַי וֶהְיֵה תָמִים in Gen 17,1, פְּרֵה וּרְבֵה in Gen 35,11 und dem Fehlen
einer formalen Entsprechung in Ex 6,2ff herzustellen, kann nicht mit
Sicherheit behauptet werden; aber angesichts des ansonsten zu beobachtenden planmäßigen, zuweilen akribischen Vorgehens ist es keineswegs auszuschließen. Unterstellt man einmal, dass eine solche Verbindung beabsichtigt war und fragt nach ihrer Aussageabsicht, dann
legt sich folgende Überlegung nahe: Wenn es, wie es Zimmerli an-
nahm, einen Formzusammenhang der *ᵃnî Yhwh*-Aussage und der Gebotsmitteilung gab, und die Imperative in Gen 17,1 (und 35,11) auf
diesem formalen Hintergrund zu verstehen sind, sind diese 'Gebote'
gleichwohl merkwürdig. Von Abraham, mit dem die Geschichte Israels
beginnt, fordert Gott zunächst nichts anderes, als dass er sich verhalte,
wie vordem etwa Noah, dass er sich also überhaupt in ein Verhältnis zu
Gott setzt und sein Leben entsprechend ausrichtet; zwar gibt Gott dem
Abraham in Gen 17 auch das Gebot der Beschneidung, aber erst nachdem Gott seinen Beitrag zum Bund dem Abraham zugesagt hat. Für
Gen 35 war bereits darauf hingewiesen worden, dass das Gebot fruchtbar zu sein und sich zu mehren, schon einen starken Akzent auf die Se-
genszusage Gottes legt. Wenn vor diesem Hintergrund in Ex 6,2 kein
Gebot erklingt, ist das eigentlich nur die konsequente Weiterentwicklung der in den beiden vorausgegangenen Stellen angelegten Aussage.
Jetzt, wo sich Jahwe unter seinem Namen offenbart, tritt auch sein Wesen noch deutlicher zutage als zuvor: In Bezug auf den Dekalog wird
des Öfteren hervorgehoben, dass Jahwes Verweis auf seine Herausführungstat den Geboten vorangeht. Jahwe hat zuerst an seinem Volk zu
dessen Gunsten gehandelt und auf dieser Grundlage ergehen seine Gebote. Ein ähnlicher Gedanke liegt möglicherweise P zugrunde, vergleicht man die genannten drei Stellen. Jahwe tritt dem Menschen nicht
zuerst mit Forderungen entgegen, je näher die Zeit der Offenbarung seines Wesens kommt, desto weniger. Findet sich der Zusammenhang zwischen Selbstidentifikation und Gebot mehr formal als inhaltlich noch
gegeben, so verschwindet er dort, wo sich Jahwe seinem Namen, und
das heißt seinem Wesen nach, offenbart (Ex 6,2ff). Zwar hat Jahwe
Forderungen an sein Volk, zwar ergehen Gebote in seinem Namen, aber
angesichts einer Situation, in der das Volk das Exil als Folge seines
Scheiterns an diesen Geboten versteht, rückt P die heilvolle Zuwendung Gottes in den Vordergrund.

Zu Ex 6,2–8 erfolgte oben bereits eine ausführliche Auslegung, deren
Ergebnisse hier heranzuziehen und auf dem Hintergrund der anderen
priesterschriftlichen Stellen zu betrachten sind. Wenn es in Ex 6,3 heißt
וָאֵרָא אֶל־אַבְרָהָם אֶל־יִצְחָק וְאֶל־יַעֲקֹב בְּאֵל שַׁדָּי וּשְׁמִי יְהוָה לֹא נוֹדַעְתִּי לָהֶם
dann wird deutlich, dass die Texte Gen 17 und Gen 35 und speziell

auch die שדי אל אני Aussagen auf Ex 6 hingeordnet sind. Die Formulierung in Ex 6,3 spricht dafür, שדי אל אני in Gen 17 und Gen 35 so zu verstehen, dass das Aussagegefälle hin zum Namen geht. Die Satzteilfolge des Nominalsatzes שדי אל אני in Gen 17 und Gen 35 ist Mubtada – Chabar, bedingt durch eine Restriktion der Wortartenabfolge, wonach der Eigennamen nicht vor das Pronomen tritt[37], in Gen 35 signalisiert die Satzteilfolge Mubtada – Chabar zudem, dass sich der Ich-Redner als eine bereits bekannte Größe ausweist.

In Ex 6 wird dann שדי אל durch *Yhwh* abgelöst,[38] wobei *Yhwh* als bedeutungshaltiger Name vorgeführt wird und die Aussage *ᵃnî Yhwh* als eine, die das gesamte (Auszugs-)Handeln Jahwes umschließt, die das Zentrum des Verhältnisses Jahwe-Israel bildet.

Der nach Ex 6,2–8 nächste priesterschriftliche Beleg einer *ᵃnî Yhwh*-Aussage steht in Ex 12,12[39] und gehört zu den zu Unrecht wenig beachteten Vorkommen der Aussage. Sie gilt als bekräftigende Unterschrift unter die vorausgehenden Passaanweisungen.[40] Die Stelle ist aber nach Ex 6,2–8 ein weiteres Beispiel dafür, dass P mit dieser Aussage in einer theologisch sehr reflektierten Weise umgeht und sie für eine zentrale theologische Aussage[41] nutzt.

Ex 12,12	וְעָבַרְתִּי בְאֶרֶץ־מִצְרַיִם בַּלַּיְלָה הַזֶּה וְהִכֵּיתִי כָל־בְּכוֹר בְּאֶרֶץ מִצְרַיִם מֵאָדָם וְעַד־בְּהֵמָה וּבְכָל־אֱלֹהֵי מִצְרַיִם אֶעֱשֶׂה שְׁפָטִים אֲנִי יְהוָה
	Ich werde in dieser Nacht durch das Land Ägypten hindurchgehen und jegliche Erstgeburt im Land Ägypten schlagen, vom Menschen bis zum Vieh, und an allen Göttern Ägyptens will ich Gerichte vollziehen/wodurch(?) ich an allen Göttern Ägyptens Gerichte vollziehen will. Ich (allein) bin Jahwe.

---

[37] Vgl. oben Kap. 3.4.3.

[38] Die Formulierung in Ex 6,3 beantwortet die Frage nicht eindeutig, ob שדי אל als Eigenname oder nicht zu verstehen ist. Meint Ex 6,3, dass Jahwe vorher unter einem anderen *Namen* erschienen ist, oder dass er überhaupt nicht unter einem Eigennamen erschienen ist? – Auffällig ist, dass in den drei Texten Gen 17, Gen 35 und Ex 6 jeweils die Namensthematik eine Rolle spielt. In den ersten beiden Texten geht es um die Namen der Patriarchen, im dritten um den Gottes. Möglicherweise nehmen die Namen die kommenden Ereignisse vorweg, die Mehrung, die Israel-Werdung, die geschichtliche Wirksamkeit.

[39] Zu Ex 6,29 s.u.

[40] Vgl. H.Holzinger, Exodus, 38; P.Weimar, Hoffnung auf Zukunft, 377; J.I.Durham, Exodus misst der Aussage, die er als 'I am the One Who Always Is' umschreibt und als 'autokerygmatic declaration' (154) bezeichnet, an dieser Stelle größeres Gewicht zu, wenn er schreibt: "The authority for both the narrativ and the ritual, indeed the reason for both is stated by the simple assertion at the end of this section (…): 'I am Yahweh'. That is what the exodus and the Passover worship commemorating it are about." (156)

[41] Vgl. unten 6.2.1.1.1.

V. 12 gehört zum P-Teil des Kapitels 12 (Einsetzung des Passa).[42] Ex
12,12 ist die erste *ʾanî Yhwh*-Aussage nach Kapitel 6.[43] Zwischen Kapitel 6 und 12 steht der Komplex der Plagen. Die Einsetzung des Passa
in Zusammenhang mit der Ankündigung der Tötung der Erstgeburt
Ägyptens stellt einen ersten Höhepunkt in der mit Kapitel 6 begonnenen Auszugsgeschichte dar. Die Aussage *ʾanî Yhwh* steht im Textverlauf nach den bisherigen Belegen an ungewohnter und auf den ersten
Blick wenig prominenter Stelle. Zu erwarten ist sie in erster Linie zu
Beginn einer Gottesrede, in Ex 6,2–8 war sie auch als deren Abschluss
belegt. Bereits die Analyse von Ex 6,2–8 hatte ergeben, dass aufgrund
der Tatsache, wie P die Aussage *ʾanî Yhwh* innerhalb des Textes positioniert, für P die Aussage mehr und anderes bedeuten muss als etwa in
den nichtpriesterschriftlichen Belegen, mehr und anderes als etwa die
Selbstidentifikation des redenden Gottes. Für eine solche Leistung
(Selbstidentifikation) wäre die Position der Aussage im Kapitel 12 völlig ungeeignet. Hier in 12,12 markiert sie immerhin einen gewissen Einschnitt, da mit V. 11 die vorausgehenden Anweisungen für das Passa
enden; deshalb wird *ʾanî Yhwh* an dieser Stelle meist als eine bekräftigende Unterschrift empfunden. Die Verse 12f[44] bringen eine Art Begründung[45] für die vorausgehenden Anweisungen. Die Aussage *ʾanî
Yhwh* ist Bestandteil dieser Begründung.[46]
Ist die Position der Aussage auf den Gesamttext gesehen wenig signifikant, so ist ihr unmittelbarer Kotext umso interessanter: Jahwe kündigt
seinen Durchzug durch Ägypten, seinen Schlag gegen die Erstgeburt
Ägyptens an 'und' sein Gericht[47] gegen die Götter Ägyptens. Auf diese

---

[42] Vgl. etwa J.Chr.Gertz, Tradition, 49: "In dem von P selbstformulierten Deuteteil des Passa in V. 12 ..." (vgl. auch ebd. 33f). Nach R.G.Kratz, Komposition, 244
gehört der Text zu den Nachträgen zu P.

[43] Abgesehen von der Erkenntnisaussage in Ex 7,5.

[44] V. 13 wird in der Literatur z.T. einer anderen Hand zugewiesen als V. 12, vgl.
etwa H.Holzinger, Exodus, 38; P.Weimar, Hoffnung auf Zukunft, 375.

[45] Vgl. M.Noth, Das zweite Buch Mose, 75.

[46] Der jetzige Text geht über V. 12 hinaus weiter, was den (vermeintlichen) Unterschriftcharakter von יהוה אני zurücktreten lässt. Die Ausleger verstehen allerdings in der Regel die Vv. 14/15–20 als nicht ursprünglich mit den vorausgehenden Versen zusammengehörig, vgl. H.Holzinger, Exodus, 34; B.Baentsch, Exodus,
97; J.I. Durham, Exodus, 157.

[47] Der Ausdruck שפטים עשׂה begegnet schwerpunktmäßig bei Ezechiel, vgl. Ez
5,10.15; 11,9; 16,41; 25,11 (verbunden mit der Erkenntnisaussage); 28,22.26 (mit
der Erkenntnisaussage); 30,14 (auf Ägypten bezogen, vgl. in V.13 den Aspekt der
Ausrottung der Götzen); 30,19 (mit Erkenntnisaussage); außerdem in 2.Chr 24,24.
Jahwe ist dabei direkt oder indirekt (2.Chr 24,24) Subjekt des richtenden Handelns.
Es richtet sich gegen Jerusalem, die Obersten des Volkes, Fremdvölker und einmal
(2.Chr 24,24) gegen Juda. Konsequenzen des richtenden Handelns sind Zerstörungen bis hin zur völligen Aufhebung der Existenz (vgl. Ez 25,10). Vgl. außerdem Ez
14,21 und Prv 19,29 שפטים allein.

Ankündigung folgt das *ᵃnî Yhwh*.[48] Der Aspekt des Konflikts mit den ägyptischen Göttern ist neu[49] und vermutlich entscheidend. Das Stichwort שְׁפָטִים ist bereits in 6,6 und 7,4 gefallen,[50] dort in der Wendung, dass die Herausführung geschehen soll בִּשְׁפָטִים גְּדֹלִים, ohne dass gesagt würde, worin diese "Gerichte" bestehen werden. Von 6,6 und 7,4 herkommend vermutet der Leser zunächst, dass sich diese "Gerichte" in den Plagen vollziehen, aber das Stichwort taucht erst hier wieder in 12,12 auf. Und in 12,12 stellt sich die Frage, was mit dem Gericht an den ägyptischen Göttern gemeint ist, bzw. in welchem Verhältnis der Durchzug Jahwes durch Ägypten und das Schlagen der Erstgeburt zu diesem Gericht steht. Noth schreibt: "Ob mit den 'Gerichten', die Jahwe in der entscheidenden Nacht an 'allen Göttern Ägyptens' vollstrecken will (V. 12b), etwas Besonderes in das Auge gefasst ist oder ob nur gemeint ist, dass die Passahnacht die Ohnmacht der ägyptischen Götter erweisen wird, ist nicht zu entscheiden."[51] Vielleicht können in dieser Frage aber doch zwei Beobachtungen weiterhelfen: 1. Die ersten beiden Verben in V. 12 sind Waw-Perfecta, das dritte ein Imperfekt; d.h. die syntaktische Konstruktion ändert sich mit der Thematisierung des Gerichts über die Götter. Während das Hindurchziehen Jahwes durch Ägypten (ועברתי) und das Schlagen der Erstgeburt (והכיתי) nebeneinander und syntaktisch einander gleichgestellt werden, wird die Waw-Perfekt-Reihe dann nicht weiter fortgesetzt; das aber weist darauf hin, dass das Vollziehen der Gerichte nicht einfach ein Drittes neben Hindurchziehen und Schlagen ist, sondern in einem anders gearteten Verhältnis zu diesen beiden Aktionen steht. Da dem אעשׂה eine Präpositionalgruppe vorausgeht, handelt es sich um einen invertierten Satz oder besser um einen zusammengesetzten Nominalsatz, der hier die Funk-

---

[48] Gemeinsam mit den Erkenntnisaussagen in Ex 7,5 und 14,4.18 ist 12,12 die Ausrichtung auf Ägypten.
[49] Bislang ging es in der Auszugsgeschichte um den Konflikt mit dem Pharao; da der Pharao in Ägypten als Gottkönig galt, könnte auch er unter den אלהים mitgemeint sein. Andererseits geht der Bezug auf jeden Fall über den Pharao hinaus wie der Plural כל אלהי מצרים zeigt, was vielleicht paraphrasiert werden kann mit *jeder, der in Ägypten als Gott gilt* (vgl. dazu auch E.Zenger, Gottes Bogen, 156).
[50] Vgl. L.Schmidt, Studien, 29; J.Chr.Gertz, Tradition, 35; auf Stichworte Bezüge zu Ex 6 verweist auch M.Köckert, Leben, 44.
[51] M.Noth, Das zweite Buch Mose, 75. Ähnlich F.Kohata, Jahwist, 272f Anm. 50 mit Hinweis auf Noth; ist unter den 'Gerichten' die Tötung der Erstgeburt zu verstehen, dann so Kohata, sähe P darin die Fortsetzung des Kräftemessens mit den ägyptischen Magiern; die Aussage wäre dann: "Nicht durch Wunder, sondern erst durch Jahwes Eingreifen kann der Kampf entschieden werden" (ebd.). Schon H. Holzinger, Exodus hatte vermutet, dass "die durch die Konkurrenz der Zauberer angedeutete Linie zu verfolgen" sei: "die Schutzlosigkeit der Ägypter gegenüber Jahwe beweist die Machtlosigkeit ihrer Götter" (38); vgl. ähnlich M.Köckert, Leben, der zur *ᵃnî Yhwh*-Aussage in Ex 12,12 schreibt: "… in 12,12 steht sie ebenso sachgemäß als Kontrast zu den Göttern Ägyptens, deren Ohnmacht die Tötung der Erstgeburt dartun wird." (45)

tion eines Chalsatzes übernimmt.[52] Die syntaktische Konstruktion ist
ein Hinweis darauf, dass das Gericht an den Göttern Ägyptens als Interpretation der zuvor genannten Handlungen Jahwes aufzufassen ist.
Der Schlag gegen Ägypten wird interpretiert als Schlag gegen seine
Götter. Für diese Interpretation spricht weiterhin, dass in Num 33,4[53]
das Schlagen der Erstgeburt und das Gericht gegen die Götter in einem
Atemzug genannt werden.

Noths oben zitierte Vermutung, es gehe um die Ohnmacht der Götter,
ist also durchaus richtig gewesen, allerdings scheint mir ein "nur"[54]
kaum gerechtfertigt. Der Tragweite des Gedankens, der hinter diesem
Göttergericht steht, ist groß genug: Wenn es Jahwe möglich ist durch
Ägypten hindurchzuziehen[55] und die Erstgeburt zu schlagen, dann sind
die Götter Ägyptens gerichtet[56] und damit ist nicht nur gesagt, dass die
ägyptischen Götter weniger mächtig sind als Jahwe: Sie sind nicht
wirkmächtig und damit ist erwiesen, dass das, was die Ägypter so Götter nennen, keine Götter sind. Die Götter sind gerichtet, d.h. sie sind
entgöttert.

In Ex 12,12 ist dieses Ergebnis nicht explizit genannt. Es ist jedoch
m.E. auf dem Hintergrund anderer alttestamentlicher Texte hinreichend
deutlich: Der Gedanke des Göttergerichts begegnet noch in Psalm 82
(vgl. V.1 יִשְׁפֹּט בְּקֶרֶב אֱלֹהִים); vergleichbar sind weiterhin Passagen bei
Deuterojesaja, in denen zwar das Stichwort "die Götter richten" nicht
vorkommt, allerdings eine Auseinandersetzung Jahwes mit den Göttern
vor einem fiktiven Gerichtsforum erfolgt (vgl. Jes 41,21–24). Ergebnis
dieser gerichtlichen Vorgänge in Ps 82 und bei Deuterojesaja ist die
Feststellung, dass die anderen Götter nicht die für einen Gott notwendigen Qualifikationen vorweisen können, sie werden deshalb entgöttert,
bzw. ihr Nicht-Gott-Sein wird festgestellt. Dies hat dann zur Folge,
dass Jahwe als der alleinige Gott zurückbleibt. Das Gericht an den Göttern Ägyptens in Ex 12,12 ist m.E. im Horizont dieser Texte mit ver-

---

[52] Vgl. dazu auch, dass eine Funktion des Imperfekts darin besteht, eine Handlung
als nicht selbstgewichtig, als abhängig auszuweisen (vgl. D.Michel, Tempora und
Satzstellung, § 19).
[53] Der Hinweis auf Num 33,4 findet sich auch bei B.Baentsch, Exodus, 96: der
Schlag gegen die Erstgeburt zeige die Ohnmacht der ägyptischen Götter. וּמִצְרַיִם
מְקַבְּרִים אֵת אֲשֶׁר הִכָּה יְהוָה בָּהֶם כָּל־בְּכוֹר in V. 4 ist Chalsatz zu dem in V. 3 vorausgehenden Verbalsatz; וּבֵאלֹהֵיהֶם עָשָׂה יְהוָה שְׁפָטִים ist dagegen vermutlich nicht
als zweiter parallel zum ersten zu denkender Chalsatz, sondern als von diesem noch
einmal abhängig aufzufassen: V. 3 *sie zogen aus* (…), V. 4 *während die Ägypter
begruben, die Jahwe unter ihnen erschlagen hatte, nämlich die ganze Erstgeburt,
wobei Jahwe (auf diese Weise) an ihren Göttern Gerichte geübt hatte.*
[54] M.Noth, Das zweite Buch Mose, 75: …"oder ob nur gemeint ist, daß die Passahnacht die Ohnmacht der ägyptischen Götter erweisen wird …"
[55] Schon das müssten die Götter Ägyptens eigentlich verhindern, dass ein fremder
Gott durch ihr Territorium zieht.
[56] Zu beachten ist, dass שְׁפָטִים außer in Prv 19,29 eine meist vernichtende Gewalt
eignet, vgl. auch oben Anm. 47.

gleichbarer Thematik zu sehen (zu Ps 82 mindestens ist die Stichwort-verbindung (שׁפט אלהים deutlich). Gemeinsam ist diesen Texten die Auffassung, wenn Götter ihren Aufgaben nicht gerecht werden, wenn sie sich als handlungsunfähig erweisen, dann sind sie keine Götter. Dort, wo im Alten Testament Jahwe mit anderen Göttern konfrontiert wird, geht es je länger je weniger um die Frage von mehr oder weniger Macht, sondern weit grundsätzlicher um die Frage von Gottsein über-haupt. Ein klassisches Beispiel dafür ist neben den genannten Texten 1.Kön 18: Hier geht es ebenfalls nicht um die Frage ist Jahwe mächti-ger als Baal oder umgekehrt, sondern es geht grundsätzlich um die Fra-ge, wer ist "der Gott", wer erweist sich als wirksam. Diese verschiede-nen Texte behandeln in unterschiedlicher Weise und mit unterschiedli-cher Akzentsetzung dasselbe Thema: Es geht um die Konfrontation Jahwe – andere Götter, und das Ergebnis ist stets das gleiche: Nur Jah-we erweist sich als wirksam und damit ist Jahwe allein Gott. Dieser Grundgedanke, der in verschiedenen Texten greifbar ist, steht m.E. auch hinter Ex 12,12.

In Ex 12,12 wird der Gedankengang dann abgeschlossen durch *ʾanî Yhwh*. Wenn *ʾanî Yhwh* hier als "bekräftigende Unterschrift des ganzen Gotteswortes"[57] verstanden wird, entspricht das zwar durchaus einem bestimmten Gebrauch, der von dieser Aussage gemacht werden kann, aber hier in Ex 12,12 ist mehr gemeint. Der Nominalsatz erhält in die-sem Kotext eine polemische Note und formuliert das, was Ergebnis des Göttergerichtes ist. Die Analyse von Ex 6,2–8 hatte ergeben, dass der Jahwename im Verlauf dieses Stückes als bedeutungshaltig vorgeführt wird: Die Waw-Perfektreihe in den V. 6–7(8) expliziert die Bedeutung des Namens: Jahwe-sein heißt in der konkreten Geschichte handeln, sich als wirksam erweisen. Diese Füllung dürfte dem Leser noch im Ohr sein, wenn *ʾanî Yhwh* in Ex 12,12 in diesem Kotext laut wird. Ist das Gericht an den ägyptischen Göttern vollzogen, hat sich Jahwe als der Wirksame erwiesen, und zwar, hier wird Ex 12,12 deutlicher als Ex 6,2–8, als der *allein* Wirksame. Der Kontext des Göttergerichtes scheint mir in Ex 12,12 (im Vergleich mit den oben genannten Texten dieser Thematik) ein Verständnis von *ʾanî Yhwh* im Sinne von *ich allein bin Jahwe* nahezulegen und zu rechtfertigen. Bei einem solchen Verständ-nis wäre *ʾanî* als Chabar, *Yhwh* als Mubtada verstanden. Die Vorarbeit für dieses Verständnis hat der (in gewisser Weise theologisch gewichti-gere) Text Ex 6,2–8 geleistet, da er den Jahwenamen mit einer ganz bestimmten inhaltlichen Füllung ausgestattet hat.[58] Von Ex 12,12 kön-nen dann zwar rückblickend auch die Aussagen in Ex 6,2–8 diesen aus-

---

57 P.Weimar, Hoffnung auf Zukunft, 377.
58 Es ist oben (vgl. Kap. 4.4) bereits thematisiert worden, dass eine Aussage *ich allein bin Jahwe* nur dann einen Sinn ergibt, wenn der Jahwename eine inhaltliche Bedeutung hat.

schließlichen Unterton annehmen, aber erst in Ex 12,12 scheint er mir
hinreichend deutlich.

Ex 29,46[59]	(45) וְשָׁכַנְתִּי בְּתוֹךְ בְּנֵי יִשְׂרָאֵל וְהָיִיתִי לָהֶם לֵאלֹהִים 46 וְיָדְעוּ כִּי אֲנִי יְהוָה אֱלֹהֵיהֶם אֲשֶׁר הוֹצֵאתִי אֹתָם מֵאֶרֶץ מִצְרַיִם לְשָׁכְנִי בְתוֹכָם אֲנִי יְהוָה אֱלֹהֵיהֶם (45 *Ich will inmitten der Israeliten wohnen und will für sie zum* *Gott werden/Gott sein/will mich ihnen als Gott erweisen.*) 46 *Da-* *ran (?) werden sie erkennen, dass ich (allein) Jahwe, ihr Gott, bin,* *der ich sie aus dem Land Ägypten herausgeführt habe, um in eurer* *Mitte zu wohnen. Ich (allein) bin Jahwe, ihr Gott.*

In den Vv. 45f begegnen aus P bekannte Aussagen:[60] Das Wohnen Jahwes unter den Israeliten, der Teil der Bundesformel, der vom Gottsein
Jahwes für Israel spricht, die Erkenntnisaussage, der Verweis auf die
Herausführungstat Jahwes und *ʾanî Yhwh ʾælohêhæm*, das die Textpassage beschließt. Die Verse klingen nach einer abschließenden Zusammenfassung der theologisch wichtigen Topoi. Die Bezüge von Ex
29,45f zu anderen für P zentralen Texten, wie Gen 17 und Ex 6, sind in
der Literatur immer wieder benannt worden. Nach B.Janowski[61] nimmt
die "JHWH-Rede Ex 29,43–46* innerhalb der priesterschriftlichen Sinaigeschichte"[62] eine zentrale Position ein.[63] Th.Pola sieht Ex 29,45f

[59] Hatte noch Noth das Kap. 29 als literarisch nicht einheitlichen Nachtrag zu P
eingestuft (vgl. M.Noth, Das zweite Buch Mose, 188) und die Vv. 42b-46 als aus
geläufigen Redewendungen der Sprache P's zusammengesetztes Stück verstanden
[vgl. M.Noth, Das zweite Buch Mose, 191; vgl. auch H.Holzinger, Exodus, der die
Vv. 45f als "eine sehr billige (…) Auffüllung und Abrundung" (143) bezeichnet],
haben sich nach Noth die Stimmen gemehrt, die die Vv. 43–46 der Grundschrift P
zuweisen (vgl. P.Weimar, Untersuchungen, 91f, Anm. 36. und Th.Pola, Priesterschrift, 262f u.ö.; auch R.G.Kratz, Komposition scheint 29,46 zu P^G zu rechnen,
vgl. 246.
[60] J.I.Durham, Exodus würdigt die Vv. 45f als Abschluss und Zusammenfassung;
"though the knowledge of Israel that he is present, Israel is to know that Yahweh is
their God" (397) und K.Schmid, Erzväter, 261 sieht hier die "Zentralaussage der
priesterschriftlichen Sinaiperikope"; vgl. auch K.Koch, Eigenart, 48f; B.Janowski,
Sühne 322.324; ders., Tempel, 52–54, der Ex 29,45f als "*Sinnmitte der priester-*
schriftlichen Sinaigeschichte" (53) bezeichnet.
[61] Vgl. B.Janowski, Tempel und Schöpfung; Th.Pola, Priesterschrift, 337.
[62] B.Janowski, Tempel und Schöpfung, 54.
[63] "Nimmt man überdies die Zusage von JHWH als dem Gott Israels (Ex 29,46aαβ:
um die Langform der Selbstvorstellungsformel und die Herausführungsformel erweiterte Erkenntnisaussage) als Sinnmitte des 'Wohnens' JHWHs bei seinem Volk
(Ex 29,45a+b/46aγ+b) hinzu und bezieht sie zurück auf die sachentsprechenden
Aussagen Gen 17,7+8* und vor allem Ex 6,7a, dann erscheint die Annahme Israels
zum >Volk Gottes<, wie sie Ex 29,45f in Gestalt der Bundesformel verheißt, erst in
vollem Licht, d.h. als theologische Neudeutung des Exodusgeschehens." (B.Ja-
nowski, Tempel und Schöpfung, 54). – Vom Wohnen Gottes, seines Namens oder
seiner Herrlichkeit ist im AT häufig die Rede; die Wendung שׁכן בתוך in Bezug auf

"als *Abschlußtext* der Jahwerede der Pᵍ-Stiftshüttenperikope konzipiert, um hier in einer (nur mit Ex 6₆₋₈ vergleichbaren) Dichte die noch nicht (oder noch nicht ganz) erfüllten Leitmotive der Quelle [...] als einen das auf das gesamte Werk rekurrierenden Themenrückblick zu präsentieren und dessen *Abschluß* zu signalisieren."[64] Unabhängig von der Frage, ob Ex 29,45f bereits zum Ende der priesterschriftlichen Grundschrift hinführt[65] oder nicht, enthält Ex 29,45f das letzte Vorkommen der *ʾanî Yhwh*-Aussage innerhalb einer priesterschriftlichen Grundschrift. Aufgrund des beobachteten reflektierten und theologisch hoch besetzten Umgangs mit dieser Aussage, muss zumindest angenommen werden, dass mit Ex 29,45f ein bestimmter Strang der Konzeption P's zum Abschluss kommt. Zu beachten ist dabei weiterhin zweierlei: Nur in dem Kotext des ersten (Ex 6,2–8) und letzten Vorkommens der *ʾanî Yhwh*-Aussage erklingt auch die Erkenntnisaussage, dazwischen wird die Erkenntnisaussage unabhängig von der *ʾanî Yhwh*-Aussage v.a. im Kotext der Plagenerzählungen eingesetzt. Erst hier in Ex 29,46 begegnet (außerhalb der Erkenntnisaussage) die *ʾanî Yhwh*-Aussage in der um *ʾælohîm* + Suffix erweiterten Form. Bis einschließlich Ex 12,12 ist an einem bestimmten Verständnis der *ʾanî Yhwh*-Aussage gefeilt worden und damit an einem bestimmten "Bild" des sich mit dieser Aussage präsentierenden Gottes. Mit Ex 12,12 ist die angestrebte Füllung der *ʾanî Yhwh*-Aussage erreicht. In Ex 29,45f gelangt diese Bewegung zu ihrem eigentlichen Ziel. Der Gott, der sich im Zuge der Herausführung als Jahwe, und zwar als alleinig Jahwe, erwiesen hat, der will verstanden werden, sich erweisen als *Israels* Gott. Dieser Erweis steht im Zusammenhang damit, dass die Herausführung zu ihrem Ziel kommt, dass die Beziehung Gott – Volk (vgl. Teil der Bundesformel) als eine dauerhafte sichergestellt wird; das Wohnen Jahwes 'inmitten seines Volkes' steht für diese auf Dauer angelegte Beziehung. Die Schlussstellung von *ʾanî Yhwh ʾælohêhæm* bringt das Ziel der ganzen bisherigen Geschichte seit Gen 17 auf einen Nenner, ist Siegel, Bekräftigung, "Ergebnissicherung".[66]

Gott ist seltener belegt, vgl. außer an den beiden Stellen in Exodus noch in Num 5,3; 35,34; 1.Kön 6,13; Ez 43,7.9; Sach 2,14.15; 8,3. Stärker als שׁכן alleine hat die Wendung שׁכן בתוך in Bezug auf Gott die Konnotation der heilvollen Zuwendung Jahwes zu seinem Volk. Zum Vorstellungskomplex des Wohnens Jahwes inmitten Israels vgl. B.Janowski, "Ich will in eurer Mitte wohnen".

64 Th.Pola, Priesterschrift, 338.

65 So Th.Pola, Priesterschrift, 212ff. Nach Pola folgt in Pᵍ auf Ex 29,45f nur noch Ex 40,16,17a.33b als Abschluss von Pᵍ.

66 Die Verbindung der *ʾanî Yhwh*-Aussage mit theologischen hochbesetzten Aussagen und in Verbindung mit einer weiteren *ʾanî Yhwh*-Aussage (hier mit der Erkenntnisaussage) ist im Heiligkeitsgesetz mehrfach belegt. Vgl. zum Heiligkeitsgesetz Kap. 6.2.4.

6.2.1.1.1 Zusammenfassung und Auswertung

Die Beachtung der Verwendung der *'anî Yhwh*-Aussage ist für die Bestimmung des Charakters und der theologischen Konzeption der Priesterschrift kaum zu überschätzen. Der Gebrauch der *'anî Yhwh*-Aussage zeigt einmal mehr den engen Zusammenhang der priesterschriftlichen Texte, zeigt, wie die Texte aufeinander aufbauen und sich aufeinander beziehen. Innerhalb der Priesterschrift gibt es zahlreiche rote Fäden, die sich mit der Vorstellung eines (ehemals selbständigen) durchlaufenden Erzählfadens, einer 'Quelle', am besten erklären lassen und der oben beschriebene Umgang mit der Aussage *'anî* + Gottesbezeichnung ist einer dieser roten Fäden. P verfolgt in seiner Verwendung dieser Aussage eine Linie, die zutage tritt, stellt man die entsprechenden P-Texte nebeneinander. Die Aussage wird in keiner Weise schematisch verwendet, ihre Bedeutung wird sukzessive aufgefüllt, bis sich die Bedeutung erschließt, die sich für P eigentlich mit ihr verbindet. Mit dem sich verändernden Gebrauch der Aussage offenbart für P Gott/Jahwe sukzessive sein eigentliches Wesen. Wird *'anî* + Gottesbezeichnung zunächst als Selbstvorstellung bzw. Selbstidentifikation gebraucht, verbindet sich mit der Aussage die heilvolle Zuwendung des redenden Gottes, der sich schließlich mit seinem Namen, damit seinem Wesen nach, zu erkennen gibt, und zwar als einer, der nicht einer neben anderen ist, der andere sogenannte Götter als depotenziert erweist, der allein wirkmächtig ist. Diese schrittweise und gezielte Heranführung an eine bestimmte Bedeutung erschließt sich im jetzigen Endtext nicht mehr. Dass die der Priesterschrift zugewiesenen Texte ehemals einen eigenen Zusammenhang bildeten, bestätigt sich dort, wo sich durchlaufende Gedanken- und Argumentationsgänge in diesen Texten aufweisen lassen. Der Umgang mit der Aussage *'anî* + Gottesbezeichnung konstituiert einen solchen Gedankengang.

P etabliert durch gezielten Einsatz der Aussage *'anî* + Gottesbezeichnung den *zentralen theologischen Topos des Alleinverehrungsanspruches Jahwes.* P knüpft mit der Aufnahme der *'anî Yhwh*-Aussage an durchaus vertraute Ich-Rede an, vertraut aus der israelitischen Theologiegeschichte, vertraut aber auch aus anderen Lebenszusammenhängen (vgl. z.B. Königsinschriften) oder im Zusammenhang mit Göttern anderer Völker (vgl. Kap. 5). P steht dabei mit dieser Hochschätzung und reflektierten Verwendung der *'anî Yhwh*-Aussage innerhalb des Alten Testaments nicht allein (vgl. v.a. Dtjes und Ez), ist aber ein wichtiger Zeuge für einen produktiven Umgang mit der *'anî Yhwh*-Aussage und für ihre "Karriere" innerhalb des Alten Testaments.

Gründe, warum gerade eine Aussage *'anî Yhwh* "Karriere" im Alten Testament machte, was sie geeignet erscheinen ließ, zum Ausdruck mono"jahwistischer" Gottesauffassung und damit Ausdruck derjenigen Grundüberzeugung im Glauben Israels zu werden, die Antwort auf und Bewältigung des Exils bedeutete und damit das Überleben einer israelitischen Religionsgemeinschaft sicherte, wird nach der Besprechung der alttestamentlichen Belege noch einmal zu bedenken sein. An dieser Stelle sei aber bereits festgehalten, dass die Tatsache, dass es sich bei dieser Aussage um Ich-Rede handelt, nicht unterschätzt werden darf. Nicht in einer Rede *über* Jahwe wird hier einer theologischen Grundposition Ausdruck verliehen, Jahwe selbst thematisiert sich, macht sich präsent. Im Rahmen der Besprechung altorientalischer Belege für Ich-Rede war als eine wichtige Funktion dieser Rede deutlich geworden, dass durch sie das Subjekt dem Hörer wesentlich unmittelbarer nahe kommt als durch Aussagen über das Subjekt in der dritten Person. Die Ich(-Bin)-NN-Aussagen stellen die größtmögliche Präsenz der redenden Person dar. "Realer" und "materialer" kann eine nicht selbst (leibhaft) anwesende Person nicht werden. Ich(-Bin)-Aussagen bewirken eine Art "Realpräsens" und genau diese Möglichkeit liegt auch in der *ᵃnî Yhwh*-Aussage. Diese Funktion der Ich-Rede wird v.a. in Ko- und Kontexten genutzt, in denen Wichtiges auf dem Spiel steht. In P macht sich Jahwe mit Hilfe der *ᵃnî Yhwh*-Aussage in seiner (alleinigen) Wirkmächtigkeit präsent. Angesichts massiver Zweifel an Jahwe und seinen Verheißungen,[67] ausgelöst durch die Erfahrungen des Exils und vielleicht auch enttäuschender Entwicklungen in nachexilischer Zeit, manifestiert sich Jahwe als er selbst, d.h. als allein wirkmächtig, in und mit der *ᵃnî Yhwh*-Aussage für sein Volk.

Was sich hier in P greifen lässt, ist ein Stück Theologiegeschichte 'in progress'; im Laufe dieser Geschichte entsteht ein neues, anderes Gottesbild, von P als Offenbarwerden des eigentlichen, bisher z.T. noch verborgenen Wesens des israelitischen Gottes dargeboten und verstanden. Diese für die Wahrung einer Identität Israels und damit für das Überleben einer israelitischen Gemeinschaft entscheidende Erkenntnis ist für P und verwandte Traditionen im AT untrennbar mit der Aussage *ᵃnî Yhwh* verbunden. In ihr tritt an die Stelle der Selbstevidenz scheinbar siegreicher Götter, die Selbstmanifestation eines durch geschichtliche Erfahrungen bewährten Gottes (daher bietet die Priesterschrift ihr Programm in geschichtlicher Perspektive, als in bereits vergangener Geschichte verwurzelt dar).

Damit sind alle *ᵃnî Yhwh*-Vorkommen (außerhalb der Erkenntnisaussage) genannt, die einer priesterschriftlichen Grundschrift zugerechnet werden. Abschließend sollen noch die Vorkommen in den Nachträgen zu P in den Blick genommen werden.

6.2.1.2 *ᵃnî Yhwh in den Nachträgen zur Priesterschrift*

Zwischen den priesterschriftlichen Stellen Ex 6,2–8 und Ex 12,12 ist *ᵃnî Yhwh* noch einmal in Ex 6,29[68] belegt. *ᵃnî Yhwh* in V. 29 knüpft

---

67 Vgl. dazu u.a. P.Weimar, Hoffnung auf Zukunft, 399.

68 Die Verse Ex 6,13–30, die genealogisches Material beinhalten, stellen einen vermutlich sekundären Einschub dar (vgl. M.Noth, Das zweite Buch Mose, 42; ähnlich H.Holzinger, Exodus, 18f; W.H.Schmidt, Exodus 1–6, 296; Th.Pola, Pries-

sicher an Ex 6,2–8 an,[69] die Verwendung selbst (mit nachfolgendem Imperativ) erinnert eher an Gen 17 und Gen 35. *ᵃnî Yhwh* erklingt hier nur dem Mose gegenüber, ist nicht Teil der dem Pharao gegenüber zu führenden Rede (anders als in Ex 6,2–8, wo Mose die ihm aufgetragene Rede an die Israeliten ebenfalls durch *ᵃnî Yhwh* einleiten sollte).

Ex 15,26[70]	וַיֹּאמֶר אִם־שָׁמוֹעַ תִּשְׁמַע לְקוֹל יְהוָה אֱלֹהֶיךָ וְהַיָּשָׁר בְּעֵינָיו תַּעֲשֶׂה
	וְהַאֲזַנְתָּ לְמִצְוֺתָיו וְשָׁמַרְתָּ כָּל־חֻקָּיו כָּל־הַמַּחֲלָה אֲשֶׁר־שַׂמְתִּי
	בְמִצְרַיִם לֹא־אָשִׂים עָלֶיךָ כִּי אֲנִי יְהוָה רֹפְאֶךָ
	Und er sagte: Wenn du wirklich auf die Stimme Jahwes, deines Gottes hörst und tust, was in seinen Augen recht ist und auf seine Gebote hörst und alle Satzungen hältst, dann will ich die ganze Krankheit, die ich in Ägypten auferlegt habe, nicht auf dich legen, denn ich (allein) bin Jahwe, dein Arzt.

Die Weiterführung der *ᵃnî Yhwh*-Aussage durch *ropækā* ist singulär im Alten Testament.[71] Allerdings ist der Anklang an die geläufige Formulierung *ᵃnî Yhwh* *ᵃᵉlohǣka* sicher bewusst gewählt. Eingeleitet durch *kî* liegt ein Nominalsatz vor. Die Aussage wird redebeschließend gebraucht. Diese Stellung und der Kotext machen deutlich, eine Selbstvorstellung liegt hier nicht vor; Jahwe präsentiert sich als Herr über Krankheit, er kann sie verhängen oder er kann verschonen. Der Anklang an die Formulierung *ᵃnî Yhwh* *ᵃᵉlohǣka*, in der ich *ᵃᵉlohǣka* als Apposition, *ᵃnî Yhwh* als Nominalsatzkern auffasse[72], lässt mich für *ᵃnî Yhwh* *ropækā* von einer entsprechenden Analyse ausgehen. Etliche Übersetzer jedoch fassen *Yhwh* als Apposition auf, *ᵃnî* und *ropækā* als die beiden obligatorischen Glieder. Das ist prinzipiell möglich und vom Kotext her wäre dieses Verständnis inhaltlich durch die Mara-Episode und das Stichwort Verhängen oder Verschonen von Krankheit gedeckt. Diese Auffassung setzt aber m.E. implizit ein Aussagegefälle hin zu *ropækā* voraus. Das jedoch ist aus syntaktischen Erwägungen heraus unwahrscheinlich. Die Satzteilfolge nach *kî* ist Chabar – Mubtada, Gründe für eine Satzteilfolge Mubtada – Chabar liegen nicht vor.

---

terschrift, 105 (für die Vv. 10–30); R.G.Kratz, Komposition, 232.244), wobei die Vv. 28–30 in diesem Fall dazu dienen, "den Erzählfaden genau an der Stelle wieder aufzunehmen, wo er in V. 12 vor dem Einschub fallengelassen worden ist." (M.Noth, Das zweite Buch Mose, 42; vgl. auch J.Chr.Gertz, Tradition, 251f.)

[69] Vgl. W.H.Schmidt, Exodus 1–6, 311.

[70] Innerhalb des in der Regel P zugeschriebenen Abschnittes Ex 15,22–27 werden die Vv. 25b.26.(27*) als nicht zu P gehöriger Einschub verstanden. Noth vermutete einen deuteronomistischen Nachtrag, vgl. M.Noth, Das zweite Buch Mose, 101. Die V. 25b.26 werden auch von N.Lohfink, Ich bin Jahwe, dein Arzt, als nachpriesterschriftlich ("spätdeuteronomistische Entwicklungsstufe", 114) angesehen, dem schließt sich Th.Pola, Priesterschrift, 141, Anm. 419 an.

[71] Zur Vorstellung von Jahwe als "Arzt", als heilendem Gott allgemein, vgl. N. Lohfink, "Ich bin Jahwe, dein Arzt", 121ff.

[72] Zur Begründung vgl. oben Kap. 3.5.

Wenn das richtig ist, liegt der Aussageschwerpunkt auf *ᵃnî*. Eine Aussage *Ich (allein) bin dein Arzt* ist zwar möglich, legt sich aber inhaltlich kaum nahe, es geht nicht um die Frage "Jahwe oder ein anderer *Arzt*". Wenn in nachpriesterschriftlicher Zeit, die priesterschriftliche Füllung der *ᵃnî Yhwh*-Aussage, ihr exklusiver Anspruch, "ich allein bin Jahwe (= der Wirkende)", weiter präsent war, wovon ich ausgehe, dann ergibt ein Nominalsatz *ᵃnî Yhwh* für Ex 15,26 m.E. besseren Sinn: Jahwe allein (weil allein wirkmächtig) ist der, der Krankheiten auferlegen oder von ihnen verschonen kann. Folgt man Lohfinks Interpretation des Textes, dann steht die *ᵃnî Yhwh*-Aussage hier an einer vom Glossator aus gedacht zentralen Stelle:

"Jetzt ist die Erzählung von den Ereignissen in Ägypten vorüber. Es war eine Erzählung von einer heillosen Gesellschaft, wo Menschen versklavt und ausgebeutet wurden, wo die Verantwortlichen nicht auf die Stimme Jahwes hörten und wo deshalb Plage über Plage ausbrach – von einer Gesellschaft, die schließlich in Krankheit und Tod versinken musste. Nun beginnt – deshalb die Anfangsposition der Aussage –, was über die richtige Gesellschaft zu erzählen ist, jene Gesellschaft, in der man auf Jahwes Stimme hört und in der infolgedessen keine Krankheiten ausbrechen, wo vielmehr das wahr wird, was die Propheten angekündigt haben als das Heil, das Jahwe in Israel schaffen will: Israel als gesundes und lebendiges Volk. [...] unser Glossator benutzt nun jedenfalls den Sachverhalt, dass der Entwurf der Jahwegesellschaft, in der er selbst lebt, in eine Erzählung von einer Wüstenwanderung eingebettet ist, nicht in eine Situation in dem verheißenen Land selbst, um dies gewissermaßen zum Bild der jetzt existierenden Jahwegesellschaft in Jerusalem und Juda zu machen." [73]

Die Behauptung des Glossators, die gegenwärtige Situation im Land sei als Anfang einer Wüstenwanderung, als Zeit der noch ausstehenden Heilsprophetien und nicht als deren Widerlegung zu begreifen, dürfte eine gewesen sein, die besonderer Untermauerung bedurfte; gleichzeitig war es wichtig, dass sie Akzeptanz erfuhr. Deshalb geschieht die Untermauerung durch Jahwe selbst. In der Ich-Rede der *ᵃnî Yhwh*-Aussage kommt Jahwe selbst seinem Volk nahe, wird er präsent. Er steht persönlich ein für diese Interpretation der Gegenwart. Die *ᵃnî Yhwh*-Aussage trägt einen autoritativen, durch die Apposition *ropæká* aber auch einen sich zuwendenden Ton.

Num 3,13	כִּי לִי כָּל־בְּכוֹר בְּיוֹם הַכֹּתִי כָל־בְּכוֹר בְּאֶרֶץ מִצְרַיִם הִקְדַּשְׁתִּי לִי כָל־בְּכוֹר בְּיִשְׂרָאֵל מֵאָדָם עַד־בְּהֵמָה לִי יִהְיוּ אֲנִי יְהוָה:
	[11 *Jahwe redete zu Mose folgendermaßen: (...)*] 13 *Denn mir gehört jegliche Erstgeburt. An dem Tag, an dem ich jede Erstgeburt im Land Ägypten schlug, habe ich mir jede Erstgeburt in Israel geweiht, vom Menschen bis zum Vieh gehören sie mir. Ich (allein) bin Jahwe.*

---

73 N.Lohfink, "Ich bin Jahwe, dein Arzt", 152f.

Anlass, *ᵃnî Yhwh hier nicht als eigenständigen Nominalsatz zu verstehen,[74] besteht nicht. Die Stelle[75] nimmt Bezug auf die Ereignisse in Ex 11 und 12, v.a. auf die Aufforderung Jahwes an Mose in Ex 13,2[76], ihm jegliche Erstgeburt bei den Israeliten zu weihen. Von Ex 12,12 her ist die thematische Verbindung von *ᵃnî Yhwh und dem Schlagen der ägyptischen Erstgeburt vertraut. Da der Kotext den Zusammenhang der vorliegenden Levitenbestimmung mit der Tötung der Erstgeburt Ägyptens (damit auch zu Ex 12,12) und damit mit dem Herausführungsgeschehen herstellt, ist *ᵃnî Yhwh hier vermutlich in seiner theologischinhaltlichen Bedeutung, wie sie für die priesterschriftlichen Belege herausgearbeitet wurde (alleiniges Wirkmächtigsein sein, offenbargeworden im Schlag gegen die Erstgeburt Ägyptens, interpretiert als Gericht über die Götter Ägyptens –> *Alleinverehrungsanspruch Jahwes*), präsent. Dennoch hat die Aussage hier in Num 3,13, anders als in Ex 12,12 stärker die Funktion autoritativer Rechts"begründung". Ihre deutliche Stellung am Ende eines Abschnittes ist dafür bezeichnend.

In Num 3,41 und Num 10,10 ist *ᵃnî Yhwh in entsprechender Funktion belegt, während in Num 35,34 vermutlich Pronomen und Partizip den Nominalsatzkern bilden und יהוה Apposition ist.

Num 15,41	אֲנִי יְהוָה אֱלֹהֵיכֶם אֲשֶׁר הוֹצֵאתִי אֶתְכֶם מֵאֶרֶץ מִצְרַיִם לִהְיוֹת לָכֶם לֵאלֹהִים אֲנִי יְהוָה אֱלֹהֵיכֶם *Ich (allein) bin Jahwe, euer Gott, von dem gilt: Ich habe euch aus dem Land Ägypten herausgeführt um euch Gott zu sein. Ich (allein) bin Jahwe, euer Gott.*

In den Vv. 37ff[77] gebietet Jahwe das Anbringen von Quasten an den Kleidern, die als Erinnerung an die Gebote Jahwes dienen sollen.[78] *ᵃnî

---

[74] M.Noth, Das vierte Buch Mose, 26 etwa übersetzt das Ende des Verses: "... mir, Jahwe, gehören sie."

[75] Nach Kratz gehören "die priesterschriftlichen Texte zur Wüstenwanderung in Num einer noch jüngeren (sc. als die Grundschrift und die sekundären Erweiterungsschichten (Pˢ), A.D.) Stufe an, auf der die Priesterschrift Bestandteil des Enneateuchs und späteren Pentateuchs ist (Rᴾ)" (R.G.Kratz, Komposition, 230; vgl. auch Th.Pola, Priesterschrift, 79ff.85). Die Vv. 3,11–13 gelten als spätere Hinzufügung zu diesem Kernbestand [so schon die ältere Forschung, die den Kernbestand selbst noch Pᵍ zuwies, vgl. H.Holzinger, Numeri, 9; B.Baentsch, Exodus 454. 457. Ph.J.Budd, Numbers versucht das Kapitel trotz der zugestandenen Komplexität als Einheit zu verstehen (vgl. ebd. 30) und begreift dann die Verse 11–13 als Unterabschnitt (vgl. ebd. 31f). Als Nachtrag wertet etwa Th.Pola, Priesterschrift die Verse 11–13 (zusammen mit 40–51], die häufig als "levitenfreundlichere Korrektur" (M.Noth, Das vierte Buch Mose, 33; vgl. auch Th.Pola, Priesterschrift, 81) zum vorausgehenden Abschnitt interpretiert werden.

[76] Ex 13,1–16 von M.Noth, Das zweite Buch Mose, 79 als deuteronomistisch und nicht einheitlich gekennzeichnet.

[77] Das Kap. 15 beinhaltet eine "ziemlich unsystematisch zusammengestellte Reihe von allerlei kultisch-rituellen Anordnungen" und gehört vermutlich "zu den sehr

Yhwh ᵃlohêkæm beschließt den Abschnitt durch ein zweimaliges Vorkommen in V. 41. Dass die Aussage in einem Vers zweimal begegnet, ist ein relativ seltenes Phänomen.[79] Wie in Num 10,10 könnte die Erweiterung von *ᵃnî Yhwh* um *ᵃlohêkæm* durch das in V. 40 und 41 den *ᵃnî*-Aussagen jeweils vorausgehende *ᵃlohêkæm* ausgelöst sein.[80] Die Aussage אֲנִי יְהוָה אֱלֹהֵיכֶם אֲשֶׁר הוֹצֵאתִי אֶתְכֶם מֵאֶרֶץ מִצְרַיִם ist mehrfach belegt. Sie begegnet im Vorspruch zum Dekalog Ex 20,2/ Dtn 5,6 und an weiteren Stellen.[81] Sie steht im Kotext von Geboten und, mit Ausnahme des Dekalogvorspruchs, am Ende von Abschnitten. Sie ist in ihrer Funktion dann alleinigem *ᵃnî Yhwh* in dieser Position zu vergleichen. Das ist nicht verwunderlich, da im Pentateuch *ᵃnî Yhwh* in engem Zusammenhang mit den Herausführungsereignissen steht und so in gewisser Weise die komprimierte Version des ausführlicheren אֲנִי יְהוָה אֱלֹהֵיכֶם אֲשֶׁר הוֹצֵאתִי אֶתְכֶם מֵאֶרֶץ מִצְרַיִם darstellt. Wie in Ex 29,46 erwecken auch die den Abschnitt beschließenden Vv. 40f den Eindruck einer Zusammenstellung theologisch zentraler Aussagen: Das Halten der Gebote, das für Gott heilig sein, das Herausführungsgeschehen, das Gottsein Jahwes für Israel. Diese Zusammenstellung theologisch zentraler Aussagen wird "besiegelt" durch *ᵃnî Yhwh*. Die Aussage scheint geeignet, diese Zusammenhänge zu bündeln, und auf den entscheidenden Punkt der Gotteskonzeption zuzuspitzen.

6.2.1.2.1 Zusammenfassung und Auswertung[82]

Die Belege der *ᵃnî Yhwh*-Aussage in den Nachträgen zur Priesterschrift sind alle Hinweis auf die sich schon bei P andeutende veränder-

---

jungen Stücken im Pentateuch" (M.Noth, Das vierte Buch Mose, 101). H. Holzinger, Numeri, der Kap. 15 mit "Vermischte Nachträge zu Gesetzen" (60) überschreibt, rechnet die vv. 37–41 ebenfalls zu den Nachträgen (vgl. 61f); B. Baentsch, Exodus vermutet, in den vv. 37–41 könnte ein versprengtes Stück aus dem Heiligkeitsgesetz vorliegen (vgl. 533).

[78] Noth sieht hier den "Versuch, einen magisch gemeinten Brauch [sc. das Anbringen bzw. Tragen von Quasten an Kleidungsstücken] im Rahmen des Jahweglaubens zu entmächtigen" (M.Noth, Das vierte Buch Mose, 104); so schon H.Holzinger, Numeri: "(…) eines der Beispiele dafür, wie die spätere Zeit alte, von der Sitte mechanisch, ohne Einsicht in die ursprüngliche Bedeutung beibehaltene Reste gerade des niederen Heidentums sich theologisch zurecht gemacht und dann als unverfänglich konserviert hat" (65).

[79] In Verbindung mit der Erkenntnisaussage vgl. oben Ex 29,46, außerdem Ez 17,24; Ez 36,35. In Ez 34,24 ist unklar, ob *ᵃnî Yhwh* als Nominalsatz zu verstehen ist. Vgl. aber auch Lev 19,36f.

[80] Einen Anlass in Num 10,10 אלהים, in Num 15,41 aber יהוה als Apposition zu verstehen (so M.Noth, Das vierte Buch Mose, 66.101), sehe ich nicht.

[81] Vgl. Ex 29,46; Lev 19,36; 25,38; 26,13; an anderen Stellen begegnet *ᵃnî Yhwh* nicht als Bezugspunkt des אֲשֶׁר-Satzes, aber doch in unmittelbarer Umgebung des הוֹצֵאתִי מֵאֶרֶץ מִצְרַיִם vgl. etwa Lev 26,45.

[82] In Leviticus ist *ᵃnî Yhwh* außerhalb des Heiligkeitsgesetzes nicht belegt. Zu den Vorkommen im Heiligkeitsgesetz vgl. Kap. 6.2.4.

te Funktion von *ᵃnî Yhwh, die an der Stellung der Aussage ablesbar
ist: Die *ᵃnî Yhwh-Aussage wurde ursprünglich in Analogie zu Aussagen wie אֲנִי אֵל שַׁדַּי gebraucht, für die die Stellung zu Beginn oder im
Anfangsteil einer Gottesrede charakteristisch ist (vgl. Gen 17,1; Gen
35,11), so noch in Ex 6,2. Dann wurde Yhwh als bedeutungshaltiger
Name verstehen gelehrt (Ex 6,6ff) und damit die Voraussetzung geschaffen für das Verständnis der Aussage in einem Ausschließlichkeit
beanspruchenden Sinn. Im Zuge dieser Entwicklung verändert die Aussage ihre Funktion und damit ihre Position im Text. Schon in Ex 6,8
hatte sie den Text auch beschlossen, in Ex 12,12 ging der Text nicht
mehr von dieser Aussage aus, sondern lief auf sie zu. Und diese Position, Endpunkt in einem Textverlauf zu sein, wird jetzt die vorherrschende Funktion des *ᵃnî Yhwh. Die Stellen finden sich überwiegend
in rechtlichen Kotexten, ihre Verwendung hat ihre nächste Parallele im
Heiligkeitsgesetz.

Im Zuge dieser Entwicklung wird die Aussage zu einer Art Schlüsselwort[83]. In ihr ist die theologische Grundüberzeugung des alleinigen
wirksamen Gottseins Jahwe geronnen, kurz und prägnant. Diese Grundüberzeugung spricht sich in der *ᵃnî Yhwh-Aussage nicht als menschli-
ches Bekenntnis aus, über die Ich-Rede Jahwes erhält sie den Charakter der unhintergehbaren unwiderlegbaren "Faktizität" und Wahrheit,
weil aus dem Munde Jahwes selbst kommend.

In den priesterschriftlichen Texten und ihren Nachträgen weist die Aussage *ᵃnî Yhwh Jahwe als den aus, der das Monopol auf Wirksamkeit
und damit Gottsein hat. Mit diesem Monopol hat Jahwe dann auch das
alleinige Recht, regelnd in das (kultische und 'profane') Leben seines
Volkes einzugreifen. Und daraus erklärt sich dann die weitere, oben angesprochene, Verwendung der Aussage: An vielen Stellen v.a. in späteren Texten hat die Aussage nicht den theologisch reflektierten volltönenden Klang wie in Ex 6,2–8 oder Ex 12,12; sie verleiht Bestimmungen Nachdruck, legitimiert sie, wird zu einer Art Unterschrift, die
die Verbindlichkeit der Anweisungen o.ä verdeutlicht, ohne dass ihr ei-
gentlicher Inhalt in jedem Fall eine Funktion im Textverlauf hat. Anders als in den priesterschriftlichen Texten lassen die Vorkommen in
den Nachträgen nicht immer erkennen, warum die Aussage gerade an
dieser Stelle, in Zusammenhang dieses Gebotes Anwendung findet und
an anderen Stellen nicht. Es ist jedoch zu beobachten, dass *ᵃnî Yhwh
häufig im Verbund mit anderen theologisch gewichtigen, mehrfach belegten Aussagen auftritt. Voraussetzung für die zunehmend sehr formale Funktion aber ist die zuvor durchlaufene und von P dokumentierte
Entwicklung der Aussage hin zu einer theologischen Zentralaussage.

---

[83] Zu Begriff und Konzeption von Schlüsselwörtern vgl. W.-A.Liebert, Zu einem
dynamischen Konzept, passim, vgl. außerdem Kap. 7 der vorliegenden Arbeit.

6.2.2 *ᵃnî Yhwh* in den nichtpriesterschriftlichen Texten

ᵃnî Yhwh oder vergleichbare Aussagen finden sich innerhalb dieser Texte im Pentateuch nur selten. Pronomen 1. sg. + Gottesbezeichnung ist in den traditionell meist dem Jahwisten zugewiesenen Texten fünfmal belegt. Bis Gen 15 begegnet *ᵃnî* + Gottesbezeichnung nicht, weder in der Urgeschichte noch in der bis dahin erzählten Geschichte Gottes mit Abraham. Von den priesterschriftlichen Texten herkommend ist ihr Fehlen in der ersten und theologisch für J zentralen Rede Jahwes an Abram in Gen 12,1–3 am auffälligsten.[84] Auch als sich Jahwe später in Gen 12,7 im Rahmen einer Erscheinung (ראה ni.) an Abram wendet und ihm das Land verheißt, fehlt eine *ᵃnî Yhwh*-Aussage.

Belege im Überblick:

Gen 15,7	אֲשֶׁר הוֹצֵאתִיךָ מֵאוּר כַּשְׂדִּים		יְהוָה	אֲנִי		redeeröffnend
Gen 26,24	אֱלֹהֵי אַבְרָהָם אָבִיךָ			אָנֹכִי		redeeröffnend
Gen 28,13	אֱלֹהֵי אַבְרָהָם אָבִיךָ		יְהוָה	אֲנִי		redeeröffnend
Gen 46,3	הָאֵל אֱלֹהֵי אָבִיךָ			אָנֹכִי		redeeröffnend
Ex 4,11			יְהוָה	אָנֹכִי	הֲלֹא	im Innern der Rede

Das erste Vorkommen von *ᵃnî Yhwh* innerhalb des Alten Testaments findet sich Gen 15,7 und stellt die klassische Kurzform der *ᵃnî Yhwh*-Aussage dar.[85]

---

[84] In Gen 12,1 fehlt darüber hinaus jegliche Erscheinungsterminologie oder Angaben über die Art des Offenbarungsempfangs.

[85] M.Noth, der Gen 15 noch insgesamt für jahwistisch hält, bemerkt aber bereits: "Das Kapitel Gen. 15 gehört zu denjenigen Stücken im Pentateuch, bei deren Zusammensetzung anscheinend so außergewöhnliche Umstände mitgewirkt haben, daß eine einigermaßen sichere Analyse mit den sonst im Pentateuch bewährten Mitteln nicht gelingen will." (M.Noth, Überlieferungsgeschichte, 29 Anm. 85). Vgl. G.J.Wenham, Genesis 1–15, 326: "Literary critical discussions of this chapter tend to be elaborate, and proponents freely admit the hypothetical nature of their suggestions." Nach R.G.Kratz, Komposition, gehört Gen 15 "zu einer Gruppe von Verheißungen, die von Gen 12,1–3.7 und 28,13–15 abhängig, aber allesamt jünger sind" (263). Vgl. dazu auch J.Hoftijzer, Verheißung, 30 (Gen 15 gehört zu einer Gruppe von Texten, die "in ihrem Kontext traditionsgeschichtlich sekundär sind") und M.Köckert, Vätergott, der in Gen 15 Hinweise auf nach-dtn Zeit und eine Nähe zur exilischen Literatur (vgl. 242) sieht. Nach J.Chr.Gertz, Abraham, gehört Gen 15 in seinem Grundbestand zum jüngsten Stadium "einer noch nicht mit der Priesterschrift verbundenen Vätergeschichte" (81), und wurde nachpriesterschriftlich redigiert (v.a. durch den Einschub der Vv. 11.13–16; vgl. ebd. passim). Von der literarkritischen Diskussion zu Gen 15 ist auch der Vers 7 betroffen. Ausleger haben schon früh an der Zugehörigkeit des Verses zu J gezweifelt (vgl. etwa H.Gunkel, Genesis, 178 oder O.Procksch, Genesis, 108). Sie haben in לתת לרשׁת mit 'dem Land' als Objekt deuteronomischen bzw. deuteronomistischen Sprachge-

Gen 15,7	אֲנִי יְהוָה אֲשֶׁר הוֹצֵאתִיךָ מֵאוּר כַּשְׂדִּים לָתֶת לְךָ אֶת־הָאָרֶץ הַזֹּאת לְרִשְׁתָּהּ

Ich bin Jahwe,[86] *von dem gilt: Ich habe dich aus Ur Chasdim herausgeführt um dir dieses Land zu geben, es zu besitzen.*

Mit dieser Aussage ist die Rede Jahwes zunächst zu Ende, da Abram eine Rückfrage stellt. In Gen 15,7 begegnet *ᵃnî* Yhwh zu Beginn einer Gottesrede. Bemerkenswert ist, dass damit der "Hauptsatz" auch schon zu Ende ist und die weiteren Informationen im Rahmen eines untergeordneten Satzes gegeben werden. Das einleitende *ᵃšær* weist das Folgende als Näherbestimmung zu Yhwh aus. Auch die Aussage innerhalb des *ᵃšær*-Satzes ist gestaffelt: Jahwe charakterisiert sich als den, der Abram aus Ur Chasdim herausgeführt hat mit dem Ziel, ihm das Land zu Besitz zu geben. Da dieser wie eine Redeeinleitung anmutenden

---

brauch finden wollen und eine spätere Ansetzung vertreten, etwa ins 7. Jh. M. Köckert, Vätergott, 226 versteht V. 7 "als Kombination zweier Formeln aus P (H) und Dt(r)". Andererseits gab es auch immer wieder Stimmen, die von einer Zugehörigkeit zu J ausgingen [etwa G.v.Rad, Das erste Buch Mose, 141 und indirekt G.J. Wenham, Genesis 1–15, 326, insofern er die These Lohfinks (Landverheißung, 35ff.43) grundsätzlich unterstützt; Lohfink ging zwar davon aus, dass Gen 15 als "in sich abgerundete Einheit (…) nicht vom Jahwisten geschaffen worden", aber J hat "den schon existierenden Text in sein Werk eingesetzt" (ebd. 116)]. Einen Einblick in die Diskussion bietet etwa C.Westermann, Genesis 254ff; vgl. ebd. 247ff; G.J.Wenham, Genesis 1–15, 322f (Lit.!) und J.A.Soggin, Genesis, 244ff; H.Seebass, Genesis II/1, 79 verweist darauf, dass V. 7 "nahezu allgemein wegen seiner Sprache für nachdtr gehalten" wird. J.A.Soggin, Genesis, 247.256 verzichtet für Kap. 15 auf Quellenscheidung und verweist auf J.Ha, Genesis 15, der das Kapitel in Zusammenhang mit der Endredaktion des Pentateuch bringt. Als Vertreter eines anderen Modells zur Entstehung des Pentateuch sei E.Blum, Vätergeschichte genannt: Er rechnet Gen 15 zu seiner D-Überlieferungsschicht (= deuteronomisch-deuteronomistischer Traditionskreis). Blum schließt sich der Auffassung der "substantiellen Einheit der beiden Szenen" (1–6.7–21*) an (ebd. 377); das Kapitel ist der "Basistext für die Mehrungs- und Landverheißung im Kontext der D-Überlieferung" (ebd. 322). Nach Gertz gehört V. 7 zum Grundbestand (V. 1*.2a.4–10.12. 17–18) des Kapitels (vgl. J.Chr.Gertz, Abraham, 69ff) – Deutlich ist, dass nach V. 6 ein Texteinschnitt vorliegt und V. 7 einen Neueinsatz bietet (u.a. ersichtlich an der einleitenden Aussage *ᵃnî* Yhwh), unabhängig davon, wie das Verhältnis der vv. 1–6 und 7ff zueinander bestimmt wird (zum Verhältnis der Vv. 1–6 und 7ff vgl. auch M.Köckert, Vätergott, 223–227 und H.Seebass, Genesis II, 64f, der in den Vv. 1–21 eine zweiszenige Einheit – die zweite Szene beginnt mit V. 7 – sieht). Die mit V. 7 (nach V. 1f) erneute Hinwendung Jahwes zu Abram wird durch das gleiche unspezifische וַיֹּאמֶר eingeleitet, das schon in 12,1 zu beobachten war.
[86] Wie an etlichen anderen Stellen ist auch in Gen 15,7 die Übersetzung von *ᵃnî* Yhwh als selbständiger Nominalsatz nicht unumstritten. Seebass etwa lehnt diese Übersetzung ab, da "es sich nach dem Kontext nicht um eine Selbstvorstellung handeln" kann (H.Seebass, Genesis II, 64, vgl. auch 72, wo weitere Möglichkeiten erwogen werden). Seebass übersetzt "Ich, Jahwe, bin es, der dich aus dem Land der Kaldäer führte…". Die sprachlichen Gegebenheiten legen diese Übersetzung jedoch nicht nahe und auch aus inhaltlichen Gründen ist sie keineswegs notwendig.

Aussage, die mit dem Rekurs auf Herausführung und mit der Landverheißung lediglich auf Bekanntes zurückgreift, keine Rede folgt (erst V. 18 wird dann den Nachkommen das Land verheißen),[87] ist nach der Leistung von V. 7 zu fragen. Um eine erstmalige Mitteilung des Jahwenamens kann es kaum gehen, da zwar Abram in V. 8 Jahwe erstmals in der wörtlichen Rede direkt anspricht, die Kenntnis des Namens aber schon zuvor vorausgesetzt ist, etwa, wenn Abram in 12,8 Jahwe einen Altar baut und den Namen Jahwes anruft. Die Aussage in Gen 15,7 hat, in der Forschung oft benannt,[88] größere Ähnlichkeiten mit den Formulierungen, wie sie etwa den Vorspruch des Dekalogs Ex 20,2/Dtn 5,6 bilden, aber auch an anderen Stellen im Pentateuch belegt sind,[89] als dass ein Zufall vorliegen könnte. Die Herausführung des Volkes aus Ägypten durch Jahwe gilt als das Urdatum in der Geschichte Jahwes mit seinem Volk. Von daher ist wohl zu Recht vermutet worden, dass die Formulierung in Gen 15,7, die sich auf die Herausführung aus Ur Chasdim bezieht, bewusst die Formulierungen, die die Herausführung aus Ägypten zum Gegenstand haben, anklingen lässt und auf sie vorausweist.[90] Wenn das richtig ist, ist die Verwendung von ʾanî Yhwh in Gen 15,7 nicht auf einen textspezifischen Sprachgebrauch zurückzuführen, sondern hat ihren Grund in der Anspielung auf eine bekannte Formulierung, die das ʾanî Yhwh in Zusammenhang mit der Herausführungstat Jahwes, die die Befreiung Israels aus Ägypten zum Gegenstand hatte, erklingen lässt und es mit dieser Tat eng verknüpft.[91] Gen

---

[87] Die Aussage ʾanî + Gottesbezeichnung ist hier und im Folgenden meist im Kontext von Verheißungen belegt. Zur Unterscheidung verschiedener Verheißungen, ihrer jeweils besonderen Bedeutung und Funktion, ihrem Vorkommen in einem oder mehreren Überlieferungskomplexen vgl. C.Westermann, Die Verheißungen an die Väter.

[88] Vgl. stellvertretend J.Chr.Gertz, Abraham, 75.

[89] Der Wendung הוֹצֵאתִיךְ/הוֹצֵאתִי אֶתְכֶם מֵאֶרֶץ מִצְרַיִם אֲשֶׁר (אֱלֹהֶיךָ) יְהוָה אָנֹכִי/אֲנִי findet sich auch in Ex 29,46; Lev 19,36; Lev 25,38; Lev 26,13; Num 15,41.

[90] Vgl. etwa N.Lohfink, Landverheißung, 61ff; D.Michel, Israels Glaube im Wandel, 79f; C.Westermann, Genesis 12–36, 266; H.Seebass, Genesis II, 72 u.a. Für den Grundbestand von Gen 15 wäre nach J.Chr.Gertz, Abraham, zwar mit einer bewussten Bezugnahme, nicht aber mit einer vorausverweisenden Funktion zu rechnen: "Die Gestalt und Geschichte Abrahams sind für den Verfasser des Grundbestandes von Gen 15 keine Prolepse zur Eoduserzählung, sondern bezeichnen deren Alternative, und zwar kaum innerhalb eines geschlossenen nichtpriesterschriftlichen Erzählzusammenhangs." (76) Vorpriesterschriftlich bilden Väter- und Exodusgeschichte "zwei konkurrierende Konzeptionen von den Ursprüngen Israels (…) die noch bis zur Abfassung des Grundbestandes von Gen 15 als selbständige literarische Größen tradiert worden sind"(J.Chr.Gertz, Abraham,76).

[91] Vgl. etwa C.Westermann, Genesis 12–36: "Es handelt sich um eine feste Wendung, die die Herausführung aus Ägypten vergegenwärtigt. Sie ist in Gn 15,7 zum Herausführen Abrahams aus Ur-Kasdim abgewandelt." (266); K.Schmid, Erzväter: "Die Selbstvorstellung Jhwhs Gen 15,7 ist aus der Eröffnung des Dekalogs genommen, erscheint aber für Abraham mit abgewandeltem Herkunftsort (»Ur Kasdim«)" (ebd. 182); Schmid führt dazu aus: "Die Offenbarung Jhwhs in Gen 15 an Ab-

15,7 kennzeichnet die Herausführung Abrams aus Ur Chasdim als Anfang einer Entwicklung: die Herausführung Abrams verfolgte das gleiche Ziel wie später die Herausführung Israels aus Ägypten: diesem Volk Israel das Land zum Besitz zu geben.[92] Die Verbindung beider Elemente (*ᵓanî Yhwh* und Thema Herausführung) war so gefestigt und charakteristisch, dass der beabsichtigte Anklang zur Übernahme beider Elemente in Gen 15,7 führte. Gen 15,7 läuft auf die Zielangabe der Besitznahme des Landes hinaus. Abram greift in seiner Rückfrage genau diesen Punkt wieder auf (*Woran kann ich erkennen, dass ich es besitzen soll?*). Die Zuspitzung der Aussage auf die Besitznahme des Landes unterscheidet Gen 15,7 von den genannten vergleichbaren Formulierungen, auf die es anspielt.

V. 7 gibt keinen Hinweis, wie die Satzteilfolge des Nominalsatzes *ᵓanî Yhwh* zu bestimmen ist. Inhaltlich ist deutlich, dass *ᵓanî Yhwh* nicht die Vorstellung eines Fremden ist. Jahwe weist sich durch den Bezug auf ein zurückliegendes Geschehen als einen bereits Bekannten aus.[93]

In Gen 26,24 und 46,3 begegnet die Aussage *ᵓanî* + Gottesbezeichnung im Zusammenhang der Vätergottvorstellung:

Gen 26,24	אָנֹכִי אֱלֹהֵי אַבְרָהָם אָבִיךָ אַל־תִּירָא כִּי־אִתְּךָ אָנֹכִי וּבֵרַכְתִּיךָ וְהִרְבֵּיתִי אֶת־זַרְעֲךָ בַּעֲבוּר אַבְרָהָם עַבְדִּי *Ich bin der Gott Abrahams, deines Vaters. Fürchte dich nicht, denn ich bin bei dir, sodass ich dich segnen und deine Nachkommenschaft mehren werde um Abrahams, meines Knechtes willen.*[94]

raham ist keine geringere als diejenige am Sinai; deshalb nimmt die Selbstoffenbarung Jhwhs Gen15,7 den Dekaloganfang Ex 20,2; Dtn 5,6 vorweg." (Ebd. 183.) Nach Schmid stellen die Erzväter- und die Mose-Exodus-Überlieferung zwei unterschiedliche Ursprungtraditionen für Israel dar (vgl. ebd. 102ff.129ff), die durch bestimmte Strategien, wie sie auch in Gen 15,7 greifbar werden, zueinander in Beziehung gesetzt werden. Vgl. ähnlich J.Chr.Gertz, Abraham, der allerdings für das vorpriesterliche Textstadium davon ausgeht, dass in Gen 15,7 ein mit dem Exodusgeschehen konkurrierender Anspruch erhoben wird (vgl. ebd. etwa 76).

[92] E.Blum, Vätergeschichte, der das Kapitel seiner deuteronomisch-deuteronomistischen D-Schicht einordnet, versteht V. 7 in Hinblick auf die Exilierten: "Die sonst auf den Exodus gemünzte Herausführungsformel ist hier auf den Auszug Abrahams aus Mesopotamien bezogen. Mit der Aktualisierung auf die Lage der Exilierten/Diaspora in Babylonien hin wird zugleich die Fundierung der Heilsgeschichte über Ägypten hinaus in der frühestmöglichen Ursprungsgeschichte Israels gesucht." (Ebd. 380) Vgl. auch K.Schmid, Erzväter, 183, der jedoch die dtn/dtr Zuordnung Blums nicht teilt.

[93] Vgl. C.Westermann, Genesis 12–36: "Mit dieser Formel (…) gibt sich Gott oft zu erkennen als der, den der Angeredete schon aus seinen früheren Erweisungen kennt (…); das ist auch hier der Fall in dem folgenden Relativsatz." (266)

[94] Vgl. auch die Besprechung der Stelle in Kap. 3.4.2.1. – In der älteren Literatur finden sich Befürworter (etwa O.Procksch, Genesis, 160; G.v. Rad, Das erste Buch Mose, 216; G.J.Wenham, Genesis 16–50, 188) wie Gegner (etwa H.Gunkel, Gene-

Jahwe erscheint (רֹאה ni.) in Beerscheba; er eröffnet seine Rede an I-
saak, indem er sich als der Gott Abrahams zu erkennen gibt; der Aussage אָנֹכִי אֱלֹהֵי אַבְרָהָם אָבִיךָ folgt ein אַל־תִּירָא.[95] Jahwe verheißt Isaak
sein Mitsein, Segen und die Mehrung der Nachkommenschaft unter
Bezugnahme auf Abraham, vermutlich also als Konsequenz der Zusagen, die Jahwe Abraham gemacht hat.

Gen 46,3f	אָנֹכִי הָאֵל אֱלֹהֵי אָבִיךָ אַל־תִּירָא מֵרְדָה מִצְרַיְמָה כִּי־לְגוֹי גָּדוֹל
	אֲשִׂימְךָ שָׁם 4 אָנֹכִי אֵרֵד עִמְּךָ מִצְרַיְמָה וְאָנֹכִי אַעַלְךָ גַם־עָלֹה וְיוֹסֵף
	יָשִׁית יָדוֹ עַל־עֵינֶיךָ
	Ich bin der El(?),[96] der Gott deines Vaters. Fürchte dich nicht
	nach Ägypten hinabzusteigen, denn zu einem großen Volk will ich
	dich dort machen. 4 Ich werde mit dir nach Ägypten hinabsteigen
	und ich werde dich auch ganz bestimmt wieder heraufsteigen
	lassen und Joseph wird seine Hand auf deine Augen legen.[97]

---

sis, 303; C.Westermann, Genesis 12–36, 516.522; J.A.Soggin, Genesis, 351) einer
Zuordnung von Gen 26,24 zu J. Zur Argumentation im einzelnen vgl. Kommentare
z.St. H.Seebass, Genesis II/2, 286 hält 24 a.bα für ursprünglich und J zugehörig, V.
24bβ.bγ für spätere Redaktion. E.Blum, Vätergeschichte rechnet Gen 26,24 wie
oben Gen 15,7 zur D-Schicht (vgl. 365). Nach R.G.Kratz, Komposition, ist die Ja-
koböberlieferung sehr komplex, er unterscheidet eine jahwistische Bearbeitung
(Jᴳ), eine vorjahwistische Vorlage, nachjahwistische (Jˢ) und nachpriesterschriftli-
che (Rᴾᴶ) Ergänzungen (vgl. ebd. 270). Dabei gilt ihm Gen 26,24 als der ursprüngliche Überlieferungsstrang. Gen 26,24 gehört als 'sekundäre Verheißung' zu einer
"Reihe von nachjahwistischen und nachpiesterschriftlichen Ergänzungen (Jˢ und
Rᴾᴶ), vgl. ebd. 274f Anm. 60.
95 Zur Verbindung der אַל־תִּירָא-Formel mit einer Ich-bin-Aussage vgl. Gen 15,1.
96 O.Procksch, Genesis, übersetzt: "Ich bin der wahre Gott, der Gott deines Vaters" (416) und kommentiert dazu: "In הָאֵל, das wohl Prädikat ist, ist der wahre
Gott schlechthin enthalten (Jes 42,5), neben dem kein anderer steht" (ebd. 417).
J.A.Soggin übersetzt: "Ich bin es, Gott, der Gott deines Vaters" (J.A.Soggin, Genesis, 512) und verweist auf die "emphatische Stellung des Subjekts" in den folgenden Versen (ebd. 514).
97 Vgl. auch die Besprechung der Stelle in Kap. 3.4.2.1. – Während z.B. H.Gun-
kel, Genesis, 462f und O.Procksch, Genesis, 417 von einer Zugehörigkeit zum E-
lohisten ausgingen und in neuerer Zeit A.Graupner, Elohist, 347–355, für eine solche argumentiert hat, haben sich etwa C.Westermann, Genesis 37–50, 169 und
G.J.Wenham, Genesis 16–50, 440 für J, G.v.Rad, Das erste Buch Mose, 329 für
J/E ausgesprochen. E.Blum, Vätergeschichte versteht Gen 46,1–5a im Rahmen der
exilischen Komposition (Vg²); damit gehört nach Blum Gen 46,3 zu einer anderen
Schicht als Gen 15,7 und 26,24. Kratz versteht den Grundbestand der Josefsgeschichte, den er in Gen 37–45 ausmacht, als nachjahwistischen Anhang (Jˢ) (vgl.
R.G.Kratz, Komposition, 285), da sich die jahwistische Bearbeitung, die er in Gen
2–35 ausmacht, in der Josefsgeschichte nicht fortsetzt. Die Kapitel Gen 46–50 sind
gegenüber Gen 37–45 eine spätere Fortschreibung (vgl. ebd. 284.286). Insgesamt
gilt Kratz die Josefsgeschichte (einschließlich Gen 46–50) als vorpriesterschriftlich, da die Priesterschrift "den Nachzug Jakobs nach Ägypten (…) voraussetzt"
(ebd. 286). J.Chr.Gertz, Abraham, 80, dass Gen 46,1–5a* "auf eine Redaktion zurück[geht], die in das Umfeld der Verbindung der Priesterschrift mit den nicht- und

Aufgrund der Gemeinsamkeiten einerseits und der Unterschiede andererseits, die zwischen den beiden Gottesoffenbarungen in Gen 26 und 46 bestehen, fällt es schwer zu entscheiden, ob sie auf derselben literarischen Ebene liegen oder nicht. Zwar erfolgt die Offenbarung wie in Gen 26 in Beerscheba, sie erfolgt in beiden Fällen nachts. In Gen 46 fehlt jedoch im Vergleich zu Gen 26 das Stichwort ראה ni.[98] Außerdem ruft Gott Jakob zunächst mit Namen an; erst als Jakob anwortet, folgen die Ich-bin-Aussage Gottes, mit der er sich als Gott des Vaters zu erkennen gibt (die sich durch das vorangestellte האל von 26,24 unterscheidet) und die אל תירא-Aussage. Anders als in Gen 26,24 wird in Gen 46,3 angegeben, wovor Jakob sich nicht fürchten soll, nämlich nach Ägypten hinabzusteigen.[99] Beiden Stellen gemeinsam ist jedoch, dass sie die Form des Heilsorakels haben.[100] Gott kündigt Jakob an, dass er ihn zu einem großen Volk machen, dass er ihn nach Ägypten hinunter, aber auch wieder herauf führen wird. Bezüglich der hier interessierenden Wendungen אנכי אלהי אברהם אביך bzw. אנכי האל אלהי אביך gilt, dass sie in vergleichbarer Weise gebraucht sind: Gott/Jahwe redet in der Form eines Heilsorakels zu einem Menschen. Zu Beginn des Heilsorakels gibt er sich zu erkennen als Gott des Vaters des Angeredeten und damit als einer, der nicht schlechthin unbekannt ist; er knüpft an eine Geschichte, an eine Tradition an.

---

zugleich vorpriesterlichen Erzählzusammenhängen des Pentateuch gehört". K. Schmid, Josephsgeschichte, sieht in 46,1aβ–5a einen der redaktionellen Verbindungstexte, die dem "Einhängen" der Josephsgeschichte in die Vätergeschichte dienen, und der vielleicht noch vorpriesterlich sein könnte, vgl. 116.
[98] Vgl. außerdem die Rede von אלהים in 46,2.
[99] Die Aussage אל תירא ist in sehr unterschiedlichen Kontexten belegt. Vgl. zur ersten Orientierung, H.F.Fuhs, Art. ירא, 883–885. Zu diesen Kontexten gehören u.a. Theophanieschilderungen und Heilsorakel. Köhler sah den ursprünglichen Sitz im Leben der אל תירא-Formel in den Theophanieschilderungen, wo sie dazu diente, dem angesichts der Begegnung mit dem Numinosen von Furcht ergriffenen Menschen diese Furcht zu nehmen (vgl. L.Köhler, Offenbarungsformel, 35 und passim). Andere (vgl. etwa Kaiser) haben für die Annahme einer Verbindung von Theophanie und Heilsorakel plädiert und die אל תירא-Formel hier angesiedelt (O.Kaiser, Traditionsgeschichtliche Untersuchung zu Genesis 15, 111ff). In Gen (15,1) 26,24 und 46,3 dient die אל תירא-Formel offensichtlich nicht dazu, die Furcht vor dem begegnenden Gott zu nehmen, sondern dazu, in einer bestimmten Situation dem Menschen Mut zuzusprechen; diese Funktion hat die אל תירא-Formel in den Heilsorakeln. Zur Deutung der אל תירא-Formel als indirekter Sprechakt, in der Funktion eines "DEKLARATIVEN Aktes" (…), der Furcht durch Aussprechen der Formel wegnimmt", vgl. A.Wagner, Sprechakte, 246–249 (Zitat 248f).
[100] Vgl. dazu H.F.Fuhs, Art. ירא, 885, der anmerkt, dass Gen 15,1; 26,24; 46,3 "von der literar. Form des Heilsorakels geprägt sind". In der Regel ergehen Heilsorakel zwar als Reaktion auf Anfrage bzw. Klage des Menschen an die Gottheit, es scheint aber auch möglich gewesen zu sein, dass die Gottheit von sich aus aktiv wurde. In Gen 26 erfahren wir nichts davon, dass sich Isaak an Gott gewandt hat, in Gen 46 könnte die Darbringung des Opfers vielleicht darauf hinweisen, dass Jakob ein Anliegen an seinen Gott hatte.

Im Blick auf die syntaktischen Verhältnisse legt der Kotext die Annahme nahe, dass das Aussagegefälle hin zu הָאֵל אֱלֹהֵי אָבִיךָ/אֱלֹהֵי אַבְרָהָם אָבִיךָ geht. Mit der Satzteilfolge Mubtada – Chabar führt sich der Ich-Redner (auf der Erzählebene) als bereits bekannt ein.[101] Diese Möglichkeit trifft auch für die besprochenen Stellen Gen 26,24 und 46,3 zu. Die Erscheinungsweisen eines Gottes waren in der Regel nicht so eindeutig, dass der Mensch (polytheistische Verhältnisse vorausgesetzt)[102] von ihnen aus auf einen bestimmten Gott schließen konnte; die "Umstände" verhindern eine unmittelbare Identifizierung,[103] auch wenn der redende Gott sich nicht erstmalig offenbart. In Gen 26,24 und 46,3 wird durch den Inhalt der Aussage klar, dass Gott sich als der bereits bekannte einführt; die Satzteilfolge unterstützt diesen Inhalt.

Zwischen den beiden Belegen Gen 26,24 und 46,3 steht ein weiterer in Gen 28,13[104]; hier hat sowohl die Vätergottvorstellung als auch der Jahwename Eingang gefunden:

Gen 28,13	אֲנִי יְהוָה אֱלֹהֵי אַבְרָהָם אָבִיךָ וֵאלֹהֵי יִצְחָק הָאָרֶץ אֲשֶׁר אַתָּה שֹׁכֵב עָלֶיהָ לְךָ אֶתְּנֶנָּה וּלְזַרְעֶךָ:
	Ich bin Jahwe, der Gott Abrahams, deines Vaters und der Gott

---

[101] Vgl. oben 3.4.2.1.

[102] Dass die Aussagen Pronomen 1. sg. + Gottesbezeichnung ursprünglich auf polytheistischem Hintergrund zu verstehen sind, davon wird seit langem ausgegangen, vgl. etwa H.Gunkel, Genesis, 267. Vgl. außerdem G.v.Rad: "Solche Selbstvorstellungen, in denen sich die Gottheit von Menschen auf eine bestimmte Weise identifizieren lässt (im Alten Testament fast immer durch eine bekannte vorausgegangene Geschichtstat), sind viel mehr als eine feierliche Phrase. Der Lebenskreis des Menschen war nach dem Glauben der Alten um und um umgeben und bestimmt von gottheitlichen Mächten, denen auch das ältere Israel (ohne damit dem 1. Gebot untreu zu werden) eine gewisse Existenz und Wirkungsmöglichkeit zuerkannte (vgl. etwa Ri. 11,24). Aber diese den Menschen oft bedrohende Welt des Numinosen war vielseitig und vielstimmig, und deshalb war es für den angerufenen Menschen einfach entscheidend, daß Gott von sich aus aus seinem Inkognito heraustrat und daß er sich selbst mit seinem Willen zu erkennen gab und sich damit selbst von jenen trügerischen Verlockungen oder Bedrohungen unterschied." (Das erste Buch Mose, 144).

[103] Vgl. entsprechende Stellen mit menschlichen Sprechern unter 3.4.1.1.

[104] Gen 28,13 wurde traditionell meist J zugeschrieben (vgl. H.Gunkel, Genesis, 317; O.Procksch, Genesis, 171; G.v.Rad, Das erste Buch Mose, 229; G.J.Wenham, Genesis 16–50, 221; H.Seebass, Genesis II/2, 321f; C.Westermann, Genesis 12–36, 554f, hält V. 13aα und 15 für eine Zufügung von J zu einer älteren Erzählung, während Vv. 13b.14. 20–22 zu einem späteren Textstadium gehören. E.Blum, Vätergeschichte sieht in Gen 28,10ff "eine ursprünglich selbständige Einzelüberlieferung eingearbeitet (…), deren erzählerische Substanz in den Versen 11–13aα. 16–19 bewahrt ist" (34) und in vordeuteronomische Zeit zurückreicht. – R.G.Kratz, Komposition, stellt Gen 12,1–3.7 und Gen 28,13–15 einander zur Seite als Verheißungen, die "das redaktionelle Konzept (sc. der jahwistischen Bearbeitung, A.D.) ausmachen" (ebd. 268; vgl. auch 274).

> *Isaaks. Das Land, auf dem du liegst, will ich dir und deiner Nach-*
> *kommenschaft geben.* [14 *Dabei soll deine Nachkommenschaft sein*
> *wie der Staub der Erde und du wirst dich ausbreiten nach Westen,*
> *Osten, Norden und Süden. In dir sollen gesegnet werden alle Sip-*
> *pen der Erde und in deinem Samen.* 15 <*Und siehe*> *ich bin mit*
> *dir und werde dich behüten, wo immer du hingehst und werde dich*
> *in dieses Land zurückbringen, fürwahr ich werde dich nicht verlas-*
> *sen bis ich getan habe, was ich zu dir gesagt habe.*]

Bereits in Gen 26,24 war eine Offenbarung Jahwes an Jakob ergangen, die durch eine Ich-bin-Aussage Gottes eingeleitet war. Auch sie erfolgt nachts. Allerdings fehlt hier in Gen 28 ראה ni.[105] Von Gen 26,24 unterscheidet sich Gen 28,13 weiterhin durch die Kombination von Jahwename und Vätergott, sowie durch das Fehlen der אל תירא Aussage. Zugesagt wird das Land, Mehrung der Nachkommenschaft, das Mitsein Jahwes und die Rückführung ins Land. In 28,14 wird durch וְנִבְרֲכוּ בְךָ כָּל־מִשְׁפְּחֹת הָאֲדָמָה die an Abraham ergangene Verheißung aufgenommen (sonst nur noch in 18,18). Von den genannten Unterschieden abgesehen, unterscheidet sich der Gebrauch des redeeinleitenden אֲנִי יְהוָה אֱלֹהֵי אַבְרָהָם אָבִיךָ וֵאלֹהֵי יִצְחָק nicht von der einleitenden Ich-bin-Aussage Jahwes in den vorausgegangenen beiden (drei?) Belegen. Auch hier wird vom Kotext her aus den schon bei der Besprechung von Gen 26,24 und 46,3 genannten Gründen von einer Satzteilfolge Mubtada – Chabar auszugehen sein.

Überblickt man noch einmal die vier genannten Belege und achtet auf die Kotexte, so lassen sich einerseits gewisse Gemeinsamkeiten zwischen den beiden Stellen mit Jahwenamen und den beiden ohne Jahwenamen erkennen, die für die beiden Stellen ohne Jahwenamen oben z.T. bereits benannt wurden: Die Aussagen, die allein die Vätergottvorstellung beinhalten, sind mit der Langform des Pronomens der 1. sg. אָנֹכִי formuliert, während die Stellen mit Jahwenamen die Kurzform des Pronomens אֲנִי aufweisen.[106] Die beiden reinen Vätergottstellen eröffnen jeweils die Rede innerhalb einer Gotteserscheinung (vgl. וַיֵּרָא אֵלָיו יְהוָה בַּלַּיְלָה Gen 26,24 und Gen 46,2 וַיֹּאמֶר אֱלֹהִים לְיִשְׂרָאֵל בְּמַרְאֹת הַלַּיְלָה), es folgt in beiden Fällen die אַל־תִּירָא-Formel. Gen 28,13 ist zwar als "Traum" (... וַיַּחֲלֹם וְהִנֵּה Gen 28,12) gekennzeichnet, die Erscheinungsterminologie wie sie sich in Gen 26,24 und 46,2 in Ableitungen von ראה findet, fehlt jedoch. Zwar empfangen die Patriarchen an allen vier Stellen Verheißungen, jedoch nur an den beiden Stel-

---

105 Die Kennzeichnung des Geschehens als Traum (חלם) ist möglicherweise sekundär. Vgl. G.v.Rad, Das erste Buch Mose, 228f, der in den Vv. 10–12 E am Werke sieht; zur Bedeutung der Träume in E, vgl. ebd. 12.
106 Zur Frage eines möglichen Unterschiedes zwischen den beiden Formen des Pronomens der 1. sg. vgl. Kap. 3.1.

len, die den Jahwenamen beinhalten, findet sich die Landverheißung bzw. der Bezug auf die Landgabe.[107] Andererseits nimmt Gen 15,7 eine Sonderstellung unter den vier Stellen ein.[108] An den drei anderen Stellen, folgen der Ich-Aussage ein oder mehrere weitere Hauptsätze, sodass die Ich-Aussage als die eigentliche Rede einleitend verstanden werden kann, der die Hauptaussage in einem eigenen Hauptsatz folgt. In Gen 15,7 erweist sich die Ich-Aussage zwar ebenfalls als gesprächseröffnend, sie stellt aber zunächst einmal die eigentliche Hauptaussage dar, wobei der ihr untergeordnete *ʾašær*-Satz den Anknüpfungspunkt für das weitere Gespräch bietet. Darüber hinaus leistet unter den vier Stellen nur Gen 15,7 einen so dezidierten Vorverweis auf die Herausführung aus Ägypten.[109] Bei einer weiteren nichtpriesterschriftlichen, bislang ebenfalls meist dem Jahwisten zugeschriebenen Stelle gehen die Auffassungen darüber auseinander, ob das Pronomen und der Jahwename einen Nominalsatz bilden oder ob sich der Name appositionell zum Pronomen verhält:

Ex 4,11	וַיֹּאמֶר יְהוָה אֵלָיו מִי שָׂם פֶּה לָאָדָם אוֹ מִי־יָשׂוּם אִלֵּם אוֹ חֵרֵשׁ
	אוֹ פִקֵּחַ אוֹ עִוֵּר הֲלֹא אָנֹכִי יְהוָה
	Da sagte Jahwe zu ihm: Wer hat denn dem Menschen einen Mund
	gegeben oder wer macht stumm oder taub oder sehend oder blind?
	Bin nicht ich es, Jahwe[110]/Bin nicht ich (allein) Jahwe? [111]

---

[107] K.Schmid, Erzväter, 91, Anm. 205 fragt, "ob die expliziten 'Namensoffenbarungen' Jhwhs in Gen 15,7; 28,13 nicht erst im Gefolge von Ex 6,3 anzusetzen sind".

[108] Gen 15 ist auch innerhalb der neueren Urkundenhypothese immer als ein sperriges, schwer einzuordnendes Stück empfunden worden, vgl. etwa H.Gunkel, Genesis, 183 ("Man darf es wohl für eine spätere Neubildung halten. (…) Das Stück wird aus einer Zeit stammen, da der Besitz des Landes für Israel anfing, zweifelhaft zu werden"); G.v.Rad, Genesis, 140.

[109] K.Schmid, Erzväter, sieht in Gen 15 "den herausragendsten Brückentext in Gen, der der literarischen Verbindung von Gen und Ex(ff) dient" (63f); er ist nach Schmid jünger als P (vgl. 182), gehört eher ans Ende der produktiven literarischen Gestaltung des Pentateuch" (180).

[110] So die übliche Übersetzung.

[111] H.Holzinger, Exodus, 9, B.Baentsch, Exodus – Leviticus – Numeri, 29 und M.Noth, Das zweite Buch Mose, 22 haben in Vv. 10ff J am Werke gesehen; W.H. Schmidt, Exodus, II/1, 190 die jehowistische Redaktion (nach 722 und vor P) und J.I.Durham, Exodus, 48 sieht keine klaren Kriterien für eine Quellenscheidung in den vv. 10–17. – R.G.Kratz, Komposition, geht davon aus, dass sich die vom ihm sog. jahwistische Bearbeitung (J) nur in der Ur- und Vätergeschichte findet. Ab Ex 2,1 beginnt etwas Neues, "eine Überlieferung Israels, die vom Auszug aus Ägypten unter Mose (Ex-Num) bis zum Einzug in das gelobte Land unter Josua (Jos) reicht." (ebd. 288) Kratz nennt diese Überlieferung "E". Wenn er von "J" und "E" spricht, dann versteht er darunter nicht mehr zwei parallele Quellenfäden, sondern "zwei unabhängige (…) konkurrierende Mythen im Hexateuch, die Ur- und Vätergeschichte in Gen (J) und die Exoduserzählung in Ex-Jos (E), die nachträglich als zwei Epochen der einen Heilsgeschichte miteinander verkoppelt wurden, ansatz-

Im Kotext geht es um die Beauftragung des Mose und dessen (mehrfache) Weigerung, sich beauftragen zu lassen. Sein Argument lautet, er
sei nicht redegewandt. Jahwe antwortet darauf in V. 11 mit einer Frage, die er sogleich in einer rhetorischen Frage selbst beantwortet: הֲלֹא
אָנֹכִי יְהוָה. In der Regel wird in dieser Antwort *Yhwh* appositionell zum
Pronomen verstanden. Das Pronomen würde dann einen einpoligen Nominalsatz bilden. Syntaktisch besteht diese Möglichkeit, nach הלא sind
einpolige Nominalsätze belegt.[112] Nicht von vornherein ausgeschlossen
ist aber auch die Möglichkeit, dass *'ānokî Yhwh* einen aus Chabar und
Mubtada bestehenden Nominalsatz bilden.[113]
הלא scheint keinen Einfluss auf die Satzteilfolge zu haben, denn nach
הלא ist sowohl die Satzteilfolge Chabar – Mubtada[114] als auch Mubtada – Chabar[115] belegt. Die vorausgehende Frage legt nahe, dass in Ex
4,11 das Gewicht der Aussage auf dem Pronomen liegt. Diese Erkenntnis hat vermutlich die Übersetzung *bin das nicht ich, Jahwe* nach sich
gezogen. In Nominalsätzen, die die beiden Satzglieder, Chabar und
Mubtada, enthalten, liegt das Gewicht der Aussage auf dem Chabar. Ist
aber אנכי Chabar und *Yhwh* nicht Apposition sondern obligatorisches
Glied, dann liegt die regelhafte Satzteilfolge des unabhängigen Nominalsatzes Chabar – Mubtada vor. Auf die Frage: *Wer hat dem Menschen einen Mund gegeben* usw. würde die Antwort lauten: *Bin nicht
ich Jahwe.* Syntaktisch ist diese Annahme unproblematisch. Inhaltlich
scheint die Antwort zunächst an der Frage vorbeizugehen. Unproblematischer wäre es, wenn die Antwort etwa lautete: *Bin nicht i c h der
Schöpfer von all diesem.* Im Laufe der Untersuchung sind bereits Stellen begegnet, die dann einen guten Sinn ergeben, wenn man annimmt,
dass im Namen Jahwes eine bestimmte Bedeutung mitschwingt, dass
sie mitgehört oder ihm bewusst unterlegt wurde. Diese Bedeutung geht
immer in Richtung "Wirkender" o.ä. M.E. gehört auch Ex 4,11 zu den-

---

weise von (JE), endgültig in und mit P (P + JE = R^PJE)." (ebd. 288f) Ex 4,11 gehört
nach Kratz zu Material, das die Szene 3,7–8.21–22 ausmalt (vgl. ebd. 289, Anm.
77) und somit zu den Nachträgen, die vor und nach P anzusiedeln sind (vgl. ebd.
303). J.Chr.Gertz, Tradition, der an der literarischen Einheitlichkeit von 4,1–9 und
4,10–17 festhält sowie an der "ursprüngliche(n) Zusammengehörigkeit beider Abschnitte" (310), siedelt den Abschnitt auf der Ebene der Endredaktion des Pentateuch an (vgl. ebd. 307, Argumentation 307ff).
[112] Vgl. ebenfalls nach מי-Fragen etwa: Ri 9,28; 1.Sam 9,20; 2.Sam, 16,19; Mi
1,5; ohne vorausgehende מי-Frage: 1.Sam 12,7.
[113] Vgl. Num 22,30; 1.Sam 17,8 jeweils Prn 1.sg + determiniertes Nomen. – Direkt mit Ex 4,11 vergleichbar ist Jes 45,21; dort heißt es ebenfalls auf eine מי-Frage: הלוא אני יהוה.
[114] Gen 19,20; Num 14,3; 1.Sam 9,21; 1.Sam 26,15; 2.Kön 5,12; Ez 21,5; Am
5,20; Mal 1,2; Mal 2,10 (der Deutlichkeit halber sind hier und in der folgenden
Anmerkung nur Nominale Mitteilungen aufgenommen, da sie die Satzteilfolge klar
erkennen lassen).
[115] Gen 37,13; Jos 10,13 (und vergleichbare Wendungen etwa 1.Kön 11,41 u.ö.);
1.Sam 1,8 (?); 1.Sam 23,19; Jes 10,8; Jes 57,4; Hi 22,5; 2.Chr 32,11.

jenigen Stellen, an denen mit einer Bedeutungshaltigkeit des Jahwenamens zu rechnen ist. Als Antwort auf die Frage: *Wer hat dem Menschen
einen Mund gegeben* usw. ergäbe: *Bin nicht ICH der Wirkende* einen
guten Sinn. Die Vermutung, dass in Ex 4,11 mit einer Bedeutungshaltigkeit des Jahwename zu rechnen ist, wird durch die Fortführung in V.
12 bestärkt. Nach dem Imperativ (וְעַתָּה לֵךְ) heißt es dort: וְאָנֹכִי אֶהְיֶה
עִם־פִּיךָ. וְאָנֹכִי אֶהְיֶה klingt doch sehr nach einer Art Wiederaufnahme des
ʾānokî Yhwh, v.a. wenn man bedenkt, dass הָיָה, wie Ex 3,14 zeigt,[116]
durchaus zur Erläuterung des Jahwenamens herangezogen wurde.[117]
Während וְאָנֹכִי אֶהְיֶה Ex.4,11b aufnimmt, nimmt עִם־פִּיךָ Bezug auf Ex
4,11a.
ʾānokî Yhwh in Ex 4,11 kann als Nominalsatz mit der Satzteilfolge Chabar – Mubtada verstanden werden. Das Gewicht der Aussage liegt auf
dem Pronomen.[118]

6.2.2.1 Zusammenfassung und Auswertung

1. Die Aussage *ʾᵃnî/ʾānokî* + Gottesbezeichnung allgemein und *ʾᵃnî/
ʾānokî Yhwh* speziell, war im Bereich der nichtpriesterschriftlichen Texte bekannt. Allerdings ist *ʾᵃnî/ʾānokî Yhwh* nur an drei Stellen (Gen
15,7; Gen 28,13; Ex 4,11) belegt, zwei weitere Belege (Gen 26,24 und
46,3) enthalten Formulierungen ohne Jahwenamen. Die umfassendste
Aussage bietet Gen 28,13, da hier Jahwename und Vätergott in der Ich-
Aussage verbunden werden.
2. Für den nichtpriesterschriftlichen Textbereich lässt sich kaum eine
einheitliche oder gar programmatische Verwendung der Aussage aufzeigen. Die unterschiedliche Verwendung in den Einzelvorkommen mag
ein Hinweis darauf sein, dass die entsprechenden Texte nicht in derselben Art wie die priesterschriftlichen Texte in einem engeren Zusammenhang zueinander stehen und es in diesem Textbereich auch keinen
Überlieferungsstrang gibt, in dem die Aussage konzeptionell eine entscheidende theologische Rolle gespielt hätte.
Dennoch ist auch deutlich, dass die Formulierungen in den entsprechenden Einzelvorkommen keine idiographischen Schöpfungen sind, sondern auf ihnen bereits vorliegende Aussagen zurückgreifen.

---

116 Wobei jedoch zu beachten ist, dass beide Stellen meist unterschiedlichen
Schichten zugewiesen werden, in der traditionellen Konzeption ist 3,14 E vgl. etwa
M.Noth, Das zweite Buch Mose, 22. R.G.Kratz, Komposition, 302f, rechnet beide
Stellen zu den Nachträgen zur Grundschrift der Exoduserzählung.
117 Zur Bedeutung von הָיָה im Hebräischen vgl. K.-H.Bernhardt, Art. הָיָה *hājā*,
397ff.
118 W.H.Schmidt, Exodus, verweist bei seiner Auslegung von Ex 4,11 auf Jes
45,21 und schreibt: "Allerdings fehlt V. 11, obwohl nach der »Wer«-Frage ausdrücklich auf Jahwe verwiesen wird, völlig die für den Exilspropheten charakteristische Hervorhebung der Einzigkeit Jahwes gegenüber den Göttern." (201f) Wenn
die oben vorgetragene Sicht von Ex 4,11 richtig ist, würde der Hinweis auf die
Einzigkeit Jahwes gerade nicht fehlen, sondern über die Satzteilfolge gegeben sein.

Die Aussage ist in diesen Texten (mit Ausnahme von Ex 4,11) in der nicht spezifisch alttestamentlichen Funktion gebraucht, Gottesreden zu eröffnen. Gen 26,24 und Gen 46,3 zeigen, dass die Aussage nicht notwendig mit dem Jahwenamen verbunden ist, die Formulierung mit Jahwename eher die Adaption einer nichtjahwespezifischen Aussage ist. Gen 28,13 verbindet die Vätergottformulierung mit der Formulierung mit Jahwenamen.

3. Gen 15,7, das neben Ex 4,11 die einzige "reine" ʾanîʾʾānokî Yhwh-Aussage enthält, nimmt unter den Belegen eine Sonderstellung ein, indem es eine bereits bestehende Formulierung aufgreift und die Aussage via Anspielung mit der Herausführung Israels aus Ägypten verbindet.

4. Ex 4,11 weist unter den Belegen den individuellsten, am wenigsten geprägten Gebrauch auf. Allerdings dürfte auch hier die Aussage ʾānokî Yhwh selbst bereits als Wortverbindung vorliegen.

5. Außer Ex 4,11 geben die Kotexte keine eindeutigen Hinweise auf die Satzteilfolge; in Ex 4,11 sprechen Indizien für Chabar – Mubtada.

6. Für die übrigen Stellen gilt, dass kein prinzipiell Unbekannter spricht; da die Umstände dem angeredeten Menschen eine eindeutige Erkenntnis des Redenden verwehren, identifiziert sich Gott/Jahwe durch Rekurs auf vergangene, dem Angeredeten bekannte Ereignisse oder Gegebenheiten. Die jeweilige Kommunikationssituation legt ein Gefälle hin zum Gottesnamen nahe. Eine Satzteilfolge Mubtada – Chabar ist deshalb wahrscheinlich. Was die Aussage inhaltlich bereits zum Ausdruck bringt, dass nämlich kein 'neuer' Gott, sondern der (bekannte) Gott des Vaters spricht, wird durch die Satzteilfolge, die die Aussage als Rekurs auf Bekanntes ausweist, noch einmal unterstrichen. In diesem Fall scheint mir die Rede von 'Selbstidentifikation' treffender als von Selbstvorstellung.

6.2.3 ʾānokî Yhwh im Dekalog
6.2.3.1 Einleitung

Der vielleicht prominenteste Beleg der ʾanîʾʾānokî Yhwh-Aussage[119] steht innerhalb des Prologes des Dekalogs, Ex 20,2/Dtn 5,6. Dieser Beleg und die sich daran anschließenden Fragen bildeten den Ausgangspunkt für Zimmerlis Ausführungen zu "Ich bin Jahwe".[120] Ihre Prominenz verdanken die beiden Belege im Dekalog (Ex 20,2.5 par.) in erster Linie dessen Bedeutung innerhalb der Theologie.[121] Mit Blick auf die Gesamtheit der ʾanîʾʾānokî Yhwh-Vorkommen ragen die beiden Belege im Dekalog nicht besonders hervor. Andererseits ist der Verwendungskotext für die ʾānokî Yhwh-Aussage signifikant, und lassen sich

---

[119] Zur Frage möglicher Differenzen im Gebrauch von ʾanî und ʾānokî vgl. oben in Kap. 3.1.

[120] W.Zimmerli, Ich bin Jahwe; vgl. auch den Forschungsüberblick in Kap. 2.

[121] "Zum Streit um die Dignität des Dekalogs" vgl. zusammenfassend A.Graupner, Die zehn Gebote, 91ff.

an diesen beiden Belegen Beobachtungen verdichten, die auch an anderer Stelle gemacht werden konnten oder noch gemacht werden.

Wenn sich zudem etwa an der Doppelüberlieferung des Dekalogs oder an seiner Funktion innerhalb des jeweiligen Kotextes ablesen lässt, dass seine Bedeutung nicht erst Ergebnis seiner Wirkungsgeschichte ist, sondern dass er von seiner Aufnahme in den vorliegenden Zusammenhang an besonderes Gewicht besaß[122], dann ist die Verwendung der ʾānokî Yhwh-Aussage im Kotext des Dekalogs umso bezeichnender. Informationen über die mögliche Bedeutung von ʾᵃnî Yhwh sollen neben den syntaktischen Überlegungen die jeweiligen Kotexte liefern, in denen die Formel belegt ist. Mit dem Dekalog ist ein in der Exegese kontrovers diskutierter Zusammenhang als Kotext gegeben. Die Diskussion erstreckt sich v.a. auf "die Bestimmung des Aufbaus, der Struktur des Dekalogs bzw. seiner Fassungen, die literarische Einheitlichkeit des Dekalogs und die Vorgeschichte seiner 'Bauelemente', das Verhältnis der beiden kanonischen Dekalogfassungen zueinander und die Intention der Doppelüberlieferung des Dekalogs innerhalb des Pentateuch"[123].[124]

---

[122] Worin dieses bestand, ist durchaus umstritten. O.Kaiser, Gott III, 49 spricht vom Dekalog als der "Summe des göttlichen Rechtswillens"; nach E.Otto, Theologische Ethik, 218, wollte der dtr Redaktor (DtrD) den Dekalog als "Grundlage des Verfassungsentwurfes" in Dtn 12–26 verstanden haben. Auch F.Crüsemann, Tora, 407 hebt die "kaum zu überschätzende Rolle" des Dekalogs hervor, die sich s.e. aber gerade nicht inhaltlich begründen lässt: "Nicht irgendein Inhalt macht die Sonderstellung aus, sondern allein der Modus der direkten Gottesrede" (411), die Sonderstellung des Dekalogs erschließt sich kompositionsgeschichtlich und zielt auf die Gleichstellung der "so unterschiedlichen Korpora, die in der kanonischen Sinaiperikope bzw. im Deuteronomium zusammen stehen" (413).

[123] A.Graupner, Die zehn Gebote, 66. Was das Verhältnis der beiden Dekalogfassungen anbelangt, ist die Frage umstritten, ob dem Dekalog im Exodusbuch oder demjenigen im Deuteronomium Priorität zukommt. Galt lange Zeit die Fassung im Buch Exodus als die ursprüngliche, haben dann jedoch die Forschungen von L.Perlitt (Bundestheologie; ders., Art. Dekalog I, 408–413), der von einer gleichzeitigen Einbettung des Dekalogs in Ex 20 und Dtn 5 ausgeht (vgl. L.Perlitt, Art. Dekalog I, 411f) und F.-L.Hossfeld (vgl. Art. Dekalog, 400–404), der für eine Priorität des Dekalogs im Buch Deuteronomium argumentiert, Diskussionen ausgelöst, die noch andauern. Argumente für eine Priorität der Dtn-Fassung sind u.a. Sprache und Theologie des Dekalogs, die denjenigen, die diese These vertreten vom Dtn und der dtr Bewegung beeinflusst gelten, sowie die Tatsache, dass sich der Dekalog in Dtn 5 organischer in den literarischen Kotext einfügt als derjenige in Ex 20 (vgl. dazu u.a. Ch.Dohmen, Um unserer Freiheit willen, 10f; J.Schreiner, Theologie, 112f). Anders R.G.Kratz, Komposition, 150 ("Bevor der Dekalog aus Ex 19–20 nach Dtn 5 übernommen wurde…").

[124] J.Vincent, Neuere Aspekte der Dekalogforschung, 104. Vincent bespricht Arbeiten zum Dekalog aus der ersten Hälfte der 80er Jahre (von A.Lemaire, L.Perlitt, F.L.Hossfeld, C.Levin, F.Crüsemann, A.Phillips) und ermöglicht einen guten Überblick über die wichtigsten Diskussionspunkte; vgl. außerdem E.Otto, Theologische Ethik, 209–211.

Dabei ist auch die Beziehung des Vorspruchs zum Dekalogkorpus in entstehungsgeschichtlicher Hinsicht umstritten.[125] Diese Fragen können hier nicht im Detail aufgegriffen werden. Im Rahmen der in dieser Arbeit verfolgten Fragestellung sollen als Kotext der Aussage *ʾānokî Yhwh ᵃᵉloh̊æka* in Ex 20,2.5 parr.[126] die Vv. Ex 20,2ff bzw. Dtn 5,6ff in ihrer vorliegenden Gestalt gelten, wobei v.a. das erste und zweite Gebot[127] im Zusammenhang der *ʾānokî Yhwh*-Aussage den entscheidenden Kotext im engeren Sinn abgeben.

Ex 20,2–6 (par. Dtn 5,6–9)	2 אָנֹכִי יְהוָה אֱלֹהֶיךָ אֲשֶׁר הוֹצֵאתִיךָ מֵאֶרֶץ מִצְרַיִם מִבֵּית עֲבָדִים: 3 לֹא יִהְיֶה־לְךָ אֱלֹהִים אֲחֵרִים עַל־פָּנָי 4 לֹא תַעֲשֶׂה־לְךָ פֶסֶל וְכָל־תְּמוּנָה אֲשֶׁר בַּשָּׁמַיִם מִמַּעַל וַאֲשֶׁר בָּאָרֶץ מִתַּחַת וַאֲשֶׁר בַּמַּיִם מִתַּחַת לָאָרֶץ 5 לֹא־תִשְׁתַּחֲוֶה לָהֶם וְלֹא תָעָבְדֵם כִּי אָנֹכִי יְהוָה אֱלֹהֶיךָ אֵל קַנָּא פֹּקֵד עֲוֹן אָבֹת עַל־בָּנִים עַל־שִׁלֵּשִׁים וְעַל־רִבֵּעִים לְשֹׂנְאָי 6 וְעֹשֶׂה חֶסֶד לַאֲלָפִים לְאֹהֲבַי וּלְשֹׁמְרֵי מִצְוֹתָי 2 *Ich (allein) bin Jahwe, dein Gott, der ich dich aus dem Land Ägypten, aus einem Haus der Knechtschaft herausgeführt habe. 3 Du sollst nicht andere Götter haben 'außer mir'[128]/vor meinem Angesicht/vor mir. 4 Du sollst dir nicht ein Gottesbild oder irgendeine*

---

[125] Hatte etwa noch A.Lemaire (Le Décalogue, 259–295; ders., Histoire, 13), eine älteste Fassung des Dekalogs rekonstruiert, die bereits durch *ʾānokî Yhwh (ᵃᵉloh̄æka)* eingeleitet worden und von Josua in Sichem verkündet worden sein soll, sind solche und ähnliche Thesen heute schwierig. "... so scheint es doch mehr als fraglich, ob – über die überlieferungsgeschichtliche Herleitung der Einzelgebote hinaus – für die Komposition selbst hinter die älteste uns greifbare literarische Fassung in Ex. xx zurückzukommen ist" (R.G.Kratz, Dekalog, 214). Dieses Statement dürfte eine weit verbreitete Auffassung treffen (vgl. auch L.Perlitt, Art. Dekalog I, 411), unabhängig davon, ob die Dekalogfassung in Ex 20 oder diejenige in Dtn 5 als die ältere angesehen wird; vgl. auch O.Kaiser, Gott I, 309, Gott II, 51. Das bedeutet aber auch, dass der Dekalog wenig Anhalt dafür bietet, wieweit sich die formelhafte Wendung *ʾānokî Yhwh (ᵃᵉloh̊æka)* zeitlich zurückverfolgen lässt.
[126] Die Differenzen zwischen der Dekalogfassung in Ex und Dtn betreffen nicht die beiden Vorkommen der *ʾānokî Yhwh*-Aussage.
[127] Sie sind "nach wie vor *locus classicus* der Diskussion um das Alter der Ausschließlichkeit und Bildlosigkeit des Jahweglaubens" (A.Graupner, Die zehn Gebote, 66).
[128] So die übliche Übersetzung, vgl. W.Gesenius/F.Buhl, Handwörterbuch, 649. Zur Übersetzung der Wendung עַל־פָּנָי vgl. auch R.Knierim, Das erste Gebot, 24–25, der die Wendung עַל־פָּנִים versteht als "sich oder etwas vor jemandes Angesicht stellen oder vorübergehen lassen, feindlich oder freundlich, so daß jener es sehen kann" (25). Knierim erläutert zum Hintergrund des ersten Gebots: Die anderen Götter/Götterbilder "stehen Jahwe vor dem Gesicht, etwa vor der Lade, so daß er sie ansehen muß" (25); Knierim favorisiert für die Übersetzung von עַל־פָּנָי im ersten Gebot Noths Vorschlag "mir gegenüber". Ch.Dohmen, Dekaloganfang, 191 übersetzt: "in bezug auf meine Gegenwart" und paraphrasiert: "JHWHs Gegenwart ist zusammen mit anderen Göttern nicht zu haben".

> *Figur machen, von dem, was oben im Himmel ist, von dem was un-*
> *ten auf der Erde ist, und von dem, was im Wasser unter der Erde ist.*
> *5 Du sollst sie nicht verehren und ihnen nicht dienen, denn ich (al-*
> *lein) bin Jahwe, dein Gott, ein eifernder/eifersüchtiger Gott (bin ich),*
> *der Vätersünden heimsucht an Kindern bis in die dritte und vierte*
> *Generation derer, die mich hassen, 6 aber der Loyalität übt für Tau-*
> *sende, die mich lieben und die meine Gebote beachten.*

ʾānokî Yhwh ʾæ̆lohǣka ist im Dekalog sowohl redeeinleitend (Ex 20,2/
Dtn 5,6) als auch im Textinnern, im Rahmen eines *kî*-Satzes (Ex 20,5/
Dtn 5,9), belegt. Das Phänomen wiederholten Vorkommens innerhalb
eines (zumindest auf der vorliegenden Textstufe) als einheitlich gedach-
ten Zusammenhangs, wie die beiden Positionen, die die Aussage im
Text einnimmt, sind aus den bisher besprochenen Texten bereits bekannt. Auch das Vorkommen in Zusammenhang von Gebotskorpora ist
inneralttestamentlich[129] keineswegs singulär.[130]
Die beiden Vorkommen innerhalb des Dekalogs stellen die um *ʾæ̆lohǣ-*
ka erweiterte Langform[131] der *ʾanî/ʾānokî Yhwh*-Aussage dar.[132]

6.2.3.2 *Ex 20,2/Dtn 5,6*

Anders als etwa im Heiligkeitsgesetz, in dem die *ʾanî Yhwh*-Aussage
Mose als Redeeinleitung aufgetragen wird, erklingt im Dekalog diese
Aussage direkt aus dem Mund Jahwes[133] den Israeliten gegenüber.[134]

---

[129] Im altorientalischen Vergleich ist diese explizite Rückführung im Alten Testament von Recht auf Gott direkt durchaus signifikant, vgl. dazu unten.
[130] Ich verweise auf Belege im Buch Numeri, vor allem aber auf das Heiligkeitsgesetz Lev 18–26 (vgl. Kap. 6.2.4).
[131] Gen 15,7 zeigt, dass die Aussage ohne *ʾæ̆lohǣka* nahezu gleichbedeutend gewesen sein dürfte. (Zu möglichen Unterschieden zwischen der Kurz- und Langform vgl. K.Elliger, Ich bin der Herr – euer Gott, passim.) In diesen und ähnlichen
Zusammenhängen dürfte der Gebrauch der Langform auch damit zusammenhängen, dass sich Jahwe als *der Gott Israels*, im Gegenüber zu den *Göttern anderer*
Völker charakterisiert.
[132] An den in Anm. 24 genannten Stellen, an denen den Dekalogstellen entsprechend, der *ʾanî Yhwh*-Aussage die Herausführungsaussage in einem mit *ʾašær* angeschlossenen Relativsatz folgt, besteht die *ʾanî Yhwh*-Aussage stets aus der Langform. Die *ʾanî Yhwh*-Aussage als Kurzform *ʾanî Yhwh* bzw. die Erkenntnisausage,
die die Kurzform *ʾanî Yhwh* enthält, wird nur an drei Stellen direkt durch *ʾašær*
weitergeführt, Gen 15,7; Jes 49,23; Ez 11,12. Lediglich in Gen 15,7 wird in dem
ʾašær-Satz die Herausführungsthematik angesprochen.
[133] Auf diesen Umstand weisen etliche Ausleger hin und werten ihn als Zeichen
der besonderen Stellung des Dekalogs, vgl. etwa Ch.Dohmen, Bilderverbot, 212;
F.Crüsemann, Tora, 407.411; E.Otto, Theologische Ethik, 218; J.Schreiner, Theologie, 113.
[134] Zumindest in der Exodusfassung; im Deuteronomium ist die Szenerie zweifach gebrochen dadurch, dass über das Geschehen im Rückblick erzählt wird und
Mose darauf verweist, dass er zwischen Jahwe und den Israeliten stand, "um euch
das Wort Jahwes zu berichten (Dtn 5,5); V. 5 "scheint vorauszusetzen, daß Mose

Der *’ānokî Yhwh*-Aussage und der Herausführungsaussage im Vorspruch folgt als erstes Gebot, das Verbot anderer Götter bzw. die Forderung der ausschließlichen Zuwendung zu Jahwe.

Das erste Gebot spricht eine Konkurrenz- oder Abgrenzungssituation an: Jahwe, dem Gott Israels, stehen andere Götter gegenüber, die für Israel ausgeschlossen sein sollen. In diesem Kotext erhält das vorausgehende explizite *’ānokî* in V. 2 einen polemischen Ton. Die Konkurrenzsituation macht die Annahme wahrscheinlich, dass im Nominalsatz *’ānokî Yhwh ’æloh*ǽ*ka* das Aussagegefälle hin zu *’ānokî/ich* geht, '*ich allein*'. *’ānokî* ist als Chabar anzusprechen. Die Satzteilfolge ist Chabar – Mubtada. *Ich (=ich allein) bin Jahwe, dein Gott.*[135]
Die hebräische Syntax eröffnet die Möglichkeit eines solches Verständnisses, der Kotext indiziert dieses Verständnis: *Ich (=ich allein) bin Jahwe, dein Gott.* So verstanden, folgt die Aussage *nicht sollen für dich andere Götter sein* aus dieser ersten als logische Konsequenz[136].[137]
Die exklusive Tonlage des Dekaloganfangs ist aufgrund der Aussage in Ex 20,3 par. von vielen Auslegern in irgendeiner Form angesprochen worden, gleichzeitig haben sie mit der Bedeutung von *’ānokî Yhwh ’æloh*ǽ*ka* gerungen, die vielen mit 'Selbstvorstellung' hier kaum richtig beschrieben zu sein schien.[138] Dieses Ringen erübrigt sich, wenn die

---

die Offenbarung des Dekalogs zuerst allein empfing und daß er ihn nun an Israel weitergibt" (G.v.Rad, 5. Buch Mose, 40); anders jedoch Dtn 5,22.
[135] Vgl. die Übersetzung "Nur ich bin JHWH, dein Gott..." bei E.Otto, Theologische Ethik, 215, aber ohne jegliche Begründung; auch wenn es richtig ist, hier den Terminus "Selbstvorstellung" für die *’ānokî Yhwh*-Aussage zu vermeiden, ist eine Aussage "Nur ich bin JHWH" mit der Bezeichnung "Selbstprädikation" (vgl. 216. 219) nur ungenau erfasst. Otto übersetzt dieselbe Wendung im Heiligkeitsgesetz: "Ich, JHWH, bin euer Gott" (vgl. ders., Theologische Ethik, 238 u.ö.), ebenso ohne Begründung und v.a. ohne Begründung für die unterschiedliche Wiedergabe in Dekalog und Heiligkeitsgesetz.
[136] Für die verwandte Stelle Hos 13,4, hält J.Jeremias, Hosea, 163 ebenfalls fest, dass das erste Gebot als "logische Konsequenz der Selbstvorstellung gedacht ist". Er geht sogar davon aus, dass das erste Gebot in diesem Zusammenhang nicht als Forderung, sondern als Feststellung zu verstehen ist (vgl. ebd.). Nur ist der Zusammenhang zwischen Ich-Aussage und folgendem ersten Gebot m.E. noch logischer, wenn man die Ich-Aussage nicht als Selbstvorstellung (oder als "divine self-identification", so etwa J.G.Janzen, Exodus, 142), sondern als Ausschließlichkeit beanspruchende Aussage versteht.
[137] Es ist mehrfach betont worden, dass der Kontext hier ein monolatrischer, kein monotheistischer ist. Die Verehrung anderer Götter wird auf dem Hintergrund einer grundsätzlich polytheistischen Weltsicht untersagt; es ist ein "polytheistisches Referenzsystem" (Ch.Dohmen, Um unserer Freiheit willen, 14) vorausgesetzt.
[138] Ich nenne stellvertretend Jepsen, der zunächst festhält: "Eine Selbstvorstellung, wie bei der Offenbarung, hat hier ebenso wenig einen Platz wie bei Deuterojesaja und den von ihm wohl abhängigen Propheten" (A.Jepsen, Beiträge, 286), und später den Anfang des Dekalogs so paraphrasiert: "Weil ich, Jahwe, und nur ich dein Gott bin, hat für dich kein anderer Gott Anspruch auf Verehrung" (ebd. 287) bzw. "Er, und er allein ist Israels Gott" (ebd. 290). Trotz dieser richtigen Erkenntnis fin-

Satzteilfolge von *ʾānokî Yhwh ʾœlohɛ̂ka* erkannt wird. Dann ist deutlich: Es handelt sich nicht um eine Selbstvorstellung, auch nicht um eine Selbstidentifikation; es handelt sich um eine Ausschließlichkeit beanspruchende Rede. Aus der so verstandenen *ʾānokî Yhwh*-Aussage ergibt sich dann das erste Gebot ganz folgerichtig.[139] Von den Belegen in P herkommend ist ein solcher polemischer, abgrenzender Kotext bereits vertraut. Deutlich findet er sich auch in Hosea 13,4 und bei Deuterojesaja. In diesen Zusammenhängen wird deutlich, dass mit Jahwe, der sich in der ersten Person an Israel wendet, die Forderung der Ausschließlichkeit aufs Engste verbunden ist.

Die Frage, welches der beiden Glieder, *Yhwh*[140] oder *ʾœlohɛ̂ka*[141], das zweite obligatorische Glied, das Mubtada ist, ist unterschiedlich beantwortet worden. Ich gehe aufgrund der in Kap. 3.5 vorgetragenen Überlegungen davon aus, dass *ʾānokî Yhwh* den Nominalsatzkern bilden und *ʾœlohɛ̂ka* diesen als Apposition erweitert.

In Ex 20,2/Dtn 5,6 ist die *ʾānokî Yhwh*-Aussage mit der Herausführungsaussage[142] (הוֹצֵאתִיךָ מֵאֶרֶץ מִצְרַיִם) verbunden. Diese Verbindung mit der Herausführungsaussage oder mit dem Thema der Herausführung findet sich an etlichen weiteren Stellen im Alten Testament.[143]

---

det sich immer wieder die Rede von der Selbstvorstellung Jahwes in der Dekalogeröffnung, vgl. etwa Ch.Dohmen, Dekaloganfang, 181; E.Zenger u.a., Einleitung, 100; O.Kaiser, Gott III, 53.

[139] Vgl. M.Weinfeld, Deuteronomy 1–11, 285, der *ʾānokî Yhwh ʾœlohɛ̂ka* als "motive clause for the command 'You shall have no other gods'" versteht.

[140] So M.Weinfeld, Deuteronomy 1–11, 276; J.I.Durham, Exodus, 276 zu Ex 20,2; E.Nielsen, Deuteronomium, 71 zu Dtn 5,6; G.Braulik, Deuteronomium, 49; D.L.Christensen, Deuteronomy, 109, zu Dtn 5,6; M.Rose, 5. Mose, 2. Teilband, 517 zu Dtn 5,6; O.Kaiser, Gott I, 310; E.Otto, Theologische Ethik, 217 u.a.

[141] So auch E.König, Deuteronomium, 86 zu Dtn 5,6; G.Beer, Exodus, 98 zu Ex 20,2; A.Jepsen, Beiträge, 286.

[142] Zur Herausführungsaussage vgl. u.a. W.Gross, Herausführungsformel; E. Zenger, Funktion und Sinn.

[143] In Lev 19,36; 25,28; 26,13 sowie Num 15,41 finden sich nahezu identische Aussagen. Die Unterschiede sind geringfügig: Anstelle von *ʾānokî* tritt *ʾaŋî*, das Suffix variiert in die 2. oder 3. Person Plural und die Aussage endet mit מֵאֶרֶץ מִצְרַיִם ohne weiterführende Apposition. Zu vergleichen ist darüber hinaus Ex 6,6.7, wo מֵאֶרֶץ מִצְרַיִם anstelle des מֵאֶרֶץ מִצְרַיִם tritt und in V. 7 das Partizip Hifil מִתַּחַת סִבְלֹת מִצְרַיִם die 1. Person Singular ersetzt. In Ex 29,45 ist statt der *ʾaŋî/ʾānokî Yhwh*-Aussage die Erkenntnisaussage mit der Herausführungsaussage verbunden, ähnlich Ex 7,5. In einem etwas weiteren Zusammenhang stehen die *ʾaŋî/ʾānokî Yhwh*-Aussage und die Herausführungsformel in Ez 20,5.6. An weiteren Stellen ist die *ʾaŋî/ʾānokî Yhwh*-Aussage im folgenden Kotext der Herausführungsaussage belegt, so in Lev 22,33 (Herausführungsaussage – 1. Teil der Bundesformel – *ʾaŋî Yhwh*-Aussage), Lev 23,43 (Herausführungsaussage – *ʾaŋî Yhwh*-Aussage), Lev 25,55 (Herausführungsaussage – *ʾaŋî Yhwh*-Aussage), Lev 26,45 (Herausführungsaussage – 1. Teil der Bundesformel – *ʾaŋî Yhwh*-Aussage). An der bereits genannten Stelle Num 15,41 verbinden sich die beiden Möglichkeiten, insofern auf die *ʾaŋî Yhwh*-Aussage und Herausführungsaussage der 1. Teil der Bundesformel und erneut die *ʾaŋî Yhwh*-Aussage folgt.

Auch im Zusammenhang der Proklamation von Rechtssätzen ist sie zu finden, etwa im Buche Leviticus. Dass Jahwe der Gott ist, der Israel aus Ägypten geführt hat, ist das Motiv, das das Bild von Jahwe im Alten Testament am stärksten prägt bzw. prägen will. Zwar ist die Herausführungsformel in der Form von Ex 20,2/Dtn 5,6 nur für bestimmte Teile des Pentateuch charakteristisch (zumal in Verbindung mit der *ᵃnî/*ānokî Yhwh-Aussage), in leicht abgewandelter oder ähnlicher Formulierung[144] ist die Sache der Herausführung aus Ägypten jedoch auch in anderen Traditionsbereichen des Alten Testaments bezeugt. Wichtig ist in diesem Zusammenhang die sonst nicht belegte Wendung in Hos 12,10 und 13,4[145] וְאָנֹכִי יְהוָה אֱלֹהֶיךָ מֵאֶרֶץ מִצְרָיִם, die ebenfalls die *ānokî Yhwh*-Aussage mit der durch meæræṣ mizrajim evozierten Vorstellung der Herausführung verbindet. In Hos 12,10 und 13,4, wie an denjenigen Stellen, an denen sich die Herausführungsaussage an die *ᵃnî/*ānokî Yhwh-Aussage (oft mit *ᵃšær = "für den gilt") anschließt, ist deutlich, dass Jahwe, der in der *ᵃnî/*ānokî Yhwh-Aussage Ausschließlichkeit beansprucht, durch den Rekurs auf die Herausführung charakterisiert wird; das ist sein Spezifikum. Der Anspruch auf Ausschließlichkeit hängt zumindest in Teilen des Alten Testaments eng mit diesem Spezifikum zusammen.[146]

---

[144] Neben der mit יצא hi formulierten Herausführungsaussage gibt es diejenige mit עלה hi. formulierte. Sie ist neben dem Pentateuch auch in anderen Büchern des AT belegt, v.a. in Jer, aber auch etwa Hos 12,14; Am 2,10; 3,1; 9,7; Mi 6,4; Ps 81,11. Ägypten, als der Ort, aus dem herausgeführt wird, wird meist einfach als מִצְרַיִם oder אֶרֶץ מִצְרַיִם bezeichnet, das durch מִן an das Verb angeschlossen wird. Bis auf zwei Ausnahmen, in Lev 11,45 und Ps 81,11 (אנכי) ist diese Aussage nicht in direkter Verbindung mit der *ᵃnî Yhwh-Aussage belegt (in dem der Herausführungsaussage Ri 6,8 folgenden Kotext begegnet die *ᵃnî Yhwh-Aussage noch in Ri 6,10) und nicht im unmittelbaren Rahmen von Rechtssätzen, ebenfalls mit Ausnahme von Lev 11,45. Allerdings wirft die Formulierung אֵלֶּה אֱלֹהֶיךָ יִשְׂרָאֵל אֲשֶׁר הֶעֱלוּךָ מֵאֶרֶץ מִצְרָיִם in Ex 32,4.8 (vgl. auch Neh 9,18) die Frage auf, ob in אֵלֶּה אֱלֹהֶיךָ nicht eine betonte Gegenaussage zu *ᵃnî Yhwh zu hören ist. Die Stelle verdient schon deshalb Beachtung, weil hier in einem aus Pronomen und Gottesbezeichung bestehenden Nominalsatz vom Kotext her deutlich ist, dass das Pronomen Chabar ist: DIESES sind deine Götter bzw. DIES ist dein Gott. (Ähnliches wie für Ex 32,4.8 gilt für 1.Kön 12,28, wobei die Formulierung hier weniger deutlich ein Pendant zu *ᵃnî Yhwh darstellt.)

[145] In Hos 13,4 ist außerdem die sich anschließende Wendung וֵאלֹהִים זוּלָתִי לֹא תֵדַע וּמוֹשִׁיעַ אַיִן בִּלְתִּי, zu beachten, die inhaltliche Analogien zum 1. Gebot aufweist. Zu den beiden Hosea-Stellen vgl. unten Kap. 6.4.4.1.

[146] Vgl. dazu etwa M.Noth, Das zweite Buch Mose, der bemerkt, dass das Handeln Gottes, wie es im *ᵃšær-Satz zum Ausdruck kommt "schon mit dem Gottesnamen 'Jahwe' angedeutet ist" (ebd. 130). – Wie sehr die Herausführung und damit die Vorstellung von dem in der Geschichte an seinem Volk handelnden Gott als für Jahwe charakteristisch angesehen wurde, zeigt sich daran, dass der Gedanke vom Exodusgeschehen aus gedacht in beide Richtungen, in die Vergangenheit und in die Zukunft, ausgezogen wurde. In Gen 15,7 ist Jahwe derjenige, der Abraham aus Ur Kasdim herausführt (Verbindung von *ᵃnî Yhwh-Aussage und Herausführungs-

6.2.3.3 Ex 20,5/Dtn 5,9

Der polemische, gegen andere Anspruch auf Verehrung erhebende Größen gerichtete Faden wird im Bilderverbot (V.4) weitergeführt,[147] unter Wiederaufnahme des *ᵓānokî Yhwh ᵓæelohæka* (V.5)[148]. Die *ᵓānokî Yhwh*-Aussage in Ex 20,5/Dtn 5,9 entspricht derjenigen in Ex 20,2/ Dtn 5,6. Allerding steht sie innerhalb eines *kî*-Satzes und wird nicht durch einen *ᵃšær*-Satz, sondern durch nominale Elemente weiterge-

---

aussage, in deutlicher Anlehnung an die Formulierung des Exodusgeschehens! vgl. dazu oben Kap. 6.2.2), wohingegen Aussagen wie Jer 16,14f (vgl. auch 23,7f) und Ez 20,34.41 explizit (auch terminologisch durch יצא) die Verbindung zwischen Exodus und Rückführung aus dem Exil herstellen (an den beiden letztgenannten Stellen geht nicht wie in Gen 15,7 *ᵃnî Yhwh* der Herausführungsaussage voraus; in Jer übernimmt diese Funktion, die anzeigt, dass Jahwe durch die Herausführung charakterisiert wird, die vorangestellte Aussage חי יהוה, während in Ez 20 die *ᵃnî Yhwh*-Aussage in dem Gesamtkapitel eine entscheidende Rolle spielt).

147 Die Interpretation des Bilderverbotes ist umstritten. Werden Bilder fremder Götter oder Bilder Jahwes verboten und wenn es Bilder Jahwes sind, warum werden sie verboten. Noth, der davon ausgeht, dass die Verse Ex 20,5.6 spätere Erweiterungen sind, bezieht das Verbot auf Bilder des Gottes Jahwe, die untersagt werden, um dem Versuch vorzubeugen "mit Hilfe eines Bildes Macht über das abgebildete Wesen" zu erlangen (M.Noth, Das zweite Buch Mose, 131). W.H.Schmidt, Zehn Gebote, vermutet ebenfalls dass sich das zweite Gebot ursprünglich auf Bilder Jahwes bezogen hat. "Andernfalls würde es nur das Verbot fremder Götter wiederholen." (67) Spätere "Bearbeiter [haben] beide Gebote zu einer Einheit zusammengefaßt, weil sie ihrer Meinung nach eine ähnliche Aufgabe haben; das zweite führt das erste weiter: Mit den fremden Göttern sind auch die Bilder abgelehnt." (66) "Das Fremdgötterverbot hat als Spezialfall das Bilderverbot im 7. Jahrhundert v. Chr. geboren" (Ch.Dohmen, Um unserer Freiheit willen, 19), wobei konkret Kultbilder (so in Dtn 5) bzw. darüber hinaus Darstellungen für den Bereich des Kultes (so Ex 20) verboten werden (vgl. ebd. 19 und 22). Bilder mögen als "Einfallstor" fremder Gottesvorstellungen angesehen worden sein. Ähnlich Ch.Dohmen, Um unserer Freiheit willen, 17, der in Bezug auf die Bilderkritik Hoseas vermutet, dass Hosea das Bild als polyvalenten Träger religiöser Ideen ablehnt; die "Ikonographie kann im Normalfall die spezifische Differenz zwischen Jahwe und kanaanäischem Baalkult nicht liefern" (ebd.). Zum Bilderverbot im Dekalog vgl. außerdem Ch.Dohmen, Bilderverbot, 211ff; auch O.Kaiser, Gott II, 172ff. Die Bilderkritik des Hosea steht möglicherweise in Verbindung damit, dass dem Jahwekult von seinem (halb-)nomadischen Ursprung her, Bilder fremd gewesen sein dürften; es fehlt eine spezifische Jahwe-Ikonographie, da "Nomaden die Verehrung von gefertigten Götterbildern und Ähnlichem nicht kennen" (Ch.Dohmen, Um unserer Freiheit willen, 17).

148 Ob sich Vv. 5.6 auf V. 4 beziehen oder sich nicht vielmehr auf V. 3 (so etwa M.Noth, Das zweite Buch Mose, 131; W.Zimmerli, Das zweite Gebot, 240f) zurückbeziehen, ist umstritten. Hinweis auf einen Rückbezug zu V. 3 könnte in V. 5 das plurale לָהֶם sein. Das schließt sich problemlos an den Plural אֱלֹהִים אֲחֵרִים an, während die entsprechenden Größen im Bilderverbot, תְּמוּנָה, פֶּסֶל, im Singular stehen. Geht man vom jetzigen Kotext aus, spricht m.E. nichts dagegen, V. 5f gleichermaßen auf V. 3 und 4 zu beziehen und sowohl das Verbot anderer Götter als auch das des Gottesbildes von dem in V. 5 thematisierten Aspekt der Verehrung her zu verstehen. Vgl. entsprechend R.G.Kratz, Dekalog, 208.

führt.[149] Beide *'ānokî Yhwh*-Aussagen korrespondieren und fassen die zwischen ihnen stehenden Gebote (Fremdgötter- und Bilderverbot) zu einer gewissen Einheit zusammen. Das Wiederaufgreifen der Formel in Ex 20,5 par. wirkt zudem wie eine Bestätigung des ersten Vorkommens in Ex 20,2 par.[150] Auch für die Aussage in Ex 20,5 par. ist die Frage nach den obligatorischen Gliedern und ihrer Satzteilfolge zu stellen. Vom Kotext her könnte sich die Vermutung nahelegen, hier sei neben dem Pronomen קַנָּה אֵל das zweite obligatorische Glied und die Aussage sollte im Kern lauten *ich bin ein eifersüchtiger Gott*. In diesem Fall würden sowohl *Yhwh* als auch *'ᵃloĥɛka* als Appositionen verstanden: *ich, Jahwe, dein Gott, bin ein eifersüchtiger Gott*.[151] Diesem Verständnis stehen jedoch die Erkenntnisse über die Satzteilfolge im Nominalsatz entgegen. In *kî*-Sätzen ist die Satzteilfolge Chabar – Mubtada der Regelfall. Da קַנָּה אֵל indeterminiert ist und damit Chabar sein müsste, läge aber die Satzteilfolge Mubtada – Chabar vor, für die im vorliegenden Kotext keine Gründe auszumachen sind.[152] Bleiben zwei Möglichkeiten: entweder קַנָּה אֵל schließt sich als Apposition[153] an das Vorhergehende an oder es handelt sich um einen einpoligen Nominalsatz, in dem das Mubtada, das man sich als Pronomen der 1. sg zu denken hätte (und das, wenn es stehen würde, auf קַנָּה אֵל folgen müsste), nicht ausgedrückt ist. Auch wenn es, soweit ich sehe, keine Möglichkeit gibt, diese Frage definitiv zu entscheiden, scheint mir aufgrund der Eigengewichtigkeit und der in Anm. 152 genannten vergleichbaren Aussagen die Annahme eines eigenständigen, einpoligen Nominalsatzes näherliegend.

Geht man in Analogie zu Ex 20,2/Dtn 5,6 davon aus, dass neben dem Pronomen *Yhwh* das zweite obligatorische Glied, und die Satzteilfolge

---

[149] Der כִּי-Satz sowie die Erweiterungen ('zersetzter Stil'), weisen diesen Satz für W.Zimmerli, Ich bin Jahwe, 38 als "formgeschichtlich jüngeres Element" aus.

[150] Insofern haftet כִּי durchaus noch etwas von seiner deiktischen Funktion an.

[151] Mit der Möglichkeit dieses Verständnisses rechnet W.Zimmerli, Ich bin Jahwe, 38; vgl. außerdem E.König, Deuteronomium, 86; G.Beer, Exodus, 98; G. Braulik, Deuteronomium, 51; J.I.Durham, Exodus, 276; M.Rose, 5. Mose, 2. Teilband, 417; E.Nielsen, Deuteronomium, 77.

[152] Vgl. weitere Nominalsätze mit קַנָּא אֵל als Satzglied; die Satzteilfolge ist dabei stets Chabar – Mubtada: Ex 34,14 הוּא קַנָּא אֵל שְׁמוֹ קַנָּא יְהוָה כִּי – mindestens in dem zweiten Satz הוּא קַנָּא אֵל sind die Verhältnisse eindeutig, das indeterminierte Glied steht als Chabar voran, das determinierte Glied, das Pronomen, folgt als Mubtada; ebenso in Jos 24,19 הוּא קַנּוֹא־אֵל קְדֹשִׁים אֱלֹהִים כִּי; in Nah 1,2 אֵל לְאֹיְבָיו הוּא וְנוֹטֵר לְצָרָיו יְהוָה נֹקֵם חֵמָה וּבַעַל יְהוָה נֹקֵם יְהוָה וְנֹקֵם קַנּוֹא liegen mehrere Nominalsätze vor; im ersten ist וְנֹקֵם קַנּוֹא אֵל das indeterminierte Glied und Chabar, יהוה ist Mubtada; in Dtn 4,24 קַנָּא אֵל הוּא אֹכְלָה אֵשׁ אֱלֹהֶיךָ יְהוָה כִּי ist אֵל קַנָּא vermutlich als einpoliger Nominalsatz aufzufassen, der als solcher das Chabar enthält; in Dtn 6,15 בְּקִרְבֶּךָ אֱלֹהֶיךָ יְהוָה קַנָּא אֵל כִּי steht das indeterminierte אֵל קַנָּא als Chabar an erster Stelle, gefolgt vom determinierten Mubtada אלהיך יהוה.

[153] So wohl von D.L.Christensen, Deuteronomy, 109 erwogen: "For I/(am) YHWH your God/a jealous God/..."; vgl. auch M.Weinfeld, Deuteronomy 1–11, 275.

Chabar – Mubtada ist, dann unterstützt der dem *kî*-Satz vorausgehende Verbalsatz *du sollst sie nicht anbeten und ihnen nicht dienen* das exklusive Verständnis des Nominalsatzes im Sinne von, *denn ich allein bin Jahwe, dein Gott.*[154]

6.2.3.4 Bedeutung und Funktion von ʾānokî Yhwh ʾᵉlohǽka in Ex 20,2.5par

Die Aussage *ʾānokî Yhwh ʾᵉlohǽka* ist im Dekalog also sicher *keine* Selbstvorstellung; neben den syntaktischen Überlegungen, spricht auch das zweimalige Vorkommen innerhalb des jetzigen Dekalogtextes gegen eine solche.[155] Der auf das erste *ʾānokî Yhwh ʾᵉlohǽka* folgende *ªšær*-Satz nimmt zudem deutlich auf eine bereits bestehende Geschichte Bezug, die Jahwe und sein Volk miteinander teilen; der Jahwe des Dekalogvorspruchs ist kein Unbekannter mehr.

Ist die von der Syntax her eröffnete Möglichkeit erkannt, *ʾānokî Yhwh* als Nominalsatz mit der Satzteilfolge Chabar – Mubtada zu verstehen, dann fügt sich die Aussage wesentlich konsequenter und folgerichtiger in ihren jetzigen Kotext, prägt ihm einen wesentlich charakteristischeren Stempel auf als das Verständnis der Aussage als Selbstvorstellung o.ä., das von einer Satzteilfolge Subjekt – Prädikat ausgeht. Der jetzige Dekalogkotext, in dem die beiden Vorkommen polemische Aussagen rahmen, die sich gegen die Verehrung anderer Götter oder Gottes-/Götterbilder richten, legt ein exklusives (Ausschließlichkeit beanspruchendes) Verständnis der *ʾānokî Yhwh*-Aussage nahe. Ein solches Verständnis ist syntaktisch möglich und wahrscheinlich. Der Vorspruch des Dekalogs (und entsprechend der *kî*-Satz in Ex 20,5 par.) ist zu übersetzen: *Ich allein/nur ich bin Jahwe, dein Gott, der ich dich aus Ägyptenland, aus einem Haus der Knechtschaft herausgeführt habe.* "Das Schwanken in der Übersetzung des Vorspruches darf mit Fug aus der wissenschaftlichen Literatur verschwinden."[156]

---

154 Nach M.Rose, 5. Mose. Teilband 2, 426 thematisiert der כ-Satz in Dtn 5,9 den Ausschließlichkeitsanspruch Jahwes, der bereits in den Vv. 7–9 in verschiedenen Aspekten zum Ausdruck gekommen ist. Allerdings hängt dieser Ausschließlichkeitsanspruch für Rose wohl an אל קנא, dessen Konnotationen er in folgender Paraphrase verdeutlicht: 'Ich, Jahwe, bin ein Gott der Ausschließlichkeit'. – Nach Dohmen stellt der "Gedanke, die Ausschließlichkeit der Jahweverehrung mit dem Hinweis auf die 'Eifersucht Jahwes' zu motivieren, (…) wohl eine Umsetzung der Theologie des Nordreichspropheten Hosea dar, denn Hosea hat für das Alte Testament erstmals das Verhältnis Jahwes zu Israel im Bild der Ehe ausgedrückt, wobei die Vorstellung dieser 'Ehe' bei Hosea vom Gedanken des Ehebruchs in den Blick kommt." (Ch.Dohmen, Um unserer Freiheit willen, 16.)

155 Vgl. M.Weinfeld, Deuteronomy 1–11, 285.

156 In Aufnahme einer Aussage Zimmerlis (W.Zimmerli, Ich bin Jahwe, 36), der sie allerdings auf die Frage bezogen hatte, ob *Yhwh* oder *ʾᵉlohǽka* das zweite obligatorische Glied des Nominalsatzes *ʾānokî Yhwh ʾᵉlohǽka* ist.

"Der als Gottesrede formulierte Einleitungsteil des Dekalogs faßt gleichsam drei Eigenarten oder Wesensmerkmale alttestamentlichen Glaubens zusammen: die Geschichtsbezogenheit, die Ausschließlichkeit und die Bildlosigkeit. Diese Charakteristika stehen nicht schlicht nebeneinander, sondern beziehen sich aufeinander oder bestimmen sich gar gegenseitig."[157]

Das angesprochene aufeinander Bezogensein der drei Wesenmerkmale des Jahweglaubens wird im Wesentlichen durch die *ʾānokî Yhwh ʾælohæka*-Aussage geleistet. Sie bindet das 1. und 2. Gebot durch ihr zweimaliges Vorkommen zusammen. Die beiden Forderungen kommen von der *ʾānokî Yhwh*-Aussage her[158] und laufen auf sie zu.

Der Vorspruch des Dekalogs verbindet die Formel *ʾānokî Yhwh ʾælohæka* mit dem Hinweis auf Jahwes Geschichtshandeln par exellence, seiner Herausführung aus Ägypten.

Im Dekalog gehört das Bilderverbot zum Kotext der *ʾānokî Yhwh ʾælohæka*-Aussage. In der Traditionsgeschichte ist das Bilderverbot, so wie es in der jetzigen Dekalogfassung erläutert wird, auf den einen, einzigen Gott bezogen worden. Es besagt dann, die gesamte geschaffene Welt bietet nichts "für Gott Vergleichbares, weil ihm im Vorhandenen nichts entspricht"[159]. Dieser Gedanke ist hier festzuhalten und wäre im Zusammenhang der Erkenntnisaussage noch einmal einzubringen. Die *ʾānokî Yhwh*-Aussage in Ex 20,5 par gibt durch ihre syntaktische Einbindung in einen *kî*-Satz einen deutlichen Hinweis darauf, dass die Aussage *ʾānokî Yhwh ʾælohæka* in diesem Fall begründend zu verstehen ist. Das Verbot, andere Götter zu verehren, hat seinen Grund in dem Anspruch Jahwes, für Israel der Alleinige zu sein.

Jahwe redet im Vorspruch als der bereits Bekannte; als solcher und unter Berufung auf die gemeinsame Geschichte kann er als eine Autorität auftreten, die Gebote gibt. Durham versteht die Formel als "assertion of the authority of Yahweh, the 'One Who Always Is'"[160]. Es ist ein naheliegender Gedanke, dass der, der die Gebote gibt, sich zunächst als eine Autorität ausweist, die das Recht hat, Gebote zu geben. Jahwe verweist im *ašær*-Satz auf sein den Geboten vorauslaufendes Heilshandeln an Israel.[161] Dieses ist untrennbar verbunden mit der Vorstellung einer bestimmten Beziehung Jahwe – Israel, wie sie in *ʾānokî Yhwh ʾælohæka* zum Ausdruck kommt.[162] Vom Vorspruch des Dekalogs sagte Noth, er mache deutlich, daß Jahwes Handeln an Israel den folgenden "Forde-

---

157 W.H.Schmidt, Die Zehn Gebote, 39.
158 Wobei das erste Vorkommen der *ʾānokî Yhwh ʾælohæka*-Aussage Ex 20,2par als Einleitung gleichzeitig auf den gesamten Dekalog bezogen ist.
159 W.H.Schmidt, Zehn Gebote, 73.
160 J.I.Durham, Exodus, 283.
161 E.Nielsen, Deuteronomium, 72 spricht von einer "kerygmatisch ausgeweiteten Selbstvorstellungsformel".
162 Vgl. J.I.Durham, Exodus, 284 und 285: "This first of the commandments, in sum, is the essential foundation for the building of the covenant community".

rungen vorausgeht und sie begründet"[163]. Und Zimmerli hatte für die Aussage *ᵃnî Yhwh* beobachtet, dass in bestimmten Situationen "der Akzent in der SF unmerklich von der eigenen Selbstvorstellung des gegenwärtigen Gottes auf die sekundäre Funktion einer Begründung des Gebotes durch das Ich Jahwes"[164] rückt.[165] War für die Formel im Anschluss an das Bilderverbot die begründende Funktion aufgrund des *kî*-Satzes deutlich, so spricht einiges dafür, auch für diejenige im Vorspruch eine solche mitzuhören. So könnte man paraphrasieren: "Weil nur ich Jahwe, dein Gott, bin (…), deshalb sollst du (nicht) (…)", wenn dadurch nicht etwas von der Eigengewichtigkeit verlorenginge, die die Aussage *ānokî Yhwh ᵃlohæka* als eigenständiger Nominalsatz im Hebräischen besitzt. Die Exklusivität des Gottseins Jahwes für Israel, das sich in der Herausführung aus Ägypten erwiesen hat, wird den Geboten als Faktum vorangestellt. Aus diesem Faktum ergeben sich die folgenden Forderungen, unmittelbar diejenigen, die auf das Gottesverhältnis bezogen sind, im jetzigen Kotext aber wohl auch die weiteren.[166] Durham gebraucht für *ānokî Yhwh* in Ex 20,2 den Ausdruck "self-confessional phrase"[167]. Diese Bezeichnung beschreibt die Funktion von *ānokî Yhwh ᵃlohæka* im Vorspruch des Dekalogs (in gewisser Weise auch in Ex 20,5 par) treffend. In der 2. Person formuliert, würde man nicht zögern, die Aussage als "Bekenntnis" zu beschreiben. Aber auch in der 1. Person hat die Aussage etwas Konfessorisches. Sie ist das für die Religion Israels (ab einem bestimmten Zeitpunkt) grundlegende 'Bekenntnis', gesprochen von der Gottheit selbst.

---

163 M.Noth, Das zweite Buch Mose, 130.
164 W.Zimmerli, Ich bin Jahwe, 38. Allerdings legt Zimmerli Wert darauf, dass diese sekundäre Funktion die primäre nicht ausschließt, denn er schreibt: "Dieses Ich kommt aber dem Volke ganz und gar in der Mittlung des dem Mose aufgetragenen Wortes nahe. Im vollmächtigen Wort des Verkünders ist die Gebote ist Jahwe gegenwärtig." (ebd. 38) Vgl. auch seine Aussage von der "in der gottesdienstlichen Gesetzesproklamation je neu aktualisierte[n] Situation der Anrede durch den zu Bundesschluss und Rechtsmitteilung erscheinenden Gott" (ebd. 34).
165 Für Zimmerli war diese begründende Funktion verbunden mit der Verwendung der Formel auch in solchen Situationen, in denen Jahwe nicht direkt als redend gedacht ist, sondern Mose das von Jahwe Empfangene der Gemeinde oder den Priestern weitergibt. Zwar scheint es mir sinnvoll, die Situation des direkten Redempfangs von derjenigen der Weitergabe zu unterscheiden, der begründende Charakter der Formel muss damit aber nicht in Zusammenhang stehen. Deshalb glaube ich Zimmerlis Beobachtung auch für den Dekalogvorspruch in Anspruch nehmen zu können, unabhängig davon, ob Gott als direkt redend vorgestellt ist oder Mose Jahwe-Rede übermittelt.
166 Vgl. etwa R.G.Kratz, Dekalog: "Das Halten der Gebote ist danach weder Bedingung noch Folge oder (sachliche) Entsprechung zur anfänglichen Heilstat, sondern – sehr viel theozentrischer gedacht – Vollzug des Anspruchs Jhwhs auf Ausschließlichkeit, der aus der Heilstat abgeleitet wird." (211)
167 J.I.Durham, Exodus, 284.

Dabei hat es anscheinend nicht genügt, dass der redende Gott seinen
Anspruch mit *anokî *᾽ᵃlohæka = "ich allein bin dein Gott" formuliert,
die entscheidende Aussage ist untrennbar mit dem Jahwenamen verbunden gewesen.[168] Einen entsprechenden Hinweis kann zum einen Jes
42,8[169] geben, wo in einem polemischen, Ausschließlichkeit beanspruchenden Kotext gerade der Jahwename eine entscheidende Rolle spielt.
Zum anderen ist zu vermerken, dass die Aussage *ᵃnî/*ānokî *êl/*᾽ᵃlo-
hîm vergleichsweise selten belegt ist. Abgesehen von den Belegen, in
denen es um den Vätergott bzw. um El Shaddaj geht,[170] verbleiben nur
Jes 41,10; 43,12; 45,22; 46,9; Ez 34,31; Ps 46,11.
In der Anspruch auf Ausschließlichkeit erhebenden Aussage *ᵃnî Yhwh
schwingt wohl mehr mit, als es ein *ᵃnî *êl o.ä. zum Ausdruck bringen
könnte. Mit *ᵃnî Yhwh erhebt Jahwe je länger je mehr nicht nur den Anspruch, für Israel der Einzige zu sein, mit seinem Name begründet er
ihn auch. Bereits bei der Analyse von Ex 6,2ff hatte sich eine inhaltliche Füllung des Jahwenamens nahegelegt, die etwas über die spezifische Weise aussagt, in der Jahwe für Israel Gott ist. Diese Spur wird
sich bei der Analyse der deuterojesajanischen Belege weiterverfolgen
lassen.
Das hier vertretene Verständnis der *ānokî Yhwh-Aussage unterstützt,
was etliche Ausleger sowohl in Bezug auf den Vorspruch des Dekalogs
als auch auf andere Stellen oftmals erspürt haben, ohne es jedoch so
ganz genau zu dem Wortlaut der Aussage in Beziehung setzen zu können; so etwa, wenn Muilenberg die ersten Worte Jahwes an Israel hier
im Dekalog charakterisiert als "the center and focus of the whole Pentateuch" und "the very heart of the Old Testament".[171]
Ein Charakteristikum alttestamentlicher Rechtskorpora im Vergleich
zu anderen altorientalischen besteht darin, dass sie auf Jahwe direkt zurückgeführt werden, während die rechtsetzende Instanz in der Umwelt
der König ist, auch wenn der im Auftrag einer Gottheit agiert.
"Dem Bibelleser ist die Vorstellung, daß Gott selbst seinen Willen in
Gestalt von Rechtsreihen (…) und Rechtsbüchern (…) offenbart hat, so
selbstverständlich, daß er das religions- und geistesgeschichtlich Un-
gewöhnliche dieses Befundes kaum empfindet. Wir brauchen jedoch
nur einen Blick in Israels Umwelt zu werfen, um sogleich zu erkennen,

---

[168] Ich halte es daher für unwahrscheinlich, dass der Jahwename für sich genommen 'nichtssagend' [so Ch.Dohmen, Dekaloganfang, 181, der allerdings später auch
von der "Programmatik des JHWH-Namens im Horizont des Alleinverehrungsan-
spruchs", (194), sprechen kann] gewesen ist und etwa im Dekalog eine inhaltliche
Aussage erst durch den expliziten Rekurs auf die Wirkweise dieses Gottes (Dtn
5,9) erreicht wurde. Etymologisch mag das stimmen, aber im Rahmen der Theologie ist dem Jahwenamen gerade eine inhaltliche Bedeutung zugelegt worden.
[169] Zur Auslegung dieser Stelle vgl. Kap. 6.4.2.
[170] Vgl. zu diesen Stellen (Gen 26,24; Ex 6,3; Gen 17,1; 35,11) oben Kap. 6.2.1.1.
bzw. 6.2.2
[171] Zitate von Muilenberg nach J.I.Durham, Exodus, 284.

daß das Normale darin besteht, daß der König im Namen und Auftrag der Gottheit Recht setzt (…)."[172] Im Zusammenhang der Rechtstexte wie hier des Dekalogs, rückt Jahwe in die Funktion des Königs ein.

Bedenkt man auf diesem Hintergrund ein Ergebnis der Sichtung altorientalischer Belege von Ich-bin-Aussagen,[173] wonach die Königsinschriften diejenige Textgruppe darstellen, die am häufigsten Ich-bin-Aussagen aufweist[174] und am ehesten als Hintergrund für den Gebrauch der *ᵃnî Yhwh*-Aussage in Frage kommt, so bewährt sich dieses Ergebnis im Zusammenhang mit dem Dekalog (und anderen Rechtstexten). Wenn Jahwe, wie im Zusammenhang der Rechtstexte, in die Funktion des Königs einrückt, wenn er wie ein König handelt, wenn er so agiert, wie es in der altorientalischen Umwelt Herrscher tun, dann ist es nur konsequent, wenn er sich auch königlicher Redeweise bedient; so sind die Ich-(bin-)KN-Aussagen, wie sie schwerpunktmäßig in den Königsinschriften begegnen, vermutlich das Vorbild für die *ānokî Yhwh*-Aussage; die *ānokî Yhwh*-Aussage knüpft hier an "Königsstil" an. Umgekehrt: Dass im Munde Jahwes Königsstil begegnet, ist ein weiteres Indiz dafür, dass er in Analogie zu den altorientalischen Herrschern auftritt.[175] Zwar ist in der Umwelt der nominale Ich-Stil in Königsmund kein notwendiges Formelement in *Rechtstexten* gewesen,[176] sondern gehört eher zu *königsinschriftlichem* Stil. Insofern ist der Gattungszusammenhang der *ᵃnî Yhwh*-Aussage hier im Dekalog, verglichen mit königsinschriftlichem Ich-(bin-)KN, ein anderer. Trotzdem scheint mir die Funktion der Anknüpfung von *ᵃnî Yhwh*-Aussage an königsinschriftliches Ich-bin-KN deutlich: Die aus königsinschriftlichen Texten bekannte Ich-(bin-)KN-Rede und das Ausfüllen einer in der Umwelt vom König wahrgenommenen Funktion verstärken sich gegenseitig und evozieren die Vorstellung "König".[177] Wenn die obige Interpretation der *ānokî Yhwh*-Aussage im Dekalog als Ausschließlichkeit beanspruchende Rede richtig ist, knüpft die Aussage aber lediglich an königlichen Sprachgebrauch an, übernimmt von ihr die Möglichkeiten, die die Ich-Rede gegenüber Er-Rede bietet (Selbstvergegenwärtigung nicht leibhaft Anwesender zwecks Sicherung von

---

172 O.Kaiser, Gott III, 39; vgl. auch Ch.Feucht, Untersuchungen, 132 und H.J. Boecker, Recht und Gesetz, 33.
173 Vgl. oben Kap. 5.
174 Vgl. oben Kap. 5.2.3.3 und 5.3.
175 Vgl. dazu eine Bemerkung Weinfelds: "Self-presentations […] are very common in the opening of royal inscriptions in the ancient Near East, a form that fits well the beginning of a proclamation of God, the King of Kings (cf. Deut 10:17)." (M.Weinfeld, Deuteronomy 1–11, 285.)
176 Vgl. aber die Belege aus Prolog und Epilog des Codex Hammurabi, die zeigen, dass *ᵃnî Yhwh* vergleichbare Aussagen eines Königs in Zusammenhang eines Rechtscodex durchaus möglich waren (vgl. oben Kap. 5.2.3.2).
177 Gründe für die Übernahme königlicher Funktion und Redeformen sollen später im Zusammenhang bedacht werden, vgl. unten Kap. 7.

Mächtigkeit), nutzt die Möglichkeit, die Vorstellung "König" zu evozieren,[178] bildet die Bedeutung königlicher Ich-(bin-)KN-Rede aber in
charakteristischer Weise um bzw. bereichert sie um den entscheidenden
Aspekt der Ausschließlichkeit. Dass dieser Anspruch auf Ausschließlichkeit in der *ᵃnî Yhwh*-Aussage als Ich-Aussage erhoben wird, gibt
diesem Anspruch autoritatives Gewicht. Der Ausschließlichkeit beanspruchende Jahwe vergegenwärtigt sich seinem Volk in der Ich-Rede
unmittelbar und und zwar jeder Generation von Neuem. Wer immer
diesen Text liest oder hört, dem wird Jahwe ganz unmittelbar selbstpräsent, auch in seinem Anspruch auf Ausschließlichkeit.

6.2.4 *ᵃnî Yhwh im Heiligkeitsgesetz
6.2.4.1 Das Heiligkeitsgesetz

Seit K.H.Graf 1866[179] die Kapitel Lev 18–26 als eigenen Komplex in
den Blick rückte und A.Klostermann 1877[180] der um Kapitel 17 erweiterten Größe ihren seither in der Forschung rezipierten Namen "Heiligkeitsgesetz" gab, wird über Umfang, Wachstum und literarische Schichtung, Struktur, Intention und nicht zuletzt über die Frage, ob es tatsächlich eine eigene Größe 17(18)-26 gibt oder ob sie "ein Wunschge-
bilde wissenschaftlicher Literatur"[181] ist, nachgedacht und gestritten.[182]
Im Zusammenhang der vorliegenden Arbeit interessiert die Tatsache,
dass die Kapitel 18–26 von einem Netz von *ᵃnî Yhwh*-Aussagen (nebst
Varianten) durchzogen sind, und zwar im Buch Leviticus einzig diese
Kapitel (mit Ausnahme 11,44f, s.u.).[183] Diese Beobachtung lenkt den
Blick auch auf die Frage nach dem Beginn des Heiligkeitsgesetzes.
Die Bestimmung des Beginns stellte von Anfang an ein Problem dar,
weil eine entsprechende Markierung nach Auffassung der meisten Aus-

---

[178] Dass aus der Aufnahme und Umdeutung königlicher Ich-bin-Rede vermutlich
auch eine gewisse Frontstellung herauszuhören ist gegen die Könige, zu deren
Machtbereich Israel bzw. die Israeliten in exilisch-nachexilischer Zeit gehörten,
dazu unten. Kap. 7.
[179] K.H.Graf, Die geschichtlichen Bücher, 75ff.
[180] A.Klostermann, Beiträge zur Entstehungsgeschichte des Pentateuchs, Zeitschrift für die gesammte lutherische Theologie und Kirche 38 (1877), 401–445 (darin 1. Artikel: Hat Ezechiel die in Lev 18–26 am deutlichsten erkennbare Gesetzes-
sammlung verfasst, 406– 445).
[181] E.S.Gerstenberger, Das dritte Buch Mose, 17.
[182] Zur Einführung vgl. H.D.Preuss, Art. Heiligkeitsgesetz; neuere Forschungs-
überblicke bieten etwa J.E.Hartley, Leviticus, 251–260; J.Joosten, People and Land,
5–16; K.Grünwaldt, Heiligkeitsgesetz, 5–22; A.Ruwe, "Heiligkeitsgesetz", 1–33
(35); bei den genannten Autoren findet sich jeweils eine repräsentative Auswahl
der Literatur zum Heiligkeitsgesetz und zu Einzelproblemen; vgl. außerdem L.
Massmann, Ruf in die Entscheidung, 8–29; E.Otto, Theologische Ethik, 233ff; E.
Zenger u.a., Einleitung, 159f.
[183] Bereits K.H.Graf hatte auf die Spracheigentümlichkeiten dieser Kapitel hingewiesen, zu denen er auch die Formeln *ᵃnî Yhwh, *ᵃnî Yhwh *ᵅlohêkæm, *ᵃnî Yhwh
mᵉqaddiš̆ᵉkæm rechnet, vgl. K.H.Graf, Die geschichtlichen Bücher, 75.

leger fehlt.[184] Gegen eine Zugehörigkeit von Kap. 17 wird u.a. das Fehlen all jener Formeln, die für die übrigen Kapitel charakteristisch sind, darunter *ᵃnî Yhwh*, angeführt.[185] Trotz dieser Schwierigkeit wird heute in der Forschung Kap. 17 weitgehend zum Heiligkeitsgesetz zugehörig veranschlagt.[186] Dabei spielt die Parallele in Dtn 12 als Beginn des dortigen Gesetzeskorpus eine maßgebliche Rolle.[187] Trotz der Parallele in Dtn 12, hege ich Bedenken gegen eine Zuordnung des Kapitels 17 zum Heiligkeitsgesetz bzw. gegen eine Grenzziehung zwischen Kap. 16 und 17; m.E. lässt sich Kapitel 17 viel ungezwungener im Anschluss an Kapitel 16 verstehen. Hatte dort das Blut des Opfertiers zur Entsühnung eine wichtige Rolle gespielt, wird nun in Kap. 17 das Stichwort Tierblut aufgegriffen und Generelles zum korrekten Umgang mit diesem (Opfer-)Blut ausgeführt. Während דם in Leviticus bis einschließlich Kap. 17 (Ausnahme 12,4.5.7 Menstruationsblut) nur im Sinne von Tierblut belegt ist, ist ab Kap. 18 דם nicht mehr auf tierisches (wiederum eine Ausnahme Lev 19,26) Blut bezogen, sondern vorwiegend im Sinne der menschlichen Blutschuld (דָּמָיו בּוֹ o.ä. als Sanktionsbestimmung) verwendet. Die Wendung 17,2 זֶה הַדָּבָר אֲשֶׁר־צִוָּה יְהוָה kommt in Leviticus nur 3mal vor, außer an dieser Stelle noch Lev 8,5 und 9,6. Auch damit ist eher auf den Kap. 17 vorausliegenden als auf den folgenden Kotext verwiesen. Hinzu kommt, dass die vermisste Anfangsmarke des Heiligkeitsgesetzes durchaus in Kap. 18,2 gesehen werden kann.[188] Nur hier kommt die *ᵃnî Yhwh*-Aussage im Heiligkeitsgesetz redeeinleitend vor. Diese Verwendung ist gegenüber den anderen Vorkommen signifikant und hat ihre nächste Parallele in Ex 6,6 und v.a. Ex 20,2, wo sie deutlich den Beginn einer jeweils entscheidenden Gottesrede markiert, die in Ex 20,2ff ebenfalls von Gott gesetzte Ge- bzw. Verbote (Dekalog) enthält.[189]

Die Behandlung der einzelnen Belege von *ᵃnî Yhwh* ist geleitet von der Frage, inwieweit die jeweiligen Kotexte, in denen die Formel belegt ist, Hinweise geben auf ihre inhaltliche Bedeutung. Im Heiligkeitsgesetz ist es in vielen Fällen zumindest auf den ersten Blick schwierig, einen direkten Zusammenhang zwischen dem *Inhalt* der Gebote oder

---

184 Keine Schwierigkeiten bereitet diese Frage dort, wo Lev 17–26 als integraler Bestandteil der Priesterschrift gelten. "Denn wo es kein Heiligkeitsgesetz gibt, existiert auch nicht dessen Beginn." L.Massmann, Ruf in die Entscheidung, 29.

185 Vgl. etwa Ch.Feucht, Untersuchungen, 64.

186 Vgl. von den neueren Untersuchung etwa die Kap. 17 einbeziehende Analyse von E.Otto, Theologische Ethik, 240ff; K.Grünwaldt, Heiligkeitsgesetz oder A. Ruwe, "Heiligkeitsgesetz".

187 Einen detaillierten Vergleich zwischen Heiligkeitsgesetz und Deuteronomium hat A.Cholewinski, Heiligkeitsgesetz vorgelegt; zum Vergleich von Lev 17 und Dtn 12 vgl. 145–178.

188 Zur *ᵃnî Yhwh*-Aussage in Lev 18,2 vgl. u.

189 Vgl. bereits K.H.Graf, Die geschichtlichen Bücher, 76: "Eben so scheint 18,2–5 den allgemeinen Eingang zu den folgenden Gesetzen zu bilden".

Gebotsgruppen und dem sie beschließenden *ᵃnî Yhwh zu erkennen. Angesichts der zahlreichen Vorkommen der *ᵃnî Yhwh-Aussage im Heiligkeitsgesetz enthebt aber der (erste) Eindruck einer recht schematischen Verwendung der *ᵃnî Yhwh-Aussage nicht von der Frage nach ihrer Funktion im Heiligkeitsgesetz. Die Tatsache des auffällig dichten Gebrauchs sowie die Orte der Verwendung der Aussage im Textverlauf geben wichtige Hinweise auf ihre Bedeutung.

6.2.4.2 Statistisches

Im Buch Leviticus ist die Aussage *ᵃnî Yhwh (einschließlich Varianten) 49mal belegt. Zwei der Belege stehen in Lev 11, die restlichen 47[190] in den Kapiteln 18–26. Innerhalb dieses Blocks begegnet *ᵃnî Yhwh in jedem Kapitel, allerdings in sehr unterschiedlicher Häufigkeit. Die Konzentration ist im Kapitel 19 mit 15 Vorkommen am höchsten, im Kapitel 24 mit einem Beleg am geringsten.[191]

Die Aussage begegnet in der Kurzform *ᵃnî Yhwh[192], in der Langform *ᵃnî Yhwh *ᵃlohêkœm/-hœm, in den Kapiteln 20–22 auch als *ᵃnî Yhwh + Partizip hi von qdš + Suffix.

Die Position der Aussage im Textverlauf variiert: Sie kann redeeinleitend gebraucht werden, so Lev 18,2[193] (vgl. dazu Ex 6,6 und Ex 20,2), im Anschluss an Einzelgebote (so häufig in Kap. 19), als Abschluss größerer Einheiten (vgl. 18,30) oder auch im Textverlauf, dann allerdings meist im Umfeld von Texteinschnitten.[194] In der Mehrzahl der

---

[190] Hinzu kommen drei Fälle (Lev 19,2; 20,26; 21,8), in denen im Hebräischen *ᵃnî Yhwh zwar steht, aber keinen Nominalsatz bildet. Die Stellen dürften zwar bewusst die selbständige Aussage *ᵃnî Yhwh anklingen lassen, in der betreffenden Formulierung qādôš *ᵃnî Yhwh sind jedoch qādôš und *ᵃnî die beiden obligatorischen Glieder der Nominalen Mitteilungen; die Satzteilfolge ist regelhaft Chabar – Mubtada. (Vgl. dazu schon W.Zimmerli, Ich bin Jahwe, 15.)

[191] Anzahl der Belege von *ᵃnî Yhwh: Kapitel 18 sechs Belege, Kapitel 19 sechszehn, Kapitel 20 vier, Kapitel 21 vier, Kapitel 22 neun, Kapitel 23 zwei, Kapitel 24 ein Beleg, Kapitel 25 drei Belege, Kapitel 26 fünf.

[192] *ānokî ist in Lev im Zusammenhang der *ᵃnî Yhwh-Aussage nicht belegt.

[193] In Leviticus nur an dieser Stelle redeeinleitend gebraucht.

[194] In jüngerer Zeit hat v.a. A.Ruwe, "Heiligkeitsgesetz", der sich in seiner Dissertation, der Frage der "Systematik von Lev 17–26" und der "dieses Korpus bestimmenden Rechtsprinzipien" (3) zuwendet, nachdrücklich auf die Gliederungsfunktion der *ᵃnî Yhwh-Aussage im Heiligkeitsgesetz hingewiesen. Er glaubt dabei einen unterschiedlichen Gebrauch von Kurz- und Langform beobachten zu können: "Die Kurzformen scheinen im wesentlichen die Funktion zu haben, zusammenhängende Rechtssatzkomplexe weiter zu untergliedern. Die Langformen *ᵃnî Yhwh *ᵃlohêkœm, o.ä. dienen dagegen zur Abgrenzung von Haupt- und Unterabschnitten als solchen." (72) Was die unterschiedliche Funktion von Kurz- und Langform angeht, formuliert Ruwe selbst in Bezug auf die Kurzform vorsichtig. M.E. ist zwar möglicherweise eine gewisse Tendenz zu erkennen, bei größeren Einschnitten die vielleicht als lautlich gewichtiger empfundene Langform zu setzen, es bleibt aber festzuhalten, dass eine feste Regel nicht zu gewinnen ist, wenn etwa in Lev 18,5 die Kurzform im das Kapitel einleitenden Abschnitt zusammen mit der Langform

Fälle handelt es sich um unabhängige Sätze, in einigen Fällen steht die
Aussage innerhalb eines *kî*-Satzes.

Die Aussage ᵃ*nî Yhwh* ist im vorausgehenden / nachfolgenden Kotext
mit dem Hinweis auf die Herausführung aus Ägypten verbunden in:
(Lev 11,45 Ptz. hi. עלה;) Lev 19,36 (מִצְרָיִם מֵאֶרֶץ אֶתְכֶם הוֹצֵאתִי אֲשֶׁר);
22,32f (statt ᵃ*šær*-Satz הַמּוֹצִיא ansonsten wie 19,36); 23,43 (בְּהוֹצִיאִי
אוֹתָם מֵאֶרֶץ מִצְרָיִם); 25,38 (vgl. 19,36); 25,55 (vgl. Lev 19,36, allerdings
folgt ᵃ*nî Yhwh* auf den ᵃ*šær*-Satz und geht ihm nicht voraus); 26,13
(vgl. Lev 19,36); 26,45 (vgl. 25,55). Der erste Teil der Bundesformel ist
in Zusammenhang mit ᵃ*nî Yhwh* belegt in Lev 22,33; 25,38 und 26,45.
Auch im Heiligkeitsgesetz lässt sich, vergleicht man die Übersetzungen verschiedener Ausleger, ein Schwanken v.a. bei der Langform und
damit im Verständnis der Aussage beobachten.[195]

11,44	אלהיכם	אני יהוה		כי	Vorschlussstellung
11,45		אני יהוה		כי	redebeschließend
18,2	אלהיכם	אני יהוה			redeeröffnend
18,4	אלהיכם	אני יהוה			im Textinneren
18,5		אני יהוה			markiert Texteinschnitt
18,6		אני יהוה			markiert Texteinschnitt
18,21		אני יהוה			nach Einzelgeboten
18,30	אלהיכם	אני יהוה			redebeschließend
19,2	אלהיכם	אני יהוה		כי קדוש	markiert Texteinschnitt
19,3	אלהיכם	אני יהוה			nach Gebotsgruppe
19,4	אלהיכם	אני יהוה			nach Einzelgebot (?)
19,10	אלהיכם	אני יהוה			nach Gebotsgruppe
19,12		אני יהוה			nach Gebotsgruppe

(18,2.4) gebraucht wird, aber gerade *nach* dieser und somit den einleitenden Teil
abschließend; das vergleichbare Phänomen findet sich Lev 19, wo im abschlies-
senden Abschnitt nach der Langform in V. 34.36 die Kurzform in V. 37 das Kapitel beschließt; vgl. auch Lev 22,33, Kurzform beschließt einen Hauptabschnitt. Inhaltlich beschreibt Ruwe die Formeln als "paränetische Elemente, die mit der Autorität des Ichs, des Namens und des Gott-Seins JHWHs für die Adressaten argumentieren" (71). Für die in der vorliegenden Arbeit interessierende Frage, auf welchem Element der Formel der Aussageschwerpunkt liegt, ist diese Beschreibung
insofern interessant, als sie auf alle Elemente der Formel gleichermaßen rekurriert
und damit ein indirekter Beleg für die Schwierigkeit ist, die Aussagerichtung der
Formel zu bestimmen bzw. ein Beleg für die empfundene inhaltliche Bandbreite
dieser Aussage. – In literar- bzw. redaktionskritisch angelegten Arbeiten ist die Verwendung von Lang- und Kurzform auch als ein Argument für verschiedene Schichten herangezogen worden, vgl. dazu für Kap. 18 etwa K.Elliger, Leviticus, 233ff
(so bereits in K.Elliger, Gesetz, 22ff), ihm hat sich für Lev 18,2–4.5 A.Cholewin-
ki, Heiligkeitsgesetz, 36 angeschlossen.
[195] Vgl. stellvertretend für andere E.Gerstenberger, Das dritte Buch Mose, 224
u.ö: "Ich bin Jahwe, euer Gott"; E.Otto, Theologische Ethik, 238 u.ö.: "Ich, JHWH,
bin euer Gott".

19,14		אני יהוה		nach Gebotsgruppe
19,16		אני יהוה		nach Gebotsgruppe
19,18		אני יהוה		nach Gebotsgruppe
19,25	אלהיכם	אני יהוה		nach Gebotsgruppe
19,28		אני יהוה		nach Gebotsgruppe
19,30		אני יהוה		nach Gebotsgruppe
19,31	אלהיכם	אני יהוה		nach Einzelgebot
19,32		אני יהוה		nach Einzelgebot
19,34	אלהיכם	אני יהוה		nach Einzelgebot (?)
19,36	אלהיכם	אני יהוה		nach Einzelgebot (?)
19,37		אני יהוה		redebeschließend
20,7	אלהיכם	אני יהוה		Vorschlussstellung
20,8	מקדשכם	אני יהוה		markiert Texteinschnitt
20,24	אלהיכם	אני יהוה		markiert Texteinschnitt
20,26		אני יהוה	כי קדוש	nach Einzelgebot (?)
21,8	מקדשכם	אני יהוה	כי קדוש	nach Gebotsgruppe
21,12		אני יהוה		innerh. einer Gebotsgruppe
21,15	מקדשו	אני יהוה	כי	redebeschließend
21,23	מקדשם	אני יהוה	כי	redebeschließend
22,2		אני יהוה		markiert Texteinschnitt
22,3		אני יהוה		markiert Texteinschnitt bzw. nach Einzelgebot
22,8		אני יהוה		nach Gebotsgruppe
22,9	מקדשם	אני יהוה	כי	markiert Texteinschnitt
22,16	מקדשם	אני יהוה	כי	redebeschließend
22,30		אני יהוה		nach Gebotsgruppe
22,31		אני יהוה		Vorschlussstellung
22,32	מקדשכם	אני יהוה		Vorschlussstellung
22,33		אני יהוה		redebeschließend
23,22	אלהיכם	אני יהוה		nach Einzelgebot
23,43	אלהיכם	אני יהוה		redebeschließend
24,22	אלהיכם	אני יהוה	כי	redebeschließend
25,17	אלהיכם	אני יהוה	כי	nach Gebotsgruppe; Texteinschnitt
25,38	אלהיכם	אני יהוה		nach Einzelgebot (?)
25,55	אלהיכם	אני יהוה		redebeschließend
26,1	אלהיכם	אני יהוה	כי	nach Einzelgebot
26,2		אני יהוה		nach Einzelgebot
26,13	אלהיכם	אני יהוה		markiert Texteinschnitt
26,44	אלהיכם	אני יהוה	כי	Vorschlussstellung
26,45		אני יהוה		redebeschließend

6.2.4.3 Lev 11,44f

Noch außerhalb des Heiligkeitsgesetzes stehen die beiden Vorkommen von ʾanî Yhwh in Lev 11.[196] Die Wendung, die den Hinweis auf die Heiligkeit Jahwes mit der Aufforderung an die Israeliten verbindet, heilig zu sein/zu werden, schlägt jedoch die Brücke zu Passagen aus dem Heiligkeitsgesetz. Lev 11 hat die Unterscheidung reiner und unreiner Tiere zum Gegenstand.[197]

Lev 11,44f	כִּי אֲנִי יְהוָה אֱלֹהֵיכֶם וְהִתְקַדִּשְׁתֶּם וִהְיִיתֶם קְדֹשִׁים כִּי קָדוֹשׁ 44
	אָנִי וְלֹא תְטַמְּאוּ אֶת־נַפְשֹׁתֵיכֶם בְּכָל־הַשֶּׁרֶץ הָרֹמֵשׂ עַל־הָאָרֶץ
	כִּי אֲנִי יְהוָה הַמַּעֲלֶה אֶתְכֶם מֵאֶרֶץ מִצְרַיִם לִהְיֹת לָכֶם 45
	לֵאלֹהִים וִהְיִיתֶם קְדֹשִׁים כִּי קָדוֹשׁ אָנִי

---

[196] Die Verse Lev 11,44f sind die einzigen Vorkommen im Buch Leviticus außerhalb des Heiligkeitsgesetzes. Durch ihre Verbindung mit der Heiligkeitsthematik nehmen sie zudem Aussagen vorweg, die für das Heiligkeitsgesetz typisch sind. Ch.Feucht, Untersuchungen, nimmt an, dass sie ursprünglich Teil des Heiligkeitsgesetzes waren und durch Vertauschung hier in Lev 11 gelandet sind: Lev 11,41ff fasst die Behandlung der reinen und unreinen Tiere zusammen. "Es fällt auf, daß die unreinen Vögel und Vierfüßler hierbei nicht genannt werden. Die fehlenden Stücke dieser abschließenden Aufzählung finden sich in Kapitel 20,25 – also im Hg. Dort erscheinen sie jedoch genauso fehl am Platz wie in Kapitel 11 die Verse 44 und 45, die ihrerseits sachlich und formal zum Hg gehören. Man darf daher die Vermutung aussprechen, daß in Lev. 11 und 20 eine einfache Vertauschung zweier redaktioneller Zusätze erfolgt ist." (55) Nach ihrem "Austritt aus dem Hg" wären die Vv. 44–45 "noch wiederholt überarbeitet worden" (ebd.). Die Erklärung Feuchts ist verlockend, weil sie für zwei (Lev 11,44f und Lev 20,25) Fragen *eine* Lösung bietet. Die Schwierigkeit dieses Vorschlages besteht aber darin, wie diese "einfache Vertauschung" praktisch vonstatten gegangen sein soll. Andere sehen keine Notwendigkeit Lev 11,44f in seinem jetzigen Kotext irgendwie zu hinterfragen. A. Ruwe, "Heiligkeitsgesetz", nimmt an, dass Lev 20,25f im "Sinne eines Prinzipienverweises" (244) auf Lev 11, besonders 11,43–45 zurückverweist, ohne dass er die Stellung von 11,43–45 im jetzigen Kotext problematisiert. E.S.Gerstenberger, Das dritte Buch Mose, scheint dazu ebenfalls keinen Anlass zu sehen. Auch L.Massmann, Ruf in die Entscheidung, versteht (mit Blum) Lev 20,25–26 "als ausdrückliche Anspielung auf Lev 11,44–45" (180). "So werden die Kapitel 11–20 noch einmal deutlich in *einen* Zusammenhang gestellt, womit auch die Kapitel 11–16; 17–18 mit ihren Themen der Meidung vermeidbarer und des Umganges mit unvermeidbarer Unreinheit deutlich unter das Vorzeichen der Heiligkeit gerückt werden: Bevor Israel heilig sein kann, muss es zunächst einmal rein sein. Alle Warnungen vor Verunreinigung muss der Rezipient als negative Formulierungen der Heiligkeitsforderung auffassen." (180, Herv. Massmann).

[197] Das Kapitel behandelt das Thema 'Reine und unreine Tiere' unter unterschiedlichen Aspekten: Reinheit und Unreinheit von Tieren hinsichtlich des Verzehrs ihres Fleisches, Gefahr der Verunreinigung durch unreine Tieren durch Berührung, v.a. bei Kontakt mit Aas. Diese Aspekte vermischen sich in der Behandlung des Themas in Kapitel 11. Noth u.a gehen deshalb davon aus, dass das Kapitel nicht einheitlich und vermutlich über einen längeren Zeitraum gewachsen bzw. mehrfach überarbeitet ist. Vgl. M.Noth, Das dritte Buch Mose, 76f; E.S.Gerstenberger, Das dritte Buch Mose, 121.

> [43 *Macht euch nicht selbst zum Abscheu durch all das Getier, das*
> *da kriecht, ihr sollt euch an ihm nicht verunreinigen und so durch*
> *es verunreinigt werden.*]
> 44 *Denn ich (allein) bin Jahwe, euer Gott, ihr sollt euch heiligen,*
> *so dass ihr heilig seid, denn ich bin heilig. Und ihr sollt euch nicht*
> *verunreinigen an irgendeinem Getier, das auf der Erde kriecht.*
> 45 *Denn ich (allein) bin Jahwe, der euch aus dem Land Ägypten*
> *geführt hat, um euch Gott zu sein, ihr sollt heilig sein, denn ich bin*
> *heilig.*

Die Verse 44.45 bilden eine Art Doppelschluss, wie er in Verbindung
mit *ʾanî Yhwh* innerhalb des Heiligkeitsgesetzes, aber vor allem auch
bei Ezechiel noch häufiger begegnet: V. 45 wiederholt V. 44 zum Teil
(כִּי אֲנִי יְהוָה; וִהְיִיתֶם קְדֹשִׁים כִּי קָדוֹשׁ אָנִי), setzt aber die Kurzform *ʾanî*
Yhwh anstelle der in V. 44 gebrauchten Langform und bringt neu ein
den Hinweis auf die Herausführung aus Ägypten sowie den ersten Teil
der Bundesformel.[198] In diesem Schlussabsatz begründet *kî ʾanî Yhwh*
das Verbot von Verunreinigung. Die folgende Aufforderung, heilig zu
sein, wird mit dem Heiligsein Jahwes begründet.
Die Speisegebote bzw. überhaupt die Definition von und die Regelung
des Umgangs mit reinen und unreinen Tieren in Kapitel 11 ist, wie die
Unterscheidung von rein und unrein generell, zu sehen im Zusammenhang mit kultischer Reinheit.

"Kultisch rein sein bedeutet für den antiken Menschen, sich in der physischen und
geistlichen Verfassung zu befinden, die ihm Zugang zum Heiligen ermöglichte.
(…) Die Frage ist, ob der Jahweanhänger materiell und darum auch geistlich mit
der Heiligkeit seines Gottes 'synchronisiert' ist."[199]

Auch wenn die Verse 44f wohl zu den späten Wachstumsschichten des
Kapitels 11 gehören,[200] bringen sie die Gründe für das Bemühen um
Reinheit gut zum Ausdruck: Jahwe hat mit der Herausführung aus Ä-
gypten eine Beziehung gestiftet zu denen, die er herausgeführt hat. Damit diese Beziehung bestehen kann, muss auf Kompatibilität[201] von
Jahwe und Jahweanhängern geachtet werden. Die Kompatibilitätskrite-
rien liegen im Wesen Jahwes begründet: Er ist heilig, deshalb sollen

---

[198] M.Noth, Das dritte Buch Mose, rechnet mit mehreren Nachträgen am Ende des
Kapitels: die Verse 43–45 bilden nach ihm einen zweiten Nachtrag, einen Schlussabsatz. Inhaltlich bezieht sich dieser Absatz nicht auf alle zuvor behandelten Tiere,
sondern nur auf das Kleingetier, vgl. ebd. 80f. Nach K.Elliger, Leviticus, sind die
Dopplungen nicht ursprünglich. Die Vv. 41–44a und 44b.45 sind erst nachträglich
verbunden worden, vgl. ebd. 147f. E.S.Gerstenberger, Das dritte Buch Mose, sieht
in 44f und 46f "zusammenfassende Aussagen zum ganzen Kap. Sie tragen das Gewicht von feierlichen Abschlußerklärungen und verraten die theologische Grundli-
nie" (128).
[199] E.S.Gerstenberger, Das dritte Buch Mose, 117.
[200] Vgl. etwa E.S.Gerstenberger, Das dritte Buch Mose, 121.129.
[201] Vgl. E.S.Gerstenberger, Das dritte Buch Mose, 117.

auch seine Anhänger heilig sein, damit der Kontakt zwischen ihnen möglich ist. In diesem Aussagezusammenhang erklingt auch die *ʾanî Yhwh*-Aussage. Sie erscheint zweimal als Begründung für das Verbot, sich zu verunreinigen und bringt ebenso zum Ausdruck, dass die Forderungen mit Jahwe selbst zu tun haben.
Auf dem Hintergrund anderer Vorkommen der *ʾanî Yhwh*-Aussage, etwa in Kap. 18 oder im Dekalog wird deutlich, dass es im Kotext der *ʾanî yhwh*-Aussage in Kap. 11 um Abgrenzungen geht, um Sachverhalte, die mit Jahwe unvereinbar sind. Durch diese Abgrenzungen profiliert sich die abgrenzende Größe, tritt in ihrer "Individualität" immer deutlicher hervor. Dieser Aspekt wird durch Ich-Rede, in der der Redende unmittelbar selbstpräsent wird, unterstützt. Im Dekalog und auch in Kap. 18 verbindet sich mit dem Abgrenzungsgedanken deutlicher als hier in Kap. 11 der Ausschließlichkeitsanspruch Jahwes. In der Tradition von P ist er aber, vermittelt durch die *ʾanî Yhwh*-Aussage, vermutlich auch hier in Lev 11,44f mitzuhören.
Festzuhalten bleibt außerdem, dass die beiden Vorkommen in Lev 11 in einer abschließenden Passage stehen, deutlich begründende Funktion haben und sich mit ihnen der Gedanke der Heiligkeit, der Herausführung aus Ägypten und des Gottseins Jahwes für Israel verbindet.

6.2.4.4 *Lev 18*

Bis einschließlich Kapitel 25 beginnen alle Kapitel des Heiligkeitsgesetzes mit einem Redeauftrag Jahwes an Mose.[202]
In *Kapitel 18*, das Fälle unerlaubten Geschlechtsverkehrs behandelt, begegnet die Aussage *ʾanî Yhwh* sechsmal, die beiden ersten und das letzte Mal in der Langform, in den drei mittleren Belegen in der Kurzform. Das Kapitel 18 lässt deutlich eine Rahmung[203] in 2b-5.24–30 erkennen, deren äußersten Glieder durch die Aussage *ʾanî Yhwh ʾælohêkæm* gebildet werden. Der Gesetzesteil in Vv. 6–23 lässt sich in zwei Blöcke Vv.6–17 und Vv.18–23[204] gliedern.

---

[202] Solche Redeaufträge finden sich nicht nur innerhalb des Heiligkeitsgesetzes, sondern sind charakteristisch für nahezu alle Kapitelanfänge in Lev (und darüber hinaus: "Diese Redeeinleitungen sind für den priester(schrift)lichen (Rechts)textzusammenhang im Bereich der Bücher Exodus bis Numeri im ganzen charakteristisch und scheinen in diesem ganzen Bereich als Gliederungsmarken zu fungieren." (A.Ruwe, "Heiligkeitsgesetz", 58). Innerhalb eines Kapitels können sich erneute Redeaufträge finden. Ruwe unterscheidet im Heiligkeitsgesetz vier Formen der Redeeinleitung, von denen zwei s.E. Haupt-, zwei Unterabschnitte einleiten, vgl. A.Ruwe, "Heiligkeitsgesetz", 61ff.

[203] Vgl. etwa E.S.Gerstenberger, Das dritte Buch Mose, 225 und K.Grünwaldt, Heiligkeitsgesetz, 175. Nach E.Otto, Theologische Ethik, wird das Heiligkeitsgesetz von einem "redaktionelle(n) Fachwerk paränetischer Rahmenstücke" (237) strukturiert, wozu auch 18,1–5.24–30 gehören.

[204] So etwa E.S.Gerstenberger, Das dritte Buch Mose, 226, während K.Grünwaldt, Heiligkeitsgesetz, 175 eine Zäsur zwischen V. 17a und b annimmt.

Die ersten drei Vorkommen gehören zu dem die Einzelbestimmungen einleitenden Abschnitt.

Lev 18,2–5	
	2 דַּבֵּר אֶל־בְּנֵי יִשְׂרָאֵל וְאָמַרְתָּ אֲלֵהֶם אֲנִי יְהוָה אֱלֹהֵיכֶם
	3 כְּמַעֲשֵׂה אֶרֶץ־מִצְרַיִם אֲשֶׁר יְשַׁבְתֶּם־בָּהּ לֹא תַעֲשׂוּ וּכְמַעֲשֵׂה
	אֶרֶץ־כְּנַעַן אֲשֶׁר אֲנִי מֵבִיא אֶתְכֶם שָׁמָּה לֹא תַעֲשׂוּ וּבְחֻקֹּתֵיהֶם
	לֹא תֵלֵכוּ
	4 אֶת־מִשְׁפָּטַי תַּעֲשׂוּ וְאֶת־חֻקֹּתַי תִּשְׁמְרוּ לָלֶכֶת בָּהֶם
	אֲנִי יְהוָה אֱלֹהֵיכֶם
	5 וּשְׁמַרְתֶּם אֶת־חֻקֹּתַי וְאֶת־מִשְׁפָּטַי אֲשֶׁר יַעֲשֶׂה אֹתָם הָאָדָם
	וָחַי בָּהֶם אֲנִי יְהוָה
	2 Sprich zu den Israeliten und sag zu ihnen: "Ich (allein) bin Jahwe, euer Gott.
	3 Entsprechend dem Tun Ägyptens, wo ihr gewohnt habt, sollt ihr nicht tun und entsprechend dem Tun Kanaans, wohin ich euch bringe, sollt ihr nicht tun und nach ihren Satzungen nicht leben.
	4 Meine Gebote sollt ihr tun und meine Satzungen beachten, indem ihr in ihnen wandelt/nach ihnen lebt. Ich (allein) bin Jahwe, euer Gott.
	5 Bewahrt meine Satzungen und meine Gebote, von denen gilt: der Mensch, der sie tut, wird durch sie leben. Ich (allein) bin Jahwe."

Das erste Vorkommen in 18,2 stellt die Mose von Jahwe aufgetragene Einleitung der Rede an die Israeliten dar. Mit dem vorausgehenden Redeauftrag erinnert das Vorkommen an Ex 6,2, durch die nachfolgenden Gebote aber auch an den Dekalogvorspruch Ex 20,2.

Lev 18,2 ist innerhalb des Heiligkeitsgesetzes der einzige Beleg für ein redeeinleitendes ʾanî Yhwh. Er hat großes Gewicht, weil alle späteren Vorkommen als Rekurs auf diese erste einleitende, aber grundlegende Aussage erscheinen. Von Beginn der Moserede an ist deutlich, die Gebote gehen auf Jahwe selbst zurück, er ist die rechtssetzende Instanz.

Was im Folgenden durch die ständige Wiederholung der Aussage unzweifelhaft klar wird, dass es sich nicht um eine Selbstvorstellung handeln kann,[205] ist bereits bei diesem ersten Vorkommen deutlich. Die Anklänge an Ex 6 bzw. den Dekalog sind kaum zufällig und von Verfasser wie Rezipienten mitgehört worden.

Die Verse 3 und 4 nehmen Abgrenzungen vor, Abgrenzungen gegenüber dem "Tun Ägyptens" und dem "Tun Kanaans". Abgrenzenden Inhalts war auch der Kotext der ʾānokî Yhwh-Aussage im Dekalog. Dort ging es explizit um andere Götter (bzw. Gottes-/Götterbilder). Hier in

---

[205] So bereits Ch.Feucht, Untersuchungen, 134, der für einen Teil der Belege die Bezeichnung 'Legitimationsformel' (135) vorschlägt. Auf jeden Fall sollte auch hier der Begriff der Selbstvorstellungsformel, wie er noch weithin üblich ist (als Beispiel vgl. E.Gerstenberger, Das dritte Buch Mose, 225), vermieden werden.

Lev 18 geht es um fremdländische Sitten, von denen vorausgesetzt wird, dass sie ihrerseits auf bestimmten "Satzungen" (חֹק) basieren. Diesen Satzungen werden Jahwes Satzungen (חֻקֹּתַי) pointiert gegenübergestellt. Hinter dem verbotenen Tun Ägyptens und Kanaans steht die Vorstellung von satzungsgebenden Instanzen, die nicht Jahwe sind; es ist dabei nicht explizit von anderen Göttern die Rede, aber es ist nicht auszuschließen, dass in der Wendung כְּמַעֲשֵׂה אֶרֶץ־מִצְרַיִם und כְּמַעֲשֵׂה אֶרֶץ־כְּנַעַן auch der Dienst für die entsprechenden Götter mitanklingt.[206] Auf jeden Fall wird auch hier in Lev 18,2–5 wie im Dekaloganfang eine Konkurrenz- und Abgrenzungssituation deutlich. Sie bildet den Hintergrund vor dem *ʾanî Yhwh* in diesen ersten Versen erklingt und sie macht auf dem Hintergrund der bisher besprochenen Stellen ein Verständnis der Aussage im Sinne von *"Ich allein bin Jahwe (euer Gott)"*, wahrscheinlich; *"ich allein bin derjenige, der das Recht hat, für euch Recht zu setzen"*. Dieses Recht wird hier nicht weiter begründet; der Jahwename sowie die Stichworte "Ägypten" und "Kanaan" rekurrieren aber auf eine bestimmte Geschichte Jahwes mit seinem Volk und damit auf bestimmte bestehende Bindungen.

Wie immer das Verhältnis von P zum Heiligkeitsgesetz genau zu bestimmen ist, dass das Heiligkeitsgesetz, später als P[G] anzusetzen, in den priesterschriftlichen Traditionskomplex hineingehört, setzen die meisten Ausleger voraus.[207] Die *ʾanî Yhwh*-Aussage ist von P ererbt bzw. stellt eine deutliche Anknüpfung an P dar. Innerhalb von P, mit Schwerpunkt in Ex 6, hatte die *ʾanî Yhwh*-Aussage eine bestimmte Füllung erhalten; und wenn in der Verwendungsweise der *ʾanî Yhwh*-Aussage hier in Lev 18,2–5 an Ex 6 bzw. an die entsprechenden P-Passagen angeknüpft wird, dann auch um des inhaltlichen Anschlusses willen. In P hatte die *ʾanî Yhwh*-Aussage je länger desto deutlicher für den Alleinverehrungsanspruch Jahwes gestanden, begründet mit seiner alleinigen Wirkmächtigkeit, wie er sie beim Auszug aus Ägypten und in der Auseinandersetzung mit den Göttern Ägyptens erwiesen hatte. *ʾanî Yhwh* ist die erste Mose aufgetragene Aussage an die Israeliten. In ihr sind die rechtsetzende Instanz und gleichzeitig die Begründung deren Rechtsanspruches (erwiesene alleinige Wirkmächtigkeit) enthalten. Wenn der redeeinleitende Beleg in 18,2 so richtig verstanden ist, der Ausschließlichkeit beanspruchende Ton aufgrund des Kotextes und der Verbindung zu P[G] (und dem Dekalog) deutlich war, dann ist damit für alle nachfolgenden Belege der *ʾanî Yhwh*-Aussage eine Weiche ge-

---

206 Das Stichwort מַעֲשֶׂה hat eine große Verwendungsbreite; u.a. kann es einerseits in Zusammenhang mit Fremdgötterdienst (vgl. etwa Ex 23,24; 1.Sam 8,8; 2.Kön 22,17; Jer 25,6; Jer 44,8) genannt werden und steht andererseits oft (v.a. in den Psalmen, z.B. Ps 64,10; 66,3; 92,5.6; 104,31 u.ö.) in Verbindung mit Jahwe/Gott (das Werk/die Werke Jahwes/Gottes).

207 Vgl. dazu etwa F.Crüsemann, Tora, 323ff; E.Zenger, Einleitung, 159ff; R.G. Kratz, Komposition, 105ff. Einen stärker kritischen Bezug des Heiligkeitsgesetzes zu P sieht E.Otto, Theologische Ethik, 237.

stellt. Wenn dort der Kotext seltener Hinweise auf ein bestimmtes Verständnis gibt, so ist doch durch den Rückbezug auf diesen ersten Beleg auch für die Interpretation der folgenden eine Vorgabe gemacht, im Sinne einer Ausschließlichkeit beanspruchenden Aussage.

Die beiden Vorkommen in 18,4.5 stehen in Schlussstellung und bilden ähnlich wie in Lev 11,44f mit den Sätzen, zu denen sie gehören, eine Art Doppelschluss: In beiden Versen geht es um das Beachten (und Tun) von Jahwes Satzungen und Rechtssätzen. Beide Verse arbeiten mit den gleichen Termini, die in nahezu chiastischer Abfolge stehen. Beide Verse enden mit *ᵃnî Yhwh* (*ᵃlohêkæm*). Vers 5 enthält durch den Hinweis darauf, dass der Mensch, der die Rechtssätze befolgt, durch sie lebt, eine über V. 5 hinausgehende Motivation.[208]

Die Vorkommen der *ᵃnî Yhwh*-Aussage in Lev 18,2–5 machen deutlich, dass die Aussage im Bewusstsein einer bestimmten inhaltlichen Füllung gebraucht wird. Wenn im Verlauf der folgenden Kapitel mitunter der Eindruck entstehen kann, die Aussage werde sehr schematisch verwendet und ein inhaltlicher Grund für ihre Verwendung nicht immer ausgemacht werden kann, so ist m.E. doch von Lev 18,2–5 her die inhaltliche Füllung stets mitzuhören. Ihre inhaltliche Füllung macht die Aussage dann geeignet, bestimmte formale Funktionen der Gliederung oder im Zusammenhang redaktioneller Fugen zu übernehmen, ihr inhaltlicher Anspruch aber bleibt von 18,2–5 her bestehen und wird von verschiedenen Stellen im weiteren Verlauf der Kapitel bestätigt.

Dem einleitenden Abschnitt Vv. 1–5 folgt in V. 6 als eine Art Überschrift eine die folgenden Gebote zusammenfassende Aussage (*Keiner von euch soll sich irgendeinem Blutsverwandten nähern um (die) Scham-(gegend) zu entblößen. *ᵃnî Yhwh*).[209] Die *ᵃnî Yhwh*-Aussage markiert und unterstreicht die 'Überschrift' als solche, hebt sie ab von den folgenden, diese summarische Forderung entfaltenden Einzelgeboten. Sie stellt damit gleichzeitig die Einzelgebote unter die Autorität Jahwes. Sie leistet auch eine Rückbindung an die den Gebotsteil einleitenden Sätze in 18,2–5.

---

[208] K.Elliger, Leviticus, erklärt die Dopplung so, dass 2b-4 und 5 zu unterschiedlichen Schichten gehören. Er weist darauf hin, dass 2b-4 ganz konsequent aufgebaut sind und in 4b mit der Langform *ᵃnî Yhwh *ᵃlohêkæm*, die den Abschnitt auch eröffnet hat, schließt. Danach kommt V. 5 "einigermaßen unerwartet" (ebd. 233), darüber hinaus weist er nicht die Langform, sondern die Kurzform *ᵃnî Yhwh* auf, vgl. ebd. 233f. 2b-4 und 5 bilden den ersten Teil eines Rahmens, der zweite abschließende Teil findet sich in den Versen 24–30, dort hat nach Elliger die für 2b–4.5 beobachtete Schichtung in 24.30 einerseits und 25–29 andererseits ihre Entsprechung, vgl. ebd. Anders E.S.Gerstenberger, Das dritte Buch Mose, 225ff, der nicht erkennen lässt, dass er innerhalb des Rahmens Vv. 1–6.24–30 noch einmal mit einer Schichtung rechnet.

[209] Vgl. A.Ruwe, "Heiligkeitsgesetz", der V. 6 als "Grundsatzbestimmung für diesen Unterabschnitt" versteht, die "folgenden Einzelbestimmungen summarisch vorwegnehmend" (164).

In den Vv. 7ff stehen Einzelgebote; bis V. 18 handelten es sich um Verbote des Geschlechtsverkehrs, die aufgrund des Verwandschaftsgrades erfolgen, ab V. 19 folgen Verbote aus anderen Gründen.[210] In diesem Abschnitt wird allein das Verbot, Nachkommen dem Molech zu übereignen,[211] durch *ᵃnî Yhwh* beschlossen,[212] der Aussage unmittelbar vorausgeht das Gebot, den Namen Gottes nicht zu entweihen. Das Gebot in V. 21 unterscheidet sich von den bisherigen dadurch, dass ein Übertreten Jahwe anscheinend unmittelbar tangieren würde, insofern ein anderer Gott[213] ins Spiel kommt, dass sein Name, d.h., das, wofür er steht, er selbst, durch das verbotene Tun (?)[214] entweiht wür-

---

210 So M.Noth, Das dritte Buch Mose, 116f; Ph.J.Budd, Leviticus, 251; anders Ch.Feucht, Untersuchungen, 32 (Vv. 7–16.17–23); K.Elliger, Leviticus, 231f (Vv. 7–17a.17b–23). A.Ruwe, "Heiligkeitsgesetz", fasst den zweiten Abschnitt ab V. 19 unter "Trennungs- und Zuordnungsvorschriften" (175) zusammen. "Während es in 18,6–18 um das Verbot von Vermischungen und Grenzüberschreitungen im Zusammenhang von Sexualbeziehungen nach *innen* (zwischen Sexualbeziehungen und Verwandtschaftsbeziehungen) geht, so werden in 18,19–23 Grenzüberschreitungen in Zusammenhang mit (Sexual)beziehungen nach *außen* thematisiert." (178) Unter das Stichwort "kulturell bedeutsam(e) Basisunterscheidungen" (181) lässt sich nach Ruwe dann auch das Molochopfer, als zentrales Verbot dieses Abschnittes, fassen. Das Kindesopfer stellt die "Unverbrüchlichkeit der Eltern-Kind-Beziehung in Frage" und wäre damit "ebenfalls die Überschreitung einer kulturell wichtigen Grenzziehung" (181f).
211 Zur Diskussion über die Bedeutung dieser Wendung und speziell über die Größe מֹלֶךְ vgl. etwa K.Elliger, Leviticus, 273; E.S.Gerstenberger, Das dritte Buch Mose, 231; 266f; Ph.J.Budd, Leviticus, 259f.
212 Nach A.Ruwe, "Heiligkeitsgesetz", unterstreichen die "Kurzparänese" und die "Selbstvorstellungsformel" "die hervorgehobene Position von V.21", der nach Ruwes Analyse "das Zentrum des Unterabschnitts 18,19–23" bildet (176f).
213 Was man sich genau unter dem Molechkult vorzustellen hat und ob sich dahinter *molek* ein Gott verbirgt oder nicht, ist umstritten, vgl. zur Diskussion etwa H.-P. Müller, Art. מֹלֶךְ, passim; O.Kaiser, Den Erstgeborenen; J.Day, Molech, passim, zu Lev 18,21 vgl. 22–24 und zusammenfassend etwa R.Albertz, Religionsgeschichte 1, 297ff; K.Grünwaldt, Heiligkeitsgesetz, 187ff. Die entsprechenden Wendungen im AT sprechen, unabhängig von der Frage der tatsächlichen historischen Ausprägung, m.E. dafür, dass hier eine Handlung verboten wird, die deshalb mit dem Jahweglauben unvereinbar ist, weil damit eine andere göttliche Größe (entweder direkt oder durch die Übernahme einer Opferpraxis, die mit einem Nicht-Jahwe-Kult in Beziehung gebracht wurde) neben Jahwe ins Spiel kommt. Vgl. auch A.Ruwe, "Heiligkeitsgesetz", der bei Praktizierung des Molechkultes neben der von ihm angenommenen "kulturell-kosmologischen Problematik" auch einen "Loyalitätsbruch gegenüber JHWH" vermutet (182).
214 Ob eine logische Abhängigkeit zwischen dem Verbot, Nachkommen für Moloch durch (Feuer) gehen zu lassen und dem Verbot, den Namen Gottes zu entweihen, besteht, muss offenbleiben (vgl. z.B. E.S.Gerstenberger, Das dritte Buch Mose, 231: Die zweite Vershälfte (V.21b) kann als eigenständiges Verbot oder als Absichtssatz aufgefaßt werden"), da sprachlich keine entsprechenden Indikatoren gegeben sind und das letztgenannte Verbot ebenso wie das erstgenannte im Imperfekt steht. Anders in 19,12, wo das Namensentweihungsverbot durch Waw-Perfekt an

de. Damit kommt im Vorfeld der *anî Yhwh-Aussage jener polemische
Ton ins Spiel, der bereits im Dekalog beobachtet worden war. Dass anders als bei den übrigen Einzelgeboten in V. 21 *anî Yhwh steht, könnte
durch den Inhalt des Gebotes, der ein Tun verbietet, das als götzendie-
nerisch galt, veranlasst sein.
Der letzte Beleg in Kapitel 18 (18,30), die Langform der Aussage, be-
schließt das gesamte Kapitel. Der Schlussabschnitt beginnt in V. 24.[215]
Es geht in Vv. 24–30 generell um die Mahnung, die Gebote zu halten
und sich und das Land nicht durch Tun des zuvor Verbotenen zu ver-
unreinigen.[216]
In allen Belegen des Kapitels 18 besteht kein Zweifel daran, dass *anî
Yhwh (*ælohêkæm) ein eigenständiger Nominalsatz ist.
Im Anschluss an Kapitel 18 lassen sich zwei Näherbestimmungen der
Funktion der *anî Yhwh-Aussage vornehmen:
– Gerstenberger hat darauf hingewiesen, dass Kap. 18 deutliche Ab-
grenzungsbemühungen[217] Israels von den Völkern zeigt. Ziel ist die
Schaffung bzw. Festigung einer eigenen Identität.[218] Es ist sicher kein
Zufall, wenn in einem solchen Zusammenhang die *anî Yhwh-Aussage
erklingt. Sie ist dasjenige Element, das den Kern bzw. die Wurzel die-
ser Identität ins Spiel bringt. Alle Israel von den Völkern unterscheidenden Bräuche, Gebote etc. haben ihren Ursprung im Gott Israels, er
ist Quelle der Identität des Volkes. Der Gebrauch von *anî Yhwh gehört
in das Gesamtbemühen hinein, eine (religiöse) Identität auszuformen,
die den Unterschied zu anderen betont.
– Mit dieser inhaltlichen Funktion verbindet sich eine formale, die *anî
Yhwh-Aussage rahmt Zusammengehöriges bzw. markiert Sinn- oder
Textabschnitte.[219]

---

das vorausgehende Verbot angeschlossen und so vermutlich von diesem abhängig
ist, s.u.
[215] Unter denjenigen Autoren, die literarkritische Überlegungen anstellen, gilt der
Abschnitt 24–30 als uneinheitlich, die Schichtung der Verse ist jedoch ist umstritten: K.Elliger, Leviticus, 233f verbindet 24.30 sowie 25–29, M.Noth, Das dritte
Buch Mose, 115f vermutet, dass 26.27, 28.29 und 30 jeweils sekundäre Zusätze
darstellen.
[216] Ch.Feucht, Untersuchungen, 32: "Unabhängig von diesen Vermutungen über
die literarische Vorgeschichte von Lev. 18 (…) ist anzunehmen, daß der Bearbeiter
das Gesetz in Lev 18,7–23 als eine Einheit, als ein großes Ganzes, verstanden wissen wollte. Sonst hätte er innerhalb der Gesetze – ähnlich wie in Lev. 19 – die kleineren Abschnitte durch die Formel anî jhwh gekennzeichnet."
[217] Vgl. etwa auch K.Grünwaldt, Heiligkeitsgesetz, 222.
[218] "Nach dem Verlust der staatlichen Eigenständigkeit im Gefolge der babylonischen Okkupation und der Deportation wichtiger Bevölkerungsteile hatte die Jah-
wegemeinschaft sich notgedrungen auf ihre religiöse und sittliche Identität zurück-
gezogen." (E.S.Gerstenberger, Das dritte Buch Mose, 235.)
[219] "Die Namensformel [sc. *anî Yhwh, A.D.] in V.30 [sc. in Verbindung mit Vorkommen in V. 2, A.D.] legt einen Rahmen um Kap. 18 und weist damit das Kap.
als geschlossenes Ganzes aus. Sie stellt das Kap. unter die Autorität und die Ver-

6.2.4.5 *Lev 19*

Kapitel 19 "ist einzigartig im AT. Es gibt viele Sammlungen von ethi-schen Normen (vgl. Ex 20; Ez 18), aber keine, die eine so bunte Viel-zahl aufweist und die so starke soziale und religiöse Akzente gesetzt hat."[220] Deshalb hat das Kapitel auch zu immer neuen Ordnungs- und Gliederungsversuchen Anlass gegeben. Dass es aus unterschiedlichem Material zusammengewachsen ist, ist unbestritten;[221] interessanter im vorliegenden Zusammenhang ist die Frage, ob der jetzt in Kapitel 19 vorliegenden Komposition eine nachvollziehbare Struktur[222] zugrunde-

---

heißung des Exodus-Gottes und nimmt damit die gesamten Gebote in die typisch alttestamentliche Struktur [Anm.: Vgl. für die Struktur paradigmatisch die Deka-logpräambel.] von Zusage und Forderung, Zuspruch und Anspruch hinein. Gottes Gebot entspringt seiner Befreiungstat, ja es schöpft aus dieser Tat erst sein ganzes Gewicht." (K.Grünwaldt, Heiligkeitsgesetz, 217.) Auch E.S.Gerstenberger, Das dritte Buch Mose, 225 spricht von einer Rahmung der Gottesrede in Kap. 18 durch ʾ*anî Yhwh*. "Alles, was gesagt wird, steht unter diesem Vorzeichen." (225) – K. Grünwaldt, Heiligkeitsgesetz, problematisiert mit Blick auf die bisherige For-schungsgeschichte die Bezeichnung "Selbstvorstellungsformel" für ʾ*anî Yhwh* und fragt, nachdem er festgehalten hat, dass die Annahme einer Selbstvorstellung für die Vorkommen in Lev 18,2ff keinen Sinn ergibt, nach der Funktion der Formel in ihrem Kotext (vgl. 209). "Vielmehr erweist sich JHWH als der gebietende, aber auch zusprechende Gott, wobei der Akzent auf der *Alleinwirksamkeit JHWHs für Israel* liegt und eine Abgrenzung gegenüber anderen Völkern und damit Göttern vorgenommen wird. Darum übersetze ich: Ich, JHWH, bin euer Gott." (209f). Grünwaldt spricht von der "Namensformel". Den literarischen Ursprung der Lang-form verortet er in Hos 12,10; 13,4, wobei nicht festgestellt werden kann, ob Hosea der Schöpfer der Formel ist oder Tradition aufnimmt (vgl. 210): "aus prophetischer Überlieferung (Hos; Ez) stammt auch die Namensformel, die JHWH als Exodus-Gott qualifiziert." (221) Für Lev 18,2b-5 betont Grünwaldt den Zusammenhang der Aussage mit dem Exodus. "Der sich mit der Formel zu Wort meldende Gott ist der Gott des Exodus; er ist der gnädige und zugleich fordernde Gott." (210) – Statt der als problematisch empfundenen Bezeichnung "Selbstvorstellungsformel" spricht Grünwaldt von "Namensformel". Dieser Versuch einer Neubezeichnung überzeugt mich aus zwei Gründen: 1. Lässt die Bezeichnung eher an Stellen denken, an denen vom šem/שֵׁם Jahwes des Rede ist; 2. bringt sie nicht zum Ausdruck, worauf nach Grünwaldt der Akzent der Formel liegt, auf der "*Alleinwirksamkeit JHWHs*". Für den Begriff "Namensformel" könnte man zwar Jes 42,8 anführen אֲנִי יְהוָה הוּא שְׁמִי, vgl. dazu aber Kap. 6.4.2.2.3.

[220] E.S.Gerstenberger, Das dritte Buch Mose, 236. A.Ruwe, "Heiligkeitsgesetz", weist darauf hin, dass die beiden Abschnitte 19,5–10 und 19,20–25, die maßgeb-lich zum Eindruck der Vielschichtigkeit beitragen, "*direkt* mit anderen Abschnitten des Heiligkeitsgesetzes verbunden sind und damit deutlich in gesamtkompositori-schen Zusammenhängen stehen". (195) Diese gesamtkompositorischen Verweise unterscheiden nach Ruwe Kap. 19 von den übrigen Abschnitten des Heiligkeitsge-setzes (vgl. 195).

[221] Als Beispiel für ein literarkritisches Erklärungsmodell des Kapitels 19 vgl. K.Elliger, Leviticus, 251ff.

[222] Vgl. etwa A.Ruwe, "Heiligkeitsgesetz", der in Kap. 19 "eine völlig regelmäßi-ge Struktur" (193; vgl. auch 194) erkennt.

liegt. Zu dieser Frage sind verschiedene Vorschläge gemacht,[223] insgesamt aber keine Einigkeit über die Struktur des Kapitels erzielt worden.[224] Grünwaldt urteilt auf die verschiedenen vorgetragenen Gliederungsversuche blickend: "Ihnen ist eines gemeinsam: Sie gehen nicht auf."[225] Er selbst geht davon aus, "daß das Kap. vom Verf. nicht in eine – wie auch immer – kunstvolle Struktur gebracht worden ist."[226] Deutlich ist, dass das Kapitel durch die Forderung *meine Satzungen sollt ihr beachten* (V. 19) in zwei große Blöcke geteilt wird.[227] Im ersten Block begegnet *ʾᵃnî Yhwh* (*ʾᵉlohêkæm*) siebenmal (3+4), im zweiten sechsmal (4+2)[228].

---

[223] Vgl. u.a. F.Crüsemann, Tora, 378ff und E.Otto, Heiligkeitsgesetz, 68ff.

[224] Zur Übersetzung in Kapitel 19 ist zu beachten: Die Ge- und Verbote werden in der Regel in Reihen von Imperfecta gegeben. Wenn dann am Ende einer solchen Reihe ein Waw-Perfekt steht, sollte dieses nicht als parallel zu den Imperfecta übersetzt werden. (Vgl. W.Gesenius/E.Kautzsch, Hebräische Grammatik, § 112.) In Lev 19,14.32 geht es am Ende von Geboten, die das Verhalten gegenüber den personae miserae betreffen, um Gottesfurcht: וְיָרֵאתָ מֵּאֱלֹהֶיךָ. Die Übersetzung sollte deutlich werden lassen, dass dabei nicht ein weiteres Gebot angereiht wird, sondern, dass sich וְיָרֵאתָ מֵּאֱלֹהֶיךָ in einer bestimmten Weise auf die vorausgehenden Gebote zurückbezieht. In Lev 19,14.32 ist der Sinn *du sollst dich so und so verhalten und (auf diese Weise Gott fürchten=) darin erweisen, dass du Gott fürchtest.* (K.Elliger, Leviticus unklar in der Übersetzung, spricht aber in der Auslegung in Bezug auf den fraglichen Satz von "Motivation", vgl. 252; vgl. auch D.Michel, Tempora und Satzstellung, 95ff zur explikativen Funktion des Perfekts). Lev 19,12 nennt mit וְחִלַּלְתָּ אֶת־שֵׁם אֱלֹהֶיךָ אֲנִי יהוה die Konsequenz, die ein Übertreten des vorausgegangenen Gebotes bedeuten würde: *Du sollst in meinem Namen nicht lügnerisch schwören und so den Namen deines Gottes entweihen* (diese Stelle ist von den meisten Auslegern richtig wiedergegeben). K.Elliger, Leviticus, 251 hält 12b und 14b für (sekundäre) Auffüllungen der Reihe. In Lev 19,32 מִפְּנֵי שֵׂיבָה תָקוּם וְהָדַרְתָּ פְּנֵי זָקֵן sind nicht zwei Gebote, die den Umgang mit Alten betreffen, nebeneinandergestellt, vielmehr bezieht sich der zweite Teil der Aussage erläuternd auf den ersten zurück: *Vor einem grauen Haar sollst du aufstehen und einen alten Menschen auf diese Weise ehren.* [Dass es sich im Grunde nur um ein Gebot handelt, nicht um zwei, darauf weist auch K.Elliger, Leviticus, 250 hin, er argumentiert dabei vom (synonymen) Parallelismus membrorum aus.] Und schließlich ist auch das Gebot der Nächsten- bzw. Gastliebe in Lev 19,18.34 entsprechend zu verstehen; es ist kein weiteres Gebot parallel zu den vorhergehenden, sondern bezieht sich auf sie zurück: *Du sollst also deinen Nächsten lieben wie dich selbst / Kurz gesagt: Du sollst deinen Nächsten lieben wie dich selbst / Auf die genannte Weise sollst du deinen Nächsten lieben wie dich selbst.* [Vgl. E.S.Gerstenberger, Das dritte Buch Mose, der die in V. 17f dem Gebot der Nächstenliebe vorausgehenden Gebote als Konkretisierungen des Gebotes der Nächstenliebe versteht (vgl. ebd. 247)].

[225] K.Grünwaldt, Heiligkeitsgesetz, 40. Grünwaldt bietet auch einen Überblick über verschiedene Versuche, das Kapitel 19 zu strukturieren, vgl. ebd. 40ff.

[226] K.Grünwaldt, Heiligkeitsgesetz, 42.

[227] Vgl. etwa K.Grünwaldt, Heiligkeitsgesetz, 255.

[228] Wenn man die letzten beiden Vorkommen in Vv. 36 und 37 zum Abschluss des gesamten Kapitels rechnet.

Wie in Kapitel 18 eröffnet auch *Kapitel 19* mit einem Redeauftrag Jahwes an Mose.[229]

Lev 19,2	וַיְדַבֵּר יְהוָה אֶל־מֹשֶׁה לֵּאמֹר 2 דַּבֵּר אֶל־כָּל־עֲדַת בְּנֵי־יִשְׂרָאֵל וְאָמַרְתָּ אֲלֵהֶם קְדֹשִׁים תִּהְיוּ כִּי קָדוֹשׁ אֲנִי יְהוָה אֱלֹהֵיכֶם 1 *Jahwe sprach zu Mose:* 2 *Sprich zu der ganzen Gemeinde der Israeliten und sage zu ihnen: Heilige sollt ihr sein, denn ich, Jahwe, euer Gott, bin heilig.*

Die Rede soll unmittelbar mit der Forderung קְדֹשִׁים תִּהְיוּ *Heilige sollt ihr sein* beginnen, erst in der Begründung dieser Forderung heißt es: כִּי קָדוֹשׁ אֲנִי יְהוָה אֱלֹהֵיכֶם. Zwei Nominalsätze sind in diesem *kî*-Satz miteinander verschmolzen: 1. *qadôš ʾanî* (vgl. Lev 11,44.45) und 2. *ʾanî Yhwh* (*ʾælohêkæm*). Der Nukleus des Satzes lautet *qadôš ʾanî*. Es handelt sich um eine Nominale Mitteilung, mit der für unabhängige Nominalsätze regelhaften Satzteilfolge Chabar – Mubtada; *Yhwh ʾælohêkæm* ist in diesem Fall Apposition zum Pronomen *ʾanî*. Auch wenn die Wendung *ʾanî yhwh ʾælohêkæm* in Lev 19,2 keinen selbständigen Nominalsatz darstellt, so ist die Langform innerhalb des *kî*-Satzes doch deutlich zu erkennen. Dieser Umgang mit der *ʾanî Yhwh*-Aussage setzt voraus, dass sie eine geprägte Größe war, dass sie erkennbar war, auch wenn sie auf der syntaktisch grammatischen Ebene gar nicht realisiert war; er spricht auch für ihre Bedeutung, sie sollte mitgehört werden, weil sie einen inhaltlichen Aspekt mit einbrachte und in der Heiligkeitsforderung den Ausschließlichkeitsgedanken mitanklingen ließ.

Die übrigen Vorkommen[230] in diesem Kapitel stellen eindeutig selbständige Nominalsätze dar, in denen das Pronomen einerseits und *Yhwh* andererseits die obligatorischen Satzglieder bilden. Die *ʾanî Yhwh*-Aussage steht im Anschluss an Einzelgebote, an Gebotsgruppen und am Ende des Kapitels.

• V. 3 Mutter und Vater fürchten und Jahwes Sabbate halten	אני יהוה אלהיכם
• V. 4 Nicht Götzen zuwenden, keine Götzenbilder machen	אני יהוה אלהיכם
• Vv. 5–8 Über den rechtzeitigen Verzehr des שֶׁלֶם-Opfers	
• Vv. 9–10 Verbot der Nachernte zugunsten der Armen	אני יהוה אלהיכם
• Vv. 11–12 Nicht stehlen, täuschen, lügen und nicht lügnerisch in Jahwes Namen schwören, seinen Namen nicht entweihen	אני יהוה
• V. 13 Den Nächsten nicht erpressen und berauben	

---

229 7-mal (bzw. 8-mal vgl. 19,2) findet sich die Langform (L) der *ʾanî Yhwh*-Aussage, 8-mal die Kurzform (K) (4-mal L – 4-mal K – 1-mal L – 2-mal K – 1-mal L – 1mal K – 2-mal L – 1-mal K).

230 Nach E.Otto, Theologische Ethik, 237, sind 19,1–4 insgesamt eines der paränetischen Rahmenstücke, die das Heiligkeitsgesetz durchziehen.

• V. 13 Den Lohn des Tagelöhners nicht über Nacht einbehalten	
• V. 14 Dem Tauben nicht fluchen, dem Blinden kein Hindernis in den Weg stellen und sich fürchten vor seinem Gott	אני יהוה
• Vv. 15–16 Kein Unrecht tun in Gerichtsverhandlungen	אני יהוה
• Vv. 17–18 Verhalten gegenüber dem Nächsten, der sich verfehlt hat und Nächstenliebe	אני יהוה
V. 19 Satzungen beachten	
• V. 19 Verbot der Verbindung von Ungleichem (Vieh, Feld, Gewebe)	
• Vv. 20–22 Sonderfall des Geschlechtsverkehrs mit einer Sklavin	
• Vv. 23–25 Über das Abernten neugepflanzter Obstbäume	אני יהוה אלהיכם
• V. 26 Nicht Fleisch zusammen mit Blut essen	
• V. 26 Nicht Wahrsagerei und Zauberei treiben	
• V. 27 Nicht den Rand des Hauthaares und Bartes stutzen	
• V. 28 Keine Einritzungen am Körper als Trauerritus, keine Tätowierung	אני יהוה
• V. 29 Tochter nicht zur Hurerei veranlassen	
• V. 30 Sabbate beachten und Heiligtum fürchten	אני יהוה
• V. 31 Keine Totengeister befragen	אני יהוה אלהיכם
• V. 32 Respektvolles Verhalten gegenüber Alten, Gott fürchten	אני יהוה
• Vv. 33–34 Gastrecht	אני יהוה אלהיכם
• Vv. 35–36 Kein Unrecht bei Rechtsentscheiden und Maßen usw.	אני יהוה אלהיכם
V. 37 Satzungen beachten	אני יהוה

Im jetzigen Textbestand werden in der Tendenz Gebotsgruppen oder aber als eigenständige Größen verstandene Einzelgebote durch die Aussage *ʾᵃnî Yhwh* (*ʾælohêkæm*) abgeschlossen[231], ohne dass sich eine feste Regel aufstellen ließe.[232]

---

[231] Ch.Feucht, Untersuchungen, 37 bezeichnet *ʾᵃnî Yhwh* als "redaktionelle Formel" (ebd. 37 u.ö.), die speziell in Kap. 19 "trotz der für heutiges literarisches Empfinden oft beinahe wahllosen Aneinanderreihung der Gesetze eine gewisse Geschlossenheit des Kapitels" erreicht (ebd).

[232] So auch K.Grünwaldt, Heiligkeitsgesetz, 256. Noch unklarer ist, ob dem Wechsel zwischen der Lang- und der Kurzform eine Bedeutung beizumessen ist. Elliger ist davon ausgegangen, dass der Gebrauch der Kurzform einerseits, der Langform andererseits (bedingt) verschiedene Hände erkennen lässt, vgl. K.Elliger, Leviticus, 252f. Nach A. Ruwe, "Heiligkeitsgesetz" gliedert die Kurzform eher zusammenhängende Rechtssatzkomplexe, die Langform weist Haupt- und Unterabschnitte aus, vgl. dazu oben Anm. 202.

Zu Beginn des Kapitels 19 werden in den Versen 3f grundlegende Bestimmungen, für die beiden grundlegenden Lebensbereiche Familie und Gottesverhältnis vorangestellt werden.[233] Die Gebote Mutter und Vater zu fürchten und Jahwes Sabbate zu halten, werden durch die *ᵃnî Yhwh*-Aussage als zusammengehörig markiert; zu beachten ist, dass sich beide zwar nicht sprachlich aber inhaltlich im Dekalog wiederfinden.[234] Die abschließende *ᵃnî Yhwh*-Aussage hat in diesem Zusammenhang neben ihrer formalen Funktion eine Gebotsgruppe abzugrenzen sicher die inhaltliche Funktion, Jahwe allein als die eigentliche Mitte aller Lebensbereiche, die von den Geboten berührt werden, herauszustellen. In V. 4 schließt sich als eigene Größe das Verbot an, sich anderen Göttern zuzuwenden bzw. Götter/Gottesbilder (וֵאלֹהֵי מַסֵּכָה/הָאֱלִילִם) zu machen. Der Begriff הָאֱלִילִם in V. 4 ist polemisch und kennzeichnet andere Götter bereits als irrelevante Größen.[235] Eine Interpretation der *ᵃnî Yhwh*-Aussage als Ausschließlichkeit beanspruchende Aussage (*Ich allein bin Jahwe, euer Gott*) ermöglicht einen inhaltlich konsequenten Anschluss an das vorausgehende Götzenverbot.

Obwohl die Verse 5–8 über den rechtzeitigen Verzehr des שֶׁלֶם-Opfers deutlich eine eigene thematische Einheit bilden, werden sie nicht durch eine *ᵃnî Yhwh*-Aussage abgeschlossen; anders das Verbot der Nachlese zugunsten der Armen (Vv. 9–10), das durch die *ᵃnî Yhwh*-Aussage am Ende von V. 10 als eigene Einheit markiert wird.

Die besondere Fürsorge Jahwes für personae miserae, die im AT innerhalb und außerhalb der Rechtscorpora immer wieder belegt ist, könnte in Lev 19,10 inhaltlicher Anlass für die *ᵃnî Yhwh*-Aussage sein, die formal die kleine Gebotsgruppe abgrenzt. Als Abschuss von Geboten, die sich auf besonders schutzbedürftige Gruppen beziehen, begegnet die *ᵃnî Yhwh*-Aussage auch in 19,14[236]; 19,32; 19,34[237]. Stellen, wie die genannten, machen deutlich, dass Verhalten im sozialen Bereich und Gottesbeziehung untrennbar zusammengehören.

---

233 "An der doppelten Ehrfurchtsforderung erkennen wir die Gemeindestruktur (…) Die Gemeinschaft gründet auf der Familie und dem Gottesglauben (…). Darum werden diese Säulen der Gemeinde gerade am Anfang der Zusammenstellung so fest verankert." (E.S.Gerstenberger, Das dritte Buch Mose, 242.)

234 In V. 30, finden sich die Stichworte "Sabbat" und "fürchten" aus V. 3 wieder, in der Form "Sabbate beachten und Heiligtum fürchten".

235 Vgl. Ch.Dohmen, Bilderverbot, 188f.

236 M.Noth, Das dritte Buch Mose, 122. – F.Crüsemann, Tora, 375 nimmt 19,11–18 als durch *ᵃnî Yhwh* vierfach gegliederte Einheit zusammen, die zuläuft auf und ihren Höhepunkt findet im Gebot der Nächstenliebe.

237 Vgl. den Rekurs auf die eigene Fremdlingschaft in Ägypten. Die Erinnerung an Ägypten ist immer auch Erinnerung an das das Verhältnis Jahwe-Israel grundlegende Ereignis des Exodus, mit dem die *ᵃnî Yhwh*-Aussage in der P-Tradition, aber auch im Dekalogvorspruch und ihm vergleichbaren Formulierungen im AT aufs Engste verbunden ist.

Die Vv. 11–18 werden in der Regel als (gewachsene und durch *ʾᵃnî Yhwh* strukturierte) Einheit verstanden.[238] Einige haben kleinere Gebotsreihen finden wollen, wobei sich beide Einschätzungen nicht ausschließen. Die Verbote in Vv. 11–12 thematisieren hinterhältigen Umgang mit anderen, verbunden mit dem Verbot, den Jahwenamen zu entweihen (וְלֹא־תִשָּׁבְעוּ בִשְׁמִי לַשָּׁקֶר וְחִלַּלְתָּ אֶת־שֵׁם אֱלֹהֶיךָ אֲנִי יְהוָה). Gemeinschaftschädigendes Verhalten wird im jetzigen Beieinander der Vv. 11 und 12 als ein Verhalten gesehen, wodurch das Verhältnis zu Jahwe selbst unmittelbar betroffen ist (, weil er das entsprechende Verhalten verboten hat)[239]: "'Entweihung des Namens' Gottes ist mehr als eine tiefe, persönliche Beleidigung Jahwes. Sie schließt eine physisch zu nennende Verletzung der göttlichen Sphäre ein"[240]. Die *ʾᵃnî Yhwh*-Aussage vereindeutigt das vorausgehende *ʾᵃlohêka* und bringt die Autorität Jahwe ins Spiel in einem Zusammenhang, in dem er bzw. sein Name direkt betroffen ist. Das Problem der Entweihung wird im Heiligkeitsgesetz an verschiedenen Stellen behandelt. Entweihung, Profanieren[241] berührt dabei unmittelbar die göttlichen Interessen. Es ist Gegenbegriff zum Heiligen; mit dem Verbot zu entweihen, kommen Abgrenzungsbestrebungen ins Spiel, wie sie im Heiligkeitsgesetz an etlichen Stellen zutage treten. Der Kotext gibt in diesem Fall keinen direkten Hinweis für eine Interpretation der *ʾᵃnî Yhwh*-Aussage in Richtung Ausschließlichkeit beanspruchende Aussage, schließt sie aber keineswegs aus. Die Abgrenzungen gehen einher mit der Konstruktion von Identität, wobei Jahwe, und zwar Jahwe *allein* Ursprung und Mitte dieser Identität ist.[242]

In den folgenden Versen begegnet *ʾᵃnî Yhwh* sowohl nach V. 16 als auch nach V. 18. Noth fasst die Vv. 15–18 zu einem Abschnitt zusammen, in dem es um das "'richtige(n)' Verhalten in der Rechtsgemeinde im 'Tor'"[243] geht. Aufgrund des bisherigen Gebrauchs von *ʾᵃnî Yhwh* in diesem Kapitel scheint es mir naheliegend, hier zwei voneinander deutlich zu unterscheidende Bestimmungen zu sehen. In den Vv. 15–16 geht es mit Noth um Verhalten in Gerichtsverhandlungen. In V. 17f ist m.E. dieser offizielle Rahmen nicht angesprochen, vielmehr geht es möglicherweise gerade um außergerichtlichen Umgang mit Verfehlungen.[244]

---

238 Vgl. etwa K.Elliger, Leviticus, 247f.251f; F.Crüsemann, Tora, 374ff; E.Otto, Heiligkeitsgesetz, 70f; K.Grünwaldt, Heiligkeitsgesetz, 256; A.Ruwe, "Heiligkeitsgesetz", 198ff.
239 Dieser Gedanke ist im AT des öfteren belegt, vgl. etwa Am 2,7; Jer 34,16; dazu W.Dommershausen, חלל, 972f.
240 E.S.Gerstenberger, Das dritte Buch Mose, 244.
241 Vgl. W.Dommershausen, חלל, 972.
242 Vgl. oben zu Lev 18,20; unten zu Lev 26,2.
243 M.Noth, Das dritte Buch Mose, 122.
244 Auch E.S.Gerstenberger, Das dritte Buch Mose sieht in Vv. 15f und 17f zwei Einheiten. Die Vv. 17f charakterisiert er folgendermaßen: "Die vier Verbote und

Liegen in den Versen 15–18 zwei, wenn auch verwandte Themenberei-
che, vor, ließe sich verstehen, warum in diesem Abschnitt ʾᵃnî Yhwh
zweimal belegt ist, nämlich als Abschluss eines jeden dieser beiden Abschnitte.[245] In beiden Abschnitten geht es um gemeinschaftsschädigen-
des Verhalten, zu diesem setzt sich Jahwe unmittelbar in Beziehung.
Jahwe ist die Mitte der Gemeinschaft, ist Ursprung und Quelle ihrer
Identität. So wird das Verhalten innerhalb der Gemeinschaft zu einer
Frage des Gottesverhältnisses.

Als nächster eigenständiger Themenbereich wird das Verbot des Ab-
erntens neugepflanzter Obstbäume durch ʾᵃnî Yhwh ʾᵆlohêkœm abgeschlossen (Vv. 23–25).
In V. 26 beginnt eine kleine Reihe, die vermutlich heidnische bzw. göt-
zendienerische Bräuche verbietet, dazu gehört das Verbot, Fleisch zusammen mit seinem Blut zu essen, den Rand von Haupthaar und Bart
zu stutzen, Einritzungen am Körper als Trauerritus sowie Tätowierun-
gen vorzunehmen. Ob die Reihe in V. 29 oder V. 31 endet, ist umstritten.[246] Die ʾᵃnî Yhwh-Aussage steht in V. 28 und 30 Ende in der Kurzform, in V. 31 Ende in der Langform.
Inhaltlich wie formal (Abschluss durch ʾᵃnî Yhwh), stellt V. 30 einen
eigenen Komplex dar.[247] Wenn ʾᵃnî Yhwh aber eine Funktion bei der
Abgrenzung einzelner Einheiten zukommt, dann ist zu beachten, dass
die Aussage nach V. 28, nach V. 31, nicht aber nach V. 29 steht. Es ist
deshalb zu erwägen, ob nicht die Vv. 26–28 als durch ʾᵃnî Yhwh abgeschlossene Reihe zu verstehen sind. Die ʾᵃnî Yhwh-Aussage könnte hier
neben der formalen Funktion, Einheiten zu markieren auch inhaltlich
veranlasst sein, wenn die hier genannten Verhaltensweise als fremd-

---

zwei Gebote beschreiben keine konkreten Einzelhandlungen mehr wie in V. 11–
16. Sie zielen vielmehr auf grundsätzliche Einstellungen gegenüber dem anderen
Menschen." (Ebd. 24) Zwei Einheiten (V. 15f und V. 17f) sieht auch A.Ruwe,
"Heiligkeitsgesetz", 204.
[245] So auch F.Crüsemann, Tora, 375f; E.Otto, Heiligkeitsgesetz, 70.
[246] Nach Noth sind auch das Verbot, seine Tochter zu Hurerei anzuhalten, verstanden als Kultprostitution sowie Totengeister zu beschwören, noch dieser Reihe
zuzurechnen (vgl. M.Noth, Das dritte Buch Mose, 123f). Die Aufforderung, die
Sabbate zu beachten und das Heiligtum zu fürchten, wirken s.E. in den Zusammenhang dieser Gebotsreihe eingeschoben (vgl. M.Noth, Das dritte Buch Mose, 124).
E.Otto, Heiligkeitsgesetz grenzt die Reihe ebenfalls mit 26–31 ab, versteht aber
das Sabbatgebot als integralen Bestandteil; die Gebote sind solche, die "Israel von
den idolatrischen Praktiken der Völker abgrenzen und positiv im Sabbatgebot in
19,30 zentriert sind" (ebd. 70). A.Ruwe, "Heiligkeitsgesetz" lässt den Abschnitt bis
V. 32 einschließlich gehen, auch wenn die Abgrenzung nach hinten wegen der
Langform der ʾᵃnî Yhwh-Aussage in V. 31 nicht unproblematisch ist. Ruwe verweist auf die Möglichkeit einer Vorschlussstellung, die die Langform durchaus
auch an anderer Stelle hat, sodass sie s.E. nicht notwendig "die allerletzte Bestimmung eines Abschnitts markieren" muss (207).
[247] Nach E.S.Gerstenberger, Das dritte Buch Mose, 253 "aus der Feder der späten
Überlieferer".

religiöse Einflüsse gedeutet wurden, die als solche Jahwe (und seinen Ausschließlichkeitsanspruch) unmittelbar betreffen. Als thematisch verwandt könnte dieser kleinen Reihe in 26–28 dann V. 29 (hier würde *ᵃnî Yhwh* fehlen) einerseits,[248] V. 31 andererseits angeschlossen worden sein.[249] V. 31 verbietet wiederum ein Handeln, das mit Jahwes alleinigem Anspruch unvereinbar ist; die *ᵃnî Yhwh*-Aussage könnte also auch hier durchaus inhaltlich mitveranlasst sein, V. 30, mit der Aufforderung, die Sabbate Jahwes zu halten und das Heiligtum zu ehren, abgeschlossen durch *ᵃnî Yhwh,* hat eine enge Entsprechung am Ende des Heiligkeitsgesetzes in 26,2. Die Aufforderung ist vielleicht das positive Gegenstück zu der in V. 29 in den Blick gekommenen Gefahr des hurenden Landes. Mit dem Sabbat und der Orientierung am Heiligtum sind zwei zentrale, für Israel identitätsstiftende Größen genannt; beide stehen, wie die Suffixe der 1. Person zeigen, in direktem Zusammenhang mit Jahwe; die *ᵃnî Yhwh*-Aussage ist geeignet, den Anspruch Jahwes zu untermauern oder in gewisser Weise vielleicht zu begründen: *Jahwes* Sabbate sind zu achten und *sein* Heiligtum ist zu ehren/fürchten, weil sie Zeichen/Symbole *seiner alleinigen* Präsenz und Wirkmächtigkeit für Israel sind. Dies wird nicht als Aussage *über* Jahwe, sondern in der Ich-Rede als Aussage Jahwes selbst, und damit als unhinterfragbar gültig gesetzt.

Die verbleibenden Verse sind wieder deutlicher zu gliedern. Es finden sich drei thematisch unterschiedliche Bestimmungen (V. 32 Verhalten gegenüber Alten; Vv. 33f Gastrecht, Vv. 35f Rechtsentscheide/Maße und Gewichte), die jeweils durch *ᵃnî Yhwh* abgeschlossen werden: In V. 35f werden gerechte Maße und Gewicht geboten; in V. 36 ist die Aussage *ᵃnî Yhwh ᵃᵉlohêkæm* mit der Herausführungsaussage (vgl. Dekalogvorspruch, dort in der 2. sg; hier 2. pl.) verbunden. Die *ᵃnî Yhwh*-Aussage in V. 37 beschließt das Kap. 19, Kap. 20 beginnt mit einer neuen Redeeinleitung. Auch die der *ᵃnî Yhwh*-Aussage vorausgehende Mahnung, die Satzungen usw. zu beachten, findet sich im Heiligkeitsgesetz mehrfach (vgl. zuletzt V. 19) im Umfeld von Texteinschnitten. Das Suffix der 1. Person an חֻקֹּתַי und מִשְׁפָּטַי korrespondiert mit der abschließenden Ich-Aussage *ᵃnî Yhwh* und eröffnet ein Interpretation in Richtung: *Jahwes* Satzungen und *Jahwes* Gebote sind zu beachten, weil *er allein* rechtsetzende Instanz ist. Auch hier spielt

---

248 Nach E.S.Gerstenberger, Das dritte Buch Mose, 253 "vermutlich eine eigene Bildung der späten Sammler".
249 Zu V. 29f vgl. E.S.Gerstenberger, Das dritte Buch Mose, 253. – E.Otto, Heiligkeitsgesetz, 70.73 fasst die Vv. 26–31 unter dem Stichwort "Abgrenzungsgebote" zusammen. Vgl. auch die Deutung von A.Ruwe, "Heiligkeitsgesetz": "Im engeren Kontext mit V.29 gelesen fungiert V.30 als eine verallgemeinernde Forderung und bringt folgendes zum Ausdruck: Man soll kosmologisch-kulturelle Prinzipien wie die Unverbrüchlichkeit der Eltern-Kind-Beziehung nicht nur nicht mißachten, sondern im Hinblick auf die der Restitution der Schöpfung dienenden Größen 'Sabbat' und 'Heiligtum' gerade zur Geltung bringen." (215)

die Ich-Rede eine nicht zu unterschätzende Rolle: Jahwe selbst erhebt
auf diese Weise seinen Anspruch, kein anderer für ihn, was diesem Anspruch Unumstößlichkeit verleiht. Insgesamt lässt sich für Kap.
19 die Tendenz aufweisen, wonach ʾₐnî
Yhwh Gebotsgruppen oder als eigenständige Größen verstandene Einzelgebote beschließt. Es bleibt jedoch die Beobachtung, dass es thematisch abgrenzbare Gebote gibt, die keinen entsprechenden Abschluss
durch ʾₐnî Yhwh finden: das Gebot die Opfermahlzeiten betreffend
(Vv. 5–8), das Verbot der Verbindung von Ungleichem (V. 19) und der
Sonderfall von Geschlechtsverkehr mit einer Sklavin (Vv. 20–22); vielleicht das Verbot, seine Tochter zur Hurerei zu veranlassen (V.29;
wenn man es nicht eng mit V. 30 zusammensehen will), ohne dass sich
dafür Gründe haben benennen lassen.
So kann das "Rätsel" des Kapitels 19, falls es denn ein solches gibt,
noch nicht als gelöst gelten.[250] Einigermaßen deutlich ist seine Zwei-
teilung durch V. 19aα, deutlich auch, dass es zusammengehörige Ge–
botsgruppen in beiden Teilen gibt und dass es Entsprechungen der bei–
den Teile zueinander "irgendwie" gibt. Möglicherweise ist aber eine
"Struktur", die über eine Anreihung von Geboten und Gebotsgruppen
und deren (spätere) Kennzeichnung als zusammengehöriger Komplex
(durch den Rahmen) wesentlich hinausgeht, nicht beabsichtigt gewe-

---

[250] Nach K.Grünwaldt, Heiligkeitsgesetz ist die fehlende Struktur in Kap. 19 beabsichtigt: "Dem Verfasser kam es darauf an, das Leben des Gottesvolkes so um-
fassend wie möglich unter das Wort Gottes zu stellen. Die Vielfalt des Lebens wird
durch die gewollt unsystematische Anordnung der Rechtssätze unterstrichen." (259)
Nach A.Ruwe, "Heiligkeitsgesetz", weist das Kap. 19 hingegen einen klaren Aufbau aus. Aufgrund seiner Gliederung des Kapitels arbeitet Ruwe auch eine das Kapitel umgreifende Thematik heraus. "Die inhaltliche Intention, die hinter diesem
kompositionellen Zusammenhang steht, ist folgendermaßen zu beschreiben: Die
Gestaltung des Alltags in Beachtung kosmologischer Trennung/Scheidung bildet
für die Autoren offenbar die Grundlage dafür, dass eine verlässliche Entwicklung
sozialer Räume und Beziehungen mit ihren jeweiligen Solidaritäts- und Loyalitäts-
formen gelingt. (…) Lev 19,2a₃–37 ist so an den zentralen Ordnungsprinzipien von
Gen 1f orientiert und wendet das Programm von Trennung/Scheidung und Zuordnung gewissermaßen auf der gesellschaftlichen Ebene an." (219) Vgl. auch die Beschreibung der Thematik von Kap. 19 von K.Grünwaldt, Heiligkeitsgesetz, der von
der Heiligkeitsforderung in 19,2 ausgeht und als bemerkenswert notiert, dass auf
diese überwiegend ethische Gebote und nicht kultische Reinheitsvorschriften folgen: "Bezeichnet das Adjektiv 'heilig' normalerweise etwas zu JHWH Gehöriges
und *von der alltäglichen Welt Geschiedenes*, so sollen sich die Israeliten nach Lev
19 gerade dadurch als Heilige erweisen, daß sie auch *in der alltäglichen Welt*, auch
in ihren scheinbar profanen Bezügen gemäß den Weisungen ihres Gottes leben."
(251) Grünwaldt wertet diese Beobachtung dahingehend aus, dass es nach Lev 19
keinen Ort gibt, "der wirklich profan wäre (…). In Lev 19 wird also nicht der Hei-
ligkeitsbegriff ethisiert; eher wird durch den Zugriff JHWHs auf die gesamte Lebenswirklichkeit Israels diese sakralisiert, indem sie Anteil bekommt an der Heiligkeit Gottes. Es gibt kein Leben abseits der Forderungen Gottes, immer und überall
steht der Mensch dem Heiligen gegenüber." (253)

sen.[251] Der Gedanke, dass durch die Vielfalt der Gebote die Vielfältig-
keit der Lebenswirklichkeit in den Blick kommen soll,[252] scheint mir
einiges für sich zu haben. Es entspräche der auch sonst im AT und im
Alten Orient an vielen Stellen zu beobachtenden Eigenart, durch das
Nebeneinanderstellen einzelner uns mitunter unzusammenhängend er-
scheinender Aspekte das Bild eines Ganzen zu vermitteln.[253]
Trotz der Fragen, die bezüglich der Struktur des Kapitels 19 bleiben,
lässt sich festhalten: *ˀanî Yhwh* steht in Kapitel 19, mit Ausnahme des
Belegs in V. 2, in Schlussstellung[254] und begegnet als festgefügte Aussage, deren Gebrauch sich auf den ersten Blick nicht unmittelbar aus
dem Inhalt der Gebote abzuleiten scheint, die von der *ˀanî Yhwh*-Aus-
sage beschlossen werden, noch in Verbindung mit der Form dieser Gebote (vgl. 2. sg./2. pl. etc.) zu stehen scheint. Ein zweiter Blick macht
jedoch deutlich, dass ein auf Ausschließlichkeit ausgerichtetes Verständnis der Aussage in etlichen Fällen einen guten Sinn im Zusammenhang der zuvor ergangenen Ge- und Verbote ergibt. Die *ˀanî Yhwh*
Aussage wird in Kapitel 19 sicher nicht rein formal gesetzt, auch wenn
sie eine Funktion im Rahmen der Sammlung und Zusammenstellung
von Geboten hat und als ein Gliederungs- und/oder Redaktionssignal
dient.[255] Es gibt deutliche Anzeichen dafür, dass der Inhalt der *ˀanî*
Yhwh Aussage gehört und verstanden wurde. Sie leistet eine Autorisierung der Gebote und durch die genannte Autorität ein Höchstmaß an
Verbindlichkeit. Damit verbunden ist ein Aspekt, der über die Funktion,
den Geboten Autorität zu verleihen, hinausgeht: Die Gebote werden in
direkte Beziehung zu Jahwe gesetzt, das Befolgen bzw. Nichtbefolgen

---

[251] Das schließt nicht aus, dass sich für die gesammelten Gebote bestimmte Aus-
wahlkriterien ausmachen lassen, deren Bestimmung auf eine inhaltliche Leistung
des Kapitels führen, wie sie etwa A.Ruwe, "Heiligkeitsgesetz" vorgelegt hat, vgl.
oben Anm. 250.
[252] Vgl. dazu etwas K.Grünwaldt, Heiligkeitsgesetz, dazu in Anm. 250.
[253] Vgl. dazu E.Brunner-Traut, Frühformen des Erkennens, 7ff und passim; dort
in Anm. 2 der "Einführung" weitere Literaturhinweise zur Aspektive; ihre Beobachtungen bezieht sie andeutungsweise auch auf Sammlungen von Rechtssätzen
(vgl. 95f), wobei zu beachten ist, dass im altorientalischen Recht auch ganz andere
Kompositionsprinzipien als das aspektive Prinzip zum Tragen gekommen sind.
[254] E.S.Gerstenberger, Das dritte Buch Mose, schreibt zur *ˀanî Yhwh*-Aussage in
Lev 19: "Die 'Selbstvorstellungsformel' wächst damit aus ihrer ursprünglichen
Funktion, jemanden einzuführen, der noch nicht bekannt ist, heraus. Sie wird zu
einer 'Heiligungsformel', denn die Namensnennung Gottes nach jedem eingearbei-
teten Gebotsabschnitt ruft die Forderung von Vers 2 ins Gedächtnis. Die Gemeinde
soll 'heilig sein' oder 'heilig werden'!" (256)
[255] Dass die Verbindung der Einzelgebote bzw. Gebotsreihen mit der Formel *ˀanî*
Yhwh in Lev 19 eine sekundäre ist und zu einer redaktionellen Ebene gehört, ist in
der Forschung weitgehend Konsens, vgl. stellvertretend E.S.Gerstenberger, Das
dritte Buch Mose: "Die Überlieferer der Leviticus-Sammlung haben kurze Ver-
und Gebotsreihen vorgefunden, zusammengestellt und mit ihrer eigenen, theologisch sehr wichtigen Abschlußformel voneinander abgesetzt. Die Schlußformel
wird als feierliche Unterstreichung der mitgeteilten Normen verwendet." (ebd. 239)

der Gebote wird damit in den Horizont des Gottesverhältnisses gestellt.[256] Die Häufigkeit des Vorkommens der *'anî Yhwh*-Aussage und
die Tatsache, dass sie die Mehrzahl der Gebotseinheiten abschließt, erweckt zudem den Eindruck, dass die Vielfalt der Lebensbereiche in unmittelbarer Beziehung zu Jahwe steht, dass er im Gegenüber zu all diesem Bereichen präsent ist. Diese Überlegungen laufen konsequent zu
auf bzw. erweisen sich als fundiert in dem Anspruch auf Ausschließlichkeit, wie er mittels der *'anî Yhwh*-Aussage erhoben wird: "*Nur ich
bin Jahwe (dein Gott)*", nur einer ist wirkmächtig, *einer* ist rechtsetzende Instanz, der in der Wirklichkeit Israels regelnd präsent ist.

6.2.4.6 *Lev 20*

Kapitel 20[257] enthält gegenüber den Kapitel 18 und 19 keine neuen Gebote, sie decken sich inhaltlich weitgehend mit Kapitel 18,[258] die Verbote zu Molech und Totengeistern finden sich in Kapitel 19 (die Unterscheidung zwischen reinen und unreinen Tieren erinnert an Kapitel
11), formal lassen sich durchaus Unterschiede aufweisen[259]. *'anî Yhwh*
begegnet in diesem Kapitel dreimal[260] und ein weiteres Mal in der Verbindung *kî qādôš 'anî Yhwh*, in der *'anî Yhwh* keinen eigenständigen
Nominalsatz bildet. Die letztgenannte Formulierung in 20,26, der die
Heiligungsforderung vorausgeht, verbindet das Ende von Kap. 20 mit
dem Beginn von Kap. 19.

---

[256] Vgl. dazu auch K.Grünwaldt, Heiligkeitsgesetz, 256: "Die außergewöhnliche
Fülle der Namensformeln im Kap. will nicht allein dem Hörer bzw. Leser einhäm-
mern, welche Autorität hinter den Ge- und Verboten steht, sondern drückt aus, dass
JHWH über *allen* Lebensbereichen der Israeliten mit seinem gebietenden Wort
steht; anders gesagt: die 16-fache Betonung, daß es JHWH ist, der dies alles sagt,
steht für die Totalität, mit der alles unter sein Wort gestellt wird. Zugleich macht
der Autor des Heiligkeitsgesetzes deutlich, daß der gebietende Gott auch der rettende, sich zuwendende Gott ist, der Gott, der (...) Israel aus Ägypten gerettet hat."
[257] Unter dem Titel "Ruf in die Entscheidung" hat L.Massmann "Studien zur
Komposition, zur Entstehung und Vorgeschichte, zum Wirklichkeitsverständnis
und zur kanonischen Stellung von Lev 20" vorgelegt.
[258] Ob Kap. 20 und Kap. 18 abhängig oder unabhängig voneinander entstanden
sind, wird diskutiert. Während etwa M.Noth, Das dritte Buch Mose, 126 gegen
eine literarische Abhängigkeit votiert hat, gibt es, gerade auch in jüngerer Zeit Positionen, die davon ausgehen, dass es bewusst gestaltete Bezüge des Kap. 20 auf 18
(und 19) gibt. Vgl. etwa K.Grünwaldt, Heiligkeitsgesetz, 60; A.Ruwe, "Heiligkeitsgesetz", 224; E.S.Gerstenberger, Das dritte Buch Mose, 263.
[259] Vgl. M.Noth, Das dritte Buch Mose, 126f.
[260] Zweimal die Langform, einmal in der Form *'anî Yhwh meqaddiše̊kæm*. Zur
Bedeutung dieser "Formelvarianten in Lev 20" vgl. L.Massmann, Ruf in die Entscheidung, 172f, der darlegt, "dass die einzelne Variable jeweils einen Aspekt des
gesamten Bedeutungsspektrums der Konstanten (sc. *'anî Yhwh*, A.D.) besonders
hervorheben" (172); dem ist zuzustimmen; nicht klar ist, warum beim Gebrauch
einer Variablen deshalb alle "anderen möglichen Assoziationen, die es vielleicht
trotz des prägnanten Gebrauchs der Ich-JHWH-Formel innerhalb des Erzählfadens
noch geben könnte, [...] *ausgeblendet*" (172; Herv. A.D.) werden.

Zwei der Vorkommen der ʾanî Yhwh-Aussage in Kap. 20, in V. 7[261] und 8, gehören zusammen.[262] Sie haben ihre Entsprechung in V. 26, der wiederum zu dem größeren Schlussabschnitt des Kapitels in den Vv. 22–27 gehört.[263] V. 7 und 8 voraus gehen in Kap. 20 das Verbot, Nachkommen an den Molech zu geben und Totengeister zu befragen; beide Verbote sind durch das Stichwort znh/זנה huren (V. 5.6) verknüpft.

Lev 20,7f	7 וְהִתְקַדִּשְׁתֶּם וִהְיִיתֶם קְדֹשִׁים כִּי אֲנִי יְהוָה אֱלֹהֵיכֶם
	8 וּשְׁמַרְתֶּם אֶת־חֻקֹּתַי וַעֲשִׂיתֶם אֹתָם אֲנִי יְהוָה מְקַדִּשְׁכֶם
	7 Heiligt euch und seid Heilige,[264] denn ich (allein) bin Jahwe, euer Gott.
	8 Beachtet meine Satzungen und tut sie. Ich (allein) bin Jahwe, der euch heiligt.[265]

Der Gedanke der Heiligkeit des Volkes und Jahwes, der das Volk heiligt, bilden den gedanklichen Hintergrund der beiden Verse.[266] Für die Wendung ʾanî Yhwh meqaddišekæm stellt sich die Frage nach dem neben ʾanî zweiten obligatorischen Glied, ist es Yhwh oder das Partizip meqaddišekæm?[267] Für Yhwh spricht, dass im Umfeld ʾanî Yhwh als feste Wendung gebraucht ist. Es gelten dieselben Überlegungen wie für die um ʾælohêkæm o.ä. erweiterte Aussage.[268] Ich gehe davon aus, dass die Konstruktion derjenigen in V. 7 entspricht und meqaddišekæm parallel zu ʾælohêkæm Apposition ist.

---

[261] Beachte die Wiedergabe von 7b bei K.Elliger, Leviticus, 274: "'Denn ich, Jahwe', scl. und gar kein anderer, 'bin euer Gott'."

[262] Ch.Feucht, Untersuchungen, erwägt verschiedene Möglichkeiten der Zuordnung der Verse 7f: "Vers 7f ist entweder redaktioneller Schluß der Gesetze 2–6 oder Einleitung der folgenden Ehe- und Keuschheitsgesetze, oder Vers 7 gehört zu 2–6 und Vers 8 zu 9–21." (35)

[263] A.Ruwe versteht daher V. 7f zusammen mit V. 22–27 als paränetischen Rahmen um das eigentliche Bestimmungskorpus 20,9–21 (vgl. A.Ruwe, "Heiligkeitsgesetz", 227). Ähnlich E.Otto, Theologische Ethik, der 20,7.22–27 zu den paränetischen Rahmenstücken zählt, das die Heiligkeitsgesetz als "redaktionelles Fachwerk" (237) durchziehen und L.Massmann, Ruf in die Entscheidung, 72f.75f.79f.

[264] Übersetzung von L.Massmann, Ruf in die Entscheidung: "So erweist euch als heilig und bleibt heilig" (52 vgl. auch Erläuterung 63f).

[265] Da in V. 8 vor der ʾanî Yhwh-Aussage kein kî steht und auch sonst keine Hinweise auf Hypotaxe vorliegen, sollte man m.E. nicht "Denn ich bin JHWH, der euch heiligt" (so L.Massmann, Ruf in die Entscheidung, 52; Herv. A.D.) übersetzen, trotz der für die ʾanî Yhwh-Aussage angenommenen Begründungsleistung (vgl. L.Massmann, Ruf in die Entscheidung, 72).

[266] Vgl. dazu Lev 11,44f und 19,2.

[267] M.Noth, Das dritte Buch Mose, 125: "ich bin Jahwe, derjenige, der euch heiligt"; K.Elliger, Leviticus, 263: "ich, Jahwe, bin's, der euch heiligt"; E.S.Gerstenberger, Das dritte Buch Mose, 261: "ich, Jahwe, heilige euch", aber 265: "Ich bin Jahwe, der euch heilig macht".

[268] Vgl. dazu oben Kap. 3.5.

Ab V. 10[269] folgt ein längerer Abschnitt von Verboten bestimmter Geschlechtsbeziehungen, der sich inhaltlich stark mit Kapitel 18 berührt. Der Abschnitt schließt mit einer Mahnung, die Satzungen und Rechtssätze Jahwes zu beachten (Vv. 22ff). Im Rahmen dieser Schlussmahnung steht *ᵃnî Yhwh ᵃᵉlohêkæm* in V. 24b, verbunden mit dem Gedanken, dass Jahwe Israel aus den Völkern ausgesondert hat. Durch das Stichwort *bdl* sind V. 24b (*ich habe euch ausgesondert aus den Völkern*) und V. 25 (*ihr sollt unterscheiden zwischen reinem Vieh und unreinem ...*) miteinander verbunden.[270] Der in V. 24b geäußerte Gedanke, dass Jahwe Israel aus dem Kreis der Völker ausgesondert hat, wird in V. 26 wiederholt. Ihm geht voraus die Aussage לִי וִהְיִיתֶם קְדֹשִׁים כִּי קָדוֹשׁ אֲנִי יְהוָה. In V. 26 wird, wie schon in 19,2, der Nominalsatzkern von *qādôš* und *ᵃnî* gebildet,[271] *Yhwh* ist Apposition zum Pronomen. V. 27 nimmt noch einmal das Thema Totengeister (vgl. V.6) auf und wird nicht durch *ᵃnî Yhwh* abgeschlossen.[272] Der Schlussabschnitt des Kapitels 20 (von V. 27 abgesehen) ist sehr ausführlich. Das deutet vielleicht auf einen größeren Einschnitt an dieser Stelle hin und könnte seine Ursache darin haben, dass die Kapitel 21f nicht mehr allen Israeliten gelten, sondern den Priestern, Aaron und seinen Söhnen.[273]

---

[269] V. 9 beinhaltet das Verbot, Vater und Mutter zu verfluchen; es hat mit den unmittelbar folgenden Verboten gemeinsam, dass der Tatbestand als Blutschuld verstanden wird.

[270] Diskutiert wird, ob diese Verbindung sekundärer Natur ist. Nach M.Noth, Das dritte Buch Mose, 130f und K.Elliger, Leviticus, 277 ist V. 25 ein Einschub. Nach Ch.Feucht, Untersuchungen, 37 ist V. 25 "störend" und V. 26 "der Redaktion zuzuschreiben", sodass er das Ende des Kapitels wohl in V. 24 sieht. Anders E.S.Gerstenberger, Das dritte Buch Mose, 265, der den Hinweis auf die Speisegebote von Lev 11 als Konkretisierung der Absonderungsforderung versteht, und K.Grünwaldt, Heiligkeitsgesetz, 51ff.

[271] Auch wenn hier die *ᵃnî Yhwh*-Aussage mitklingt, liegt syntaktisch der Schwerpunkt der Aussage auf *qādôš* als dem Chabar; daher halte ich eine Übersetzung "Denn heilig bin (nur) ich, JHWH..." (L.Massmann, Ruf in die Entscheidung, 56) aus syntaktischen wie inhaltlichen Gründen – die Israeliten sollen sich ja gerade *auch* als Heilige erweisen – für schwierig. Wollte man im Deutschen, das Mitschwingen der *ᵃnî Yhwh*-Aussage in dieser Konstruktion paraphrasierend verdeutlichen, müsste man vielleicht sagen: *Heilig bin ich, der ich allein Jahwe bin.*

[272] Ob mit V. 27 ein Nachtrag vorliegt oder nicht, kann hier offen bleiben. Mehrheitlich nehmen die Exegeten einen solchen an; anders etwa K.Grünwaldt, Heiligkeitsgesetz, 54 und A. Ruwe, "Heiligkeitsgesetz", 229.241.

[273] In Entsprechung dazu enthält dann Kapitel 22 seinerseits ebenfalls eine ausführlichere Schlussparänese, bevor in Kapitel 23 Mose wieder die Rede an die Israeliten allgemein aufgegeben wird.

6.2.4.7 *Lev 21*

Kapitel 21 enthält Regelungen für die Priester.[274] Durch den erneuten Redeauftrag Jahwes an Mose in V. 16 zerfällt das Kapitel in zwei Teile.[275] Die Wendung *ʾánî Yhwh* + Ptz. hi. von *qdš* + Suffix (21,15; 21,23) beschließt die beiden Teile des Kapitels.

Die Aussage כִּי קָדוֹשׁ אֲנִי יְהוָה מְקַדִּשְׁכֶם in 21,8, die im Hebräischen ebenfalls die Abfolge *ʾánî Yhwh* + Ptz. hi. von *qdš* + Suffix enthält, durch das vorausgehende *qādôš* aber syntaktisch anders aufzuschlüsseln ist (*qādôš* und *ʾánî* bilden den Nominalsatzkern, *Yhwh* und *mᵉqaddᵉšam* sind Apposition, vgl. 19,2 und 20,26), gliedert den ersten Teil in einen Teil, der alle Priester betrifft, und in einen Teil, der den Hohepriester[276] betrifft.[277]

Darüber hinaus beschließt die in diesem Kapitel sonst nicht verwendete Kurzform *ʾánî Yhwh* den V. 12. Warum die Wendung gerade hier steht, ist nicht ganz klar. Das Gebot, der Hohepriester dürfe das Heiligtum nicht verlassen, macht einen ziemlich rigiden Eindruck und bedurfte daher vielleicht besonderer Autorisierung. Möglich wäre auch, dass die Vv. 10–12 als eigener kleiner Unterabschnitt "Verhaltensregeln für den Hohepriester im Trauerfall" verstanden wurden;[278] in V. 13 geht es

---

[274] E.S.Gerstenberger, Das dritte Buch Mose, nimmt die Kapitel 21 und 22 unter dem Stichwort "Priesterangelegenheiten" (279ff) zusammen. A.Ruwe, "Heiligkeitsgesetz", 247ff grenzt 21,1–22,16 ab. Inhaltlich geht es hier nach Ruwe zum einen um Fälle, in denen die Bindung der Priester an das Heiligtum in Konflikt gerät mit anderen zentralen Bindungen, denen an Familie und Gesellschaft (21,1–15) bzw. an die eigene priesterliche Gruppe (21,17b–23). Die Regelungen gehen dahin, dass die "Solidarität der Priester gegenüber Familie und Gesellschaft (…) jeweils dort ihre Grenze [findet], wo diese Solidaritäten die Mißachtung des grundlegenden kosmologischen Prinzips von Trennung/Scheidung bedeuten, das für das Heiligtum elementar ist" (264). Der Aspekt von Trennung/Scheidung ist auch grundlegend für die Opferbestimmungen in 22,2aβ–9 und 22,10–16. Es handelt sich dabei um jene Opfergaben, "die auch mit Nicht-Heiligem in Berührung kommen und (…) nicht in dem gegen Unreinheit abgeschirmten Bezirk des Heiligtums bleiben" und deshalb "in besonderer Weise geschützt werden" (271).

[275] Ch.Feucht, Untersuchungen, 42 gliedert folgendermaßen: "Reinheitsvorschriften für die gewöhnlichen Priester (1–8)", "für den Hohenpriester (10–15)", "Ausschluß der mit einem Leibesgebrechen Behafteten vom Priesterdienst (16–23)".

[276] So interpretiert etwa E.S.Gerstenberger, Das dritte Buch Mose, 279 die Wendung "Der Priester, der der Größte unter seinen Brüdern ist"; vgl. auch Ch.Feucht, Untersuchungen, 42.

[277] Zwischen diesen beiden Teilen steht V. 9. Er ist thematisch nur sehr lose mit dem vorliegenden Komplex verbunden, insofern es um die Priestertochter geht (vgl. dazu M.Noth, Das dritte Buch Mose, 135). Es steht sicher nicht zufällig in dieser Fuge zwischen beiden Teilen und kann bei der Betrachtung der Grobgliederung unberücksichtigt bleiben.

[278] Nach A.Ruwe, "Heiligkeitsgesetz", ist auch die Bestimmung in V. 12 bezogen auf den Trauerfall, vgl. 257.

zwar weiter um den Hohepriester, aber nicht mehr um die Frage des Verhaltens im Trauerfall.[279]

6.2.4.8 Lev 22

Das *Kapitel 22* weist mit 9 Vorkommen nach Kapitel 19 die höchste Konzentration an *ᵃnî Yhwh*-Stellen auf. Das Kapitel ist durch erneute Redeeinleitungen in V. 17 und V. 26 dreigeteilt. Die ersten beiden Teile richten sich an die Priester, der Adressat des dritten Teiles ist nicht benannt. Die *ᵃnî Yhwh*-Stellen verteilen sich auf den ersten (5)[280] und den dritten Teil (4)[281].
Die Vv. 1–16 (= 1. Teil des Kapitels 22) sind klar gegliedert; *ᵃnî Yhwh* hat innerhalb dieser Gliederung eine deutliche Funktion. In den Versen 1f wird der Abschnitt mit einem überschriftartigen Gebot eröffnet, des Inhalts, dass die heiligen Gaben Jahwes von den Priester ehrfurchtsvoll zu behandeln seien. Zum Umgang mit den heiligen Gaben folgen dann ab Vers 3 nähere Bestimmungen. Die Themenvorgabe in den Versen 1 und 2 wird durch *ᵃnî Yhwh* abgeschlossen.

Lev 22,1f	וַיְדַבֵּר יְהוָה אֶל־מֹשֶׁה לֵּאמֹר 1
	2 דַּבֵּר אֶל־אַהֲרֹן וְאֶל־בָּנָיו וְיִנָּזְרוּ מִקָּדְשֵׁי בְנֵי־יִשְׂרָאֵל וְלֹא יְחַלְּלוּ
	אֶת־שֵׁם קָדְשִׁי אֲשֶׁר הֵם מַקְדִּשִׁים לִי אֲנִי יְהוָה
	1 Jahwe sagte zu Mose: 2 Sag zu Aaron und seinen Söhnen, sie sollen die heiligen Gaben der Israeliten mit Ehrfurcht behandeln und meinen heiligen Namen nicht entweihen, [die heiligen Gaben] die sie mir geheiligt haben. Ich (allein) bin Jahwe.

Nach einer erneuten Redeaufforderung folgt eine Unterüberschrift, die den Kontakt mit den heiligen Gaben zu Zeiten der Unreinheit untersagt, es folgt *ᵃnî Yhwh*. In den Versen 4ff werden dann verschiedene Fälle von Unreinheit, die den Kontakt mit dem heiligen Gaben ausschließen, behandelt. Diese Reihe endet in V. 8 mit *ᵃnî Yhwh*, gefolgt von einer Mahnung in V. 9, die Ordnungen Jahwes zu beachten, beschlossen durch *ᵃnî Yhwh mᵉqaddᵉšam*.
Damit ist wieder ein deutlicher Einschnitt markiert. Das Thema 'heilige Gaben' wird zwar ab V. 10 weiter verfolgt, aber unter einer neuen Perspektive: Die Vv. 10ff regeln, wer außer den Priestern von den heiligen Gaben essen darf. Auch dieser Abschnitt wird durch *ᵃnî Yhwh mᵉqaddᵉšam* beschlossen.

---

[279] Und schließlich könnten auch redaktionelle Gründe eine Rolle spielen: Wenn V. 12, wie E.S.Gerstenberger, Das dritte Buch Mose, 289 vermutet, Zutat des Redaktors ist, könnte neben dem Inhalt auch die sekundäre Einfügung Anlass für eine explizite Autorisierung sein.

[280] Dreimal *ᵃnî Yhwh* – zweimal (*kî*) *ᵃnî Yhwh mᵉqaddᵉšam*.

[281] Zweimal *ᵃnî Yhwh* – einmal *ᵃnî Yhwh mᵉqaddišᵉkæm* – einmal *ᵃnî Yhwh*.

In dem in den Versen 17–25[282] folgenden Abschnitt ist *ʾanî Yhwh* nicht belegt. Inhaltlich wird weiter das Thema Opfergaben verfolgt, jetzt unter dem Aspekt, dass Israeliten wie nicht Nichtisraeliten zu solchen Opfergaben berechtigt sind, dass aber das dargebrachte Opfertier ohne Fehler sein muss. Eine erneute Redeeinleitung eröffnet den Abschnitt 26–30. In V. 30 beschließt *ʾanî Yhwh* die Bestimmungen zu Schlachtopfertieren. Mit V. 31 beginnt die Schlussparänese.[283]

Lev 22,31ff	
	31 וּשְׁמַרְתֶּם מִצְוֹתַי וַעֲשִׂיתֶם אֹתָם אֲנִי יְהוָה
	32 וְלֹא תְחַלְּלוּ אֶת־שֵׁם קָדְשִׁי וְנִקְדַּשְׁתִּי בְּתוֹךְ בְּנֵי יִשְׂרָאֵל
	אֲנִי יְהוָה מְקַדִּשְׁכֶם 33 הַמּוֹצִיא אֶתְכֶם מֵאֶרֶץ מִצְרַיִם לִהְיוֹת
	לָכֶם לֵאלֹהִים אֲנִי יְהוָה
	31 *Ihr sollt meine Gebote beachten und sie tun. Ich (allein) bin Jahwe.*
	32 *Ihr sollt meinen heiligen Namen nicht entweihen und so will ich inmitten der Israeliten geheiligt werden. Ich (allein) bin Jahwe, der euch heiligt,* 33 *der euch aus Ägypten herausgeführt hat, um euch Gott zu sein. Ich (allein) bin Jahwe.*

Auf die Forderung, Jahwes Satzungen zu beachten, folgt *ʾanî Yhwh*. Der Aufforderung Jahwes heiligen Namen nicht zu entweihen, ist angeschlossen *ʾanî Yhwh mᵉqaddišᵉkæm* (V. 32); mit dem auf das Partizip *mᵉqaddišᵉkæm* folgenden zweiten Partizip הַמּוֹצִיא (V. 33) verbindet sich der Gedanke der Herausführung aus Ägypten,[284] der folgende

---

282 Nach A.Ruwe, "Heiligkeitsgesetz", stellt 22,17–33 "einen eigenständigen Abschnitt im Heiligkeitsgesetz dar" (277), der mit 17,1–16 eine Rahmung um den ersten Hauptteil des Heiligkeitsgesetzes bildet (vgl. 278).

283 Vgl. Ähnlichkeiten mit Ende von Kapitel 19: *ʾanî Yhwh*-Aussage; Mahnung, die Gebote zu halten; Hinweis auf Herausführung aus Ägypten.

284 Angesichts der unterschiedlichen Konstruktion der beiden Partizipien (Partizip + Suffix/Artikel + Partizip + את mit Suffix) erhebt sich die Frage nach deren Funktion. Nach Crüsemann sind die beiden Partizipien parallel zueinander zu verstehen: "Beide [sc. Partizipialausdrücke, A.D.] dürfen temporal nicht verschieden bezogen werden, als wäre das eine früher als das andere. Beide beschreiben den gleichen Vorgang: Die Herausführung zur Gemeinschaft mit Gott ist der Vorgang der Heiligung." (F.Crüsemann, Tora, 351). Für Joosten hingegen ist die unterschiedliche Konstruktion ein Indiz dafür, dass zeitlich zu unterscheidende Zusammenhänge angesprochen werden: "Although it is difficult to ascribe different syntactic functions to these constructions as such, the fact that they occur here within one and the same verse opens up the possibility that they were intended to refer to different time frames (…) It appears, then, that the first participle phrase refers to an ongoing process, while the second one expresses a past event" (J.Joosten, People and Land, 95f Zitat 96). M.E spielt die Frage der zeitlichen Zuordnung der beiden Partizipien eine untergeordnete Rolle. Die unterschiedliche Konstruktion deutet andererseits wohl nicht auf eine Nebeneinanderordnung. Die Aussage *ʾanî Yhwh mᵉqaddišᵉkæm* bildet eine Einheit, die als Ganze durch *hammōzîʾ ʾætkæm* fortgeführt wird.

erste Teil der Bundesformel benennt den Zweck dieser Herausführung.[285] Das Kapitel endet mit *ᵃnî Yhwh.*

Der paränetische Schluss ist vergleichsweise ausführlich und möglicherweise ein Hinweis, dass nach Kapitel 22 eine größere Zäsur ist als nach Kapitel 21, das träfe sich damit, dass ab Kapitel 23 wieder alle Israeliten von Mose anzureden sind.

6.2.4.9 *Lev 23*

Kapitel 23[286] beinhaltet einen Festkalender. Die Ausführungen zu den einzelnen Festen sind durch erneute Redeeinleitungen voneinander abgesetzt. Die *ᵃnî Yhwh*-Aussage steht nicht am Ende jedes so markierten Abschnittes. Die Verse bzw. Passagen, in denen die beiden *ᵃnî Yhwh*-Vorkommen[287] in diesem Kapitel stehen (Vv. 22.43), werden meist als Nachträge gewertet.[288]

---

[285] Vgl. dazu K.Grünwaldt, Heiligkeitsgesetz, 280f: "Interessant ist es jetzt, wie es der Paränese in Aufnahme der mit 18,2–5 einsetzenden Linie gelingt, den Exodus nunmehr explizit als Heiligung des Volkes zu qualifizieren. Endlich werden die Theologumena, die in Kap. 18–20 nebeneinander und unverbunden begegneten, Herausführung und Heiligung des Volkes, aufeinander bezogen. Insofern stellt die Paränese einen Höhepunkt innerhalb der eigenen theologischen Aussage des Verf. des Heiligkeitsgesetzes dar. Hier, am Schluss des kompositorisch hervorgehobenen Mittelpunktes seines Werkes, der zudem pointiert die Verantwortung des gesamten Volkes für das Heilige herausarbeitet, bringt er ausdrücklich zusammen, was implizit schon längst zusammengedacht werden konnte. Mit dieser Verknüpfung von Exodus und Heiligkeit verbindet der Verf. des Heiligkeitsgesetzes zwei noch vorexilisch getrennte Gottesvorstellungen: den Gott, der das Volk Israel in die Geschichte gerufen und durch die Geschichte geleitet hat und den Gott, der sich den Tempel als seine Wohnstatt erwählt hat, dort gegenwärtig ist und sich dort verehren läßt. Hiermit gibt er sich wieder als legitimer Erbe der Theologie des DtrG, der Priesterschrift und des Profeten Ezechiel zu erkennen, welche auf je verschiedene Weise diese beiden Vorstellungen verbunden haben."
[286] Nach A.Ruwe, "Heiligkeitsgesetz", beginnt in Kap. 23 der zweite Hauptteil des Heiligkeitsgesetzes. "Die Thematik wechselt nun. Das systematische Prinzip, das die Darstellung bestimmt, wechselt ebenfalls. An Stelle der Heiligtumsfurcht tritt die *Sabbatobservanz*". (297) Ruwe grenzt 23,1–24,9 ab, ein Stück, das in zwei Abschnitte zerfällt, den Festkalender 23,1–43 und "den Abschnitt über die religiösen Pflichten für die kleineren Zeitabschnitte in 24,1–9" (298).
[287] Beide Male in der Langform.
[288] Vgl. M.Noth, Das dritte Buch Mose, 150.152; vgl. Ch.Feucht, Untersuchungen, 47 und für V. 42f schwankend 48; K.Elliger, Leviticus, 312. K.Grünwaldt, Heiligkeitsgesetz, 85 versteht dagegen V. 22 als zur Grundschrift gehörig, ja im "Zentrum der Festvorschriften" stehend, wozu sich nach Grünwaldt gut fügt, dass das Verbot der Nachlese als einziges Gebot in Kapitel 23 durch *ᵃnî Yhwh* motiviert wird. "Zum Gottesdienst der Gemeinde gehört neben den Versammlungen, neben den Opfern und allen anderen Übungen auch die Sorge um die Benachteiligten. Ohne dieses Gebot wäre der Festkalender nach Auffassung des Verf. des Heiligkeitsgesetzes unvollständig." (300)

An die Bestimmungen zum Erntefest wird das Verbot der Nachernte zugunsten der Fremdlinge an- und durch *ᵃnî Yhwh *ᵃelohêkæm abgeschlossen (V.22) In Vers 23 folgt eine neue Redeeinleitung. Vers 22 gilt als Zitat aus Lev 19,9f,[289] das ebenfalls durch *ᵃnî Yhwh *ᵃelohêkæm abgeschlossen wurde. Die Vv. 37f bilden den Abschluss des Festkalenders. Daher sind die Vv. 39ff, die noch einmal auf das Laubhüttenfest zu sprechen kommen, des Nachtrags verdächtig;[290] die Verse werden durch *ᵃnî Yhwh *ᵃelohêkæm in V. 43 abgeschlossen. V. 44 beschließt das Kapitel mit einer Ausrichtungsnotiz.

Die beiden Vorkommen der Aussage in Kapitel 23 erwecken den Eindruck als sei das, was vermutlich später nachgetragen worden ist, durch die Hinzufügung von *ᵃnî Yhwh *ᵃelohêkæm legitimiert und autorisiert worden.[291]

6.2.4.10 Lev 24

Das *Kapitel 24* zerfällt in zwei inhaltlich sehr unterschiedliche Abschnitte.[292] In den Versen 1–9 geht es um Leuchter und Schaubrote im Heiligtum,[293] ab V. 10 ist ein "Beispielfall zur Frage der Geltung israelitischen Gottesrechts auch für Fremde"[294] bzw. ein Fall von Gottesläs-

---

[289] Vgl. K.Elliger, Leviticus, 309; E.S.Gerstenberger, Das dritte Buch Mose, 317. In Kap. 19 hatte sich an mehreren Stellen entsprechende Kotexte der *ᵃnî Yhwh-Aussage, die Jahwes Engagement für personae miserae betreffen, gefunden.

[290] Vgl. E.S.Gerstenberger, Das dritte Buch Mose, 318. A.Ruwe, "Heiligkeitsgesetz", erwägt neben der Möglichkeit des Nachtrags auch, dass die zweimalige Behandlung von Sukkot sachlich bedingt sein könnte, die beiden Passagen das Fest unter unterschiedlichen Aspekten behandeln und von daher auch auf "derselben literarischen Ebene" (318) liegen könnten.

[291] Für Lev 23,22 könnte der Grund allerdings auch sein, dass die entsprechende Bestimmung bereits in anderen Zuammenhängen (vgl. Lev 19,9f) mit der *ᵃnî Yhwh *ᵃelohêkæm-Aussage verbunden war.

[292] "Die diversen Materialien von Lev 24 haben nach außen hin nichts mit dem Festkalender zu tun. Irgendjemand hat sie angefügt, weil die Schriftrolle einmal an dieser Stelle zu Ende war oder weil er aus uns unbekanntem Anlaß die Erwähnung des 'ewigen' Lichtes im Tempel und der dort frisch ausliegenden Gottesbrote für nötig fand. (...) Der Abschnitt über den Gotteslästerer nebst Erweiterung (V.10–23) liegt noch weiter von der liturgischen Ordnung entfernt." (E.S.Gerstenberger, Das dritte Buch Mose, 324).

[293] M.Noth, Das dritte Buch Mose, 154 rechnet mit einem späten Nachtrag zum Heiligkeitsgesetz. A.Ruwe, "Heiligkeitsgesetz" behandelt diesen Abschnitt zusammen mit Kapitel 23, vgl. 323ff. Während nach Ruwe bis Kap. 22 einschließlich das Heiligtum bzw. die sog. Heiligtumsfurcht die den Geboten gemeinsame Ausrichtung ist (vgl. dazu Lev 26,2aβ), übernimmt ab Kapitel 23 der Sabbat (vgl. dazu Lev 26,2aα) diese Funktion (vgl. 297). Nach Ruwe ist vor diesem Hintergrund 23,1–44 "auf eine Sabbatisierung der Feste hin angelegt", in 24,1–9 geht es um eine 'Sabbatisierung des Heiligtums' (326).

[294] M.Noth, Das dritte Buch Mose, 155; der Ausdruck "Fremder" ist allerdings mit Einschränkung zu sehen, der Gottesflucher in der Beispielerzählung stammt

terung eingeschoben, wobei sich mit der Regelung dieses Falles eine Reihe von Talionsbestimmungen verbinden.[295] Diese Bestimmungen, die Jahwe Mose mitteilt,[296] werden abgeschlossen durch *kî* *ᵃnî Yhwh* *ᵃlohêkæm.* Die *ᵃnî Yhwh*-Aussage begründet das Gebot, in den zuvor genannten Fällen einerlei Recht für Fremde und Einheimische anzuwenden. Versteht man *ᵃnî Yhwh* als Ausschließlichkeit beanspruchende Aussage, ergibt ihre begründende Verwendung an dieser Stelle guten Sinn. Wenn nur *einer* 'wirksam', d.h. Wirklichkeit setzend und verändernd ist, wenn nur *einer* rechtssetzende Instanz ist, dann kann sich der Fremde diesem Recht nicht entziehen,[297] er ist gleichunmittelbar zur rechtssetzenden Instanz Jahwe wie der Einheimische.[298]

6.2.4.11 *Lev 25*
Gegenstand des *Kapitels 25* sind Bestimmungen zu Sabbat- und Jobeljahr. Dreimal ist die Langform der *ᵃnî Yhwh*-Aussage belegt. Das erste Vorkommen in V. 17 fällt mit einem thematischen Einschnitt zusammen: In einem ersten Durchgang sind die Bestimmungen zu Sabbat- und Jobeljahr behandelt. Die Mahnung, andere nicht zu bedrücken und so Gott zu fürchten, sind unmittelbarer Kotext der *ᵃnî Yhwh*-Aussage. Zusammen mit der Mahnung die Satzungen Jahwes zu beachten (hier Vv. 18f) stand *ᵃnî Yhwh* in den zurückliegenden Kapiteln mehrfach in Schlussabschnitten.

---

aus einer Mischehe und hat eine israelitische Mutter. – Nach A.Ruwe, "Heiligkeitsgesetz" handelt es sich bei diesem Abschnitt "um eine nachkompositionelle Ergänzung (…), die nachträglich in die bestehende Komposition eingefügt wurde" (56); nach M.Noth, Das dritte Buch Mose, 156 "kann kaum noch sicher ausgemacht werden", "ob er [der Abschnitt, A.D.] schon zum Grundbestand des Heiligkeitsgesetzes gehört hat oder erst nachträglich eingeschaltet worden ist".
[295] Nach A. Ruwe, "Heiligkeitsgesetz", hat dieser Abschnitt sein Pendant in Lev 20,1–27. "Geht es in 20,1–17 um Vergehen, die die Konturen der sozialen Einheiten Familie und Gesellschaft elementar verletzen, so werden in 24,15b–22 in grundsätzlicher Weise Vergehen gegen den über die Sozialitäten Familie und Gesellschaft noch hinausgehenden Kreis der Mitgeschöpfe und gegen Gott unter Strafe gestellt." (337)
[296] Die Vv. 15–22 gelten meist als eigene Rechtssatzreihe, die als solche in die Erzählung aufgenommen wurde, vielleicht, so Noth, wegen des ersten Verbotes, den Namen Gottes zu lästern; vgl. M.Noth, Das dritte Buch Mose, 157; K.Elliger, Leviticus, 331.
[297] Möglicherweise ist in diesem Abschnitt auch schon zuvor das Bemühen greifbar, einen Rechtssatz, der ursprünglich einen "religiös pluralistische(n)" (E.S.Gerstenberger, Das dritte Buch Mose, 333) Hintergrund hatte ("Jeder der seinem Gott flucht, soll seine Verfehlung tragen" V.15b), auf einen nun monotheistischen Zusammenhang zu beziehen; in diesem Zusammenhang kann das allgemeine Gebot nur noch die spezielle Bedeutung haben: "Wer den Namen Jahwes verletzt (wörtl. 'durchbohrt'), muß unbedingt sterben" (V. 16aα).
[298] Das schließt nicht aus, das Jahwe Recht setzen kann, das nur für die Israeliten gilt (so ja in der Mehrzahl der Rechtsbestimmungen im AT).

Die Vv. (19)20ff[299] schließen sich zwar thematisch unmittelbar an das
Vorausgehende an, sind aber insofern singulär, als sie einen möglichen
Einwand gegen die zuvor ergangenen Bestimmungen diskutieren. Unabhängig davon, wie diese Passage literarkritisch zu beurteilen ist,
bleibt die Beobachtung, dass *ᵃnî Yhwh ᵃᵉlohêkæm* im Rahmen eines
Einschnittes oder Abschlusses steht.
Mit V. 24[300] beginnt das Thema der Loskaufung.[301] Die Aussage *ᵃnî
Yhwh ᵃᵉlohêkæm* in V. 38 schließt vermutlich die kleine Passage 35ff
ab.[302] Weder das Thema des Jobeljahres noch das des Loskaufes verbindet die Bestimmungen mit ihrem Kotext, allein das Thema der Ver-
armung des Bruders.[303] Der Hinweis auf die Herausführung aus Ägypten[304] und der erste Teil der Bundesformel verbinden sich in V. 38 mit
ᵃnî Yhwh ᵃᵉlohêkæm.
Das dritte und letzte Vorkommen von *ᵃnî Yhwh ᵃᵉlohêkæm* in Kapitel
25 steht ganz am Ende des Kapitels (V. 55, in Verbindung mit einer
Erinnerung an die Herausführung aus Ägypten)[305] und beschließt vermutlich die Bestimmungen (39ff) über den Loskauf eines in Schuld-
sklaverei gefallenen Israeliten. Weil die Israeliten durch die Befreiung
aus Ägypten Sklaven Jahwes waren, dürfen sie keinem anderen Herrn

---

[299] Zu V. 19 vgl. E.S.Gerstenberger, Das dritte Buch Mose, 347.
[300] So M.Noth, Das dritte Buch Mose, 165; anders E.S.Gerstenberger, Das dritte
Buch Mose, der die Vv. 23f als "Generalüberschrift für den ganzen Rest des Kap.s"
versteht (349) und A.Ruwe, "Heiligkeitsgesetz", der die Vv. 14–24 als eine "At-
traktionspassage" wertet, "die sich sowohl auf den vorderen als auch auf den hin-
teren Unterabschnitt von 25,1–55 bezieht" (347).
[301] Nach Noth möglicherweise ursprünglich ein selbständiges Korpus, "das nicht
von vornherein auf das Jobeljahr hin angelegt war" (M.Noth, Das dritte Buch Mose, 165).
[302] K.Grünwaldt, Heiligkeitsgesetz, 341 weist darauf hin, dass hier innerhalb der
Erweiterung der *ᵃnî Yhwh*-Aussage ein neues Element auftaucht: "die Herausführung aus dem Land Ägypten mit dem Ziel der Gabe des Landes Kanaan. (…) Die
nächsten Parallelen außerhalb von H sind Ex 6,4 und Gen 17,8 (beide P)." Grünwaldt beobachtet eine "Scharnierfunktion des V. zwischen den sachrechtlichen und
personenrechtlichen Vorschriften" (ebd.).
[303] Nach Noth wurde der Abschnitt sekundär in die Bestimmungen über den Loskauf aufgenommen und dann zusammen mit diesen Bestimmungen zum Jobeljahr an die Seite gestellt. (Vgl. M.Noth, Das dritte Buch Mose, 167.) Eine literarische Schichtung innerhalb des Abschnittes Vv. 35–38 nehmen an K.Elliger, Leviticus, 340f und E.S.Gerstenberger, Das dritte Buch Mose, 341.
[304] A.Ruwe, "Heiligkeitsgesetz", hält für den von ihm 14–17.23–55 abgegrenzten
Abschnitt fest: "Systematische Grundlage für alle Forderungen ist eine Exodus-
theologie, die das Israelland als Besitz Gottes und die Israeliten als seine Sklaven
bzw. seine Fremden und Beisassen bestimmt." (364)
[305] K.Grünwaldt, Heiligkeitsgesetz, beobachtet in Kap. 25 eine im Vergleich zur
aufgenommenen Tradition veränderte Gebotsbegründung: An erster Stelle steht
nicht die soziale Begründung, sondern die Zuspitzung auf Jahwe, die Gebote sind
motiviert in Jahwes Schöpfungs- und Befreiungstätigkeit.

verkauft werden,[306] "dürfen 'keinem anderen Herren mehr dienen' (V. 55). Das ist eine Art wirtschaftlicher Begründung des strengen Eingottglaubens!"[307] Daran schließt sich die ʾanî Yhwh-Aussage dann inhaltlich ganz konsequent an, wird sie als Ausschließlichkeit beanspruchende Aussage verstanden.

6.2.4.12 Lev 26

Bevor in *Kapitel 26,3ff* Lohn und Strafe bei Befolgen bzw. Nicht-Befolgen der Gebote behandelt werden, ergehen in 26,1f nocheinmal Verbzw. Gebote; Vers 1 schließt mit der Begründung *kî ʾanî Yhwh ʾælohêkæm*, nach Vers 2 steht *ʾanî Yhwh*.

Lev 26,1f	1 לֹא־תַעֲשׂוּ לָכֶם אֱלִילִם וּפֶסֶל וּמַצֵּבָה לֹא־תָקִימוּ לָכֶם וְאֶבֶן מַשְׂכִּית לֹא תִתְּנוּ בְּאַרְצְכֶם לְהִשְׁתַּחֲוֹת עָלֶיהָ כִּי אֲנִי יְהוָה אֱלֹהֵיכֶם
	2 אֶת־שַׁבְּתֹתַי תִּשְׁמֹרוּ וּמִקְדָּשִׁי תִּירָאוּ אֲנִי יְהוָה
	1 *Ihr sollt euch keine Götzen machen, ein Götterbild oder eine Mazebe sollt ihr euch nicht errichten und ein Steinrelief sollt ihr in eurem Land nicht aufstellen um seinetwegen anzubeten, denn ich (allein) bin Jahwe, euer Gott.*
	2 *Meine Sabbate sollt ihr beachten und mein Heiligtum fürchten. Ich (allein) bin Jahwe.*

Während sich der Inhalt der beiden Verse eng mit entsprechenden Bestimmungen aus Kap. 19 (19,3.4.30) berührt, ist die Stellung der beiden Verse vor den Segens- und Fluchbestimmungen schwierig und wirft die Frage nach ihrer Funktion und ihrer Zugehörigkeit auf: "Bilden sie den Auftakt zum Abschlussstück mit Segen und Fluch (VV.3–46) oder den Abschluss der Gesetzesmaterialien aus Lev 25?"[308] Aufgrund ihres Inhalts und ihrer Position an dieser Nahtstelle scheint mir eine Funktion der Verse, die auf das Ganze des Heiligkeitsgesetzes bezogen ist, am wahrscheinlichsten, etwa in dem Sinne, dass am Ende der ganzen Bestimmungen die "essentials" noch einmal genannt werden.[309]

---

306 Vgl. E.S.Gerstenberger, Das dritte Buch Mose, 363.
307 E.S.Gerstenberger, Das dritte Buch Mose, 358.
308 Ch.Dohmen, Bilderverbot, 193.
309 So schon K.H.Graf, Die geschichtlichen Bücher, 80: "C. 26,1. 2 werden die beiden Gebote, welche für die im Exil unter heidnischen Völkern wohnenden Israeliten die wichtigsten waren, noch einmal besonders hervorgehoben." Vgl. auch E.S.Gerstenberger, Das dritte Buch Mose, 368: "Der oder die Verfasser haben möglicherweise Teile aus Lev 19 benutzt oder abgewandelt, um vor dem großen Finale V. 3–33 (…) noch einmal die Hauptanweisungen Jahwes *pars pro toto* ins Gedächtnis zu rufen." Nach A.Ruwe, "Heiligkeitsgesetz" steht die Passage hier als Unterschrift unter den beiden Hauptteilen des Heiligkeitsgesetzes, die jeweils "auf eine jener Forderungen [sc. Heiligtumsfurcht und Sabbatobservanz] zentriert" (365) sind. Nach Ch.Dohmen, Bilderverbot, 194f bilden 19,2 und 26,1f "den Rahmen des Kernstücks des Heiligkeitsgesetzes" (195). Anders K.Elliger, Leviticus, 364.

Die *anî Yhwh-Aussage in 26,1 gehört zu den Belegen im Heiligkeitsgesetz, für die der Kotext ein Ausschließlichkeit beanspruchendes Verständnis nahelegt. War die eng verwandten Aussage in 19,4 noch als
Fremdgötterverbot *und* Götzenbilderverbot formuliert, so geht die Aussage in 26,1 einen Schritt weiter, in dem sie die "Nichtse" (אֱלִילִם) weiter degradiert und jetzt von vorherein als Götzen*bilder* behandelt (vgl.
den Gebrauch des Verbs עשׂה).[310] Für Dohmen zeigt sich an der gegenüber 19,4 in 26,2 veränderten Aussage, "daß hier andere Götter außer
JHWH keine Rolle mehr spielen"[311]. Wenn das polemische Verbot dieser Götterbildern verschiedener Art begründet wird durch *kî *anî Yhwh
ælohêkæm, ergibt diese Begründung dann besonders guten Sinn, wenn
sie inhaltlich Ausschließlichkeit beansprucht: *Ihr sollt euch keine Götzen machen (…), denn ich allein bin Jahwe, euer Gott.*
Die *anî Yhwh-Aussage in V. 2 beschließt zum einen das Gebot die
Sabbate zu halten und das Heiligtum zu fürchten (so auch in 19,30),
zwei Gebote, die ähnlich wie das Fremdgötter und Götterbilderverbot
Kernforderungen des (nach-)exilischen Jahweglaubens benennen, Forderungen, die in besonderem Maße abgrenzende und identitätsstiftende
Funktion haben. In diesem Zusammenhang bringt die *anî Yhwh-Aussage den inneren Kern dieser Identität, ihren Ursprung und ihren Grund
zur Sprache.
Die *anî Yhwh-Aussage in V. 2 beschließt darüber hinaus den materialen Teil des Heiligkeitsgesetzes so wie sie ihn (in der Langform) in
18,2 eröffnet hat.[312] Da Aussagen zu Beginn und Ende durch ihre Stellung besonderes Gewicht zukommt, wird noch einmal deutlich, dass
die *anî Yhwh-Aussage Ausgangs- und Zielpunkt der materialen Bestimmungen des Heiligkeitsgesetzes ist.
Ab V. 3 folgen Segens- und Unheilsansagen, für den Fall der Befol-
gung bzw. Nichtbefolgung der Gebote. Sie haben Analogien in altorientalischen Vertragstexten.[313]
"Segen und Fluch am Ende von Verträgen und Rechtssammlungen sind
im ganzen Alten Orient Mittel gewesen, die Verpflichtungen von Ver-
tragsparteien einzuschärfen und abzusichern."[314]

---

[310] So Ch.Dohmen, Bilderverbot, 195f.
[311] Ch.Dohmen, Bilderverbot, 197.
[312] Das gilt auch dann, wenn man wie Dohmen, den Bezug von 26,1f auf 19,2,
stark macht und hier eine Rahmung sieht. Mehrfachbezüge (von 26,1f etwa auf
19,2 und 18,2) sind durchaus denkbar; vgl. dazu oben in Kap. 4 zu Ex 6,8.
[313] Es war üblich "vertragliche Abmachungen jeder Art unter die Schirmherr-
schaft von Gottheiten zu stellen" (E.S.Gerstenberger, Das dritte Buch Mose, 387).
Im Heiligkeitsgesetz ist dieser Passus als direkte Jahwerede gestaltet. (Vgl. E.S.
Gerstenberger, Das dritte Buch Mose, 371.)
[314] E.S.Gerstenberger, Das dritte Buch Mose, 371. Vgl. auch 365: "Im Alten Orient wurden […] Gesetzessammlungen und Vertragswerke, aber auch urkundlich
festgehaltene Privatabmachungen meistens mit Fluchformulierungen abgeschlos-

Dass im Rahmen solcher Vertragswerke die Möglichkeit der Götter, Segen und Schaden zu bringen, in Anspruch genommen wurde, um die Einhaltung der Vertragsbestimmungen zu gewährleisten, ist also prinzipiell nicht ungewöhnlich. Die Segens- und Fluchansagen in Lev 26 unterscheiden sich jedoch insofern, als sie, wie schon die Rechtssätze, von Gott selbst in der ersten Person gegeben werden.[315] Die Konfrontation mit den Folgen von Gesetzesbefolgung oder -übertretung ist somit viel unmittelbarer; durch die direkte göttliche Rede wirken die Folgen als bereits in Kraft gesetzt, wenn sie auch je und je, abhängig vom Verhalten der Bundespartner, aktualisiert werden.

In V. 13 steht ʾanî Yhwh ʾælohêkæm zu Beginn desjenigen Verses, der den Unterabschnitt über die heilvollen Konsequenzen beschließt. Voraus geht in V. 12 die komplette Bundesformel, in V. 13 folgt der Hinweis auf die Herausführung aus Ägypten.

Lev 26,12f	12 וְהִתְהַלַּכְתִּי בְּתוֹכְכֶם וְהָיִיתִי לָכֶם לֵאלֹהִים וְאַתֶּם תִּהְיוּ־לִי לְעָם
	13 אֲנִי יְהוָה אֱלֹהֵיכֶם אֲשֶׁר הוֹצֵאתִי אֶתְכֶם מֵאֶרֶץ מִצְרַיִם מִהְיֹת
	לָהֶם עֲבָדִים וָאֶשְׁבֹּר מֹטֹת עֻלְּכֶם וָאוֹלֵךְ אֶתְכֶם קוֹמְמִיּוּת
	12 *Ich will in eurer Mitte umhergehen und euch zum Gott werden/für euch als Gott wirksam sein und ihr sollt für mich zum Volk werden.*
	13 *Ich (allein) bin Jahwe, euer Gott, der ich euch aus Ägyptenland herausgeführt habe, weg davon ihnen Sklaven zu sein. Ich habe die Stangen eures Jochs zerbrochen und euch aufrecht gehen lassen.*

Die ʾanî Yhwh-Aussage steht hier, wie schon des Öfteren im Heiligkeitsgesetz im Verbund mit anderen geprägten Aussagen, einen Abschnitt beschließend. Die Bundesformel spricht die besondere (exklusive) Zuordnung *dieses* Gottes und *dieses* Volkes an. Der Hinweis auf die Herausführung aus Ägypten, der hier erweitert ist um das Zerbrechen der Jochstangen und das Aufrechtgehenlassen, verweist auf das besondere geschichtliche Handeln Jahwes für sein Volk. Die Aussagen in 26,12f umreißen insgesamt das besondere, das singuläre Verhältnis des Gottes Jahwe zum Volk Israel. In diesen Kotext fügt sich ein Verständnis der ʾanî Yhwh-Aussage als ausschließlichkeitsbeanspruchende Aussage am besten ein: *Ich allein bin Jahwe, euer Gott*, wobei der im Jahwename mitzuhörende Aspekt der Wirksamkeit gefüllt wird durch die für das Gott-Volk-Verhältnis entscheidende Rettungstat aus Ägypten.

Der ab V. 14 folgende Unterabschnitt, führt die Konsequenzen aus, die aus dem Nicht-Befolgen der Gebote entstehen. Er endet spätestens mit

---

sen. Sie sollten die Vereinbarungen unter die Oberhoheit der Götter stellen und einem Rechtsbruch vorbeugen."
315 Hierin liegt auch ein Unterschied zu Dtn 28.

Vers 40[316], der einen neuen thematischen Abschnitt eröffnet: Am Ende wird Jahwe seines Bundes gedenken; jenseits von Schuld und Strafe wird er neue Lebensmöglichkeiten geben, der Bund ist letztlich unverbrüchlich.

Lev 26,44f	
	44 וְאַף־גַּם־זֹאת בִּהְיוֹתָם בְּאֶרֶץ אֹיְבֵיהֶם לֹא־מְאַסְתִּים
	וְלֹא־גְעַלְתִּים לְכַלֹּתָם לְהָפֵר בְּרִיתִי אִתָּם כִּי אֲנִי יְהוָה אֱלֹהֵיהֶם
	45 וְזָכַרְתִּי לָהֶם בְּרִית רִאשֹׁנִים אֲשֶׁר הוֹצֵאתִי־אֹתָם מֵאֶרֶץ מִצְרַיִם
	לְעֵינֵי הַגּוֹיִם לִהְיוֹת לָהֶם לֵאלֹהִים אֲנִי יְהוָה
	44 *Aber auch dann, wenn sie im Land ihrer Feinde sind, will ich sie nicht verlassen und nicht verabscheuen, dass ich sie ausrotten würde und meinen Bund mit ihnen bräche, denn ich (allein) bin Jahwe, ihr Gott.*
	45 *Ich will für sie denken an den Bund mit den Vorfahren, die ich aus Ägyptenland geführt habe vor den Augen der Völker, um für sie zum Gott zu werden/um für sie als Gott wirksam zu werden. Ich (allein) bin Jahwe.*

Die Unverbrüchlichkeit des Bundes wird in V. 44 begründet durch *kî ʾanî Yhwh ʾælohêhæm*. Die Macht Jahwes reicht auch ins Land der Feinde, was nur konsequent ist, wenn er allein göttliche Wirkmächtigkeit besitzt.
Der Hinweis auf die Herausführung aus Ägypten und die eine Hälfte der Bundesformel gehen in V.45 der *ʾanî Yhwh*-Aussage voraus. Diese beschließt hier nicht nur den Unterabschnitt Vv. 40ff, nicht nur das Segen- und Fluchkapitel 26, sondern ist das letzte Stück wörtlicher Rede innerhalb des Heiligkeitsgesetzes 18–26. Wie die *ʾanî Yhwh*-Aussage bereits den materialen Gebotsteil in 26,2 beschlossen hatte, so hier in 26,45 den Gesamtkomplex Heiligkeitsgesetz. Die redebeschließende *ʾanî Yhwh*-Aussage in 26,45 korrespondiert mit der redeeröffnenden *ʾanî Yhwh*-Aussage in 18,2, sie umfängt die Kapitel 18–26, steht als Vorzeichen und Siegel.

6.2.4.13 Zusammenfassung und Auswertung

Die Tatsache sowie die Häufigkeit der Verwendung von *ʾanî Yhwh* innerhalb der Kapitel Lev 18–26 ist im Vergleich mit den umgebenden Kapiteln ein auffälliges Phänomen. Die Art der Verwendung spricht für einen planvollen Umgang mit der Aussage, der eine spezifische Funktion unter Voraussetzung eines feststehenden Inhaltes zugewiesen wird. Die nahezu durchgängige Position der Aussage *ʾanî Yhwh* als Beschluss von Einheiten oder im Rahmen abschließender Sätze ist ihr Charakteristikum im Rahmen des Heiligkeitsgesetzes.

---

[316] E.S.Gerstenberger, *Das dritte Buch Mose*, 389 sieht "das ohnehin fiktive Schema der Unheilsansage für Gebotsverletzer" bereits ab V. 34 verlassen.

Dennoch hat/haben der/die Autoren/Redaktoren im Heiligkeitsgesetz die Verwendungsmöglichkeit der Aussage am Beginn von Jahwereden gekannt. In Lev 18,2 wird Mose aufgefordert, seinen Redeauftrag an die Israeliten mit *ʾanî Yhwh ʾælohêkæm* zu eröffnen. Situation und Verwendungsweise entsprechen Ex 6,6. Es handelt sich um einen Gebrauch von *ʾanî Yhwh*, den Zimmerli als Verwendung in einer "von dieser Erstoffenbarung her bestimmten, von ihr aber verschiedenen Stunde, in welcher der Gesandte seinen Auftrag dem Volk weitergibt"[317], charakterisiert hat; *ʾanî Yhwh* erklingt nicht unmittelbar in der Situation des Offenbarungsempfanges, sondern dort, wo die entsprechenden Inhalte als von Jahwe (jetzt durch Jahwe?) kommend, als Jahwewort weitergegeben werden. Schon in einer solchen Situation geht die Funktion von *ʾanî Yhwh* über die einer Selbstvorstellung hinaus und wird angereichert um die Aspekte der Legitimation und Autorisierung. In dieser Funktion ist der Schritt von der Verwendung am Beginn von Texten zur Verwendung am Ende von Texten angelegt und ermöglicht. Die Verwendungsweise der *ʾanî Yhwh*-Aussage im Heiligkeitsgesetz, v.a. ihre Verwendung in Schlussstellung, setzt also bereits eine bestimmte Geschichte der Aussage voraus, und ist nur sinnvoll, wenn sie im Laufe dieser Geschichte eine andere inhaltliche Füllung als die einer Selbstvorstellungsaussage erlangt hat.[318] Für die Mehrzahl der Vorkommen der *ʾanî Yhwh*-Aussage im Heiligkeitsgesetz fehlen vom Kotext her auf den ersten Blick deutliche Hinweise auf ihre inhaltliche Füllung; setzt man jedoch versuchsweise das Ausschließlichkeit beanspruchende Verständnis der *ʾanî Yhwh*-Aussage an diesen Stellen ein, wie es sich v.a. aus den Überlegungen zu den P-Belegen ergeben hatte, dann lässt sich für etliche Stellen ein inhaltlicher Zusammenhang zwischen bestimmten Geboten und der *ʾanî Yhwh*-Aussage wahrscheinlich machen. Dabei spielen die Ge- bzw. Verbote, die auf Abgrenzungen zielen eine wichtige Rolle. Diese Abgrenzungen und das Thema der Heiligung kennzeichnen die Beziehung zwischen Jahwe und Jahweanhängern als eine, die bestimmte Verhaltensweisen ausschließt, als eine Beziehung, die auf Exklusivität angelegt ist. Die *ʾanî Yhwh*-Aussage bringt diese Exklusivität prägnant zum Ausdruck. Durch die Abgrenzungen, durch die Benennung dessen, was mit Jahwe bzw. dem Jahweglaube unvereinbar ist, tritt sowohl das Profil Jahwes als auch seiner Anhänger immer deutlicher hervor.[319]

---

317 W.Zimmerli, Ich bin Jahwe, 23.

318 Dass *ʾanî Yhwh* im Heiligkeitsgesetz *keine* Selbstvorstellung leistet, ist in der Literatur zum Heiligkeitsgesetz auch verschiedentlich ausgesprochen, vgl. Ch. Feucht, Untersuchungen, 135; E.S.Gerstenberger, Das dritte Buch Mose, 256.

319 Vgl. auch L.Massmann, Ruf in die Entscheidung, der bezogen auf Lev 20 formuliert, was sinngemäß durchaus auch für die Kapp. 18–26 gesagt werden kann: "So versteht sich Lev 20 als Lebensäußerung eines vor allem konfessionell definierten Verbandes, der seine Identität durch Abgrenzung, d.h. durch Unterscheidung von allen anderen Außenstehenden, sucht. Dazu bedient er sich der Katego-

Die beiden Verwendungsweisen am Anfang und Ende von Texten/
Textabschnitten sind nicht alternativ, sondern können zusammen auftreten, in bewusster Bezogenheit der Aussagen am Anfang und am Ende aufeinander.
Im Rahmen weniger Verse ist dieses Phänomen in Ex 6,6–8[320] anzutreffen: *'anî Yhwh* eröffnet in V. 6 die Rede des Mose an die Israeliten
und beschließt sie ebenso in V. 8. Der Rahmen ist in Lev 18–26 zwar
wesentlich größer und unübersichtlicher, der Sache nach findet sich ein
der Verwendung von *'anî Yhwh* in Ex 6,6–8 entsprechender Gebrauch
aber auch in Lev 18,2 und 26,45. In der jetzigen Fassung der Kapitel
18–26 können die Vv. 18,1–5 als programmatische Eröffnung des gesamten Komplexes gelten[321]. *'anî Yhwh 'ælohêkæm* in 18,2 steht in diesem programmatischen Abschnitt allen folgenden Einzelbestimmungen
voran und rahmt zusammen mit *'anî Yhwh* in 26,45 die Kapitel 18–26.
Neben der Häufigkeit der Vorkommen und der bevorzugten Stellung
am Ende von Abschnitten ist der Kotext, in den *'anî Yhwh* im Heiligkeitsgesetz eingebunden ist, hervorzuheben. Die Kapitel sind inhaltlich
charakterisiert als *mišppaṭîm*/מִשְׁפָּטִים und/oder *ḥuqqôt*/הַקְקוֹת Jahwes
(vgl. 18,4f; 18,30 + *mišmæræt*/מִשְׁמֶרֶת; 19,19.37; 20,8.22); vgl. auch
miṣwot/מִצְוֹת (22,31) und *ḥuqqāh*/הקק (23,14). Insofern ist der Kotext
hier unterschieden von demjenigen in Ex 6. *'anî Yhwh* ist im Heiligkeitsgesetz in einen rechtlichen Kotext eingebunden und erhält in diesem Kotext programmatische Funktion (vgl. Lev 18,1–5).[322]
Trotz des auf den ersten Blicks "inflationären" Gebrauchs[323] von *'anî
Yhwh* nebst Varianten in einigen Kapiteln, ist der Gebrauch weder sche-

---

rien rein, unrein und heilig. Einigendes Band der Gemeinde ist das Hören auf das
jeden auch vor allem privaten Synkretismus ausschließende אֲנִי יְהוָה, welches im
Zusammenhang von Lev 20 am besten mit 'Nur ich bin JHWH' wiederzugeben ist."
(211)
[320] Auf die Beziehungen zwischen Ex 6,2–8 und dem Heiligkeitsgesetz wird in
der Lit. mehrfach hingewiesen, stellvertretend sei genannt E.Blum, Studien, 328.
[321] Zur Frage der (ursprünglichen) Zugehörigkeit des Kap. 17 zum Heiligkeitsgesetz vgl. oben unter 6.2.4.1.
[322] Bezogen auf die *'anî Yhwh*-Aussage schreibt K.Grünwaldt, Heiligkeitsgesetz:
"Das Lev 17–26 am stärksten einigende Band ist das Ich JHWHs. (...) Dieses ü-
beraus betonte Ich JHWHs ist ohne Beispiel im Alten Testament. Der Verfasser
von Lev 17–26 macht auf diese Weise deutlich, dass es JHWH ist, der als Autorität
hinter den Geboten steht. Man kann hier in der Tat von bewusster Gestaltung reden, da der überwiegende Teil der Belege, in denen das Ich JHWHs hervortritt, zur
Kompositionsschicht gehört. So ist es der *Verfasser*, der den Geboten den Stempel
des *göttlichen* Gebotes aufdrückt. Er macht sie zu Paradigmen für den Gehorsam
gegen JHWH überhaupt, denn unter der Überschrift 'Gebote JHWHs' wird jedes
Vergehen gegen eines der überlieferten Gebote zum Vergehen gegen JHWH – und
damit letztlich zum Verstoß gegen das Erste Gebot." (136f)
[323] Das Phänomen der Reihung, das durch den wiederholten Gebrauch der *'anî
Yhwh*-Aussage entsteht, hat möglicherweise auch mit einem gewissen literarischen
Stil dieser Zeit zu tun; darauf hat für vergleichbare Reihungen von *kô 'āmar Yhwh*-

matisch noch die Formel ihres Inhalts entleert. Deutlich ist aber auch, dass eine Verwendung der *ʾanî Yhwh*-Aussage, wie sie im Heiligkeitsgesetz vorliegt, nicht am Beginn einer Entwicklung, sondern bereits in einer Tradition des gezielten begrifflichen Umgangs mit der *ʾanî Yhwh*-Aussage steht. Hier im Heiligkeitsgesetz setzt sich die Linie fort, die in den priesterschriftlichen Texten, speziell in Ex 6,2–8 zu beobachten war. Dort hatte sich gezeigt, dass die *ʾanî Yhwh*-Aussage Jahwe als den ausweist, der das Monopol auf Wirksamkeit und damit Gottsein hat. Er hat es sich, so die Überzeugung der priesterschriftlichen Texte, erworben durch die Geschichte mit seinem Volk, durch die Befreiung aus Ägypten (und die Gabe des Landes). Dass sich dieser Gedanke eng mit der *ʾanî Yhwh*-Aussage verbindet, zeigt sich auch im Heiligkeitsgesetz daran, dass etliche *ʾanî Yhwh*-Aussagen mit dem Hinweis auf die Herausführung aus Ägypten verbunden sind. Vor diesem Hintergrund hat Jahwe dann auch das alleinige Recht regelnd in das (kultische und 'profane') Leben seines Volkes einzugreifen. Durch die Setzung der *ʾanî Yhwh*-Aussage werden die Gebote "ganz unmittelbar zu einer Rechtsmitteilung aus dem Kern der alttestamentlichen Jahweoffenbarung heraus"[324], da dieser Kern eben in der *ʾanî Yhwh*-Aussage seine begriffliche Fassung gefunden hat.

Blickt man zurück auf die Sichtung der altorientalischen Ich(-bin)-NN-Aussagen,[325] ist eine gehäufte Verwendung solcher Aussagen, wie wir sie (in größerer Dichte) im Heiligkeitsgesetz antreffen, nur in Königsinschriften[326] zu beobachten. Die königsinschriftlichen Belege sind daher als möglicher Hintergrund, vor dem die *ʾanî Yhwh*-Aussage erklingt, in Betracht zu ziehen.

Für die Belege im Heiligkeitsgesetz drängt sich dann jedoch sogleich ein wesentlicher Unterschied auf: Die Königsinschriften enthalten keine Rechtssätze, sondern res gestae des jeweiligen Königs.

Andererseits waren aber von jenen Königsinschriften wohl gerade die großen Bauinschriften Vorbilder für den Aufbau eines berühmten altorientalischen Rechtskorpus, des Codex Hammurapi,[327] in dessen Prolog und Epilog sich Belege für den Königsnamen + *anaku* finden.

Diese Vorkommen erinnern entfernt an die *ʾanî Yhwh*-Aussage in Lev 18,2–5 einerseits und 26,44f andererseits. Allerdings sind die Vorkommen im Codex Hammurapi eben auf Prolog und Epilog beschränkt, erscheinen nicht im Gesetzeskorpus selbst und erhalten sowohl durch ihre Stellung im Text als auch durch ihre zahlenmäßig geringen Belege keine den Vorkommen im Heiligkeitsgesetz vergleichbare Signifikanz.

Formeln und mit Blick auf das Phänomen der Reihung von Redeeinleitungen in der Behistun-Inschrift A.Wagner, Prophetie als Theologie, 285–287 hingewiesen.
324 W.Zimmerli, Ich bin Jahwe, 23.
325 Vgl. oben Kap. 5.
326 Vgl. oben 5.2.3.3 und 5.3.
327 Vgl. TUAT I, 39 und oben Kap. 5.2.3.2.

Für die Verwendung der *’anî Yhwh*-Aussage im Heiligkeitsgesetzes gelten ähnliche Überlegungen wie für ihre Verwendung im Dekalog-vorspruch:[328] In der Umwelt treten Könige als rechtssetzende Instanzen auf; im Alten Testament tritt hingegen Jahwe in dieser "königlichen" Funktion auf und bedient sich dazu mit der Ich-(bin-)"KN"-Rede "königlichem" Redestil, auch wenn dieser, was die Ich-(bin-)KN-Rede anbelangt, eher in Königsinschriften denn in Rechtskorpora belegt ist. Für die Ausbildung bzw. Verwendung der *’anî Yhwh*-Aussage in Anklang an die Ich-(bin-)KN-Rede dürften u.a. die Möglichkeiten der Ich-Rede gegenüber der Er-Rede ausschlaggebend sein: In der Ich-Rede tritt der Redende dem Angeredeten direkt gegenüber, wird präsent, vergegenwärtigt sich. Die Ich-Rede ist, wo es um ein machtvolles Ich geht, die gegenüber der Er-Rede "mächtigere Rede". Im rechtlichen Kotext vermag die Ich-Rede so den Ge- bzw. Verboten eine ungleich höhere Autorität zu verleihen als die Er-Rede.

In der *’anî Yhwh*-Aussage kommt neben dem Moment der Ich-Rede hinzu, dass dieses Ich als ein exklusives auftritt, wodurch sich das Gewicht des redenden Ichs, die Autorität, die Recht setzt, noch verstärkt. Für das Heiligkeitsgesetz als ganzes gilt, was für Kap. 19 besonders gut zu beobachten war: Die Ge- bzw. Verboten betreffen eine Fülle von Lebensbereichen, ohne dass insgesamt eine absolut schlüssige Ordnung zu erkennen wäre. Die Fülle intendiert jedoch in aspektiver Weise vermutlich die Gesamtheit des Lebens; mit der *’anî Yhwh*-Aussage tritt Jahwe als derjenige auf, der, weil er der allein Wirksame ist, auch die in allen diesen Bereichen allein regulative Instanz ist und als solche selbstpräsent wird.

Das Heiligkeitsgesetz dokumentiert einen bereits gewachsenen Umgang mit der *’anî Yhwh*-Aussage; hier wird nicht mehr wie innerhalb von P *an* der Aussage gearbeitet, sie wird vielmehr in der Anspruch auf Ausschließlichkeit erhebenden Füllung vorausgesetzt und es wird *mit* dieser so gefüllten Aussage gearbeitet, deren inhaltlicher Anspruch, deren inhaltliches Gewicht sie befähigt, Markierungsfunktionen bei der Abgrenzung von Texten/Textteilen zu übernehmen.

6.3   *’anî Yhwh* im deuteronomistischen Geschichtswerk[329]

Im gesamten Bereich des deuteronomistischen Geschichtswerk ist die *’anî Yhwh*-Aussage (einschließlich der Erkenntnisaussage) auffällig selten belegt. Obwohl das deuteronomistische Geschichtswerk sowohl Israel als ganzes, als auch seine Könige danach beurteilt, ob sie Jahwe treu gewesen sind, und die Katastrophe des Exils letztlich mit der Untreue gegenüber Jahwe und der Zuwendung zu anderen Göttern erklärt,

---

328 Vgl. oben Kap. 6.2.3.3.
329 Im chronistischen Geschichtswerk ist die *’anî Yhwh*-Aussage n i c h t belegt.

spielt in der deuteronomistischen Theologie die *ʾaṇî Yhwh*-Aussage keine Rolle. Sie wird in diesem Bereich nicht zum sprachlichen Ausdruck theologischer Inhalte herangezogen. Die *ʾaṇî Yhwh*-Aussage kommt lediglich in Ri 6,10 vor.[330] Die Stelle ist Teil der Gideongeschichte. In den Vv. 7–10 mischen sich typisch deuteronomistische Elemente mit solchen, die im Richterbuch nur an dieser Stelle belegt sind. Die Verse sind einerseits eingewoben in das deuteronomistische Schema der Richterzeit: Ungehorsam – Strafe (in Form von Feinden) – Schreien zu Jahwe – Jahwe erweckt einen Richter, der Israel befreit – Israel lebt jahwegemäß, solange der Richter lebt – nach dem Tod des Richters: Ungehorsam etc. Andererseits tritt nur hier im Buch der Richter ein Prophet (der als solcher bezeichnet wird) auf, um den Schuldaufweis zu führen; damit dürfte eine zweite Beobachtung zusammenhängen: Nur hier ist im Buch der Richter die *kô ʾāmar Yhwh*-Formel belegt. Die *ʾaṇî Yhwh*-Aussage ist hingegen vermutlich nicht durch die Prophetenrede bedingt. Vielmehr weist Ri 6,8–10 in Richtung Vorspruch und 1. Gebot des Dekalogs. Auch dort verbinden sich das Thema der Herausführung aus Ägypten einerseits, das Verbot, fremde Götter zu verehren, andererseits mit der *ʾaṇî Yhwh*-Aussage. Allerdings bestehen terminologisch erhebliche Unterschiede. Der Gebrauch von *yrʾ* etwa als geforderte Haltung Jahwe gegenüber[331] bzw. verbotene Haltung anderen Göttern gegenüber[332] ist mehrheitlich in deuteronomistischer oder deuteronomistisch beeinflusster Literatur belegt.[333] Blickt man auf die verwendete *kô ʾāmar*-Formel, die Herausführungs- [*ʿlh*/עלה (hi); *mimmiṣrājim*/מִמִּצְרַיִם] und Rettungsterminologie (*nṣl*/נצל) mit dem doppelten Objekt vor dem gerettet wird, die Verwendung vom *lḥṣ*/לחץ, dann hat Ri 6,10 eine enge Parallele in 1.Sam 10,18, wobei an dieser Stelle die *ʾaṇî Yhwh*-Aussage nicht belegt ist. 1.Sam 10,18 zeigt im Vergleich mit Ri 6,8ff einerseits, dass der Rekurs auf die Rettungstaten Jahwes in der Vergangenheit in einer gewissen standardisierten Form erfolgt, andererseits, dass die Verwendung der *ʾaṇî Yhwh*-Aussage hierin kein fester Bestandteil war. Zwar lautet sowohl in 1.Sam 18ff als auch in Ri 6,10 der Vorwurf auf ein gegen Jahwe gerichtetes Verhalten, aber nur in Ri 6,10 kommen dabei andere Götter ins Spiel, in 1.Sam 10,18ff geht es um das Bestreben, einen König zu installieren. So steht wohl hinter der Verwendung der *ʾaṇî Yhwh*-Aussage in Ri 6,10 zusammen mit der Tatsache, dass möglicherweise auf den Dekalog angespielt wird, das Empfinden, dass die *ʾaṇî Yhwh*-Aussage mit dem Fremdgötterverbot in enger Beziehung steht. Durch

---

330 Vgl. auch Dtn 29,5; 1.Kön 20,13 und 20,28 Belege der Erkenntnisaussage.
331 Vgl. Dtn 6,2.13; 10,20; 13,4; 1.Sam 12,14; 2.Kön 17,38; Jes 57,11; Jer 5,22; Zeph 3,7.
332 Vgl. 2.Kön 17,35.37; Jer 10,5.
333 Vgl. dazu auch H.F.Fuhs, Art. יָרֵא *jāreʾ*, 885–887.

dieses erhält sie, wie im Dekalog, eine polemische Note, das Aussagegefälle des Nominalsatzes verläuft hin zum Pronomen: *ich allein bin Jahwe, euer Gott.* Neben 1.Sam 10,17f gelten Ri 2,1–5 und Jos 24 als Texte, die sich eng mit Ri 6,7–10 berühren. In Jos 24 wird ebenfalls eine polemische, gegen andere Götter gerichtete, Haltung deutlich. Zwar fällt in diesem Zusammenhang nicht die *ᵃnî Yhwh*-Aussage, aber es geht auch nicht um direkte Jahwerede. Das Volk bekennt sein Verhältnis zu Jahwe. In Jos 24,28 treffen wir auf eine *ᵃnî Yhwh* in gewisser Weise vergleichbare Formulierung: *kî hû ᵃᵉlohênu.* Sowohl die Satzteilfolgeregel nach *kî*, als auch der Kotext sprechen klar für ein Verständnis im Sinne von *er allein ist unser Gott.*[334] Wenn an beiden Stellen ähnliche theologische Grundausrichtungen zu greifen sind, unterstützt Jos 24,28[335] in Ri 6,10 ein Verständnis von *ᵃnî Yhwh* in einem polemischen Sinne von *ich allein bin Jahwe.*

Ri 6,7–10 gilt als spät- vielleicht auch erst nach-deuteronomistisch, aus nachexilischer Zeit stammend.[336] Die Verwendung der *ᵃnî Yhwh*-Aussage in Ri 6,10 hat ihren Grund in der Aufnahme von bzw. Anspielung auf Tradition, sie hat für die Autoren/Redaktoren des Richterbuches kein spezifisches Gewicht im Rahmen ihrer eigenen Theologie.

6.4 *ᵃnî Yhwh* in den prophetischen Büchern

6.4.1 *Einleitung*

In der prophetischen Literatur des Alten Testaments begegnet mit Blick auf die *ᵃnî Yhwh*-Aussage ein ihrem Vorkommen im Pentateuch vergleichbares Phänomen. Hier wie dort, lässt sich nicht eine mehr oder weniger gleichmäßige Streuung beobachten, vielmehr eine Konzentration auf spezifische Bereiche. Innerhalb der prophetischen Bücher ist die *ᵃnî Yhwh*-Aussage bei den Kleinen Propheten nur ausnahmsweise belegt, zweimal bei Hosea und je einmal bei Sacharja und Maleachi.[337]

---

334 Beachte die umgekehrte Folge von Nomen und Pronomen in Jos 24,19: כִּי הוּא אֱלֹהִים קְדֹשִׁים bzw. הוּא אֵל־קַנּוֹא, die deutlich von Jos 24,28 Unterschiedenes leistet. In Jos 24,19 geht es um bestimmte Eigenschaften, Qualitäten Jahwes, nicht darum, dass diese Eigenschaften Jahwe und keinem anderen eignen; entsprechend sind אֱלֹהִים קְדֹשִׁים und אֵל־קַנּוֹא Chabar, das Pronomen הוּא Mubtada.

335 Eventuell auch Jos 24,17: כִּי יְהוָה אֱלֹהֵינוּ, wenn man hier einen Nominalsatz sieht, was m.E. möglich ist, von den meisten Ausleger jedoch nicht geteilt wird.

336 Vgl. U.Becker, Richterzeit, 144f. W.Dietrich, Prophetie und Geschichte,133; T.Veijola, Königtum, 43–45; R.Smend, Entstehung des Alten Testaments, 116. Von der Durchsicht aller Belege der *ᵃnî Yhwh*-Aussage rückblickend, unterstützt ihr Vorkommen in der in der Anspruch auf Alleinigkeit erhebenden Interpretation eine exilisch-nachexilische Datierung; vgl. zur Geschichte der *ᵃnî Yhwh*-Aussage Kap. 7.

337 Hinzu kommt ein Beleg der Erkenntnisaussage bei Joel.

Unter den Großen Propheten ist Deuterojesaja derjenige, der mit Abstand die meisten Belege aufweist, gefolgt von Ezechiel, bei dem die Aussage überwiegend fortgeführt durch ein Verb der 1. sg. begegnet.[338] In Protojesaja ist die *ᵃnî Yhwh*-Aussage einmal, in Tritojesaja dreimal belegt. Für Jeremia kann die *ᵃnî Yhwh*-Aussage mit drei (vier?) Belegen[339] ebenfalls nicht als typisch gelten.

Ich beginne die Darstellung der *ᵃnî Yhwh*-Belege innerhalb der prophetischen Bücher mit Deuterojesaja, da eine größere Anzahl an Belegen eher die Chance bietet, etwas über Bedeutung und Gebrauch der Aussage zu erfahren.

6.4.2 *ᵃnî Yhwh bei Deuterojesaja*

6.4.2.1 *Einleitung*

Nachdem die ältere Forschung zum Buch des Propheten Jesaja auf die Erkenntnis einer Dreiteilung in Proto-, Deutero- und Tritojesaja zugelaufen war, traten in der Folgezeit immer stärker die Phänomene ins Bewusstsein der Ausleger, die sich durch diese Dreiteilung nicht erklären ließen: Die die Kapitel 1–39, 40–55 und 56–66 verbindenden Aussagen und Inhalte, übergreifende Strukturen, wie auch Indizien, die innerhalb der drei Teile auf Wachstum, auf Spuren verschiedener Hände hindeuten. "Das Jesajabuch ist zu disparat, um als einheitlich zu gelten und zu einheitlich als disparat zu gelten."[340] Diese Feststellung Berges' umschreibt die Ausgangslage der gegenwärtigen Jesaja-Forschung, die sich in neuen Versuchen, das Werden und Wachsen des Buches nachzuzeichnen um Modelle bemüht, die beiden Beobachtungen, disparater wie auch auf Einheit verweisender Elemente, zusammenzudenken.[341] Diese neuere Forschungsgeschichte zum Buch Jesaja braucht hier nicht nachgezeichnet zu werden, die entsprechenden Positionen werden bei der Besprechung der Belege herangezogen.

Deuterojesaja[342] ist im Rahmen der Behandlung der *ᵃnî Yhwh*-Aussagen immer schon Aufmerksamkeit gezollt worden.[343] Für Michel wa-

---

338 Bei Ezechiel liegt der Schwerpunkt auf der Erkenntnisaussage, s.u.
339 Hinzu kommen 2? Belege der Erkenntnisaussage.
340 U.Berges, Jesaja, 13.
341 Einen ersten Einblick in die Forschungslage gibt E.Zenger, Einleitung, 381ff; v.a. 396ff. Vgl. v.a. Arbeiten von U.Berges, Jesaja; H.-J.Hermisson, Einheit und Komplexität; R.G.Kratz, Kyros; R.Rendtorff, Zur Komposition des Buches Jesaja; O.H.Steck, Studien zu Tritojesaja; ders., Gottesknecht und Zion; ders., Prophetenbücher, J.v.Oorschot, Von Babel zum Zion; H.G.M.Williamson, The book called Isaiah; R.Feuerstein, "Deuterojesaja"; außerdem H.-J.Hermisson, Neue Literatur.
342 Die Formel *ᵃnî Yhwh* und ihr verwandte Aussagen sind bereits in Passagen belegt, die "Deuterojesaja" zugesprochen bzw. (je nach zugrundeliegendem exegetischen Modell) als dem Grundstock des Buches zugehörig betrachtet werden. Die für den Zusammenhang dieser Untersuchung wichtige Frage nach den theologischen Aussageabsichten in diesen Passagen wird in der Forschung mehr oder weniger ähnlich beantwortet. Über die zeitliche Verortung Deuterojesajas besteht im großen und ganzen Konsens: Das Auftreten "Deuterojesajas" wird etwa zwischen

ren es gerade diese Stellen, an denen er seine These bestätigt fand, dass
im Nominalsatz *ʾanî Yhwh* das Pronomen Chabar, der Jahwename Mubtada sei und folglich 'nur ich bin Jahwe' zu übersetzen sei.[344]
Nach Zimmerli ist die Formel bei Deuterojesaja

"weit mehr als bloß einleitende, die Unbekanntheit des Redepartners durch die namentliche Vorstellung beseitigende und damit ein folgendes Gespräch ermöglichende Selbstvorstellung. [...] In der Selbstvorstellung ist die höchste Aussage zu
hören, die Jahwe von sich selber machen kann."[345]

Zimmerli hat ferner darauf hingewiesen, dass die 'Selbstvorstellungsformel' bei Deuterojesaja hauptsächlich in zwei Gattungen (nach der Gat-
tungsanalyse Begrichs[346]) begegnet, den Gerichts- und Disputationsre-
den einerseits, den Erhörungsorakeln andererseits.[347]
Die Vorkommen von *ʾanî Yhwh* in den Erhörungsorakeln waren darüberhinaus ergiebig für den religionsgeschichtlichen Vergleich.[348] Sie
wurden in Verbindung gebracht mit der Wendung *anāku Ištar ša Ar-
bail/anāku bēlit Arbail*, wie sie aus neuassyrischen Orakeln der Zeit
Assarhaddons und Assurbanipals bekannt ist.[349]

"Die Selbstvorstellung *anāku Ištar ša Arbail* zählt zu den charakterischen Merkmalen der neuassyrischen Prophetie und hat die für Dtjes ebenso charakteristische
biblische Entsprechung 'Ich bin Jahwe' z.B. in der Kyros-Prophetie (Jes 45,5). Diese Parallelität ruft nicht nur die Annahme eines prophetischen Sitzes im Leben dieser Formel hervor, sondern zeigt auch deutlich das Moment, wo sich ihre biblische
Funktion von der assyrischen unterscheidet. Im Falle Dtjes ist nämlich neu die
Fortsetzung 'außer mir gibt es keinen Gott' (Jes 45,5; vgl. 43,11; 45,21; Hos 13,4
und den Dekalogprolog!). Durch diese Betonung wird die Formel zum monotheis-

---

550 und 540 angesetzt, in der Spätzeit des Exils, für die entsprechenden Texte finden sich Datierungen ab 550 und später. Ich beschränke mich im Folgenden auf die
Nennung weniger, weitgehend repräsentativer Positionen.
[343] Vgl. auch Abschnitt 3.β Deuterojesaja, in: H.Thyen, Art. Ich-Bin-Worte, 163–
166.
[344] Vgl. D.Michel, Nur ich bin Jahwe, 153; ders., Art. Deuterojesaja, 515. So verstanden, gewinnt die Formel Bedeutung innerhalb der Monotheismusdiskussion.
[345] W.Zimmerli, Ich bin Jahwe, 31.
[346] Vgl. dazu J.Begrich, Studien zu Deuterojesaja; zur Beschreibung der verschiedenen Gattungen vgl. Kap. I, 5ff (Heils-/Erhörungsorakel 5–19; Gerichtsrede 19–
42; Disputationsworte 42–47).
[347] Vgl. W.Zimmerli, Ich bin Jahwe, 31.
[348] W.Zimmerli, Ich bin Jahwe, 27 verwies als Parallele zu Jes 45,21 auf eine
Stelle aus den Mari-Briefen, die Zimmerli wie folgt wiedergibt: 'In Orakeln sprach
Adad, der Herr von Kallassu, folgendermaßen: Bin ich nicht Adad, der Herr von
Kallassu, der ich ihn (Zimrilim) auf meinem Schoß großzog ...'. Zimmerli bezieht
sich auf A.Lods, Une Tablette Inédite De Mari; zur Transkription vgl. 103f, Übersetzung der fragliche Stelle auf 105: "Par oracles, Adad, le seigneur de Kallassu, a
parlé en ces termes: 'Ne suis-je pas Adad, le seigneur de Kallassu, qui l'ai élevé sur
mes genoux et qui l'ai ramené sur le trône ..."
[349] Vgl. W.Zimmerli, Ich bin Jahwe, 26f.

tischen Manifest, das in Verbindung mit Kyros geradezu missionarische Dimensionen gewinnt."[350]

M.Nissinen und M.Weippert gelangen aufgrund ihrer Vergleiche mit den neuassyrischen Texten zu einer von der Position Zimmerlis abweichenden Bestimmung des Sitzes im Leben. War Zimmerli davon ausgegangen, dass das priesterliche Heilsorakel Vorbild der entsprechenden Texte bei Deuterojesaja war und auch die 'Selbstvorstellungsformel' "von der gottesdienstlichen Dichtung her zu verstehen"[351] sei, vermuten Nissinen und Weippert einen prophetischen Hintergrund der Texte und der 'Selbstvorstellungsformel'.[352]

Gerade in Untersuchungen zu Deuterojesaja tritt das Beharrungsvermögen einer einmal in der Forschung geprägten Vorstellung deutlich zutage: Die Ausleger spüren und thematisieren zum Teil auch, dass die *ʾanî Yhwh*-Aussage bei Deuterojesaja keine Selbstvorstellungsformel ist. Dennoch wird die Rede von der 'Selbstvorstellungsformel' größtenteils beibehalten und "weitertradiert", auch wenn die entsprechenden Interpretationen deutlich eine monotheistische Aussage nahelegen. Die Rede von der Selbstvorstellungsformel erschwert es jedoch, die Leistung der *ʾanî Yhwh*-Aussage möglichst präzise zu erfassen.

Auf dem Hintergrund der neueren Forschungen ist eine Beobachtung wesentlich stärker zu berücksichtigen als das bisher der Fall war: Die *ʾanî Yhwh*-Aussagen[353] sind in den Kapitel Jes 40–55 keineswegs gleichmäßig gestreut; in Kap. 40, 47, 50, 52–54 ist die Aussage nicht belegt.[354] Der Schwerpunkt des Vorkommens der *ʾanî Yhwh*-Aussage liegt deutlich auf den Kapp. 41–45, und hier wiederum in Kap. 45. Es ist immer wieder daraufhingewiesen worden, dass sich inhaltlich zwei Teile innerhalb Deuterojesajas abzeichnen: Kapp. 40–48 und Kapp. 49–55.[355] Die *ʾanî Yhwh*-Aussage ist nicht für den "ganzen" Deuterojesaja in gleicherweise typisch, sie wird nur im ersten Teil in den Dienst der Argumentation gestellt (s. dazu u.).

---

350 M.Nissinen, Die Relevanz der neuassyrischen Prophetie, 236. Vgl. zu diesen Texten auch M.Weippert, Assyrische Prophetien.
351 W.Zimmerli, Ich bin Jahwe, 29.
352 Vgl. M.Weippert, Assyrische Prophetien, 110 und M.Nissinen, Die Relevanz der neuassyrischen Prophetie, 236.
353 In 44,11 und 51,15 findet sich die Formulierung *ʾānokî Yhwh*.
354 Demgegenüber findet sich die verwandte Aussage הוא [כ]אני (vgl. 41,4) auch in 46,4; 48,12; 51,9.10.12; 52,6 (außerdem schon in 41,4; 43,10.13.25).
355 Vgl. dazu etwa D.Michel, Art. Deuterojesaja, 511; E.Zenger, Einleitung, 389f; R.G.Kratz, Kyros, 1f u.ö.; U.Berges, Jesaja, 325ff.333 u.v.a.

6.4.2.2　Die Belege
6.4.2.2.1　Vorkommen der *ʾanî Yhwh*-Aussage bei Dtjes im Überblick[356]

41,4	רִאשׁוֹן וְאֶת־אַחֲרֹנִים אֲנִי־הוּא		אֲנִי יְהוָה		ri
41,13	מַחֲזִיק יְמִינֶךָ	אֱלֹהֶיךָ	אֲנִי יְהוָה	כִּי	ri
41,17	אֶעֱנֵם אֱלֹהֵי יִשְׂרָאֵל לֹא אֶעֶזְבֵם		אֲנִי יְהוָה		ri
42,6	קְרָאתִיךָ בְצֶדֶק		אֲנִי יְהוָה		re
42,8	הוּא שְׁמִי		אֲנִי יְהוָה		ri
43,3	קְדוֹשׁ יִשְׂרָאֵל מוֹשִׁיעֶךָ	אֱלֹהֶיךָ	אֲנִי יְהוָה	כִּי	ri
43,11	וְאֵין מִבַּלְעָדַי מוֹשִׁיעַ		אָנֹכִי יְהוָה		ri
43,15	קְדוֹשְׁכֶם בּוֹרֵא יִשְׂרָאֵל מַלְכְּכֶם		אֲנִי יְהוָה		rb
44,24[357]	עֹשֶׂה כֹּל		אָנֹכִי יְהוָה		re
45,3	הַקּוֹרֵא בְשִׁמְךָ		אֲנִי יְהוָה	לְמַעַן תֵּדַע כִּי־	ri
45,5	וְאֵין עוֹד		אֲנִי יְהוָה		ri
45,6	וְאֵין עוֹד		אֲנִי יְהוָה		ri
45,7	עֹשֶׂה כָל־אֵלֶּה		אֲנִי יְהוָה		rb
45,8	בְּרָאתִיו		אֲנִי יְהוָה		rb
45,18	וְאֵין עוֹד		אֲנִי יְהוָה		ri
45,19	דֹּבֵר צֶדֶק מַגִּיד מֵישָׁרִים		אֲנִי יְהוָה		rb
45,21	וְאֵין־עוֹד אֱלֹהִים מִבַּלְעָדַי אֵל־צַדִּיק וּמוֹשִׁיעַ אַיִן זוּלָתִי		אֲנִי יְהוָה	הֲלוֹא	ri
48,17	מְלַמֶּדְךָ	אֱלֹהֶיךָ	אֲנִי יְהוָה		re
49,23	אֲשֶׁר לֹא־יֵבֹשׁוּ קֹוָי		אֲנִי יְהוָה	וְיָדַעְתָּ כִּי־	ri
49,26	מוֹשִׁיעֵךְ		אֲנִי יְהוָה	כִּי וְיָדְעוּ כָל־בָּשָׂר	rb
51,15	רֹגַע הַיָּם	אֱלֹהֶיךָ	וְאָנֹכִי יְהוָה		ri

---

[356] re – redeeröffnend; rb – redebeschließend/Redeende einleitend; ri – im Innern der Rede. Auf die unterschiedlichen Positionen, die die *ʾanî Yhwh*-Aussage im Textverlauf einnehmen kann, weist auch M.Weippert, «Ich bin Jahwe», 45ff hin.
[357] In Jes 44,24 beginnt bereits eine Texteinheit, die im jetzigen Text in das Kapitel 45 hineinragt.

6.4.2.2.2 *Jes 41*

Der erste Beleg der *ᵃnî Yhwh*-Aussage bei Deuterojesaja steht im Rahmen einer Gerichtsrede.[358]

"Mit 41,1–5 beginnt die Reihe der Gerichtsreden, in denen Jahwe, der Gott Israels – des geschlagenen, zerstreuten und von den Großen schon aus der Geschichte gestrichenen Volkes –, die 'Inseln und Nationen' und mit den Völkern die Götter der Völker vor Gericht fordert"[359]

Gefragt wird in Form einer *mî*-Frage (V. 2), wer hinter dem Siegeszug des Kyros, der hier nicht namentlich genannt wird, steht; V. 4aα greift die *mî*-Frage nocheinmal auf (מִי־פָעַל וְעָשָׂה קֹרֵא הַדֹּרוֹת מֵרֹאשׁ. *Wer tut und macht (das)? Ruft die Geschlechter von Anfang her?*) In V.4b erhebt Jahwe den Anspruch hinter diesen Ereignissen zu stehen, er hat Kyros "erweckt". Das ist der Kotext der *ᵃnî Yhwh*-Aussage in V.4b: אֲנִי יְהוָה רִאשׁוֹן וְאֶת־אַחֲרֹנִים *Ich (allein) bin Jahwe, der Erste, und (noch) bei den Letzten bin ich es.*[360] Dass in Vers 4b Nominalsätze vorliegen ist unbestritten, bestritten wird jedoch meist, dass *ᵃnî Yhwh* hier den Nominalsatzkern bildet; vielmehr gilt *Yhwh* als Apposition zu *ᵃnî*, während רִאשׁוֹן als zweites obligatorisches Glied neben dem Pronomen angesehen wird.[361] Diese Auffassung drückt sich etwa in folgenden Übersetzungen aus:

---

[358] Da "Gerichtsrede" seit Begrich durchaus ein Sammelbegriff für verschiedene Untergattungen ist (vgl. J.Begrich, Studien zu Deuterojesaja, 19–42), sei hier nur allgemein mit Elliger soviel festgehalten, dass es "im Hauptteil der Rede um einen Anspruch geht, den der Redner – Jahwe, wie sich aus 4b ergibt – erhebt und dessentwillen er ein gerichtliches Feststellungsverfahren anstrengt" (K.Elliger, Deuterojesaja, 110). Das Forum, das angerufen wird, sind die Inseln und Nationen. Es ist also ein weltweiter Horizont aufgetan.

[359] C.Westermann, Das Buch Jesaja, 54. Als weitere Gerichtsreden bei Deuterojesaja nennt Westermann 41,21–29; 43,8–15; 44,6–8; 45,20–25, außerdem Anklänge an diese Form an weiteren Stellen, vgl. ebd. 54, Anm. 5. Zur Grundschicht gehörende Gerichtsreden nach J.v.Oorschot, Von Babel zum Zion, 29ff: 41,1–4; 41,21–29*; 48,8–13; 45,20–25*. Auch nach K.Baltzer, Deutero-Jesaja, der das Buch als liturgisches Drama versteht, gehört der Abschnitt 41,1–5a zu den Gerichtsszenen, vgl. 127. Merendino (vgl. R.P.Merendino, Der Erste und der Letzte, 123) bestimmt die Vv. 1–4 nicht als Gerichtsrede, sondern als Bestreitung (vgl. seine Argumentation ebd. 128f): "es ist das Anliegen des Textes, den Einwand zu bestreiten, das Kyros-Geschehen sei nicht Werk Jahwes" (129). Zu den Gerichtsreden Deuterojesajas allgemein vgl. Merendinos Exkurs in R.P.Merendino, Der Erste und der Letzte, 325–330.

[360] Vergleiche zu 4b die inhaltlich ähnlichen Aussagen in Jes 44,6 und 48,12.

[361] Explizit ausgeführt etwa von K.Elliger, Deuterojesaja, 124; R.N.Whybray, Isaiah 40–66, 61; C.H.Williams, I am He, 25. Anders K.Baltzer, Deutero-Jesaja, 126, der übersetzt: "Ich bin Jahwe, der Erste, und mit den Letzten bin ich es"; M.L.Phillips, Divine Self-Predication, 46: "I am Yahweh the first and with the last I am he"; und H.Wildberger, Monotheismus, 527: "Ich bin Jahwe, der Erste …".

K.Elliger: "Wer hat's gewirkt und gemacht? Der da ruft die Geschlechter seit Anfang. Ich, Jahwe, bin der Erste, und bei den Letzten bin's noch ich."[362] C.H.Williams: "Who has acted and workes? The one calls the generations from the beginning. I, Yaweh, am the first and with the last, I am he."[363]

Diese Übersetzungen sind syntaktisch möglich und können zudem auf Jes 48,12 verweisen, wo die Aussage (אַף אֲנִי אַחֲרוֹן) אֲנִי רִאשׁוֹן als Nominalsatz (ohne Yhwh) belegt ist. Dennoch ist das Verständnis des Nominalsatzes, wie es sich in den Übersetzungen ausdrückt, nicht alternativlos und Folgendes mindestens zu erwägen: In V. 4b finden sich zwei Nominalsätze[364] zu je drei Gliedern. In den beiden Sätzen entsprechen sich inhaltlich רִאשׁוֹן und אֶת־אַחֲרֹנִים, es liegt nahe von einer Entsprechung auch von אֲנִי־הוּא[365] und אֲנִי יהוה auszugehen. אֲנִי־הוּא wird in der Regel als Nominalsatz verstanden, mit אֶת־ אַחֲרֹנִים als adnominaler Ergänzung. Zwar ist אַחֲרֹנִים anders als רִאשׁוֹן mit אֶת־ verbunden, insofern grammatisch anders konstruiert als רִאשׁוֹן, damit ist jedoch keineswegs ausgeschlossen, dass רִאשׁוֹן auf der syntaktischen Ebene in Entsprechung zu אֶת־אַחֲרֹנִים funktioniert. Wenn אֲנִי־הוּא und ʾanî Yhwh einander entsprechen, אֲנִי־הוּא aber der Nominalsatzkern

---

362 K.Elliger, Deuterojesaja, 104; so auch J.v.Oorschoot, Von Babel zum Zion, 30.

363 C.H.Williams, I am He, 24. Vgl. auch C.Westermann: "Wer tut es und macht es? Der die Geschlechter von Anfang ruft. Ich, Jahwe, bin der Erste und mit den Letzten bin noch ich!" (Das Buch Jesaja, 54.) R.P.Merendino: "Wer hat es gewirkt und getan? Der Rufende die Geschlechter von Anfang: Ich, Jahwe, der Erste; und bei den Letzten: ich, derselbe!"(Der Erste und der Letzte, 123.). Vgl. entsprechend H.G.M.Williamson, Isaiah, 69.

364 In der Auslegung des Verses übersetzt Westermann: 'Ich, Jahwe, der erste – und mit den Letzten ich, derselbe!' und schreibt: "diese Übersetzung versucht den Charakter dieser Sätze als Nominalsätze wiederzugeben. Ein Verbalsatz kann die Aussagekraft eines solchen Nominalsatzes, in dem ein Nomen das Prädikat bildet, nie erreichen; die Nominalsätze sind meist nicht übersetzbar". (C.Westermann, Das Buch Jesaja, 55) Im Folgenden übersetzt er dann אֲנִי יהוה oder vergleichbare Wendungen nur teilweise (vgl. etwa 45,3.18.19) durch Einfügung eines 'bin'. Eine Übersetzung ohne eine Form von 'sein' erhält zwar den nominalen Charakter, verschleiert jedoch, dass es sich um einen eigenständigen Satz handelt.

365 Catrin H. Williams hat in ihrer Studie "I am He" grammatische Überlegungen fruchtbar gemacht für die Frage der Bedeutung von אֲנִי הוּא (vgl. C.H.Williams, I am He, 16ff). Die Studie erhebt die Bedeutung von אֲנִי הוּא in der hebräischen Bibel, bietet eine Traditions und Auslegungsgeschichte des אֲנִי הוּא in der (ancient) jüdischen und frühchristlichen/neutestamentlichen Tradition. Sie läuft zu auf eine Interpretation des neutestamentliche ἐγώ εἰμι. Williams analysiert die alttestamentlichen Belege von אֲנִי הוּא und will einer verbreiteten Ansicht zeigen, dass אֲנִי הוּא kein "substitute" (C.H.Williams, I am He, 304 u.ö.) für ʾanî Yhwh ist, sondern einen eigenen unterschiedenen Aussagewert besitzt. Die Studie kommt für die alttestamentlichen Belege, speziell für Dtn 32,39 und Dtjes zu dem Ergebnis, dass אֲנִי הוּא eine "souvereign self-declaratory formula" (304) ist, mit der Jahwe (אֲנִי) seinen exklusiven Anspruch erhebt, bzw. seine Identität als einzig wahrer Gott (הוּא) bestätigt (vgl. ebd.)

ist, könnte durchaus auch *ᵃnî Yhwh* Nominalsatzkern sein, dem ראשון
als Apposition, als adnominale Ergänzung zur Seite tritt. So wie אני־הוא
ein Nominalsatz ist, ist es auch *ᵃnî Yhwh*, ראשון und את־אחרנים sind
fakultative Glieder, Ergänzungen. Auch inhaltlich bereitet ein solches
Verständnis keine Schwierigkeiten.

Vers 4 bietet außer der Frage, wie die Nominalsätze in V. 4b aufzuschlüsseln sind, zudem das Problem, wo die Antwort auf die *mî*-Frage
beginnt, schon bei קרא, so die Mehrzahl der Ausleger[366], oder erst bei
ᵃnî, so etwa die Lutherübersetzung[367]? Beides ist möglich. Sollte das
Partizip bereits Teil der Antwort sein,[368] so wird die Frage damit jedoch
nur andeutend beantwortet, denn man müsste bei einer solchen Antwort zurückfragen: *Wer ist es, der die Geschlechter von Anfang an
ruft?* Eine echte Antwort erfolgt erst in V. 4b. Stünde dabei das אני־הוא
in V. 4b zu Beginn, böte die Antwort keinerlei Schwierigkeiten: Auf
die Frage *Wer tut und macht (das)?* würde die Antwort lauten *Ich bin
es!* und es bestünde kein Zweifel, dass in dieser Antwort *ᵃnî* das erfragte Glied und als solches Chabar ist.[369] Diese Analyse trifft auch für
אני־הוא in seiner jetzigen Position am Versende zu.

Wenn sich, wie oben angenommen, אני־הוא und אני יהוה entsprechen,
ist wohl auch die Funktion der Satzglieder entsprechend zu bestimmen,
ᵃnî ist Chabar, *Yhwh* als zweites obligatorisches Glied Mubtada. Die
Antwort auf die Frage *Wer tut und macht (das)?* lautete dann: *ICH bin
Jahwe.* Diese Aussage ist als Antwort dann sinnvoll, wenn dem Jahwenamen im Zuge der Tradition eine Bedeutung beigelegt wurde und
Yhwh den (in der Geschichte) Wirksamen (Gott) bezeichnete. Innerhalb der *ᵃnî Yhwh*-Aussage *Yhwh* als bedeutungshaltig zu verstehen,
hatte sich bereits für andere Stellen (vgl. ausführlich in der Analyse zu
Ex 6,2–8) nahegelegt. Die *mî*-Frage in V. 4 greift diejenige in V. 2
wieder auf. Durch die vorausgehenden Verse 2f sind die Verben פעל
und עשה in bestimmter Weise gefüllt; gefragt wird nach einem, der für
ganz konkrete geschichtliche Vorgänge (hier "Erweckung" und Erfolg
des Kyros) verantwortlich ist. Vor diesem Hintergrund ist eine Antwort
im Sinne von *ICH bin der Wirkende* nur sinnvoll. Die Verben פעל und
עשה hätten ihre Entsprechung in *Yhwh*. Die Frage מי־פָעַל וְעָשָׂה fände

---

[366] Vgl. stellvertretend C.Westermann, Das Buch Jesaja, 54; K.Elliger, Deuterojesaja, 104.124; C.H.Williams, I am He, 24, mit dem Hinweis, dass es ihr inhaltlich
plausibler erscheint, dass derjenige, der gegenwärtig regiert, auch derjenige ist, der
schon von Beginn an handelt.
[367] So auch R.G.Kratz, Kyros, 39.
[368] Als Hinweis darauf, das Partizip noch als Teil der Frage zu verstehen, könnte
man den Parallelismus membrorum ins Feld führen, der zweigliedrigen Antwort in
4b entspräche dann eine zweigliedrige Frage in 4a.
[369] Inhaltlich entspräche das dem von C.H.Williams, I am He, 26 favorisierten
Verständnisses von אני־הוא; nach ihrer Einschätzung ist es wichtig, die Aussage so
zu verstehen, dass sie den betonten Anspruch Jahwes, der einzig wahre Gott zu
sein, zum Ausdruck bringt (so zu Jes 41,4).

so in ʾⁱnî Yhwh eine ganz der Frage entsprechende Antwort, dem Fragepronomen entspräche das Personalpronomen, den Verben der Jahwename, wodurch die Verben die Füllung des Jahwenamens unterstreichen, bestätigen, in Erinnerung rufen.

Vom Kotext Deuterojesaja, und vor allem von den Gerichtsreden, denen Jes 41,1–4(5) zugehört, wird diese Interpretation der ʾⁱnî Yhwh-Aussage gestützt, sowohl was die Betonung des "ich" anlangt, als auch die Vermutung der Bedeutungshaltigkeit des Jahwenames. Es geht in den Gerichtsreden "um den Anspruch der Göttlichkeit, den die Götter der Völker wie Jahwe, der Gott Israels, erheben, der jedoch nur von einem mit Recht erhoben werden kann."[370]

Dass es bei Deuterojesaja an vielen Stellen um die Botschaft geht, "nur Jahwe/Jahwe allein" vermag geschichtsmächtig zu wirken, ist bei den Auslegern unumstritten. In diesem Sinn bestimmt etwa auch Merendino, die Aussageabsicht des Textes, v.a. des Verses 4:

"Das Wissen um Jahwe als den einzigen Ursprung der weltlichen Wirklichkeit läßt keine andere Erklärung zu für all das, was jetzt geschieht. Der Mensch hat immer und überall mit Jahwe als dem Ersten und Letzten zu rechnen. Alles, was sich in der Völkerwelt ereignet, hat stets Jahwe als Gegenüber und läßt sich von ihm her erfassen."[371]

---

[370] C.Westermann, Das Buch Jesaja, 54. Die Antwort "Ich, Jahwe, bin der Erste …" entscheidet nach Westermann den Rechtsfall (vgl. ebd. 54.55). Die 'Selbst-Prädikation Gottes' (ebd. 55) der Erste – der Letzte verweist nach Westermann "auf den Ermöglichungsgrund eines die gesamte Weltgeschichte umgreifenden Wirkens Gottes." (ebd. 56). Elliger: "Auf die Feststellung des wirklichen Gottseins will jedenfalls auch 4b hinaus. Nicht um Selbstvorstellung handelt es sich (s. Jepsen, ZAW 79, 1967, 286); יהוה ist nicht Prädikat, sondern Apposition zu אֲנִי, und die Satzaussage lautet, daß er 'der Erste' ist. Der Sinn dieser Aussage wird deutlich, wenn man den Parallelsatz heranzieht, der hier nicht einfach in genauer Entsprechung lautet: 'Ich bin der Letzte' wie 44₆ 48₁₂". (124f) R.N.Whybray, Isaiah 40–66, 60: "the question as at issue is the identity of the true God". Vgl. auch K.Baltzer, Deutero-Jesaja, 129: "Von Jahwe werden v.4 drei hymnische Aussagen gemacht (…) Dabei ist der Höhepunkt die Selbstvorstellungsformel 'Ich bin Jahwe'! Die Formel wird im dritten Glied noch einmal abgewandelt 'ich bin es'. Die Verwendung der Formel läßt erkennen, daß hier eine Auseinandersetzung stattfindet. Der Ton liegt auf 'Ich bin es' – und nicht ein anderer Gott!" Nach R.G.Kratz, Kyros, 42, geht es in 41,1–4.5 um den "Erweis der Selbigkeit und Einzigkeit Jhwhs anhand des Kyrosgeschehens gegenüber den Völkern". Nach Kratz gehört 41,1–4.5 (zusammen mit 41,*21–29 und 45,*1–7) zum "literarische(n) Grundstratum des Deuterojesajabuches", also zur "Erstverschriftung von Prophetenworten (…), die nicht nur sammelt und die Worte mehr oder weniger wörtlich wiedergibt, sondern von vornherein als literarische Komposition eines größeren Textkomplexes (…) erfolgt ist" (R.G.Kratz, Kyros, 43).

[371] R.P.Merendino, Der Erste und der Letzte, 130 (der allerdings der in den Vv. 1–4 keine Gerichtsrede, sondern eine Bestreitung sieht). Vgl. auch H.-J.Hermisson, Gibt es die Götter bei Deuterojesaja?: "Aber wenn nur ein einziger Gott *ist*, indem er sich als Gott *erweist*, dann ist die Bestreitung der Existenz anderer *Götter* die

Ähnlich Williams[372]: die als Zeugen angerufenen Nationen haben über die Identität des einzig wahren Gottes zu entscheiden, aufgrund der Frage: Wer lenkt historische Ereignisse? Die deuterojesajanischen Selbstprädikationen spielen nach Williams eine wichtige Rolle bei der Verteidigung der Exklusivität und Unvergleichlichkeit Jahwes.[373] ראשׁון und אחרון fungieren als eine Art Titel.[374]
Nicht deutlich genug gesehen bzw. herausgearbeitet wurde in den bisherigen Auslegungen, dass die beschriebene theologische Grundüberzeugung Deuterojesajas ihren sprachlich prägnanten Ausdruck in der ʾanî Yhwh-Aussage findet.

Jes 41,8–13 ist ein Beleg für die "zweite Hauptform der Verkündigung Deuterojesajas, das Heilsorakel oder die Heilszusage"[375].
Die hier aufgrund ihrer Nähe zur ʾanî Yhwh-Aussage zu berücksichtigende Ausage ʾanî ʾælohǽka in V. 10 [אַל־תִּירָא כִּי עִמְּךָ־אָנִי אַל־תִּשְׁתָּע כִּי־אֲנִי אֱלֹהֶיךָ Fürchte dich nicht, ich bin mit dir; schau nicht umher denn ich (allein) bin dein Gott.[376]] steht nach einer langen einleitenden Anrede an Israel, zu Beginn der eigentlichen Heilszusage.[377] Die Zusage ʾanî ʾælohǽka fasst, so Westermann, "in die Gegenwart zusammen, was die Appositionen der Anrede (V. 8–9) von der bisherigen Geschichte Gottes mit seinem Volk gesagt hatten. Sie ist wahrscheinlich

---

notwendige Konsequenz. (…) 'Existenz' und "Effizienz' kann man hier nicht auseinanderdividieren" (119).
[372] Vgl. C.H.Williams, I am He, 24.
[373] Vgl. C.H.Williams, I am He, 25.
[374] Vgl. C.H.Williams, I am He, 25.
[375] C.Westermann, Das Buch Jesaja, 57. Vgl. entsprechend K.Elliger, Deuterojesaja, 133; R.P.Merendino, Der Erste und der Letzte, 136 (trotz seiner Kritik an Westermanns Ansatz); K.Baltzer, Deutero-Jesaja, 136f. Weitere Heilsorakel nach Westermann 41,14–16; 43,1–4.5–7; 44,1–5; dazu Stellen, an denen die Form angedeutet ist. (Das Buch Jesaja, 57, Anm. 1.) J.v.Oorschot, Von Babel zum Zion rechnet zu den deuterojesajanischen Heilsorakeln 41,8–13; 41,14–16; 43,1–7 und 44,2–4 (vgl. ebd. 53ff), hinzukommen weitere Heilsworte, die von den Heilsorakeln formgeschichtlich abweichen (vgl. ebd. 64): 41,17–20; 42,14–16; 43,16–21; v.Oorschot unterscheidet daneben eine Teilsammlung von Texten in der Grundschicht, in denen Heilserwartungen greifbar sind, die aber zu unterschiedlichen Gattungen gehören: 44,24–28*; 45,11–13*; 46,9–11*; 45,1–7* (vgl. ebd. 74ff). J.Begrich hat sowohl diese Gattung des ursprünglich priesterlichen Heilsorakels "entdeckt" als auch als Vorbild der Heilsaussagen bei Deuterojesaja benannt (vgl. J.Begrich, Das priesterliche Heilsorakel, 81–92 und ders., Studien zu Deuterojesaja v.a. 6–19). Merendino, der im Gefolge R.Kilians (Ps 22 und das priesterliche Heilsorakel) generell die Institution eines Heilsorakels im Sinne Begrichs bezweifelt, charakterisiert 41,8–13.14–16: "Heilszusage – diese Bezeichnung Westermanns trifft gut die Sache – aufgrund des göttlichen Erweiswortes" (ebd. 158).
[376] Übersetzung R.P.Merendino, Der Erste und der Letzte, 136: "Fürchte dich nicht – bei dir, da bin ich –, starre nicht umher – dein Gott, das bin ich!"
[377] Vgl. K.Elliger, Deuterojesaja, 139.

in bewusstem Gegensatz zu einer gleichlautenden Selbstprädikation eines Gottes im babylonischen Kult formuliert."[378] Deuterojesaja

"führt den Selbstruhm eines Gottes, der sich darin über die anderen Götter erhebt, damit ad absurdum, daß er ihn dem Gott in den Mund legt, der allein Gott ist. So dient die 'Selbsterhöhung' Gottes allein der Erhöhung seines Gottseins für Israel: Ich bin dein Gott!"[379]

Oder wie Merendino schreibt:

"In V. 10a wurden die mit כ eingeleiteten Nominalsätze dem Sinn nach als Selbsterweise Jahwes verstanden: bei dir ist *nur* einer und kann nur einer sein: ich! du brauchst nicht umherzuschauen, um nach Helfern unter den Göttern zu suchen: ich bin und werde mich als dein Gott erweisen. Dementsprechend wurde in der Übersetzung der deiktische Charakter der Konjunktion כ hervorgehoben."[380]

V. 10 enthält zwei Nominalsätze, in beiden ist das Pronomen der 1. sg. obligatorisches Glied, allerdings steht es einmal in Erst-, einmal in Zweitstellung. Die Satzteilfolge in den beiden Nominalsätzen lässt sich vom Kotext her mit einiger Sicherheit bestimmen: In dem Nominalsatz עמך־אני כי liegt der Schwerpunkt der Aussage eindeutig auf der Zusage des Beistandes. עמך ist Chabar, אני Mubtada.[381] In dem nächsten Nominalsatz nach *kî* ist zwar die Abfolge der Wortarten umgekehrt (Pronomen hier in Erststellung), aber die Satzteilfolge ebenfalls Chabar – Mubtada. Die Aufforderung, nicht umherzublicken, ist in obigem Zitat von Merendino zutreffend paraphrasiert: Es ist nicht notwendig, sich nach Hilfe (anderswo) umzusehen, den *ich* (und keiner sonst) bin dein

---

378 C.Westermann, Das Buch Jesaja, 61. Vgl. dort auch die assyrischen Beispiele, mit und ohne "Fürchte dich nicht".
379 C.Westermann, Das Buch Jesaja, 61f.
380 R.P.Merendino, Der Erste und der Letzte, 137.
381 K.Elliger, Deuterojesaja, 140: "Die Inversion im Nominalsatz läßt das Prädikat עמך besonders betont werden, gerade umgekehrt als Gn 28₁₅. Vermutlich hat freilich auch das אני durch die Endstellung im Vers stärkeren Ton." Elliger verweist auch auf אני אתך in 43,2.5 im Vergleich zu Gen 26,24; Jer 1,8.19; 15,20; 42,11; 46,28 einerseits und Hag 1,13; 2,4 andererseits (ebd.). In Bezug auf 10aβ überlegt Elliger, "wo bei der normalen Wortstellung im Nominalsatz der Ton liegt" und kommt zu dem Schluss: "er liegt wohl beim Subjekt: 'Ich bin es doch, der dein Gott ist' (...) Gerade das אני ist für Dtjes charakteristisch. Von 54 Vorkommen in 40–55 beziehen sich 48 auf Jahwe und nur 6 auf Menschen. Dazu kommen 15 Fälle, wo Jahwe in der betonten Form אנכי von sich redet." (140f) In diesen Ausführungen Elligers ist die Unsicherheit über die Verhältnisse im Nominalsatz spürbar. Es liegt hier weder eine Inversion vor, noch liegt der Ton an dieser Stelle auf dem Prn 1. sg. Die Beistandszusage akzentuiert das Mitsein. Entsprechendes ist zu K.Baltzer, Deutero-Jesaja, 137 zu sagen, der sich der Interpretation Elligers angeschlossen hat. Zu Aussagen des Mitseins Jahwe als bezeichnend für den Gott Israels im Vergleich zur Umwelt vgl. H.D.Preuss, "...ich will mit dir sein!", dessen Fragestellung jedoch die syntaktischen Verhältnisse in den entsprechenden Aussagen nicht einbezieht.

Gott (= derjenige, der wirksam hilft). Der unmittelbare Kotext "*schau nicht umher*", legt ein Verständnis im Sinne eines (polemischen) "nur ich und keiner sonst bin dein Gott" nahe. Die Satzteilfolge Chabar – Mubtada in *kî*-Sätzen unterstützt dieses Verständnis von der syntaktischen Seite aus.

Wenn Westermann, Elliger[382] und Merendino in der Auslegung der Aussage die Alleinigkeit Gottes hervorheben (s. oben), wird deutlich, dass sie den Aussageschwerpunkt implizit auf *ᵃnî* verorten, auch wenn sie den Nominalsatz nicht in entsprechender Weise bestimmen.

Die in V. 8 begonnene Passage endet mit V. 13,[383] der mit V. 10 durch Wiederaufnahmen verbunden ist: durch die Aussage "Fürchte dich nicht" sowie durch die in einen *kî*-Satz eingebundene Ich-Aussage Gottes, bestehend aus Pronomen der 1. sg. + Gottesbezeichnung/-name:[384]

כִּי אֲנִי יְהוָה אֱלֹהֶיךָ מַחֲזִיק יְמִינֶךָ הָאֹמֵר לְךָ אַל־תִּירָא אֲנִי עֲזַרְתִּיךָ *Denn ich (allein) bin Jahwe, dein Gott, der deine rechte Hand ergreift und zu dir sagt: Fürchte dich nicht, ich helfe dir!*

In V. 10 hatte sich für den Nominalsatz *ᵃnî ᵉlohǽka* die regelhafte Satzteilfolge Chabar – Mubtada nahegelegt. Da die beiden Nominalsätze *ᵃnî ᵉlohǽka* in V. 10 und *ᵃnî Yhwh ᵉlohǽka* in V. 13 zu einem Kotext gehören, spricht alles dafür, auch in V. 13 *ᵃnî* als Chabar zu bestimmen. Anders als in V.10 stellt sich jedoch für den Nominalsatz in V. 13 die Frage nach dem zweiten obligatorischen Glied, dafür kommen *ᵉlohǽka*, *Yhwh*[385] oder das Partizip *maḥᵃsîq*[386] in Frage.[387] Der deutliche Rückbezug von V. 13 auf Vers 10 spricht m.E. eher dagegen das Partizip bzw. die beiden Partizipien als obligatorische Glieder des Nominalsatzes in Anschlag zu bringen, sie sind Appositionen, die noch einmal zuvor von Gott Ausgesagtes (vgl. V. 9 und 10) aufgreifen und an die Gottesbezeichnung an- bzw. rückbinden. Der Hinweis auf Vers 10 könnte für *ᵉlohǽka* als neben dem Pronomen zwei-

---

382   K.Elliger, Deuterojesaja, 144.

383   Nach R.G.Kratz, Kyros, 148 gehört 41, 8–20* der Grundschicht an.

384   Vgl. beiden Versen gemeinsam außerdem עזרתיך sowie das "ergreifen/festhalten", auch wenn es einmal durch Jahwes Hand erfolgt und einmal die Hand des Angeredeten ergriffen wird.

385   So K.Elliger, Deuterojesaja, 132 und C.Westermann, Das Buch Jesaja, 57.

386   So R.P.Merendino, Der Erste und der Letzte, 146.

387   Nach K.Elliger, Deuterojesaja, 144 liegt zwar keine Selbstvorstellungsformel vor. "Aber man wird die masoretische Akzentuation, die יהוה nicht zum Subjekt, sondern zum Prädikatsnomen zieht, nicht ohne Not beiseite schieben dürfen. Durch sie fällt das Gewicht eindeutig auf das Prädikat, wobei die alte Formel (…) einen spezifisch dtjes Akzent zu erhalten scheint. Oder klingt in dem 'Ich bin Jahwe' nicht zugleich der Gedanke des 'Ich bin es', Ich bin der Gott', 'Ich bin Gott und niemand sonst' mit, d.h. der gerade von Dtjes so stark herausgearbeitete Gedanke von der alleinigen Gottheit Jahwes (…)?" – Merendino stellt für V. 13a die Frage nach Subjekt und Prädikat des Nominalsatzes. Er listet die verschiedenen Verstehensmöglichkeiten auf, vgl. R.P. Merendino, Der Erste und der Letzte, 146f. Die obige syntaktische Analyse weicht von derjenigen Merendinos ab.

tes obligatorisches Glied sprechen. Dieser Überlegung stehen selbständige *ʾanî Yhwh*-Aussagen bei Deuterojesaja gegenüber. Da in Jes 41,8–13 der Jahwename bisher noch nicht gefallen ist und er dasjenige Element ist, das über die Aussage in V. 10 hinausgeht, gehe ich davon aus, dass *Yhwh* als zweites obligatorisches Glied anzusehen ist, *ʾælohǽka* als Apposition.[388]

In 41,14–16 folgt ein weiteres Heilsorakel, hier allerdings ohne die Wendung *ʾanî Yhwh*. Die *ʾanî Yhwh*-Aussage ist somit kein notwendiger, kein gattungskonstituierender Bestandteil eines Heilsorakels gewesen.[389]
In 41,17–20 liegt ein Heils*wort* vor. Für ein Heils*orakel* fehlen typische Elemente.[390] Der Großkotext Heilsansage verbindet die Vorkommen *ʾanî ʾælohæka/ʾanî jhwh* in 41,8–13 mit dem *ʾanî Yhwh*-Vorkommen in 41,17. Sie stehen jeweils in Verbindung mit Verben der 1. sg., in denen Jahwe sein helfendes Eingreifen benennt (אֲנִי יְהוָה אֶעֱנֵם אֱלֹהֵי יִשְׂרָאֵל לֹא אֶעֶזְבֵם *Ich (allein) bin Jahwe, ich will sie erhören, der Gott Israels, ich will sie nicht verlassen.*[391]). Darüberhinaus sind die Verwendungsweisen allerdings unterschiedlich, man beachte nur den explizit *(kî)* begründenden Charakter der entsprechenden beiden Aussagen in den Versen 8–13, der so in 41,17 nicht gegeben ist. *ʾanî Yhwh* wird durch ein konjugiertes Verb der 1. sg. weitergeführt. Damit entsteht die Frage, ob *ʾanî Yhwh* in diesen Fällen ein eigenständiger Nominalsatz oder aber *Yhwh* als Apposition aufzufassen ist.[392]

---

388 Vgl. dazu oben Kap. 3.5.
389 Das entspricht dem Befund, in den zum Vergleich herangezogenen assyrischen Orakeln, vgl. im Kap. 5.2.4.3 die Ischtarorakel und die erste Antwort Nabus an Assurbanipal, die *anāku* GN-Aussagen enthalten, während die nachfolgenden Antworten Nabus ohne eine solche auskommen.
390 Etwa die Anrede und der Ruf אַל תִּירָא; zur genauen Unterscheidung der beiden Formen Heilsankündigung und Heilsorakel und zum Aufbau der Heilsankündigung vgl. C.Westermann, Das Buch Jesaja, 66f. Als weitere Texte, die denselben Aufbau aufweisen wie 41,17–20, nennt Westermann 42,14–17; 43,16–21; 45,14–17; 49,17–20. K.Elliger, Deuterojesaja spricht (gegen Westermann gewendet) von einem 'Verheißungswort' (160); J.v.Oorschoot, Von Babel zum Zion allgemein von Heilswort, das sich formgeschichtlich von den Heilsorakeln unterscheidet und mit anderen vergleichbaren Texten eine eigene Teilsammlung der Grundschicht bildet, vgl. ebd. 64ff.
391 Übersetzung R.P.Merendino, Der Erste und der Letzte, 178: "... Ich, Jahwe, antworte ihnen, (ich) Israels Gott, verlasse sie nicht!" Auch C.Westermann, Das Buch Jesaja, 66; K.Elliger, Deuterojesaja, 157; K.Baltzer, Deutero-Jesaja, 149 übersetzen "Jahwe" appositionell zum Pronomen, Elliger mit dem Hinweis, das die appositionelle Verbindung und die prädikative Verbindung bei Deuterojesaja denselben Aussagegehalt haben (vgl. K.Elliger, Deuterojesaja, 162); anders etwa H.G. M.Williamson, Isaiah, 130: "I am the Lord (who) will answer them".
392 So auch an etlichen Stellen bei Ezechiel (s.u. Kap. 6.4.3), dort steht das Verb vorwiegend in Afformativkonjugation.

Schon Zimmerli ging davon aus, dass die Formel im Laufe eines Stranges ihrer Geschichte Zersetzungen erfahren hat: Zwar wurde s.E. die alte Formel in solchen Aussagen immer noch gehört, dennoch versteht er spätestens dort, wo ein konjugiertes Verb der 1. sg. folgt, *ᵃnî Yhwh* nicht mehr als Nominalsatz, sondern als vorangestelltes Subjekt (mit Apposition) zum folgenden Verb.[393] An der vorliegenden Stelle sehe ich keine Notwendigkeit *ᵃnî Yhwh* als vorangestelltes Subjekt zum folgenden Verb zu verstehen. Mit V. 17b beginnt eine Reihe von Imperfekta, die in den Vv. 18/19 stets ohne vorangestelltes Subjekt konstruiert sind. Es scheint mir plausibler, *ᵃnî Yhwh* als eine Art Überschrift über dieser Imperfektreihe zu verstehen, die durch die Reihe entfaltet wird. Wie bereits in Ex 6 wird der Jahwename durch die folgende Verbalreihe[394] gefüllt, im Sinne eines Handelnden, Wirkenden zum Wohle derer, denen er sich zuwendet. Auch wenn der Kotext hier keine deutlichen Hinweise auf die Satzteilfolge in dem angenommenen Nominalsatz *ᵃnî Yhwh* gibt, spricht zumindest nichts gegen eine Satzteilfolge Chabar – Mubatda. Auf אֲנִי יְהוָה אֱלֹהֶיךָ folgt eine parallele Aussage: אֱלֹהֵי יִשְׂרָאֵל לֹא אֶעֶזְבֵם. Es entsprechen sich die beiden Verben Präformativkonjugation 1.sg + Suffix אענם und לא אעזבם sowie die Gottesbezeichnungen יהוה und אלהי ישראל. Aufgrund der Parallelität der beiden Aussagen ist zu fragen, wie אלהי ישראל syntaktisch zu bestimmen ist. Möglich ist eine double-duty-Funktion des *ᵃnî*,[395] eine Wiederaufnahme des Mubtada aus dem einleitenden Nominalsatz oder eine Splittung dieses Mubtada. Die letztgenannte Möglichkeit scheint mir am plausibelsten: Die an deren Stellen belegte Wendung *ᵃnî Yhwh ᵃᵉlohêka* o.ä. ist hier auseinandergezogen und auf zwei Teile einer parallelen Aussage verteilt. *Yhwh* thematisiert dabei den Aspekt der Wirksamkeit, der durch die folgende Imperfektreihe entfaltet wird. אלהי ישראל den Beziehungsaspekt, der die Motivation des Handelns Jahwes erkennen lässt. Der Abschnitt läuft in V. 20 auf eine Schlussaussage zu,[396] die an die Erkenntnisaussage erinnert, die wie diese das eigentliche Ziel[397] von

---

393   Vgl. W.Zimmerli, Ich bin Jahwe, 14ff, zu Deuterojesaja vgl. 30.

394   In Ex 6,2ff handelt es sich um eine Waw-Perfekt-Reihe.

395   Westermann scheint von einer solchen double-duty Funktion des אני auszugehen, wenn er übersetzt: "Ich, Jahwe, erhöre sie, Ich, Israels Gott, verlasse sie nicht" (C.Westermann, Das Buch Jesaja, 66.). Ebenso K.Elliger, Deuterojesaja, vgl. seine Paraphrase des Verses 17, 163; vgl. auch K.Baltzer, Deutero-Jesaja, 149.

396   *ydᶜ*/ידע ist dabei eines von insgesamt vier erkenntnisbezeichnenden Verben, neben *rᵃh*/ראה, *sîm*/שים und *skl*/שכל.

397   Vgl. ähnlich Jes 43,10. Zu למען als Einleitung der Erkenntnisaussage vgl. außerdem Ex 8,18; Dtn 29,5; Jes 45,3, Ez 20,26 und als Einleitung einer der Erkenntnisaussage nahestehenden Formulierung; Ex 8,6; Ex 9,29; (1.Kön 8,43;) 1.Kön 8,60; Jes 45,6; Ez 38,16; (2.Chr. 6,33). Zur Kombination von prophetischer Ansage und Erkenntnisaussage vgl. W.Zimmerli, Das Wort des göttlichen Selbsterweises. Vgl. dazu jedoch R.P.Merendino, Der Erste und der Letzte, 189.

Jahwes zuvor zugesagtem Handeln benennt und Einblick in die Ausrichtung des Abschnittes 41,17–20 gibt.[398]
Nach Merendino ist die Gattung des Abschnittes 41,17–20 von der Erkenntnisaussage in V. 20 her zu bestimmen.[399]

"Sie zeigt, was für einen Sinn Jahwe Eingreifen hat. Sie hat aber auch apologeti-
sche Funktion in bezug auf die folgenden Texte 41,21–24.25–29. Erst die Erkenntnis dessen, was Jahwe tut, läßt die Nichtigkeit und Unfähigkeit der Götter und Götzen wahrnehmen, etwas zum Heil ihrer Geschützten vorauszukündigen und zu unternehmen."[400]
"Ein Vergleich mit dem ähnlichen Text 42,14–17 bestätigt den Bezug zum Thema
des Absolutheitsanspruches Jahwes gegenüber Götzen und Göttern."[401]

In 41,21–29 folgt die zweite Gerichtsrede.[402] In diesem Abschnitt findet sich keine *ᵃnî Yhwh*-Aussage. Damit ist deutlich, dass, wie schon
für die Heilsorakel festgehalten, *ᵃnî Yhwh* auch in der Gerichtsrede
kein unverzichtbarer, kein konstitutiver Bestandteil ist.
Der Abschnitt enthält jedoch eine an die Erkenntnisaussage erinnernde
Formulierung *ydᶜ* + *kî* + Nominalsatz. In V. 23aβ heißt es: כִּי וְנֵדְעָה
אַתֶּם אֱלֹהִים. Da אֱלֹהִים hier wohl generisch und indeterminiert zu verstehen ist, ist der Nominalsatz als Nominale Mitteilung mit der Satzteilfolge Chabar – Mubtada zu bestimmen.[403] Diese Bestimmung wird
von Kotext gestützt. Die gesamte Gerichtsverhandlung hat den Erweis
der Göttlichkeit (als Fähigkeit anzukündigen und eintreffen zu lassen)
zum Gegenstand.[404] Westermann sieht in V. 23aβ den Anspruch der
Gegner im Gerichtsverfahren zitiert.[405] In der direkten Rede müsste dieser Anspruch lauten אֱלֹהִים אֲנַחְנוּ. Diesem Anspruch steht der "Anspruch
Jahwes, allein Gott zu sein" gegenüber, "der ja die ganze Verkündi-

---

[398] Jes 41,20: *Damit sie sehen und erkennen, merken und einsehen, dass die Hand
Jahwes das gemacht hat und der Heilige Israels es geschaffen hat.*
[399] Vgl. R.P.Merendino, Der Erste und der Letzte, 186.
[400] R.P.Merendino, Der Erste und der Letzte, 186f.
[401] R.P.Merendino, Der Erste und der Letzte, 189.
[402] Zu Aufbau und Auslegung, vgl. C.Westermann, Das Buch Jesaja, 68ff; K.El-
liger, Deuterojesaja, 177ff. R.P.Merendino, Der Erste und der Letzte findet hier
zwei Einheiten: Vv. 21.22.23.26bβ.28.29a sowie 25.26a.26bα.27 (vgl. 194–203);
in der ersten Einheit sieht er eine Gerichtsrede (vgl. 204–206), in der zweiten eine
Bestreitungsrede (vgl. 206f).
[403] Nach K.Elliger, Deuterojesaja, liegt ein invertierter Nominalsatz vor, wodurch
das Prädikat אֱלֹהִים betont wird (vgl. 185). אֱלֹהִים "muß hier prägnante Bedeutung
haben" (185).
[404] Sie wird in V. 24 (und 29) den anderen 'Göttern' dezidiert abgesprochen. Die
Satzteilfolge in den Nominalsätzen in V. 24 ist Mubtada – Chabar, als Regelfolge
nach הנה/הן. (Entsprechendes gilt für 29aα; 29aβ hat dagegen die Satzteilfolge
Chabar – Mubtada, ist also anders als 24aβ nicht mehr als von הן abhängig verstanden; vgl. dazu auch, dass 24aα und 24aβ durch ו verbunden sind, nicht so 29aα und
29aβ.)
[405] Vgl. C.Westermann, Das Buch Jesaja, 70.

gung Deuterojesajas durchzieht"[406]. D.h. aber, dem Anspruch אלהים
אנחנו steht der Anspruch *ᵃnî Yhwh* gegenüber.[407] Sollte diese Gegen-
überstellung richtig sein, dann fällt ins Auge, dass die Aussagen einan-
der nicht genau entsprechen. Formal ist das daran ersichtlich, dass das
Pronomen einmal in Erst-, einmal in Zweitstellung steht. Dieser formale Unterschied ist hier Hinweis auf einen inhaltlichen Unterschied.
Wenn es nach den bisherigen Überlegungen richtig ist, dass in beiden
Nominalsätzen die Satzteilfolge Chabar – Mubtada ist, dann wäre das
Pronomen im ersten Fall Mubtada, im zweiten Chabar. Der Aussage
Wir sind GÖTTER stünde dann die Aussage *ICH bin Jahwe* gegenüber.
Diese beiden Aussagen erscheinen im Kotext Deuterojesajas einerseits
als einander gegenübergestellt, andererseits ist aufgrund der Unterschiede zu fragen, was da eigentlich gegenübergestellt wird. Westermann
formuliert in Bezug auf den Anspruch "Wir sind Götter" einerseits und
den entgegenstehenden Anspruch "Jahwes, allein Gott zu sein": "Es
ist hier schon darauf zu achten, dass diese Ansprüche einander ja nicht
genau entsprechen: auf der einen Seite wird der Anspruch der Göttlichkeit für eine Vielheit von Göttern erhoben, auf der anderen Seite
für den einen."[408] Westermann macht damit auf ein Phänomen aufmerksam, dass sich uns aufgrund des Nachdenkens über die Satzstruktur der
beiden Nominalsätze erschlossen hatte, das also seinen sprachlichen
Niederschlag in den unterschiedlichen Satzstrukturen gefunden hat.
Hinter der Aussage *Wir sind GÖTTER* steht die Streitfrage "Gott oder
Nicht-Gott". Jes 41,21–24 macht deutlich, welches die Kriterien sind,
anhand derer entschieden wird: Die Fähigkeit, in der konkreten Geschichte zu wirken, und damit verbunden, die Fähigkeit Geschehen anzukündigen und dann das Angekündigte auch eintreffen zu lassen.[409]
Die Aussage *ICH bin Jahwe* nimmt im Jahwenamen, wenn die An-
nahme einer Bedeutungshaltigkeit desselben zutrifft, das Kriterium der
Wirkmächtigkeit auf und beansprucht diese ausschließlich.[410]

---

[406] C.Westermann, Das Buch Jesaja, 70.
[407] Vgl. auch K.Baltzer, Deutero-Jesaja, 161: "Die Faszination auch dieses Textes
bei Dtjes liegt darin, daß mit Hilfe polytheistischer Traditionen eine monotheistische Theologie entwickelt wird."
[408] C.Westermann, Das Buch Jesaja, 70.
[409] Vgl. dazu auch C.Westermann, Das Buch Jesaja, 70ff.
[410] Westermann betont immer wieder, dass es nicht einfach um die Überlegenheit
Jahwes gegenüber den ohnmächtigen babylonischen Göttern geht, "es ist vielmehr
…die Überlegenheit des in seinem geschichtsmächtigen Wort das Geschehen über-
brückende und darin beherrschenden Jahwe gemeint" (C.Westermann, Das Buch
Jesaja. 72). Deuterojesaja konnte nach Westermann angesichts der Wirklichkeit, in
der die Israeliten im Exil lebten, nicht einfach das Nichtvorhandensein der babylonischen Götter proklamieren. Die Nichtigkeitserklärung ist im Zusammenhang seines positiven Anliegens zu sehen, nämlich "das verborgene Geschichtshandeln Jahwes wieder" zu bejahen: "darin verlieren die Götter ihre Macht, darin werden sie
zunichte" (C.Westermann, Das Buch Jesaja. 73). Ähnlich schon J.Begrich, Studien
zu Deuterojesaja, 107f und R.P.Merendino, Der Erste und der Letzte, 209: "Wor-

6.4.2.2.3 Jes 42

Die beiden ʾanî Yhwh-Stellen in Kapitel 42 (42,6.8) gehören zu einer Textpassage:
In der Auslegung des Abschnittes 42,5–8(9) werden sein Zusammenhang mit 42,1–4, seine Gattung und die Aussageabsicht diskutiert.[411] Zweimal begegnet in diesem Abschnitt die Wendung ʾanî Yhwh, in V. 6 und V. 8.[412] Mit der ʾanî Yhwh-Aussage in V. 6 wird die direkte Rede eröffnet; vorausgeht in V. 5 die Redeeinleitungsformel kô ʾāmar...[413], gefolgt von für Deuterojesaja typischen Prädikationen. Die ʾanî Yhwh-Aussage wird in V. 6 und V. 8 unterschiedlich fortgesetzt, in V. 6 durch ein Verb 1.sg. AK[414] (בְּצֶדֶק קְרָאתִיךָ יְהוָה אֲנִי Ich (allein) bin Jahwe, ich habe dich gerufen/rufe dich in Gerechtigkeit ...), in V. 8 durch einen Nominalsatz [שְׁמִי הוּא יְהוָה אֲנִי Ich (allein) bin Jahwe, das (und nichts anderes) ist mein Name ...]. Wie schon in 41,17, als ebenfalls ein Verb der 1. sg. auf die Wendung ʾanî Yhwh folgte[415], setzen etliche Ausleger hier keinen Nominalsatz, sondern ein vorangestelltes Subjekt mit יהוה als Apposition voraus und übersetzen: "Ich, Jahwe, rufe dich ..." o.ä.[416]. In V. 8 differieren die Übersetzungen des ʾanî Yhwh stärker als in V. 6. Entweder nehmen die Ausleger eine V. 6 vergleichbare syntaktische Fügung an: "Ich, Jahwe, das ist mein Name"[417], oder übersetzen

---

auf die Rede zielt, ist klar. Es soll bewiesen und erneut ins Bewußtsein gebracht werden, daß Jahwe der alleinige Gott und Retter ist, den man als solchen anzuerkennen hat." – In 42,1–4 (5–9) folgt das erste der sog. Gottesknechtslieder (weitere Texte: 49,1–6 mit 7–13; 50,4–9 mit 10ff; 52,13–53,12).

[411] Zu Problemen und zur Auslegung dieses Textabschnittes vgl. etwa C.Westermann, Das Buch Jesaja. 81ff; K.Elliger, Deuterojesaja, 224ff. Zu den unterschiedlichen Positionen vgl. etwa J.v.Oorschot, Von Babel zum Zion, 197.228; R.P. Merendino, Der Erste und der Letzte, 240; vgl. auch 238; R.G.Kratz, Kyros, 141ff; K.Baltzer, Deuterojesaja, 178.

[412] Nach J.v.Oorschot, Von Babel zum Zion, 233 bilden die beiden ʾanî Yhwh-Aussagen eine "Rahmung der Aussagen zur Befreiung des Ebed".

[413] Zur kô ʾāmar-Formel bei Deuterojesaja vgl. A.Wagner, Prophetie als Theologie, 294–296.

[414] Es folgen noch 3 weitere Verben der 1. sg., diese jedoch in Präformativkonjugation.

[415] Hier allerdings in Präformativkonjugation.

[416] Übersetzung R.P.Merendino, Der Erste und der Letzte, 237. "Ich Jahwe habe dich um des Heils willen gerufen: nun fasse ich dich an der Hand und rüste dich, ja, ich bestelle dich ..." Die ʾanî Yhwh-Aussage bildet hier nach Merendino "keinen in sich geschlossenen Nominalsatz", sondern fungiert als Subjekt (242) des Verbalsatzes bzw. der folgenden vier Verbalsätze (vgl. 252). Ähnliche Fälle liegen nach Merendino nur noch in 41,17 und 45,8 (sek.) vor (vgl. 242, Anm. 284). Auch K.Elliger, Deuterojesaja, 222 und C.Westermann, Das Buch Jesaja, 81 übersetzen hier keinen Nominalsatz (Elliger: "Ich, Jahwe, habe dich gerufen heilvoll..."; Westermann: "Ich, Jahwe, rufe dich in Gerechtigkeit ...").

[417] So C.Westermann, Das Buch Jesaja. 81.

anders als in V. 6 einen Nominalsatz: "ich bin Jahwe, das ist mein Name!"[418] Syntaktisch spricht weder in V. 6 noch in V. 8 etwas gegen die Annahme eines Nominalsatzes *ʾanî Yhwh*. Wo die *ʾanî Yhwh*-Aussage außerhalb Deuterojesajas wie in 42,6 redeeröffnend gebraucht wird (Ex 6,2.6; Ex 20,2par; Lev 18,2), ist sie ein eigenständiger Nominalsatz. Aus dieser Beobachtung lässt sich eine gewisse Wahrscheinlichkeit für die Annahme eines Nominalsatzes auch in Jes 42,6 gewinnen. Wie Jes 41,17ff (so auch in Ex 6) steht auch in 42,6 *ʾanî Yhwh* vor einer Reihe Verben in der 1. Person.[419] Die *ʾanî Yhwh*-Aussage hat hier wie dort überschriftartigen Charakter, die Verben entfalten, was implizit in der *ʾanî Yhwh*-Aussage bereits enthalten ist.

Während an den Stellen, an denen *ʾanî Yhwh* durch ein Verb der 1. sg. weitergeführt wird, eine Entscheidung über die syntaktischen Verhältnisse mit einer gewissen Unsicherheit belastet bleibt, ist für V. 8a die Annahme zweier Nominalsätze die naheliegende. In beiden Sätzen steht das Pronomen in Erststellung. Wie ist die Satzteilfolge zu bestimmen? Im unabhängigen Nominalsatz ist die Satzteilfolge Chabar – Mubtada zu erwarten. Im zweiten Nominalsatz שְׁמִי הוּא ist das Pronomen הוּא somit Chabar, שְׁמִי Mubtada. Das passt mit dem vom Kotext her nahegelegten Verständnis *(Genau) das ist mein Name*, zusammen.[420] Eine Bestätigung dieser Analyse ergibt sich aus dem folgenden Kotext: In V. 8aβ und b entsprechen sich שְׁמִי, כְּבוֹדִי und תְּהִלָּתִי. וּכְבוֹדִי לְאַחֵר לֹא־אֶתֵּן וּתְהִלָּתִי לַפְּסִילִים *meine Ehre will ich keinem andern ge-*

---

[418] So K.Elliger, Deuterojesaja. 222. "אֲנִי יהוה ist diesmal (vgl. 6a) ein Nominalsatz mit der normalen Wortfolge, bei der also das Gewicht auf der Satzaussage, nicht auf dem Subjekt liegt. Der Redende gibt zu bedenken, daß er doch Jahwe ist, und unterstreicht dieses 'Jahwe' durch den weiteren Nominalsatz: 'Das ist mein Name.' (…) Der Name besagt, was Jahwe wirklich ist (…) Jahwe, das heißt 'der' Gott, der Schöpfer und Erhalter der ganzen Welt, der Lenker der Geschichte der Menschheit. Diese Funktionen (…) sind Jahwes 'Ehre', d.h. das, woran seine Gottheit, und zwar seine alleinige Gottheit, zu erkennen ist" (237). Vgl. auch K. Baltzer, Deutero-Jesaja, 170, der in V. 8 einen Anklang an Ex 3 sieht, vgl. ebd. 181.

[419] Anders als in 41,17 steht das erste Verb der Reihe in 42,6 in AK; im Folgenden steht in 42,6 Waw + PK, in 41,17ff steht PK ohne Waw.

[420] Eine weitere Bestätigung für die Annahme der Satzteilfolge Chabar – Mubtada im Nominalsatz שְׁמִי הוּא kann durch eine Analyse weiterer Stellen erfolgen, in denen der Rekurs auf Namen in nominaler Form erfolgt (kann hier nicht ausgeführt werden). Zwar sind der Wendung שְׁמִי הוּא genau entsprechende Aussagen lediglich zwei im Alten Testament belegt: Gen 2,19 und Ri 1,26; es lassen sich zu diesen Stellen jedoch jene hinzunehmen, an denen שֵׁם+Suffix nicht mit einem Pronomen, sondern direkt mit dem entsprechenden Nomen proprium verbunden ist, auf das in den drei genannten Beispielen (Gen 2,19; Ri 1,26 und Jes 42,8) das Pronomen verweist. Solche Aussagen sind sowohl in der Form *šem*+Suffix + Nomen proprium (Bsp. Gen 16,1) als auch Nomen proprium + *šem*+Suffix (Bsp. 1.Sam 17,4; Ex 15,3) belegt. Die dadurch mögliche Umkehrprobe gibt Hinweise auf die Satzteilfolge in beiden Satzgruppen. Zum Verfahren solcher Umstellprobe vgl. D.Michel, Grundlegung 2, 44f und oben Kap. 3.3.3.

ben, noch meinen Ruhm den Götzen. 8b ist ein zusammengesetzter Nominalsatz, in dem in der Regel das Mubtada voransteht. In diesem Fall
ist כבודי Mubtada und Entsprechendes wäre für שמי und תהלתי anzunehmen. Von diesen Überlegungen aus ist noch einmal zurückzufragen
nach der Satzteilfolge im Nominalsatz *ʾanî Yhwh.* Die beiden Nominalsätze sind parallel gebaut: es entsprechen sich die beiden Pronomina
einerseits sowie יהוה und שמי andererseits. Da im zweiten Nominalsatz
das Pronomen Chabar ist, ist mit großer Wahrscheinlichkeit auch אני
im ersten Nominalsatz Chabar. Die Satzteilfolge im ersten Nominalsatz
ist somit Chabar – Mubtada und entspricht der Regelsatzteilfolge in unabhängigen Nominalsätzen. Im ersten Nominalsatz liegt der Ton auf
dem Pronomen.[421] Damit ist der zweite Nominalsatz inhaltlich nicht
einfach eine Weiterführung des ersten, auch wenn sich ein entsprechendes Verständnis auf den ersten Blick nahelegt. Elliger etwa hat es
so verstanden, dass es in beiden Sätzen um den Namen geht bzw. beide
Sätze als ein Satz verstanden werden sollten, in dem es um den Namen
geht. Die inhaltliche Aussage der beiden Nominalsätze ist jedoch komplexer: Im ersten Nominalsatz reklamiert Jahwe das Jahwesein für sich
allein, der zweite Nominalsatz lenkt den Blick darauf, dass dieser Name nicht austauschbar ist, dass es mit diesem Namen etwas auf sich
hat.[422] Beide Aspekte gehören eng zusammen. Ich halte es darüberhinaus für möglich, dass sich das Pronomen הוא nicht allein auf יהוה zurückbezieht, sondern auf die gesamte vorausgehende *ʾanî Yhwh*-Aus-
sage. Den ersten Nominalsatz so zu verstehen, dass das Aussagegefälle
hin zum Pronomen geht, wird einerseits durch die Satzteilfolgeregeln
im Nominalsatz gestützt, andererseits findet der so verstandene Nominalsatz seine inhaltliche Weiterführung in dem deutlich polemischen
Ton in 8b כבודי לאחר לא אתן.[423]
Außer den beiden besprochenen *ʾanî Yhwh*-Aussagen ist in Kapitel 42
zuletzt noch die Aussage אַתֶּם אֱלֹהֵינוּ in Vers 17[424] zu berücksichtigen.

---

421 Anders K.Elliger, Deuterojesaja, 237; vgl. Zitat in Anm. 418 und in der Weiterführung dazu: "Jedenfalls kommt sachlich dem Redenden alles darauf an, daß
seine Hörer sich darauf besinnen, daß er Jahwe, daß das sein Name ist. (…) Der
Name besagt, was Jahwe wirklich ist (…) Was der Name 'Jahwe' für den Redenden
bedeutet, das hat er in den unmittelbar vorhergehenden Sätzen bereits viel umfassender zum Ausdruck gebracht: Jahwe, das heißt, 'der' Gott, der Schöpfer und Erhalter der ganzen Welt, der Lenker der Geschichte der Menschheit." (Ebd. 237) In
Zusammenhang mit der Weiterführung in 8b schreibt Elliger: "In aller Schärfe
wird der monotheistische Anspruch formuliert". (Ebd. 237f.)
422 "In diesem Heilswerk wird sich Gott als wahrer Gott erweisen; in seinem Namen klingt mit, daß er der Herr und der Heiland der Welt ist." (C.Westermann, Das
Buch Jesaja. 84.)
423 Zur Wendung כבודי לאחר לא אתן vgl. auch Jes 48,11.
424 Abgrenzung, Form und inhaltliche Ausrichtung des Abschnittes zu dem V. 17
gehört, sind umstritten. Westermann zählt ihn mit einiger Vorsicht zu den Heilsan-
kündigungen (vgl. C.Westermann, Das Buch Jesaja, 87). Anders K.Elliger, Deuterojesaja, 258, der, wie schon bei 41,17–20, von einer "Verheißung" im Gunkel-

Es handelt sich dabei um ein Zitat derjenigen, die zu Schnitz- und Gussbildern eben dieses sagen: אַתֶּם אֱלֹהֵינוּ. Die Wendung entspricht in der Abfolge Pronomen + Gottesbezeichnung אֲנִי יהוה und unterstützt die Annahme der Satzteilfolge Chabar – Mubtada: Vom Kotext her ist אַתֶּם אֱלֹהֵינוּ als Bekenntnis zu werten. Das Pronomen ist Chabar: *IHR seid unsere Götter.* Es geht in diesem Zusammenhang nicht darum, dass die Menschen zu den Götzenbildern sagen: *ihr seid UNSERE GÖTTER UND NICHT NICHTSE,* sondern im Hintergrund des Textes steht die Frage, wer erweist sich als Gott, Jahwe oder die Fremdgötter. Und vor diesem Hintergrund werden dann diejenigen zitiert, die nach Meinung Deuterojesajas auf der falschen Spur sind, weil sie zu den Götzen sagen: IHR *(und nicht Jahwe) seid unsere Götter.*[425]

6.4.2.2.4 *Jes 43*

43,1–7 gehört zu den Heilsorakeln[426] (vgl. das zu 41,8–13 Gesagte).[427] In V. 3 heißt es: ... כִּי אֲנִי יְהוָה אֱלֹהֶיךָ *Denn ich (allein) bin Jahwe, dein Gott, der Heilige Israels, (ist?)*[428] *dein Helfer. Ich gebe/ habe gegeben Ägypten als Lösegeld für dich, Kusch und Seba statt deiner.* In durch כִּי eingeleiteten Nominalsätzen ist die Satzteilfolge Chabar – Mubtada zu erwarten. Inhaltlich spricht nichts gegen diese Annahme. Während die Appositionen die Beistandsaussagen aufnehmen, nennt die Kernaussage aus den obligatorischen Gliedern die Voraussetzung, aufgrund derer dieser Beistand möglich ist. Es sind keine leeren Versprechungen, die da ergehen; der diese Versprechungen gibt, hat die Macht sie zu erfüllen, כִּי אֲנִי יְהוָה. Einer, der sagt: *Ich gebe als Lösegeld für dich Ägypten, Kusch und Saba statt deiner,* beansprucht damit, dass Ägypten, Kusch und Saba zu seiner Einflusssphäre gehören, und er

---

schen Sinne spricht und in V. 17 einen Zusatz sieht (267). Auch J.v.Oorschot, Von Babel vom Zion, 67 grenzt 42,14–16 ab und rechnet den Text zu der Teilsammlung der Grundschicht, die Heilsworte zusammenstellt. Nach R.P. Merendino, Der Erste und der Letzte sind Vv. 14–16 ebenfalls als Heilswort aufzufassen (vgl. 271).
[425] Nach R.Kratz, Kyros, 206ff.217 gehört 42,17 zur Ebed-Israel-Schicht (V), nach J.v.Oorschot, Von Babel zum Zion, zur Götzenbilderschicht, vgl. ebd. 312ff.
[426] So auch K.Elliger, Deuterojesaja, 276ff und J.v.Oorschot, Von Babel zum Zion, 59ff, wobei 43,5.6a.7* zur Naherwartungschicht gehören (vgl. ebd. 197); R.P.Merendino, Der Erste und der Letzte, vermutet, wie schon bei der Analyse von 41,8–16, dass nicht ein Heilsorakel im Sinne Begrichs vorliegt, sondern der Text anknüpft an "den göttlichen Bescheid im Rahmen der Jahwekriege" (307). Dennoch verwendet auch Merendino den Begriff 'Heilsorakel' im Zusammenhang dieser Texte (vgl. etwa 291, Anm. 19 und 311).
[427] Die Ausleger gehen in der Regel davon aus, dass V. 3a die "abschließende Begründung" (K.Elliger, Deuterojesaja, 295) zu der Beistandsaussage in 1b und 2 ist. Ich halte es demgegenüber für wahrscheinlicher, dass das *kî* in V. 3a das *kî* aus 1b aufnimmt und die *ͻaₙî Yhwh*-Aussage den folgenden Unterabschnitt Vv.3 und 4 einleitet, bevor das אַל־תִּירָא aus V. 1b in V. 5 wiederaufgenommen wird und den dritten Abschnitt einleitet.
[428] Syntaktisch sind beide Übersetzungen möglich, s. dazu unten.

über sie verfügen kann. Mit diesem Anspruch tritt Jahwe notwendig in Konkurrenz zu anderen Mächten, die diese Gebiete, einschließlich Israel selbst für sich beanspruchen und diesen Anspruch in Realpolitik umgesetzt haben, die Israel Zerstörung, Deportation und Exil brachte. Wenn angesichts dieser Realität einer kommt und behauptet *Ich gebe als Lösegeld für dich Ägypten, Kusch und Saba statt deiner*, dann erhebt er seinen Anspruch gegen Konkurrenten, für die die Fakten sprechen[429] und er braucht gute Argumente, will er Vertrauen gewinnen. Für beides, Anspruch gegen Konkurrenten und vertrauenswürdiges Argument, kommt im Textverlauf nur V. 3a in Frage. Die angenommene Satzteilfolge אני Chabar, יהוה Mubtada erbringt diese inhaltliche Leistung. V. 3a so verstanden hat eine gewisse inhaltliche Entsprechung in V. 1bβ (v.a. לי אתה), wo das Ich Jahwes ebenfalls betont auftritt: Da Israel *Jahwe* und niemand anderem gehört, erfolgt auch der Beistand durch *Jahwe* und niemand anderen, durch *Jahwe*, der in und mit seinem Namen für Wirkmächtigkeit bürgt.

Der Abschnitt 43,8–13[430] gehört zu den Gerichtsreden[431]. Neu gegenüber den Gerichtsreden in 41,1–5 und 41,21–29 ist das Aufgebot der Zeugen beider Parteien. Für Jahwe soll Israel[432] zeugen. Zur Entscheidung steht auch hier wieder die Frage: Wer ist Gott?[433] Wobei als entscheidendes Definitionskriterium für einen Gott gilt, dass er die Fähigkeit hat, anzukündigen und eintreffen zu lassen.[434] Die Aussagen in diesem Abschnitt werden grundsätzlich. Es geht um mehr als um die

---

[429] Vgl. auch M.Albani, Der eine Gott, der vom "kontrafaktischen Charakter" (17) des monotheistischen Bekenntnisses zu Jahwe bei Dtjes spricht.

[430] C.Westermann, Das Buch Jesaja, 99 grenzt Vv. 8–15 ab; ich nehme die Redeeinleitungsformel (vgl. zur Bestimmung von כֹּה־אָמַר יְהוָה als Redeeinleitungsformel A.Wagner, Prophetie als Theologie, 127–131.298f) in V. 14 als Indiz für einen Texteinschnitt, so auch die meisten Ausleger, vgl. etwa K.Elliger, Deuterojesaja 309; R.P.Merendino, Der Erste und der Letzte, 338f; C.H.Williams, I am He, 28f. Zur Analyse des Abschnittes 43,8–13 mit Schwerpunkt auf V. 11b vgl. auch H.Rechenmacher, "Außer mir gibt es keinen Gott", 134–137. – Nach R.G.Kratz, Kyros, 148 gehört 43,9–13 zur Grundschicht.

[431] Zu Elementen in 43,8–13, die so in einer Gerichtsrede nicht zu erwarten sind und die Indiz für die Funktionalisierung der Gattung sind, vgl. K.Elliger, Deuterojesaja, 309ff.320.

[432] Der Name fällt hier nicht, angeredet wird ein plurales "ihr", das aufgrund des deuterojesajanisches Kotextes mit Israel identifiziert werden kann.

[433] Vgl. etwa K.Elliger, Deuterojesaja, 310: Es geht "um ein Feststellungsverfahren, bei dem eine Partei gegenüber einer anderen den Anspruch auf Alleinrecht erhebt. Sachlich geht es darum, wer wirklich Gott ist".

[434] Vgl. C.Westermann, Das Buch Jesaja, 99.

Möglichkeit und Fähigkeit Jahwes, Israel zu helfen, es geht um den grundsätzlichen Anspruch alleinigen Gottseins.[435] Vers 11 (אָנֹכִי אָנֹכִי יְהוָה וְאֵין מִבַּלְעָדַי מוֹשִׁיעַ *Ich, ich (allein) bin Jahwe, und es gibt außer mir ist keinen Helfer*)[436] wirkt nach V. 10 wie eine weiterführende Präzisierung. הוא (vgl. אני הוא in V. 10) ist hier durch יהוה 'ersetzt'[437]. Westermann hat sicher recht, wenn er schreibt: "Der erste Satz 'Ich, ich, Jahwe!' entspricht dem in 10b 'dass ich es bin'"[438]. Nur dass es keinen Grund gibt, wenn man schon diese Entsprechung sieht, unterschiedlich zu übersetzen und אנכי אנכי יהוה nicht als Nominalsatz wiederzugeben.[439] Die Satzteilfolge im Nominalsatz אני הוא kann in Einklang mit den Satzteilfolgeregeln im unabhängigen Nominalsatz anhand des Kotextes als Chabar – Mubtada bestimmt werden. Aufgrund der konstatierten Entsprechung von אני הוא in V. 10 und אנכי אנכי יהוה in V. 11 besteht einmal mehr Anlass zu der Vermutung, dass auch in V. 11 das Pronomen der 1. sg. Chabar, Jahwe Mubtada ist. Diese Vermutung wird im Falle von V. 11 durch die Verdopplung des Pronomens אנכי[440], die anzeigt, dass auf dem Pronomen der Aussageschwerpunkt[441] liegt, unterstützt.[442]

---

435 Zur Bedeutung von אני הוא in Jes 43,10 ("Einen so eindeutigen und grundsätzlichen Satz zur Einzigkeit Gottes hat vor Deuterojesaja niemand gesprochen." C.Westermann, Das Buch Jesaja, 101).

436 Übersetzung R.P.Merendino, Der Erste und der Letzte, 315: "Ich, da bin ich, Jahwe: wo ist denn außer mir ein Retter?"

437 "Ersetzt" meint nicht, dass beide Aussagen inhaltlich einfach austauschbar wären. Williams hat zurecht betont, dass i.E. die Aussage אני הוא nicht einfach als "substitute" für die Aussage *ʾaⁿî Yhwh* zu verstehen ist (vgl. C.H.Williams, I am He, 304 u.ö.).

438 C.Westermann, Das Buch Jesaja, 101.

439 Anders Elliger, der übersetzt: "ich, ich bin Jahwe" (K.Elliger, Deuterojesaja, 306, vgl. auch K.Baltzer, Deutero-Jesaja, 215.223); E.Haag, Israel und David, 158: "Ich, fürwahr, ja, ich bin Jahwe, und keinen Retter gibt es außer mir."

440 Gründe, weshalb an dieser Stelle *ʾānokî* statt des in der *ʾaⁿî Yhwh*-Aussage mehrheitlich gebrauchten *ʾaⁿî* steht, lassen sich kaum benennen. Es scheinen weder diachrone noch idiographische Gründe eine Rolle zu spielen. Die verbreitete Vermutung ist, dass *ʾānokî* die lautlich gewichtigere Form ist und so das Pronomen der 1. sg. stärker hervorhebt. Als Hinweis auf eine andere Hand ist der Gebrauch von *ʾānokî* kaum zu werten, da auch in einheitlichen Texten beide Formen des Pronomens der 1. sg. verwendet werden können, vgl. etwa Jes 45,12.13. *ʾānokî Yhwh*-Aussagen begegnen innerhalb Deuterojesajas noch Jes 44,24 und Jes 51,15.

441 Vgl. auch die betonte Voranstellung von *ʾānokî* vor dem Verb der 1.sg. in V. 12.

442 H.Rechenmacher, "Außer mir gibt es keinen Gott" versteht *ʾānokî ʾānokî Yhwh* ebenfalls als Nominalsatz, geht aber auf der syntaktischen Ebene davon aus, dass das Pronomen der 1. sg. Subjekt, der Jahwename Prädikat ist (vgl. 136). Auf der semantischen Ebene hält er allerdings fest, dass das zweimalige *ʾānokî* "nach seiner semantischen Funktion als Verstärkung des Exklusionsgedankens gelten (darf) ('Ich, ich!' für 'Ich allein')" (136). Ähnlich schon Elliger, der zwar das "Ich" durch die Verdopplung betont sieht, aber dennoch *Yhwh* als Prädikat versteht (vgl. K.Elliger, Deuterojesaja, 324).

War die Einzigkeit in V. 10 in zeitlichen Dimensionen gefasst worden (*vor mir wurde kein Gott gebildet und nach mir wird keiner sein*), so geht es V. 11 darum, dass nur einer "Helfer" ist.[443] Das Verb יֵשׁ war bereits in 43,3 in Zusammenhang einer ʾ*nî Yhwh*-Aussage begegnet und dort auf geschichtliches Handeln bezogen. Es steht für die geschichtliche Handlungsfähigkeit Jahwes.[444] Die Redeeinleitungsformel *kô ʾāmar Yhwh* in V. 14 markiert einen Neueinsatz.[445] Die Jahweprädikationen in V. 14a[446] und V. 15 rahmen den Text dazwischen. Die Prädikationen bestehen aus für Deuterojesaja charakteristischen Termini[447], sie binden Schöpfungs- und Heilsgeschichte zusammen und sprechen von Jahwe in theologischen Maximalformulierungen. Was immer V. 14b inhaltlich genau meint,[448] deutlich ist, Dtjes sagt hier ein geschichtliches Wirken Jahwes an (Fall Babels, Untergang der Chaldäer?), das der Aussage ʾ*nî Yhwh* voransteht.

---

[443] Nach H.Rechenmacher, "Außer mir gibt es keinen Gott" entspricht "die Intention der Aussage durchaus den Ausschließlichkeitsaussagen" mit אלהים (136). – M.Weippert, «Ich bin Jahwe», 47 beschreibt die Funktion der ʾ*nî Yhwh*-Aussage in 43,11 folgendermaßen: "Die Einzigkeitsaussage in V. 10FG.11 wird durch emphatisches אָנֹכִי אָנֹכִי יְהוָה in V. 11A unterstrichen, in dessen Umkreis sich auch Selbstprädikationen wie אֲנִי־אֵל (V. 12F) und הוּא אֲנִי (V. 10D.13A) finden, die wohl beide hier sinngemäß «Ich bin der einzige Gott» bedeuten." Diese Aussage Weipperts ist ein Beispiel dafür, dass Ausleger die Leistung solcher Aussagen wie אֲנִי־אֵל durchaus spüren, aber ein Stück im Unbestimmten verharren, weil die syntaktische Struktur nicht erkannt ist; in der Tat ist אֲנִי־אֵל wiederzugeben mit "ich allein bin Gott", denn auch hier das Pronomen der 1. sg. Chabar, wie in der ʾ*nî Yhwh*-Aussage, die deshalb auch nicht nur emphatisch unterstreicht, sondern selbst als Alleinigkeitsaussage die vorausgehenden Einzigkeitsaussagen konsequent aufnimmt.

[444] In Jes 43,13 folgt noch einmal eine אֲנ־הוּא-Aussage, die diejenige aus V. 10 wiederaufgreift. Wurde in V. 11 von einer "Eigenschaft" Jahwes gesagt, dass es niemanden gibt, der diese "Eigenschaft" ebenfalls besitzt, geht es in V. 13 darum, dass dem Wirken Jahwes keiner entgegentreten kann, dass (vgl. den Verbalsatz in 13b) keiner wenden kann, was Jahwe tut. Die Allgemeinheit der Verben bedeutet eine ähnlich umfassende Beschreibung wie sie in V. 10 in zeitlicher Hinsicht gegeben wurde. Wenn Jahwe schafft und niemand wenden kann, dann ist da für keine andere vergleichbare Größe mehr Raum.

[445] So auch K.Elliger, Deuterojesaja, 331ff; R.P.Merendino, Der Erste und der Letzte, 338; anders C.Westermann, Das Buch Jesaja, 99, Anm. 6 und 102f. – Nach R.G.Kratz, Kyros, 148 gehört 43,14–15 zur Grundschicht.

[446] K.Elliger, Deuterojesaja, 334 versteht "die Appositionen zur Gottesspruchformel als Zusammenfassung der Theologie und Verkündigung Dtjes's".

[447] Neben der Rede vom "Heiligen Israels" (vgl. H.Ringgren, Art. קדשׁ, 1193–1195), die jesajanisches Erbe ist, gehören dazu מלך (vgl. dazu K.Elliger, Deuterojesaja. 340; K.Seybold, Art. מֶלֶךְ etc., 951f), גאל und ברא (Dtjes ist der Literaturkomplex mit den meisten Vorkommen von ברא im AT). Zu קדושׁ ישׂראל und גאל sowie der Verbindung beider bei Deuterojesaja vgl. K.Elliger, Deuterojesaja, 150–152.

[448] Der Text ist schwierig, vermutlich auch fragmentarisch und hat zu allerlei Korrekturvorschlägen Anlass gegeben, vgl. dazu K.Elliger, Deuterojesaja, 334ff.

Die Struktur des Verses 15 (אֲנִי יְהוָה קְדוֹשְׁכֶם בּוֹרֵא יִשְׂרָאֵל מַלְכְּכֶם) *Ich (allein) bin Jahwe, euer Heiliger, (ich bin) der Schöpfer Israels, euer König*) ist ähnlich derjenigen in V. 3. Ich gehe, wie in V. 3, davon aus, dass im ersten Nominalsatz in V. 15a *ʾaᵃnî* und *Yhwh* die beiden obligatorischen Glieder sind, das nachgestellte קְדוֹשְׁכֶם Apposition. In 15b wäre aus Gründen der Entsprechung (Substantiv mit Suffix) und Stellung מַלְכְּכֶם Apposition. Gegen die Annahme einer Satzteilfolge Chabar – Mubtada in beiden Sätzen (15a/b) bestehen keine Bedenken.[449]

6.4.2.2.5 Jes 44,24ff und Jes 45

In Kapitel 45 erreicht die Verwendung der *ʾaᵃnî Yhwh*-Aussage quantitativ und qualitativ ihren Höhepunkt im Deuterojesajabuch. Inhaltlich gehört der Textabschnitt Jes 44,24ff mit dem Beginn von Kap. 45 zusammen.[450] Der Abschnitt 44,24ff wird eine ausführlichere Besprechung erfahren, da er "gewissermaßen das Zentrum der ersten Buchhälfte Jes 40–48"[451] bildet, und für die Funktion der *ʾaᵃnî Yhwh*-Aussage aufschlussreich ist.[452]

In 44,24 beginnt, markiert durch die Redeeinleitungsformel *kô ʾāmar Yhwh*, ein zunächst bis V. 28 reichender Abschnitt. Die Verbindungen dieses Abschnittes zum folgenden Abschnitt 45,1–7 werden von den Auslegern unterschiedlich eng gesehen. Während etwa C.Westermann die Verse 44,24–28; 45,1–7 als Einheit zusammennimmt und 44,24–28

---

[449] Im Rahmen der syntaktischen Argumentation ist der Nominalsatz in V. 17 interessant: (הַצִּילֵנִי כִּי אֵלִי אָתָּה), ein Nominalsatz nach כִּי, bestehend aus Pronomen und Nomen. Anders als in den *ʾaᵃnî Yhwh*-Aussagen steht das Pronomen hier in Zweitstellung. Der Kotext macht deutlich, dass dem eine andere inhaltliche Leistung der Aussage korrespondiert. Zeichnet sich für die *ʾaᵃnî X*-Aussagen gerade im deuterojesajanischen Kotext deutlich die Aussagerichtung "ich allein bin …/ nur ich bin…" ab, geht es im Kotext der Götzenpolemik nicht um ein Bekenntnis im Sinne *DU (allein) bist mein Gott*. Was hier als völlig widervernünftig dargestellt wird, ist die Tatsache, dass ein von Menschenhand gefertigtes Bild, aus einem Material, das auch noch zu vielfältigen anderen Zwecken verwendet wird, ein *Gott* sein soll. Dass man zu einem Stück *HOLZ* sagen kann: *Du bist mein GOTT*, wo doch dieses angeredete Du ein Nichts, ein Machwerk von Menschenhand ist, das ist die eigentlich inkriminierte Aussage. In diesem Fall ist das Pronomen אַתָּה Mubtada, אֵלִי ist Chabar des Nominalsatzes.

[450] Ich halte mich im Wesentlichen an die jetzige Gestalt des Textes. Dabei ist zu beachten, dass vielen Auslegern weder die Verbindung der Stücke 44,24–28 und 45,1–7 als ursprünglich gilt, noch die beiden Textstücke in sich als einheitlich betrachtet werden; dazu unten.

[451] R.G.Kratz, Kyros, 19.

[452] K.Elliger, Deuterojesaja, 491, sieht die Komposition 44,24–45,8 im "Zentrum von 40–48", der ersten Hälfte des Buches; ebenso R.G.Kratz, Kyros, 19 (bezogen auf Jes 44,24–45,13) und U.Berges, Jesaja, 352. Auch K.Baltzer, Deutero-Jesaja weist dem Abschnitt 44,24–45,25 im Gesamtaufbau des Buch eine zentrale Rolle zu (vgl. 274f); s.E. wird im Auftritt des Kyros "die Wende deutlich" (275); vgl. auch Kratz' Hinweis, wonach die Kyros-Aussagen auf diese erste Buchhälfte beschränkt sind (R.G.Kratz, Kyros, 19).

als "sehr ausführliche(n) Einleitung" versteht,[453] sieht K.Elliger trotz der thematischen Verbindung zwei Einheiten und 44,24–28 als "in sich geschlossene, selbständige Rede"[454]. R.G.Kratz hingegen versucht zu zeigen, dass

> "44,24–26a kein ursprünglich eigenes Wort bilden, sondern mit 45,7b von vornherein als Rahmen des Kyrosorakels (Grundtext) formuliert wurden. Da es sich gegenüber 45,8.9ff um die älteste kompositionelle Verbindung handelt, steht zu vermuten, daß wir es wieder mit der Erstverschriftung eines prophetischen Wortes und also mit der Grundschrift des Dtjes-Buches zu tun haben".[455]

Wenn auch die Funktion der Vv. 44,24–28, die als solche durchaus eine eigene Einheit sein *könnten*, mit "Einleitung" vielleicht unterbestimmt ist, so scheinen mir doch diejenigen Ausleger richtig zu liegen, die die Vv. 44,24–28* + 45,1–7* als eine Einheit[456] in den Blick nehmen. Die erneute *so-spricht*-Formel in 45,1 markiert zwar deutlich einen Texteinschnitt, mehr zunächst aber auch nicht. Für die Auffassung einer Abgrenzung 44,24–45,7 sprechen folgende Beobachtungen:

In 44,24b folgt auf die *'ānokî Yhwh*-Aussage כֹּל עֹשֶׂה, es schließt sich eine Kette weiterer Partizipien an, die bis V. 28 reicht. In 45,7 steht eine Reihe von vier Partizipien, die wie die Partizipien in 44,24 auf das schöpferische Wirken Jahwes rekurrieren, sie laufen zu auf die *'anî Yhwh*-Aussage, עֹשֶׂה כָל־אֵלֶּה bildet den Abschluss. Durch diesen Aufbau werden die Verse 44,24 und 45,7 zum Rahmen um den dazwischenliegenden Text.[457] Die einzelnen Aussagen innerhalb dieses Rahmens sind im wesentlichen Entfaltungen dieser Ein- und Ausleitung.

Außerdem ist zu beachten, dass 44,28 bereits zur Rede an Kyros (ab 45,1) überleitet[458] und beide Abschnitte um das Thema der Erwählung des Kyros durch Jahwe kreisen.[459]

In ihrer jetzigen Form sind also die beiden Abschnitte 44,24–28 und 45,1–7 deutlich aufeinander bezogen und erbringen eine äußerst komplexe Argumentationsleistung, die im Folgenden beschrieben werden soll. Die angestellten Beobachtungen gelten für das jetzige Textstadi-

---

[453] C.Westermann, Das Buch Jesaja, 124ff; Zitat 125.
[454] K.Elliger, Deuterojesaja, 456; so auch M.Weippert, Erwägungen, 122; K.Baltzer, Deutero-Jesaja, 273ff nimmt 44,24–45,25 zusammen, weist aber Unterabschnitte aus (44,24–28; 45,1–8; 45,9–13; 45,14–17; 45,18–19; 45,20–24; 45,25).
[455] R.G.Kratz, Kyros, 80.
[456] So auch R.N.Whybray, Isaiah 40–66, 102ff.
[457] Vgl. dazu im Besonderen J.P.Fokkelman, The Cyrus oracle, 304.
[458] Das würde für die von Kratz rekonstruierte Grundschrift allerdings noch nicht gelten, da nach seiner Analyse 44,28 "zur Kyros-Ergänzungsschicht in 45,1–7" (R.G.Kratz, Kyros, 79) gehört und nicht zum ursprünglichen Aussagebestand. Die Ergänzungsschicht gehört nach Kratz in frühchronistische Zeit, vgl. R.G.Kratz, Kyros, 89ff.
[459] Als weitere Kyros-Texte gelten: 42,1–4.21–26; 42,4–9; 45,9–13; 46,9–11; 48,12–18.

um, im wesentlichen aber auch für das "Vorstadium", das sich aus literar- und redaktionskritischen Überlegungen ergibt, die für 44,24–28 und v.a. 45,1–7 angestellt werden.[460] V.a. ist zu berücksichtigen, dass mindestens die ʾaₙî Yhwh-Aussage[461] in 45,6b[462] fest im vorausgesetzten Kyrosorakel verankert ist, also auf jeden Fall zum Grundbestand (nach Kratz schon vor der Erstverschriftung) gehört. Die weiteren Vorkommen orientieren sich in diesem Fall an dem ursprünglichen Beleg in 45,6b. Auf den verschiedenen Stufen des Textwachstums wären dann weitere ʾaₙî Yhwh-Aussagen hinzugekommen, zunächst in 44,24 und 45,7[463] später in 45,5. Dabei haben die Aussagen kaum redaktionstechnische Funktion, sondern nehmen die in V. 6b vorgegebene inhaltliche Leistung auf. Sie werden sowohl redeeröffnend (44,24) als auch redebeschließend (45,7) und im Innenbereich der Rede eingesetzt.

Wenn man den Text als Einheit auffasst, ist dem möglichen Hauptgegenargument, der erneuten die Redeeinleitungsformel in 45,1 besondere Beachtung zu schenken. Vergleicht man die *so-spricht-Jahwe*-Formeln in 44,24 und diejenige in 45,1 miteinander, dann unterscheiden sich beide darin, dass in 44,24 der Adressat der Rede in der 2. Person in der Redeeinleitung repräsentiert ist ("*dein Löser und dein Bildner*

---

[460] Nicht alle dieser Überlegungen vermag ich nachzuvollziehen. So scheint es mir zwar nahe liegend, 44,28b als sekundären Zuwachs zu betrachten, insofern das einleitende וְלֵאמֹר sprachlich auffällig ist (warum wird die Reihe der Partizipien nicht fortgesetzt?), die Aussage von 28b nach 26b inhaltlich nachklappt und das Stichwort הֵיכָל/Tempel sonst bei Deuterojesaja keine Rolle spielt. Die weiteren Scheidungen in 44,24–28, wie sie etwa Kratz vornimmt, scheinen mir zwar möglich, aber dass sie notwendig sind, hat sich für mich nicht klar ergeben. In 45,1–7 sind die Verhältnisse etwas deutlicher. Von unterschiedlichen Grundpositionen aus arbeiten sowohl Kratz (R.G.Kratz, Kyros, 23ff) als auch Elliger (K.Elliger, Deuterojesaja, 489) einen Grundbestand (Kratz) bzw. Text A (Elliger) heraus, der für Verse 1aα.2a.b.3 (Elliger: nur 3a; Kratz: 3 ohne לְמַעַן תֵּדַע).4.6.7 enthält. Die als Ergänzungen benannten Passagen in 44,2–28 und 45,1–7 haben nach Kratz in anderen Texten des Deuterojesajabuches Entsprechungen. Das Verhältnis von Grundtext und Ergänzungsschicht beschreibt er wie folgt: "Am Anfang stehen Aussagen über das Verhältnis von Jakob-Israel zu Jhwh, in dem auch Kyros – zunächst noch 'um Jakob-Israels willen' – seinen Platz hat; daneben gilt – gleichzeitig oder später? – dem Gottesknecht die königliche Berufung; sodann ist das Verhältnis auf Kyros – um seiner selbst willen –, schließlich, wie wir noch sehen werden, wieder auf Israel und Zion übertragen worden." (R.G.Kratz, Kyros, 29.) H.Rechenmacher, "Außer mir gibt es keinen Gott", 141f nimmt nur Ergänzungen in 47,1 an.

[461] Die Fortführung der ʾaₙî Yhwh-Aussage durch וְאֵין עוֹד konzentriert sich auf Kap. 45; vgl. 45,5.6.18.21; vgl. außerdem 45,14; 45,22 und 46,9.

[462] Vermutlich gehört die noch nicht in eine Erkenntnisaussage eingebundene ʾaₙî Yhwh-Aussage in 45,3b zum Grundbestand.

[463] Wobei hier die Verwendung der beiden verschiedenen Formen des Pronomens ʾānokî in 44,24, ʾaₙî in 45,7 auffällig ist.

von Mutterleib an") – die Rede richtet sich an Israel[464] –, in 45,1 ist der Adressat hingegen in 3. Person in der Redeeinleitung repräsentiert,[465] die Redeeinleitung redet über Kyros, Anrede des Kyros erfolgt erst in der direkten Rede ab V. 2. Zu dieser Beobachtung ist die Überlegung hinzuzuziehen, dass vermutlich nicht damit zu rechnen ist, dass ein israelitischer Prophet real Kyros im Namen Jahwes gegenübergetreten ist.[466] Was aber soll dann diese direkte Rede an Kyros?

Die *so-spricht*-Formel in 44,24a "regiert" das gesamte Textstück bis 45,7, das somit als ganzes Anrede an Israel ist. Innerhalb dieser Rede ist die Rede Jahwes an Kyros eingeflochten, sie ist dann obwohl als direkte Rede an Kyros dargeboten, eigentlich Rede an Israel.[467] Der prophetische Redner redet Israel an, im Namen Jahwes, der ab 44,24b in der Ich-Form zu Wort kommt. Die Rede an Kyros ist wie die Rede an Israel mit einer *so-spricht-Jahwe*-Formel eingeleitet, beansprucht also dieselbe Legitimität/Autorität[468] wie das Redestück davor. Strenggenommen funktioniert diese beanspruchte Autorität, Rede im Namen Jahwes zu sein, aber letztlich nur Israel gegenüber – Kyros hätte sich kaum von der Autorität des fremden Gottes beeindrucken lassen[469] –, ein weiterer Hinweis darauf, dass eigentlich immer noch Rede an Israel

---

[464] Vgl. etwa K.Elliger, Deuterojesaja, 456. Allerdings geht Elliger davon aus, dass der eigentliche oder ursprüngliche Empfänger der wörtlichen Rede nicht Israel war; vgl. dazu unten.

[465] Nach K.Elliger, Deuterojesaja, 485 in Jes 40–55 einmalig.

[466] Vgl. dazu auch K.Elliger, Deuterojesaja, 491.

[467] Mit H.C.Spykerboer, Structure, 133. Vgl. auch M.Weippert, «Ich bin Jahwe», 50: "ein Heilsorakel für «Israel» im Gewand eines Königsorakels für einen auswärtigen Fürsten". Es scheint mir nicht unbedingt vorauszusetzen zu sein, dass 45,1 und 44,28 das "Kyrosorakel 45,2ff als Zitat einer (zurückliegenden) Jhwh-Rede an Kyros (45,1) innerhalb der Rede Jhwhs an Israels (44,24ff)" [R.G.Kratz, Kyros, 78; vgl. auch: "Das Scharnier 44,28/45,1 bindet die beiden Abschnitte somit über die Botenformel hinweg zu einer durchlaufenden Jhwh-Rede (ab 44,24b 'Ich bin Jhwh …') zusammen, in der Abschnitt 44,24 (Schöpfung).25–27, konzentriert in V.28 (Kyros/Gottesstadt), insgesamt die von Jhwh selbst gesprochene Einleitung zu dem in 45,1 als Selbstzitat eingeführten Berufungsorakel darstellen soll. Trifft das zu, gehört 44,28 zur Kyros-Ergänzungsschicht in 45,1–7 …", 78f)] verstehen. Das ist zugegebenermaßen *eine* Möglichkeit, wobei vielleicht eher eine *kî kô 'āmar*-Formel zu erwarten wäre, vgl. A.Wagner, Prophetie als Theologie, 303–306. Eine andere Möglichkeit besteht darin, die Rede an Kyros als jetzt innerhalb der Rede an Israel sich vollziehend zu denken.

[468] Zu den Funktionen der *so-spricht-Jahwe*-Formel vgl. A.Wagner, Prophetie als Theologie, 198f. 308–311.

[469] Ob Dtjes mit einer Bekehrung des Kyros gerechnet hat, ist unter den Auslegern strittig. Beispielhaft dazu zwei Positionen: C.Westermann, Das Buch Jesaja, 131 spricht sich explizit gegen eine solche Annahme aus; R.G.Kratz, Kyros, 179 geht für die Kyros-Ergänzungsschicht, davon aus, dass Kyros als "Jhwh-Bekenner" (179 u.ö.) vorgestellt ist, wobei diese Schicht vermutlich erst unter Dareios I. anzusetzen ist.

vorliegt.[470] Der Grund, das Redestück 45,2ff trotzdem als direkte Anrede an Kyrus darzubieten, anstatt einer auch möglich gewesenen Rede *über* Kyros, liegt vermutlich darin, dass auf diese Weise ihre Inhalte zwingender, weil realer werden, realer in dem Sinne, dass für Israel das Geschehen zwischen Jahwe und Kyros gegenwärtig wird, sich vor ihren Ohren/Augen vollzieht.[471]

Innerhalb des Textstückes 44,24–45,7[472] ist die *ᵃnî/ᵃānokî Yhwh*-Aussage in den 12 Versen fünfmal belegt (davon einmal im Rahmen einer Erkenntnisaussage). Sie bestimmt den Inhalt des Abschnittes wesentlich mit und spielt innerhalb der Argumentation des Textes eine entscheidende Rolle. Das ist kein Zufall, denn, was in diesem Abschnitt verhandelt wird, ist revolutionär und betrifft ganz unmittelbar die Frage der (alleinigen) Wirkmächtigkeit Jahwes.

"Daß Jahwe im fernen Medien einen fremden König, der ihn noch nicht einmal kennt (45,5), beauftragt haben solle, einen großen weltpolitischen Umsturz allein wegen der marginalen judäischen Exulantenkolonie in die Wege zu leiten, das klang völlig unwahrscheinlich, ja mehr noch, es hatte die ganze offizielle theologische Tradition gegen sich: Mochte Jahwe für sein Geschichtshandeln an Israel fremde Völker und Könige als seine Werkzeuge und benutzen, wie es die Propheten gelehrt hatten (Jes 10; Jer 27,6), doch daß er einen fremden König zu seinem Gesalbten erkor (Jes 45,1), um Israel zu retten, hatte keinerlei Anhalt in der Tradition. Nach der Jerusalemer Königstheologie konnte nur ein Davidide diese Funktion übernehmen. Die Botschaft der Deuterojesaja-Gruppe war somit nicht nur politisch unglaubwürdig, sondern theologisch in hohem Maße anstößig."[473]

Diese Anstößigkeit erfordert ein verstärktes Maß an Legitimierungs und Begründungsstrategien, zu ihnen gehören im vorliegenden Textabschnitt die *so-spricht-Jahwe*-Formeln, v.a. diejenige in 45,1 sowie die mehrfach eingesetzte *ᵃnî/ᵃānokî Yhwh*-Aussage.[474]
Im Zentrum des Komplexes Jes 44,24–28; 45,1–7 steht die Behauptung, Kyros sei Jahwes Werkzeug; Jahwes Geschichtshandeln erstre

---

[470] Vgl. auch R.N.Whybray, Isaiah 40–66, 102: "the supposed address to Cyrus is a literary fiction".

[471] Dass der Prophet vermutlich kaum Kyros direkt gegenübergetreten ist mit seinem Wort (vgl. die zweifache Rede vom Nicht-Kennen Jahwes), heißt nicht, dass die Erwählung des Kyros durch Jahwe in diesem Text nicht als tatsächlich vollzogen vorausgesetzt bzw. vorgestellt wird.

[472] Zur möglichen Funktion dieses Textes 44,24–45,7 in der gesamten Komposition des Deuterojesajabuches, vgl. C.Westermann, Das Buch Jesaja, 125. R.P.Merendino, Der Erste und der Letzte beschreibt das Orakel als ein solches, "dessen Heilswort mit dem Selbsterweis Jahwes wesentlich verbunden ist" (419). Alles, was Kyros gelingt, ist auf Jahwe zurückzuführen (vgl. ebd.). J.v.Oorschot, Von Babel zum Zion, behandelt die Texte 44,24–28 und 45,1–7 getrennt, allerdings in ihrem Grundbestand (44,24.26b*-28a; 41,1*.2. 3.a.3b.4a.5a.) als zu einer Teilsammlung der Grundschicht gehörend (vgl. ebd. 74ff und 87ff).

[473] R.Albertz, Religionsgeschichte Teil 2, 433.

[474] Vgl. auch K.Baltzer, Deutero-Jesaja, 278 zu 44,24b.

cke sich auf den Fremdherrscher, den Perser Kyros, wobei – und das ist vermutlich das eigentlich brisante – Jahwe zu diesem Zweck ein besonderes Verhältnis (vgl. רֹעִי 44,28; מְשִׁיחוֹ[475] 45,1) zwischen sich und Kyros stiftet.[476] Diese Behauptung wird nun nicht einfach in den Raum gestellt, sie wird in ein theologisches Gesamtkonzept eingebettet, innerhalb dessen sie überhaupt erst verstanden werden kann. Dieses theologische Gesamtkonzept ist ausgedrückt in אָנֹכִי יְהוָה עֹשֶׂה כֹּל (44,24; 45,7), wobei עֹשֶׂה כֹּל bereits eine Implikation der *ʾānokî Yhwh*-Aussage expliziert. Hier ist die Voraussetzung genannt und diese Voraussetzung wird zunächst in der folgenden Partizipienreihe entfaltet. Dabei steht der Rekurs auf die Schöpfungstätigkeit, als die grundlegendste Tätigkeit Jahwes[477] am Anfang. Jahwe hat Himmel und Erde, d.h. den gesamten Kosmos geschaffen. Die Aussagen in den Vv. 25 und 26a sind vermutlich in direktem Gegenüber zu verstehen: Den Schwätzern, Wahrsagern und Weisen stehen der Knecht/die Knechte Jahwes, seine Boten gegenüber. Ich vermute, dass speziell V. 25 Raum ließ für verschiedene Assoziationen: für die Wahrsager der Fremdvölker[478], und hier dann sicher speziell der Babylonier[479], für die als falsche Propheten zu brandmarkenden Leute aus den eigenen Reihen[480], und möglicherweise auch für die חֲכָמִים aus der Exodusgeschichte[481]. Diese mög-

---

[475] Zur Frage des Verhältnisses zur messianisch-königlichen Erwartung Israels und einer möglichen kritischen Zielrichtung der Idealgestalt Kyros vgl. K.Baltzer, Deutero-Jesaja, 293f.

[476] Die Einschätzung des Kyros hätte sich etwa nach R.G.Kratz, Kyros im Laufe der Geschichte und ablesbar an der Textgeschichte sowohl von 44,24–45,7 als auch der übrigen Kyros-Texte (42,1–4.21–26; 42,4–9; 45,9–13; 46,9–11; 48,12–18) verändert, vgl. dazu die Ausführungen, wie Kyros im Wort des Propheten (161ff), in der Grundschrift (168ff) als Völkerbezwinger, in der Kyros-Ergänzungsschicht (175ff) als Ebed gezeichnet wird;-während in der Ebed-Israel-Schicht die Gola in die Ebed-Funktion einrückt (210); vgl. auch U.Berges, Jesaja, 338ff, v.a. 354–358; 358ff.

[477] Vgl. K.Elliger, Deuterojesaja, 466: "seine Schöpfung ist Gewähr für seine Erlösung".

[478] Vgl. dass קסם ein mehrfach im dtr Geschichtswerk belegter Begriff ist; קסם gilt als Sünde und wird oft mit den Gebräuchen fremder Religionen in Verbindung gebracht (vgl. etwa Dtn 18,10.14; 1.Sam 15,23 u.ö.).

[479] Vgl. dazu etwa Ez 21,21. Vgl. aber auch Ez 21,23, wonach gerade die Wahrsagung, die der König von Babel erhält, sich bewahrheiten wird, während Israel sie, sich auf die "heiligen Eide verlassend", für Trug hält. An die babylonische Wahrsagekunst denken an dieser Stelle z.B. auch K.Elliger, Deuterojesaja, 469; R.G. Kratz, Kyros, 80f; U.Berges, Jesaja, 353.

[480] Vgl. zu dieser Vorstellung in Zusammenhang mit קסם Jer 14,14; 27,9; 29,8; Ez 13,6; 22,28; Mi 3,7 u.ö.

[481] Der Zusammenhang wäre, wenn er besteht, zugegebenermaßen sehr locker. חֲכָמִים ist nur Ex 7,11 belegt; zwar begegnet auch das Stichwort את in diesem Zusammenhang mehrfach, allerdings für die von Mose (und Aaron) zu erbringenden Zeichen. Vgl. dazu auch V. 27, der möglicherweise eine ebenso lockere Anspielung auf die Exodusgeschichte enthalten könnte.

lichen Assoziationen leisten je auf ihre Weise einen Beitrag zu der Argumentation, die hier (indirekt) geführt wird: Jahwe ist der Schöpfer der Welt, er hat somit die Grundverlässlichkeiten des Lebens geschaffen, sein Wort hat sich zu Beginn der Geschichte mit seinem Volk (Exodus) als das zuverlässige erwiesen, und so wird es sich auch jetzt als das wahre erweisen, allen Orakeln Babyloniens, allen möglicherweise anderslautenden Aussagen israelitischer Propheten zum Trotz. Damit ist der Boden bereitet für die Wiedergabe des Wortes Jahwes, innerhalb der schon bestehenden Rede.

Nach der um Jahweprädikationen erweiterten Redeeinleitungsformel, die die Rede an Israel richtet (כֹּה־אָמַר יְהוָה גֹּאֲלֶךָ וְיֹצֶרְךָ מִבָּטֶן *So spricht Jahwe, dein Löser und dein Bildner von Mutterleibe an)*, beginnt die direkte Rede in 44,24 mit einer *ʾānokî Yhwh*-Aussage[482]. Sie ist gleichzeitig die einzige Hauptaussage, alles weitere (עֹשֶׂה כֹּל נֹטֶה שָׁמַיִם לְבַדִּי [483]רֹקַע הָאָרֶץ מִי אִתִּי *der alles schafft, der den Himmel ausbreitet allein, der die Erde festmacht)*, was eigentlich zentrale Trostbotschaft ist, wird in den Partizipien[484], in Form von Nebenprädikationen eingeführt.[485]

Die *ʾānokî Yhwh*-Aussage in Jes 44,24 wirft nach Elliger die Frage auf:

"Doch wie kommt gerade diese Formel dazu, das Fundament abzugeben, auf dem die ganze Rede Jahwes im Selbstprädikationsstil sich aufbaut, eine Rede, deren strenggenommen einziger Hauptsatz sie bleibt?"[486]

---

[482] K.Elliger, Deuterojesaja, 466 geht davon aus, dass die Bezeichnung Selbstvorstellungsformel "auch hier zutrifft, insofern die Gottheit zwar nicht zum ersten Mal aus völliger Unbekanntheit hervortritt, wohl aber mit Nachdruck darauf hinweist, was das bedeutet, dass sie Jahwe ist". Er geht dabei von einer Satzteilfolge Subjekt – Prädikat aus und lehnt Michels Interpretation, der sich gegen die Deutung der *ʾᵃnî Yhwh*-Aussage bei Dtjes als Selbstvorstellungsformel ausgesprochen hat, ab (vgl. K.Elliger, Deuterojesaja, 461f).

[483] Anders etwa J.P.Fokkelman, The Cyrus oracle, 306.

[484] Das auffälligste Merkmal der Vv. 24–28 ist die sich an die *ʾᵃnî Yhwh*-Aussage anschließende Reihe von Partizipien, die bis 26a indeteminiert sind, ab 26b determiniert. Die *ʾᵃnî Yhwh*-Aussage wird auch an anderen Stellen bei Deuterojesaja von determinierten oder indeterminierten Partizipien weitergeführt. Dieses Merkmal, das hier in 44,24ff besonders ins Auge fällt, bestimmt die Frage nach der Form dieses Textstückes, seinen altorientalischen Parallelen und in Zusammenhang damit nach der Bedeutung der Aussage *ʾānokî Yhwh*.

[485] A.Wagner, Prophetie als Theologie, hat in Zusammenhang der Behandlung der *so-spricht*-Formel darauf hingewiesen, dass das Arbeiten mit solchen, durch Partizipien ausgedrückten, Nebenprädikationen ein Charakteristikum Deuterojesajas darstellt; vgl. ebd. 294–296. Vgl. auch die Beschreibung von K.Elliger, Deuterojesaja, 456: "Zugleich fällt sie [die Äußerung Jahwes 44,24bff, A.D.] dadurch auf, daß sie syntaktisch eigentlich nur aus einer langen Reihe von Partizipien besteht, die alle nur den einen das Ganze beherrschenden Nominalsatz am Anfang der Rede, also die Selbstvorstellungsformel ergänzen."

[486] K.Elliger, Deuterojesaja, 462.

Elliger beantwortet seine Frage folgendermaßen:

> "Betrachtet man die Rede als ganze (sc. 44,24–28! A.D.), so kann man also vorläu-
> fig sagen, daß es sich, mit den Ohren der Gemeinde gehört, um eine auf die augen-
> blickliche zeitgeschichtliche Situation zugeschnittene Auslegung der der Gemeinde
> aus mancherlei kultischen Zusammenhängen geläufigen Hoheitsformel handelt."[487]

Ich stimme mit Elliger darin überein, dass in den Partizipien ausgefal-
tet wird, was in der *ʾānokî Yhwh*-Aussage nach deuterojesajanischem
Verständnis bereits enthalten ist.[488] Für eine spezielle Verankerung der
Aussage im Kult haben sich mir bisher keine Hinweise ergeben. Elliger
leitet die *ʾānokî Yhwh*-Aussage mit Dion[489] aus dem königsinschriftlichen Stil ab und verbindet damit eine bestimmte Auffassung des gesamten Stückes 44,24–28. Er will die Redeeinleitungsformel in 44,24
im Sinne einer Zitatformel (nach Bjørndalen)[490] verstehen,

> "weil zwar ebenfalls eine Rede Jahwes von dem Propheten weitergegeben wird,
> aber nicht an den eigentlichen Empfänger, sondern an einen Dritten, an der Sache
> auch seinerseits Interessierten."[491]

Dass in der wörtlichen Rede selbst keine Anrede erfolgt, erklärt sich
nach Elliger so, dass sie in der ursprünglichen Situation nicht notwendig ist, die ursprüngliche Situation ist Jahwes Rede vor dem himmlischen Hofstaat. Er verweist auf 42,1–4 und schreibt:

> "Beidemale gibt Jahwe eine Art Regierungserklärung ab. (…) so legt er hier
> gleichsam das Programm seiner Regierungsarbeit d.h. seiner Geschichtslenkung
> vor (…). Es ist deutlich ein König, der hier spricht (…). (…) Und daher sofort am
> Anfang die majestätisch feierliche Selbstvorstellung, bei der man den König gera-
> dezu auf seinem Thron sitzen sieht: 'Ich – bin – Jahwe!'"[492]

---

487 K.Elliger, Deuterojesaja, 463f.
488 Während die Partizipien bis V. 26a indeterminiert sind, folgt ab 26b das determinierte האמר. Dieser auffällige Wechsel wird von dem meisten Auslegern als erklärungsbedürftig angesehen. Vgl. K.Elliger, Deuterojesaja, 461 mit Rekurs auf
W.Gesenius/E.Kautzsch, Hebräische Grammatik, § 126i.k; A.Schoors, I am God,
271 unter Berufung auf Joüon, § 137 l; J.P.Fokkelman, The Cyrus Oracle, 305. Die
von diesen Auslegern vorgeschlagenen Erklärungsmodelle sind entweder nicht mit
der Auffassung von *ʾānokî Yhwh* als Nominalsatz oder mit der hier angenommenen
Satzteilfolge Chabar – Mubtada kompatibel. Mir selbst sind z.Z. die Gründe für
den Wechsel zwischen indeterminierten und determinierten Partizipien an dieser
und an anderen Stellen bei Deuterojesaja nicht klar.
489 H.M.Dion, Le genre litteraire.
490 A.J.Bjørndalen, Zu den Zeitstufen der Zitatformel.
491 K.Elliger, Deuterojesaja, 465.
492 K.Elliger, Deuterojesaja, 465.

Die Rede wäre dann durch Vorschaltung der 'Zitatformel' sekundär in Richtung Disputationswort umgestaltet worden.[493] Zwar scheint mir eine Anlehnung an königsinschriftlichen Stil für viele der *ᵃnî Yhwh*-Aussagen nicht nur bei Deuterojesaja wahrscheinlich,[494] ich sehe aber keinen Anlass, eine Verbindung zur Vorstellung vom himmlischen Hofstaat herzustellen. Zudem hat sich die *ᵃnî Yhwh*-Aussage inneralttestamentlich in einer Weise entwickelt, die weit über die Funktion vergleichbarer königsinschriftlicher Ich + KN-Aussagen hinausgeht.

Die Funktion der *ānokî Yhwh*-Aussage erschließt sich am besten, wenn man, anders als Elliger, nicht von einer Satzteilfolge Subjekt – Prädikat[495] ausgeht, sondern von Chabar – Mubtada; dann liegt der Aussagegeschwerpunkt auf *ānokî/ich (allein)*. Unter der Voraussetzung, dass im Jahwename eine Bedeutung mitgehört wird, würde כל עשׂה den Nominalsatz stimmig fortführen:[496] *Ich allein bin Jahwe (=der Wirkende), der alles macht*.[497] Jahwe führt sich ein als der Alleinige, als der allein Wirkmächtige, als der Allmächtige (כֹּל עֹשֶׂה).[498] Der Einzigkeit dessen, der in Schöpfung und Geschichte wirkt, entspricht, dass *alles*, was geschieht, sein Wirken ist.[499] "*Ich allein bin Jahwe (=der Wirkende), der alles macht*" bildet den Kopf der wörtlichen Rede bis V. 28 und ist eine Art vorweggenommene Zusammenfassung, die dann entfaltet wird durch die Darlegung von Jahwes Tun und seinem Reden. Inhaltlich ist der Zusammenhang des Abschnittes, der von Jahwes Tun handelt mit demjenigen, der von Jahwes Reden handelt, so zu bestimmen, dass das erfahrene Tun Vertrauen stiften soll, in das, was Jahwe zusagt, das aber noch nicht eingetroffen ist. Der Abschnitt, der von Jahwes Tun handelt, führt die Voraussetzung als gegeben ein, unter der den auf האמר folgenden Aussagen Glaubwürdigkeit zukommt.

---

[493] Vgl. K.Elliger, Deuterojesaja, 465.

[494] Vgl. dazu unter Kap. 7.

[495] Die Folge Subjekt – Prädikat setzt etwa auch M.Weippert, Erwägungen zu Jesaja 44,24–28*, 126 voraus.

[496] Ähnlich K.Elliger, Deuterojesaja, 467 mit dem Unterschied, dass Elliger den Aussageschwerpunkt der *ānokî Yhwh*-Aussage auf dem Jahwenamen sieht.

[497] Eine dezidierte Gegenposition vertritt J.P.Fokkelman. Er schreibt: "many translations and commentaries start off with 'I am the Lord, who…' etc., but this is wrong. The tetragrammaton is not the predicate of a nominal sentence. God does not proclaim his identity here by revealing his name to the exiles through his prophet; they have known that for a long time." (305) Fokkelman übersetzt: It is I, the Lord, who make everything, Who alone stretch out heavens…" (305). Es ist deutlich, wie stark Fokkelmans Ablehnung von *ānokî Yhwh* als Nominalsatz geleitet ist von einer bestimmten inhaltlichen Auffassung eines solchen Nominalsatzes, die aber keineswegs zwingend ist. Die weiteren Belege für *ᵃnî Yhwh* in diesem Text [45,3.6.7(?))] versteht Fokkelman allerdings als Nominalsätze.

[498] So auch K.Elliger, Deuterojesaja, 466.

[499] Vgl. auch K.Baltzer, Deutero-Jesaja: "Dtjes ist auf dem Wege zur Formulierung des Begriffes: 'Alles'. Dies hängt aber auf das engste mit seinem theologischen Ansatz bei der Einheit und Einzigartigkeit Gottes zusammen." (277f).

Das, was inhaltlich auf הֶאָמַר500 folgt, könnte als das V. 26a genannte
דְּבַר עַבְדּוֹ verstanden werden. Inhaltlich wird die Wiederbesiedlung Jerusalems und sein Wiederaufbau (sowie der Wiederaufbau der Städte
Judas) angekündigt. Wem diese Ankündigung fraglich erscheint, wird
nach dem nächsten הָאֹמֵר (möglicherweise) an schon bereits gemachte
Erfahrungen erinnert, falls die Rede vom Austrocknen der Tiefe (צוּלָה)
eine Anspielung auf die Schilfmeererfahrung ist bzw. an Gottes erfolg-
reiches Agieren im Chaoskampf der mythischen Urzeit.501 Der Hinweis
auf bereits gemachte Erfahrungen könnte Vertrauen wecken auf die
Ankündigung für die Gegenwart. Dennoch bleibt die Frage im Raum:
Wie soll das geschehen? Wie sollen Wiederaufbau und Wiederbesiedlung Jerusalems vonstatten gehen? Auf diese unausgesprochene Frage
bietet die nächste durch הָאֹמֵר eingeleitete Aussage eine Antwort, wenn
auch eine geradezu unglaubliche: Derjenige, in dessen Macht und Gewalt diese Fragen aufgrund realpolitischer Verhältnisse stehen, ist der
Perserkönig Kyros. Aber – so die Behauptung – er handelt letztlich auf
Veranlassung dessen, in dessen Macht und Gewalt "alles" steht. Kyros
ist Jahwes Hirte502. Mit dieser Aussage (DEKLARATIV503) rückt Jahwe die Verhältnisse gleich mehrfach zurecht:

---

500 Zur hier belegten Wendung אָמַר לְ, die für inoffizielle Rede steht und eher einen vertraulichen Ton anschlägt, im Unterschied zu אָמַר אֶל, das offizielle Rede einleitet, vgl. E.Jenni, Einleitung formeller und familiärer Rede, 32.
501 צוּלָה ist Hapaxlegomenon; W.Gesenius/F.Buhl, Handwörterbuch, leitet צוּלָה
von einer Wurzel צוּל ab, für die er eine Verwandtschaft mit צלל II für möglich
hält, das in Ex 15,10 belegt ist (*Da liessest du deinen Wind blasen, und das Meer
bedeckte sie, und sie sanken* [צָלְלוּ] *unter wie Blei im mächtigen Wasser*), ebenfalls
ein Hapaxlegomenon. Häufiger belegt ist מְצוּלָה – Tiefe, in Ex 15,5 und Neh 9,11
mit Bezug auf den Exodus, in Sach 10,11 in Bezug auf die gegenwärtige Bedrohung, aber in Anspielung auf den Exodus, an 9 weiteren Stellen in anderen Zusammenhängen. Elliger spricht sich im Gefolge Fohrers gegen die Deutung auf vergangene Geschichte aus; er bezieht צוּלָה auf die durch das babylonische Weltreich
drohende Gefahr, auch wenn "uralte Chaostradition die Bildsprache bestimmt haben" dürfte (K.Elliger, Deuterojesaja, 474). Ähnlich R.G.Kratz, Kyros, 83, v.a.
Anm. 294, der keinen Anhalt für eine Deutung auf den Exodus an dieser Stelle
sieht, das Chaoskampfmotiv als Hintergrund allerdings stärker gewichtet als Elliger. Vermutlich sollte man die Frage, Anspielung auf Babylon, auf Exodus oder
auf Chaoskampf nicht alternativ entscheiden wollen und nicht vornherein ausschließen, dass צוּלָה offen war für verschiedene Deutungen und gerade das Spektrum der Möglichkeiten seinen Beitrag zur Argumentation an dieser Stelle leistet.
502 So mit M. Da Qᵃ רעי schreibt, und damit vielleicht רֵעִי "mein Freund" voraussetzt, ist von Auslegern immer wieder vorgeschlagen worden, auch den Text von M
entsprechend zu ändern, vgl. noch Apparat der BHS. Dieser Vorschlag mag auch
durch den Kyroszylinder mit beeinflußt sein, da dort von Marduk gesagt wird: ...er
ließ ihn [Kyros, A.D.] einschlagen den Weg nach Babylon, indem er ihm *wie ein
Freund und Gefährte* zur Seite zog". (Herv. A.D.) Andererseits ist das Motiv des
Hirten im Zusammenhang mit dem (staatlichen) Königtums Israels und anderer altorientalischer Kulturen gängig (vgl. z.B. Jer 23,4; Ez 37,24; vgl. auch K. van der
Toorn, Art. Shepard; H.Niemann, Art. Königtum in Israel; vgl. auch K.Elliger,
Deuterojesaja, 475f und K.Baltzer, Deuterojesaja 286, Lit. in Anm. 84; zu V. 28aα

1. Die realpolitischen Entwicklungen sind im letzten nicht auf das Handeln des Kyros, sondern auf das Handeln Jahwes zurückzuführen. 2. Es ist nicht Marduk, der Kyros beruft, sondern Jahwe.[504] Diese provokative Aussage הָאֹמֵר לְכוֹרֶשׁ רֹעִי V. 28 a kommt in Gestalt einer Nebenprädikation daher, bereitet aber das Textstück 45,1f vor, das eine Entfaltung von 44,28aα ist.[505] Die erneute *kô ʾāmar Yhwh*-Formel in 45,1 beansprucht für den Inhalt der folgenden Rede die unmittelbare Autorität Jahwes selbst. Jahwe sagt Kyros zu, seinem Erfolg den Weg zu bereiten.

Die Aussagen laufen zunächst in 3b auf eine Erkenntnisaussage zu. Anders als in 44,24 wird in 45,3 die Aussage (כִּי) אֲנִי יהוה durch ein determiniertes Partizip fortgesetzt (הַקּוֹרֵא בְשִׁמְךָ אֱלֹהֵי יִשְׂרָאֵל *Ich will dir Schätze der Finsternis (= im Finstern verborgene Schätze) geben und verborgene Kostbarkeiten, damit du erkennst, dass ich (allein) Jahwe bin, der dich beim Namen ruft, der Gott Israels.*[506]).*ᵃnî Yhwh* ist in eine Erkenntnisaussage (תֵדַע כִּי־אֲנִי יְהוָה) eingebunden.[507] Auch wenn das Verb יָדַע bei Deuterojesaja häufig (34x) belegt ist und die (Er-) Kennens- und Wissensthematik durchaus eine Rolle spielt, ist die Erkenntnisaussage selbst innerhalb Deuterojesajas nicht prominent. Sie kommt außer 45,3 noch 49,23.26, mit אֲנִי יְהוָה als Gegenstand der Erkenntnis vor; zu vergleichen ist noch 41,23, אַתֶּם אֱלֹהִים כִּי וְנֵדְעָה [in abgewandelter Form vgl. 41,20 (es folgt im כִּי-Satz eine Aussage in der

---

auch R.G.Kratz, Kyros, 91f), auch wenn das Hirten-Prädikat bei keinem der uns bekannten Titel israelitischer Könige direkt belegt ist. Im vorliegenden Zusammenhang ist zunächst wichtig, dass beide Lesarten "mein Hirte" und "mein Freund" die enge Verbindung Jahwes und Kyros unterstreichen. M.E. spricht die Tatsache, dass Jahwe insofern an Kyros interessiert ist, als dieser eine bestimmte Funktion ausfüllen soll, eher für die Lesart „Hirte".

503 Zu nominalen DEKLARATIVEN zum Vollzug von Statusänderungen vgl. A.Wagner, Sprechakte, 147–150; in der Regel handelt es sich um zweipolige Nominalsätze (vgl. Ps 2,7), es sind aber auch einpolige in dieser Funktion belegt (vgl. 2.Sam 9,6; Jes 42,1).

504 Vgl. dazu aus dem sog. Kyroszylinder: "Kyros, König der Stadt Anban, seinen Namen sprach er [Marduk!, A.D.] aus, zur Herrschaft über die ganze Welt berief er ihn..." – Anders K.Elliger, Deuterojesaja, 466f: Eine "Abgrenzung gegenüber anderen Göttern ist hier eben nicht beabsichtigt".

505 Im jetzigen Textverlauf trennt V. 28b den V. 28a vom folgenden Abschnitt 45,1ff. Mit etlichen Auslegern scheint es mir wahrscheinlich, dass in V. 28b ein Nachtrag vorliegt (vgl. Argumente etwa bei K.Elliger, Deuterojesaja, 478f) und 45,1ff ursprünglich direkt auf V. 28a folgte.

506 Übersetzung R.P.Merendino, Der Erste und der Letzte, 402: "... damit du erkennst, daß ich Jahwe bin. Dieser ist es, der dich beim Namen ruft – Israels Gott – ,....". Da der Vers nach Merendino metrisch zu lang ist und sich sonst bei Deuterojesaja an die Selbstvorstellungsformel nie ein Partizip mit Artikel anschließt, vermutet er, dass הקורא בשמך sekundär ist (vgl. 413).

507 Etliche Ausleger hegen Zweifel, ob למען תדע ursprünglich ist. Vgl. dazu C.Westermann, Das Buch Jesaja, 130; R.G.Kratz, Kyros, 23 hält כי תדע למען für später zugewachsen; ebenso M.Weippert, «Ich bin Jahwe», 47, Anm. 81.

3. Person); 43,10; 45,6]. Die ʾanî Yhwh-Aussage wird auch hier weitergeführt durch Prädikationen. Gibt der Kotext Anhalt für die Bestimmung der Satzteilfolge im Nominalsatz ʾanî Yhwh? Inhaltlich wäre es an dieser Stelle möglich, dass es Jahwe darauf ankommt, Kyros wissen zu lassen, wer hinter seinen Siegeszügen steht, Kyros also seinen Namen mitzuteilen.[508] Unter der Voraussetzung, dass die an Kyros gerichtete Rede Bestandteil der größeren Rede an Israel ist (vgl. oben), ist deutlich, dass zumindest Israel in der Erkenntnisaussage jenen exklusiven Ton hört, den die ʾanî Yhwh-Aussagen bei Deuterojesaja haben. Zudem ist für die Ausbildung der Erkenntnisaussage vermutlich der exklusive Anspruch, den die ʾanî Yhwh-Aussage erhebt/erheben kann, bereits Voraussetzung oder geht mit der Bildung der Erkenntnisaussage einher.

Die Erkenntnisaussage wirft noch eine andere Frage auf: Ging(en) Deuterojesaja (bzw. diejenigen, die seine Theologie buchintern weiterführten) davon aus, dass Kyros zur Erkenntnis Jahwes gelangen würde, rechnete Deuterojesaja mit einer Bekehrung des Kyros zu Jahwe oder nicht.[509] Ist das zweimalige ולא ידעתני in Vv. 4.5 nur auf die Vergangenheit bezogen, heißt es, dass Kyros Jahwe nicht kannte, bevor er ihn erwählte oder ist es eine generelle Aussage, die festhält, dass Kyros zwar Werkzeug Jahwes ist, aber Kyros selbst davon nichts weiß und auch nichts wissen wird.[510] (Im letzten Fall wäre die Annahme einer Art "Selbstvorstellungsformel" dann auch von dieser Warte aus nicht sinnvoll.) Im Gesamtverlauf des Textes haben die Vv. 4 und 5 am stärksten die Funktion, bestimmten Gegenargumenten oder Missverständnissen zu begegnen:[511] Alle Zuwendungen Jahwes an Kyros erfolgen um Jakobs/Israels willen, die Ehrentitel (בְּחִירִי/עַבְדִּי) halten noch einmal das besondere Verhältnis zwischen Jahwe und Israel fest. Die zweimalige Feststellung, dass Kyros Jahwe nicht kennt/nicht gekannt hat, trägt der Diskrepanz Rechnung zwischen behaupteter Erwählung des Kyros durch Jahwe und dem Faktum, dass Kyros selbst nicht im Namen dieses Gottes agierte, auch wenn vielleicht zu einer bestimmten Zeit die Hoffnung bestand, Kyros könnte tatsächlich in diesem Gott den erkennen, der hinter seine Erfolge steht.

Wenn V. 6 von der Erkenntnis der Einzigkeit Jahwes "vom Aufgang der Sonne bis zu ihrem Untergang" redet, wenn also dabei die gesamte Völkerwelt im Blick ist, dann spricht sich darin eine logische Kon-

---

[508] So z.B. J.P.Fokkelman, The Cyrus oracle, 318: "...v. 3c is the moment when God reveals himself to the Persian" oder M.Weippert, «Ich bin Jahwe», vgl. 47.

[509] Vgl. dazu C.Westermann, Das Buch Jesaja, 130f; H.Wildberger, Monotheismus, 526: "Er [sc. Dtjes, A.D.] rechnete aber damit, dass dieser sich zur Erkenntnis Jahwes führen lasse".

[510] Nach R.G.Kratz, Kyros, gehören die beiden Aussagen zu unterschiedlichen Schichten, vgl. 29f.

[511] Vgl. auch die Ausführungen Westermanns zur "Grenze der Beauftragung des Kyros" (C.Westermann, Das Buch Jesaja, 130f).

sequenz der monotheistischen Konzeption aus. Betrifft sie zunächst das Verhältnis Jahwe – Israel, "so reicht doch ihr Anspruch weit darüber hinaus"[512]. Wenn die sog. Götter der Völker, wie gerade bei Deuterojesaja gezeigt, gar keine Götter sind, wenn Jahwe der einzige Gott überhaupt ist, dann muss die Erkenntnis der Einzigkeit dieses Gottes, die (An-)Erkenntnis dieses Gottes durch alle Völker Ziel sein. Diese Erkenntnis hat sich so nicht eingestellt. Und so lassen sich in den Texten mit Erkenntnisthematik möglicherweise unterschiedliche Stadien der Hoffnung bzw. enttäuschter Hoffnung greifen.[513] In 45,5–7 häufen sich Aussagen, die die Einzigkeit, vielleicht sogar besser: Alleinigkeit Jahwes, unterstreichen. Sie folgen oder laufen zu auf *ᵃnî Yhwh*-Aussagen. In V. 5 folgen auf die *ᵃnî Yhwh*-Aussage zwei solcher Aussagen: וְאֵין עוֹד und זוּלָתִי אֵין אֱלֹהִים. Bereits in 43,11 war auf אָנֹכִי יהוה eine Aussage mit וְאֵין gefolgt. War dort verneint worden, dass es einen Helfer außer Jahwe gibt, so steht וְאֵין עוֹד hier absolut. Was aber bedeutet וְאֵין עוֹד genau? Die Wendung ist für Deuterojesaja und hier v.a. für das Kapitel 45 typisch. וְאֵין עוֹד ist absolut (ohne folgendes 'Objekt') belegt in 45,5.6.18.22[514]; mit Fortsetzung durch ein 'Objekt' 45,14.21; 46,9[515]. Wo auf וְאֵין עוֹד ein Objekt folgt, ist jeweils deutlich, *was* es außer Jahwe nicht mehr gibt. Dort, wo diese inhaltliche Füllung fehlt, ist sie wohl aus dem Kotext zu ergänzen, zu denken ist dabei an den unmittelbar vorausgehenden Kotext. Eine Möglichkeit, die Aussage in 45,5 zu verstehen, lautet: *ᵃnî Yhwh und es gibt sonst keinen Jahwe.*[516] Diese Aussage setzt voraus,

---

[512] R.G.Kratz, Kyros, 167.

[513] Das müsste im Rahmen der Behandlung der Erkenntnisaussage ausgeführt werden. Speziell auf Kyros bezogen könnte das Nebeneinander der Aussage, Kyros habe Jahwe nicht gekannt und Kyros solle Jahwe erkennen, mit der sich in der Fortschreibung des Buches entwickelnden Sicht über die Rolle des Perserkönigs zusammenhängen; wobei Kyros als Reichsgründer auch für Entwicklungen in Anspruch genommen wird, die erst unter seinen Nachfolgern, seit Dareios I, möglich wurden, vgl. dazu die Ausführungen von R.G.Kratz, Kyros, 183ff.

[514] Außerhalb Deuterojesajas und mit Bezug auf Gott: Joel 2,27.

[515] Außerhalb Deuterojesajas und mit Bezug auf Gott: Dtn 4,45.39; 1.Kön 8,60; mit anderem Bezug 2.Kön 4,6; Jer 48,2; 49,7; Mal 2,13; Ps 74,9; Qoh 9,5.

[516] So auch K.Elliger, Deuterojesaja, 497. Dagegen H.Rechenmacher, "Außer mir gibt es keinen Gott", 143, der in Anlehnung an entsprechende Wendungen אֱלֹהִים ergänzt. Er schließt eine Ergänzung von יהוה im fraglichen Satz aus, da er aufgrund seiner Untersuchungen davon ausgeht, dass kein determinierter Ausdruck in Zusammenhang des אֵין עוֹד zu erwarten ist. Mir scheinen die Überlegungen Rechenmachers an dieser Stelle nicht zwingend. Zwar ist es richtig, dass mit den beiden Belegen für אֵין עוֹד im Zusammenhang eines determinierten Nomens Jer 38,9 und 48,2 kaum zu argumentieren ist, da beide Belege aus verschiedenen Gründen (48,2 ist textlich unsicher, in 38,9 steht עוֹד nach dem Nomen) problematisch sind. Rechenmacher geht allerdings davon aus, dass die Stellung in 38,9 die normale und 48,2 die abweichende ist. Er kommt zu dieser Einschätzung, da עוֹד s.E. eine Präpositionalgruppe ersetzt (das ist zu hinterfragen). Die Präpositionalgruppen stellen bei den NS II.1 das Prädikat dar, das dem Subjekt (1. Syntagma) folgt. In Jer 48,2

dass es mehrere Größen gibt, die Jahwe zu sein beanspruchen. Das aber ist kein Thema Deuterojesajas. Die andere Möglichkeit ist, dass der Jahwename eine bestimmte Bedeutung hat, etwa *der Wirkende*. Dann ist die Aussage *es gibt sonst keinen Wirkenden* gerade auf dem Hintergrund Deuterojesajas gut verständlich. Mit einer solchen Aussage würde zusammenstimmen, wenn für den Nominalsatz *ʾanî Yhwh* eine Satzteilfolge Chabar – Mubtada angenommen werden kann und er mit *nur ich bin Jahwe* wiederzugeben ist. Und da Handlungsfähigkeit und Gottsein bei Deuterojesaja zusammengehören, ist die folgende Aussage *außer mir gibt es keinen Gott* nur folgerichtig. Absolutes וְאֵין עוֹד könnte gegenüber näherbestimmtem auch gewählt werden, um einer besonders weitausgreifenden Aussage willen, in Entsprechung zu עֹשֶׂה כֹל. Neben dem, der "alles macht", kann es keine ernstzunehmende Wirkgröße geben. Da sich in V. 5 וְאֵין עוֹד und זוּלָתִי אֵין אֱלֹהִים direkt an die *ʾanî Yhwh*-Aussage anschließen, unterstützen sie ein Verständis des *ʾanî Yhwh* im Sinne von *Ich (allein) bin Jahwe*.

Die Wendung אֲנִי יהוה וְאֵין עוֹד begegnet im folgenden V. 6 noch einmal.

Die Erkenntnisformulierung zu Beginn von V. 6 ist oben bereits angesprochen worden: Die ganze Welt (von Sonnenauf- bis -untergang, vielleicht haben persische Herrscher so das angestrebte Ausmaß ihres Reiches beschrieben[517]) soll erkennen, dass nichts ist abgesehen von Jahwe (לְמַעַן יֵדְעוּ מִמִּזְרַח־שֶׁמֶשׁ וּמִמַּעֲרָבָה כִּי־אֶפֶס בִּלְעָדָי) *Damit sie erkennen vom Aufgang der Sonne bis zu ihrem Untergang, dass es nichts gibt außer mir*.) Die Erkenntnisformulierung ist auch an dieser Stelle gegenüber den strengen Erkenntnisaussagen abgewandelt, durch das unmittelbar folgende *ʾanî Yhwh* (אֲנִי יְהֹוָה וְאֵין עוֹד) aber dennoch eng mit die-

---

würde nach diesem Verständnis das 1. Syntagma nachstehen. Aber bei der Mehrzahl der Belege für אֵין עוֹד, die Rechenmacher im Zusammenhang der Nominalsätze II.3 behandelt (54f), fällt doch auf, dass (וְ)אֵין עוֹד sehr häufig am Satzende ohne weiteres Nomen steht. Was an diesen Stellen dem Sinne nach zu ergänzen ist, muss der Kotext weisen. Und ob an diesen Stellen, an denen das Nomen nicht gesetzt wird, die möglicherweise bestehende grammatische Vorgabe, dass אֵין עוֹד nicht zusammen mit einem determinierten Nomen steht (könnte es nicht auch Zufall der Überlieferung sein?) so stark wirkt, dass der Kotext nicht Gegenteiliges nahelegen kann, scheint mir fraglich. Hinzukommt, dass Deuterojesaja mit Formen, Bildern und Sprache z.T. neu und ungewohnt verfährt. Auf diesem Hintergrund spricht m.E. nichts dagegen, bei einer Wendung אֲנִי יהוה וְאֵין עוֹד das וְאֵין עוֹד von seinem unmittelbar vorausgehenden Kotext her zu verstehen.

[517] Vgl. R.G.Kratz, Kyros, 185: "Inschriftlich ist eine alle Völker des Weltreiches umfassende Konzeption für die Perser selbst seit Dareios I. belegt, und erst ab diesem Zeitpunkt hatte sie auch praktische Auswirkungen für Israel. Daß Kyros aus der Sicht der babylonischen Marduk-Priester (Kyros-Zylinder etc.) schon vom ersten Moment an die Rolle des Heilskönigs einnimmt, ist eine andere Sache, tritt er doch hier nahtlos und wunschgemäß in die Nachfolge der babylonischen Könige ein, die seit jeher die 'Herrin der Reiche' repräsentieren."

ser Formel verbunden. Wie in der strengen Erkenntnisaussage besteht
der כי‎-Satz aus einem Nominalsatz, der hier lautet: אֶפֶס בִּלְעָדָי‎[518.519]
Wie bei וְאֵין עוֹד‎ handelt es sich auch bei אֶפֶס בִּלְעָדָי‎ um eine abstrakte,
weitausgreifende Aussage, um eine Aussage, die "ein Äußerstes"[520]
formuliert. Der sich ausbildende Gedanke des Monotheismus bedurfte
sprachlicher Ausdrucksformen um ausgesagt zu werden. Die ʾanî Yhwh-
Aussage, in anderen Literaturbereichen stärker die Erkenntnisaussage,
dienten dem sprachlichen Ausdruck dieses Gedankens. In diesem zentralen Abschnitt bei Deuterojesaja verleihen zudem וְאֵין עוֹד‎ und אֶפֶס
בִּלְעָדָי‎ dem monotheistischen Gedanken Ausdruck und es ist deutlich,
wie hier die Grenze des Sagbaren, des Ausdrückbaren spürbar wird.
Wie in V. 5 spricht auch in V. 6 der Kotext dafür, ʾanî Yhwh so zu verstehen, dass ʾanî Chabar ist: (Abgesehen von mir ist nichts) ich allein
bin Jahwe (und sonst gibt es keinen).[521]
Der monotheistische Anspruch geht notwendig einher mit Polemik o-
der zumindest Abgrenzung gegen andere Größen, die diesem Anspruch
entgegenstehen. Eine Aussage wie ʾanî Yhwh, verstanden als ich allein
bin Jahwe, zeugt indirekt von diesen Abgrenzungen; die Götzenpole-
miken gehören in diesen Zusammenhang. Wenn nach dem אֶפֶס בִּלְעָדָי
in 45,6 später in 47,8.10 im Munde von Babel zu lesen ist: אֲנִי וְאַפְסִי
עוֹד‎, dann ist aufgrund der Nähe der sprachlichen Formulierungen deutlich, da erhebt eine Konkurrenzgröße einen Anspruch, den so nur Jahwe erheben darf. Die Stelle zeigt auch, dass diejenigen Größen, die als
dem Anspruch Jahwes entgegenstehend erfahren werden, nicht notwendig andere Götter sind, sondern durchaus "weltliche" Größen; diese Beobachtung soll später noch einmal im Zusammenhang mit der Nähe der
ʾanî Yhwh-Aussage zu vergleichbaren königsinschriftlichen Ich-(bin)-
KN-Aussagen bedacht werden.

---

[518] אֶפֶס‎ begegnet bei Deuterojesaja noch in 40,17; 41,12.29; 45,14; 46,9; 47,8.10;
52,4; 54,15. Es steht parallel zu אַיִן, תֹּהוּ, רוּחַ‎. Der Aussage in 45,6 vergleichbar
sind 45,14; 46,9 sowie 47,8.10 (nicht von Gott ausgesagt). אֶפֶס‎ kann wie אַיִן‎ als
Negationspartikel dienen.
[519] "Innerhalb der Einheit stellt die Zielangabe (Finalsatz 6a), die universale Erkenntnis der Ausschließlichkeit Jahwes (6a-d), einen Höhepunkt dar. Die Ausschließlichkeit Jahwes begründet dabei indirekt die Berechtigung der ergangenen
Zusagen (2a-3a.4b.5d). Sie wird in 7a-f expliziert durch seine universale Schöp-
fungs"zuständigkeit"." (H.Rechenmacher, "Außer mir gibt es keinen Gott", 146).
[520] C.Westermann, Das Buch Jesaja, 131, allerdings bezogen auf V. 7.
[521] Wenn M.Weippert, «Ich bin Jahwe», 47, schreibt: "… in V. 6B.7 hat sie (sc.
die ʾanî Yhwh-Aussage, Weippert verwendet den Begriff der Selbstvorstellungsformel, A.D.) eher die Funktion, die Macht Jahwes zu unterstreichen, die er als der
Schöpfer der Welt «dies alles», was dem Achämeniden in V. 2.3AB verheißen wurde, zu tun in der Lage ist", dann kommt das der Leistung der ʾanî Yhwh-Aussage an
dieser Stelle durchaus nahe, sieht aber nicht deutlich genug, dass Jahwes Macht darin liegt, dass er der allein Wirkmächtige ist und genau dies in der ʾanî Yhwh-Aussage zum Ausdruck gebracht wird.

Da in diesem Abschnitt, wie oben beschrieben, das Phänomen der Rede (hier an Kyros) innerhalb einer Rede (hier an Jakob/Israel) vorliegt, ist nach dem Abschluss der inneren Rede zu fragen, der nicht notwendig mit dem Abschluss des Textabschnitts identisch ist. Oben ist bereits festgehalten worden, dass die Vv. 44,24b und 45,7 einen Rahmen um den Text 44,24–45,7 bilden. Da 44,24 die Rede an Israel einleitet, liegt es nahe 45,7 auch speziell als Abschluss dieser umfassenderen Rede zu verstehen, in die diejenige an Kyros eingebettet ist, zumal ab V. 6, anders als in den vorausgehenden Versen, keine Anrede an Kyros mehr erfolgt. V. 6 selbst ist nicht eindeutig der einen oder anderen Rede zuzuordnen: Die Wiederholung der Erkenntnisformulierung (nach V. 3b) verknüpft V. 6 einerseits mit der Rede an Kyros, die fehlende Anrede und die Ausweitung der in den Blick genommenen Erkenntnissubjekte (*vom Aufgang der Sonne bis zu ihrem Untergang*) spricht eher dafür, dass die Rede an Kyros verlassen ist.[522] Kann man in der Zuordnung von V. 6 schwanken, so ist mit V. 7 mit seinen Entsprechungen zu 44,24b deutlich der Rahmen der größeren Rede (an Israel) erreicht. Vers 7 weist auf den Beginn des Abschnitts in 44,24 zurück. Er knüpft an die Partizipien in V. 44,24bff an. In 45,7 formulieren zwei Paare von Partizipien mit Objekten (יוֹצֵר אוֹר וּבוֹרֵא חֹשֶׁךְ עֹשֶׂה שָׁלוֹם וּבוֹרֵא רָע) die in den vorausgegangen Versen v.a. durch die Wendungen אֲנִי יהוה וְאֵין עוֹד und אֶפֶס בִּלְעָדַי vorbereitete Aussage, wie allumfassend Jahwes Wirken ist, und laufen zu auf die zusammenfassende Aussage, die ähnlich in 44,24 am Beginn des ganzen Abschnittes stand אֲנִי יְהוָה עֹשֶׂה כָּל־אֵלֶּה. Die Partizipialaussagen in V. 7, die mit Gegensatzpaaren arbeiten (Licht – Finsternis; Schalom – Unheil), überbieten noch die ohnehin schon kühne Behauptung, Jahwe habe Kyros als sein Werkzeug erwählt. Deuterojesaja zieht die notwendige Konsequenz aus den vorhergehenden Aussagen. Wenn außer Jahwe nichts und niemand ist, der zu wirken beanspruchen kann (zumindest im Sinne des geschichtsmächtigen Wirkens), dann muss *alles* auf Jahwe zurückgeführt werden,[523] das Licht (davon weiß schon der Schöpfungsbericht), aber eben auch die Finsternis, der Schalom (den erhofft man sich seit je von seinem Gott), aber eben auch das Unheil.[524]

---

[522] Nach K.Elliger, Deuterojesaja, 498 ist V. 5 Schlussabschnitt der von ihm angenommen Version B, V. 6f Schlussabschnitt der Version A. (Zu Textversion A und B nach Elliger vgl. auch Anm. 460) Nach Kratz gehört V. 6 zum Grundbestand von 45,1–7 und damit zum Kyrosorakel, vgl. R.G.Kratz, Kyros, 30.

[523] Vgl. etwa K.Elliger, Deuterojesaja, 498, der die vorliegenden Partizipialaussagen als solche charakterisiert, in denen "durch den diametralen Gegensatz der Teile des Paares eine Ganzheit umschrieben wird".

[524] In V. 7 werden auf die Aussagen, dass Jahwe auch die Finsternis schafft und das Unheil, dadurch besonderes Gewicht gelegt, dass diese beiden Aussagen mit dem Schöpfungsverb ברא formuliert sind, einem Verb, das allein für Gottes schöpferisches Wirken gebraucht wird. – Zur Stelle Jes 45,7 in ihrem Kotext vgl. auch N.C.Baumgart, "JHWH … erschafft Unheil". Zur *'aₐnî Yhwh*-Aussage erläutert

Westermann hebt in seiner Auslegung diesen Vers besonders hervor und betont die Einmaligkeit einer solchen Aussage im gesamten Alten Testament.[525] Im Denken Deuterojesajas ist sie konsequent. Wenn es nur eine wirksame Größe gibt, die Schöpfung und Geschichte gleichermaßen lenkt, dann gibt es keine Ressortverteilung mehr unter verschiedenen Göttern, dann ist Jahwe für alles verantwortlich. Alle unheilvollen Widerfahrnisse können dann nicht auf das Wirken eines Jahwe gegnerisch gesinnten Gottes zurückgeführt werden oder auf eine Schwäche Jahwes, der einem anderen Gott unterlegen wäre, auf Jahwe selbst muss alles zurückgeführt werden. Bei der Diskussion darüber, inwiefern bei Deuterojesaja von (theoretischem)[526] Monotheismus gesprochen werden kann, sollte dieser Vers mehr als andere Aussagen Beachtung finden. In 45,7 kommt die Theodizeeproblematik in den Blick. Sie entsteht mit dem Monotheismus, weil hier das Böse nicht mehr auf gegengöttliche Kräfte zurückgeführt werden kann, aber sie entsteht eben auch *erst* dann. Dieser Vers zeigt, wie konsequent Deuterojesaja den Weg zum Monotheismus beschritten hat.[527]

Abschließend ist noch zu bedenken, worauf sich כָל־אֵלֶּה in der Schlussaussage אֲנִי יְהוָה עֹשֶׂה כָל־אֵלֶּה rückbezieht, allein auf V. 7 oder reicht der Rückbezug weiter?[528] Eingedenk der rahmenden Funktion des Verses 7 im Zusammenspiel mit 44,24 vermute ich, dass אֵלֶּה alles Tun Jahwes umfasst, das in 44,24–45,7 Gegenstand war.

Der Abschnitt 44,24–45,7 hat immer wieder Anlass gegeben, altorientalische Texte zum Vergleich heranzuziehen,[529] zum einem unter dem

---

Baumgart zwar richtig: "Natürlich ist nicht das *Ich*, sondern der Name JHWH das Bekannte" (ebd. 215), trotzdem spricht auch er von "Selbstvorstellungsformel" (ebd.).

525 Vgl. C.Westermann, Das Buch Jesaja, 131f.

526 C.Westermann, Das Buch Jesaja, 114f problematisiert den Begriff des theoretischen Monotheismus und weist darauf hin, dass bei Deuterojesaja die Aussage: "außer mir gibt es keinen Gott" einhergeht mit der Auseinandersetzung mit anderen "Göttern". Der Monotheismus Deuterojesajas spricht sich z.T. (noch) in der Polemik bzw. als Anspruch aus. Dennoch ist im Deuterojesajabuch die monotheistische Konzeption konsequenter durchdacht als das bisher in der uns greifbaren Theologiegeschichte Israels der Fall war.

527 Vgl. dazu auch H.-J.Hermisson, Gibt es die Götter bei Deuterojesaja?, 112: "Sind andererseits die Probleme des Bösen und des Leidens dort [sc. in den polytheistischen Nachbarreligionen Israels] mit dem unheilvollen Einfluß, der Wirksamkeit anderer göttlicher Mächte in der Welt zu erklären, so ist Israel mit seinen Problemen wiederum an den einen und einzigen Gott gewiesen."

528 Vgl. dazu auch K.Elliger, Deuterojesaja, 501.

529 Nach M.Weippert, «Ich bin Jahwe», 46f etwa ist die Perikope 45,1–7 "ihrer Form nach ein lupenreines Königsorakel altorientalischen Stils. Dies gilt allerdings nur von ihrem Grundbestand, der sich in V. 1.2.3.4.6BC.7 findet". Vgl. dazu auch ders., Assyrische Prophetien, 109ff.

Stichwort der "Selbstprädikationen"[530] (a), zum anderen spielt die Frage nach dem Verhältnis zum sog. Kyroszylinder (b) eine Rolle.

(a) Zu den Selbstprädikationen schreibt Westermann:

"Wenn Deuterojesaja diese außerisraelitische und deutlich babylonische Stilform übernimmt, so stellt er in bewußter Polemik den Gott Israels als den Einen den Göttern gegenüber, die sich einer gegen den anderen ihrer Größe und Macht rühmen."[531]

Man könnte dieser Aussage entnehmen, dass solche Selbstprädikationen im Munde von Göttern im babylonischen Bereich zahlreich belegt sind. In der Tat gibt es Texte, in denen, nicht nur im babylonischen Bereich, Götter solche Selbstprädikationen/-verherrlichungen aussprechen, aber diese Texte stehen vereinzelt dar. Für die hellenistischen Isisaretalogien, die in ihrem Kontext einzig sind,[532] und die im Stil große Nähen zu den hier verhandelten Aussagen Deuterojesajas aufweisen, wurden immer orientalische Vorbilder vermutet, ohne dass sie wirklich namhaft gemacht werden konnten. Im Vergleich zu Deuterojesaja scheint mir die wesentlich ältere sog. "Marduk-Prophetie"[533] noch am interessantesten, zumal diese Texte einen vergleichbaren religionspolitischen Hintergrund haben, wenn sie den "Aufstieg Marduks zum höchsten Gott des babylonischen Pantheons (...) literarisch begleiten"[534], und Marduk dann später nach Ausweis des Kyroszylinders für sich eine ähnliche Rolle in Bezug auf Kyros beansprucht wie Jahwe.[535]
Insgesamt ist auch hier zu erwägen, ob nicht für die entsprechenden altorientalischen Texte wie für die deuterojesajanischen Texte die eigentlichen Vorbilder in den Königsinschriften liegen. Dort ist die Präsentation der "res gestae" in Ich-Form zwar auch nicht die alleinige Form, insgesamt aber ist sie wesentlich verbreiteter als in den Göttertexten.
(b) Zwischen Jes 44,24–45,7 und dem Kyroszylinder gibt es markante Ähnlichkeiten:[536]

"Alle Länder musterte er [sc. Marduk, A.D.], hielt nach einem Ausschau und suchte einen gerechten Herrscher nach seinem Herzen, dessen Hände er erfasse.
Kyros, König der Stadt Anban,
seinen Namen sprache er aus,
zur Herrschaft über die ganze Welt berief er ihn.

---

530 Vgl. dazu auch H.-M.Dion, Le genre litteraire; H.M.Barstad, On the So-called Babylonian Literary Influence.
531 C.Westermann, Das Buch Jesaja, 24.
532 Vgl. dazu oben 5.2.4.2 Hymnen in der Ich-Form.
533 Vgl. oben unter Kap. 5.2.4.3.
534 TUAT II, 65.
535 Vgl. dazu auch M.Albani, Der eine Gott, 91–102.
536 Vgl. R.Kittel, Cyrus, passim.

Das Land Quti, alle Umman-Manda legte er zu seinen Füßen.
Die Leute der schwarzen Häupter,
die er seine Hände gewinnen ließ,
[...]
... indem er ihm wie ein Freund und Gefährte zur Seite zog."[537]

Im Kyroszylinder ist die Rede davon, dass der (für Kyros fremde!) babylonische Gott Marduk Kyros erwählt, Ausdruck dessen ist die Handergreifung (vgl. dazu Jes 45,1: *So spricht Jahwe zu seinem Gesalbten, zu Kyros, von dem gilt: Ich habe (ihn) bei seiner rechten Hand ergriffen...*); es ist von einer engen Verbindung zwischen Marduk und Kyros die Rede: "*indem er ihm wie ein Feund und Gefährte zur Seite zog*" (vgl. dazu die Rede von Kyros als dem *Hirten* Jahwes in Jes 44,28 bzw. dem *Gesalbten* Jahwes in Jes 45,1). Marduk unterwirft dem Kyros Fremdvölker (vgl. dazu Jes 45,1: *So spricht Jahwe zu seinem Gesalbten, zu Kyros, von dem gilt: Ich habe (ihn) bei seiner rechten Hand ergriffen um niederzuwerfen vor ihm Völker und Hüften von Königen entgürte ich ...*), veranlasst Kyros (davon ist im Kyroszylinder in der Ich-Form des Kyros die Rede) Götter und Menschen wieder in ihre Wohnungen bzw. an ihre Wohnorte zu bringen (vgl. dazu Jes 44,28b zum Wiederaufbau Jerusalems und des Tempel, allerdings ist 44,28b vermutlich sekundäre Zufügung).
Trotz der Ähnlichkeiten zwischen Dtjes 44,24–45,7 und dem Kyroszylinder ist wohl nicht von einer direkten Abhängigkeit der beiden Texte auszugehen.[538] Im Falle des Kyros ist das Selbstbild, das er im Kyroszylinder entwirft, von den (späteren) Fremdbildern nicht so grundsätzlich verschieden. Im griechischen Bereich gibt es, auch dort, wo die Perser insgesamt eine negative Wertung erfahren, die Tradition eines positiven Kyrosbildes.[539] So spricht sich bei Deuterojesaja eine Wer-

---

[537] Text in Übersetzung vgl. TUAT I, 407–410.

[538] Nach K.Elliger, Deuterojesaja, 495 ist der Kyroszylinder später entstanden als das Textstück bei Deuterojesaja, "das noch mit einer gewaltsamen Inbesitznahme von Babylon rechnet, die dann doch nicht Wirklichkeit geworden ist". Vgl. auch D.Michel, Art. Deuterojesaja, 518; R.N.Whybray, Isaiah 40–66, 105; K.Baltzer, Deutero-Jesaja, 291; anders in der Tendenz Ph.R.Davies, God of Cyrus, der in den 'deuterojesajanischen' Texte bzw. Themen generell einen Reflex auf Entwicklungen sieht, die sich, nachexilisch, im Laufe der persischen Zeit ergeben haben; zur Frage der Datierung des Kyrosorakels bei Djes vgl. v.a. 215.; auch R.G.Kratz, Kyros geht von einer Datierung der Grundschrift (I) nach 539 v.Chr. aus, vgl. ebd. 169ff; das gleiche gilt für den Kyroszylinder, vgl. 171 Anm. 597: "Auch wenn sich direkte Anhängigkeit nicht nachweisen läßt [...], so könnte doch die darin [sc. im Kyroszylinder] gegebene Deutung des Kyrosgeschehens der Anlaß zur ältesten literarischen Fassung des Kyros-Orkaels (mit 44,24–26a; bes. V. 25, und 45,4.6) gewesen sein. Aber erst die Ergänzung des Kyros Bearbeiters durch 44,28 und in 45,1.3.5 rückt das Orakel auch sachlich in die Nähe des Zylinders."

[539] Vgl. K.Baltzer, Deutero-Jesaja, 291f.

tung des Kyros aus, mit der er insgesamt nicht alleingestanden hat,[540] zumindest 'Nachfolger' gefunden hat, auch wenn die Art und Weise, wie er sie zum Ausdruck bringt, für seine Adressaten sicher anstößig war (s.o.). Die sprachlichen Nähen zwischen dem Kyroszylinder und dem deuterojesajanischen Text erklären sich am ehsten dadurch, dass beide am königsinschriftlichen Stil partizipieren und "gewisse Ausdrücke (...) durch die Sache gegeben"[541] waren.

Jes 45,8 kann als Abschluss[542], besser als weiterer Abschluss[543] des Kyrosorakels 44,24–45,7 gelesen werden, das jedoch durch die Inklusion 44,24b/45,7b bereits in sich gerundet ist. Eine gewisse Selbständigkeit von Jes 45,8 einerseits sowie Stichwortverbindungen zum Folgenden sind ebenfalls nicht zu übersehen, sodass Hermisson in Aufnahme eines Begriffs von K.Marti, die Charakterisierung als 'lyrisches Intermezzo'[544] erwägt.

Deutlicher als die kompositionelle Einbindung von 45,8 ist seine Funktion: "In seiner jetzigen Stellung nimmt 45,8 sowohl verbindende als auch eine korrigierende Funktion wahr", meint Kratz.[545] Hermisson sieht in 45,8 gar "fast ein Summarium deuterojesajanischer Theologie"[546]. Jes 45,8 greift das Stichwort ברא aus V. 7 auf. War es dort auf die negativ konnotierten "Schöpfungstaten" Jahwes, Finsternis und Unheil, bezogen, so steht es in V. 8 in einem uneingeschränkt positiven Zusammenhang. Vielleicht ist V. 8 im Anschluss an V. 7 so zu verstehen: Auch wenn alles, das Heilvolle wie das Unheilvolle, auf Jahwe zurückgeführt werden muss, so ist doch das Ziel von Jahwes Handeln nicht Unheil sondern Heil, bzw. צדקה/צדק, in einem umfassenden Sinn, denn Himmel und Erde (= der gesamte Bereich der Schöpfung) werden in dieses heilvolle Geschehen einbezogen. Und hieß es in V. 7 אני יהוה עשה כל אלה, so heißt es in V. 8 ebenso betont אני יהוה בראתיו [Ich (allein) bin Jahwe, ich habe es geschaffen/schaffe es]. Schöpfung als die grundlegende Kategorie des Handelns Jahwes, die natürliche

---

540 "Read politically, Isa. 40–48 ist propaganda for Cyrus and the Persians which circulated during the last decade of the last Babylonian king Nabonidus (556–539 BC), probably after Cyrus' conquest of Lydia in 547 (Isa 45.3)." (J.Blenkinsopp, Second Isaiah, 84; vgl. auch M.Albani, Der eine Gott, 96.)
541 K.Elliger, Deuterojesaja, 495.
542 Nach R.N.Whybray, Isaiah 40–66, ist der Vers "a torso, and is probably the work of a later disciple or editor (so Fohrer), possibly intended to mark the end of a section of the book" (106f)
543 Vgl. R.G.Kratz, Kyros, 76.
544 H.-J.Hermisson, Deuterojesaja, 3; Hermisson spricht auch von einer "Brükkenfunktion" (4) des Textes. M.Weippert, Erwägungen, spricht von einem "hymnischen Responsorium" (122) im Anschluss an 45,1–7.
545 R.G.Kratz, Kyros, 76, der davon ausgeht, dass 45,8 "wenn nicht ebenfalls redaktionell formuliert, wenigstens so plaziert ist" (ebd.).
546 H.-J.Hermisson, Deuterojesaja, 6.

und geschichtliche Welt in gleicher Weise umfasst,[547] die über alle geschichtlichen Erfahrungen hinweg auf von Jahwe her und allein von Jahwe her mögliches Ursprungsgeschehen verweist. Geschichtliche Vorgänge, wie sie in 44,4–45,7 thematisiert werden, und geschichtliche Kategorien, wie sie in צדק/צדקה und ישע zumindest auch aufscheinen, sind verankert in Jahwes Schöpfungswerk. Wenn Jahwe Schöpfer und zwar alleiniger Schöpfer ist, wenn er Himmel und Erde, den gesamten Kosmos, einzubinden vermag in seinen Willen, dann gib es keinen natürlichen oder geschichtlichen Bereich, der seiner Wirkkraft entzogen wäre, dann vermag er auch in allen geschichtlichen Konstellationen völlig neue Entwicklungen in Gang zu setzen. Jes 45,8 fundiert die in 44,24–45,7 in den Blick genommenen geschichtlichen Ereignisse in dem umfassenderen Bereich der Schöpfung, insofern kann von einer korrigierenden Funktion (vgl. Kratz) von 45,8 gesprochen werden; da sich darin gleichzeitig fundamentale Überzeugungen Deuterojesajas aussprechen, ist die Wertung als "Summarium deuterojesajanischer Theologie" (Hermisson) durchaus angebracht.

In den Fällen, in denen ʾ*anî Yhwh* wie hier in Jes 45,8 durch ein finites Verb der 1. sg. weitergeführt wird, ist die Frage nach den syntaktischen Verhältnissen nicht eindeutig zu klären. Es könnte sowohl ein Nominalsatz + Verbalsatz vorliegen, ʾ*anî* könnte aber auch als Subjekt des Verbes diesem betont vorangestellt und *Yhwh* Apposition zu ʾ*anî* sein[548]. Da im Jes 45,8 vorausgehenden Kotext aber auch sonst bei Deuterojesaja ʾ*anî Yhwh* als deutlich eigenständiger Nominalsatz belegt ist, neige ich dazu, dass auch in diesem Fall ein Nominalsatz (+ Verbalsatz) vorliegt.

ʾ*anî Yhwh* steht wie in V. 7 in der redebeschließenden Aussage. Nachdem der Abschnitt 44,24–45,1–7, auf den sich V. 8 rückbezieht, mit Aussagen wie אפס בלעדי und ואין עוד so unmissverständlich die Alleinigkeit Jahwes unterstrichen hat, ist für V. 8 deutlich, dass dieser Gedanke hier weitergeführt wird. Jahwe gebietet Himmel und Erde, und was immer sie an Heil hervorbringen, ist unmittelbar *sein*, Jahwes, (Schöpfungs-)Werk. In diese inhaltlichen Überlegungen fügt sich eine Aussage *nur ich bin Jahwe* bestens ein.[549] Wird in *Yhwh* eine Bedeutung, im Sinne eines "wirkend", "sich als wirksam erweisen" o.ä. mitgehört, dann dürfte der Zusammenhang zwischen *brʾ* und *Yhwh* als eng und natürlich zugleich empfunden worden sein. *brʾ* könnte in diesem Fall, wie bereits verschiedlich für andere Verben in Verbindung mit der ʾ*anî Yhwh*-Aussage vermutet, als Erläuterung oder Spezifizierung der Namensbedeutung fungiert haben. Wenn das richtig ist, erweist sich

---

547 Vgl. dazu auch R.G.Kratz, Kyros, 77.
548 So die meisten Übersetzungen, vgl. etwa R.P.Merendino, Der Erste und der Letzte, 421: "… Ich, Jahwe, schaffe es" oder H.-J.Hermisson, Deuterojesaja, 1: "Ich, Jahwe, erschaffe es!"
549 Im Falle eines Verbalsatzes wäre ebenfalls ʾ*anî* betont (**ich *schaffe es**).

einmal mehr, dass in der *ʾanî Yhwh*-Aussage ein komplexer Sachverhalt auf den "Begriff" gebracht wird: der Gedanke von Jahwes alleinigem Wirksamsein in allen Dimensionen der Wirklichkeit.

Der folgenden Abschnitt Jes 45,9–13[550] enthält keine *ʾanî Yhwh*-Aus-
sage. Zu beachten sind jedoch die drei betonten Ich-Aussagen Jahwes
in Vv. 12.13,[551] in denen sich erneut Schöpfungs- und Geschichtsaussagen, bezogen auf den namentlich nicht genannten Kyros[552] verbinden. Damit sind auch in diesem Stück zentrale Elemente deuterojesajanischer Aussagen zu finden,[553] die diesen Text mit Texten wie 42,5–8
und 44,24–28(–45,7) verbinden.[554] Wie Jahwe alleiniger Schöpfer ist,
so steht er allein hinter dem Aufstieg des Kyros zugunsten Israels:

"In eine Welt, die sich nicht vorstellen kann, wie ihre Lage sich ändern soll, ergeht
die Verfügung des Schöpfers der Welt und in besonderer Weise des Schöpfers Israels zugunsten Israels. Israels Frage: Wer soll Jerusalem aufbauen, wer uns aus
der Gefangenschaft führen? werden damit kurz und bündig beantwortet: Er, Kyros,
den ich, Jahwe, erweckt habe."[555]

Der Faden wird im folgenden Text 45,14–17, zumindest in dessen
Grundbestand[556] weitergeführt:

"Der Spruch kündet die Wallfahrt zum Zion und das Bekenntnis der Völker zum
einzigen Gott an, der auf dem Zion gegenwärtig ist. Das wird Zion selbst mitgeteilt
und ist der Effekt des Heilsgeschehens, das Jahwe durch Kyros in Gang setzt: Isra-

---

[550] Jes 45,9–13 ist nach mehrheitlicher Auffassung der Ausleger nicht aus einem
Guss; v.a. die beiden Weheworte in Vv. 9f gelten als Ergänzungen, ebenso Teile
von V. 11 und V. 13: H.-J.Hermisson, Deuterojesaja, versteht 9–10.11b.13bβγ als
Ergänzungen (vgl. 14f), R.G.Kratz, Kyros, 94 schließt sich Hermisson an; vgl.
auch J.v.Oorschot, Von Babel zum Zion, 80, der 45,11a.12–13b zum Grundbestand
rechnet.
[551] Beachte die Verwendung beider Formen des Pronomens der 1. sg.: *ʾānokî –
ʾanî – ʾānokî*, in einem allgemein als einheitlich eingestuften Text.
[552] U.Berges vermerkt dazu: "daß er namenlos blieb, lag wohl auch daran, daß
Kyros nicht hielt, was sich der Exilsprophet von ihm erhoffte" (U.Berges, Jesaja
358).
[553] Vgl. U.Berges, Jesaja 357.
[554] So auch H.-J.Hermisson, Deuterojesaja, 15. R.G.Kratz, Kyros, charakterisiert
den Text 45,1a.12–13bα (Kyros-Ergänzungsschicht) als "redaktionelles Bindeglied
zwischen 44,(24)28/45,1–7 und dem Folgenden" (99).
[555] H.-J.Hermisson, Deuterojesaja, 26, zu dem ursprünglichen Text.
[556] Literarkritisch ist das Textstück äußerst umstritten: C.Westermann, Das Buch
Jesaja, 137, sieht in 45,14.15.16–17 drei Fragmente; R.N.Whybray, Isaiah 40–66,
spricht von zwei voneinander unabhängigen Stücken Vv. 14–15 und 16–17 (vgl.
109); nach H.-J.Hermisson, Deuterojesaja, 36ff gehören 45,*14.15 zum Grundbestand; J.v.Oorschot, Von Babel zum Zion weist 45,16f der Götzenbilderschicht
zu, vgl. 312ff; R.G.Kratz, Kyros, 99f.192ff rechnet 45,15–17 der Götzenschicht zu,
während V.*14 älter ist und zu den Zion-Fortschreibungen gehört, vgl. 99ff.

els Heimkehr und Jerusalems Wiederaufbau als aktueller Erweis der rettenden Einzigkeit des Gottes Israels und Schöpfers der Welt."[557]

Die Ausschließlichkeit Jahwes

"ist nun nicht mehr auf Israels Glauben zu beschränken, sondern fordert und findet die Anerkenntnis der ganzen Welt. Ja, man kann sogar sagen, daß das Thema ›Einzigkeit Gottes‹ erst in diesem weltweiten Horizont gefordert ist."[558]

Zu beachten ist im vorliegenden Zusammenhang das Bekenntnis der Völker in V. 14 Ende: אַךְ בָּךְ אֵל וְאֵין עוֹד אֶפֶס אֱלֹהִים *Ja, nur bei dir ist Gott und es ist sonst keiner, es gibt sonst keinen Gott*. Mit וְאֵין עוֹד und אֶפֶס... werden Wendungen aufgenommen, die in 45,6 im Rahmen des Kyrosorakels mit der ʾ*anî Yhwh*-Aussage verbunden waren, dort als Selbstaussage Jahwes, hier als Bekenntnis der Völker, die nicht an Jahwe direkt geht, sondern als Anrede an Zion. Sie zielen deutlich auf die Anerkennung der Einzigkeit Jahwes.

Den folgenden Textabschnitt Jes 45,18f, in dem die ʾ*anî Yhwh*-Aussage nun wieder belegt ist, verbinden die Ausleger in aller Regel mit den folgenden Versen 45,20ff.[559] Diese Sicht ist jedoch zu hinterfragen, ausgehend von der Beobachtung, dass V. 18 durch eine *kî kô ʾāmar*-Formel eingeleitet wird. Die Untersuchungen von A.Wagner[560] zur *kî kô ʾāmar*-Formel legen nahe, die Verse 18f als Ergänzung zu den vorausgehenden Versen 14–17 zu verstehen.[561] Mit Vers 19 ist zudem ein deutlicher Texteinschnitt gegeben, da ab V. 20 der Text in die Anrede

---

[557] H.-J.Hermisson, Deuterojesaja, 39.

[558] H.-J.Hermisson, Deuterojesaja, 48. "Die Endgestalt hat von dem Modell weltweiten Heils einiges eingebüßt." (ebd. 50)

[559] Nach C.Westermann, Das Buch Jesaja, 140 sind die Vv. 18–19 einerseits "in sich relativ geschlossen" und erinnern für sich genommen an Disputationsworte, andererseits können sie "aber doch nicht als selbständige Einheit bestimmt werden" und fungieren als Einleitung zu 45,20–25 (V. 18) bzw. 46,1–13 (V. 19). H.-J.Hermisson, Deuterojesaja, 54ff.57, rekonstruiert als ursprünglichen Textbestand "V. 18 (ohne כִּי).19.20a.21–23" (57) und versteht die Vv. 18f als Einleitung und Vorbereitung des ab V. 20 folgenden (vgl. ebd. 58); R.G.Kratz, Kyros, rechnet 45,20a.21 zur Grundschicht; 45,18.22–23 zu seiner Schicht III im Deuterojesajabuch (Kyrosergänzungsschicht), V. 20b zu Schicht IV (Götzenschicht); V. 19.24–25 zu Schicht V (Ebed-Israel-Schicht), vgl. Übersicht auf 217. J.v.Oorschot vertritt "die Selbständigkeit von 45,18f als abgeschlossene Einheit" (ebd. 223), die zur Naherwartungsschicht gehört, vgl. ebd. 197.222ff; V. 24f ist eine "nachträgliche Kommentierung des Textes in 45,20a.21–23 (…), der ursprünglich mit dem Zitat des Jahweschwurs in V.23b abschloß" (41).

[560] A.Wagner, Prophetie als Theologie, 240: "Auch die *kî kô ʾāmar*-Formel bei den Schriftpropheten kommt (…) nicht in Erststellung in einem Text vor; sie steht nach einem DIREKTIV und sie hat begründende Funktion. (…) Ebenfalls ist deutlich, daß (…) die Funktion der *kî kô ʾāmar*-Formel die einer 'Zitatformel' ist".

[561] Vgl. zur Stelle auch A.Wagner, Prophetie als Theologie, 227f.

einer 2. Person Plural übergeht, die in Vv. 18f nicht vorliegt, auch wenn der Ich-Redner konstant bleibt. Dass bei einer solchen Textabgrenzung die Vv. 20ff ohne weitere Einleitung direkt mit der Anrede an eine 2. Person Plural beginnen, ist innerhalb Deuterojesajas keineswegs ohne Analogie.[562]

Der *kî kô ʾāmar*-Formel schließt sich eine Reihe von für Deuterojesaja typischer hymnischer Prädikationen an, die Jahwe aufs Engste mit seinem Schöpfungshandeln verbinden. Sie lassen erkennen, worauf die Verheißungen in Vv. 14–17 gründen. Die *kî kô ʾāmar*-Formel signalisiert, dass das in der direkten Rede Folgende Zitat ist,[563] wobei nicht notwendig ein wörtliches Zitat zu erwarten ist, sondern weiter gefasst "Wiederaufnahmen von Gedanken, Inhalten, geprägte(n) Wendungen, Sprichwörtern, frühere(n) Prophetenworten etc."[564] folgen können. Die direkte Rede beginnt mit אֲנִי יְהוָה וְאֵין עוֹד. Da die Kombination אֲנִי יְהוָה + עוֹד וְאֵין typisch ist für Deuterojesaja, die Vorkommen außerhalb Deuterojesajas wohl von den deuterojesajanischen abhängig sind, bewegt sich derjenige, der mit dem Zitat in 45,18 für seine Argumentation auf Tradition zurückgreift, deutlich im innerdeuterojesajanischen Traditionsrahmen. 45,18 bezieht sich auf 45,5.6 zurück. Ob das eigentliche Zitat damit auch schon endet oder ob V. 19 bzw. Teile aus V. 19 ebenfalls als Zitat verstanden werden sollen, ist nicht ganz deutlich. Die Wendung בְּסֵתֶר דִבֶּר bzw. דִבֶּר בַסֵתֶר ist noch einmal in 48,16 belegt, sodass es sich auch hierbei um eine für den deuterojesajanischen Traditionsstrang typische Wendung/Vorstellung handeln könnte; die dezidierte Verneinung des תֹהוּ בַקְּשׁוּנִי könnte ein Reflex auf Aussagen aus der prophetischen Literatur sein, die *Jahwe/Jahwes Wort suchen und (nicht) finden* zum Gegenstand haben.[565]

Die *ᵃnî Yhwh*-Aussage in 45,18 wird redeeröffnend verwendet. Hieß es in den einleitenden Prädikationen betont הוּא הָאֱלֹהִים, begegnet die Zusammenstellung Pronomen + Nomen jetzt in der ersten Person in *ᵃnî Yhwh* wieder.[566] Da הוּא הָאֱלֹהִים als Nominalsatz mit der Satzteil-

---

562 Vgl. Jes 40,1; 41,1; 41,21; 42,10; 42,18; 45,8; 48,1; 48,20; 49,1; 49,13; 51,1; 52,11; 55,1; die Belege gehören zwar zu ganz unterschiedlichen Gattungen, sie zeigen aber hinreichend deutlich, dass ein textlicher Neueinsatz mit einer Anrede in der 2. Person Plural unproblematisch ist; mit Jes 41,1 und 41,21 beginnen zudem wie mit 45,20 Gerichtsreden.

563 Zur *kî kô ʾāmar*-Formel vgl. A.Wagner, Prophetie als Theologie, 303–306; eine Wertung des *kî* als sekundär (so etwa H.-J.Hermisson, Deuterojesaja, 52) ist auf diesem Hintergrund nicht notwendig; ihr Fehlen in verschiedenen Handschriften eher ein Hinweis, dass die Funktion der *kî kô ʾāmar*-Formel an dieser Stelle nicht verstanden wurde.

564 A.Wagner, Prophetie als Theologie, 240.

565 Vgl. Jer 29,13; Hos 3,5; Am 8,12.

566 H.-J.Hermisson, Deuterojesaja, übersetzt *ᵃnî Yhwh* einmal "Ich, Jahwe, …" (51), im Rahmen der Einzelexegese jedoch: "Ich bin Jahwe und keiner sonst" bzw. "Ich bin Jahwe, der Rechtes redet" (62); s.E. kann man in der Übersetzung schwanken, muss zwischen beiden Übersetzungen "keine Alternative aufstellen" (61) und

folge Chabar – Mubtada zu analysieren ist, spricht der parallele Aufbau
beider Aussagen und der Kotext auch für eine entsprechende Analyse
der *ʾanî Yhwh*-Aussage. Das Pronomen *ʾanî* ist Chabar: *ich allein bin
Jahwe (= der Wirkende) und es gibt sonst keinen (der wirken könnte)*.[567] Die Verheißungen in Vv. 14–17 werden in Vv. 18–19 mehrfach
auf ihren zuverlässigen Grund zurückgeführt: Jahwe hat als Schöpfer
des Kosmos dem Leben einen beständigen Rahmen geschaffen; er ist
die alleinige wirklichkeitssetzende Instanz, die sich und ihr Handeln
verstehbar, offen und zuverlässig darbietet.
Vers 19 setzt die Ich-Rede fort und legt den Schwerpunkt auf Jahwes
(ankündigendes?) Reden.
Einer Bestreitung (*Nicht im Verborgenen*[568] *habe ich geredet an einem
Ort in finsterem Land; ich habe nicht zu den Nachkommen Jakobs gesagt:* »*Sucht mich vergeblich!*«) folgt die positive Aussage, die durch
ʾanî Yhwh eingeleitet wird. Die *ʾanî Yhwh*-Aussage wird durch ein Partizip weitergeführt. In Fällen wie diesem entsteht die Frage, welches die
obligatorischen Glieder des Nominalsatzes sind. Sind es אני und דבר,
dann ist יהוה Apposition zu אני oder sind es אני und יהוה. Im ersten Fall
läge eine nominale Mitteilung vor mit der Satzteilfolge des abhängigen
Satzes, Mubtada – Chabar (indeterminiertes Glied). Es folgt ein einpoliger Nominalsatz, der nur das Chabar enthält. Da aber kein Anlass für
die Annahme eines abhängigen Satzes besteht und *ʾanî Yhwh* an anderen Stellen deutlich als Nominalsatz belegt ist, ist auch an dieser Stelle
ein Nominalsatz *ʾanî Yhwh* mehr als wahrscheinlich.[569] Wenn für die
ʾanî Yhwh-Aussage in V. 18 von einer Satzteilfolge Chabar – Mubtada
ausgegangen wurde, ist die Aussage in V. 19 nicht anders zu verstehen.
Thema ist die Zuverlässigkeit des Redens Jahwes, das als Zusammenhang von Ankündigung und Eintreffenlassen des Angekündigten
eines der wichtigen Themen Deuterojesajas ist. Die *ʾanî Yhwh*-Aussage
steht in Vorschlussstellung. Sie ist nicht unmittelbar redebeschließend
gebraucht, leitet aber die Schlussaussage ein. So können die Vv. 18f
zusammenfassend charakterisiert werden:

"der hebräischen Formulierung ihre Beweglichkeit lassen" (61). M.E. ist jedoch die
ʾanî Yhwh-Aussage häufiger und deutlicher als Nominalsatz aufzufassen als von
vielen Auslegern unterstellt. Auch wenn es Konstruktionen gibt, v.a bei folgendem
Verb der 1. sg., in denen im Hebräischen ein Verstehensspielraum gegeben ist, hier
in Jes 45,18.19 besteht kein Grund zu einer solchen Annahme.
567 Vgl. auch W.A.M.Beuken, Confession, 339.340 der ebenfalls aufgrund syntaktischer Überlegungen *ʾanî* als Prädikat und *Yhwh* als Subjekt bestimmt.
568 Vielleicht liegt ein Rückbezug auf 45,15 vor; skeptisch allerdings H.-J.Her-
misson, Deuterojesaja, 61.
569 Das setzt auch Westermann in seiner Übersetzung "ich bin Jahwe, der Heil redet..." voraus (C.Westermann, Das Buch Jesaja, 139); vgl. auch H.-J.Hermisson,
Deuterojesaja, 62. Zu ähnlichen Wortverbindungen wie in Jes 45,19b vgl. noch Prv
16,13. Das Gegenteil von צדק דבר ist, wie Ps 52,5 zeigt, שקר.

"Es ist also die Einzigkeitsaussage, die diesen Eingang im ganzen prägt, und die
darin sogleich ausgelegt wird: Der einzige Gott ist der wirkmächtige und Heil
schaffende Schöpfer. In V. 18 liegt der Schwerpunkt auf der Erschaffung der Welt,
in V. 19 auf dem Reden des Schöpfers; und da es in diesem Reden zugleich um
den Wahrheitserweis und damit um den Einzigkeitserweis Jahwes geht, muß Israel
als Exempel dienen."[570]

Jes 45,20f(f) gehört zur Gruppe der Gerichtsreden bei Deuterojesaja.[571]
Aufgerufen sind die *Entronnenen der Völker*.[572] Gemeint sein dürften
"diejenigen aus den Völkern, die nach dem Siegeszug des Kyros ent-
ronnen sind"[573]. Diesen *Entronnenen der Völker* gilt die Einladung,
sich diesem Gott zuzuwenden: "das freie Bekenntnis, das überzeugte Ja
derer, die erkannt haben, dass allein hier wirklich Gott ist, ist das Ziel
der Geschichte Gottes mit der Menschheit".[574] Wenig strittig ist, dass
verschiedene Hände an diesem Abschnitt gearbeitet haben. Die *anî*
Yhwh(*Pel*)-Aussage und das für Jes 45 charakteristische וְאֵין עוֹד begegnen in diesem Abschnitt. Jes 45,21 הֲלוֹא אֲנִי יְהוָה וְאֵין־עוֹד אֱלֹהִים
מִבַּלְעָדַי verbindet die Jahwe-Aussage mit der Elohim-Aussage und bereitet so die El-Aussage in 45,22 vor.
Der Frage, *wer hat dieses von jeher hören lassen* (מִי הִשְׁמִיעַ זֹאת), die
bei Deuterojesaja schon mehrfach begegnet ist, wird auch in V. 21 entscheidendes Gewicht beigemessen.[575] Mit der Antwort auf diese Frage

---

[570] H.-J.Hermisson, Deuterojesaja, 62.
[571] R.P.Merendino, Der Erste und der Letzte bestimmt nur die Vv. 20a.21 als Gerichtsrede (vgl. 452ff.496). In 45,22–24a findet er "eine Ermahnung aufgrund eines
göttlichen Heilswortes" (496; vgl. 454ff), in 45,24b–25 "eine Art Fluchwort, das
mit einem Heilswort allgemeinen Charakters verbunden steht." (496); C.Wester-
mann, Das Buch Jesaja, 142, rechnet den Abschnitt Jes 45,20–25 insgesamt zu den
Gerichtsreden (20b ist Glosse); H.-J.Hermisson, Deuterojesaja, 58 charakterisiert
die Verse 20a.21 als "nach dem Muster der Gerichtsrede gestaltet", in 22f schließt
sich daran ein "Mahnwort mit einer Verheißung in Gestalt eines Jahweschwurs"
an, Vv.24f gehören mit ihrer Götzenpolemik einer Sekundärschicht an (57). Nach
R.G.Kratz, Kyros, 217, gehören 45,20a.21 zur Grundschicht (I), 45,22–23 zur Kyrosergänzungsschicht (III) und 45, 24–25 zur Ebed-Israel-Schicht (V).
[572] R.N.Whybray, Isaiah 40–66: "the prophet has placed himself in imagination in
the time following the capture of Babylon by Cyrus. After is world-wide conquest
it is only the survivors of the nations who remain to be summoned to the dispute
with Yahweh." (111)
[573] H.-J.Hermisson, Deuterojesaja, 69; ähnlich z.B. J.v.Oorschot, Von Babel zum
Zion, der von den von den Feldzügen des Kyros direkt Betroffenen spricht (vgl.
ebd. 43). Anders als C.Westermann, Das Buch Jesaja, 142, der auf die Babylonier
deutet, die, nachdem ihr eigenes Reich besiegt ist, nicht mehr davon ausgehen können, dass ihre Götter stärker sind, nimmt v.Oorschot an, dass dieser Text als Teil
der Grundschrift noch nicht in die Zeit nach der Einnahme Babels gehört (vgl.
J.v.Oorschot, Von Babel zum Zion, 43, Anm. 113); anders H.-J.Hermisson, Deuterojesaja, 69, der den Siegeszug des Kyros ebenfalls als schon geschehen voraussetzt.
[574] C.Westermann, Das Buch Jesaja, 143.
[575] Nach R.G.Kratz, Kyros, 148 gehören 45,20a.21 zur Grundschicht.

hängt die Entscheidung darüber zusammen, wer der wahre Gott ist. Sie wird mit einer rhetorischen Frage beantwortet: הלוא אני יהוה. Diese rhetorische Frage kann syntaktisch auf zweierlei Weise aufgeschlüsselt werden: הלוא leitet entweder einen zweipoligen Nominalsatz ein oder die eigentliche Antwort auf die מִי-Frage besteht in אני, das durch יהוה als Apposition erläutert wird (*Ist es nicht so, dass ich (allein) Jahwe bin und es keinen Gott außer mir gibt / Bin nicht ich es, Jahwe, und außer mir gibt es keinen Gott*). Beides ist möglich; da aber die *ʾanî Yhwh*-Aussage bei Deuterojesaja mehrheitlich als selbständiger Nominalsatz begegnet, ist sie hier mindestens mitgehört worden. Liegt ein einpoliger Nominalsatz אני vor, dann muss אני Chabar sein, da einpolige Nominalsätze notwendig das Chabar beinhalten;[576] wenn gleichzeitig die *ʾanî Yhwh*-Aussage mitgehört werden konnte, ist das ein Hinweis darauf, dass auch sonst in der *ʾanî Yhwh*-Aussage *ʾanî* Chabar ist. Anders als in den bisherigen Belegen und dem in V. 22 folgenden, findet hier in Jes 45,21 ואין עוד eine explizite Fortführung.[577] Dadurch ist der sonst gegebene Bezug zur vorausgehenden Aussage durch einen Bezug zum folgenden אלהים מבלעדי ersetzt. Trotzdem wird auch an dieser Stelle die inhaltliche Verbindung zwischen den Aussagen *ʾanî Yhwh* und der Verneinung anderer wirkmächtiger göttlicher Größen hergestellt. Es gibt keine anderen Größen, die den Namen "Gott" verdienen und die *ʾanî Yhwh*-Aussage enthält bereits die innere Begründung für diese Behauptung: Weil er allein Jahwe, sprich wirkmächtig, wirklichkeitssetzend ist. Neben der Ankündigung (und ihrem Eintreffenlassen) war bei Deuterojesaja bislang noch ein anderes Kriterium für den wahren Gott ausschlaggebend: das des wirksamen Helfers. Dieses Motiv findet sich auch hier im weiteren Verlauf des Verses 21: *einen gerechten Gott und Helfer gibt es nicht außer mir.*
Wenn sich außer Jahwe kein Gott als wirksam erwiesen hat in der Geschichte, wenn es außer ihm keinen wirksamen Helfer gibt, dann ist die V. 22 erfolgende Aufforderung, die Angeredeten, die "Enden der Erde", sollen sich Jahwe zuwenden, nur konsequent, denn, noch einmal wird es wiederholt, אני אל ואין עוד.[578]
Hier schließt sich ואין עוד ohne Weiterführung wieder an einen zweipoligen Nominalsatz an und ist auf ihn auch inhaltlich bezogen. אל ist formal indeterminiert, bereitet wie אלהים die Schwierigkeit, dass es zwar einen Artikel tragen kann,[579] aber allem Anschein nach nicht nur

---

576 Vgl. dazu oben unter 3.3.3.

577 Aber ähnlich schon in 45,14 und wohl auch in 46,9.

578 "Jahwes Geschichtsmächtigkeit erweist sein alleiniges Gott-sein und dies begründet seine Heilsmächtigkeit. Daß damit auch vom Heil für die Völker geredet werden kann, ist eine letzte Konsequenz, die in der dtjes Grundschicht auf Grund ihrer klar erkennbaren Verkündigungsabsicht keine weitergehende Bedeutung erhält." (J.v.Oorschot, Von Babel zum Zion, 47.)

579 In Deuterojesaja nur einmal, in 42,5.

in Fällen formaler Determination determiniert ist.[580] Wäre אֵל indeterminiert aufzufassen, läge die Satzteilfolge des abhängigen Nominalsatzes vor, aber für einen abhängigen Satz lassen sich an dieser Stelle keine Gründe benennen.[581] Auch die deutliche Parallelität zur *ʾanî Yhwh*-Aussage spricht für ein determiniertes Verständnis von אֵל. Die inhaltliche Erwägung führt zum selben Ergebnis: Eine Mitteilung *ich bin ein GOTT*,[582] wobei אֵל Chabar wäre, fügt sich schwieriger in die Argumentation Deuterojesajas ein als die Behauptung *ICH ALLEIN bin Gott*. Es gibt keine Anzeichen dafür, dass umstritten gewesen wäre, dass Jahwe ein Gott ist. Streitpunkt bei Deuterojesaja ist stets, ob es andere Größen außer Jahwe gibt, die den bei Deuterojesaja aufgestellten Kriterien eines Gottes genügen. Und diese Frage wird verneint. Jahwe allein ist Gott und zwar nicht nur für Israel, sondern weltweit.[583] In 45,21 waren in der Aussage הֲלוֹא אֲנִי יְהוָה וְאֵין־עוֹד אֱלֹהִים מִבַּלְעָדַי die Stichworte יְהוָה und אֱלֹהִים verknüpft worden und so die Vorbereitung dafür getroffen worden, die *ʾanî Yhwh*-Aussage in die אֲנִי אֵל-Aussage in 45,22 zu überführen, die in dieser Form die Hinwendung über Israel hinaus zu den Völkern dokumentiert.[584]

Mit Kap. 45 ist der Höhepunkt in der Verwendung der *ʾanî Yhwh*-Aussage innerhalb Deuterojesajas erreicht. Belege, die noch folgen, haben den Charakter des Nachklangs. Wie in einem großen Finale verdichtet sich hier die Gottesaussage und wird zu nicht mehr überbietbarer Klarheit geführt. Drei Beobachtungen tragen zu diesem Eindruck bei:

1. Die Häufigkeit der Verwendung der *ʾanî Yhwh*-Aussage, angefangen bereits bei dem volltönenden אָנֹכִי יְהוָה עֹשֶׂה כֹל in 44,24.

2. Die Verbindung der *ʾanî Yhwh*-Aussage mit der Weiterführung וְאֵין־עוֹד, die nur bei Deuterojesaja (und Joel 2,27)[585] absolut und ohne

---

[580] Die Wendung אנכי/אני אל begegnet bei Deuterojesaja noch in 43,12 und 46,9. An beiden Stellen ergibt die Satzteilfolge Chabar – Mubtada guten Sinn.

[581] Nach כִּי steht in der Regel die Satzteilfolge Chabar – Mubtada.

[582] H.Rechenmacher, "Außer mir gibt es keinen Gott" unterscheidet grundsätzlich אני אל als Selbstklassifikation (orientiert an der formalen Indeterminiertheit von אל) terminologisch von אני יהוה als Selbstidentifikation (vgl. 152). Hält aber zu dieser Stelle fest: "Innerhalb der 'Welt' des Textes entspricht freilich die Selbstklassifikation als Gott inhaltlich einer Selbstidentifikation." (152)

[583] J.v.Oorschot, Von Babel zum Zion betont, dass dabei die "Folgerungen aus der Einzigkeit Jahwes als Gott (…) zuerst und im Rahmen der dtjes Verkündigug wohl ausschließlich von Israel gezogen werden" (ebd. 44).

[584] Das dürfte zumindest der Gedankengang sein, wie ihn V. 22, anknüpfend an den vielleicht älteren Vers 21 festhält. Wird dann spätestens in V. 25 der Blick wieder sehr deutlich auf Israel zurücklenkt, spricht sich darin vermutlich bereits das Anliegen einer späteren Zeit aus, die die innerhalb der deuterojesajanischen Konzeption angestrebte Öffnung zu den Völkern so nicht mehr nachvollziehen oder zumindest nicht in den Vordergrund stellen wollte. Zum Profil derjenigen Schicht, der die Vv. 24f angehören dürften vgl. R.G.Kratz, Kyros, 206ff.

[585] Die Stelle Joel 2,27 dürfte abhängig sein von der entsprechenden Wendung bei Deuterojesaja.

Objekt belegt ist, ein Zeichen dafür, dass Deuterojesaja neue sprachliche Ausdrucksformen für seine neuen theologischen Gedanken suchen musste. Eine Wendung אֲנִי יְהֹוָה וְאֵין־עוֹד unterstützt zudem die Annahme der Bedeutungshaltigkeit des Jahwenamens.

3. Wenn es in Jes 45,5 nach אֲנִי יְהֹוָה וְאֵין עוֹד heißt: זוּלָתִי אֵין אֱלֹהִים, dann wird damit eine bestimmte Aussagelinie aufgenommen, die von 43,11 (אָנֹכִי אָנֹכִי יְהֹוָה) und 44,6 (וּמִבַּלְעָדַי אֵין אֱלֹהִים) und 44,6 (וְאֵין מִבַּלְעָדַי מוֹשִׁיעַ) herkommt und über 45,5 אֲנִי יְהֹוָה וְאֵין עוֹד und 45,6 כִּי־אֶפֶס בִּלְעָדָי, 45,14 אֶפֶס אֱלֹהִים zu 45,21 (הֲלוֹא אֲנִי יְהֹוָה) וְאֵין־עוֹד אֱלֹהִים וְאֵין עוֹד אֶפֶס מִבַּלְעָדַי verläuft.[586] Wenn es in 45,21 weiter heißt: אֵין אֵל־צַדִּיק וּמוֹשִׁיעַ זוּלָתִי ist überdies eine Brücke zu 43,11 geschlagen. Charakteristisch für diesen Aussagestrang ist, dass unmittelbar in den entsprechenden Wendungen der *Yhwh*-Name nicht fällt, vielmehr von אֱלֹהִים/אֵל gesprochen wird bzw. weder *Yhwh* noch אֱלֹהִים/אֵל genannt werden.

Diese drei Merkmale verbinden sich zu der Aussage כִּי אֲנִי־אֵל וְאֵין עוֹד in 45,22. אֲנִי־אֵל spielt vor deuterojesajanischem Hintergrund deutlich auf die *ʾanî Yhwh*-Aussage an, nimmt aber durch die andere Gottesbezeichnung die Aussagen mit אֱלֹהִים/אֵל auf. Das folgende וְאֵין עוֹד war bereits sowohl in Verbindung mit der *ʾanî Yhwh*-Aussage als auch mit den aufgeführten Aussagen ohne Jahwename belegt. Diese Beobachtung gilt zunächst für Kapitel 45 in seiner jetzigen Form.

Wenn, wie mit einiger Sicherheit angenommen werden darf, innerhalb des Kap. 45 verschiedene Erweiterungsschichten vorliegen, ist zu vermerken, dass die unter 1.-3. als charakteristisch für Kap. 45 aufgeführten Merkmale (wenn auch nicht alle unter 3. aufgeführten Stellen), die *ʾanî Yhwh*-Aussage, die Wendung וְאֵין עוֹד, die Einzigkeit betonenden Gottesaussagen bereits zur Grundschrift gehört haben dürften.[587] Die Ergänzer haben diese Aussagen als charakteristisch erkannt, auf sie zurückgegriffen, sie in ähnlich flexibler Weise gebraucht wie im Grundbestand und, wenn V. 22 nicht zum Grundbestand gehören sollte, auch konsequent weitergedacht. Das bedeutet für die *ʾanî Yhwh*-Aussage, dass die Ergänzer noch einen sehr lebendigen Gebrauch von ihr gemacht haben, die Verwendungsweise ist weder erstarrt oder schematisch.

In Kap. (44,24-)45 ist die *ʾanî Yhwh*-Aussage inhaltlich mit den Schöpfungs- und Geschichtsaussagen verbunden, das ist auch konsequent, da die Schöpfungsaussagen die Geschichtsaussagen theologisch fundieren und deutlich werden soll: es ist ein und derselbe, der die als verlässlich erfahrenen Lebensvoraussetzungen geschaffen hat, und der in der Geschichte handelt. Die *ʾanî Yhwh*-Aussage verbindet die beiden Bereiche und bringt darüber hinaus den Aspekt der Alleinigkeit ein.

---

586 Später noch einmal ähnlich in Jes 46,9.
587 Vgl. etwa die Rekonstruktion von R.G.Kratz, Kyros, 217, wonach 44,24–26a; 45,*1–7; 45,20a.21 zur Grundschrift gehören.

Wo die *ᵃnî Yhwh*-Aussage innerhalb des Kyrosorakels verwendet wird, ist deutlich, dass sie auch nicht ansatzweise eine Selbstvorstellung zum Ziel hat. Wenn die Anspruch auf Alleinigkeit erhebende *ᵃnî Yhwh*-Aussage innerhalb der Kyros-Thematik fest verankert ist, dann bestärkt das einmal mehr den Eindruck, dass die Aussage nicht nur, vielleicht nicht einmal primär im Gegenüber zu anderen Göttern ihren Ort hat, sondern (zumindest auch) im Gegenüber zu weltlichen Herrschern, die die Geschichte zu "machen" scheinen (auch wenn hinter ihnen Götter am Werk gesehen wurden).
Deutlicher als in Kap. 45 kann der umfassende Anspruch Jahwes auf alleinige Wirkmächtigkeit und darum alleiniges Gottsein nicht mehr zum Ausdruck gebracht werden. Die Weiterführung der *ᵃnî Yhwh*-Aussage durch עוֹד וְאֵין sowie die im Kotext der *ᵃnî Yhwh*-Aussage belegten Gottesaussagen וּמִבַּלְעָדַי אֵין אֱלֹהִים o.ä. sind eine Art Kurzexegese der *ᵃnî Yhwh*-Aussage, über deren Funktion als eine Anspruch auf Alleinigkeit erhebende Aussage innerhalb Deuterojesajas damit kein Zweifel mehr aufkommen kann.[588]

6.4.2.2.6 Jes 48

Im Bereich des Kapitels 48 beginnt die zweite Hälfte des Buches Deuterojesaja.[589] Für diese zweite Hälfte ist die *ᵃnî Yhwh*-Aussage inhalt-

---

[588] In den Kapiteln 46 und 47 sind keine *ᵃnî Yhwh*-Aussagen belegt. Nominale Ich-Aussagen, die der *ᵃnî Yhwh*-Aussage insofern nahestehen, als sie den Anspruch des Ich-Redners auf Alleinigkeit unterstreichen, finden sich Jes 46,4 (אֲנִי הוּא, gefolgt von einer kleinen Kette betonter Ich-Rede in der Form Pronomen 1. sg. + Verb 1. sg.) und Jes 46,9 (כִּי אָנֹכִי אֵל וְאֵין עוֹד אֱלֹהִים וְאֶפֶס כָּמוֹנִי). Vgl. außerdem Jes 47,8.10; hier wird Babel die Aussage אֲנִי וְאַפְסִי עוֹד in den Mund gelegt, die deutlich Aussagen anklingen lässt, die Jahwe im deuterojesajanischen Kotext von sich macht. Damit wird der Anspruch Babels als Hybris entlarvt und in Konkurrenz zu demjenigen Jahwes gestellt. Die Tatsache, dass der Ausspruch Babels אֲנִי וְאַפְסִי עוֹד im ersten Teil mit dem Pronomen der 1. sg. allein auskommt, während die Jahwe/Gottes-Aussagen, die darin anklingen nach dem Pronomen der 1. sg. den Jahwenamen, bzw. אלהים/אל enthalten, ist ein weiteres Indiz für die Interpretation des Pronomens der 1.sg. als Chabar: Ein einpoliger Nominalsatz, wie er im Falle des אֲנִי in 47,8.10 vorliegt, enthält notwendig das Chabar. Wenn hier der Bezug zur *ᵃnî Yhwh*-Aussage o.ä. hergestellt werden soll, dann liegt es nahe, dass auch in dieser Aussage *ᵃnî* Chabar, *Yhwh* o.ä. Mubtada ist. Im Blick auf die Konkurrenz Babel-Jahwe ist außerdem zu beachten, dass Babel hier in Kapitel 47 als Königin gezeichnet wird und bei Deuterojesaja die Königsvorstellung in Bezug auf Jahwe eine Rolle spielt. (Vgl. zum 'Babel-Gedicht" in Jes 47 auch M.Albani, Der eine Gott, 102–122.)

[589] Die genaue Grenze wird von den Auslegern unterschiedlich gezogen: Für R.G. Kratz, Kyros signalisiert bereits Kap. 47 den Übergang zum 2. Buchteil, in dem es "eine Wende von der Vorhersage des Heilsgeschehens zu ihrer Erfüllung, für die offenbar die zweite Hälfte des Buches ab 48,12ff. stehen soll", (178) markiert. H.-W.Jüngling, Das Buch Jesaja, sieht den entscheidenden Einschnitt erst in 48,20: "Nachdem die Einzigkeit des Schöpfergottes JHWH gegen alle Ansprüche anderer Gottwesen erfolgreich durchgesetzt ist (40,12–48,19), kann zum Auszug aus Babel

lich nicht mehr entscheidend und begegnet nur vereinzelt; sie gehört deutlich zur ersten Buchhälfte und deren Aussageabsicht. Im Kapitel 48 begegnet die *ʾanî Yhwh*-Aussage in V. 17.[590] In V.17 eröffnet die *kô ʾāmar*-Formel einen neuen Redeabschnitt.[591] Die Rede selbst beginnt mit der *ʾanî Yhwh*-Aussage. Redeeröffnend ist *ʾanî Yhwh* auch in 44,24 belegt. Der Nominalsatz wird von zwei Partizipien weitergeführt. אֲנִי יהוה ist um אֱלֹהֶיךָ ergänzt. Der Abschnitt, der Anklänge an Tritojesaja und Ps 81 aufweist,[592] mahnt das Halten der Gebote an [*Ich (allein) bin Jahwe, dein Gott, der dich lehrt, was dir hilft, der dich leitet auf dem Weg, den du gehst*]. Auch wenn an dieser Stelle keine konkreten Gebote auf die *ʾanî Yhwh*-Aussage folgen, erinnert die Kombination redeeröffnende *ʾanî Yhwh*-Aussage, ergänzt um אֱלֹהֶיךָ und Gebotsthematik an den Dekalog bzw. die Belege der *ʾanî Yhwh*-Aussage im rechtlichen Kontext (Heiligkeitsgesetz).

6.4.2.2.7 *Jes 49*

Nach dem zweiten Gottesknechtslied in Jes 49,1–6 und dessen Fortschreibung in Jes 49,7–13[593] findet sich Jes 49,14–26[594] "eine größere

---

aufgefordert werden (48,20–55,13)." (389). Trotz der "confusing variety of structures and divisions in the commentaries" (J.Blenkinsopp, Isaiah 40–55, 61), gilt insgesamt: "Most commentators agree that chs. 40–48, which are bracketed with their own inclusive passage (48:20–22cf. 40:4–5) form a section that is quite different in theme and tone from 49–55 in which we hear no more about Cyrus and the fall of Babylon, and no more satire is directed against foreign deities and their devotess." (J.Blenkinsopp, Isaiah 40–55, 59.)

[590] Beachtung verdienen in 48,12 außerdem die schon bekannte Wendung אֲנִי הוּא (vgl. 41,4; 43,10.13; (43,25); 46,4) in 48,12 ["In V. 12b begegnet jene Selbstprädikation Jahwes, die nach der Einleitung 40,12–31 den Anfang der Deuterojesajanischen Schrift kennzeichnet (41,4b), aber auch deren Mitte (44,6b)." (R.P.Merendino, Der Erste und der Letzte, 518)] sowie ihre Weiterführung אֲנִי רִאשׁוֹן אַף אֲנִי אַחֲרוֹן (vgl. 41,4 und 44,6) und die Verdopplung des Pronomens der 1. sg. vor einem Verb AK der 1. sg. in 48,15.

[591] Nach Westermann gehört V. 17 noch zu dem vorhergehenden Abschnitt. R.P. Merendino, Der Erste und der Letzte, 523 lässt den Abschnitt dagegen bereits mit V. 16b beginnen. J.v.Oorschot, Vom Babel zum Zion grenzt 48,17–19 als Abschnitt ab, der s.E. der Redaktionsschicht R³ "Gehorsam und Segen" zuzurechnen ist, vgl. 306ff; nach R.G.Kratz, Kyros, gehören die Verse 17–19 zusammen mit V. 16 der Ebed-Israel-Schicht (V) an.

[592] Vgl. C.Westermann, Das Buch Jesaja, 165; R.G.Kratz, Kyros, 117; zur Verbindung zu Tritojesaja vgl. auch K.Elliger, Deuterojesaja in seinem Verhältnis zu Tritojesaja, 116ff.256f.

[593] So etwa R.G.Kratz, Kyros, 135, der 49,1–6 der Kyrosergänzungsschicht (III) und 49,7–13 der Ebed-Israelschicht (V) zuweist; J.v.Oorschot, Vom Babel zum Zion rechnet 49,(7.)8–12.13 als Fortschreibung des Ebed-Jahwe-Liedes zur Naherwartungsschicht (vgl. ebd. 235ff). U.Berges, Jesaja unterscheidet eine erste Erweiterung des EJL in 49,7 (vgl. 371) und eine zweite in 49,8–12; Vers 13 gilt ihm als das 2. EJL abschließender Hymnus (vgl. 372); C.Westermann, Das Buch Jesaja, 175 hatte Jes 49,13 noch als eigene Einheit betrachtet und in die Reihe "der die Verkündigung Deuterojesajas begleitenden Loblieder" gestellt.

Komposition", die sich in drei Teile gliedert "14–20.21–23.24–26"⁵⁹⁵.
Jeder "der Teile [setzt] mit der Bestreitung einer von Israel erhobenen
Behauptung ein (…) Aber alle drei Teile gehen dann in eine Heilsankündigung über"⁵⁹⁶. Der zweite und dritte Teil wird je von einer Erkenntnisaussage abgeschlossen, die das Ziel von Jahwes Handeln benennt [V. 23: *Und du wirst erkennen, dass ich (allein) Jahwe bin, an
dem nicht zuschanden werden, die auf mich hoffen. V. 26: Und alles
Fleisch wird erkennen, dass ich (allein) Jahwe bin, dein Helfer und
dein Löser, (ist?)*⁵⁹⁷ *der Starke Jakobs*]. Erkenntnissubjekt in der ersten
Erkenntnisaussage ist Zion, in der zweiten *alles Fleisch*. Die Erkenntnisaussagen schließen sich an ein Handeln Jahwes an, das das Heil Israels zum Ziel hat und sich (V.25f) gegen die Feinde Israels richtet.
Die Erkenntnisaussage ist in Deuterojesaja nur an den beiden Stellen
hier in Kap. 49 und in 45,3 belegt,⁵⁹⁸ dort wurde vermutlich die *ᵃnî
Yhwh*-Aussage nachträglich zu einer Erkenntnisaussage ausgestaltet.
Das Verb ידע und mit ihm die Thematik erkennen/verstehen ist von
Protojesaja herkommend auch bei Deuterojesaja immer wieder aufgenommen. So findet sich das Thema (nicht) (er)kennen außerhalb der
Erkenntnisaussage auch im Rahmen des Kyrosorakels vgl. 45,4.5. Zudem ist, das müsste eine nähere Untersuchung der Erkenntnisaussage
zeigen, der Verwendungskotext der Erkenntnisaussage bei Deuterojesaja für die Erkenntnisaussage generell bezeichnend. Mit der Proklamation des monotheistischen und universalen Gottes, geht die Einsicht
in das Problem der Erkennbarkeit dieses Gottes einher und zwar sowohl für Israel als auch in Bezug auf die Welt; zumal mit dem Exil die
Erfahrung gemacht werden musste, dass Jahwe nicht länger anhand der
Heilsetzungen erkennbar war, die man bislang mit ihm verbunden hatte (Land, König,Tempel).
In 49,23 wird neues Heilshandeln Jahwes zugunsten seines Volkes an-
gekündigt.⁵⁹⁹ Dieses Heilshandeln zielt auf Erkenntnis. Inhalt dieser Er-

---

⁵⁹⁴ R.N.Whybray, Isaiah, 40–66 unterscheidet zwei Orakel mit ähnlicher Thematik: Vv.14–23 und 24–26, die jeweils mit einer Erkenntnisformulierung abschlies-
sen, vgl. 142f; Jes 49,14–26 gehört nach U.Berges, Jesaja, 372ff zur 1. Jerusalemer
Redaktion. R.G.Kratz, Kyros, weist *49,14–54 bis auf einzelne Ergänzungen (vor-
läufig; vgl. 175) der Schicht "Zionsfortschreibungen" (II) zu, vgl. 217.
⁵⁹⁵ Beide Zitate aus: C.Westermann, Das Buch Jesaja, 177.
⁵⁹⁶ C.Westermann, Das Buch Jesaja, 177. Vgl. auch A.Schoors, I am God, 106. –
Jes 49,14–21* und 49,22f gehört nach J.v.Oorschot, Vom Babel zum Zion zur ersten Jerusalemer Redaktion, vgl. ebd. 105 und 141ff.
⁵⁹⁷ Vgl. oben 6.4.2.2.4 die Erwägungen zu Jes 43,3.
⁵⁹⁸ Vgl. außerdem die freien Formulierungen 45,6; 52,6.
⁵⁹⁹ Nach U.Berges, Jesaja handelt es sich um die Aktualisierung eines jesajani-
schen Wortes, nämlich Jes 5,26ff durch die 1. Jerusalemer Redaktion, die als heim-
gekehrte Gola der Jerusalemer Bevölkerung "wieder Mut auf eine heilvolle Zukunft" (373) machen will.

kenntnis ist *ᵃnî Yhwh*.[600] Es geht dabei um mehr als Jahweerkenntnis, es geht um die Erkenntnis der Alleinigkeit, Alleinmächtigkeit, Alleinwirksamkeit Jahwes.

In 49,26[601] ist durch die Weiterführung der *ᵃnî Yhwh*-Aussage mit einem Partizip anders als in 49,23 auf den ersten Blick nicht klar, welches die obligatorischen Glieder des Nominalsatzes nach כִּי sind und damit auch, was der eigentliche Erkenntnisgegenstand sein soll. Die parallele Formulierung in Jes 49,23, sowie die Geprägtheit der *ᵃnî Yhwh*-Aussage machen es jedoch auch hier wahrscheinlich, in *ᵃnî Yhwh* den Erkenntnisgegenstand formuliert zu sehen,[602] der durch für Deuterojesaja typische Prädikationen[603] erweitert ist.[604] War in 49,23 das Heilshandeln für Israel Anlass der Erkenntnis, so ist hier das Gerichtshandeln an den Bedrückern Israels Anlass der Erkenntnis nicht nur Israels sondern "allen Fleisches".

6.4.2.2.8 *Jes 51*[605]

In Jes 51,9–52,3 findet sich eine größere Komposition, die zurecht als ein letzter Höhepunkt in der Botschaft Deuterojesajas gilt[606] und mit den verdoppelten Imperativen, mit denen die drei Teile der Komposition beginnen (51,9.17; 52,1), an den Anfang des Prologs 40,1 erinnert.[607] Sie fasst Hauptmotive der Verkündigung Deuterojesajas zusam-

---

[600] Eine Übersetzung "… daß an mir, Jahwe, nicht zuschanden werden …" (C.Westermann, Das Buch Jesaja, 176) greift daher zu kurz. *ᵃnî Yhwh* ist hier, das zeigt die Konstruktion mit nachfolgendem אֲשֶׁר, ein selbständiger Nominalsatz und *insgesamt* Formulierung des Erkenntnisinhalts.

[601] Jes 49,24–26 ist nach J.v.Oorschot, Von Babel zum Zion ein Disputationswort, das der sekundären Zionsschicht angehört, vgl. ebd. 244ff.

[602] So auch C.Westermann, Das Buch Jesaja, 180: "Wie in V. 23 ist das, was erkannt werden soll, zunächst in den Satz 'Ich bin Jahwe' gefaßt [vgl. aber die Übersetzung Westermanns in 23c!, A.D.]. Es geht in dieser Erkenntnis um das Gottsein Gottes, in V. 23c darum, was es für Israel bedeutet, in V. 26b, was es für die Welt bedeutet. Das ist in zwei Attribute gefaßt, die wieder, wie bei Deuterojesaja oft, die beiden Seiten des Gottseins zueinander stellt, die nur miteinander sagen, wer Gott ist: der Majestätische (…) ist zugleich der Heiland Israels." Unklar bleibt, warum Westermann dann anders übersetzt.

[603] Syntaktisch möglich ist es auch, וְגֹאֲלֵךְ אֲבִיר יַעֲקֹב als eigenen Nominalsatz aufzufassen: *und dein Erlöser ist der Starke Jakobs*.

[604] Anders z.B. C.Westermann, Das Buch Jesaja, 176: "…daß ich Jahwe, dein Heiland bin, dein Erlöser, der Starke Jakobs".

[605] In Kap. 50 findet sich keine *ᵃnî Yhwh*-Aussage; hinter 50,1–3 werden wieder Vorwürfe bzw. Zweifel Israels im Bezug auf Jahwe hörbar, gegen die Jahwe argumentiert (nach J.v.Oorschot, Von Babel zum Zion, 197.240ff: Naherwartungsschicht, U.Berges, Jesaja, 375: 1. Jerusalemer Redaktion); es folgt in 50,4–9 das dritte Gottesknechtslied und in 50,10–51,8 ein Anhang zu diesem (zu den textlichen Schwierigkeiten dieses Stückes vgl. C.Westermann, Das Buch Jesaja, 189).

[606] Vgl. C.Westermann, Das Buch Jesaja, 194.

[607] Vgl. C.Westermann, Das Buch Jesaja, 194; nach J.v.Oorschot, Von Babel zum Zion gehören 51,9f; 51,17.19 und 52,1f zur ersten Jerusalemer Redaktion (vgl.

men und läuft zu auf den Aufruf an Zion, die Prachtkleider anzulegen, als Zeichen dafür, dass ihre Knechtschaft zu Ende ist.
In 51,9.10 begegnet zweimal die Frage הַמַּחְצֶבֶת/הַמַּחֲרֶבֶת אַתְּ־הִיא הֲלוֹא, angeredet ist der *Arm Jahwes*. Kotext und Frage machen deutlich, אַתְּ ist hier Chabar, eine Antwort müsste lauten: Ja, *ich war es*.
Eine solche "Antwort" erfolgt auch in Vers 12; Ich-Redner ist Jahwe und es geht nicht mehr um die Taten in der mythischen Vorzeit, sondern um Jahwes gegenwärtige Tröstertätigkeit. Aber der Zusammenhang ist deutlich: Der, der in der Vorzeit Rahab niederschlug (vgl. V. 9b.f) und damit seine Macht bewies, *der und niemand sonst* (אָנֹכִי), ist der, der in der Gegenwart durch Taten zu trösten vermag (הוּא אָנֹכִי אָנֹכִי מְנַחֶמְכֶם).
Die Vv. 12 und 15f stellen Beginn und Ende der Antwort Gottes auf die in den vorausgegangenen Versen zitierte Volksklage dar.[608] Die Antwort Gottes könnte in V. 12 kaum betonter und volltönender beginnen. Auf verdoppeltes אָנֹכִי folgen הוּא und Partizip.[609] Der Kotext macht deutlich (vgl. die beiden Fragen in 51,9.10), dass auf אָנֹכִי, was bereits seine Verdopplung nahelegt, der Aussageschwerpunkt liegt und es als Chabar des Nominalsatzes zu bestimmen ist: 12a ist die "Antwort" auf die (rhetorischen) Fragen in V. 9f.[610]
Gegen Ende der Antwort Jahwes heißt es in Vers 15: וְאָנֹכִי יְהוָה אֱלֹהֶיךָ רֹגַע הַיָּם וַיֶּהֱמוּ גַּלָּיו יְהוָה צְבָאוֹת שְׁמוֹ *Ich (allein) bin Jahwe, dein Gott, der das Meer aufschreckt, dass seine Wellen rauschen – Jahwe Zebaoth ist sein Name.* In 51,9–52,3 sind, typisch für Deuterojesaja, Aussagen über Jahwes Schöpfungs- und Geschichtshandeln eng miteinander verwoben. So gehen auch hier innerhalb der Vv. 12–16 der Aussage *ʾānokî Yhwh ʾælohȩka* in V. 15 unmittelbar Aussagen voraus über das erlösende Handeln Jahwes, während die folgende Aussage im Zusammenhang des (mythischen) Schöpfungshandelns Jahwes steht. V. 16b bringt diese beiden Seiten von Jahwes Handeln zusammen: ... *indem ich den Himmel ausspanne und die Erde gründe, indem ich zu Zion sage: Du*

128ff). U.Berges, Jesaja, rechnet 51,9–11; 51,17.19 und 52,1–2 zur 1. Jerusalemer Redaktion (375f).

[608] J.v.Oorschot, Von Babel zum Zion rechnet den Abschnitt 51,12–15 zur sekundären Zionsschicht (vgl. 253f); nach U.Berges, Jesaja, gehört 51,12–15 zur 2. Jerusalemer Redaktion, vgl. 390. "Der stark akzentuierte Auftakt des Heilsorakels mit >> Ich selbst, Ich selbst bin derjenige, der euch tröstet << macht deutlich, wie groß der Druck wurde, der sowohl auf denen lag, die die Trostbotschaft von der baldigen Wende zum Heil verkündigten, als auch auf denen, die ihr Glauben schenkten." (U.Berges, Jesaja, 390).

[609] אָנֹכִי אָנֹכִי הוּא מְנַחֶמְכֶם gehört wohl zu Nominalsätzen mit הוּא als mittlerem Glied. (vgl. auch unten zu Jes 52,6). So auch T.Muraoka, Tripartite Nominal Clause, 191, der Jes 51,12 zu den dreiteiligen Nominalsätzen rechnet. Vgl. zu diesem Satztyp auch A.Diesel, Jahwe (allein) ist Gott.

[610] Vgl. zu Jes 51,12 auch C.Williams, I am he, 35f.

bist mein Volk[611]. Die Entsprechung der Aussage הוא אנכי אנכי in V. 12 und אנכי יהוה אלהיך in V. 15 unterstützt die Annahme, dass auch in V. 15 אנכי Chabar ist.

6.4.2.3 Zusammenfassung und Auswertung

Die Verwendung der *ʾanî Yhwh*-Aussage bei Deuterojesaja zeichnet sich aus durch Varianz und Lebendigkeit; sie ist stets in den jeweiligen Kotext inhaltlich eingebettet, es fehlt jede Stereotypie. Die *ʾanî Yhwh*-Aussage begegnet bei Deuterojesaja in der um *ʾælohǽka* erweiterten Form (41,13; 43,3; 48,17; 51,15), wird durch Partizipien fortgeführt (41,13; 44,24; 45,3.7.19; 48,17; 49,26; 51,15), durch ein Verb der 1. Pers. Afformativkonjugation (42,6; 45,8), durch ein Verb der 1. Pers. Präformativkonjugation (41,17); auch außerhalb der Erkenntnisaussage ist ein der *ʾanî Yhwh*-Aussage vorausgehendes *kî* belegt (41,13; 43,3). Hatte im Heiligkeitsgesetz die Stellung am Ende von Texten bzw. Textabschnitten dominiert, findet sich die *ʾanî Yhwh*-Aussage bei Deuterojesaja in erster Linie redeeröffnend (vgl. 42,6; 44,24; 45,18; 48,17) oder in den Textverlauf eingebettet. In der Schlussaussage eines Textes findet sie sich zweimal im Rahmen der Erkenntnisaussage (vgl. 49,23; 49,26).

Die *ʾanî Yhwh*-Aussage ist nicht gleichmäßig über die Kapp. 40–55 gestreut, sondern gehört deutlich in die Thematik der ersten Buchhälfte hinein.

In der ersten Buchhäfte Jes 40–48 geht es thematisch "in der Hauptsache [um den] Erweis der Einzigkeit, Einheit und Selbstheit Jhwhs"[612]; dieses inhaltliche Anliegen wird in der Forschung unstrittig mit Deuterojesaja in Verbindung gebracht wird. Auch über die Strategien, mit denen innerhalb Deuterojesajas dieses "Jahwe allein"-Anliegen vertreten wird, ist immer wieder nachgedacht worden und dabei sind u.a. die Gattung Gerichtsreden mit dem Weissagungsbeweis, die Unvergleichlichkeitsaussagen und die sog. Selbstprädikationen ins Blickfeld gerückt und damit irgendwie auch die *ʾanî Yhwh*-Aussage.

Nun wird man der Verwendung der *ʾanî Yhwh*-Aussage innerhalb Deuterojesajas jedoch nicht gerecht, wenn man sie als eine unter anderen

---

[611] In עמי אתה liegt ein Nominalsatz mit regelhafter Satzteilfolge Chabar – Mubtada vor. Auf עמי liegt der Aussageschwerpunkt: Es geht wie in vergleichbaren Sätzen (אתה בני Ps 2,7 oder אתה עבדי Jes 44,21) um eine Berufung bzw. Erwählung, bei der das Gewicht auf dem neuerlangten Status (בני, עבדי, עמי) liegt.

[612] R.G.Kratz, Kyros, 2. Wenn M.Albani betont, dass "die Begründung des Monotheismus nicht das zentrale Anliegen in der dtjes Verkündigung darstellt" und "die monotheistische Argumentation eher als theologische Untermauerung der zentralen geschichtlichen Heilsbotschaft" (M.Albani, Deuterojesajas Monotheismus, 172) zu verstehen ist, dann ist dem unter der Voraussetzung zuzustimmen, dass "untermauern" hier so verstanden wird, dass die dtjes Konzeption einzig und allein auf dem Fundament und unter der Voraussetzung der alleinigen Wirksamkeit Jahwes funktioniert.

dieser Strategien subsumiert, ohne ihren sehr spezifischen Beitrag herauszuarbeiten. Die *’anî Yhwh*-Aussage hat innerhalb der Kapp. 40–45 (48) eine Prominenz erlangt, die es zu würdigen gilt.

Dass die Leistung der *’anî Yhwh*-Aussage innerhalb Deuterojesajas bislang zwar immer schon erspürt, aber noch nicht deutlich genug beschrieben werden konnte,[613] liegt m.E. an der Langlebigkeit der Vorstellung von der Selbstvorstellungsaussage, die zwar als für Deuterojesaja nicht adäquat erkannt worden ist, in deren Bann aber die Mehrzahl der Versuche, die Leistung der *’anî Yhwh*-Aussage zu beschreiben, doch noch stand.

Diesen Bann konnte die syntaktische Analyse (vgl. Kap. 3) dadurch brechen, dass sie die Möglichkeit eröffnet hat, *’anî Yhwh* als einen Nominalsatz zu verstehen, dessen Chabar *’anî* ist, dessen Aussagegefälle also nicht hin zum Namen sondern zum Pronomen der 1. sg. verläuft.[614] Innerhalb Deuterojesajas ist von der Möglichkeit, den Nominalsatz *’anî Yhwh* auf diese Weise zu interpretieren, Gebrauch gemacht:

Die ’anî Yhwh-Aussage bringt das Anliegen der Einzigkeit bzw. Alleinigkeit Jahwes auf den 'B e g r i f f'. Sie ist hier zu dem S c h l ü s s e l - w o r t [615] *für die dtjes Jahwekonzeption geworden.*

Wie aber kommt es dazu? Kann man Gründe für die breite Aufnahme der *’anî Yhwh*-Aussage bei Deuterojesaja benennen? Was lässt die *’anî Yhwh*-Aussage geeignet erscheinen, diese Rolle zu übernehmen?[616]

In der Situation 'Deuterojesajas', der die *’anî Yhwh*-Aussage ja nicht erfunden sondern sie bereits vorgefunden und seinen Anliegen dienstbar

---

[613] Die prägnanteste Charakterisierung der Funktion der *’anî Yhwh*-Aussage bei Deuterojesaja stammt von M.Nissinen, Die Relevanz der neuassyrischen Prophetie, der von einem "monotheistischen Manifest" (ebd. 236) spricht; vgl. dazu auch oben. unter 6.4.2.1 das Zitat Nissinens).

[614] So schon für Deuterojesaja: D.Michel, Nur ich bin Jahwe, 150f; ders., Art. Deuterojesaja, 515.

[615] Zum Konzept des Schlüsselwortes vgl. W.-A.Liebert, Konzept; vgl. dazu auch in Kap. 7

[616] Dass die *’anî Yhwh*-Aussage sich nicht automatisch aufdrängte, sollte eine monotheistische Konzeption zum Ausdruck gebracht werden, zeigt ein Blick auf die dtr Theologie, die ohne die *’anî Yhwh*-Aussage auskommt. Vgl. in diesem Zusammenhang auch die Wendung עוֹד אֵין, die einerseits typisch ist für Jes 45 und andererseits auch in Dtn 4,35.39 und 1.Kön 8,60 belegt ist (zu Joel 2,27 vgl. Kap. 6.4.5). Die drei dtr Belege sind angesichts der sonstigen "Unberührtheit der beiden Schulen [sc. Dtjes und Deuteronomismus, A.D.]" (A.Labahn, Wort Gottes, 261) interessant. Auf diesem Hintergrund werden Dtn 4,35.39 (und 2.Sam 7,22) als "späte dtr Korrekturen" verstanden, "die wahrscheinlich auf einen Einfluß der dtjes Monotheismusvorstellungen zurückgehen." (A.Labahn, Wort Gottes, 265) Labahn verweist u.a. auf H.Vorländer, Monotheismus, 95, der von einem Einfluss des Deuterojesajabuches auf bestimmte dtr Texte ausgeht; M.Hutter, Das Werden des Monotheismus im Alten Israel, vgl. dort 36 u.v.a. D.Knapp, Deuteronomium 4, der für den Abschnitt Dtn 4,29–35 die Kenntnis des Deuterojesaja-Buches voraussetzt, vgl. dort. 91ff.

gemacht hat, erwies sich die *ʾanî Yhwh*-Aussage aus mehreren Gründen als besonders anschlussfähig für das dtjes Anliegen:
Eine entscheidende Voraussetzung wurde bereits genannt, sie liegt in den syntaktischen Möglichkeiten des Nominalsatzes, genauer darin, das Pronomen der 1. sg. als Chabar aufzufassen. Es dürfte weiterhin entscheidend gewesen, dass es sich überhaupt um *Ich*-Rede handelt. Im Rahmen des altorientalischen Vergleichs ist deutlich geworden, dass Ich-Aussagen in unterschiedlichen Ko- und Kontexten häufig eine Funktion gemeinsam haben, nämlich, die Vergegenwärtigung eines nicht (leibhaft) Anwesenden zu leisten. 'Deuterojesaja' entwickelt seine theologische Konzeption in der Situation der Krise, der Situation des Zweifels an Jahwes Möglichkeiten für sein Volk zu handeln.[617] Als adäquate Reaktion auf diese Situation bringt sich innerhalb der dtjes Verkündigung Jahwe selbst (Ich!) als (wirkmächtig) *anwesend* zur Sprache. In einer für viele scheinbar jahwe*losen* Zeit und Situation garantiert sein *ʾanî Yhwh* so etwas wie seine "Realpräsenz".

Ebenfalls im Anschluss an den altorientalischen Vergleich[618] war festgehalten worden, dass die *ʾanî Yhwh*-Aussage ihre nächsten Parallelen in königsinschriftlichen Aussagen hat. Im Zusammenhang Deuterojesajas ist deshalb auf Beobachtungen zu verweisen, wonach für die Gottesaussagen Deuterojesajas das "Konzept Jahwe als König" entscheidend ist.[619]

---

[617] M.Albani, Deuterojesajas Monotheismus geht davon aus, dass 'Deuterojesaja' bei der "Formulierung des monotheistischen Gotteskonzepts" "auch [sc. nicht nur, A.D.] Impulse aus seiner religiösen Umwelt" (172) (gemeint ist die babylonische) erhalten hat (vgl. auch ders., Der eine Gott, passim). Er verweist auf die einseitig forcierte Verehrung des Mondgottes Sin unter Nabonid (vgl. ders., Deuterojesajas Monotheismus, 179–182) und den daraus resultierenden Konflikt "zwischen Nabonid und der Marduk-Priesterschaft um die Frage der höchsten Göttlichen Macht (Sin oder Marduk)" (200), auf "starke Depotenzierung der babylonischen Götter in der Marduk-Theologie" (185; vgl. dazu auch ders., Der eine Gott, 47–74), sowie die Beobachtung, dass die Vorstellung, dass der "Herr und Schöpfer über die Gestirne (…) damit zugleich auch der Herr und Schöpfer der Geschichte" (191) ist, sich in der Marduk-Theologie ebenso finden wie in der dtjes Theologie. "Dtjes ist in dem innerbabylonischen Religionskonflikt sozusagen der ›lachende Dritte‹" (201). Vergleichbares vermutet etwa B.Lang, Die Jahwe-allein-Bewegung: Neue Erwägungen, 106f allgemein für den biblischen Monotheismus: "Die an der Bildung des biblischen Monotheismus möglicherweise beteiligten Faktoren – die zeitweilige Monolatrie und die Gestalt Assurs, aber auch die Aton-Verehrung, der Glaube an Amun-Re, Marduk und Ahura Mazada – kommen aus unterschiedlichen Kulturen und wurden zweifellos zu unterschiedlichen Zeiten wirksam." (107)

[618] Vgl. oben Kap. 5, v.a. 5.3.

[619] K.Baltzer, Deutero-Jesaja, 63. "Mit dem Bekenntnis zu Jahwe als König steht Dtjes in der Nachfolge des ersten Jesaja" (K.Baltzer, Deutero-Jesaja, 63. Anders H.-J.Hermisson, Gibt es die Götter bei Deuterojesaja?, der hier stärker auf den Einfluss der Psalmen rekurriert, vgl. 116.) – Nach Balzer ist die Rede vom König Jahwe eines der für Deuterojesaja typischen 'Soziomorpheme'; Soziomorpheme bringen "mit Hilfe von Verhältnissen unter Menschen das Verhältnis zu Gott"

"Als theologisches Konzept ermöglicht das Soziomorphem 'Königtum Jahwes' die Integration ganz verschiedener Teilkonzepte, wie z.b. Herrschaft über die Welt, Herrschaftsausübung durch das Wort, Bund und Gesetz für Israel, Jerusalem/Zion als Königsstadt. Das Konzept vom 'Königtum Jahwes' hat damit eine sehr hohe Abstraktionsebene."[620]

Die Prominenz der *ʾanî Yhwh*-Aussage bei 'Deuterojesaja' hängt zu einem guten Teil mit ihrer Anschlussfähigkeit an das König-Jahwe-Konzept zusammen.[621] Sie dient 'Deuterojesaja' dazu, die Vorstellung vom König Jahwe zu evozieren und gleichzeitig diese Vorstellung auf Einzigkeit hin auszubauen:[622] innerhalb eines Herrschaftsbereiches kann es immer nur einen (rechtmäßigen) König geben. Wenn nun dieser Herrschaftsbereich so weit ausgedehnt wird, dass es daneben keine anderen Herrschaftsbereiche mehr gibt, dann gibt es auch keine anderen Könige mehr, sondern nur noch den einen. Die Rede vom König Jahwe war für Deuterojesajas Frontstellung besonders geeignet. Vermutlich bezieht sich diese Rede "ursprünglich auf das Königtum über die Götter. Dem obersten Gott über dem Pantheon kommt der Titel zu."[623] Sie ruft also bewusst eine Vorstellung auf, die destruiert werden soll. Bietet

---

(K.Baltzer, Deutero-Jesaja, 62) zum Ausdruck. Vgl. auch M.Weippert, «Ich bin Jahwe», 51: "König «Israels» ist bei Deuterojesaja Jahwe (Jes 44,6; vgl. 41,21)."

[620] K.Baltzer, Deutero-Jesaja, 63.

[621] M.Weippert, «Ich bin Jahwe», der "auf den drei Ebenen der Formeln, der Formen (…) und des Inhalts beträchtliche Übereinstimmungen" (ebd. 55) zwischen der neuassyrischen Prophetie und Deuterojesaja herausgearbeitet hat, hat auf der Ebene der Formeln auch die *ʾanî Yhwh*-Aussage behandelt. "Die vorherrschende Textsorte ist in den neuassyrischen Prophetensprüchen das Heilsorakel für Könige" (49). "Die wesentlichen Konstituenten des assyrischen Königsorakels sind die Ermutigungsformel, die Selbstvorstellung und/oder Selbstprädikation der redenden Gottheit, Zusagen von Beistand und Schutz (…) und Rückblicke auf das frühere heilvolle Handeln der Gottheit am König" (50). Bei Deuterojesaja findet sich diese Form nach Weippert in 42,6f und 45,1–7 (vgl. ebd. 50), insofern können die *ʾanî Yhwh*-Aussagen in diesen Texten in Analogie zu entsprechenden Aussagen der redenden Gottheit in neuassyrischen Texten verstanden werden. Daraus folgt nun nicht notwendig eine Konkurrenz zu der oben geführten Argumentation, die die *ʾanî Yhwh*-Aussage bei Deuterojesaja in Zusammenhang mit dem königsinschriftlichen Gebrauch von vergleichbaren Ich+KN-Aussagen bringt. Bei Deuterojesaja ist die *ʾanî Yhwh*-Aussage mehrheitlich außerhalb der sog. Königsorakel gebraucht, sie ist also keineswegs an diese Gattung (wie auch an keine andere Gattung innerhalb Deuterojesajas) gebunden. Für die Mehrzahl der *ʾanî Yhwh*-Aussage bei Deuterojesaja scheinen mir die königsinschriftlichen Ich+KN-Aussagen die stärkeren Analogien zu sein.

[622] Vgl. auch M.Albani, Der eine Gott, 262, der die These aufstellt, "daß die Ablösung des israelitischen Gottesglaubens von der altorientalischen Königstheologie, vor allem in der vorexilischen JHWH Zebaoth-Konzeption, zur monotheistischen Klärung des Gottesbildes geführt hat".

[623] K.Baltzer, Deutero-Jesaja, 226. So auch H.-J.Hermisson, Gibt es die Götter bei Deuterojesaja?, der in dieser Vorstellung "Jerusalemer Erbe aus vorisraelitischer Zeit" (116) vermutet.

die Rede vom König Jahwe zum einen die Möglichkeit, auf dem Hintergrund polytheistischer Vorstellungen die Einzigkeit Jahwes zu akzentuieren,[624] ergibt sich von dieser Rede aus auch die Frage: "Erwartet man, wenn man so betont von Jahwe als 'eurem König' [bezogen auf Israel, A.D.] spricht, noch einen irdischen König?"[625] Das Konzept des Königs Jahwe bietet die Möglichkeit nach verschiedenen Seiten zu argumentieren; da ist zum einen die Frontstellung gegen andere Götter; zum anderen das Bemühen, die in der vergangenen Geschichte Israels wichtige und identitätsstiftende Rolle des Königs angesichts der realen politischen Verhältnisse, nicht un- oder unterbesetzt zu lassen. Auch wenn all das, was man einst als Heilssetzungen Jahwes verstanden hatte, verloren ist und Deuterojesaja auf diesem Hintergrund andere Traditionen, etwa die Schöpfungstradition,[626] stark macht, kehren doch auch gewisse Vorstellungen in transformierter Gestalt bei ihm wieder, und so könnte man der Vorstellung vom neuen Exodus die Vorstellung vom neuen Königtum an die Seite stellen.

Das Bestreben, die Position des Königs zu besetzen, hängt wohl auch mit den realpolitischen Verhältnissen zusammen. Die Größe(n), die Israel als realpolitisch wirkmächtig erfuhr, waren fremde Herrscher und deren Heeresmacht. Hinter deren Erfolgen mochten sie andere Götter am Werk sehen und die Frage des Kräfteverhältnisses zwischen diesen Göttern und ihrem Gott Jahwe stellen, die unmittelbaren und greifbaren geschichtsmächtigen Kräfte waren jedoch die Fremdherrscher.

---

[624] Diese Seite, die Frontstellung gegen die "scheinbar überlegenen" babylonischen Götter macht M.Albani, Deuterojesajas Monotheismus stark (Zitat von S. 173, vgl. aber auch passim); vgl. in diesem Zusammenhang auch die Rolle von Marduk als Götterkönig (ebd. 177 u.ö.).

[625] K.Baltzer, Deutero-Jesaja, 226. Etwas anders legt Hermission den Akzent, wenn er die Aufnahme, "der 'imperialen' Jerusalemer Tradition von Jahwes Herrschaft über die Götter bei Deuterojesaja voraussetzt: "Von einer Entmachtung der Götter wie in Ps 82 kann bei Deuterojesaja keine Rede sein, weil es solche Göttermacht nie gegeben hat. Damit hängt zusammen, daß der 'König Jahwe' bei ihm scheinbar viel kleinräumiger nur als 'König Jakobs' erscheint (z.b. gerade in der Einführung der Gerichtsrede 41,21: ein Königtum über die Götter kommt ja nicht in Betracht. Das Weltkönigtum und die rettende Herrschaft über die Völker erscheint am Ende in einem besonderen Modell, ohne Titel, in der Herrschaft von dem verherrlichten, um Jahwes willen zur Königin aufgestiegenen Jerusalem." (H.-J.Hermisson, Gibt es die Götter bei Deuterojesaja?, 122.)

[626] Bereits W.Zimmerli, Ich bin Jahwe, 33, hatte darauf hingewiesen, dass die SF bei Dtjes nie mit Hinweis auf die Herausführung aus Ägypten belegt ist. An diese Stelle tritt der Verweis auf die Schöpfung. Damit lässt sich im Zusammenhang der *ʾaₙî Yhwh*-Aussage ein Phänomen beobachten, dass auch sonst als Charakteristikum deuterojesajanischer Theologie gilt: Durch das Exil war der Rekurs auf die zentralen geschichtlichen Heilstaten Jahwes problematisch geworden. Das, was als Stiftung Jahwes zum Wohl seines Volkes gegolten hatte, etwa Land, Königtum, Tempel, war verloren. Fester Boden für positive Aussagen über Gottes Handeln war jedoch zu gewinnen – und diesen Weg geht Deuterojesaja – durch Erinnerung an Jahwes Schöpferhandeln.

Auch auf diesem Hintergrund ist es zu sehen, wenn Jahwe sich mit der *ʾanî Yhwh*-Aussage königlicher Redeweise bedient. Sein Antipode ist der Herrscher des Großreichs, in dessen Machtbereich auch Israel liegt. Hier sind die Machtverhältnisse zu klären. Die erste Hälfte des Deuterojesaja-Buches, für die die *ʾanî Yhwh*-Aussage charakteristisch ist, ist von der Kyros-Thematik durchzogen. Der Höhepunkt dieser Thematik und die höchste Konzentration an *ʾanî Yhwh*-Aussagen fallen in 44,24–45,7(8) zusammen. Argumentativ wird hier eine Doppelstrategie geführt. Während die Gestalt des Fremdherrschers Kyros in unglaublicher Weise positiv aufgeladen wird, all sein Tun als in Jahwes Ratschluss und Wirken wurzelnd dargeboten wird, Jahwe Kyros in ein betont positives Verhältnis zu sich setzt, unterstreicht Jahwe gleichzeitig sein alleiniges Königsein. Dem mächtigsten Mann der damaligen Welt wird auf diese Weise sein Platz angewiesen. Gegenüber dem eigentlichen König Jahwe gerät der mächtigste Herrscher der damaligen Welt in die Position eines Untergebenen, der die Befehle des Vorgesetzten ausführt. Gerade dort, wo Kyros und sein Verhältnis zu Jahwe in einer Art und Weise positiv aufgeladen wird, wie man das nie von einem Fremdherrscher und Nicht-Israelit für möglich gehalten hätte, gerade dort wird Kyros mit dem *ʾanî Yhwh* seine Grenze gesteckt.[627]

6.4.3 *ʾanî Yhwh bei Proto- und Tritojesaja*

So prominent die *ʾanî Yhwh*-Aussage bei Deuterojesaja geworden ist, ein Erbe Protojesajas stellt sie nicht dar. Der einzige Beleg in den Kapiteln 1–39, Jes 27,3, gehört in den Bereich der Nachträge.[628] In Jes 27,2–6 erklingt ein Weinberglied, das in der Regel als positives Pendant zum Weinberglied in Jes 5,1–7 verstanden wird.[629] Die *ʾanî Yhwh*-Aussage steht redeeinleitend (אֲנִי יְהוָה נֹצְרָהּ *Ich (allein) bin Jahwe, der ihn behütet*) und sie macht deutlich, wer redet. Deutlich ist auch, dass der Aussageschwerpunkt auf dem Pronomen 1. sg. liegt: Gegen mögliche Heimsucher oder sonstige Bedrohungen des Weinbergs steht Jahwe höchstpersönlich ein. Die Verwendung und Bedeutung der Aussage liegt auf der Linie des bereits Bekannten, auch wenn der Eindruck entsteht, dass die *ʾanî Yhwh*-Aussage hier nicht (mehr) in ihrer theologisch aufgeladenen Bedeutung und Verwendungsweise vorliegt.

---

[627] Wenn für die dtjes Aufnahme der *ʾanî Yhwh*-Aussage v.a. ihre Nähe zu königsinschriftlichem Sprachgebrauch ausgeleuchtet worden ist, bedeutet das nicht, dass 'Deuterojesaja' unmittelbar oder allein an diesen (außeralttestamentlichen) Sprachgebrauch anknüpft. Die inneralttestamentlichen Traditionslinien im Gebrauch der *ʾanî Yhwh*-Aussage sollen am Ende dieser Arbeit (Kap. 7) bedacht werden.

[628] Vgl. O.Kaiser, Jesaja 13–39, 179; auch P.Höffken, Jesaja, 190. Vgl. auch U.Becker, Jesaja, 283.

[629] Vgl. O.Kaiser, Jesaja 13–39, 180.

Neben einer Erkenntnisaussage[630], finden sich bei Tritojesaja zwei Belege der *ʾₐnî Yhwh*-Aussage (Jes 60,22; 61,7) alle drei in den Kapiteln 60–62.[631] Ihre Verwendungsweise legt es nahe, dass sie in der Tradition Deuterojesajas den Ausschließlichkeitsanspruch transportieren, ohne dass sie den dringlichen, um Anerkennung bzw. Durchsetzung eines Anspruchs ringenden Ton tragen wie bei Deuterojesaja.

6.4.4 *ʾₐnî Yhwh* bei Ezechiel

6.4.4.1 *Einleitung*

Charakteristisch für das Ezechielbuch ist der relativ geschlossene, durchstrukturierte Gesamteindruck.[632] Zu diesem Eindruck tragen u.a. eine Vielzahl strukturierender und häufig wiederholter Formeln bei.[633] Zahlenmäßig stark vertreten und für das Ezechielbuch prägend ist unter diesen Formeln die Erkenntnisaussage, die zwar im Rahmen der vorliegenden Arbeit nicht eigens bedacht werden kann, die dennoch hier zu nennen ist, insofern der Nominalsatz *ʾₐnî Yhwh* Bestandteil dieser Formel ist. Den nahezu 70 Vorkommen der Erkenntnisaussage stehen 3 Belege der um *ʾₑlohîm* + Suffix erweiterten *ʾₐnî Yhwh*-Aussage gegenüber, hinzu kommen 14 (13?)[634] Belege, in denen auf *ʾₐnî Yhwh* eine

---

630 Vgl. Jes 60,16, im Rahmen eines großen Gemäldes des für Zion bevorstehenden Heils. Der Wortlaut der Erkenntnisaussage stammt aus Deuterojesaja, vgl. 49,26b, nur dass dort *alles Fleisch* Erkenntnissubjekt ist und hier Zion.

631 "Mit vielen neueren Auslegern können wir diese drei Kapitel als den eigentlichen Kern der Sammlung 56–66 ansehen. Sie bilden das Corpus einer in sich geschlossenen Heilsbotschaft, die sich einerseits deutlich von der Deuterojesajas abhebt, andererseits sich mehrfach deutlich auf diese bezieht." (C.Westermann, Das Buch Jesaja, 280.)

632 Dies gilt unabhängig von der Antwort auf die Frage nach dem Entstehen und Werden des Ezechielbuches; die Forschung zu dieser Frage ist noch in vollem Gange. Welche Zeit und welche Kreise haben Anteil an diesem Werk, so wie es heute vorliegt? Bildet eine Sammlung von prophetischem Spruchgut, zusammengestellt durch den Propheten selbst oder seine Schüler den Grundstock, der sukzessiv zu verschiedenen Zeiten durch unterschiedliche Hände aktualisierend fortgeschrieben wurde (klassisch in: W.Zimmerli, Ezechiel; literar- bzw. redaktionskritische Positionen hinsichtlich der Entstehung des Ezechielbuches vertreten auch z.B. F.-L.Hossfeld, Untersuchungen; ders., Das Buch Ezechiel; K.-F.Pohlmann, Hesekiel; F.Sedlmeier, Ezechiel) oder spricht der durchstrukturierte Gesamteindruck eher für ein 'holistische' Interpretation (vgl. M.Greenberg, Ezechiel I) oder ein pseudepigraphisches Werk aus mehr oder weniger einem Guss [so J.Becker, Der priesterliche Prophet; K.Schöpflin, Theologie, 343ff, auch wenn sie mit "Anreicherungen" (343) rechnet; u.a.]. – Als kurze Einführung in diesen Fragenkomplex vgl. F.-L.Hossfeld, Das Buch Ezechiel, darüberhinaus das forschungsgeschichtliche Werk von U.Feist, Ezechiel; die Kommentare und Monographien zum Ezechielbuch bieten in der Regel ebenfalls forschungsgeschichtliche Einführungen.

633 Vgl. dazu neben den entsprechenden Ausführungen in Einleitungen und Kommentaren (etwa F.-L.Hossfeld, Das Buch Ezechiel, 442f; F.Sedlmeier, Ezechiel, 46–48) auch K.Schöpflin, Theologie, 56–126.

634 Ez 26,14 ist textlich unsicher; s.dazu unten.

Verbform 1. sg. folgt; unter ihnen erweist sich die Aussage *ʾanî Yhwh dibbartî* (*weᶜāsîtî*) als für das Ezechielbuch typisch; an einer Stelle, Ez 14,7, folgt auf *ʾanî Yhwh* ein Partizip (s.u. 6.4.4.2.1).

In den Forschungen zum Ezechielbuch wurde die These D.Michels,[635] wonach die *ʾanî Yhwh*-Aussage an etlichen Stellen des AT mit *nur ich bin Jahwe* wiederzugeben und als Anspruch auf Ausschließlichkeit erhebend zu verstehen sei, z.T. rezipiert.[636] Die Konsequenzen dieses Verständnisses sind jedoch selten intensiver bedacht worden.

Bedeutsam sind die Vorkommen der *ʾanî Yhwh*-Aussage im Ezechielbuch auch deshalb, weil sie zum einen, in der Aussage *ʾanî Yhwh dibbartî*, von einem kreativen und individuellen Umgang mit der *ʾanî Yhwh*-Aussage zeugen. Zum anderen lassen die Vorkommen in Kap. 20 im Zusammenhang mit ihrem Kotext deutliche Verbindungen zu Vorkommen außerhalb des Ezechielbuches (v.a. zu Ex 6,2–8, auch zu Teilen des Heiligkeitsgesetzes) erkennen.

Die Vorkommen der *ʾanî Yhwh*-Aussage (außerhalb der Erkenntnisaussage) sind nicht gleichmäßig über das Ezechielbuch gestreut: sie fehlen nicht nur in den Visionskapiteln 1–3, 8–11; 40–48, ihr Schwerpunkt liegt eindeutig auf dem ersten Teil des Ezechielbuches Kapp. 1–24, der im wesentlichen Gerichtsworte und Unheilsansage an Israel enthält.[637]

Die Verwendung der *ʾanî Yhwh*-Aussage bei Ezechiel gehört hinein in den Bereich der Gemeinsamkeiten ezechielischer und priester(schrift)-licher Theologie.[638] In der bisherigen Forschung ist dabei die Frage einer möglichen (literarischen) Abhängigkeit unterschiedlich beantwortet worden,[639] abhängig auch von der Datierung des Ezechielbuches einerseits und der Priesterschrift bzw. des Heiligkeitsgesetzes andererseits. Solange eine allseits befriedigende Lösung hier nicht vorliegt, scheint mir immer noch Zimmerlis vorsichtige Einschätzung am wahrschein-

---

[635] Vgl. dazu oben Kap. 2.

[636] Zu dieser Rezeption dürfte v.a. F.Sedlmeier, Studien beigetragen haben, der Michels These in seiner Untersuchung von Ez 20 aufnimmt und anwendet (vgl. ebd. 305–309); vgl. den Hinweis auf Michel auch bei K.-F.Pohlmann, Hesekiel, 102, Anm. 382; K.Schöpflin, Theologie, 113 Anm. 362; 114.

[637] Das Ezechielbuch als Ganzes weist eine Dreiteilung auf: Kap. 1–24 Gericht über Israels; Kapp. 25–32 Gericht über die Fremdvölker; Kap. 33–39.40–48 Heil für Israel, vgl. dazu etwa F.-L.Hossfeld, Das Buch Ezechiel, 445; K.-F.Pohlmann, Hesekiel, 19f; F.Sedlmeier, Ezechiel, 51ff.

[638] Die Frage der Verbindungen des Ezechielbuches zur deuteronomisch-deuteronomistischen Literatur braucht hier nicht diskutiert zu werden, da in dieser die *ʾanî Yhwh*-Aussage keine Bedeutung erlangt hat.

[639] Der Frage der Traditionen, die ins Ezechielbuch eingeflossen sind, hat sich etwa die Arbeit von H.Reventlow, Wächter, passim, angenommen; vgl. außerdem A.Hurvitz, A Linguistic Study, 150 u.ö., der davon ausging, das P Ezechiel vorlag; Th.Pola, Priesterschrift, 147ff.207 geht hingegen davon aus, dass Ez 20 P^G vorlag; zum Verhältnis H bzw. P und Ez vgl. auch unten Anm. 662.

lichsten, wonach beide, Ezechiel und P zu unterschiedlichen Zeiten aus demselben priesterlichen Traditionsstrom schöpfen.[640]

6.4.4.2 Die Belege
6.4.4.2.1 Vorkommen der ʾₐnî Yhwh-Aussage bei Ez im Überblick

5,15	דִּבַּרְתִּי	אֲנִי יְהוָה		im Innern der Rede
5,17	דִּבַּרְתִּי	אֲנִי יְהוָה		redebeschließend
12,25	אֲדַבֵּר אֵת אֲשֶׁר אֲדַבֵּר...	אֲנִי יְהוָה	כִּי	im Innern der Rede
14,4	...נַעֲנֵיתִי לוֹ	אֲנִי יְהוָה		im Innern der Rede
14,7	נַעֲנֶה־לּוֹ בִּי	אֲנִי יְהוָה		im Innern der Rede
14,9	פִּתֵּיתִי אֵת הַנָּבִיא הַהוּא ...	אֲנִי יְהוָה		im Innern der Rede
17,24	דִּבַּרְתִּי וְעָשִׂיתִי	אֲנִי יְהוָה		redebeschließend
20,5	אֱלֹהֵיכֶם	אֲנִי יְהוָה		Redezitat
20,7	אֱלֹהֵיכֶם	אֲנִי יְהוָה		beschließt Redezitat
20,19	אֱלֹהֵיכֶם בְּחֻקּוֹתַי לְכוּ...	אֲנִי יְהוָה		im Innern d. Redezitats
21,22	דִּבַּרְתִּי	אֲנִי יְהוָה		redebeschließend
21,37	דִּבַּרְתִּי	אֲנִי יְהוָה	כִּי	redebeschließend
22,14	דִּבַּרְתִּי וְעָשִׂיתִי	אֲנִי יְהוָה		im Innern der Rede
24,14	דִּבַּרְתִּי בָּאָה וְעָשִׂיתִי	אֲנִי יְהוָה		im Innern der Rede
26,14 ?	דִּבַּרְתִּי	אֲנִי יְהוָה	כִּי	redebeschließend
30,12	דִּבַּרְתִּי	אֲנִי יְהוָה		redebeschließend/ Redeeinschnitt
34,24a	אֶהְיֶה לָהֶם לֵאלֹהִים	וַאֲנִי יְהוָה		im Innern der Rede
34,24b	דִּבַּרְתִּי	אֲנִי יְהוָה		redebeschließend
36,36	דִּבַּרְתִּי וְעָשִׂיתִי	אֲנִי יְהוָה		redebeschließend/ Redeeinschnitt

6.4.4.2.2 Die ʾₐnî Yhwh-Aussage in Ez 20
Ez 20 soll am Beginn der Durchsicht der Belege der ʾₐnî Yhwh-Aussage im Ezechielbuch stehen, da in 20,5.7.19 mit ʾₐnî Yhwh ʾᵃlohêkæm eindeutig Nominalsätze vorliegen. Unter dem Eindruck dieser klaren Nominalsatzbelege werden dann in einem zweiten Schritt die Belege, in denen auf ʾₐnî Yhwh ein konjugiertes Verb folgt, bedacht.
Ez 20 bietet einen großen Geschichtsrückblick, der beim Aufenthalt Israels in Ägypten einsetzt und bis in die Gegenwart derer reicht, die nach Ez 20,1 vor Ezechiel erschienen waren, um Jahwe zu befragen, darüber hinaus aber auch "eine über die Katastrophe hinausführende Restitu-

---

tionsprognose begründet"[641]. Fokus des Geschichtsrückblickes ist die Schuldverfallenheit Israels und Jahwes Reaktion. Die Verse 1–4 thematisieren die Ausgangssituation in der erzählten Gegenwart und gipfeln (V.4) in der den Geschichtsrückblick auslösenden Aufforderung Jahwes an den Propheten: "Die Greuel ihrer Väter tue ihnen kund!" Das Kapitel ist klar durchgestaltet, auch wenn Wachstumsspuren sichtbar werden:[642] Den Vv. 2–4 entsprechen die Vv. 30 und 31 als Rahmen, dazwischen entfaltet sich der Geschichtsrückblick in vier Abschnitten[643], die ihrerseits einem festen Aufbauschema folgen; für den Geschichtsrückblick ist die Generationenfolge wichtig. Ab V. 33 folgt das Thema des neuen Exodus.

Für den Abschnitt Vv. 5–9, in dem die *'anî Yhwh*-Aussage zweimal belegt ist, ist in der Forschung wiederholt auf die Nähe zu Ex 6,2–8 hingewiesen worden,[644] die hier insofern zu unterstreichen ist, als Ex 6,2–8 im Rahmen der vorliegenden Arbeit großes Gewicht zukommt.[645]

Ez 20,5–7	5 וְאָמַרְתָּ אֲלֵיהֶם כֹּה־אָמַר אֲדֹנָי יְהוִה בְּיוֹם בָּחֳרִי בְיִשְׂרָאֵל וָאֶשָּׂא יָדִי לְזֶרַע בֵּית יַעֲקֹב וָאִוָּדַע לָהֶם בְּאֶרֶץ מִצְרָיִם וָאֶשָּׂא יָדִי לָהֶם לֵאמֹר אֲנִי יְהוָה אֱלֹהֵיכֶם
	6 בַּיּוֹם הַהוּא נָשָׂאתִי יָדִי לָהֶם לְהוֹצִיאָם מֵאֶרֶץ מִצְרָיִם אֶל־אֶרֶץ אֲשֶׁר־תַּרְתִּי לָהֶם זָבַת חָלָב וּדְבַשׁ צְבִי הִיא לְכָל־הָאֲרָצוֹת
	7 וָאֹמַר אֲלֵהֶם אִישׁ שִׁקּוּצֵי עֵינָיו הַשְׁלִיכוּ וּבְגִלּוּלֵי מִצְרַיִם אַל־תִּטַּמָּאוּ אֲנִי יְהוָה אֱלֹהֵיכֶם
	5 *Sage zu ihnen: So spricht Jahwe: An dem Tag, als ich Israel erwählt habe, da hob ich meine Hand für/in Bezug auf die Nachkommen des Hauses Jakob und machte mich ihnen bekannt im Land Ägypten; ich hob meine Hand für sie folgendermaßen: Ich (allein) bin Jahwe, euer Gott.*
	6 *An diesem Tag hob ich meine Hand für sie, sie herauszuführen aus dem Land Ägypten in ein Land, das ich für sie ausgekundschaftet*

---

[641] Th.Krüger, Geschichtskonzepte, 199.
[642] Vgl. dazu die Analysen des Kapitels in W.Zimmerli, Ezechiel, 437–440; F. Sedlmeier, Studien, 90–136; K.-F.Pohlmann, Hesekiel, 303f; für die (im wesentlichen) literarische Einheit des Kapitels sprechen sich z.B. aus Th.Krüger, Geschichtskonzepte, 199–281, Gliederungsübersicht auf 202f, Diskussion der literarkritischen Fragen 207–214 und Th.Pola, Priesterschrift, 155.
[643] Die Ausleger, die ein literar- bzw. redaktionsgeschichtliches Entstehungsmodell des Ezechielbuches vertreten, gehen in der Regel davon aus, dass der vierte Abschnitt, die Verse 27–29, als Nachtrag zu werten ist, vgl. W.Zimmerli, Ezechiel, 438f; F.Sedlmeier, Studien, 98–105; ders., Ezechiel, 293f; K.-F.Pohlmann, Hesekiel, 308f; anders Th.Krüger, Geschichtskonzepte, 210–213.
[644] Vgl. etwa W.Zimmerli, Ezechiel, 443: "Die Nähe der Formulierungen zu Ex 6 läßt vermuten, dass Ez darin priesterlicher Theologie folgt." Vgl. ders., Ich bin Jahwe, 19–24; R.Rendtorff, Ez 20, 262; Th.Pola, Priesterschrift, 147–212: "Zur traditionsgeschichtlichen Stellung von Ezechiel 20", dort v.a. 182–186.
[645] Vgl. oben Kap. 4.

> *habe, das von Milch und Honig fließt; eine Zierde ist es (verglichen mit) allen Ländern. 7 Ich sagte zu ihnen: Ein jeder soll die Scheusale seiner Augen wegwerfen und mit den Götzen Ägyptens sollt ihr euch nicht verunreinigen. Ich (allein) bin Jahwe, euer Gott.*

Die Gemeinsamkeiten zwischen Ex 6,2–8 und Ez 20 sind einerseits unübersehbar, andererseits gibt es keine exakten Entsprechungen: Gemeinsam ist beiden Texten das (mehrfachen) Vorkommen der *ʾanî Yhwh*-Aussage[646] (und der Erkenntnisaussage); die *ʾanî Yhwh*-Aussage begegnet in Ez 20,5.7 in ihrer um *ʾælohîm* + Suffix erweiterten Form, in Ex 6,2–8 steht außerhalb der Erkenntnisaussage nur unerweitertes *ʾanî Yhwh*. Ez 20,5 spricht das "Sich-erkennen-geben" Jahwes (ידע ni.) an, in Ex 6,3 begegnet die Aussage, dass Jahwe sich den Vätern noch nicht mit seinem Namen Jahwe bekannt gemacht hat (ידע ni.), Ez 20,5 rekurriert darauf, dass Jahwe sich in Ägypten den Nachkommen des Hauses Jakobs bekannt gemacht hat. In beiden Texten findet sich der Topos der Herausführung in der Formulierung mit יצא hi. sowie die Wendung יד (את) נשא, wohl als Schwurgestus zu deuten.[647] Diese Wendung ist außerhalb Ezechiels nicht sehr häufig im AT belegt und ist zudem, je nach folgender Präposition, noch seltener als Schwurgestus zu interpretieren; insofern verdienen die entsprechenden Vorkommen in Ex 6 und Ez 20 Beachtung. Anders jedoch als in Ex 6 ergeht der Schwur in Ez 20 nicht an die Väter, sondern an die schon in Ägypten Lebenden, die Väter im Sinne von Ex 6 sind in Ez 20 nicht im Blick; dennoch spielt hier das Verhältnis zu den Vätern im Sinne der Vorgängergeneration, eine Rolle. In beiden Texten geht es auch um die Frage der generationenübergreifenden Treue Gottes in Bezug auf seine Verheißungen. In beiden Texten wird der Name (שם) Jahwes thematisiert. In Ex 6 ist er das, was den Vätern bislang unbekannt war, in Ez 20 handelt Jahwe "um seines Namens willen" anders als es ihm sein Zorn auf den Ungehorsam der Israeliten eigentlich eingibt. Für die Frage der inneralttestamentlichen Traditionslinien, die sich in Bezug auf die *ʾanî Yhwh*-Aussage ziehen lassen, sind die Verbindungen zwischen Ex 6,2–8 und Ez 20 ernstzunehmen.

---

[646] Im Gegensatz zu F.Sedlmeier, Studien, 299 (Anm. 243) und 307, sehe ich nicht, dass die *ʾanî Yhwh*-Aussage in Ez 20 grundsätzlich anders als in Ex 6,2–8 zu verstehen ist bzw. dass ihr in Ex 6,2–8 ein geringeres Gewicht zukommt.

[647] Zur Wendung נשא יד vgl. P.Ackroyd, Art. יד II., 439f; ausgehend von Ez 20: Th.Krüger, Geschichtskonzepte 238–240. נשא יד kann bedeuten, die Hand (in feindlichem Sinne) gegen jemanden erheben (2.Sam 18,28; 2.Sam 20,21; Jes 49,22?; Ps 10,12), ist aber auch Segensgeste (vgl. Lev 9,22) bzw. Haltung im Rahmen der rituellen Anrufung Gottes (Ps 28,2; Ps 134,2, vgl. dazu K.Seybold, Psalmen, 119); der Schwurgestus ist wohl intendiert in Ex 6,8; Num 14,30; Dtn 32,40; Ez 20,5 20,6.15.23.28.42; 36,7; 44,12; 47,14; Neh 9,15. In Ps 106,26 hat die Wendung zwar auch feindliche Konnotation, dennoch scheint mir auch hier wegen der folgenden Präposition ל und der Ausrichtung auf die Zukunft ein Schwurgestus gemeint (so auch P. Ackroyd, Art. יד II., 439).

Wie die *ᵃnî Yhwh*-Aussage in Ez 20 zu verstehen sei, hat F. Sedlmeier
ausführlich thematisiert.[648] Unter Rekurs auf D.Michel, der eine Interpretation des *ᵃnî Yhwh* im Sinne von "nur ich bin Jahwe" als möglich
aufgewiesen hatte,[649] plädiert Sedlmeier bezogen auf die Vorkommen
der *ᵃnî Yhwh*-Aussage in Ez 20 für ein Verständnis als 'Ausschließlichkeitsformel'[650] und übersetzt "(Nur) Ich, (nämlich) JHWH, bin euer
Gott"[651]. Nach Sedlmeier wird diese Interpretation durch den Kotext,
v.a. von V. 7, nahegelegt und bewährt sich dann auch für die anderen
Vorkommen in Kapitel 20.[652]
In V. 7 steht die *ᵃnî Yhwh*-Aussage redebeschließend, sie beschließt
ein Gebot Jahwes. In rechtlichem Kotext[653] ist die Aussage bereits im
Dekalog, im Zusammenhang mit der Schlussstellung der *ᵃnî Yhwh*-
Aussage dann v.a. im Heiligkeitsgesetz begegnet. Hier in Ez 20,7 ergeht nur dieses eine Gebot, das damit als Inbegriff dessen steht, was
für die Jahwe-Israel-Beziehung grundlegend[654] ist: Keine anderen Götter! "Die Gebote werden reduziert und konzentriert auf das erste Gebot."[655] Inhaltlich ist damit der polemische, gegen andere Götter gerichtete Zusammenhang gegeben, der schon mehrfach im Umfeld der
ᵃnî Yhwh-Aussage beobachtet werden konnte.[656] Aufgrund der Position und des Kotextes der *ᵃnî Yhwh*-Aussage ist Sedlmeier zuzustimmen, wenn er festhält: "Ez 20,7 kann deswegen unter keinen Umstän-
den eine Selbstvorstellung sein."[657] In einem solchen polemischen Kotext, wie er in V. 7 vorliegt, fügt sich eine Aussage, die ihren Anspruch
gegen andere Ansprüche setzt, wesentlich besser, eine Aussage, die in
Abgrenzung zu anderem betont: "*Ich allein*... /*nur ich*..."
In V. 5 gibt die Tatsache, dass die *ᵃnî Yhwh*-Aussage (zunächst) als
alleiniger Inhalt des Schwurs erscheint, Hinweise auf die Interpretation
der Aussage; V. 6 setzt mit der Zeitangabe הַהוּא בַּיּוֹם und dem neuerli-
chen Rekurs auf den Schwurgestus neu ein. *ᵃnî Yhwh* als alleiniger

---

648 F.Sedlmeier, Studien, 297–309.
649 Vgl. dazu oben Kap. 2 und Kap. 3.3.3.
650 Vgl. F.Sedlmeier, Studien, 308.
651 F.Sedlmeier, Studien, 308. Auch K.Schöpflin, Theologie, 111.113f verweist im
     Rahmen ihrer Ausführungen zur *ᵃnî Yhwh*-Aussage (zustimmend) auf D.Michel,
     ohne jedoch die Implikationen dieses Verständnisses wirklich umzusetzen; denn
     eine Aussage 'dass nur ich Yhwh bin' hat ihren *Zielpunkt* nach Michels Auffassung
     nicht darin zu erklären, dass "der Sprecher der Rede (…) *identisch* ist mit Yhwh"
     (K.Schöpflin, Theologie, 111; Herv. A.D.), auch wenn das natürlich mit zum Aus-
     druck kommt, sondern darin Ausschließlichkeit zu beanspruchen.
652 Vgl. F.Sedlmeier, Studien, 307f.
653 Vgl. dazu auch W.Zimmerli, Ezechiel, 445.
654 Vgl. dazu auch Th.Krüger, Geschichtskonzepte, 238.
655 F.Sedlmeier, Ezechiel, 283; Ausleger verweisen außerdem auf die sich in dem
     einleitenden אִישׁ aussprechende Individualisierung (vgl. W.Zimmerli, Ezechiel,
     445; F. Sedlmeier, Ezechiel, 283).
656 Z.B. Ex 12,12; Ex 20,3ff par. oder Lev 19,4.
657 F.Sedlmeier, Studien, 307.

Inhalt des Schwurs schließt das Verständnis einer Selbstvorstellung aus, verstanden als eine Anspruch auf Alleinigkeit erhebende Aussage ergibt es als Inhalt eines Schwures dagegen guten Sinn. In V. 6 rekurriert Jahwe erneut auf den Schwurgestus. Der Inhalt dessen, was zugeschworen wird, erscheint anders als in V. 5 in indirekter Rede, in einer Infinitivkonstruktion. Durch die direkte Abfolge V. 5 – V. 6 ist der Leser gehalten, eine Verbindung herzustellen zwischen den beiden Inhalten, die auf den Schwurgestus in V. 5 einerseits und in V. 6 andererseits folgen, also zwischen אֲנִי יְהוָה אֱלֹהֵיכֶם und לְהוֹצִיאָם מֵאֶרֶץ מִצְרַיִם אֶל־אֶרֶץ אֲשֶׁר ... Hier ergibt sich eine interessante Analogie zu Ex 6,2–8, die gleichzeitig symptomatisch ist für die Gemeinsamkeit zwischen beiden Texten einerseits und dem jeweils ganz eigenen Umgang mit gemeinsamem Gut andererseits. In Ex 6,6.7 schließt sich eine Reihe von fünf Waw-Perfecta an die ʾanî Yhwh-Aussage an, das Verb וְהוֹצֵאתִי eröffnet die Reihe. Aufgrund der konsekutiven bzw. explikativen Funktion des Waw-Perfekts konnte der Zusammenhang des ʾanî Yhwh mit der Waw-Perfektreihe so bestimmt werden, dass die Waw-Perfekta eine inhaltliche Füllung der ʾanî Yhwh-Aussage oder eine Erläuterung zum Inhalt dieser Aussage leistet.[658] In Ez 20 geschieht nun etwas ähnliches, wenn als Inhalt des Schwures zunächst die ʾanî Yhwh-Aussage erscheint und in einem zweiten Schritt als Ziel des Schwures Herausführung aus Ägypten und Hineinführung ins Land. Zu beachten ist, dass in beiden Texten יצא hi. eine entscheidende Rolle spielt. Wie in Ex 6,2–8 soll m.E. auch in Ez 20,5.6 durch die vorliegende Konstruktion eine inhaltliche Füllung des Jahwenamens signalisiert werden.[659] Jahwe schwört, dass er allein das Recht besitzt, auf das Jahwesein Anspruch zu erheben. Das Versprechen, das in diesem Anspruch liegt, wird sich in konkreten Taten (Herausführung aus Ägypten, hinein in das verheißene Land), die das Jahwe-sein beinhaltet, erfüllen. Ich gehe, anders als Sedlmeier, davon aus, dass neben dem Pronomen der 1. sg. nicht ʾælohêkæm sondern Yhwh das zweite obligatorische Glied des Nominalsatzes ʾanî Yhwh ʾælohêkæm ist. Leiten lasse ich mich dabei von den unter Kap. 3.5 ausgeführten allgemeinen Erwägungen, im speziellen Fall sehe ich mich durch die aufgewiesenen Analogien zwischen Ex 6,2–8 und Ez 20 in dieser Annahme bestätigt. In Ex 6,2–8 steht außerhalb der Erkenntnisaussage die unerweiterte Form der ʾanî Yhwh-Aussage, die keine Zweifel über die obligatorischen Glieder aufkommen lässt. Auch wenn die ʾanî Yhwh-Aussage in Ez 20 um ʾælohêkæm erweitert und so gegenüber Ex 6,2–8 abgewandelt ist, scheint es mir wenig wahrscheinlich, dass, eingedenk der Gemeinsamkeiten

---

658 Vgl. oben Kap. 4.3.
659 Vgl. auch den Hinweis Zimmerlis: "So entfalten 6f. das Grundwort der erwählenden Zuwendung Jahwes (sc. das in V. 5 vorliegt, A.D.) (W.Zimmerli, Ezechiel, 444; ähnlich ders., Ich bin Jahwe, 20.22).

zwischen beiden Texten, eine gänzlich andere Aussage, wie sie mit ʾælohêkæm als zweitem obligatorischen Glied vorläge, intendiert ist. Insgesamt bewährt sich für die Belege der ʾanî Yhwh-Aussage in Ez 20,5.7 die Annahme einer Anspruch auf Alleinigkeit erhebenden Aussage: *Ich allein/nur ich bin Jahwe, euer Gott.*

Mit Ez 20,18 kommt die zweite Generation in den Blick, die "Söhne". Auch ihnen gegenüber erklingt die ʾanî Yhwh-Aussage, wie in Vers 7 im Zusammenhang des Themas "Gebote", einschließlich des Themas "Götzen".[660] Die Verse 18f machen deutlich, es gibt zu Jahwes Satzungen und Gebote konkurrierende Angebote, denen die Väter, trotz expliziten Verbotes (siehe das Götzenthema), gefolgt sind. Wie in V. 7 ist also in V. 18f ein polemischer Ton unverkennbar. Eine Interpretation der ʾanî Yhwh-Aussage muss die Tatsache des wiederholten Vorkommens, ihre Position innerhalb[661] direkter Rede sowie den polemischen Kotext in Rechnung stellen. Eine Interpretation in Analogie zu V. 7 (und V. 5) ist das Naheliegendste: In dem Augenblick, in dem Jahwe sich zur neuen Generation ins Verhältnis setzt, muss die Grundlage des beiderseitigen Verhältnisses thematisiert werden: der Anspruch Jahwes auf Ausschließlichkeit.

Mit Blick auf die Vorkommen der ʾanî Yhwh-Aussage in Ezechiel 20 ist Sedlmeier zuzustimmen, der von einer Ausschließlichkeitsaussage spricht, auch wenn ich deren obligatorische Glieder (Yhwh nicht ʾælohêkæm ist zweites obligatorisches Glied) anders bestimme.

Die Vorkommen in Ez 20 lassen darüber hinaus erkennen, dass Verwendungsweise und Interpretation der ʾanî Yhwh-Aussage nicht ausschließlich idiographisch bedingt ist. Nähen zu Ex 6,2–8 (und dem Heiligkeitsgesetz[662]) zeigen, dass es Traditionszusammenhänge gibt[663], die

---

[660] "Für einen Rückbezug auf die erste Phase der Geschichte spricht auch die Formel der Ausschließlichkeit in v. 19aα אֲנִי יְהוָה אֱלֹהֵיכֶם, die v. 7b als Kontrast zur heidnisch geprägten Lebenswelt anführte. Damit dürfte analog zu v. 7b die Formel von v. 19aα zum vorausgehenden Text v. 18 zu ziehen sein, den sie mit einer leichten Zäsur abschließt." (F.Sedlmeier, Studien, 258.)

[661] "Undeutlich bleibt, ob das überleitende אֲנִי יְהוָה אֱלֹהֵיכֶם (19aα) als unterstreichender Begründungssatz zu 18 (s.o. zu 7) oder im Sinn des klassischen Dekaloges (auch Lev 18,2f) als Präambel der Gebote von 19f zu verstehen ist – so die Versabtrennung des מ." (W.Zimmerli, Ezechiel, 448.) Diese Frage wird man in der Tat offen lassen müssen, möglicherweise ist diese Zwischenstellung bewusst gewählt. In vergleichbaren Zusammenhängen, in denen die ʾanî Yhwh-Aussage in Verbindung mit Jahwes חֻקּוֹת und מִשְׁפָּטִים belegt ist (vgl. Lev 18,5 und Lev 19,37), ist sie nachgestellt, allerdings dem positiven Gebot, nicht dem Verbot, das in Lev 18,5 auch belegt ist, aber in der Abfolge Verbot – Gebot – ʾanî Yhwh.

[662] Auf die Verbindung zu Lev 18,5 und Lev 19,37 ist oben hingewiesen; deutlicher noch wird die Verbindung zum Heiligkeitsgesetz mit Blick auf Ez 20,12.20, an denen die Sabbatthematik Kotext der Erkenntnisaussage ist. Wie das Götzenverbot wird auch das Sabbatgebot sowohl der Väter- (20,12), als auch der Söhne-Generation (20,20) gegeben. In Lev 19,3.30 und Lev 26,2 findet sich wie Ez 20 die Erkenntnisaussage die ʾanî Yhwh-Aussage im nachfolgenden Kotext zum Sabbat-

die ʾᵃnî Yhwh-Aussage verknüpfen mit dem Ursprungsgeschehen, das das Jahwe-Volk-Verhältnis konstituiert, verknüpfen mit Herausführung aus Ägypten einerseits und dem Gebotskontext andererseits. Außerhalb von Ez 20 treten demgegenüber die idiographischen Aspekte der Verwendung der ʾᵃnî Yhwh-Aussage bei Ezechiel hervor.

6.4.4.2.3 Die weiteren Belege

'Ezechiel'[664], der die Aussage ʾᵃnî Yhwh ʾᵃlohêkæm gekannt und als Nominalsatz verwendet hat (s. Kap. 20), gebraucht außerhalb der Erkenntnisaussage und außerhalb des Kap. 20 ʾᵃnî Yhwh + Verb der 1. sg., meist in der Form ʾᵃnî Yhwh dibbartî.[665] Diese Abfolge ʾᵃnî Yhwh + Verb der 1. sg. wirft die Frage auf, ob ʾᵃnî Yhwh auch in dieser Verbindung Nominalsatz sein kann oder ob, so das Verständnis der Ausleger[666], ʾᵃnî Subjekt zum Verb und Yhwh Apposition zum Pronomen ist. Die Verbreitung des letztgenannten Verständnisses dürfte v.a. damit zusammenhängen, dass man bei Nominalsatz + Verbalsatz ein ו vor dem Verb erwarten würde. In der Mehrzahl der Fälle steht auch solches ו, v.a. wenn es sich bei den dem Verbalsatz vorausgehenden Nominalsätzen um Temporalsätze handelt. Sprachlich möglich scheint jedoch die Abfolge Nominalsatz − Verbalsatz ohne ו gewesen zu sein, dabei

---

gebot. Diese Verbindung ist noch Ex 31,13 belegt. Heiligkeitsgesetz (Lev 20,8; 21,8.15.23; 22,9.16.32), Ez 20,12 und 37,28 sowie Ex 31,13 haben außerdem auf ʾᵃnî Yhwh folgendes Ptz.pi von קדשׁ+Suff. gemeinsam, in Ex 31,13 wie in Ez im Rahmen der Erkenntnisaussage. Vgl. dazu etwa K.Grünwaldt, Heiligkeitsgesetz, der davon ausgeht, dass eine der Traditionen, aus denen der Verfasser des Heiligkeitsgesetzes schöpft, das Buch Ezechiel ist. In diesem Zusammenhang schreibt er: "aus prophetischer Überlieferung (Hos; Ez) stammt auch die Namensformel, die JHWH als Exodus-Gott qualifiziert." (Ebd. 221.) Umgekehrt geht K.Schöpflin, Theologie davon aus, dass "… als gesichert gelten [darf], daß dem Verfasser des Ezechielbuches das Heiligkeitsgesetz vorlag" (314, Anm. 329). Über das Verhältnis von Ezechiel und Heiligkeitsgesetz gibt es eine lange exegetische Diskussion, die hier nicht nachgezeichnet werden muss, vgl. dazu etwa W.Zimmerli, Ezechiel, 70*-79*; Zimmerli vermeidet eine Festlegung der Abhängigkeit: "Die unverkennbaren sprachlichen und sachlichen Berührungen zwischen Ez und P [Zimmerli geht davon aus, dass H in P eingearbeitet ist, vgl. 79*, A.D.] erklären sich zur Genüge aus der Annahme, daß P aus dem großen Strom der priesterlichen Tradition schöpft, aus dem auch das Wort des Priesterpropheten Ezechiel (in einem früheren Zeitpunkt) sich genährt hat." (79*)

663 Zimmerli hat hier die Übernahme alter Credoformulierungen vermutet, vgl. W.Zimmerli, Ezechiel, 439.
664 Die Rede von 'Ezechiel' ist im Sinne von 'im Ezechielbuch' zu verstehen.
665 Außerhalb Ezechiels nur noch Num 14,35.
666 So schon W.Zimmerli, Ich bin Jahwe, 12: "… wo auf dem Wege der Erweiterung durch ein finites Verb die Sprengung der alten Nominalsatzformel vollendet und aus dem אני יהוה etwas ganz anderes geworden zu sein scheint". Allerdings geht Zimmerli davon aus, dass "auch bei dieser Sprengung der syntaktischen Form (…) unausgesprochen die alte SF mitanklingt" (16).

könnte *dibbartî* selbständiger Verbalsatz[667] sein oder asyndetischer Relativsatz[668]. Einige Übersetzungen verstehen *ʾanî Yhwh* im Rahmen der Erkenntnisaussage + Verb (ohne ו) durchaus als Nominalsatz.[669] Diese Möglichkeit kann aber nicht von der Erkenntnisaussage abhängig sein.

Ez 5,15.17	15 וְהָיְתָה חֶרְפָּה וּגְדוּפָה מוּסָר וּמְשַׁמָּה לַגּוֹיִם אֲשֶׁר סְבִיבוֹתָיִךְ
	בַּעֲשׂוֹתִי בָךְ שְׁפָטִים בְּאַף וּבְחֵמָה וּבְתֹכְחוֹת חֵמָה אֲנִי יְהוָה דִּבַּרְתִּי
	17 וְשִׁלַּחְתִּי עֲלֵיכֶם רָעָב וְחַיָּה רָעָה וְשִׁכְּלֻךְ וְדֶבֶר וָדָם יַעֲבָר־בָּךְ
	וְחֶרֶב אָבִיא עָלַיִךְ אֲנִי יְהוָה דִּבַּרְתִּי
	15 *Und 'du wirst' Schmähung und Hohnrede, Zurechtweisung und Entsetzen sein für die Völker, die um dich herum sind, wenn ich an dir Gerichte vollstrecke, in Zorn und Wut und grimmigen Züchtigungen. Ich (allein) bin Jahwe, der (das) sagt.*
	17 *Ich werde gegen dich aussenden Hungersnot und wilde Tiere, sie sollen dich kinderlos machen, und Pest und Blut soll durch dich hindurchziehen und ein Schwert werde ich über dich bringen. Ich (allein) bin Jahwe, der (das) sagt.*

ʾanî Yhwh steht innerhalb des Ezechielbuches erstmals in Kap. 5 (vor 5,15 bereits in 5,13 im Rahmen einer Erkenntnisaussage).

Ez 1,1–3,15 berichtet die Berufung Ezechiels, in der ihm der כבוד יהוה erscheint. Jahwe selbst tritt hier Ezechiel entgegen. Genauere Inhalte der Verkündigung werden in 1,1–3,15 noch nicht genannt,[670] sie folgen in 3,16–5,17.[671] Hier werden Belagerung und Vernichtung Jerusalems angekündigt.[672] Als Hinweise auf Wachstumsspuren in diesem Textbe-

---

667 Vgl. dazu Gen 19,20 (NS allerdings als Glosse verdächtigt); Ps 46,11 (!).

668 Vgl. dazu D.Michel, Tempora und Satzstellung, 195f.

669 Vgl. zu Ez 17,24 die Lutherübersetzung: "Und alle Bäume auf dem Felde sollen erkennen, dass ich der HERR bin: Ich erniedrige den hohen Baum (…)"; K.-F.Pohlmann, Hesekiel, 237: "(…), daß ich Jahwe bin. Ich erniedrige den hohen Baum (…)." Anders jedoch in den Fällen von *ʾanî Yhwh dibbartî* innerhalb der Erkenntnisaussage, vgl. K.-F.Pohlmann, Hesekiel, 80, Übersetzung Ez 5,13 u.ö.; die Lutherübersetzung setzt trotz folgendem Verb 1.sg. oder Ptz. auch einen Nominalsatz voraus in Ez 7,9; 12,25; 26,14; 36,36.

670 Vgl. W.Zimmerli, Ezechiel, 136; K.-F.Pohlmann, Hesekiel, 81; K.Schöpflin, Theologie, 199f.

671 Zu diese Abgrenzung vgl. auch F.Sedlmeier, Ezechiel, 105; ähnlich K.-F. Pohlmann, Hesekiel, der zwar Kap. 1–3 und Kap. 4–7 zusammennimmt, allerdings Kap. 3,16–21 als eigenen Abschnitt nach dem Visionenteil behandelt und auch mit einem Unterabschnitt 4,1–5,17 rechnet. In Kap. 6,1 ist mit der Wortereignisformel ein neuer Abschnitt markiert.

672 Zur Frage der Erweiterungen innerhalb dieses Textkomplexes vgl. etwa W. Zimmerli, Ezechiel, 136; K.-F.Pohlmann, Hesekiel; F.Sedlmeier, Ezechiel, jeweils die Auslegungen zu den entsprechenden Kapiteln; K.Schöpflin, Theologie, 199ff.

reich werden unter anderem die "Schlußsignale in 5,13.15.17"[673] gewertet.[674]
ʾanî Yhwh dibbartî hat in Kap. 5 redebeschließende Funktion. Ergänzer
haben sich diese zunutze gemacht, indem sie ihre Ergänzungen an den
ursprünglichen Text angeschlossen und durch die Wiederholung von
ʾanî Yhwh dibbartî (V. 17) angebunden haben. Eine solche Wiederholung zeigt, dass *ʾanî Yhwh dibbartî* neben der redebeschließenden auch
eine inhaltliche Funktion zukommt, die auch dann erhalten bleibt, wo
es, wie jetzt in V. 15, die sekundär ergänzte Rede nicht mehr beschließt.
Zu V. 14f schreibt Zimmerli:

"Die Gerichtsrede mündet in die herrische Selbstaussage 'Ich, Jahwe, habe geredet'
aus. (...) Die Wahrnehmung, daß diese Formulierung in der abschließenden Erkenntnisformel an die Stelle der Formel der göttlichen Selbstvorstellung treten
kann (17₂₁ 37₁₄), beweist deutlich, daß in ihr ein Moment göttlicher Selbstvorstellung mitschwingt (...) So wird durch die Schlußformel 'Ich, Jahwe, habe geredet'
das Gericht Jahwes über Jerusalem als Auswirkung eines göttlichen Redens verstanden, in dem Jahwe sich in seinem Personengeheimnis offenbar macht. Dieses
göttliche Offenbarungsreden aber ist in keinem Fall 'nur Wort' (6₁₀ וידעו כי אני
יהוה לא אל חנם דברתי). Es ist das Wort, das Geschehnis wirkt. So kann die Schluß-
formulierung denn noch eine Erweiterung erfahren und voller lauten אֲנִי יְהֹוָה
דִּבַּרְתִּי וְעָשִׂיתִי. (...) Diese ganze Formelsprache ist für das Verständnis des prophetischen Wortes von nicht zu unterschätzender Bedeutung."[675]

Radikal anders gegenüber den bisher besprochenen Vorkommen von
ʾanî Yhwh außerhalb Ezechiels ist ihr Kotext. Im Heiligkeitsgesetz, das
in Kap. 26 Fluchandrohungen für den Fall des Nichtbefolgens der Gebote enthält, wird *ʾanî Yhwh* in diesem Kotext nicht gesetzt, wohl aber
im Rahmen der Segensverheißungen (Lev 26,13) bzw. in dem Teil, der
Gottes Wiederzuwendung nach geschehener Strafe verspricht (Lev
26,44f). Bei Deuterojesaja zielte der Kotext der *ʾanî Yhwh*-Aussage ausschließlich auf für Israel heilvolles Geschehen. Die Verwendung im Zusammenhang mit der Herausführungsaussage (Ex 6,2–8; Dekalog) impliziert ebenfalls einen heilvollen Zusammenhang. Hier in Ez 5 erklingt *ʾanî Yhwh dibbartî* demgegenüber nach härtesten Unheilsansagen.
In Ez 12,25[676] steht die *ʾanî Yhwh*-Aussage nicht redebeschließend,
aber doch im Schlußteil der Einheit 12,21–25[677]. Ihr folgt ein Verb in

---

673 K.Schöpflin, Theologie, 212, Anm. 451.
674 Nach W.Zimmerli, Ezechiel, 134, gehört 5,15 zum Grundbestand und bildet
den ursprünglichen Abschluss der Einheit. Die Vv. 13 und 17 würden demnach
zwei verschiedenen Erweiterungen angehören (vgl. F.Sedlmeier, Ezechiel,115), die,
was die Verwendung der Formel anlangt, in Anschluss an V. 15 formuliert worden
wären, wobei V. 13 allerdings abweichend die Erkenntnisaussage statt der *ʾanî
Yhwh*-Aussage enthält. (Vgl. ebd. 134f.)
675 W.Zimmerli, Ezechiel, 134f.
676 Zu der Konstruktion … אֲדַבֵּר אֵת אֲשֶׁר אֲדַבֵּר דָּבָר vgl. etwa W.Zimmerli, Ezechiel, 274.

der 1. sg. Präformativkonjugation,[678] ein כִּי[679] ist der Aussage vorange-
stellt[680]: ... אֲדַבֵּר דָּבָר. כִּי אֲנִי יְהוָה אֲדַבֵּר אֵת אֲשֶׁר. In 12,21–25 setzt sich
Jahwe mit einer in V. 21 zitierten, unter den Israeliten umlaufenden
Aussage auseinander, die "die Zuverlässigkeit jeglicher prophetischer
Offenbarung in Zweifel"[681] zieht. Dem stellt Jahwe die Tatsache gegen-
über, dass *er* es ist, der redet, im Sinne von ankündigt; in dieser Tat-
sache liegt die Gewähr für das Eintreffen des Angekündigten.[682]
Wie in Ez 20 kommen in 14,1 Männer von den Ältesten Israels um den
Propheten zu befragen. Jahwe reagiert auf dieses Ansinnen, indem er
das Thema Götzdendienst ins Spiel bringt.

"Demnach sind Götzdendienst, der eine Absage an JHWH impliziert, und JHWH-
Befragung durch einen Propheten, was eine Anerkenntnis und Bejahung JHWHs
einschließt, nicht miteinander kompatibel."[683]

Die Vv. 4 und 7 sind in großen Teilen parallel formuliert, in V. 4 folgt
auf *ʾanî Yhwh* eine 1. sg. AK ni. von עָנָה, in V. 7 stattdessen Partizip ni.
von עָנָה. Dass sich die Frage der syntaktischen Konstruktion an diesen
Stellen nicht von selbst versteht, deutet die Übersetzung Zimmerlis an:
Während in der Regel *ʾanî Yhwh* als Subjekt zum Verb gezogen wird,
fällt in seiner Übersetzung auf, dass er *ʾanî Yhwh* irgendwie zwischen
selbstständigem Satz und Subjekt mit Apposition ansiedelt: "... dem
lasse ich – ich Jahwe – 'mich selber' zur Antwort bewegen"[684].
Inhaltlich erfüllt *ʾanî Yhwh* ... eine überraschende Funktion: Nach dem
Vorsatz, der wie der erste Teil eines kasuistischen Rechtssatzes formuliert ist (*Ein jeder aus dem Hause Israel, der seine Götzen vor sich auf-
steigen lässt zu seinem Herzen*[685] *und das, was zur Sünde Anlass gibt,*

---

[677] In V. 26 markiert die Wortereignisformel einen Neueinsatz, allerdings wird in
Vv. 26–28 das Thema von Vv. 21–25 weiter verfolgt.
[678] Sonst nur noch Ez 34,24.
[679] K.-F.Pohlmann, Hesekiel, 172 versteht כִּי hier deiktisch ("fürwahr"), aber
auch ein begründender Anschluss an das Vorausgehende ist durchaus denkbar.
[680] Außerhalb der Erkenntnisaussage noch in Ez 21,37.
[681] K.-F.Pohlmann, Hesekiel, 181.
[682] Dass דבר hier in der Präformativkonjugation erscheint, statt wie an etlichen
anderen Stellen bei Ezechiel im Zusammenhang mit der *ʾanî Yhwh*-Aussage in der
Afformativkonjugation, ist wohl so zu erklären, dass אֲדַבֵּר hier eine Handlung als
eine ankündigt, die sich wiederholen wird (zur Funktion des Imperfekt "zum Ausdruck sich wiederholender Handlungen", D.Michel, Tempora und Satzstellung
176): "ich werde (immer wieder) reden", während an den *ʾanî Yhwh dibbartî*-Stel-
len konkrete Redeinhalte vorausgehen. (Anders K.Schöpflin, Theologie, 258, die
übersetzt: 'Denn ich, Yhwh, sage, was ich sage, und es wird geschehen ...'" und das
Ganze als "Grundsatzaussage" versteht.)
[683] F.Sedlmeier, Ezechiel, 192; vgl. auch K.-F.Pohlmann, Hesekiel, 200.
[684] W.Zimmerli, Ezechiel, 300, für Vers 4 und Vers 7.
[685] Vgl. dazu F.Sedlmeier, Ezechiel, 191: "Da das Herz die Mitte der Person und
der Sitz des Denkens und Wollens ist, ist die Existenz dieser Männer, die das Got-
tesvolk repräsentieren, von innen heraus von ihren Götzen geprägt."

sich gegenüber aufstellt und kommt (dann) zum Propheten:...), erwartet man eigentlich eine Straffolge. An die Stelle der Straffolge tritt in V. 4 *ʾanî Yhwh* ... (... אֲנִי יְהוָה נַעֲנֵיתִי לֹו)[686]. Wie in Ez 20 ist ein polemischer Kotext gegeben, das *ʾanî Yhwh* ... tritt angesichts der Götzen auf den Plan.[687] Dass in V.4.7 *ʾanî Yhwh* ... eine Strafandrohung impliziert, wird außer an seiner Stellung (in einer als Rechtssatz gestalteten Aussage) in V. 8 deutlich, der diese Straffolge ausführt.

Zum gleichen Kotext gehört ein weiterer Beleg in V. 9: Auch hier übersetzt Zimmerli analog zu V. 4.7: " ... dann betöre ich – ich Jahwe – diesen Propheten"[688]. *ʾanî Yhwh* ... leitet die Strafandrohung ein.[689]

Die Vv. 22–24 gelten allgemein als Zusatz in Kapitel 17,[690] das in den Versen 1–10 ein Bildwort, in den Vv. 11–21 dessen Deutung enthält.

In 17,24 heißt es: *Alle Bäume des Feldes sollen erkennen, dass ich (allein) Jahwe bin; einen hohen Baum erniedrige ich,[691] ich erhöhe einen niedrigen Baum, trockne frisches Holz aus und bringe dürres Holz zum Blühen. Ich (allein) bin Jahwe, der das sagt und tut.*

Die *ʾanî Yhwh*-Aussage steht redebeschließend, die Formulierung *ʾanî Yhwh dibbartî* ist bereits aus Kapitel 5 bekannt, die Fortführung mit *weʿāsîtî* erfolgt hier im Kapitel 17 erstmalig. Von den bisherigen *ʾanî*

---

[686] "An die Stelle der neutralen Strafformulierung, die nach dem strengen Stil des Sakralrechts zu erwarten wäre (Lv 17,4.9.14, daneben aber 17,10, 20,2.4f), tritt die schärfste personale Formulierung. In dem אני יהוה, das die göttliche Gerichtsankündigung einleitet, klingt die Formel der Selbstvorstellung an, die nicht nur im Dekalog die Proklamation der Rechtssätze eröffnet, sondern auch in H von Lv 18 ab oft die einzelnen Rechtssatzreihen abschließt (vgl. zu Ez 20,7), und die ihren Sitz in bestimmten Akten der Rechtsproklamation gehabt haben wird (...). (...) Ohne jede nähere Einzelausführung der Drohung tritt Jahwe mit seinem formal angreifenden: Ich, ich selber lasse mich zur Antwort bewegen (...), dem Frager entgegen. Unheimlich gewittert hinter dieser wenig und zugleich viel sagenden Antwort die Fülle der göttlichen Unheilsdrohung." (W.Zimmerli, Ezechiel, 310.)

[687] Zimmerli hat für Ez 14,1–11 einen "breiten Einbruch sakraler Rechtssprache in das Prophetenwort" (W.Zimmerli, Ezechiel, 307) notiert (wird ausführlich erläutert 302ff); auch K.-F.Pohlmann, Hesekiel, 198 rechnet für den Kern des vorliegenden Textes, den er in 7–11* sieht, mit einer Rechtsunterweisung; vgl. auch F.Sedlmeier, Ezechiel, 193; K.Schöpflin, Theologie, 313f.

[688] W.Zimmerli, Ezechiel, 300.

[689] Vgl dazu auch W.Zimmerli, Ezechiel, 312.

[690] Vgl. W.Zimmerli, Ezechiel, 377; F.Sedlmeier, Ezechiel, 223; K.-F.Pohlmann, Hesekiel, 238 nimmt schon ab V. 19 eine andere Textschicht an.

[691] W.Zimmerli, Ezechiel, 373: *... und alle Bäume des Feldes werden erkennen, daß ich, Jahwe, den hohen Baum erniedrigt habe ...;* anders die Lutherübersetzung: "Und alle Bäume auf dem Felde sollen erkennen, daß ich der HERR bin: Ich erniedrige den hohen Baum (...)", und K.-F.Pohlmann, Hesekiel, 237: "Und es werden erkennen alle Bäume des Feldes, daß ich Jahwe bin. Ich erniedrige den hohen Baum (...)."

Yhwh-Stellen bei Ezechiel unterscheidet sich das Vorkommen in 17,24 zudem durch den Kotext, der eine heilvolle Zukunft thematisiert.[692] Wie in Kap. 5 ist auch hier zu verzeichnen, dass Ergänzer die für den ihnen vorliegenden Ezechieltext charakteristische *ʾaNî Yhwh*-Aussage aufgegriffen,[693] und ihre Ergänzungen mit ihr abgeschlossen haben. In der Verwendungsweise haben sie sich eng an die ihnen bereits vorgegebene angeschlossen. Das zeigt, dass die Ergänzer selbst in der *ʾaNî Yhwh*-Aussage etwas für den vorliegenden Ezechieltext Typisches erkannt haben, sodass sie ihre Ergänzungen damit "ezechielisieren" konnten, und dass die *ʾaNî Yhwh*-Aussage von ihrer inhaltlichen Leistung her geeignet war, diese Ergänzungen zu autorisieren.

Im Hinblick auf die Verwendung der *ʾaNî Yhwh*-Aussage bringt Ez 21,22 wenig Neues. Sie hat die Form *ʾaNî Yhwh dibbartî*, steht redebeschließend, in einem schlimmstes Gericht thematisierenden Kotext.[694] In besonders krasser Weise präsentiert sich Jahwe hier als derjenige, der den Vollzug des Gerichts vorantreibt.[695]

Die Verse 21,33–37 gelten als jüngere Ergänzung zu Kap. 21.[696] Die Aussage *ʾaNî Yhwh dibbartî* steht in 21,37 redebeschließend, sie wird durch כי eingeleitet.[697] Sie beschließt ein Gerichtswort, das sich nicht auf Israel bezieht. Sie wird von späteren Ergänzern in Dienst genommen um ihre Ergänzungen einzubinden und ihnen das volle Gewicht und die volle Zuverlässigkeit des von Jahwe höchstpersönlich ergangenen Wortes zu verleihen.

---

[692] Vgl. F.Sedlmeier, Ezechiel, 223; W.Zimmerli, Ezechiel, 389f; K.-F.Pohlmann, Hesekiel, 254ff.

[693] Möglicherweise liegt in der Hinzufügung von *weʿāsîtî* eine Interpretation des *ʾaNî Yhwh dibbartî* durch die Ergänzer vor, die expliziert, was *dibbartî* bereits impliziert. Drei der vier Vorkommen der um *weʿāsîtî* erweiterten Aussage stehen in Texten, die als Ergänzungen eingestuft werden (außer 17,24 noch 22,14; 36,36; anders 24,14).

[694] Die Frage, welcher Schicht bzw. welchen Schichten im Ezechielbuch das 'Schwertlied' in Ez 21,13–22 zuzuweisen ist, ist strittig. Während W.Zimmerli, Ezechiel, 473f und F.Sedlmeier, Ezechiel von einem zweistrophigen Lied (Vv. 14–17/18; Vv. 19–22) ausgehen, dessen beiden Strophen, von Ergänzungen innerhalb der Strophen abgesehen (vgl. W.Zimmerli, Ezechiel, 473f), auf einer Ebene liegen, und das vielleicht auf vorgegebenes Traditionsgut zurückgeht, weist K.-F. Pohlmann, Hesekiel, 325, die Vv. 14–18 und 19–22 unterschiedlichen Händen zu.

[695] Vgl. dazu W.Zimmerli, Ezechiel, 478f.

[696] Vgl. W.Zimmerli, Ezechiel, 496; K.-F.Pohlmann, Hesekiel, 326; F.Sedlmeier, Ezekiel, 309.

[697] Vgl. so noch in Ez 12,25 und 26,14. Verschiebungen in Bedeutung oder Funktion der Aussage *ʾaNî Yhwh dibbartî* ergeben sich durch die Setzung des כי in Ez 21,37 kaum; nimmt man eine deiktische Verwendung an, erhält die folgende Aussage eine Art vorgezogenes Ausrufezeichen; versteht man כי konjunktional-begründend, hätte der Ergänzer den impliziten Zusammenhang, der zwischen der *ʾaNî Yhwh dibbartî*-Aussage und den vorausgehenden Ankündigungen an allen Stellen besteht, durch כי expliziert.

Kotext der *ᵃnî Yhwh*-Aussage in 22,14, in der um *wᵉᶜasîtî* erweiterten Form *ᵃnî Yhwh dibbartî wᵉᶜāsîtî*, ist eine Gerichtsansage über Jerusalem. Im jetzigen Kotext endet die Jahwerede nicht mit der *ᵃnî Yhwh*-Aussage, erst die Erkenntnisaussage in V. 16 beschließt die Jahwerede; die "Vorschlußstellung in Kombination mit einer weiteren *ᵃnî Yhwh*-Aussage oder Erkenntnisaussage findet sich auch im Heiligkeitsgesetz, in Ez 5,15.17 war sie Hinweis für eine Textergänzung.[698] Die *ᵃnî Yhwh*-Aussage steht in Ez 24,14 nicht redebeschließend, leitet aber die Schlussaussage (vgl. Textabschluss durch נְאֻם אֲדֹנָי יְהוִה V. 14 Ende) ein. Singulär ist das zwischen *dibbartî wᵉᶜāsîtî* geschaltete בָּאָה (דִּבַּרְתִּי בָּאָה וְעָשִׂיתִי), das deshalb auch unter dem Verdacht des Einschubs steht,[699] m.E. ohne besonders gute Gründe, denn einen so erratischen Eindruck macht die Wendung *dibbartî wᵉᶜāsîtî* keinesfalls, dass sie nicht variiert werden könnte. Wenn die Eroberung und Zerstörung Jerusalems, die hier Thema ist, den "Tief- und Wendepunkt in der Verkündigung des Propheten markiert"[700], kann eine solche Variation, die das Eintreffen hervorhebt, durchaus dem Ausdruck gesteigerter Dramatik dienen.

Zwei Vorkommen der Aussage *ᵃnî Yhwh dibbartî*, Ez 26,14[701] und Ez 30,12, stehen im zweiten Teil des Ezechielbuches, der Worte gegen Fremdvölker enthält, in 26,1–21 Unheilsansagen gegen Tyros, in Kap. 29–32 Worte gegen den Pharao und gegen Ägypten. Die Aussage steht jeweils redebeschließend, der Kotext ist Gerichtsansage.

---

[698] Dass die Jahwerede nach der *ᵃnî Yhwh*-Aussage noch fortgeführt wird, ist vermutlich einer der Gründe, warum K.-F.Pohlmann, Hesekiel, 327, die Vv. 15f als Ergänzung ausweist; anders W.Zimmerli, Ezechiel, 512, der in den Vv. 13–16 insgesamt eine spätere Zufügung vermutet, noch "von Ez oder seiner Schule".

[699] Vgl. W.Zimmerli, Ezechiel, 558f.

[700] F.Sedlmeier, Ezechiel, 322.

[701] Da יהוה in etlichen Handschriften fehlt und sich mit dem folgenden נְאֻם אֲדֹנָי יְהוִה eigentümlich doppelt (ähnlich innerhalb der Rede in 36,23), ist es vermutlich ein Zusatz, vgl. W.Zimmerli, Ezechiel, 609. Mit 26,14 ist nur noch 37,14 vergleichbar, hier steht *ᵃnî Yhwh dibbartî wᵉᶜāsîtî* allerdings im Rahmen einer Erkenntnisaussage und reibt sich von daher nicht mit dem folgenden נְאֻם אֲדֹנָי יְהוִה. Regelmäßig steht נְאֻם אֲדֹנָי יְהוִה nach vorausgehendem *kî ᵃnî dibbartî*. Da in diesem *kî*-Satz der Jahwename nicht steht, erscheint das abschließende נְאֻם אֲדֹנָי יְהוִה nicht wie in 26,14 als Dopplung, nach vorausgehendem *kî ᵃnî dibbartî* ist eine Klarstellung des Autors der vorausgehenden Rede sinnvoll. M.E. sollte man zwischen *kî ᵃnî dibbartî* und *ᵃnî Yhwh dibbartî (wᵉᶜāsîtî)* unterscheiden (anders K.Schöpflin, Theologie, 105–107); ersteres wird an den vier (wenn man 26,14 dazu zählt, fünf) Stellen, an denen es vorkommt (Ez 23,34; 26,5; 28,10; 39,5) immer durch *kî* eingeleitet [*ᵃnî Yhwh dibbartî (wᵉᶜāsîtî)* nur in wenigen Fällen] und es schließt sich jeweils נְאֻם אֲדֹנָי יְהוִה an; im ersten, Gericht gegen Israel thematisierenden, Teil des Ezechielbuches kommt diese Aussage zudem nur einmal vor. – Vgl. zu 26,14 auch Lutherübersetzung, die hier von einem Nominalsatz gefolgt von einem Verbalsatz ausgeht. "Denn ich bin der HERR, der dies redet…"

Im dritten Teil des Ezechielbuches, in dem das Heil für Israel im Vordergrund steht, ist die *'anî Yhwh*-Aussage in Ez 34,24 und 36,36 belegt. "Ez 34 handelt von den Hirten Israels und vom Ergehen des Gottesvolkes unter schlechter und guter Hirtenschaft."[702] Die Abfolge *'anî Yhwh* kommt in V. 24[703] zweimal vor. Im ersten Fall als Bestandteil der Bundesformel, weitergeführt mit einem Verb der 1. sg. Präformativkonjugation[704] (וַאֲנִי יְהוָה אֶהְיֶה לָהֶם לֵאלֹהִים); diese Verknüpfung mit der Bundesformel ist singulär. Zu beachten ist, dass es im Kotext um klare Verhältnisbestimmungen geht; nach Ez 34,16ff übernimmt Jahwe das Hirtenamt selbst; wenn er jetzt einen anderen als Hirten einsetzt, ist es wichtig, die Zuordnung Hirte – Jahwe zu klären: der neue Hirte David[705] ist dem Alleinigkeitsanspruch Jahwes untergeordnet (*aber Jahwe bin nur ich, ich will ihnen zum Gott werden*).

Das zweite Vorkommen ist die für Ezechiel typische Formulierung *'anî Yhwh dibbartî*, die hier zwar formal nicht redebeschließend ist, wohl aber einen inhaltlichen Einschnitt markiert.[706] Die Verse 23f sind zudem "etwas später an 17–22 angeschoben"[707].

In Ez 36,33–36 geht es um die Ansage der Wiederherstellung des verwüsteten Landes, das wie der Garten Eden werden soll. Die Verse gelten als nachgetragen.[708] Da V. 37 mit der *kô 'āmar*-Formel neu einsetzt, steht *'anî Yhwh dibbartî wᵉʿāsîtî* redebeschließend.[709]

6.4.4.3 Zusammenfassung und Auswertung

Der/die Verfasser des Ezechielbuches hat/haben (wie Kap. 20 zeigt) die eigenständige *'anî Yhwh*-Aussage gekannt. Charakteristisch für die *'anî Yhwh*-Aussage im Ezechielbuch ist zum einen ihre Verankerung im Rahmen von Unheilsansagen. Der Kotext bot Hinweise, die auch für Ezechiel die Annahme einer Aussage, die auf ein *nur ich /ich allein …* zuläuft, wahrscheinlich machen. Wie immer man den Grundstock des Ezechielbuches datiert, die Verbindung zur Exilskatastrophe ist deutlich; dass die Bewältigung dieser Katastrophe und die Ausbildung des Monotheismus in einem Zusammenhang stehen, ebenfalls. Wenn das Exil nicht Zeichen von Jahwes Ohnmacht war, dann war es Jahwes

---

[702] W.Zimmerli, Ezechiel, 832.

[703] Zur Ankündigung des kommenden Davids (anstatt eines Nachkommens aus seinem Geschlecht) vgl. im AT nur noch Hos 3,5 und Jer 30,9f (vgl. dazu W.Zimmerli, Ezechiel, 842f).

[704] Vgl. dazu Ez 12,25.

[705] Zur Bezeichnung נשׂיא statt מלך vgl. W.Zimmerli, Ezechiel, 842ff.

[706] Vgl. etwa W.Zimmerli, Ezechiel, 841–844; K.-F.Pohlmann, Hesekiel, 461.

[707] W.Zimmerli, Ezechiel, 844; vgl.auch K.-F.Pohlmann, Hesekiel, 464.

[708] W.Zimmerli, Ezechiel, 872; K.-F.Pohlmann, Hesekiel, 484.

[709] Außerdem findet sich in 36,36 die Wendung: *kî 'anî Yhwh bānîtî*; die Lutherübersetzung geht von Nominalsatz + Verbalsatz ausgeht: "*…daß ich der HERR bin, der da baut,…*".

souveräner Wille.[710] Es gab dann weder die Hinwendung zu anderen, stärkeren Göttern, noch die Hoffnung auf besänftigenden Einfluss anderer Götter auf Jahwe, wie das in einem Pantheon durchaus möglich gewesen wäre. Es gab nur die direkte Konfrontation mit Jahwe allein. Jahwe tritt seinem Volk direkt gegenüber. Auf der Erkenntnis des Zusammenhangs zwischen den geschichtlichen Widerfahrnissen und Jahwes Anspruch liegt im Ezechielbuch, angezeigt durch die Erkenntnisaussage, der Schwerpunkt. Die Erkenntnisaussage setzt m.E. das Verständnis der ʾanî yhwh-Aussage in einem Ausschließlichkeit beanspruchenden Sinn voraus.[711] Die ʾanî yhwh-Aussage außerhalb der Erkenntnisaussage ist bei Ezechiel dieser nachgeordnet, steht aber wie diese für den Zusammenhang zwischen geschichtlichen Vorgängen und Jahwe selbst.

Ebenso charakteristisch wie das Vorkommen im Kotext von Unheilsansagen ist die Fortführung der ʾanî Yhwh-Aussage im Ezechielbuch durch *dibbartî*. Die Frage der Syntax von ʾanî Yhwh dibbartî – Verbalsatz mit vorangestelltem Subjekt und Apposition zum Subjekt oder Nominalsatz + Verbalsatz – wird sich wohl nicht definitiv klären lassen. Möglicherweise ergibt sich das Problem aber überhaupt erst durch die Übersetzung, in der wir vom Deutschen her gezwungen sind, uns für eine der beiden Möglichkeiten zu entscheiden. Es ist denkbar, dass sich im Hebräischen die beiden Alternativen so gar nicht stellten und ein Ineinanderliegen zu verzeichnen ist. Eine Wiedergabe im Sinne von *Ich, Jahwe, sage (es)* hat im Deutschen jedoch den Nachteil, dass die eigenständige ʾanî Yhwh-Aussage viel weniger anklingt als sie es im Hebräischen auf jeden Fall tut. Angesichts der Tatsache, dass das Verständnis von ʾanî Yhwh dibbartî als Nominalsatz + Verbalsatz oder von *dibbartî* als asyndetischem Relativsatz möglich ist, bevorzuge ich eine Übersetzung, die auch im Deutschen ʾanî Yhwh als selbstgewichtige Aussage erkennen lässt: *Ich allein bin Jahwe. Ich rede. / Ich allein bin Jahwe, der (das) sagt.*
Inhaltlich dürfte die Setzung von *dibbartî* im Anschluss an die ʾanî Yhwh-Aussage mit dem Interesse am Zusammenhang 'prophetische Ansage – Erfüllung' zusammenhängen und die "unbedingte Wirksamkeit des einmal gesprochenen Yhwh-Wortes"[712] unterstreichen.[713] Hebräisches Perfekt kann "eine Handlung bezeichnen, deren Zeitstufe die Gegenwart" ist, es geht bei dem im Perfekt ausgedrückten Sachverhalt dann um "eine selbstgewichtige Tatsache (…) die in keinem Abhängigkeitsverhältnis steht"[714]; das Perfekt kann das Konstatieren von Fakten

---

710 Vgl. dazu etwa K.-F.Pohlmann, Hesekiel, 101f.
711 Die Interpretation der Erkenntnisaussage muss an anderer Stelle erfolgen.
712 K.Schöpflin, Theologie, 107.
713 Vgl. zu diesem Problemkreis Ez 12,25.
714 D.Michel, Tempora und Satzstellung, 89.

ausdrücken.[715] Unter der Voraussetzung von Jahwes alleiniger Wirksamkeit (*anî Yhwh), weil es nichts und niemandem gibt, der Jahwes Vorhaben behindern könnte, trägt das Faktum des dibbartî die Gewähr für die Erfüllung des Gesagten in sich.[716] Insofern ist die nochmalige Ergänzung um weᶜāsîtî fast ein Pleonasmus; weᶜāsîtî expliziert, was in dibbartî bereits implizit enthalten ist.

Im Ezechielbuch dürfte die Aussage *anî Yhwh dibbartî von vornherein dazu tendiert haben, Rede zu beschließen oder Texteinschnitte zu markieren.[717] Diese Funktion haben sich Ergänzer, die die Aussage bereits als charakteristisch für das Ezechielbuch vorfanden, zunutze gemacht, um ihre Zusätze zu 'ezechielisieren' und sie unter die Autorität Jahwes zu stellen.

Dass die Ich-Rede Jahwes, wie sie die *anî Yhwh-Aussage transportiert, auch den Charakter der Vergegenwärtigung einer nicht leibhaft anwesenden Größe hat,[718] zeigt die Tatsache, das dort, wo sich die Präsenz Jahwes in anderer Weise manifestiert, wie in den Visionen, die *anî Yhwh-Aussage fehlt.

6.4.5 *ānokî Yhwh bei Hosea

Unter den verbleibenden Belegen der *anî Yhwh-Aussage in den prophetischen Büchern sind die beiden Belege im Hoseabuch die interessantesten.

Hos 12,10 und 13,4 sind, was die *anî Yhwh-Aussage anlangt, gleichlautend: Langform des Pronomens der 1. sg. *ānokî, die um *ᵃlohæka erweiterte Aussage, die noch einmal, und einmalig im AT, um מֵאֶרֶץ מִצְרָיִם erweitert wird. Die Aussage *ānokî Yhwh *ᵃlohæka + Hinweis auf Herausführung aus Ägypten verbindet diese beiden Stellen eng mit dem Dekalogvorspruch und Ps 81,11. Weitere Gemeinsamkeiten ergeben sich durch den in Hos 13,2 vorausgehenden Vorwurf des Bilderdienstes (nicht in Ps 81) und den in Hos 13,4b folgenden Alleinigkeitsanspruch Jahwes. Da Hos 13,4 den prägnanteren Kotext aufweist, sind die beiden Belege von Hos 13,4 her aufzuschlüsseln.

---

[715] Vgl. D.Michel, Tempora und Satzstellung, 99.

[716] Vgl. dazu etwa W.Zimmerli, Ezechiel, der zu 22,14b schreibt: "Jahwes Reden aber birgt Geschehen in sich" (512) und auf 12,25.28; 17,24; 24,14; 36,36; 37,14 verweist; anders K.Schöpflin, Theologie, 106, die davon ausgeht, dass die "Formulierung das vorausgehende Yhwhwort als ausgesprochen und verwirklicht (...) hinstellt" und "eine gewisse Distanz zu dem vorausgehenden Gotteswort voraus[setzt], auf das sie sich bezieht: Aus dem Abstand heraus wird konstatiert, daß das Angekündigte eingetroffen ist".

[717] Vgl. ähnlich im Heiligkeitsgesetz, dazu oben Kap. 6.2.4.

[718] Vgl. dazu etwa ob. Kap. 5.3 oder 6.2.4.13; vgl. auch W.Zimmerli, Ich bin Jahwe, zu *anî Yhwh dibbartî (weᶜāsîtî) bei Ezechiel: "Das Anlauten dieses kurzen Schlußsatzes mit den Worten der SF unterstreicht in ganz besonderer Weise die volle, persönliche Gegenwärtigkeit Jahwes in seinem Wort." (17).

Hos 12,10	וְאָנֹכִי יְהוָה אֱלֹהֶיךָ מֵאֶרֶץ מִצְרָיִם עֹד אוֹשִׁיבְךָ בָאֳהָלִים כִּימֵי מוֹעֵד *Ich (allein aber) bin Jahwe, dein Gott von Ägypten her, ich werde dich noch einmal in Zelten wohnen lassen wie in den Tagen der Begegnung.*
Hos 13,4	וְאָנֹכִי יְהוָה אֱלֹהֶיךָ מֵאֶרֶץ מִצְרָיִם וֵאלֹהִים זוּלָתִי לֹא תֵדָע וּמוֹשִׁיעַ אַיִן בִּלְתִּי *Ich (allein aber) bin Jahwe, dein Gott von Ägypten her und einen Gott außer mir kennst du nicht und außer mir gibt es keinen Helfer.*

Für Hos 13,4 spricht der (polemische) Kotext (vgl. V. 4b; V. 2 Götterbilder; V. 9.10 die als gegen Jahwe gerichtet interpretierte Forderung nach einem König) eine klare Sprache: Ein Verständnis der *ʾānokî Yhwh*-Aussage im Sinne eines *Ich allein/nur ich bin Jahwe, dein Gott von Ägyten her ...* fügt sich in diesen Kotext bestens ein.[719] Zwar bietet der Kotext von Hos 12,10 keine vergleichbaren Hinweise, aber es gibt keine Gründe die *ʾānokî Yhwh*-Aussage in 12,10 und 13,5 unterschiedlich zu verstehen, zumal der Kotext in Hos 12,10 einem Verständnis wie für Hos 13,4 angenommen nicht widerspricht.

Während sich die Interpretation für Hos 13,4 auf dem Hintergrund der bisher besprochenen Texten zwanglos ergibt, verknüpft sich mit den beiden Belegen im Hosea-Buch die Frage, wie weit sich die *ʾānokî Yhwh*-Aussage (in Verbindung mit der Auszugsthematik) in ihrer theologisch prägnanten Fassung zurückverfolgen lässt. Die entscheidende Frage lautet: Ist Hosea 13,4 hoseanisch oder nicht? Während unter den Auslegern, die einen sowohl die Ablehnung von Bildern als auch die Vorstellung der Eifersucht Jahwes, wie sie im Dekalog ausgesprochen sind, auf Hosea (mit) zurückführen[720] oder davon ausgehen, dass "Hos 13,4 (...) (zusammen mit 12,10) das älteste datierbare Zeugnis im Alten Testament für die Verbindung von Selbstvorstellung Jahwes (De-

---

[719] Vgl. etwas E.Bons, Hosea, 162, der zu Hos 13,4 festhält: "Diese Beziehung (sc. Jahwe – Israel, A.D.) schliesst andere, die mit ihr in Konkurrenz treten könnten, aus, ist also »exklusiv«." Dem ist zuzustimmen, aber darauf hinzuweisen, dass diese Exklusivität nicht nur durch den Kotext, sondern unmittelbar durch die *ʾānokî Yhwh*-Aussage zum Ausdruck gebracht wird. Insofern leistet sie mehr, als "auf eine Israel schon längst bekannte Selbstvorstellung" (H.-D.Neef, Heilstraditionen, 180) zurückzuverweisen und auch anderes, als zu signalisieren, "dass Jahwe die Begegnung mit seinem Volk sucht" (ebd. 181); vgl. aber auch: "Sein Alleinanspruch gründet in seiner Selbstoffenbarung, in der er als *Person* Israel gegenübertrat. Weil er sich selbst offenbarte und mitteilte, braucht Israel keine anderen Götter anzufertigen und anzubeten" (ebd., 192, zu Ex 20,4–6). Die Ausführungen zeigen exemplarisch, dass immer gespürt wurde, dass es mit der *ʾaîî Yhwh*-Aussage mehr auf sich hat, dass aber dem, was zur *ʾaîî Yhwh*-Aussage gedacht werden konnte, Grenzen gesetzt waren, solange sie unter dem Oberbegriff Selbstvorstellungsformel behandelt wurde.

[720] Vgl. Ch.Dohmen, Um unserer Freiheit willen, 16 und 17.

kaloganfang) und erstem Gebot [ist][721],[722] unterstreichen andere die
"Verwandtschaft [sc. von Hos 13,4; A.D.] mit DtJes 43, 10 und 45,
5.21"[723] und sprechen sich daher gegen eine hoseanische und für eine
Herkunft aus exilisch-nachexilischer Zeit aus.

Beide Hauptpositionen können Argumente für sich ins Feld führen, eindeutige Indizien für die Richtigkeit der einen oder anderen haben sich
aber bisher nicht ergeben und so wird man derzeit kaum zu sicheren
Ergebnissen kommen. Ich selbst neige dazu, Hos 12,10 und Hos 13,4
nicht vorschnell spät zu datieren; die Nähen von Hos 13,4 zu den genannten Deuterojesaja-Stellen sind zwar durchaus gegeben, zwingen
aber nicht zu der Annahme, dass Hos 13,4 nur exilisch-nachexilisch
sein könne.[724]

Sicher ist es das Ergebnis exilisch-nachexilischer Entwicklungen, dass
Jahwe schließlich als alleiniger Gott zunächst für Israel und letztlich
auch für die Welt dasteht. Vorstöße in diese Richtung, Versuche, den
Gott Jahwe als für Israel allein verbindlich zu positionieren, muss es
aber bereits von vorexilischen Zeiten an gegeben haben. Dass alle entsprechenden Indizien im alttestamentlichen Material Produkt späterer
Überarbeitungen sein sollen, ist einfach weniger wahrscheinlich, als
die Annahme von Vorstufen, von Ansätzen zu entsprechenden Gedanken, ohne dass eine gradlinige, bruchlose Entwicklung angenommen
werden müsste.[725]

Es ist unbestritten, dass das Exil in vielen Bereichen der Theologie und
der schriftlichen Niederlegung von Traditionen in größerem Stil kata-
lysatorisch gewirkt hat und vieles erst in exilisch-nachexilischer Zeit
seinen Niederschlag gefunden bzw. Redaktionen erfahren hat. Allerdings sind ja die exilischen und nachexilischen Theologen darum nicht
die "Erfinder" aller vorfindlichen Traditionen. Diese Traditionen können durchaus ein gutes Stück in die vorexilische Zeit zurückreichen,
auch wenn vieles in exilisch-nachexilischer Zeit neu zugeschnitten, neu
zugespitzt wurde.

Die Verbindung von *ʾānokî Yhwh ʾælohǣka* mit der Herausführung aus
Ägypten, die Wirkungsgeschichte entfaltet hat (vgl. Dekalog, Ps 81, Ex
6,2ff), muss irgendwo und irgendwann geprägt worden sein. Zu den
vorexilischen Traditionen gehört, vielleicht als eine unter mehreren Ur-

---

[721] J.Jeremias, Hosea, 163. Vgl. im Anschluss an Zimmerli, Wolf und Jeremias
auch H.-J.Hermisson, Deuterojesaja, 114; vgl. auch B.Lang, Jahwe-allein-Bewegung, 64, die Polemik gegen Bilder hält Lang indessen für "nachhoseanische Zusätze" (66); vgl. auch ders., Jahwe-allein-Bewegung: Neue Erwägungen, 104.

[722] Wenn E.Bons, Hosea, 154, 12,10f und 13,4 "als *Zitat* einer früheren Jahwerede" verstehen möchte, dann käme man für die oben angesprochene Verbindung in
vorhoseanische Zeit.

[723] H.Vorländer, Monotheismus, 96.

[724] Zu den Differenzen zwischen Hos 13,4 und Dtjes, vgl. etwa H.Rechenmacher,
"Ausser mir gibt es keinen Gott", 186.

[725] Vgl. dazu etwa: B.Lang, Jahwe-allein-Bewegung, 82f.

sprungserzählungen[726], die immer schon mit Jahwe verbundene Herausführung aus Ägypten. Mit dieser Tat beginnt die Beziehung Jahwe – Israel und verbindet beide "exklusiv"; nie ist der Gedanke aufgetreten (zumindest gibt es dafür keinerlei Spuren), die Herausführung aus Ägypten könnte die Tat eines anderen Gottes und mehrerer Götter gewesen sein. Das bedeutet nicht, dass damit von vornherein ein monolatrischer Anspruch verbunden gewesen sein muss, der Anspruch, für Israel dürfe es keine anderen Götter als Jahwe geben. Nur die Herausführung aus Ägypten ist wohl von Anfang an, unstreitig und allein mit dem Gott Jahwe verbunden.

Das Hoseabuch wendet sich gegen die "»Baalisierung« von Politik und Kult"[727], sieht darin ein Weglaufen von Jahwe, ein Vergessen Jahwes. Gegen die Baalstradition führt es "Israels geschichtliche Erfahrungen mit seinem Gott"[728] ins Feld; dabei werden "Exodus und Wüstenwanderung als Beginn der Liebeszuwendung des Gottes JHWH zu Israel"[729] entscheidend wichtig. Dass Hosea die Auszugs- und Wüstentradition stark macht, mag zum einen daran liegen, dass er die Baalstradition mit dem Kulturland verknüpft sieht; die Zeit vor dem Eintritt ins Kulturland und vor dem Kontakt mit den Baalen wird so zur "reinen" Urzeit. In einer Zeit großer Bedrohung des Nordreiches durch die assyrischen Angriffe,[730] mag die Auszugstradition aber auch geeignet gewesen sein, daran zu erinnern, dass Jahwes Wirkungsmacht nicht an das Land gebunden ist, dass er in die Geschichte eingetreten ist als einer, der extraterritorial agiert, als einer der sich gegenüber fremden Mächten, die die von ihm Erwählten bedrohen, überlegen erweist.[731]

---

726 Solche Ursprungserzählungen müssen nicht unbedingt miteinander rivalisiert haben (zum konfrontativen Nebeneinander von Jakob- und Exodustradition bei Hosea vgl. A.de Pury, Erwägungen, v.a. 428ff; als (ursprünglich) "konkurrierende Konzeptionen von den Ursprüngen Israels" versteht J.Chr. Gertz, Abraham, 76 Väter- und Exoduserzählung), sie können durchaus aspektivisch nebeneinander gestanden haben, wie heute noch im Kanon die beiden Schöpfungserzählungen.
727 "In religionsgeschichtlicher Hinsicht war das 8. Jh. eine der dezisiven Phasen in der Geschichte der JHWH-Religion, insofern sich die Wende von der unpolemisch-inklusiven zur polemisch-exklusiven JHWH-Monolatrie vollzog. In Hos spiegelt sich dieser Vorgang als Kampf Hoseas bzw. JHWHs gegen »Baal«, »die Baalim« und eine namentlich nicht genannte Göttin (vgl. Hos 4,18; 14,9) ..." (E.Zenger, Zwölfprophetenbuch, 477).
728 E.Zenger, Zwölfprophetenbuch, 477
729 E.Zenger, Zwölfprophetenbuch, 477.
730 "Die Epoche der formativen Phase in der Entstehung des Hoseabuches war in außenpolitischer Hinsicht durch die Expansion, des assyrischen Weltreichs bestimmt. (...) Nach der Eroberung von Samaria 722 v. Chr. wurde das Nordreich von den Assyrern ihrem Weltreich einverleibt." (E.Zenger, Zwölfprophetenbuch, 477; vgl. auch E.Bons, Hosea, 12f.)
731 Die u.a. von Hosea propagierte polemisch-exklusive Jahwe-Monolatrie hat sicher mehrere Wurzeln; da mag die zeitlich befristete ausschließliche Zuwendung zu einem Gott in Zeiten besonderer Not (vgl. etwa B.Lang, Jahwe-allein-Bewegung, 66–68; ders., Jahwe-allein-Bewegung: Neue Erwägungen, 104f) ebenso eine

Auf dem Hintergrund entsprechender Aussagen im Hoseabuch erscheint es mir zumindest möglich, dass, wenn nicht Hosea selbst, so diejenigen, die seine Worte tradierten, verschrifteten und erstredigierten, in der Aussage אָנֹכִי יהוה אֱלֹהֶיךָ מֵאֶרֶץ מִצְרָיִם Auszugstradition und die "wahre" Identität Jahwes, die in der Ich-Rede Jahwes hervortritt, eng miteinander verknüpften.[732] Die Tradenten hätten dann in der Aussage אָנֹכִי יהוה אֱלֹהֶיךָ מֵאֶרֶץ מִצְרָיִם ein Stück weit die Summe hoseanischer Theologie gezogen. Im Hoseabuch tritt Jahwe selbst, mit seinem Ich, für seinen Anspruch ein.[733] Jahwe tritt seinem Volk selbst und direkt gegenüber. Im Hoseabuch tritt eine polemisch-exklusive Jahwe-Monolatrie[734] zutage, auf deren Hintergrund auch die *ᵃānokî Yhwh*-Aussage polemisch, Anspruch erhebend zu verstehen ist und vermutlich verstanden werden sollte: *Nur ich/ich allein.* Gemeint ist das im Hoseabuch nicht im monotheistischen Sinn (das ist eine spätere Weiterentwicklung auch im Verständnis der *ᵃnî Yhwh*-Aussage); der Anspruch *Nur ich/ich allein* bezieht sich ausschließlich auf Israel und setzt andere Götter (außerhalb Israels) gerade noch voraus.

Wenn man Ausschau danach hält, wo und wann die *ᵃnî Yhwh*-Aussage ihren theologischen Aufstieg begonnen haben könnte, dann ist das Hoseabuch bzw. das theologische Umfeld, in dem es entstanden ist, ein möglicher Ausgangspunkt. Die Aussage אָנֹכִי יהוה אֱלֹהֶיךָ מֵאֶרֶץ מִצְרָיִם könnte von hier verschiedene Entfaltungen (Dekalogvorspruch, Ex 6,2ff, Ps 81,11) erfahren haben und von bestimmten theologischen Kreisen aufgegriffen worden sein.

Rolle gespielt haben, wie eine Jahwe-allein-Bewegung (vgl. etwa B. Lang, Jahwe-allein-Bewegung, passim), die ihrerseits unterschiedliche Beweggründe gehabt haben dürfte. Später mögen für die weitere Entwicklung in Richtung Monotheismus auch "Vorbilder" von außen eine Rolle gespielt haben; vgl. B.Lang, Die Jahwe-allein-Bewegung: Neue Erwägungen, 106f speziell für Jeremia: "Jeremias Gottesvorstellung orientiert sich weniger an der Überlieferung Israels als am Gottesglauben des damals ganz Vorderasien beherrschenden babylonischen Königs Nebukadnezzars II" (106) und allgemein: "Die an der Bildung des biblischen Monotheismus möglicherweise beteiligten Faktoren – die zeitweilige Monolatrie und die Gestalt Assurs, aber auch die Aton-Verehrung, der Glaube an Amun-Re, Marduk und A-hura Mazada – kommen aus unterschiedlichen Kulturen und wurden zweifellos zu unterschiedlichen Zeiten wirksam." (107)

[732] E.Bons, Hosea versteht אָנֹכִי יהוה אֱלֹהֶיךָ מֵאֶרֶץ מִצְרָיִם als Zitat "einer früheren Jahwerede" (154, vgl. auch162) und scheint davon auszugehen, dass sie nicht nur als solche von Hosea dargeboten wird, sondern auch tatsächlich älter ist als Hosea.

[733] Anders in weiten Teilen des DtrG, wo von Jahwe meist in 3. Person (יהוה הוּא הָאֱלֹהִים, vgl. 1.Kön 18,39) die Rede ist, oder in den Psalmen, in denen das Bekenntnis in der 2. Person vorherrscht.

[734] Zu diesem Begriff vgl. auch E.Zenger, Hosea, 477.

6.4.6 Die restlichen Belege in den prophetischen Büchern

Die verbleibenden Belege der ʾanî Yhwh-Aussage in den prophetischen Büchern (Jer 17,10[735]; Jer 32,27; Joel 2,27[736]; Sach 10,6[737]; Mal 3,6[738]) stehen in ihren jeweiligen Kotexten vereinzelt dar; ein besonderes theologisches Gewicht ist ihnen (vielleicht mit Ausnahme von Jer 32,27 s.u.) nicht (mehr) abzuspüren. Sie dokumentieren damit einmal mehr, dass die Hochzeit der ʾanî Yhwh-Aussage zeitlich begrenzt war und nur in bestimmten theologischen Stömungen[739] als "Schlüsselwort"[740] relevant wurde.

In Jer 32,27 (הִנֵּה אֲנִי יְהוָה אֱלֹהֵי כָּל־בָּשָׂר הֲמִמֶּנִּי יִפָּלֵא כָּל־דָּבָר) *Siehe, ich bin Jahwe, der Gott allen Fleisches, sollte mir etwas unmöglich sein?*) beginnt (nach einer Einleitung in V. 26) die Anwort Gottes auf Jeremias Gebet (Vv. 16–25). Der Beginn des Gebetes und der Beginn der Gottesantwort sind sprachlich eng aufeinander bezogen: Nach der klagenden Anrede an Gott אֲהָהּ אֲדֹנָי יְהוִה folgt הִנֵּה + Pronomen der 2. Singu-

---

[735] Vgl. außerdem die ʾanî Yhwh-Aussagen in Jer 9,23 und 24,7, die jedoch in den Zusammenhang der Erkenntnisaussage gehören, die an den genannten Stellen zunächst mit direktem Objekt (אֹתִי) formuliert ist, das durch folgendes כִּי אֲנִי יְהוָה erläutert wird. – Zu ʾanî Yhwh in Jer 17,10: Vers 9 endet mit einer mî-Frage: מִי יֵדָעֶנּוּ *wer kann es (das arglistige Herz) erkennen*. Antwort findet diese Frage in V. 10 in ʾanî – *ich allein*, soviel ist deutlich. Ob Jahwe und Partizipien als Erläuterungen zu einem einpoligen Nominalsatz ʾanî aufzufassen sind oder Yhwh als Mubtada zweites obligatorisches Glied des Nominalsatzes zum Chabar ʾanî ist, ist darüber hinaus kaum zu entscheiden.

[736] Beachte außerdem eine weitere Erkenntnisaussage in Joel 4,17. – Zu Joel 2,27: Die Fortführung der ʾanî Yhwh-Aussage durch וְאֵין עוֹד begegnet sonst nur noch bei Deuterojesaja und stützt hier wie dort eine Interpretation als Ausschließlichkeit beanspruchende Aussage.

[737] Teilweise wird כִּי אֲנִי יְהוָה אֱלֹהֵיהֶם וְאֶעֱנֵם als Zusatz verdächtigt, vgl. etwa K.Elliger, Das Buch der zwölf Kleinen Propheten II, 155, weil es den von ihm vorausgesetzten Doppeldreierrhythmus des Kotextes unterbricht; anders H.Reventlow, Die Propheten Haggai, Sacharja, Maleachi, 102f, der in Sach 19,3–12 zwei Schichten, Er-Schicht und Ich-Schicht, voraussetzt, V. 6 würde demnach insgesamt zu Ich-Schicht gehören.

[738] Das letzte Vorkommen von ʾanî Yhwh in den prophetischen Büchern weist vermutlich eine andere Satzteilfolge auf, als bisher für die ʾanî Yhwh-Aussage wahrscheinlich gemacht. Die beiden Vershälften in Mal 3,6 sind parallel gebaut. Für V. 6b וְאַתֶּם בְּנֵי־יַעֲקֹב liegt die Vermutung nahe, dass das Aussagegefälle hin zu בְּנֵי־יַעֲקֹב verläuft, das dann Chabar wäre. Die Tatsache, dass die Angeredeten Jakobssöhne sind, ist inhaltlicher Ausgangspunkt für das ab V. 7 Folgende, das mehrfach gebrauchte Verb קבע knüpft an die Bezeichnung der Angeredeten als בְּנֵי־יַעֲקֹב an. Die Satzteilfolge ist dann Mubtada – Chabar. Wegen des parallelen Aufbaus der beiden Verhälften ist diese Satzteilfolge wohl auch für V. 6a אֲנִי יְהוָה vorauszusetzen. Zu erklären wäre die Satzteilfolge mit dem Modell der Entsprechungssätze.

[739] Vgl. auch das weitgehende Fehlen der ʾanî Yhwh-Aussage im DtrG und ChrG (dazu oben Kap. 6.3).

[740] Zum Konzept des Schlüsselwortes, dem die zeitliche Befristung und der parteiliche Gebrauch inhärent ist vgl. Kap. 7.

lar. Jeremia spricht Jahwe als den an, der Himmel und Erde gemacht
hat, dem nichts unmöglich (פלא ni.) ist. Was noch folgt, klingt so, als
rekapituliere Jeremia traditionelle Bekenntnisinhalte,[741] er rekapituliert,
was ihm von Jahwe, von dessen Geschichte mit seinem Volk bekannt
ist, um auf dem Hintergrund diesen Wissens, bei dem Aufweis der ihm
unverständlichen Aufforderung Jahwes an ihn, einen Acker zu kaufen
angesichts der bevorstehenden Eroberung der Stadt zu enden. Jahwe
lehnt sich in seiner Antwort sprachlich eng an Jeremias Gebet an: vgl.
הִנֵּה + Pronomen der 1. Singular, in dem folgenden יְהוָה wird die Anrede Jeremias אֲדֹנָי יְהוִה wiederaufgegriffen, ebenso wie die Wendung
פלא כל־דבר. Die ʾ*anî Yhwh*-Aussage ist hier nicht im Sinne einer
"Selbstoffenbarung Jahwes"[742] zu verstehen, sondern bereits als Teil
der Antwort auf Jeremias Problem, auch wenn diese erst in Jer 32,42ff
explizit erfolgt. Versteht man ʾ*anî Yhwh* im Sinne von *ich allein/nur
ich bin Jahwe (=der Wirkende)*[743] dann wird deutlich, dass die traditionellen Bekenntnisinhalte nur dann richtig verstanden sind, wenn man
die Alleinigkeit und die Ausschließlichkeit Jahwes mit eindenkt.[744]
Im Kotext folgen zudem jene polemischen Ausführungen (vgl. V. 29ff
Vorwurf an Israel, anderen Göttern neben Jahwe gedient zu haben), die
bereits an etlichen Stellen im Umfeld der ʾ*anî Yhwh*-Aussage anzutreffen waren und für deren Interpretation als Ausschließlichkeit beanspruchende Aussage gesprochen haben.

6.5   ʾ*anî Yhwh* in Psalm 81

Die ʾ*anî Yhwh*-Aussage ist im Psalter einzig in Ps 81,11 belegt. Dass
sie sonst in diesem Literaturbereich nicht zu finden ist, dürfte v.a. mit
der in den Psalmen vorherrschenden Sprechrichtung zusammenhängen:
Die Psalmen wollen verstanden werden als Produkte der Anrede von
Menschen an ihren Gott oder als Produkte des Nachdenkens coram deo.
Direkte Gottesrede ist dagegen nur als Zitat (vgl. Ps 2,6f) oder als Gott
in den Mund gelegte Aussage (vgl. Ps 35,3) zu erwarten.[745] Das Pronomen der 1. sg ist in den Psalmen entsprechend fast ausschließlich auf
den Menschen bezogen belegt.

---

[741] Vgl. etwa A.Weiser, Jeremia, 297; J.Bright, Jeremiah, 268; W.Werner, Jeremia, 83–85.

[742] So noch z.B. A.Weiser, Jeremia, 298; vgl. auch J.Schreiner, Jeremiah II, 194:
""Zur Begründung dafür s t e l l t e r s i c h vor als 'der Gott allen Fleisches'..."
(Herv. A.D.).

[743] Zu Nominalsätzen mit der Satzteilfolge Chabar – Mubtada nach הִנֵּה vgl.
D.Michel, Grundlegung 2, 137.

[744] Die Apposition אֱלֹהֵי כָל־בָּשָׂר unterstreicht diese Ausschließlichkeit.

[745] Zur Rede Gottes in den Psalmen vgl. K.Koenen, Gottesworte, passim.

In Psalm 81[746] bieten die Vv. 6ff "eine theologische Interpretation einer Existenzkrise Israels anhand des ersten Dekaloggebots"[747]. V. 11 [אָנֹכִי יְהוָה אֱלֹהֶיךָ הַמַּעַלְךָ מֵאֶרֶץ מִצְרָיִם הַרְחֶב־פִּיךָ וַאֲמַלְאֵהוּ] *ich (allein) bin Jahwe, dein Gott, der dich aus dem Land Ägypten geführt hat; mach deinen Mund weit auf, dass ich ihn füllen kann*] geht in V.10 das Fremdgötterverbot voraus.[748] Damit ist auch hier in Ps 81 für die *ʾānokî Yhwh*-Aussage deutlich ein polemischer Kotext gegeben, der ein Verständnis im Sinne einer Ausschließlichkeit beanspruchenden Aussage stützt.[749] Ps 81,11 bezeugt die Verbindung der *ʾānokî Yhwh*-Aussage mit einem bestimmten Traditionszusammenhang.[750] Die Langform des Pronomens 1. sg. und die um *ʾælohŷka* erweiterte Form der Aussage begegnen ebenso im Dekalog und in Hosea 12,10; 13,4 wie die Kombination der *ʾānokî Yhwh*-Aussage mit dem Topos der Herausführung aus Ägypten, auch wenn dieser sprachlich jeweils unterschiedlich realisiert ist.[751] Diese Zusammenhänge werden in der Auswertung (Kap. 7) zu bedenken sein.

---

746 Im Rahmen der Interpretation der *ʾānokî Yhwh*-Aussage kann offen bleiben, ob der Psalm sekundär aus zwei ursprünglich selbständigen Texten zusammengesetzt ist (so in der Regel die ältere Forschung, vgl. etwa B.Duhm, Psalmen, 314), die "Bearbeitung eines exilischen Grundtextes" ist (K.Seybold, Psalmen, 322) oder als Einheit aufzufassen ist (vgl. J.S.Fodor, Psalm 95, 141; P.Auffret, "Écoute, mon peuple!", der sein Augenmerk auf die literarische Struktur des Gesamtpsalms richtet oder M.D.Goulder, The Psalms of Asaph, 148, der den Zusammenhang des Psalms aus der von ihm zugrundegelegten historischen Situation heraus erklärt).
747 K.Seybold, Psalmen, 322.
748 K.Koenen, Gottesworte, 23 geht (unter Verweis auf M.E.Tate, Psalms) davon aus, dass in den Versen 10f (innerhalb der Gottesrede) das Zitat eines Gotteswortes vorliegt, "das die göttlichen Gebote unter Rückgriff auf den Dekalog (…) zusammenfaßt" (ebd.).
749 Der Psalmist greift in Vv. 6ff nach Seybold auf eine "sog. Rib-Rede exilischer Herkunft" (K.Seybold, Psalmen, 323; A.Deissler, Psalmen, 315, vermutet eine Entstehung des Psalms "vielleicht erst in nachexilischer Zeit") zurück.
750 Dass diese Verbindung als geprägte vorlag, mag ein Grund dafür sein, dass in Ps 81,11, obwohl Teil des elohistischen Psalters, der Jahwe-Name erhalten blieb.
751 Im Dekalog mit יצא, bei Hosea in der Form מֵאֶרֶץ מִצְרָיִם (וְאָנֹכִי יְהוָה אֱלֹהֶיךָ).

7 Der Aufstieg der *ʾanî Yhwh*-Aussage zum "Schlüsselwort" monotheistischer Gotteskonzeption – Auswertung, Folgerungen, Ertrag

7.1 Einleitung

Lange Zeit waren die alttestamentlichen Formeln als Untersuchungsgegenstände wenig geschätzt und in ihrem Potential wohl auch unterschätzt.[1] Davon war die *ʾanî Yhwh*-Aussage bzw. die *ʾanî Yhwh*-Formel ebenfalls betroffen. Hier liegt einer der Gründe, der in den letzten Jahrzehnten einen breiteren Erkenntnisfortschritt in Bezug auf Bedeutung und Leistung der *ʾanî Yhwh*-Aussage verhindert hat.

Die vorliegende Untersuchung hat sich nun der *ʾanî Yhwh*-Aussage als einem wichtigen Bestandteil des alttestamentlichen Formelgutes neu zugewandt und dabei die sprachliche Analyse als Ausgangspunkt der Untersuchung gewählt. Die Frage nach der Satzteilfolge des Nominalsatzes *ʾanî Yhwh* gehörte zu den in der bisherigen Forschungsgeschichte (vgl. Kap. 2) ungeklärten Fragen.

Folge und Spiegel dieser Unklarheit hinsichtlich der syntaktischen Verhältnisse ist die offensichtliche Diskrepanz zwischen der in der deutschsprachigen Forschung noch weitgehend herrschenden Bezeichnung der *ʾanî Yhwh*-Aussage als Selbstvorstellung(sformel)[2] und der von den jeweiligen Verwendungskotexten geleiteten Interpretation der Aussage, die überwiegend in andere Richtungen weist, als es die Bezeichnung "Selbstvorstellung" impliziert bzw. suggeriert.[3]

Die Klärung der Frage nach der Satzteilfolge war, wie sich in der vorliegenden Untersuchung zeigte, von besonderer Tragweite, sie war Grundlage für den entscheidenden Erkenntnisfortschritt hinsichtlich Bedeutung und Leistung der *ʾanî Yhwh*-Aussage. Erst auf der Grundlage

---

[1] "Zur Problemlage alttestamentlicher Form- und Formelgeschichte" vgl. A.Wagner, Prophetie als Theologie, 63–79 (Kap. 3.1).

[2] Die in der englisch-/amerikanisch- bzw. französischsprachigen Literatur gebrauchten Bezeichnungen (self-identification, self-predication, formule de presentation de soi o.ä.) weisen dieselbe Problematik auf.

[3] H.Rechenmacher hatte bereits 1997 mit Blick auf die Monotheismusdebatte der 80er Jahre festgehalten, "welch geringen Stellenwert in der Forschung zum Thema die sprachliche Analyse einnimmt" und auf "die auffällig vernachlässigte Untersuchung der expliziten satzhaft greifbaren monotheistischen Formulierungen" hingewiesen. (Beide Zitate: H.Rechenmacher, "Außer mir gibt es keinen Gott!", 190.) Diese Problemanzeige trifft auch auf Untersuchungen zur *ʾanî Yhwh*-Aussage zu.

der sprachlichen Analyse wurde es möglich, konsequent und begründet von der Möglichkeit einer sich *wandelnden* Bedeutung der *ʾanî Yhwh*-Aussage auszugehen, diesen durch bestimmte historische Konstellationen bedingten Wandel zu verfolgen und so schließlich des "Aufstiegs" der *ʾanî Yhwh*-Aussage zum Schlüsselwort monotheistischer Gotteskonzeption[4] ansichtig zu werden.

7.2 Rückblick auf die sprachliche Analyse

Für alle weiteren Überlegungen zur *ʾanî Yhwh*-Aussage war somit die Erkenntnis entscheidend, die sich bei der sprachlichen Analyse (Kap. 3) ergeben hat: Für den Nominalsatz *ʾanî Yhwh* ist damit zu rechnen, dass er *sowohl* die Satzteilfolge Mubtada – Chabar *als auch* Chabar – Mubtada aufweisen kann. Diese Offenheit des Nominalsatzes *ʾanî Yhwh*, der bei gleichbleibender Oberflächenstruktur seine syntaktische Struktur verändern kann, ist Voraussetzung und Schlüssel der Geschichte der *ʾanî Yhwh*-Aussage.

Im Falle der Satzteilfolge Mubtada – Chabar läuft das Aussagegefälle hin zum Namen. Inhaltlich kann in diesem Fall eine echte Selbstvorstellung vorliegen, häufiger jedoch dürfte sich über die Satzteilfolge Mubtada – Chabar Jahwe als der bereits Bekannte einführen.

Anderes leistet die *ʾanî Yhwh*-Aussage unter Voraussetzung der Satzteilfolge Chabar – Mubtada: In diesen Fällen liegt der Schwerpunkt auf dem Pronomen der 1. sg. eröffnet die Möglichkeit des monotheistischen Verständnisses. Der Anspruch "ich allein bin Jahwe" setzt dabei voraus, dass aus dem Jahwename eine bestimmte inhaltliche Bedeutung herausgehört bzw. dass dem Jahwenamen eine solche unterlegt wurde.

Ob die eine oder andere Satzteilfolge vorliegt, lässt sich im Falle von *ʾanî Yhwh* nicht anhand formaler Merkmale, nicht anhand der Oberflächenstruktur klären. Eine Entscheidung darüber kann nur im Rahmen der Analyse des jeweiligen Kotextes einer *ʾanî Yhwh*-Aussage getroffen werden (vgl. Kap. 4 und 6), wie umgekehrt die Interpretation einer *ʾanî Yhwh*-Aussage in einem bestimmten Kotext ihres Bedeutungs*spektrums*, ihres Bedeutungs*potentials* eingedenk sein muss, um die Leistung der konkreten *ʾanî Yhwh*-Aussage zu erfassen.

In den bisherigen Forschungen wurde ein bestimmtes Bedeutungs*spektrum* der *ʾanî Yhwh*-Aussage eher intuitiv in Rechnung gestellt als begründet in die Interpretation einbezogen. Das Potential der *ʾanî Yhwh*-Aussage als "explizit satzhaft greifbare monotheistische Formulierung"[5] blieb weitgehend unerkannt.[6]

---

4 Vgl. dazu unten Kap. 7.3.
5 Vgl. Anm. 3.
6 Ausnahmen bildeten hier v.a. die Überlegungen von D.Michel, Nur ich bin Jahwe und daran anknüpfend F.Sedmeier, Studien, vgl. dazu Kap. 2; vgl. dort auch

Es war das Ziel der vorliegenden Untersuchung, ausgehend von der sprachlichen Analyse der (meist) satzhaften Formulierung *ʾanî Yhwh* deren Potential als monotheistische Formulierung aufzuzeigen und deutlich werden zu lassen, wie dieses Potential im Laufe der innerisraelitischen Religionsgeschichte zunehmend ausgeschöpft wurde. Der Überblick über die verschiedenen Verwendungskotexte (Kap. 4 und 6) der *ʾanî Yhwh*-Aussage lässt die Dimension des historischen Wandels, des Bedeutungs- und Funktionswandels unter bestimmten geschichtlichen Konstellationen aufscheinen. Bevor ich die entsprechenden Beobachtungen, die im Laufe der Untersuchung gemacht werden konnten, bündele und eine Skizze zur Geschichte der *ʾanî Yhwh*-Aussage entwerfe, soll ein Deutekonzept, das des "Schlüsselwortes, zur Anwendung kommen, das die Funktion und Bedeutung der *ʾanî Yhwh*-Aussage am Ende ihrer geschichtlichen Entwicklung sehr genau beschreibt und die Richtung vorgibt, in die die dann darzustellende geschichtliche Entwicklung verläuft.

7.3   Die *ʾanî Yhwh*-Aussage als "Schlüsselwort"

7.3.1 *Vorüberlegungen*
Die *ʾanî Yhwh*-Aussage ist (mit gewissen Variationsmöglichkeiten) erkennbar wiederholt und buchübergreifend belegt, sie ist überindividuell, sie gehört zum alttestamentlichen Formelgut und ist das sprachliche Produkt theologischen Nachdenkens über Israels Verhältnis zu seinem Gott. Sie ist eines der Dokumente der zentralen Wandlung, die sich innerhalb des alttestamentlichen Gottesglaubens vollzogen hat.
Wenn R.Smend das Formelgut als Ausdruck von theologischem Bewusstsein wertet und davon ausgeht, "daß man in diesen Ausdrücken einen guten Leitfaden für eine Darstellung der alttestamentlichen Theologie in ihren Wandlungen hätte"[7], dann hat sich diese Einschätzung bei der Untersuchung der *ʾanî Yhwh*-Aussage bestätigt.
'Alttestamentliches Formelgut' ist ein Sammelbegriff für Aussagen, denen einerseits gemeinsam ist, dass sie durch eine gewisse Konstanz der Form erkennbar sind,[8] dass sie buchübergreifend vorkommen und so überindividuelle Dokumente von theologischem Bewusstsein, von theologischen Reflexionsvorgängen sind, dass sie Sprache gewordene "Ergebnisse" solcher Vorgänge sind. Andererseits darf nicht übersehen

---

Anm. 114 zu weiteren Auslegern, die die *ʾanî Yhwh*-Aussage in Richtung exklusive bzw. monotheistische Aussage gedeutet haben.
[7] R.Smend, Bundesformel, 12. Vgl. auch den Rekurs auf Smend bei A.Wagner, Prophetie als Theologie, 331f.
[8] Dass dieser Aspekt nicht zu eng gefasst werden und Variationen mit einschliessen sollte, darauf hat A.Wagner, Prophetie als Theologie, 76f hingewiesen.

werden, dass diese Aussagen a l s F o r m e l n durchaus Unterschiedliches leisten. Wenn für die *ʾanî Yhwh*-Aussage rückblickend beschrieben werden soll, welche Schlüsse auf Entstehung und Bedeutung anhand der Tatsache möglich sind, dass es sich um eine F o r m e l handelt, dann ist es nützlich, den Begriff der Formel näher zu spezifizieren. Welche Art von Formel stellt die *ʾanî Yhwh*-Aussage dar?

Hilfreich scheinen mir in diesem Zusammenhang Überlegungen, die unter dem Stichwort "Sinnformeln", "Schlüsselwort", "Kontroverse Begriffe" diskutiert werden.[9] Die entsprechenden Überlegungen beziehen sich zwar auf Phänomene der Gegenwartssprache bzw. der Sprache der jüngeren Vergangenheit, können aber durchaus für die Analyse von Phänomenen einer historischen Sprache, im vorliegenden Fall des Biblischen Hebräisch, Anwendung finden.[10]

7.3.2 *Sinnformeln, Schlüsselwörter*

Liebert nennt 5 Merkmale, die Schüsselwörter besitzen sollen:

"• Sie sollen das Selbstverständnis und die Ideale einer Gruppe oder einer ganzen Epoche ausdrücken können.
• Sie sollen Diskurs bestimmend sein.
• Die kontextuelle und konnotative Bedeutung soll dominant sein.
• Sie sollen umstritten sein.
• Sie sollen eine große Bedeutungsvielfalt aufweisen."[11]

Schlüsselwörter gehören zu den Sinnformeln.[12] Sinnformel wird dabei verstanden als "symbolischer Formenkomplex, der eine komprimierte Antwort auf eine oder mehrere Grundfragen darstellt. Sie kann für nur

---

[9] Vgl. dazu etwa W.-A.Liebert, Konzept; S.Geideck/W.-A.Liebert (Hgg.), Sinnformeln. Da es noch keine "geschlossene Theorie der Sinnformeln" (vgl. ebd. 10) gibt, die Überlegungen und Diskussionen zu diesem Bereich noch im Gange sind, sind die terminologischen Grenzen zwischen Sinnformeln und dem, was darunter subsumiert werden kann, etwa den Schlüsselwörtern, nicht immer klar gezogen und lassen sich im einzelnen Unschärfen beobachten. Dessen unbeschadet wird aber deutlich, welche Phänomene unter dem Stichwort "Sinnformel" in den Blick rücken, dass diese Phänomene auch in historischen Sprachen (unter der notwendigen Beachtung damit gesetzter Besonderheiten) zu finden sind und dass daher Überlegungen zu dem Bereich der Sinnformeln durchaus an bestimmten Phänomenen einer historischen Sprache "getestet" werden können.
[10] Die in der neueren Diskussion thematisierten Schlüsselwörter sind meist keine satzhaften Äußerungen, sondern Einzelbegriffe (z.B. "Globalisierung", vgl. W.-A.Liebert, Konzept, 66ff oder "Nachhaltigkeit", vgl. M.Rödel, Nachhaltigkeit), allerdings sind die Grenzen zu satzhafte Äußerungen, die als Sinnformeln bzw. Schlüsselwörter fungieren können, fließend (z.B. Wortketten, Satzfragmente u.ä.).
[11] W.-A.Liebert, Konzept, 59f. Vgl. auch M.Rödel, Nachhaltigkeit, der das Konzept des Schlüsselwortes auf den Begriff „Nachhaltigkeit" anwendet.
[12] Vgl. S.Geideck/W.-A.Liebert, Sinnformeln, 5.

eine soziale Gruppe oder auch für große Kollektive Gültigkeit haben".[13]
Als im Zitat angesprochene existentielle Grundfragen gelten die

"Frage nach der Identität: Wer sind wir?
Frage nach der Geschichte: Woher kommen wir?
Frage nach der Gegenwart: Wo stehen wir? In welcher Situation befinden wir uns?
Frage nach der Zukunft: Wohin gehen wir? Was erwarten wir? Was erwartet uns?
Was müssen wir tun?"[14]

Schlüsselwörter sind nicht einfach da, sie unterliegen einem Prozess und durchlaufen "mindestens eine 'heiße' Phase kontroverser Diskussion"[15]. 'Erfolgreiche' Schlüsselwörter münden in kollektive Denkmuster aus, "die für eine Gruppe oder Gesellschaft *hegemonial* sind"[16]. "Um Legitimität und Wirkmächtigkeit von Sinnformeln einschätzen zu können (…) ist es unerlässlich den Analysegegenstand zu kontextualisieren und zu historisieren."[17]
Es ist davon auszugehen, dass solange

"über Sinnformeln diskutiert wird, diese nicht besonders wirkmächtig [sind]. Erst wenn die Diskussion abebbt, kann gefragt werden, ob eine Sinnformel in einer Sozialität konsensual geworden ist und unbewusst zu wirken beginnt, also zum Denkmuster wird. Die Wirkmächtigkeit einer Sinnformel wird also gerade dann am größten sein, wenn sich keine sprachlichen Manifestationen beobachten lassen."[18]

Der spezifische Charakter der Formel *ʾanî Yhwh* kann m.E. so beschrieben werden, dass sie sich in dem hier referierten Sinn zur S i n n f o r m e l bzw. zum S c h l ü s s e l w o r t entwickelt hat. Die Nähe der Beschreibungen zu in Zusammenhang mit *ʾanî Yhwh* beobachtbaren Phänomenen ist offenkundig: *ʾanî Yhwh* ist eine Sinnformel, insofern die Aussage "eine komprimierte Antwort" auf bestimmte Grundfragen (s.u.) darstellt und insofern sie für ein bestimmtes Kollektiv in Abgrenzung zu anderen Gültigkeit hat. Sie kann als Schlüsselwort verstanden werden, insofern sie etwas aussagt über

– das Selbstverständnis und über das Ideal dieses Kollektivs;
– insofern der in ihr ausgesprochene Sachverhalt zunächst umstritten ist,
– die Bedeutung der *ʾanî Yhwh*-Aussage ko- und kontextgebunden ist
– und sie nicht nur eine, sondern unterschiedliche Bedeutungen aufweist.

---

13 S.Geideck/W.-A.Liebert, Sinnformeln, 3.
14 S.Geideck/W.-A.Liebert, Sinnformeln, 3; im Anschluss an E.Bloch, Prinzip Hoffnung, vgl. dazu auch W.-A.Liebert, Konzept, 63–66.
15 W.-A.Liebert, Konzept, 66.
16 W.-A.Liebert, Konzept, 66.
17 S.Geideck/W.-A.Liebert, Sinnformeln, 7.
18 S.Geideck/W.-A.Liebert, Sinnformeln, 7f.

7.3.3 Die *ʾanî Yhwh*-Aussage als *"Schlüsselwort"*

Die Sinnformel/das Schlüsselwort *ʾanî Yhwh* ist Antwort auf bestimmte existentielle Grundfragen:

– Eine Gemeinschaft definiert in ihr ihre I d e n t i t ä t ("Wer sind wir?") als diejenigen, die Jahwe allein als wirkmächtige Größe anerkennen, sie grenzt sich mit dieser Überzeugung von anderen ab, die diese Wirkmächtigkeit anderen Göttern oder Mächtigkeiten (etwa Königen?) unterstellen.

– Die *ʾanî Yhwh*-Aussage lässt auch etwas davon erkennen, wie die Gruppe ihre V e r g a n g e n h e i t versteht, wie sie die Frage "wo kommen wir her?" für sich beantwortet: Sie sieht ihre Vergangenheit bestimmt von der Tatsache, dass dieses "Ich allein" nicht Konsens war.

– Sie versteht ihre G e g e n w a r t als eine, die nur bewältigt werden kann, wenn hinter allem Geschehen und allen Widerfahrnissen Jahwe allein am Werk gesehen wird und alles Geschehen und Widerfahren als sein alleiniges Handeln angenommen wird.

– Die Z u k u n f t, die in der *ʾanî Yhwh*-Aussage in den Blick kommt, kann als Gericht drohen (z.B. Ez), ist jedoch überwiegend heilvoll (z.B. Dtjes). Die Antwort auf die Fragen "Wohin gehen wir? Was erwarten wir? Was erwartet uns?", die in der *ʾanî Yhwh*-Aussage bzw. in ihren Kotexten gegeben wird, lautet entsprechend: "Weil ich der allein Wirkende bin, bin ich allein es auch, der das Unheil über euch bringen wird." Oder: "Weil ich allein der Wirkende bin, geht ihr trotz Exil, trotz Verlust von König, Land und Tempel einer heilvollen Zukunft entgegen." Je nach Kotext der *ʾanî Yhwh*-Aussage steht deutlich die Frage "Was müssen wir tun?" im Raum. Sie wird explizit durch Rechtssätze beantwortet, die ein bestimmtes Verhalten vorgeben (vgl. Heiligkeitsgesetz, Dekalog), implizit durch den Aufweis, welche Vergehen begangen wurden oder durch die Erwartung, dem *ʾanî Yhwh* Vertrauen zu schenken bzw. den darin sich aussprechenden Anspruch anzuerkennen.

Zum Schlüsselwort ist die *ʾanî Yhwh*-Aussage g e w o r d e n, sie weist in ihrer Bedeutung und Verwendung Entwicklungen auf, die im Folgenden nachgezeichnet werden sollen

7.4 Zur Geschichte der *ʾanî Yhwh*-Aussage[19]

7.4.1 *Vorüberlegungen*

Die umstrittenen Datierungen eines Großteils der alttestamentlichen Texte erschwert auch eine relative Chronologie und belastet den Versuch, eine Geschichte der *ʾanî Yhwh*-Aussage nachzuzeichnen mit Un-

---

[19] Ich greife in diesem Abschnitt v.a auf die Ergebnisse der Analyse der *ʾanî Yhwh*-Aussage in den verschiedenen alttestamentlichen Textbereichen (vgl. Kap. 4 und v.a. Kap. 6) zurück. Die dort v.a. in 4.6/4.7 und in Kap. 6 in den jeweiligen Auswertungskapiteln festgehaltenen Überlegungen werden hier vorausgesetzt.

sicherheiten. Dass die Hochzeit der *ʾᵃnî Yhwh*-Aussage in ihrer monotheistischen Interpretation in exilischer und frühnachexilischer Zeit liegt, ist deutlich. Schwieriger ist die Frage zu beantworten, wieweit sie sich überhaupt zurückverfolgen lässt und ob sich etwas darüber ausmachen lässt, wo die Ursprünge eines Verständnisses liegen, das aus *ʾᵃnî Yhwh* ein "ich allein" herausgehört hat.

Deutlich sind die Verhältnisse bezüglich der *ʾᵃnî Yhwh*-Aussage bei Ezechiel, Deuterojesaja, in der Priesterschrift und auch im Heiligkeitsgesetz. Ihre Verwendung in diesen Bereichen weist trotz aller Unterschiede große Gemeinsamkeiten auf (vgl. dazu u.). Gleichzeitig ist ihre Verwendungsweise und ihr Verständnis der *ʾᵃnî Yhwh*-Aussage kaum ohne Vorläufer, ohne Vorstufen denkbar. Neben der allgemeinen Erwägung, dass sich gerade für die großen Ideen in der Regel eine Genese ausmachen lässt, sei noch einmal auf das Konzept der Schlüsselwörter verwiesen, die sich ebenfalls in einem Diskussionsp r o z e s s durchsetzen.

Im Zusammenhang einer zeitlichen Orientierung und Einordnung der *ʾᵃnî Yhwh*-Aussage sind zwei weitere Beobachtungen wichtig:

1. Es gibt große Bereiche, in denen die *ʾᵃnî Yhwh*-Aussage nicht belegt ist oder nur in Einzelfällen, die für die entsprechenden Werke nicht spezifisch sind: in den älteren Schriftpropheten mit Ausnahme Hos 12,19/13,4, dann v.a. in der deuteronomisch-deuteronomistischen Literatur[20], der Weisheitsliteratur, den Psalmen[21], dem chronistischen Geschichtswerk.

2. Im Pentateuch finden sich in nichtpriesterschriftlichen Texten vereinzelt Belege von *ᵃnî/ʾānokî* + Gottesbezeichnung allgemein und *ʾᵃnî/ʾānokî Yhwh*, für die einerseits die Annahme idiographischer Schöpfungen unwahrscheinlich ist, die die entsprechenden Aussagen aber andererseits in keiner Weise programmatisch verwenden, wie etwa die Priesterschrift. Für die Belege in den nichtpriesterschriftlichen Texten lassen sich Analogien sowohl aus dem profanen Bereich, als auch aus dem altorientalischen Vergleichsmaterial benennen.

7.4.2 *Die nichtpriesterschriftlichen Belege*[22]

Die nichtpriesterschriftlichen Belege von *ᵃnî/ʾānokî* + Gottesbezeichnung allgemein bzw. *ʾᵃnî/ʾānokî Yhwh* stehen jenen Belegen aus dem profanen Bereich nahe, in denen *ʾᵃnî/ʾānokî* + NP in solchen Situationen steht, in denen bestimmte Umstände (z.B. Blindheit des Kommunikationspartners Gen 27,19.32; Dunkelheit Ruth 3,9) die Identifikation des menschlichen Sprechers erschweren oder verhindern und sich der/die Redende deshalb mit Prn 1. sg. + NP als die bereits bekannte Person XY einführt. Ein vergleichbarer Beleg aus dem altorientalischen

---

20 Vgl. Kap. 6.3.
21 Zur Ausnahme Ps 81,11, vgl. Kap. 6.5.
22 Vgl. Kap. 6.2.2; v.a. 6.2.2.1.

Material wäre etwa die unter 5.2.2.2 genannte identifizierende Selbstvorstellung *Ich bin der Mann mit der Ziege*, mit der sich der Redende ebenfalls als dem Adressaten bereits bekannt einführt. Auch die königsinschriftlichen Belege, die am Anfang einer Inschrift stehen,[23] sind vermutlich in diesem Sinne zu verstehen; angesichts der die leibhaften Abwesenheit des Ich-Redners (König) ergibt sich Notwendigkeit, dass sich der Ich-Redner durch 'Ich bin KN' explizit identifiziert.
Mit göttlichem Redner bieten die redeeinleitenden Belege aus den Ischtar-Orakeln (vgl. 5.2.4.3) die deutlichsten Analogien. In den Ischtar-Orakeln spricht die Göttin nicht als eine bisher Unbekannte, die sich im strengen Sinn erstmalig vorstellt, ihre prinzipielle Bekanntheit ist vorauszusetzen. Schließlich ist inneralttestamentlich noch auf Ex 6 zu verweisen, einen priesterschriftlichen Text der in Ex 6,2 die *ʾanî Yhwh*-Aussage zunächst so gebraucht, als wolle sich der redende Gott identifizieren; im Textverlauf kommen dann andere Bedeutungsdimensionen der *ʾanî Yhwh*-Aussage ins Spiel, aber der Belege 6,2 zeigt, dass den Rezipienten ein Verständnis von Prn 1. sg. + Gottesbezeichnung im Sinne einer Selbstvorstellung oder Selbstidentifizierung geläufig gewesen sein muss.
Die nichtpriesterschriftlichen Belege können alles in allem als Repräsentanten einer bestimmten Form menschlicher und göttlicher Ich-Rede gelten, in der das Aussagegefälle hin zu den jeweiligen Namen o.ä. verläuft, die in den entsprechenden alttestamentlichen Belegen die Satzteilfolge Mubtada – Chabar aufweist, die ihrerseits den Hinweis gibt, dass der Ich-Redner sich als der bereits Bekannte einführt. Diese Form der Ich-Rede setzt voraus, dass mehrere gleichartige Größen vorhanden sind, die als Redner in Frage kommen. Das versteht sich im menschlichen Bereich von selbst. Im Bereich göttlicher Rede setzt diese Form der Ich-Rede letztlich polytheistische Verhältnisse voraus, zumindest muss mit mehreren göttlichen Größen gerechnet werden,[24] was ja auch im monolatrischen Kontext gegeben ist.
Auch wenn die Datierung der in Frage stehenden nichtpriesterschriftlichen Belege umstritten ist und eine vorexilische Entstehung von etlichen Auslegern zurückgewiesen wird, scheint mir in der hier dokumentierten Verwendungsweise von *ʾanî/ʾānokî* + Gottesbezeichnung/ *Yhwh* zu erkennen zu sein, wie die Aussage ursprünglich und bevor sie theologisch aufgeladen wurde, im Umlauf war. Die Aussage *ʾanî Yhwh* wurde von den exilisch-nachexilischen Autoren, die sie zum Ausdruck ihrer theologischen Grundposition nutzten, nicht "erfunden", sie haben

---

[23] Die Funktion wiederholter Belege im Textinnern wäre davon noch einmal zu unterscheiden.
[24] So z.B. W.H.Schmidt, Glaube, 79; H.D.Preuss, Theologie des Alten Testaments Bd. 1, 234; vgl. bereits H.Gressmann, Deuterojesaja, 286; ders., Anfänge Israels, 32; H.Gunkel, Genesis, 267: "Jedenfalls ist diese Redeweise uralt; denn sie stammt aus einer Zeit, die an 'viele Herren und viele Götter' glaubte."

sie vorgefunden und umgeprägt. Unter syntaktischen Gesichtspunkten kann man den Vorgang zugespitzt so beschreiben: Sie haben *ʾanî Yhwh* als Aussage mit der Satzteilfolge Mubatada – Chabar vorgefunden und zu einer Aussage mit der Satzteilfolge Chabar – Mubtada umgeprägt.

7.4.3 *Hoseabuch*[25]

Diejenigen, die die *ʾanî Yhwh*-Aussage in einem theologisch prägnanteren Sinne verwenden und zwar zunächst in Verbindung mit der Herausführungsaussage, waren am ehesten diejenigen, die H o s e a s Worte tradierten, verschrifteten, redigierten (vgl. Hos 12,4/13,7). Im Hoseabuch tritt Jahwes Ich besonders ausdrucksstark hervor, damit dürften sich auch bestimmte geprägte Formen von Ich-Rede grundsätzlich nahe gelegt haben. Das Ich Jahwes bringt sich im Hoseabuch in polemisch abgrenzender Weise ins Spiel, tendiert zu einem *nur ich/ich allein.* Diese polemischen Kotexte gehören zu den auch in späteren Schriften für die *ʾanî Yhwh*-Aussage typischen. Für die Verortung eines beginnenden theologischen Aufstiegs der *ʾanî Yhwh*-Aussage seit der Zeit Hoseas spricht auch ein Ergebnis des altorientalischen Vergleichs (vgl. 5.3). Dieser hatte ergeben, dass die Analogien zur *ʾanî Yhwh*-Aussage neben einigen Texten, in denen die Form der Ich-Rede auch im Mund von Göttern belegt ist, am ehesten in den königsinschriftlichen Belegen für Pron. 1.sg. + KN zu suchen sind. Mit Königsinschriften fremder Könige dürften Israel/Juda vor allem seit den Zeiten in Kontakt gekommen sein, in denen diese Könige ihren Machtbereich auch über Palästina ausdehnten. Das waren seit der 2. Hälfte des 8. Jh.s die Assyrer. Königsinschriftliches Pron. 1.sg. + KN findet sich vor Asarhaddon vereinzelt (vgl. 5.2.3.3 etwa bei Ashurnasirpal II, 9. Jh.; bei Tiglath-Pileser III, 8.Jh.), in den Königsinschriften Asarhaddons (681–669 v.Chr.) und seiner Nachfolgern jedoch vermehrt (vgl. 5.2.3.3).[26] Mit den Erfolgen fremder Könige dürfte sich immer auch die Frage nach Jahwes Macht im Vergleich zu der fremdländischen Macht, deren Repräsentant der entsprechende König (und dessen Götter) war(en), gestellt haben. Schloss sich die *ʾanî Yhwh*-Aussage an königsinschriftlichen Sprachgebrauch an, dann ist sie Teil der Auseinandersetzung bzw. Verhältnisbestimmung Jahwes gegenüber den Israel bedrängenden Mächten; Jahwe erhebt seinen Anspruch im Gegenüber zu diesen anderen Mächten. Hos 12,4 und Hos 13,7 kommen als frühe Zeugnisse eines entsprechenden Umgangs mit der *ʾanî Yhwh*-Aussage in Betracht.[27] In dieser

---

25 Vgl. Kap. 6.4.5.
26 Belege auch in Inschriften späterer Zeit, vgl. 5.2.3.3 und J.Renger, Art. Königsinschriften, B. Akkadisch, 71, wonach das Schema der "Königsinschriften der A-chämeniden aus Persien (538-ca. 400)" lautet: "ich bin KN + Titel + Filiation + göttliche Erwählung als König durch den Gott Ahuramazda".
27 Außerdem ist folgendes zu bedenken: Es ist unwahrscheinlich für die *ʾanî Yhwh*-Aussage und die Erkenntnisaussage (ידע כי אני יהוה) völlig unterschiedliche Entstehungskontexte anzunehmen; nun ist zwar im Hoseabuch die Erkenntnis-

vorexilischen Zeit ist ihr noch kein monotheistischer Anspruch zu unterstellen. Auf dem Hintergrund einer polemisch-exklusiven Jahwe-Monolatrie im Hoseabuch ist sie jedoch bereits Ausdruck eines exklusiven Anspruchs. Die Verbindung mit dem Hinweis auf die Herausführung aus Ägypten als Beginn der Beziehung Jahwe – Israel öffnet bereits die Dimension, dass der exklusive Anspruch, als der eines in der Geschichte und über die Grenzen des "eigenen" Landes hinaus Wirksamen erhoben wird. Diese Aspekte bleiben mit der *ʾanî Yhwh*-Aussage in der weiteren Entwicklung verbunden.

7.4.4 *Das Exil und die nachexilische Zeit*
7.4.4.1 *Allgemeine Überlegungen*
Der Verlust von Nationalstaatlichkeit, Königtum, Land und Tempel machte es notwendig, die eigene Gemeinschaftsidentität neu zu bestimmen. Das geschah im Gegenüber zu Jahwe bzw. bei gleichzeitiger Ausbildung eines bestimmten Verständnisses von Jahwe. Während andere Völker unter vergleichbaren historischen Konstellationen aus der Weltgeschichte verschwunden sind, garantierte Jahwe die Einheit und die Identität der Volksgemeinschaft in der Zeit der Krise, indem sich die Überzeugung Bahn brach, dass Jahwe der allein in Schöpfung und Geschichte Wirksame, dass er der alleinige Gott ist. Dieser Vorgang lässt sich am ehesten so erklären, dass Jahwe schon vor der Katastrophe Eigenschaften zugeschrieben wurden, die seinen Verehrern dann in der Katastrophe Anhaltspunkte gaben, ihr Verhältnis zu ihm in jener ausschließlichen Weise weiterzuentwickeln. Dabei spielte die Tradition vom Auszug aus Ägypten eine wichtige Rolle, fließen doch in ihr das Zeugnis von der geschichtlichen Wirksamkeit Jahwes, von der Wirksamkeit außerhalb der Grenzen eines eigenen Landes und der Gedanke zusammen, dass mit dieser Befreiung aus Ägypten eine in bestimmter Weise exklusive Beziehung Jahwe – Israel gestiftet war, dass diese Tat Jahwe allein zuzuschreiben war. Die Verbindung der *ʾanî Yhwh*-Aussage mit dem Tradition der Herausführung ist im Hoseabuch belegt (s. oben) und begegnet dann bei Ezechiel wieder.

Die Erfahrung des Exils erforderte eine Deutung, die Erfahrung des Unheils musste eingeordnet werden in einen größeren Verstehenszusammenhang. Im Vordergrund steht die Frage: Welche Rolle spielt unser Gott Jahwe bei diesen Vorgängen? Es gibt auf diese Frage im Grunde nur zwei mögliche Antworten: Entweder Jahwe musste aus einer Position der Schwäche heraus zulassen, was geschehen ist, oder er wollte zulassen, was geschehen ist bzw. steckte selbst als treibende Kraft hinter den Ereignissen. Die alttestamentlichen Theologen haben ihre Antworten im zweiten Sinn gegeben.

---

aussage im strengen Sinne nicht belegt, aber das Thema der Erkenntnis Gottes bzw. Jahwes spielt bei Hosea eine wichtige Rolle. Von hier aus könnten durchaus Anstöße zur Ausbildung der Erkenntnisaussage ausgegangen sein.

7.4.4.2 *Ezechiel*[28]

In ihrer Formelhaftigkeit (wiederholtes, mehr oder weniger gestaltidentisches Vorkommen) tritt die ʾᵃnî Yhwh-Aussage erstmals bei Ezechiel hervor, sie macht es aber gleichzeitig wahrscheinlich, dass Ezechiel in seinem Gebrauch, der ʾᵃnî Yhwh-Aussage an Traditionen anknüpft. Am deutlichsten wird das in Ez 20, wo Ezechiel die Aussage in für ihn untypischer Weise (Langform nur hier in Kap. 20; außerhalb Kap. 20 folgt fast immer ein Verb der 1.sg., meist דִּבַּ֫רְתִּי) gebraucht. Und er gebraucht sie interessanterweise im Rahmen des Rekurses auf den Beginn der Jahwe-Israel-Beziehung, der sich mit der Herausführung aus Ägypten verbindet, gebraucht sie also in einem vergleichbaren Traditionszusammenhang wie Hosea. Es spricht einiges für die Annahme, dass zwischen Hosea und Ezechiel der beginnende Aufstieg der ʾᵃnî Yhwh-Aussage in einer bestimmten theologischen Füllung liegt. Innerhalb des Kontextes, in dem sich dieser Aufstieg vollzogen hat, scheint die Verknüpfung der ʾᵃnî Yhwh-Aussage mit dem Rekurs auf die Befreiung Israels aus Ägypten durch Jahwe, als Rekurs auf den Ursprung der Beziehung Jahwe – Israel entscheidend gewesen sein. Erzählungen vom U r s p r u n g machen Aussagen über das W e s e n dessen, was da seinen Ursprung nimmt. So gilt das Handeln Jahwes an Israel in Ägypten in diesem theologischen Kontext als Charakteristikum Jahwes. Ebenso haftet der Beziehung Jahwe – Israel von den Ägyptenereignissen her eine Exklusivität an: Jahwe hat speziell I s r a e l befreit – kein anderer Gott als J a h w e hat 'Israel' befreit. Die ʾᵃnî Yhwh-Aussage transportiert in diesem Zusammenhang den Anspruch Jahwes (auf ein exklusives Verhältnis Israels zu ihm) wie (über die inhaltliche Füllung des Namens) den Hinweis darauf, dass dieser Anspruch in Jahwes Wirkmächtigkeit gründet. In dieser inhaltlichen Füllung und in diesem inhaltlichen Kontext könnte Ezechiel die ʾᵃnî Yhwh-Aussage vorgefunden haben und im selben Umfeld vielleicht der ihm noch wichtigeren Erkenntnisaussage begegnet sein.

Ezechiel verwendet die Erkenntnisaussage wie die Aussage ʾᵃnî Yhwh *dibbartî* o.ä. weiterhin im Rahmen von Geschichtsdeutung, stellt sie aber erstmals in den Kotext von Unheilssansagen. Aus der Unheilserfahrung heraus soll die Erkenntnis des ʾᵃnî Yhwh erwachsen, Unheilsansagen laufen zu auf ʾᵃnî Yhwh *dibbartî*. Jahwes Anspruch, wie er in de ʾᵃnî Yhwh-Aussage laut wird, wurde unterlaufen. Jahwe aber tritt an, diesen Anspruch durchzusetzen. Fragt man danach, was denn da eigentlich erkannt werden soll, bzw. was dieses ʾᵃnî Yhwh *dibbartî* leistet, ergibt sich der beste Sinn, wenn im ezechielischen Kotext ʾᵃnî Yhwh als Formulierung von Jahwes Alleinigkeitsanspruch verstanden wird, als Formulierung des Anspruchs auf alleinige Wirksamkeit. Durch ʾᵃnî Yhwh (in und außerhalb der Erkenntnisaussage) wird das Unheil direkt mit Jahwes (von Israel untergrabenem) Anspruch in Verbindung ge-

---

28 Vgl. Kap. 6.4.4, v.a. 6.4.4.3.

bracht. Die Zuverlässigkeit der Gerichtsansage gründet im Ich Jahwes. Das Unheil, das Israel trifft, hat seinen Ursprung nicht im Willen einer fremden Macht, zeugt nicht von der Unterlegenheit Jahwes gegenüber anderen Göttern, im Gegenteil; Jahwes alleinige Wirkmächtigkeit zeigt sich darin; das Unheil wird über die Erkenntnisaussage wie über die Aussage *'anî Yhwh dibbartî* aus dem Wesen Jahwes bzw. der Jahwe-Israel-Beziehung erklärt. Das Unheil, das Ezechiel anzusagen hat, gründet in einer tiefgreifenden Störung jenes exklusiven Verhältnisses, die Israel verschuldet hat, gründet in der Verkennung von Jahwes Anspruch und Wesen, beides (Anspruch und Wesen) bringt die *'anî Yhwh*-Aussage pointiert zum Ausdruck.

Über die Erkenntnisaussage wie über die Aussage *'anî Yhwh dibbartî* o.ä. verknüpft Ezechiel Unheil und Jahwe denkbar eng, lässt keinen Spielraum für die Überlegung, wo das Unheil seinen Ursprung hat, konfrontiert Israel in diesem Unheil unmittelbar mit seinem Gott. *'anî Yhwh* bei Ezechiel zeugt von der im und durch das Exil revolutionierten Gottesvorstellung, wird als deren sprachlicher Ausdruck, als Schlüsselwort programmatisch eingesetzt: Jahwe als der einzige, weil allein wirkmächtige (für Israel). Wie konsequent die Einzigkeit Jahwes bei Ezechiel verstanden ist, ist schwer zu fassen. Ezechiel ist allein interessiert an dem Verhältnis Jahwe – Israel, dieses fokussiert er, dieses stellt sich für ihn auch ohne jeden Zweifel als ein exklusives dar und als solches findet es seinen sprachlichen Ausdruck in *'anî Yhwh*. Fragen, wie es außerhalb und abgesehen von Israel mit anderen Göttern steht, interessieren Ezechiel nicht, auch wenn die monotheistische Konzeption im engeren Sinn als deutliche Konsequenz auch der ezechielischen Theologie auf der Hand liegt.

Als bereits für Ezechiel typische, sprachlich knappe, theologisch zentrale Formulierung war *'anî Yhwh dibbartî* o.ä. für Tradenten und Redaktoren geeignet, die ihren Interpretationen und Weiterführungen den Stempel Ezechiels aufprägen und diese ebenfalls als aus dem Anspruch Jahwes selbst erwachsen verstanden wissen wollten.

7.4.4.3 *Deuterojesaja*[29]

So unterschiedlich die beiden Schriften Ezechiel und Deuterojesaja zunächst anmuten, sie teilen doch wichtige Grundüberzeugungen, sie teilen auch die *'anî Yhwh*-Aussage, die beide idiographisch unterschiedlich einbinden. Deuterojesaja ist in bestimmter Hinsicht das positive Gegenstück zu Ezechiel. Ezechiel sah seine Aufgabe darin, eine Deutung der Exilserfahrung zu geben, für ihn stand die Notwendigkeit, die Erfahrung des Unheils zu deuten, im Vordergrund. Das Unheil wird gedeutet als Gericht Jahwes, unter der Voraussetzung der alleinigen Wirksamkeit Jahwes und begründet in der Verkennung von Jahwes Anspruch und Wesen durch Israel.

---

[29] Vgl. Kap. 6.4.2, v.a. 6.4.2.3.

Deuterojesaja geht später den konsequenten zweiten Schritt: Für ihn ist die alleinige Wirksamkeit Jahwes Garant dafür, dass Israels Unheil gewendet werden kann; wenn Jahwe der allein Wirksame ist, dann steht keine Macht dem prinzipiellen Heilswillen Jahwes im Weg.

Für die ᵃnî Yhwh-Aussage bei Deuterojesaja konnte beobachtet werden, dass sie schwerpunktmässig in der ersten Buchhäfte Jes 40–48 begegnet, in der es thematisch "in der Hauptsache [um den] Erweis der Einzigkeit, Einheit und Selbstheit Jhwhs"³⁰ geht und dass damit ihre Leistung bei Deuterojesaja konvergiert, nämlich das Anliegen der Einzigkeit bzw. Alleinigkeit Jahwes auf den 'B e g r i f f' zu bringen, als Schlüsselwort für die dtjes Jahwekonzeption zu fungieren.

Bei Deuterojesaja ist der Ort der ᵃnî Yhwh-Aussage innerhalb eines Textes eher am Anfang oder im Textverlauf, bei Ezechiel sind es tendenziell das Text- oder Abschnittsende. Diese unterschiedliche Textstellung ist ein Hinweis auf unterschiedliche Leistungen der ᵃnî Yhwh-Aussage bei Ezechiel und Dueterojesaja. Zwar spielt sowohl bei Ezechiel als auch bei Deuterojesaja die Korrespondenz von Jahwes "Wesen" und seinem Handeln eine Rolle. Aber bei Ezechiel steht die Begründungsleistung der Erkenntnisaussage bzw. des ᵃnî Yhwh dibbartî o.ä. im Vordergrund, während Deuterojesajas Aussageabsicht um ein inhaltliches Anliegen kreist, das gerade die ᵃnî Yhwh-Aussage für ihn zugespitzt zum Ausdruck bringt; Deuterojesaja redet davon, wie Jahwe i s t bzw. was er zu sein beansprucht, um Vertrauen in sein angekündigtes Tun zu wecken. Deuterojesaja entwirft die positiven Aspekte der alleinigen Wirksamkeit Jahwes und denkt dabei auch die Konsequenzen von Jahwes Alleinigkeitsanspruch weiter in Richtung eines Monotheismus im engeren Sinn.

Oben wurde dargelegt, dass die unterschiedlichen Deutungen der ᵃnî Yhwh-Aussage ihre Ursache in dem Bedeutungsspektrum haben, das die ᵃnî Yhwh-Aussage bietet. Für Deuterojesajas Argumentation ist es wichtig, die ᵃnî Yhwh-Aussage auf einen bestimmten Ausschnitt ihres Bedeutungsspektrums festzulegen. Deuterojesaja ist derjenige, der die Bedeutung der ᵃnî Yhwh-Aussage am deutlichsten festlegt. Formulierungen wie אָנֹכִי אָנֹכִי יְהוָה וְאֵין מִבַּלְעָדַי מוֹשִׁיעַ יְהוָה וְאֵין עוֹד oder אֲנִי יְהוָה וְאֵין־עוֹד אֱלֹהִים מִבַּלְעָדַי führen die ᵃnî Yhwh-Aussage inhaltlich in einer Art und Weise fort, die kaum einen Zweifel lässt, wie diese zu verstehen ist, nämlich als "ich allein/nur ich bin Jahwe".

Deuterojesaja setzt auf das Eigengewicht der ᵃnî Yhwh-Aussage, dass auch durch die sprachliche Realisierung bei Deuterojesaja zum Ausdruck kommt: Bei Deuterojesaja wird die ᵃnî Yhwh-Aussage nicht in die Erkenntnisaussage eingebunden (Ausnahme Jes 49,23.26), an vielen Stellen liegt (anders als bei Ezechiel) eindeutig ein eigenständiger Nominalsatz vor.

---

30 R.G.Kratz, Kyros, 2.

Bei Deuterojesaja hat die Bedeutung der *'anî Yhwh*-Aussage als Schlüsselwort für die monotheistische Gotteskonzeption einen ersten Höhepunkt erreicht. Deuterojesaja knüpft in der Aufnahme der *'anî Yhwh*-Aussage an ihm vorgegebene innerisraelitische Traditionen an. Außerdem dürfte bei Deuterojesaja die Analogie zu königsinschriftlichem Ich-(bin)-KN-Aussagen und damit die Anschlussfähigkeit der *'anî Yhwh*-Aussage an das Jahwe-Königkonzept wesentliche Gründe dafür gewesen sein, dass die *'anî Yhwh*-Aussage für Deuterojesaja wichtig wurde.

7.4.4.4 *Priesterschrift*[31]

Ging es Ezechiel um Einsicht von Schuld, Deuterojesaja um Hoffnung als Motor zu Aufbruch und Neuanfang, sehen die Priesterschrift und ihre Nachfolger ihre Aufgabe darin, diesen Neuanfang und was daraus entsteht, zu ordnen. Die Priesterschrift ordnet die Vergangenheit als Vorbild für die Gegenwart. "Ihr Deutungswille liegt in ihrer unverwechselbaren Sprache und ihrem theologisch ordnenden, konstruierenden Denken."[32] Diese unterschiedlichen Anliegen (von Ez, Dtjes und P) finden ihren Ausdruck auch in einem je eigenen Umgang mit der *'anî Yhwh*-Aussage, wie die *'anî Yhwh*-Aussage andererseits Ausdruck einer alle drei Literaturbereiche verbindenden Grundüberzeugung ist.

Die Priesterschrift hält das zentrale Ergebnis der bisherigen Theologiegeschichte Israels, die Überzeugung von der Einzigkeit Jahwes als geschichtlich geworden fest[33] und zwar als Ergebnis sukzessiver Selbstoffenbarung Jahwes. Die Priesterschrift schreibt dazu selbst ein Stück Geschichte der *'anî Yhwh*-Aussage und etabliert durch gezielten Einsatz der Aussage *'anî* + Gottesbezeichnung/*Yhwh* den zentralen theologischen Topos des Alleinverehrungsanspruches Jahwes. Die Priesterschrift liefert zugespitzt formuliert ein Stück "Theorie" zur *'anî Yhwh*-Aussage, sie r e f l e k t i e r t sie in ihrer Funktion als Schlüsselwort.

Die Verbindung der *'anî Yhwh*-Aussage mit den Ursprüngen Israels, die bei Hosea und in Ez 20 zu beobachten waren, spielen in der Priesterschrift wieder eine wichtige Rolle (vgl. den zentralen Text Ex 6,2–8). Jahwe hat sich auch nach P als Jahwe "von Ägypten her" bekannt gemacht.

Hatte Deuterojesaja die Bedeutung der *'anî Yhwh*-Aussage dahingehend disambiguiert, dass kein Zweifel mehr bestehend konnte an ihrem Anspruch "ich allein...", verdeutlicht die Priesterschrift den Sachverhalt der Bedeutungshaltigkeit des Jahwenamens, der in einer Aussage "ich allein bin Jahwe" vorauszusetzen ist. Im priesterschriftlichen Um-

---

[31] Vgl. Kap. 4, v.a. 4.6 und 4.7; Kap. 6.2.1.1, v.a. 6.2.1.1.1.

[32] E.Zenger, Das priester(schrift)liche Werk, 142.

[33] "Innerhalb des Pentateuch setzt die Priesterschrift recht eindeutig die Botschaft der Schriftpropheten voraus. Sprachliche und sachliche Berührungen mit der Verkündigung des im Exil wirkenden Propheten Ezechiel sind wohlbekannt." (W.H. Schmidt, Pentateuch und Prophetie, 191f.)

gang mit der *ʾanî Yhwh*-Aussage, v.a. in Ex 6,2–8, wird der Jahwename mit einer bestimmten Bedeutung gefüllt bzw. als mit einer bestimmten Bedeutung gefüllt, entfaltet. Die Verben der 1. sg., die diese Leistung erbringen, thematisieren das wirksame Handeln Jahwes zugunsten seines Volkes.

Mit der Priesterschrift ist der Höhepunkt im produktiven Umgang mit der *ʾanî Yhwh*-Aussage erreicht. Sie scheint in ihrem Potential ausgeschöpft. Die weiteren Kotexte, in denen sie noch belegt ist, setzen das in P erreichte Ergebnis voraus, bzw. bewegen sich hinsichtlich der *ʾanî Yhwh*-Aussage auf dem gleichen inhaltlichen Stand, ohne dass noch einmal größere Veränderungen, Weiterentwicklungen, inhaltliche Verschiebungen zu beobachten wären. Das gilt v.a. für den Gebrauch der *ʾanî Yhwh*-Aussage innerhalb des Heiligkeitsgesetzes.

7.4.4.5 *Dekalog[34] und Heiligkeitsgesetz[35]*

Der Gebrauch der *ʾanî Yhwh*-Aussage im Dekalog weist zwar inhaltlich keine den Gebrauch in der Priesterschrift überbietenden Aspekte auf, dokumentiert in seinem Eingangsteil (Ex 20,2–6 par.) aber in größter Konzentration und Verdichtung, dass die *ʾanî Yhwh*-Aussage die zentrale Glaubensüberzeugung von der Alleinigkeit Jahwes, wie sie sich im Exil ausgebildet hat, formuliert. Der Eingangsteil des Dekalogs kombiniert die "drei Eigenarten oder Wesensmerkmale alttestamentlichen Glaubens (…): die Geschichtsbezogenheit, die Ausschließlichkeit und die Bildlosigkeit"[36]. Dabei geht der Eingangsteil von der *ʾanî Yhwh*-Aussage aus (Ex 20,2par.) und läuft auf die *ʾanî Yhwh*-Aussage zu (Ex 20.5par), sie ist die inhaltliche Grundlage dieser drei "Wesensmerkmale alttestamentlichen Glaubens".

Die *ʾanî Yhwh*-Aussage im Heiligkeitsgesetz setzt die priesterschriftliche Tradition der *ʾanî Yhwh*-Aussage voraus und fort, auch hier findet sich an etlichen Stellen die Verbindung der Aussage mit der Herausführung aus Ägypten. Das ordnende Interesse, das in der Priesterschrift zu erkennen ist, schlägt sich hier in Form des Gesetzeskorpus nieder. Die Einbindung der *ʾanî Yhwh*-Aussage in dieses Gesetzeskorpus bringt zum Ausdruck, dass die Ge- und Verbote unmittelbar von Jahwe selber kommen, dass die Gebote "ganz unmittelbar zu einer Rechtsmitteilung aus dem Kern der alttestamentlichen Jahweoffenbarung heraus"[37] werden, da dieser Kern eben in der *ʾanî Yhwh*-Aussage seine begriffliche Fassung gefunden hat. Die *ʾanî Yhwh*-Aussage verbindet in der Tradition der Priesterschrift den Anspruch auf Alleinigkeit mit der Erinnerung an die bisherige Geschichte Jahwes mit seinem Volk, in der er seine alleinige Wirksamkeit erwiesen hat.

---

34 Vgl. Kap. 6.2.3, v.a. 6.2.3.3.
35 Vgl. Kap. 6.2.4, v.a. 6.2.4.13.
36 W.H.Schmidt, Die Zehn Gebote, 39.
37 W.Zimmerli, Ich bin Jahwe, 23.

7.4.4.6 *Vom Verschwinden von Sinnformeln*

Wenn die ʾ^{a}nî Yhwh-Aussage wie in dieser Untersuchung dargestellt, eine Formulierung des theologischen Zentrums alttestamentlicher Religion darstellt, mag es verwundern, dass die Aussage in den spätesten alttestamentlichen Texten, der zwischentestamentarischen Literatur oder auch im Neuen Testament keinen oder kaum[38] einen Nachklang gefunden hat. Das Konzept der Sinnformel bzw. des Schlüsselwortes, das oben zur Interpretation der Leistung der ʾ^{a}nî Yhwh-Aussage herangezogen wurde, bietet hierfür eine nachvollziehbare Erklärung. 'Erfolgreiche' Schlüsselwörter münden in kollektive Denkmuster aus, "die für eine Gruppe oder Gesellschaft *hegemonial* sind"[39]. Die ʾ^{a}nî Yhwh-Aussage mündet aus in das kollektive Denkmuster des Monotheismus. Eine Sinnformel ist solange im Gebrauch wie der Prozess der Auseinandersetzung um die von ihr thematisierte Sache geht. Setzt sich diese "Sache" als kollektives Denkmuster durch, tritt die sprachliche Manifestation als Sinnformel zurück: "Die Wirkmächtigkeit einer Sinnformel wird also gerade dann am größten sein, wenn sich keine sprachlichen Manifestationen beobachten lassen."[40] Hat sich die monotheistische Gotteskonzeption durchgesetzt, werden sich zwar durchaus sprachliche Fassungen derselben beobachten lassen, etwa Bekenntnisformulierungen, aber nicht unbedingt in der Form des Schlüsselwortes, das seine Zeit bei der E t a b l i e r u n g neuer Denkmuster hat.

7.4.4.7 *Zur Frage des Sitzes im Leben der ʾ^{a}nî Yhwh-Aussage*

Vor allem die ältere Forschung hatte sich bemüht, der ʾ^{a}nî Yhwh-Aussage einen Sitz im Leben zuzuweisen,[41] was aufgrund der Verschiedenheit der Verwendungskotexte immer schon gewisse Schwierigkeiten bereitet hat. Dieser Schwierigkeit kann nun so begegnet werden, dass man den Charakter der ʾ^{a}nî Yhwh-Aussage als selbständigem Teiltext[42] ernstnimmt: Die ʾ^{a}nî Yhwh-Aussage ist nicht an einen bestimmten Verwendungszusammenhang, nicht an eine bestimmte Gattung im Alten Testament gebunden. Die ʾ^{a}nî Yhwh-Aussage war offen für unterschiedliche Ko- und Kontexte, die allein darin ihr Gemeinsames haben, dass direkte Rede Jahwes vorliegt. ʾ^{a}nî Yhwh ist kein idiographisches Phänomen, aber jeweils idiographisch eingebunden. Daher kann die Funktion der Aussage in jedem Anwendungsfall und in der Regel auch für einen Literaturzusammenhang bestimmt werden, so etwas wie

---

[38] Zwischen der ʾ^{a}nî Yhwh-Aussage in ihrer monotheistischen Interpretation und den johanneischen Ich-bin-Worten mag es durchaus Verbindungslinien geben.
[39] W.-A.Liebert, Konzept, 66.
[40] S.Geideck/W.-A.Liebert, Sinnformeln, 7f.
[41] Vgl. Kap. 2.
[42] Vgl. zur Frage un-/selbständiger Teiltexte A.Wagner, Prophetie als Theologie, 84f.

einen festen Sitz im Leben ausmachen zu wollen,[43] ist aber nicht möglich, widerspräche dem Charakter der Aussage, wie oben beschrieben. Die Aussage konnte in den Bereichen Aufnahme finden, in denen direkte Jahwe-Rede vorkommt. Dass die *ᵓanî Yhwh*-Aussage in Teilen der prophetischen Literatur einerseits, im Bereich priester(schrift)licher Literatur andererseits Eingang gefunden hat, ist sowohl aus den jeweiligen idiographischen Anliegen zu erklären, allgemein aus der Tatsache, dass die unterschiedlichen alttestamentlichen Traditionsbereiche sich kaum isoliert voneinander ausgebildet und entwickelt haben, und speziell ist hier noch einmal auf die Verbindungslinien zu verweisen, die auch abgesehen von der *ᵓanî Yhwh*-Aussage, zwischen Ezechiel und der priester(schrift)licher Literatur oder zwischen Hosea und dem Dekalog beobachtet wurden. Dass auch Deuterojesaja in der Aufnahme der *ᵓanî Yhwh*-Aussage an (prophetische?) Tradition anknüpft, ist wahrscheinlich.[44]

7.4.4.8 Zur Eignung der *ᵓanî Yhwh-Aussage als Schlüsselwort*

Warum hat gerade die *ᵓanî Yhwh*-Aussage die dargestellte Bedeutung als Schlüsselwort der sich ausbildenden monotheistischen Gottesvorstellung erlangt? Es lassen sich im Wesentlichen drei Ursachen benennen:
– Die Formulierung *ᵓanî* + Gottesbezeichnung/*Yhwh* war bereits vorhanden, an sie konnte angeknüpft werden, es war keine völlige Neuschöpfung notwendig. Gleichzeitig war von der Syntax des Nominalsatzes *ᵓanî Yhwh* her eine Bedeutungsoffenheit gegeben, die zum einen das Potential zu einer Alleinigkeitsaussage enthielt, gleichzeitig aber auch ein Changieren der Bedeutung ermöglichte, die die schrittweise gedankliche Ausarbeitung begünstigte. Eine bekannte Formulierung aufzugreifen, dann aber gegen ihren bekannten Sinne "gebürstet" zu verwenden, erzielt einen rhetorischen Effekt, der die Aufmerksamkeit auf die vertraut unvertraute Formulierung lenkt. Die Verwendung der *ᵓanî Yhwh*-Aussage im Sinne einer Ausschließlichkeit beanspruchenden Aussage dürfte genau diesen Effekt erzielt haben.
– Als Ich-Aussage leistet die *ᵓanî Yhwh* etwas, das Aussagen in der 2. und 3. Person nicht erbringen können: Jahwe bringt sich selbst (Ich!) als (wirkmächtig) *anwesend* zur Sprache bringt. Die *ᵓanî Yhwh*-Aussage garantiert soetwas wie eine "Realpräsenz" Jahwes. Mit dem Exil begann nicht nur eine königslose Zeit, die Gefahr bestand, dass viele sie

---

43 Vgl. schon Ch.Feucht, Untersuchungen, 135: "Die Selbstvorstellungsformeln, sowohl in Ex 6 als auch im Hg und in Ez 20 haben somit einen so unterschiedlichen Skopus, daß eine Zusammenschau zum Zwecke der Ermittlung des gemeinsamen Sitzes im Leben kaum möglich ist."
44 Zu Gemeinsamkeiten zwischen Ezechiel und Deuterojesaja vgl. auch D.Baltzer, Ezechiel und Deuterojesaja, der eine "mögliche Beeinflussung Deuterojesajas durch Ezechiel nicht grundsätzlich" ausschließt (179).

auch als jahwelose Zeit erlebten. Mit der *ᵃnî Yhwh*-Aussage konnte entsprechenden Zweifeln am Da-Sein Jahwes im Gegenüber zu bzw. für sein Volk entgegengetreten werden: Die *ᵃnî Yhwh*-Aussage stellt dabei die größtmögliche Verdichtung der Präsenz Jahwes her. Realer und materialer kann er (in einem kultbildlosen Kult) nicht hervor- und gegenübertreten. Das Evozieren der Vorstellung von der unmittelbaren Präsenz Jahwes dient in den verschiedenen Literaturbereichen verschiedenen Zielen, auch wenn Autorisierung dabei immer eine Rolle spielt. Bei Ezechiel steht die Vorstellung von der Präsenz Jahwes im Dienst der Zuverlässigkeit und Ernsthaftigkeit der Gerichtsankündigung; bei Deuterojesaja im Dienst seines seelsorgerlichen Interesses, Jahwe selbst ermöglicht und garantiert das Heil; im Heiligkeitsgesetz geht es darum, den Ge- und Verboten die höchstmögliche Autorität zu sichern. Auch in der Priesterschrift spielt die Frage, wie Jahwe für sein Volk präsent wird, eine wichtige Rolle; die Vorstellung vom Wohnen Gottes bei seinem Volk und die Vorstellung von der כבוד Jahwes gehören in diesen Zusammenhang. Auf dem Sinai lässt sich die Herrlichkeit Jahwes inmitten des Volkes nieder, die Verheißung vom Wohnen Jahwes inmitten seines Volkes erfüllt sich dann endgültig, als die Herrlichkeit Jahwes die Stiftshütte erfüllt und nun einen Ort inmitten des Volkes hat. Möglicherweise spielt für die Priesterschrift die Vorstellung der Präsenz Jahwes auch hinsichtlich der *ᵃnî Yhwh*-Aussage eine Rolle. Die Aussage geht in dieser Funktion der כבוד-Vorstellung möglicherweise voraus und wird von ihr abgelöst. Das könnte einer Gründe dafür sein, warum in der Grundschrift der Priesterschrift die letzte *ᵃnî Yhwh*-Aussage in Ex 29,46 steht, denn in Ex 40,34 zieht dann der כבוד Jahwes in die Stiftshütte ein.

– Ein dritter Grund für den Aufstieg der *ᵃnî Yhwh*-Aussage zum Schlüsselwort liegt vermutlich in ihrer Analogie zu den Ich-(bin-)Königsname-Aussagen in den Königsinschriften. Diese Analogie bot die Möglichkeit über die *ᵃnî Yhwh*-Aussage auch die Vorstellung "König" zu evozieren, ein Konzept, das sowohl Deuterojesaja zur Entfaltung seiner Gottesvorstellung herangezogen hat, also auch im rechtlichen Kotext (v.a. Heiligkeitsgesetz) insofern präsent ist, als Rechtssetzung in der altorientalischen Umwelt unter der Autorität des Königs geschieht und Jahwe etwa im Heiligkeitsgesetz in diese Stelle einrückt.

So liegen dem Aufstieg der *ᵃnî Yhwh*-Aussage im Alten Testament mehrere Ursachen zugrunde. Dieses Potential, das in der *ᵃnî Yhwh*-Aussage von alttestamentlichen Theologen wahrgenommen wurde, ist innerhalb des Alten Testament in verschiedenen Funktionen der *ᵃnî Yhwh*-Aussage realisiert, die abschließend nocheinmal gebündelt werden sollen.

7.5 Zur Terminologie und zu Funktionen der ʾanî Yhwh-Aussage

Im Laufe der Forschungsgeschichte zu *ʾanî Yhwh* sind immer wieder Versuche unternommen worden, verschiedene Funktionen der Aussage auch terminologisch zu unterscheiden (vgl. dazu Kap. 2), ohne dass es bezüglich dieser Unterscheidungen zu einem Konsens gekommen wäre. Das liegt zu einem großen Teil sicher daran, dass die Kriterien für solche Unterscheidungen zu unklar waren. Auch aufgrund dieses fehlenden Konsenses hat sich die Bezeichnung "Selbstvorstellungsformel" wohl so lange gehalten.

Folgende Vorschläge möchte ich in diesem Zusammenhang einbringen:
1. Gerade weil, wie gleich noch einmal ausgeführt wird, die *ʾanî Yhwh*-Aussage im Alten Testament verschiedene Funktionen erfüllen kann, ist grundsätzlich die nicht interpretierende, deskriptive Beschreibung '*ʾanî Yhwh*-Aussage', anderen terminologischen Festlegungen vorzuziehen; die deskriptive Beschreibung hält die Interpretation offen, vermeidet "Vorurteile" bei der Beurteilung der Leistung einer *ʾanî Yhwh*-Aussage.
2. Die *ʾanî Yhwh*-Aussage ohne und mit *ʾælohîm* + Suffix über die ebenfalls deskriptiven Begriffe 'Kurz- und Langform' hinaus terminologisch zu unterscheiden, scheint mir nicht sinnvoll, da sich keine Hinweise auf gravierende Funktionsunterschiede ergeben haben, die weitere Unterscheidungen rechtfertigen würden.[45]

---

[45] Für die Beantwortung der in der Forschungsgeschichte gestellten Frage nach der Priorität von Kurz- oder Langform wird man kaum eindeutige Gründe beibringen können. Zu beobachten ist allenfalls, dass die analogen inneralttestamentlichen Formulierungen aus dem profanen Bereich "Ich bin + NP" alle Appositionen aufweisen (vgl. Gen 27,19: אָנֹכִי עֵשָׂו בְּכֹרֶךָ ; Gen 45,4. אֲנִי יוֹסֵף אֲחִיכֶם; Ruth 3,9 אָנֹכִי רוּת אֲמָתֶךָ). Die Aussagen rekurrieren bereits über die Satzteilfolge Mubtada – Chabar auf schon bestehende Bekanntschaft, die Apposition bringt den Beziehungsaspekt explizit mit ein. In den Königsinschriften sind Ich-(bin-)KN-Aussagen in der Regel auch appositionell erweitert; vgl. auch die feste Formulierung in den Ischtar-Orakeln: "Ich bin Ischtar *von Arbela*". In den drei Beleggruppen will sich der/die Redende nicht nur als bereits bekannt einführen, sondern über die Apposition ein bestimmtes über den Namen hinausgehendes Selbstverständnis transportieren, sei es eben die Beziehung, in der sie zu den Angeredeten steht oder charakteristische Eigenschaften, Taten etc. Diese Beobachtungen geben möglicherweise Hinweise darauf, dass auch die *ʾanî Yhwh*-Aussage ursprünglich eher in der um *ʾælohîm* + Suffix erweiterten Form in Gebrauch gewesen sein könnte. In dem Augenblick, in dem der Name selbst sprechend geworden war, in dem er etwas von dem leistete, was die appositionellen Wendungen in den analogen Formulierungen leisteten, konnte für die *ʾanî Yhwh*-Aussage je nach Kotext auf solche Appositionen auch verzichtet werden. Andererseits konnten sie auch weiter gesetzt werden, was zeigt, dass in den *ʾanî Yhwh*-Aussagen mit und ohne *ʾælohîm* + Suffix keine echten Alternativen gegeben sind.

3. Hinsichtlich der *ᵃnî Yhwh*-Aussage (ohne und mit *ᵓælohîm* + Suffix) schlage ich zwei große Funktionsgruppen vor, deren Unterscheidungskriterium, die für *ᵃnî Yhwh*-Aussage vorauszusetzende Satzteilfolge ist. Im Alten Testament sind *ᵃnî Yhwh*-Aussagen:

– mit der Satzteilfolge Mubatda – Chabar, in denen das Aussagegefälle hin zum Namen verläuft, von solchen zu unterscheiden

– mit der Satzteilfolge Chabar – Mubtada, in denen der Aussageschwerpunkt auf dem Pronomen 1. Sg. liegt.

Für die erste Gruppe finden sich Analogien im altorientalischen Material, für die zweite Gruppe nicht.

ᵃnî Yhwh-Aussagen mit der Satzteilfolge Mubtada – Chabar haben eine ihrer Wurzeln vermutlich in echten S e l b s t v o r s t e l l u n g e n, in denen sich ein Gott einem Menschen, einer Menschengruppe erstmalig zu erkennen gibt. Im Alten Testament ist die echte Selbstvorstellung in göttlicher Rede die Ausnahme.[46]

Über die Satzteilfolge Mubtada – Chabar kann signalisiert werden, dass sich der Ich-Redner als bereits bekannt einführt. In diesen Fällen liegt eine S e l b s t i d e n t i f i k a t i o n vor. Diese dürfte auch im Bereich göttlicher Rede verbreitet gewesen sein (vgl. nichtpriesterschriftliche Stellen, Ischtar-Orakel).

Die Leistung der dritten Untergruppe, die hier zu nennen ist, lässt sich nicht einseitig einer der beiden Satzteilfolgen zuordnen, weil sie m.E. an dem Faktum der Ich-Rede bzw. an der Kombination Ich-Rede und Namensnennung haftet, nicht an der Satzteilfolge. Es geht dabei um die Funktion der S e l b s t v e r g e g e n w ä r t i g u n g, sich dem/den Angeredeten so nahe zu bringen, als stünde man ihm/ihnen selbst gegenüber.[47]

Als Aussagen mit der Satzteilfolge Chabar – Mubtada sind die *ᵃnî Yhwh*-Aussagen im Alten Testament wirkungsgeschichtlich relevant geworden. Eine *ᵃnî Yhwh*-Aussage in diesem Sinne erhebt den A n - s p r u c h a u f A l l e i n i g k e i t, Einzigkeit, Ausschließlichkeit. Damit muss sich zunächst noch nicht der Gedanke des theoretischen Monotheismus verbinden, es kann sich wie bei Hosea zunächst eine polemisch-exklusive Jahwemonolatrie aussprechen. Die *ᵃnî Yhwh*-Aussage entwickelt sich dann aber in einem bestimmten Bereich zum Schlüsselwort des Jahwemonotheismus. Der von F.Sedlmeier eingebrachte Terminus der "Ausschließlichkeitsformel"[48] wird dieser Leistung ge-

---

[46] Vgl. entsprechend W.H.Schmidt, Glaube, 80: "Im Alten Testament will die Formel eigentlich keinen völlig Unbekannten mehr vorstellen."

[47] Die Funktion der Selbstvergegenwärtigung wurde verschiedentlich beobachtet, vgl. etwa G.v.Rad, Deuteronomium, festgehalten: "In der im Alten Testament weitverbreiteten Form der Selbstvorstellung tritt das göttlich Ich in die Gegenwart der Kultgemeinde ein und spricht sie als sein Eigentum an." (41) Oder W.Zimmerli, Ich bin Jahwe, zu *ᵃnî Yhwh dibbartî* (*wᵉᶜasîtî*) bei Ezechiel: "Das Anlauten dieses kurzen Schlusssatzes mit den Worten der SF unterstreicht in ganz besonderer Weise die volle, persönliche Gegenwärtigkeit Jahwes in seinem Wort." (17).

[48] F.Sedlmeier, Studien, 308.

recht. Da dieser Begriff mittlerweile jedoch auch für andere Formulierungen verwendet wird, die ebenfalls auf die Ausschließlichkeit Jahwes zielen,[49] scheint es mir auch unter diesem Aspekt angeraten, generell von *ꞌaⁿî Yhwh*-Aussage zu sprechen und ihre spezifische Leistung, in diesem Fall, Anspruch auf Alleinigkeit, auf Ausschließlichkeit zu erheben, an den entsprechenden Stellen auszuführen, ohne dafür einen eigenen Terminus zu prägen.

Der oben genannte Aspekt der Selbstvergegenwärtigung kann sich auch mit dem Anspruch auf Ausschließlichkeit verbinden.

In den jeweiligen Kotexten ist es selbstverständlich möglich die Leistung eines Exemplars einer der oben genannten Gruppen noch weiter zu spezifizieren, ohne dass deshalb eine eigene Terminologie notwendig ist, die den Eindruck erweckt, der betreffende Einzelfall sei verallgemeinerbar.

Den verschiedenen Funktionen entsprechen verschiedene Positionen, die die Aussage im Textverlauf einnehmen kann. Während Selbstvorstellung und Selbstidentifikation am Textanfang oder im Anfangsteil eines Textes ihren Ort haben und wiederholtes Vorkommen innerhalb eines einheitlichen Textes nicht zu erwarten ist, ist die Funktion der Selbstvergegenwärtigung und der Anspruch auf Ausschließlichkeit weniger stellungsgebunden, tendenziell jedoch eher im Textverlauf und am Textende anzutreffen und für Wiederholungen offen. Innerhalb eines einheitlichen Textes kann die *ꞌaⁿî Yhwh*-Aussage prinzipiell in verschiedenen Funktionen erscheinen bzw. Aspekte verschiedener Funktionen auf sich vereinen.

Die Erkenntnis, dass die *ꞌaⁿî Yhwh*-Aussage bei identischer Gestalt, die Möglichkeit zu Funktions- bzw. Sinndivergenz in sich birgt, ist für ihre Interpretion entscheidend. Der Umgang der Theologen in alttestamentlicher Zeit mit der *ꞌaⁿî Yhwh*-Aussage war ein äußerst produktiver, bis sie schließlich in ihr den sprachlichen Ausdruck für ihre monotheistische Gotteskonzeption fanden, bis die *ꞌaⁿî Yhwh*-Aussage zum Schlüsselwort dieser neuen Glaubensüberzeugung mit weltgeschichtlicher Tragweite wurde.

---

49 Vgl. etwa die Arbeit von H.Rechenmacher, "Außer mir gibt es keinen Gott!" Eine sprach- und literaturwissenschaftliche Studie zur Ausschließlichkeitsformel, die sieben Jahre nach derjenigen von Sedlmeier erschienen ist, den Begriff der Ausschließlichkeitsformel ebenfalls verwendet, damit aber gerade nicht die *ꞌaⁿî Yhwh*-Aussage im Blick hat.

8 Literatur

Abkürzungen richten sich nach: Theologische Realenzyklopädie. Abkürzungsverzeichnis. Zusammengestellt von Schwertner, Siegfried, Berlin / New York ²1994; über dieses hinausgehende Reihen-, Zeitschriftentitel u.ä. sind ausgeschrieben.

Achenbach, Reinhard, Levitische Priester und Leviten im Deuteronomium. Überlegungen zur sog. "Levitisierung" des Priestertums, ZAR 5 (1999), 285–309.

Ackroyd, Peter, Art. יָד *jāḏ* II., in: ThWAT III (1982), 425–455.

Ahn, Gregor, Monotheismus und Polytheismus als religionswissenschaftliche Kategorien?, in: Oeming, Manfred / Schmid, Konrad (Hg.), Der eine Gott und die Götter. Polytheismus und Monotheismus im antiken Israel (AThANT 82), Zürich 2003, 11–38.

Albani, Matthias, Der eine Gott und die himmlischen Heerscharen. Zur Begründung des Monotheismus bei Deuterojesaja im Horizont der Astralisierung des Gottesverständnisses im Alten Orient (Arbeiten zur Bibel und ihrer Geschichte 1), Leipzig 2000.

Albani, Matthias, Deuterojesajas Monotheismus und der babylonische Religionskonflikt unter Nabonid, in: Oeming, Manfred / Schmid, Konrad (Hg.), Der eine Gott und die Götter. Polytheismus und Monotheismus im antiken Israel (AThANT 82), Zürich 2003, 171–201.

Albertz, Rainer, Persönliche Frömmigkeit und offizielle Religion. Religionsinterner Pluralismus in Israel und Babylon (CThM, A.9), Stuttgart 1978.

Albertz, Rainer, Religionsgeschichte Israels in alttestamentlicher Zeit. Teil 1: Von den Anfängen bis zum Ende der Königszeit (ATD Ergänzungsreihe 8/1); Teil 2: Vom Exil bis zu den Makkabäern (ATD Ergänzungsreihe 8/2), beide Teile: Göttingen 1992.

Albrecht, Carl, Die Wortstellung im hebräischen Nominalsatze, ZAW 7 (1887), 218–224 und 8 (1888), 249–263.

Albright, William Foxwell u.a., Geschichte und Altes Testament. Albrecht Alt zum 70. Geburtstag (BHTh 16), Tübingen 1953.

Allen, Leslie C., Ezekiel 20–48 (WBC 29), Dallas 1990.

Allen, Leslie C., Psalms 101–150 (WBC 21), Waco 1983.

Alt, Albrecht, Der Gott der Väter (BWANT III. Folge Heft 12), Stuttgart 1929 [wiederabgedruckt in: ders., Kleine Schriften zur Geschichte des Volkes Israel I, München ⁴1968, 1–78].

Andersen, Francis I., The Hebrew Verbless Clause in the Pentateuch (JBL.MS XIV), Nashville 1970.

Anderson, Arnold A., 2 Samuel (WBC 11), Dallas 1989.

Assmann, Jan, Art. Aretalogien, in: LÄ 1 (1975), 425–434.

Assmann, Jan, Ma'at. Gerechtigkeit und Unsterblichkeit im Alten Ägypten, München 1990.

Auffret, Pierre, "Écoute mon peuple!" Étude structurelle du psaume 81, SJOT 7 (1993), 285–302.

Auffret, Pierre, The Literary Structure of Exodus 6.2–8, JSOT 27 (1983), 46–54.

Auffret, Pierre, Remarks on J. Magonet's Interpretation of Exodus 6.2–8, JSOT 27 (1983), 69–71.

Baentsch, Bruno, Exodus-Leviticus-Numeri (HAT I,2), Göttingen 1903.

Baltzer, Dieter, Ezechiel und Deuterojesaja. Berührungen in der Heilserwartung der beiden großen Exilspropheten (BZAW 121), Berlin, New York 1971.

Baltzer, Klaus, Deutero-Jesaja. Kommentar zum Alten Testament (KAT X, 2), Gütersloh 1999.

Bandstra, Barry Louis, The syntax of particle 'ky' in biblical Hebrew and Ugaritic, Diss. Yale 1982.

Barstad, Hans M., On the So-called Babylonian Literary Influence in Second Isaiah, SJOT 2 (1987), 90–110.

Bartelmus, Rüdiger, HJH. Bedeutung und Funktion eines hebräischen "Allerweltwortes" (ATSAT 17), St. Ottilien 1982.

Bartlett, John R., Edom and the Edomites (JSOT.S 77), Sheffield 1989.

Barucq, André, L'Expression de la louange divine et de la prière dans la Bible et en Égypte (BEt 33), Le Caire 1962.

Bauer, Dieter, Das Buch Daniel (SKK.AT 22), Stuttgart 1996.

Baumgart, Norbert Clemens, "JHWH … erschafft Unheil". Jes 45,7 in seinem unmittelbaren Kontext, BZ 49/2 (2005), 202–236.

Becker, Joachim, 1 Chronik (NEB), Würzburg 1986.

Becker, Joachim, 2 Chronik (NEB), Würzburg 1988.

Becker, Joachim, Der priesterliche Prophet. Das Buch Ezechiel 1: 1–24; Das Buch Ezechiel 2: 25–48 (SKK.AT 12,1/2), Stuttgart 1971.

Becker, Joachim, Esra/Nehemia (NEB), Würzburg 1990.

Becker Joachim, Gottesfurcht im Alten Testament (AnBib 23), Rom 1965.

Becker, Joachim, Zur »Ich bin«-Formel im Alten Testament, BN 98 (1999), 45–54.

Becker, Uwe, Jesaja – von der Botschaft zum Buch (FRLANT 178), Göttingen 1997.

Becker, Uwe, Richterzeit und Königtum. Redaktionsgeschichtliche Studien zum Richterbuch (BZAW 192), Berlin, New York 1990.

Becker, Uwe, Von der Staatsreligion zum Monotheismus. Ein Kapitel israelitisch-jüdischer Religionsgeschichte, ZThK 102 (2005), 1–16.

Becking, Bob, Art. Jahwe, WILAT 2006, http://www.wilat.de.

Beer, Georg, Exodus (HAT I/3), Tübingen 1939.

Begrich, Joachim, Das priesterliche Heilsorakel, ZAW 52, 1934, 81–92 [wiederabgedruckt in: ders., Gesammelte Studien zum Alten Testament (TB 21), München 1965, 232–260].

Begrich, Joachim, Studien zu Deuterojesaja (BWANT 77), Stuttgart 1938 [ND (TB 20), München 1963].

Behrens, Achim, Prophetische Visionsschilderungen im Alten Testament. Sprachliche Eigenarten, Funktion und Geschichte einer Gattung (AOAT 292), Münster 2002.

Berger, Paul-Richard, Die neubabylonischen Königsinschriften. Inschriften des ausgehenden babylonischen Reiches (626–559 a.chr.) (AOAT 4/1), Neukirchen-Vluyn 1973.

Berges, Ulrich, Das Buch Jesaja. Komposition und Endgestalt (Herders Biblische Studien 16), Freiburg u.a. 1998.

Bergman, Jan, Ich bin Isis. Studien zum memphitischen Hintergrund der griechischen Isisaretalogien (AUU-HR 3), Uppsala, Stockholm 1968.

Bernhardt, Karl-Heinz, Art. הָיָה *hājā* I.2–III., in: ThWAT II (1977), 396–408.

Bertholet, Alfred, Deuteronomium (KHC 5), Freiburg i.B. 1899.

Bertholet, Alfred, Hesekiel. Mit einem Beitrag von Kurt Galling (HAT I/13), Tübingen 1936.

Besnard, Albert-Marie, Le mystère du nom. Quiconque invoquera le nom du Seigneur sera sauvé. Joël 3,5 (LeDiv 35), Paris 1962.

Beuken, Willem A.M., The Confession of god's exclusivity by all mankind. A reappraisal of Is.45,18–25, Bijdr 35 (1974), 335–356.

Beyer, Klaus, Die aramäischen Inschriften vom Toten Meer samt den Inschriften aus Palästina, dem Testament Levis aus der Kairoer Genisa, der Fastenrolle und den alten talmudischen Zitaten, Göttingen 1984.

Biblia Hebraica Stuttgartensia, hrsg. v. Elliger, Karl / Rudolph, Wilhelm, Stuttgart 21984.

Bjørndalen, Anders Jørgen, Zu den Zeitstufen der Zitatformel … כה אמר im Botenverkehr, ZAW 86 (1974), 393–403.

Blenkinsopp, Joseph, Isaiah 40–55 (AncB 19), New York u.a. 2002.

Blenkinsopp, Joseph, Second Isaiah – Prophet of Universalism, JSOT 41 (1988), 83–103.

Blum, Erhard, Die Komposition der Vätergeschichte (WMANT 57), Neukirchen-Vluyn 1984.

Blum, Erhard, Studien zur Komposition des Pentateuch (BZAW 189), Berlin, New York 1990.

Boecker, Hans Jochen, 1. Mose 25,12–37,1. Isaak und Jakob (ZBK. AT 1,3), Zürich 1992.

Boecker, Hans Jochen, Recht und Gesetz im Alten Testament und im Alten Orient, Neukirchen-Vluyn 1976.

Böhmer, Siegmund, Heimkehr und neuer Bund. Studien zu Jeremia 30–31 (GTA 5), Göttingen 1976.

Bons, Eberhard, Das Buch Hosea (Neuer Stuttgarter Kommentar – Altes Testament 23/1), Stuttgart 1996.

Bons, Eberhard, Psalm 31 – Rettung als Paradigma. Eine synchron leser-orientierte Analyse (FTS 48), Frankfurt 1994.

Borger, Riekele, Babylonisch-Assyrische Lesestücke, Heft II. Die Texte in Umschrift, Heft III. Kommentar. Die Texte in Keilschrift, Rom 1963.

Borger, Riekele, Die Inschriften Asarhaddons Königs von Assyrien (Afo.B 9), Graz 1956.

Borger, Riekele, Gott Marduk und Sulgi als Propheten, BiOr 28 (1971), 3–24.

Botterweck, G. Johannes, Art. ידע *jāḏaʿ* II, 2a)–e), in: ThWAT III, (1982), 486–489.

Braulik, Georg, Deuteronomium, 1–16,17 (NEB), Würzburg 1986.

Braun, Roddy, 1 Chronicles (WBC 14), Waco 1986.

Bright, John, Jeremiah. Introduction, translation and notes (AncB 21), Garden City/ New York ²1965.

Brunner-Traut, Emma, Frühformen des Erkennens. Am Beispiel Altägyptens, Darmstadt 1990.

Budd, Philip J., Leviticus (NCBC), London 1996.

Budd, Philip J., Numbers (WBC 5), Waco 1984.

Bultmann, Rudolf, Das Evangelium des Johannes (Kritisch-exegetischer Kommentar über das Neue Testament, begründet von Heinrich August Wilhelm Meyer, 2. Abteilung, 13. Auflage) Göttingen 1953 (Erstauflage des Kommentars unter der Autorschaft Bultmanns 1941, weitere Auflagen 1950 und 1952).

Bussmann, Hadumod (Hg.), Lexikon der Sprachwissenschaft, Stuttgart ²1990.

Buth, Randall, Word order in the Verbless Clause. A Generative-Functional Approach, in: Miller, Cynthia L. (Hg.), The verbless clause in Biblical Hebrew: linguistic approaches (Linguistic studies in ancient West Semitic 1), Winona Lake 1999, 79–108.

Campell, Edward F., Ruth. A new translation with introduction, notes and commentaries (AncB 7), New York u.a. 1975.

Caspari, Wilhelm, Die Samuelbücher (KAT VII), Leipzig 1926.

Cazelles, Henri Art. פַּרְעֹה *parʿoh*, in: ThWAT VI (1989), 760–763.

Childs, Brevard S., Exodus. A Commentary, London 1977.

Cholewinski, Alfred, Heiligkeitsgesetz und Deuteronomium. Eine vergleichende Studie (AnBib 66), Rom 1976.

Christensen, Duane L., Deuteronomy 1–11 (WBC 6 A), Dallas 1991.

Cohen, David, La phrase nominale et l'évolution du système verbal en sémitique. Études de syntaxe historique (Collection linguistique 72), Leuven [u.a.] 1985.

Conrad, Edgar W., The "Fear Not" Oracles in Second Isaiah, VT XXXIV (1984), 129–152.

Contini, Riccardo, Tipologia della frase nominale nel semitico nordoccidentale del I millenio A.C., Pisa 1982.

Craigie, Peter C., Psalms 1–50 (WBC 19), Waco 1983.

Craigie, Peter C. / Kelley, Page H. / Drinkard, Joel F., Jeremiah 1–25 (WBC 26), Dallas 1991.

Cross, Frank Moore, Art. אֵל, in: ThWAT I, (1973), 259–279.

Cross, Frank Moore, The Cave Inscriptions from Khirbet Beit Lei, in: Sanders, James A. (Hg.), Near Eastern Archaeology in the Twentieth Century. Essays in honor of Nelson Glueck, Garden City 1970, 299–302.

Crüsemann, Frank, Die Tora. Theologie und Sozialgeschichte des alttestamentlichen Gesetzes, München 1992.

Crüsemann, Frank, Studien zur Formgeschichte von Hymnus und Danklied in Israel (WMANT 32), Neukirchen-Vluyn 1969.

Dahmen, Ulrich, Prieser und Leviten im Deuteronomium. Literarkritische und redaktionsgeschichtliche Studien (BBB 110) Bodenheim 1996.

Dahood, Mitchell, Psalms III. 101–150 (AncB 17A), Garden City 1970.

Daneš, František, A Three-Level-Approach to Syntax. Travaux Linguistiques de Prague 1 (1964), 225–240.

Daneš, František, Papers on Functional Sentence Perspective, Prag 1974.

Davies, Graham I., Ancient Hebrew Inscriptions. Corpus and Concordance, Cambridge, New York, Melbourne, 1991.

Davies, Philip R., God of Cyrus, God of Israel. Some Religio-Historical Reflections on Isaiah 40–55, in: Davies, Jon / Hervey, Graham / Watson, Wilfred G.E. (Hg.), Words Remembered, Texts Renewed. Essays on Honour of John F.A. Sawyer (JSOT.S 195), Sheffield 1995, 207–225.

Day, John, Molech. A god of human sacrifice in the Old Testament. (UCOP 41), Cambridge u.a. 1989.

Deissler, Alfons, Die Psalmen, Düsseldorf [4]1984.

Deissler, Alfons, Zwölf Propheten II. Obadja. Jona. Micha. Nahum. Habakuk (NEB), Würzburg 1984.

Delitzsch, Franz, Commentar über den Psalter. Erster Theil, Leipzig 1859; Zweiter Theil, Leipzig 1860.

DeVries, Simon J., 1 Kings (WBC 12), Waco 1985.

Dictionary of deities und demons in the Bible (DDD), hrsg. v. van der Toorn, Karel / Becking, Bob / van der Horst, Pieter W., Leiden u.a. [2]1999.

Diehl, Johannes F., Die Fortführung des Imperativs im Biblischen Hebräisch (AOAT 286), Münster 2004.

Diesel, Anja Angela, Die Nominale Behauptung. Ein exemplarische Untersuchung, KUSATU (demnächst).

Diesel, Anja Angela, Jahwe (allein) ist Gott. Überlegungen zu einer Gruppe der sog. dreiteiligen Nominalsätze, in: KUSATU 5 (2004), 1–32.

Diesel, Anja Angela / Wagner, Andreas, "Jahwe ist mein Hirte.". Zum Verständnis der Nominalen Behauptung in Ps 23,1, in: Sedlmeier, Franz (Hg.), Gottes Wege suchend. Beiträge zum Verständnis der Bibel und ihrer Botschaft. FS Rudolf Mosis zum 70. Geburtstag, Würzburg 2003, 377–397.

Dietrich, Walter, Prophetie und Geschichte. Eine redaktionsgeschichtliche Untersuchung zum deuteronomistischen Geschichtswerk (FRLANT 108), Göttingen 1972.

Dietrich, Walter / Klopfenstein, Martin A. (Hg.), Ein Gott allein? JHWH-Verehrung und biblischer Monotheismus im Kontext der israelitischen und altorientalischen Religionsgeschichte (OBO 139), Fribourg/Göttingen 1994.

Dietrich, Manfried / Loretz, Oswald, Untersuchungen zu Statue und Inschrift des Königs Idrimi von Alalaḫ, in: UF 13 (1981), 199–269.

Dijkstra, Meindert, Gods voorstelling: Predikatieve expressie van zelfopenbaring in Oudoosterse teksten en Deutero-Jesaja (DNL.T, 2) Kampen 1980.

Dillard, Raymond B., 2 Chronicles (WBC 15), Waco 1987.

Dion, H.M., Le genre littéraire de l',,Hymne à soi-même" et quelques passages du Deutéro-Isaïe, RB 74 (1967), 215–234.

Disse, Andreas, Informationsstruktur im Biblischen Hebräisch. Sprachwissenschaftliche Grundlagen und exegetische Konsequenzen einer Korpusuntersuchung zu den Büchern Deuteronomium, Richter und 2 Könige. Teil 1 und 2 (ATSAT 56/1 und 2), St. Ottilien 1998.

Dohmen, Christoph, Das Bilderverbot. Seine Entstehung und Entwicklung im Alten Testament (BBB 62), Frankfurt a.M. ²1987.

Dohmen, Christoph, Der Dekaloganfang und sein Ursprung, Bib. 74 (1993), 175–195.

Dohmen, Christoph, Um unserer Freiheit willen. Ursprung und Ziel biblischer Ethik im »Hauptgebot« des Dekalogs, Com 21 (1992), 7–24.

Dommershausen, Werner, חלל *ḥll* I, in: ThWAT II (1977), 972–981.

Donner, Herbert / Röllig, Wolfgang, Kanaanäische und aramäische Inschriften I, Wiesbaden ⁵2002; II.III, Wiesbaden 1964 (zitiert als: KAI).

Duhm, Bernhard, Das Buch Jeremia (KHC XI), Tübingen, Leipzig 1901.

Duhm, Bernhard, Das Buch Jesaja (HAT 10), Göttingen 1892, ⁴1922.

Durham, John I., Exodus (WBC 3), Waco 1987.

Ebeling, Erich / Meissner, Bruno / Weidner, Ernst F., Die Inschriften der altassyrischen Könige (Altorientalische Bibliothek 1), Leipzig 1926.

Edzard, Dietz Otto / Renger, Johannes, Art. Königsinschriften, in: RLA 6 (1980–1983), 59–77.

Ehlich, Konrad, הבל – Metaphern der Nichtigkeit, in: Diesel, Anja A. u.a. (Hg.), "Jedes Ding hat seine Zeit …". Studien zur israelitischen und altorientalischen Weisheit. FS. Diethelm Michel zum 65. Geburtstag (BZAW 241), Berlin, New York 1996, 49–64.

Ehlich, Konrad, Verwendungen der Deixis beim sprachlichen Handeln. Linguistisch-philologische Untersuchungen zum hebräischen deiktischen System, Teil 1 und 2 (Forum Linguisticum 24), Frankfurt a.M. u.a. 1979.

Eichhorn, Johann Gottfried, Einleitung in das Alte Testament 1–3, 3. verbesserte und vermehrte Auflage, Leipzig 1803.

Eichrodt, Walther, Der Prophet Hesekiel. Kapitel 19–48 (ATD 22/2), Göttingen 1966.

Eissfeldt, Otto, El and Jahwe, in: ders., Kleine Schriften III, hrsg. v. Sellheim, Rudolf / Maas, Fritz, Tübingen 1966, 386–397 [zuerst in: JSSt 1 (1956), 25–37].

Eissfeldt, Otto, Jahwes Verhältnis zu 'Eljon und Schaddaj nach Ps 91, in: ders., Kleine Schriften III, hrsg. v. Sellheim, Rudolf / Maas, Fritz, Tübingen 1966, 441–447 [zuerst in: WO 2 (1957), 343–348].

Elliger, Karl, Das Buch der zwölf Kleinen Propheten II: Die Propheten Nahum, Habakuk, Zephania, Haggai, Sacharja, Maleachi (ATD 25), Göttingen ⁸1982.

Elliger, Karl, Das Gesetz Leviticus 18, ZAW 67 (1955), 1–25.

Elliger, Karl, Deuterojesaja. 1. Teilband Jesaja 40,1–45,7 (BK XI/1–6), Neukirchen-Vluyn 1978.

Elliger, Karl, Deuterojesaja in seinem Verhältnis zu Tritojesaja (BWANT 63), Stuttgart 1933.

Elliger, Karl, Ich bin der Herr – euer Gott, in: Kleine Schriften zum Alten Testament. Zu seinem 65 Geburtstag am 7. März 1966 hrsg. v. Gese, Hartmut / Kaiser, Otto, München 1966, 211–231 [zuerst in: Theologie als Glaubenswagnis.

Festschrift zum 80. Geburtstag von Karl Heim. Dargebracht von der Evang.-Theol. Fakultät Tübingen (FurSt 23) Hamburg 1954, 9–34].

Elliger, Karl, Leviticus (HAT I/4), Tübingen 1966.

Eroms, Werner H., Funktionale Satzperspektive, Tübingen 1986.

Feist, Udo, Ezechiel. Das literarische Problem des Buches, forschungsgeschichtlich betrachtet (BWANT 138 = Folge 7, H. 18), Stuttgart 1995.

Feucht, Christian, Untersuchungen zum Heiligkeitsgesetz (ThA XX), Berlin 1964.

Feuerstein, Rüdiger, Weshalb gibt es "Deuterojesaja"?, in: Diedrich, Friedrich / Willmes, Bernd (Hg.), Ich bewirke das Heil und erschaffe das Unheil (Jesaja 45,7). Studien zur Botschaft der Propheten, Festschrift für Lothar Ruppert zum 65. Geburtstag (fzb 88), Würzburg 1998, 93–134.

Fishbane, Michael, Biblical Interpretation in Ancient Israel, Oxford 1985.

Fodor, Josef Sandor, Psalm 95 und die verwandten Psalmen 81 und 50. Eine exegetische Studie (THEOS. Studienreihe Theologische Forschungsergebnisse 32), Hamburg 1999.

Fohrer, Georg, Überlieferung und Geschichte des Exodus. Eine Analyse von Ex 1–15, Berlin 1964.

Fokkelman, Jan P., The Cyrus Oracle (Isaiah 44,24–45,7) from the perspectives of syntax, versification and structure, in: van Ruiten, Jacques / Vervenne, Marc (Hg.) Studies in the book of Isaiah. FS Willem A.M. Beuken (BETHL CXXXII), Leuven 1997, 303–323.

Frahm, Eckart, Einleitung in die Sanherib-Inschriften (AfO.B 26), Wien 1997.

Franke, Sabina, Königsinschriften und Königsideologie. Die Könige von Akkade zwischen Tradition und Neuerung (Altorientalistik 1), Münster, Hamburg 1995.

Freedman, David Noel / O'Connor, Michael P., Art. יהוה *JHWH*, in: ThWAT III (1982), 533–554.

Fritz, Volkmar, Das erste Buch der Könige (ZBK.AT), Zürich 1996.

Fritz, Volkmar, Die Entstehung Israels im 12. und 11. Jahrhundert v. Chr. (Biblische Enzyklopädie 2), Stuttgart u.a. 1996.

Fuchs, Andreas, Die Inschriften Sargons II. aus Khorsabad, Göttingen 1994.

Fuhs, Hans Ferdinand, Art. יָרֵא *jārē'*, in: ThWAT III (1982), 869–893.

Fuhs, Hans Ferdinand, Ezechiel II. 25–48 (NEB), Würzburg 1988.

Gadd, Cyril J., The Harran inscriptions of Nabonidus, Anatolian Studies VIII (1958), 35–92.

Geideck, Susan / Liebert, Wolf-Andreas, Sinnformeln. Linguistische und soziologische Analysen von Leitbildern, Metaphern und anderen kollektiven Orientierungsmustern (Linguistik – Impulse & Tendenzen), Berlin, New York 2003.

Gelb, Ignace J. / Kienast, Burkart, Die altakkadischen Königsinschriften des dritten Jahrtausends v. Chr. (FAOS 7), Stuttgart 1990.

Gerstenberger, Erhard S., Das dritte Buch Mose. Leviticus (ATD 6), 6., völlig neubearbeitete Auflage, Göttingen 1993.

Gertz, Jan Christian, Abraham, Mose und der Exodus. Beobachtungen zur Redaktionsgeschichte von Gen 15, in: ders. / Schmid, Konrad / Witte, Markus (Hg.), Abschied von Jahwisten. Die Komposition des Hexateuch in der jüngsten Diskussion (BZAW 315), Berlin, New York 2002, 63–81.

Gertz, Jan Christian, Tora und Vordere Propheten, in: ders. (Hg.), Grundinformation Altes Testament. Eine Einführung in Literatur, Religion und Geschichte des Altes Testaments. In Zusammenarbeit mit Angelika Berlejung, Konrad Schmid und Markus Witte, Göttingen 2006, 187–302.

Gertz, Jan Christian, Tradition und Redaktion in der Exoduserzählung. Untersuchungen zur Endredaktion des Pentateuch (FRLANT 186), Göttingen 2000.

Gertz, Jan Christian / Schmid, Konrad / Witte, Markus (Hg.), Abschied von Jahwisten. Die Komposition des Hexateuch in der jüngsten Diskussion (BZAW 315), Berlin, New York 2002.

Gesenius, Wilhelm, Hebräische Grammatik, völlig umgearbeitet von Emil Kautzsch, 7. ND der 28. Auflage Leipzig 1909, Lizenzausgabe 1995 der Wissenschaftlichen Buchgesellschaft, Darmstadt 1995.

Gesenius, Wilhelm, Hebräisches und Aramäisches Handwörterbuch über das Alte Testament. Bearbeitet von Frants Buhl. ND der 1915 erschienen 17. Auflage, Berlin u.a. 1962.

Giesebrecht, Friedrich, Das Buch Jeremia (HAT III, 2/1), Göttingen 1907.

Giesebrecht, Friedrich, Zur Hexateuchkritik. Der Sprachgebrauch des hexateuchischen Elohisten, ZAW 1 (1881), 177–226.

Glueck, Nelson, Das Wort ḥesed im alttestamentlichen Sprachgebrauche als menschliche und göttliche gemeinschaftsgemäße Verhaltensweise (BZAW 47), Giessen 1927.

Glück, Helmut, Art. Kontext, Metzler Lexikon Sprache, hrsg. v. Glück, Helmut, Stuttgart, Weimar 1993, 331.

Goldingay, John E., Daniel (WBC 30), Dallas 1989.

Golka, Friedemann, W., Jona (Calwer Bibelkommenare), Stuttgart 1991.

Goulder, Michael D., The Psalms of Asaph and the Pentateuch. Studies in the Psalter, III (JSOT.S 233), Sheffield 1996.

Graf, Karl Heinrich, Die geschichtlichen Bücher des Alten Testaments. Zwei historisch-kritische Untersuchungen, Leipzig 1866 [darin: I. Die Bestandtheile der geschichtlichen Bücher von Genes. 1 bis 2. Reg. 25 (Pentateuch und Prophetae priores), 1–113].

Graupner, Axel, Der Elohist. Gegenwart und Wirksamkeit des transzendenten Gottes in der Geschichte (WMANT 97), Neukirchen-Vluyn 2002.

Graupner, Axel, Die zehn Gebote im Rahmen alttestamentlicher Ethik. Anmerkungen zum gegenwärtigen Stand der Forschung, in: Reventlow, Henning Graf (Hg.), Weisheit, Ethos und Gebot. Weisheits- und Dekalogtraditionen in der Bibel und im frühen Judentum (BThSt 43), Neukirchen-Vluyn 2001.

Grayson, Albert Kirk, Assyrian Rulers of the Third and Second Millenium BC (To 1115 BC) (The Royal Inscriptions of Mesopotamia. Assyrian Periods, Volume 1), Toronto, Buffalo, London 1987.

Grayson, Albert Kirk, Assyrian Rulers of the Early First Millennium BC. I (1114–859 BC) (The Royal Inscriptions of Mesopotamia. Assyrian Periods, Volume 2), Toronto, Buffalo, London 1991.

Greenberg, Moshe, Ezekiel 21–37 (AncB 22A), Garden City 1997.

Gressmann, Hugo, Die Anfänge Israels. Von 2. Mosis bis Richter und Ruth (SAT I,2), Göttingen 1914.

Gressmann, Hugo, Die literarische Analyse Deuterojesajas, ZAW 34 (1914), 254–297.

Gross, Walter, Die Herausführungsformel – Zum Verhältnis von Formel und Syntax, ZAW 86 (1974), 425–453.

Gross, Walter, Doppelt besetztes Vorfeld. Syntaktische, pragmatische und übersetzungstechnische Studien zum althebräischen Verbalsatz (BZAW 305), Berlin, New York 2001.

Gross, Walter, Is There Really a Compound Nominal Clause in Biblical Hebrew?, in: Miller, Cynthia L. (Hg.), The verbless clause in Biblical Hebrew: linguistic approaches (Linguistic studies in ancient West Semitic 1), Winona Lake 1999, 19–49.

Gross, Walter, Studien zum althebräischen Satz. Band 1: Die Pendenskonstruktion im biblischen Hebräisch (ATSAT 27), St. Ottilien 1987.

Grünwaldt, Klaus, Das Heiligkeitsgesetz Leviticus 17–26. Ursprüngliche Gestalt, Tradition und Theologie (BZAW 271), Berlin, New York 1999.

Günther, K.. Art. אֲנִי ’anī ich, in: THAT I (1984), 216–220.

Güterbock, Hans G., The Hittite conquest of Cyprus reconsidered, JNES 26 (1967), 73–81.

Gunkel, Hermann, Die Psalmen (HK II/2), Göttingen [4]1926.

Gunkel, Hermann, Genesis (HK I/1), Göttingen [6]1964.

Gunneweg, Antonius H.J., Anmerkungen und Anfragen zur neueren Pentateuchforschung, ThR 48 (1983), 227–253; ThR 50 (1985), 107–131.

Gunneweg, Antonius H.J., Leviten und Priester. Hauptlinien der Traditionsbildung und Geschichte des israelitisch-jüdischen Kultpersonals (FRLANT 89), Göttingen 1965.

Ha, John, Genesis 15. A theological compendium of Pentateuchal history (BZAW 181), Berlin 1989.

Haag, Ernst, Daniel (NEB), Würzburg 1993.

Haag, Ernst (Hg.), Gott, der einzige. Zur Entstehung des Monotheismus in Israel (QD 104), Freiburg u.a. 1985.

Haag, Ernst, Israel und David als Zeugen Jahwes nach Deuterojesaja, in: Diedrich, Friedrich / Willmes, Bernd (Hg.), Ich bewirke das Heil und erschaffe das Unheil (Jesaja 45,7). Studien zur Botschaft der Propheten, Festschrift für Lothar Ruppert zum 65. Geburtstag (fzb 88), Würzburg 1998, 157–180.

Harder, Richard, Karpokrates von Chalkis und die memphitische Isispropaganda (APAW, Jahrgang 1943. Philosophisch-historische Klasse, Nr. 14), Berlin 1944.

Harner, Philip B., Grace and law in Second Isaiah: 'I am the Lord' (Ancient Eastern texts and studies 2), Lewiston, Queenston 1988.

Hartley, John E., Leviticus (WBC 4), Dallas 1992.

Hartmann, Louis F. / Di Lella, Alexander A., The Book of Daniel (AncB 23), New York u.a. 1978.

Hebräisches und aramäisches Lexikon zum Alten Testament. 3. Auflage. Lieferung 1 unter der Mitarbeit von Benedikt Hartmann und Edward Yechezkel Kutscher neu bearbeitet von Walter Baumgartner; Lieferung 2 unter der Mitarbeit von Benedikt Hartmann und Edward Yechezkel Kutscher neu bearbeitet von Walter Baumgartner, hrsg. v. Benedikt Hartmann, Philippe Reymond und Johann

Jakob Stamm; Lieferung 2 unter der Mitarbeit von Ze'ev Ben-Hayyim, Benedikt Hartmann und Philippe Reymond neu bearbeitet von Walter Baumgartner und Johann Jakob Stamm; Lieferung 4 unter der Mitarbeit von Ze'ev Ben-Hayyim, Benedikt Hartmann und Philippe Reymond neu bearbeitet von Johann Jakob Stamm, Leiden (ab 1990 Leiden u.a.) 1967–1990.

Helfmeyer, Franz-Josef, Art. הָלַךְ *hālak̠*, in: ThWAT II (1977), 415–433.

Heller, Jan, Namengebung und Namendeutung. Grundzüge einer alttestamentlichen Onomatologie und ihre Folgen für die biblische Hermeneutik, in: ders., An der Quelle des Lebens. Aufsätze zum Alten Testament (BEAT 10), Frankfurt a.M. 1988, 71–82 [zuerst in EvTh 27 (1967), 255–266].

Hentschel, Georg, 1 Könige (NEB), Würzburg 1984.

Hentschel, Georg, 2 Könige (NEB), Würzburg 1985.

Hentschel, Georg, 2 Samuel (NEB), Würzburg 1994.

Hentschel, Georg, Rut. 1 Samuel (NEB), Würzburg 1994.

Hermisson, Hans-Jürgen, Deuterojesaja. 2. Teilband Jesaja 45,8–49,13 (BK XI/2), Neukirchen-Vluyn 2003

Hermisson, Hans-Jürgen, Einheit und Komplexität Deuterojesajas. Probleme der Redaktionsgeschichte von Jes 40–55, in: Vermeylen, Jacques (Hg.), The Book of Isaiah. Le livre d'Isaïe. Les oracles et leurs relectures. Unité et complexité de l'ouvrage (BETHL LXXXI), Leuven 1989, 287–312.

Hermisson, Hans-Jürgen, Gibt es die Götter bei Deuterojesaja?, in: Graupner, Axel (Hg.), Verbindungslinien. Festschrift für Werner H. Schmidt zum 65. Geburtstag, Neukirchen-Vluyn 2000, 109–123.

Hermisson, Hans-Jürgen, Neue Literatur zu Deuterojesaja, ThR 65 (2000), 237–284.379–430.

Herrmann, Johannes, Ezechiel, (KAT XI), Leipzig, Erlangen 1924.

Hertzberg, Hans Wilhelm, Die Bücher Josua, Richter, Ruth (ATD 9), Göttingen 21959.

Hertzberg, Hans Wilhelm, Die Samuelbücher (ATD 10), Göttingen, Zürich 71986.

Hobbs, Trevor R., 2 Kings (WBC 13), Waco 1985.

Höffken, Peter, Das Buch Jesaja. Kapitel 1–39 (Neuer Stuttgarter Kommentar – Altes Testament 18/1), Stuttgart 1993.

Hoftijzer, Jacob, Die Verheißung an die Erzväter, Leiden 1956.

Hoftijzer, Jacob, The Nominal Clause Reconsidered, VT XXIII (1973), 446–510.

Holzinger, Heinrich, Exodus (KHC II), Tübingen u.a. 1900.

Holzinger, Heinrich, Genesis (KHC I), Freiburg 1898.

Holzinger, Heinrich, Numeri (KHC IV), Tübingen und Leipzig 1903.

Hoop, Raymond de, Genesis 49 in its Literary and Hostorical Context (OTS XXIX), Leiden, Boston, Köln 1999.

Hossfeld, Frank-Lothar, Art. Dekalog (I) *AT*, NBL I (1991), 400–404.

Hossfeld, Frank-Lothar, Das Buch Ezechiel, in: Erich Zenger u.a., Einleitung in das Alte Testament, 3. neu bearbeitete und erweiterte Auflage, Stuttgart u.a. 1998, 440–457.

Hossfeld, Frank-Lothar, Untersuchungen zu Komposition und Theologie des Ezechielbuches (fzb 20), Würzburg 1977.

Hossfeld, Frank-Lothar / Zenger, Erich, Die Psalmen I. Psalm 1–50 (NEB. AT Lfg. 29), Würzburg 1993.

Huehnergard, John, On Verbless Clauses in Akkadian, ZA 76 (1986), 218–249.

Huehnergard, John, The Akkadian of Ugarit (HSS 34), Atlanta 1989.

Hurvitz, Avi, A linguistic study of the relationship between the priestly source and the book of Ezekiel. A new approach to an old problem (CRB 20), Paris 1982.

Hutter, Manfred, Das Werden des Monotheismus im Alten Israel. Bemerkungen zur neueren Diskussion, in: Brox, Norbert u.a. (Hg.), Anfänge der Theologie. XAPICTEION Johannes B. Bauer zum Jänner 1987, Graz u.a. 1987, 25–39.

Jacob, Benno, Mose am Dornbusch. Die beiden Hauptbeweisstellen der Quellenscheidung im Pentateuch, Ex 3 und 6, aufs Neue exegetisch geprüft (Schluß), MGWJ 66 (NF 30) 1922, 11–33.116–138.180–200.

Jagersma, Hendrik, Exodus 1:1–18:27 (Verklaring van de Hebreeuwse Bijbel), Kampen 1999.

Janowski, Bernd, "Ich will in eurer Mitte wohnen". Struktur und Genese der exilischen *Schekina*-Theologie, in: JBTh 2 (1987), 165–193.

Janowski, Bernd, Sühne als Heilsgeschehen. Studien zur Sühnetheologie der Priesterschrift und zur Wurzel KPR im Alten Orient und im Alten Testament (WMANT 55), Neukirchen-Vluyn 1982; ²2000.

Janowski, Bernd, Tempel und Schöpfung. Schöpfungstheologische Aspekte der priesterschriftlichen Heiligtumskonzeption, in: JBTh 5 (1990), 37–69.

Janzen, J. Gerald, Exodus (Westminster Bible Companion), Louisville 1997.

Jenni, Ernst, Die Rolle des Kyros bei Deuterojesaja, ThZ 10 (1954), 241–256.

Jenni, Ernst, Einleitung formeller und familiärer Rede im Alten Testament durch ʾmr ʾl- und ʾmr l-, in: . Loader, James Alfred / Kieweler, Hans Volker (Hg.), Vielseitigkeit des Alten Testaments. Festschrift für Georg Sauer (Wiener alttestamentliche Studien 1), Frankfurt a.M. u.a. 1999, 17–33.

Jenni, Ernst, Lehrbuch der hebräischen Sprache des Alten Testaments, Basel, Frankfurt a.M. ²1981.

Jepsen, Alfred, Beiträge zur Auslegung und Geschichte des Dekalogs, ZAW 79 (1967), 275–304.

Jeremias, Jörg, Der Prophet Amos (ATD 24/2), Göttingen 1995.

Jeremias, Jörg, Der Prophet Hosea (ATD 24/1), Göttingen 1983.

Joosten, Jan, People and Land in the Holiness Code. An exegetical study of the ideational framework of the law in Leviticus 17 – 26 (VT.S. 67), Leiden u.a. 1996.

Joüon, Paul / Muraoka, Takamitsu, A Grammar of Biblical Hebrew (SubBi 14/I und II), Rom 1991 (unveränderter ND 2002).

Jüngling, Hans-Winfried, Das Buch Jesaja, in: Erich Zenger u.a., Einleitung in das Alte Testament, 3. neu bearbeitete und erweiterte Auflage, Stuttgart u.a. 1998, 381–404.

Kaiser, Otto, Den Erstgeborenen deiner Söhne sollst du mir geben. Erwägungen zum Kinderopfer im Alten Testament, in: ders., Von der Gegenwartsbedeutung des Alten Testaments. Gesammelte Studien zur Hermeneutik und zur Redaktionsgeschichte, zu seinem 60. Geburtstag am 30. November 1984, hrsg. v. Fritz, Volkmar u.a., Göttingen 1984, 142–166 [zuerst in: ders. (Hg.), Denkender

Glaube. Festschrift Carl Heinz Ratschow zur Vollendung seines 65. Lebensjahres am 22. Juli 1976 gewidmet von Kollegen, Schülern und Freunden, Berlin 1976, 24–48].

Kaiser, Otto, Der Gott des Alten Testaments. Theologie des Alten Testaments 1–3, Göttingen 1993. 1998. 2003.

Kaiser, Otto, Der Prophet Jesaja. Kapitel 1–12 (ATD 17), Göttingen ²1963.

Kaiser, Otto, Der Prophet Jesaja. Kapitel 13–39 (ATD 18), Göttingen ³1983.

Kaiser, Otto, Die Bedeutung des Alten Testaments für den christlichen Glauben, ZThK 86 (1989), 1–17.

Kaiser, Otto, Grundriß der Einleitung in die kanonischen und deuterokanonischen Schriften des Alten Testaments 1: Die erzählenden Werke, Gütersloh 1992.

Kaiser, Otto, Traditionsgeschichtliche Untersuchung von Genesis 15, ZAW 70 (1958), 107–126.

Kaiser, Otto u.a. (Hg.), Texte aus der Umwelt des Alten Testaments I. Rechts- und Wirtschaftsurkunden. Historisch-chronologische Texte, Gütersloh 1982–85; II Orakel, Rituale. Bau- und Votivinschriften. Lieder und Gebete, Gütersloh 1986–91; III Weisheitstexte, Mythen und Epen, Gütersloh 1990–91. 1993–95. 1997.

Kedar-Kopfstein, Benjamin, Art. תָּמַם *tāmam*, in: ThWAT VIII (1995), 688–701.

Keel, Otmar, Monotheismus im Alten Testament und seiner Umwelt. Mit Beiträgen von Benedikt Hartmann, Erik Hornung, Hans-Peter Müller, Gionvanni Pettinato und Fritz Stolz (BiBe 14), Fribourg 1980.

Kellermann, Diether, Art. לֵוִי *lewî*, in: ThWAT IV (1984), 499–521.

McKenzie, John, L., Second Isaiah (AncB 20), Garden City 1968.

Keown, Gerald, L. / Scalise, Pamela J. / Smothers, Thomas G., Jeremiah 26–52 (WBC 27), Dallas 1995.

Kilian, Rudolf, Jesaja II 13–39 (NEB), Würzburg 1994.

Kilian, Rudolf, Ps 22 und das priesterliche Heilsorakel, BZ NF 12, 1968, 172–185.

Kinyongo, Jean, Origine et signification du nom divin Yahwé à la lumière de récents travaux et de traditions sémitico-bibliques (Ex 3₁₃–₁₅ et Ex 6₂–₈) (BBB 35), Bonn 1970.

Kittel, Rudolph, Cyrus und Deuterojesaja, ZAW 18 (1898), 149–162.

Kittel, Rudolph, Die Bücher der Könige (HAT I/5), Göttingen 1900.

Kittel, Rudolph, Die Psalmen (KAT XIII), Leipzig ⁵·⁶1929.

Klein, Ralph, 1 Samuel (WBC 10), Waco 1983.

Klostermann, August, Beiträge zur Entstehungsgeschichte des Pentateuchs, ZLThK 38 (1877), 401–445.

Knapp, Dietrich, Deuteronomium 4. Literarische Analyse und theologische Interpretation (GTA 35), Göttingen 1987.

Knierim, Rolf, Das Erste Gebot, ZAW 77 (1965), 20–39.

Koch, Heidemarie: Es kündet Dareios der König ... Vom Leben im persischen Großreich. (Kulturgeschichte der Antiken Welt 55) Mainz ²1996.

Koch, Klaus, Art. תמם *tmm* vollständig sein, in: THAT II (1976), 1045–1051.

Koch, Klaus, Die Eigenart der priesterschriftlichen Sinaigesetzgebung, ZThK 55 (1958), 36–51.

Koch, Klaus, Die Profeten I. Assyrische Zeit, Stuttgart [u.a.] ³1995 (¹1978).

Koch, Klaus, Die Profeten II. Babylonisch-persische Zeit, Stuttgart [u.a.] 1980.

Köckert, Matthias, Leben in Gottes Gegenwart. Zum Verständnis des Gesetzes in der priesterschriftlichen Literatur, in: JBTh 4 (1989), 29–61.

Köckert, Matthias, Vätergott und Väterverheißungen. Eine Auseinandersetzung mit Albrecht Alt und seinen Erben (FRLANT 142), Göttingen 1988.

Köhler, Ludwig, Deuterojesaja (Jesaja 40–55). Stilkritisch untersucht (BZAW 37), Gießen 1923.

Köhler, Ludwig, Die Offenbarungsformel "Fürchte dich nicht" im Alten Testament, Schweizerische Theologische Zeitschrift 36 (1919), 33–37.

Koenen, Klaus, Gottesworte in den Psalmen. Eine formgeschichtliche Untersuchung (BBThSt 30), Neukirchen 1996.

König, Eduard, Das Deuteronomium (KAT 3), Leipzig 1917.

Kohata, Fujiko, Jahwist und Priesterschrift in Exodus 3–14 (BZAW 166), Berlin 1986.

Kuenen, Abraham, Historisch-kritische Einleitung in die Bücher des Alten Testaments hinsichtlich ihrer Entstehung und Sammlung. I,1: Die Entstehung des Hexateuch, Leipzig 1887.

Kuhr, Ewald, Die Ausdrucksmittel der konjunktionslosen Hypotaxe in der ältesten hebräischen Prosa. Ein Beitrag zur historischen Syntax des Hebräischen (BSPL 7), Leipzig 1929.

Kratz, Reinhard Gregor, Der Dekalog im Exodusbuch, VT XLIV (1994), 205–238.

Kratz, Reinhard Gregor, Die Komposition der erzählenden Bücher des Alten Testaments. Grundwissen der Bibelkritik, Göttingen 2000.

Kratz, Reinhard Gregor, Erkenntnis Gottes im Hoseabuch, ZThK 94 (1997), 1–24.

Kratz, Reinhard Gregor, Kyros im Deuterojesaja-Buch. Redaktionsgeschichtliche Untersuchungen zu Entstehung und Theologie von Jes 40–55 (FAT 1), Tübingen 1991.

Kraus, Fritz Rudolf, Nominalsätze in altbabylonischen Briefen und der Stativ (MNAW.L, Nieuwe Reeks 47/2), 1984.

Kraus, Hans-Joachim, Psalmen 1: Psalmen 1–59 (BKAT 1,5), Neukirchen-Vluyn ⁵1978; Psalmen 2: Psalmen 60–150 (BKAT 2,6), Neukirchen-Vluyn ⁶1989.

Krüger, Thomas, Geschichtskonzepte im Ezechielbuch (BZAW 180), Berlin, New York 1989.

Labahn, Antje, Wort Gottes und Schuld Israels. Untersuchungen zu Motiven deuteronomistischer Theologie im Deuterojesajabuch mit einem Ausblick auf das Verhältnis von Jes 40–55 zum Deuteronomismus (BWANT 143), Stuttgart u.a. 1999.

Lambert, Wilfred G., An Address of Marduk to the Demons (AfO 17), 1954–1956, 310–321.

Lang, Bernhard (Hg.), Der einzige Gott. Die Geburt des biblischen Monotheismus. Mit Beiträgen von Bernhard Lang, Morton Smith und Hermann Vorländer, München 1981.

Lang, Bernhard, Die Jahwe-allein-Bewegung, in: ders., Der einzige Gott. Die Geburt des biblischen Monotheismus. Mit Beiträgen von Bernhard Lang, Morton Smith und Hermann Vorländer, München 1981, 47–83.

Lang, Bernhard, Die Jahwe-allein-Bewegung: Neue Erwägungen über die Anfänge des biblischen Monotheismus, in: Oeming, Manfred / Schmid, Konrad (Hg.), Der eine Gott und die Götter. Polytheismus und Monotheismus im antiken Israel (AThANT 82), Zürich 2003, 97–110.

Lang, Bernhard, Jahwe, der biblische Gott. Ein Portrait, München 2002.

Lebram, Jürgen-Christian, Das Buch Daniel (ZBK.AT 23), Zürich 1984.

Lehmann, Reinhard G., Überlegungen zur Analyse und Leistung sogenannter Zusammengesetzter Nominalsätze, in: Wagner, Andreas (Hg.), Studien zur hebräischen Grammatik (OBO 156), Fribourg/Göttingen 1997, 27–43.

Leibowitz, Nehama, Studies in Shemot in the context of ancient and modern Jewish Bible commentary (The Book of Exodus). Part 1 Shemot—Yitro (Exodus 1—20, 23), Jerusalem 1976.

Lemaire, André, Histoire du peuple hébreu (QSJ 1898), Paris 21981.

Lemaire, André, Le Décalogue. Essai d'historie de la rédaction, in: Mélanges bibliques et orientaux en l'honneur de M. Henri Cazelles. Édités par A.Caquot et M.Delor (AOAT 212), Kevelaer, Neukirchen-Vluyn 1981, 259–295.

Lemche, Niels Peter, Die Vorgeschichte Israels. Von den Anfängen bis zum Ausgang des 13. Jahrhunderts v.Chr. (Biblische Enzyklopädie 1), Stuttgart u.a. 1996.

Levine, Baruch A., Numbers 1–20 (AncB 4), Garden City 1993.

Levine, Baruch A., Numbers 21–36. A New Translation with introduction and commentary (AncB 4A), Garden City 2000.

Liebert, Wolf-Andreas, Zu einem dynamischen Konzept von Schlüsselwörtern, ZfAL 38 (2003), 57–75.

Linton, John Alan, Four views of the verbless clause in biblical Hebrew, Diss. Madison 1983.

Livingstone, Alasdair, Court Poetry and Literary Miscellanea (State Archives of Assyria III), Helsinki 1989.

Lods, Adolphe, Une tablette inédite de Mari, interessante pour l'histoire ancienne du prophétisme sémitique, in: Rowley, Harold Henry (Hg.), Studies in Old testament Prophecy. Presented to Professor Theodore H. Robinson by the Society for Old Testament Study in his Sixty-Fifth Birthday, Edinburgh 1950, 103–110.

Lohfink, Norbert, Die Landverheißung als Eid. Eine Studie zu Gn 15 (SBS 28), Stuttgart 1967.

Lohfink, Norbert, Die Priesterschrift und die Geschichte, in: ders., Studien zum Pentateuch (SBAB 4), Stuttgart 1988, 213–253.

Lohfink, Norbert, Die priesterschriftliche Abwertung der Tradition von der Offenbarung des Jahwenamens an Mose, Bib 49 (1968), 1–8.

Lohfink, Norbert, Die Ursünde in der priesterlichen Geschichtserzählung, in: ders., Studien zum Pentateuch (SBAB 4), Stuttgart 1988, 169–189 [zuerst in: Bornkamm, Günter / Rahner, Karl (Hg.), Die Zeit Jesu. Festschrift für Heinrich Schlier, Freiburg u.a. 1970, 38–58].

Lohfink, Norbert, "Ich bin Jahwe, dein Arzt" (Ex 15,26). Gott, Gesellschaft und menschliche Gesundheit in einer nachexilischen Pentateuchbearbeitung (Ex 15b.26), in: ders., Studien zum Pentateuch (SBAB 4), 1988, 91–155 [zuerst in:

ders., "Ich will euer Gott werden". Beispiele biblischen Redens von Gott (SBS 100), 1981, 11–73].

Lohfink, Norbert, Zu Text und Form von Os 4,4–6, Bib 42 (1961), 303–332.

Luckenbill, Daniel David, Ancient Records of Assyria and Babylon. Volume I. Historical Records of Assyria, Chicago 1926.

Lutz, Luise, Zum Thema »Thema«. Einführung in die Thema-Rhema-Theorie (Hamburger Arbeiten zur Linguistik und Texttheorie 1), Hamburg 1981.

Macchi, Jean-Daniel, Israël et ses tribus selon Genèse 49 (OBO 171), Fribourg, Göttingen, 1999.

Magonet, Jonathan, A Response to 'The Literary Structure of Exodus 6.2–8' by Pierre Auffret, JSOT 27 (1983), 73–74.

Magonet, Jonathan, The Rhetoric of God: Exodus 6.2–8, JSOT 27 (1983), 56–67.

Massmann, Ludwig, Der Ruf in die Entscheidung. Studien zur Komposition, zur Entstehung und Vorgeschichte, zum Wirklichkeitsverständnis und zur kanonischen Stellung von Lev 20 (BZAW 324), Berlin, New York 2003.

Mathesius, Vilém, Zur Satzperspektive im modernen Englisch, ASNS 84 (1929), 202–210.

Merendino, Rosario Pius, Der Erste und der Letzte. Eine Untersuchung von Jes 40–48 (VT.S XXXI), Leiden 1981.

Merwe, Christo H. J., Van der, The Old Hebrew particle *gam*. A syntactic-semantic description of gam in Gn-2Kg (ATSAT 34), St. Ottilien 1990.

Michel, Diethelm, Art. Deuterojesaja, in: TRE VIII (1981), 510–530.

Michel, Diethelm, Grundlegung einer Hebräischen Syntax, Teil 1. Sprachwissenschaftliche Methodik. Genus und Numerus des Nomens, Neukirchen-Vluyn 1977 (Neudruck 2004).

Michel, Diethelm, Grundlegung einer Hebräischen Syntax, Teil 2. Der hebräische Nominalsatz, hrsg. v. Behrens, Achim u.a., Neukirchen-Vluyn 2004.

Michel, Diethelm, Ich aber bin immer bei dir. Von der Unsterblichkeit der Gottesbeziehung, in: ders., Studien zur Überlieferungsgeschichte alttestamentlicher Texte, hrsg. v. Wagner, Andreas u.a. (TB 93), Gütersloh 1997, 155–179 [zuerst in: Becker, Hansjakob / Einig, Bernd / Ullrich, P.O. (Hg.), Im Angesicht des Todes. Ein interdisziplinäres Kompendium I (Pietas liturgica. Interdisziplinäre Beiträge zur Liturgiewissenschaft 3), St. Ottilien 1987, 637–658].

Michel, Diethelm, Israels Glaube im Wandel. Einführungen in die Forschung am Alten Testament, Berlin 1968; 2 1972.

Michel, Diethelm, Nur ich bin Jahwe. Erwägungen zur sogenannten Selbstvorstellungsformel, (ThViat 11) 1973, 145–156 [wiederabgedruckt in: ders., Studien zur Überlieferungsgeschichte alttestamentlicher Texte, hrsg. v. Wagner, Andreas u.a. (TB 93), Gütersloh 1997, 1–12].

Michel, Diethelm, Probleme des Nominalsatzes im biblischen Hebräisch, ZAH 7 (1994).

Michel, Diethelm, Tempora und Satzstellung in den Psalmen (AET 1), Bonn 1960.

Michel, Diethelm, "Unter der Sonne". Zur Immanenz bei Qohelet, in: Schoors, Antoon (Hg.), Qohelet in the context of wisdom (BEThL 136), Leuven 1998, 93–111.

Michel, Diethelm, "Warum" und "Wozu"? Eine bisher übersehene Eigentümlichkeit des Hebräischen und ihre Konsequenz für das alttestamentliche Geschichtsverständnis, in: Hesse, Jochanan (Hg.), "Mitten im Tod – vom Leben umfangen." Gedenkschrift für Werner Kohler (Studien zur interkulturellen Geschichte des Christentums 48), Frankfurt/M. u.a. 188, 191–210 [wiederabgedruckt in: ders., Studien zur Überlieferungsgeschichte alttestamentlicher Texte, hrsg. v. Andreas Wagner u.a. (TB 93), Gütersloh 1997, 13–34].

Michel, Diethelm, Zum Geschichtsverständnis Hoseas, in: ders., Studien zur Überlieferungsgeschichte alttestamentlicher Texte, hrsg. v. Wagner, Andreas u.a. (TB 93), Gütersloh 1997, 219–228 [zuerst in: Wege öffnen. Festschrift für Rolf Gundlach zum 65. Geburtstag, hrsg. v. Schade-Busch, Mechthild (ÄAT 35), Hildesheim 1996, 175–183].

Miller, Cynthia L., Pivotal Issues in Analyzing the Verbless Clause, in: dies. (Hg.), The verbless clause in Biblical Hebrew: linguistic approaches (Lingustic studies in ancient West Semitic 1), Winona Lake 1999, 3–17.

Miller, Cynthia L. (Hg.), The verbless clause in Biblical Hebrew: linguistic approaches (Lingustic studies in ancient West Semitic 1), Winona Lake 1999.

Miller, Patrick D., Psalms and Inscriptions, in: Emerton, John Adney (Hg.), Congress Volume Vienna (VT.S 32), Leiden 1981, 311–332.

Mowinckel, Sigmund, Die vorderasiatischen Königs- und Fürsteninschriften. Eine stilistische Studie, in: Schmidt, H. (Hg.), Eucharisterion. Studien zur Religion und Literatur des Alten und Neuen Testaments Festschrift für Hermann Gunkel (FRLANT 36/1), Göttingen 1923, 278–322.

Müller, Dieter, Ägypten und die griechischen Isisaretalogien (ASAW. Philologisch-historische Klasse 53,1), Berlin 1961.

Müller, Hans-Peter, Art. מֹלֶךְ *molæk*, in: ThWAT IV (1984), 957–968.

Muraoka, Takamitsu, Biblical Hebrew Nominal Clause with a Prepositional Phrase, in: Karel Jongeling, Hendrika Lena Murre-van den Berg, Lucas Van Rompay (edd.), Studies in Hebrew and Aramaic Syntax. FS für J.Hoftijzer (SStLL 17), Leiden 1991, 143–151.

Muraoka, Takamitsu, Emphatic Words and Structures in Biblical Hebrew, Jerusalem, Leiden 1985.

Muraoka, Takamitsu, The Tripartite Nominal Clause Revisited, in: Miller, Cynthia L. (Hg.), The verbless clause in Biblical Hebrew: linguistic approaches (Lingustic studies in ancient West Semitic 1), Winona Lake 1999, 187–213.

Myers, Jakob M., I Chronicles. Introduction, translation and notes (AncB 12), Garden City 2 1974.

Neef, Heinz-Dieter, Die Heilstraditionen Israels in der Verkündigung des Propheten Hosea (BZAW 169), Berlin, New York 1987.

Niccacci, Alviero, Simple Nominal Clause (SNC) or Verbless Clause in Biblical Hebrew Prose, ZAH 6 (1993), 216–227.

Niccacci, Alviero, Types and Functions of the Nominal Sentence, in: Miller, Cynthia L. (Hg.), The verbless clause in Biblical Hebrew: linguistic approaches (Lingustic studies in ancient West Semitic 1), Winona Lake 1999, 215–248.

Nielsen, Eduard, Deuteronomium (HAT I/6), Tübingen 1995.

Niemann, Hermann, Art. Königtum in Israel, in: RGG4 IV (2001) Sp. 1593–1597.

Nissinen, Martti, Die Relevanz der neuassyrischen Prophetie für die alttestamentliche Forschung, in: Dietrich, Manfried / Loretz, Oswald (Hg.), Mesopotamica – Ugaritica – Biblica. FS Kurt Bergerhof, Neukirchen-Vluyn 1993.

Norden, Eduard, Agnostos Theos. Untersuchungen zur Formengeschichte religiöser Rede, Darmstadt [4]1956.

Noth, Martin, Das dritte Buch Mose. Leviticus (ATD 6), Göttingen, Zürich [5]1985.

Noth, Martin, Das vierte Buch Mose. Numeri (ATD 7), Göttingen [4]1982.

Noth, Martin, Das zweite Buch Mose. Exodus (ATD 5), Göttingen, Zürich [8]1988.

Noth, Martin, Die israelitischen Personennamen im Rahmen der gemeinsemitischen Namengebung (BWANT 46), Stuttgart 1928.

Noth, Martin, Tendenzen theologischer Forschung in Deutschland, in: ders., Gesammelte Studien zum Alten Testament II, hrsg. v. Wolff, Hans Walter (TB 39), München 1969, 113–132 [zuerst: Unveröffentlichte deutschsprachige Vorlage von Developing Lines of Theological Thought in Germany (translated by John Bright): Forth Annual Bibliographical Lecture (1963). Union Theological Seminary in Virginia].

Nougayrol, Jean, Textes Accadiens des archives sud (Archives internationales) (PRU IV), Paris 1956.

Oberhuber, Karl, Zur Syntax des Richterbuches – Der einfache Nominalsatz und die sog. nominale Apposition, VT III (1953), 2–45.

Oeming, Manfred / Schmid, Konrad (Hg.), Der eine Gott und die Götter. Polytheismus und Monotheismus im antiken Israel (AThANT 82), Zürich 2003.

Oliva, Manuel, Revelación del nombre de Yahweh en la "historica sacerdotal": Ex 6,2–8, Bib 52 (1971), 1–19.

Oorschot, Jürgen van, "Höre Israel…!" (Dtn 6,4f.) – der eine und einzige Gott Israels im Widerstreit, in: Krebernik, Manfred / Oorschot, Jürgen van (Hg.), Polytheismus und Monotheismus in den Religionen des Vorderen Orient (AOAT 298), Münster 2002, 113–135.

Oorschot, Jürgen van, Von Babel zum Zion. Eine literarkritische und redaktionsgeschichtliche Untersuchung (BZAW 206), Berlin, New York 1993.

Otto, Eckart, Das Heiligkeitsgesetz Leviticus 17–26 in der Pentateuchredaktion, in: Mommer, Peter / Thiel, Winfried (Hg.), Altes Testament. Forschung und Wirkung. Festschrift für Henning Graf Reventlow, Frankfurt a.M. u.a. 1994, 65–80.

Otto, Eckart, Die post-deuteronomistische Levitisierung des Deuteronomiums. Zu einem Buch von Ulrich Dahmen, ZAR 5 (1999), 277–284.

Otto, Eckart, Forschungen zum nachpriesterschriftlichen Pentateuch, ThR 67 (2002), 125–144.

Otto, Eckart, Forschungen zur Priesterschrift, ThR 62 (1997), 1–50.

Otto, Eckart, Kritik der Pentateuchkomposition, ThR 60 (1995), 163–191.

Otto, Eckart, Theologische Ethik des Alten Testaments (ThW 3,2), Stuttgart, Berlin, Köln 1994.

Palastaras, James, The God of Exodus. The theology of the Exodus narratives, Milwaukee 1966.

Perlitt, Lothar, Art. Dekalog I. Altes Testament, in: TRE VIII (1981), 408–413.

Perlitt, Lothar, Bundestheologie im Alten Testament (WMANT 36), Neukirchen-Vluyn 1969.

Phillips, Anthony, Prophecy and law, in: Coggins, Richard / Phillips, Anthony / Knibb, Michae (Hg.), Israel's prophetic tradition. Essays in Honor of Peter R. Ackroyd, London 1982, 217–232.

Phillips, Morgan L., Divine Self-Predication in Deutero-Isaiah, BR 16 (1971), 32–51.

Poebel, Arno, Das appositionell bestimmte Pronomen der 1. Pers. Sing. in den westsemitischen Inschriften und im Alten Testament (AS), Chicago 1932.

Pohlmann, Karl-Friedrich, Der Prophet Hesekiel (Ezechiel). Kapitel 1–19 (ATD 22/1), Göttingen 1996.

Pohlmann, Karl-Friedrich, Der Prophet Hesekiel (Ezechiel). Kapitel 20–48 (ATD 22/2), Göttingen 2001.

Pola, Thomas, Die ursprüngliche Priesterschrift. Beobachtungen zur Literarkritik und Traditionsgeschichte von Pg (WMANT 70), Neukirchen-Vluyn 1995.

Porten, Bezalel / Yardeni, Ada, Textbook of Aramaic Documents from Ancient Egypt. Newly Copied, Edited and Translated into Hebrew and English, Volume II: Contracts, Winona Lake 1989 (zitiert als: TAD)

Porteous, Norman W., Das Danielbuch (ATD 23), Göttingen 1962.

Preuss, Horst Dietrich, Art. Heiligkeitsgesetz, in: TRE XIV (1985), 713–718.

Preuss, Horst Dietrich, "...ich will mit dir sein!", ZAW 80 (1968), 139–173.

Preuss, Horst Dietrich, Theologie des Alten Testaments 1: JHWHs erwählendes und verpflichtendes Handeln, Stuttgart u.a. 1991; Theologie des Alten Testaments 2: Israels Weg mit JHWH, Stuttgart u.a. 1992.

Pritchard, James B. (Hg.), Ancient Near Eastern Texts. Relating to the Old Testament. Third Edition with Supplement, Princeton 1969.

Procksch, Otto, Die Genesis (KAT I), Leipzig, Erlangen 2.31924.

Pury, Albert de, Gottesname, Gottesbezeichnung und Gottesbegriff 'Elohim als Indiz zur Entstehungsgeschichte des Pentateuch, in: Gertz, Jan Christian / Schmid, Konrad / Witte, Markus (Hg.), Abschied von Jahwisten. Die Komposition des Hexateuch in der jüngsten Diskussion (BZAW 315), Berlin, New York 2002, 25–47.

Rad, Gerhard von, Das fünfte Buch Mose. Deuteronomium (ATD 8), Göttingen 41983.

Rad, Gerhard von, Das erste Buch Mose. Genesis (ATD 2/4), Zürich, Göttingen 121987.

Rechenmacher, Hans, "Außer mir gibt es keinen Gott!" Eine sprach- und literaturwissenschaftliche Studie zur Ausschließlichkeitsformel (ATSAT 49), St. Ottilien 1997.

Reiner, Erica, Die akkadische Literatur, in: Röllig, Wolfgang (Hg.), Altorientalische Literaturen (NHL 1), Wiesbaden 1978, 151–210.

Rendtorff, Rolf, 'EL als israelitische Gottesbezeichnung, ZAW 106 (1994), 4–21.

Rendtorff, Rolf, Die Offenbarungsvorstellungen im Alten Israel, in: ders., Gesammelte Studien zum Alten Testament (TB 57), München 1975, 40–59 [zuerst in: Pannenberg, Wolfhart (Hg.), Offenbarung und Geschichte (Kerygma und Dogma 1), Göttingen 1961, 21–41].

Rendtorff, Rolf, Ez 20 und 36,16ff im Rahmen der Komposition des Buches Eze-chiel, in: Lust, Johan (Hg.), Ezekiel and his Book. Textual and Literary Criti-cism and their Interrelation (BETHL LXXIV), Leuven 1986, 260–265.

Rendtorff, Rolf, Offenbarung und Geschichte. Partikularismus und Universalismus im Offenbarungsverständnis Israels, in: ders., Kanon und Theologie. Vorarbei-ten zu einer Theologie des Alten Testaments, Neukirchen-Vluyn 1991, 113–122.

Rendtorff, Rolf, Zur Komposition des Buches Jesaja, in: ders., Kanon und Theo-logie. Vorarbeiten zu einer Theologie des Alten Testaments, Neukirchen-Vluyn 1991, 141–161.

Revell, Ernest J., The Conditioning of Word Order in Verbless Clauses in Biblical Hebrew, JSS 34 (1989), 1–24.

Reventlow, Henning, Graf, Die Propheten Haggai, Sacharja, Maleachi (ATD 25,2), Göttingen ⁹1993.

Reventlow, Henning, Graf, Die Völker als Jahwes Zeugen bei Ezechiel, ZAW 71 (1959), 33–43.

Reventlow, Henning, Graf, Wächter über Israel. Ezechiel und seine Tradition (BZAW 82), Berlin 1962.

Richter, Johannes, ANI HU und EGO EIMI. Die Offenbarungsformel "Ich bin es" im Alten und Neuen Testament. Diss. Erlangen 1956.

Richter, Wolfgang, Grundlagen einer althebräischen Grammatik (ATSAT 8.10.13), St. Ottilien 1978.1979.1980.

Ringgren, Helmer, Art. אֱלֹהִים, in: ThWAT I (1973), 285–305.

Ringgren, Helmer, Art. גָּאַל, גֹּאֵל, גְּאֻלָּה, in: ThWAT I (1973), 884–890.

Ringgren, Helmer, Art. הוּא *hû*; אֲנִי *ʾanî*; אָנֹכִי *ʾānokî*, in: ThWAT II (1977), 363–375.

Ringgren, Helmer, Art. קָדַשׁ *qdš*, in: ThWAT VI (1989), 1179–1201.

Robinson, Theodore H. / Horst, Friedrich, Die zwölf kleinen Propheten [Hosea bis Micha, von Theodore H. Robinson; Nahum bis Maleachi, von Friedrich Horst] (HAT 1/14), Tübingen ³1964.

Rödel, Michael, Nachhaltigkeit – Karriere eines Schlüsselworts, Der Sprachdienst 5–6 (2005), 156–161

Röllig, Wolfgang (Hg.), Altorientalische Literaturen (NHL 1), Wiesbaden 1978.

Rose, Martin, 5. Mose. Teilband 2: 5. Mose 1–11 und 26–34. Rahmenstücke zum Gesetzeskorpus (ZBK.AT 5), Zürich 1994.

Rudolph, Wilhelm, Chronikbücher (HAT I/21), Tübingen 1955.

Rudolph, Wilhelm, Esra und Nehemia. Samt 3. Esra (HAT I/20), Tübingen 1949.

Rudolph, Wilhelm, Jeremia (HAT I/12), Tübingen ³1968.

Ruwe, Andreas, "Heiligkeitsgesetz" und "Priesterschrift". Literaturgeschichtliche und rechtssystematische Untersuchungen zu Leviticus 17,1–26,2 (FAT 26), Tübingen 1999.

Schaper, Joachim, Priester und Leviten im achämenidischen Juda. Studien zur Kult- und Sozialgeschichte Israels in persischer Zeit (FAT 31), Tübingen 2000.

Scharbert, Josef, Numeri (NEB), Würzburg 1992.

Scharbert, Josef, Rut / Hentschel, Georg, 1 Samuel (NEB), Würzburg 1994.

Schlesinger, Michael, Satzlehre der aramäischen Sprache des babylonischen Talmuds (Veröffentlichungen der Alexander Kohut-Stiftung 1), Leipzig 1928.

Schmid, Konrad, Die Josephsgeschichte im Pentateuch, in: Gertz, Jan Christian / Schmid, Konrad / Witte, Markus (Hg.), Abschied von Jahwisten. Die Komposition des Hexateuch in der jüngsten Diskussion (BZAW 315), Berlin, New York 2002, 83–118.

Schmid, Konrad, Differenzierungen und Konzeptualisierungen der Einheit Gottes in der Religions- und Literaturgeschichte Israels, in: Oeming, Manfred / Schmid, Konrad (Hg.), Der eine Gott und die Götter. Polytheismus und Monotheismus im antiken Israel (AThANT 82), Zürich 2003, 11–38.

Schmid, Konrad, Erzväter und Exodus. Untersuchung zur doppelten Begründung der Ursprünge Israels innerhalb der Geschichtsbücher des Alten Testaments (WMANT 81), Neukirchen-Vluyn 1999.

Schmidt, Ludwig, Studien zur Priesterschrift (BZAW 214), Berlin, New York 1993.

Schmidt, Werner H., Art. אֱלֹהִים *ᵓælōhīm* Gott, in: THAT I (³1978), 153–167.

Schmidt, Werner H., Alttestamentlicher Glaube, Neukirchen-Vluyn ⁸1996.

Schmidt, Werner H., Die Zehn Gebote im Rahmen alttestamentlicher Ethik. In Zusammenarbeit mit Holger Delkurt und Axel Graupner (EdF 281), Darmstadt 1993.

Schmidt, Werner H., Einführung in das Alte Testament, Berlin, New York ³1985; ⁵1995.

Schmidt, Werner H., Exodus 1,1–6,30 (BK II/1), Neukirchen-Vluyn 1988; BK II/2.1 (7,1ff.–8,11), Neukirchen-Vluyn 1995; BK II/2.2 (8,11–11,1–10), Neukirchen-Vluyn 1999.

Schmidt, Werner H., Pentateuch und Prophetie. Eine Skizze zur Verschiedenartigkeit und Einheit alttestamentlicher Theologie, in: Fritz, Volkmar / Pohlmann, Karl-Friedrich / Schmitt, Hans-Christoph (Hg.), Prophet und Prophetenbuch. Festschrift für Otto Kaiser zum 65. Geburtstag, Berlin, New York 1989, 181–195.

Schöpflin, Karin, Theologie als Biographie im Ezechielbuch. Ein Beitrag zur Konzeption alttestamentlicher Prophetie (FAT 36), Tübingen 2002.

Schoors, Antoon, I am God Your Saviour. A form-critical study of the main genres in IS. XL–LV (VT.S 24), Leiden 1973.

Schrader, Eberhard (Hg.), Keilschriftliche Bibliothek. Sammlung von assyrischen und babylonischen Texten in Umschrift und Übersetzung, III, 1, Amsterdam 1970.

Schreiner, Josef, Jeremia 1–24,14 (NEB), Würzburg 1981.

Schreiner, Josef, Jeremia II. 25,15–52,34 (NEB), Würzburg 1984.

Schreiner, Josef, Theologie des Alten Testaments (NEB Ergänzungsband 1), Würzburg 1995.

Schweizer, Eduard, Ego Eimi. Die religionsgeschichtliche Herkunft und theologische Bedeutung der johanneischen Bildreden, zugleich ein Beitrag zur Quellenfrage des vierten Evangeliums (FRLANT 56), Göttingen ²1965 (1. Aufl. 1939).

Sedlmeier, Franz Xaver, Das Buch Ezechiel 1: Kapitel 1 – 24 (Neuer Stuttgarter Kommentar – Altes Testament 21,1), Stuttgart 2002.

Sedlmeier, Franz Xaver, Studien zu Komposition und Theologie von Ezechiel 20 (SBB 21), Stuttgart 1990.

Seebass, Horst, Genesis II. Vätergeschichte 1 (11,27–22,24), Neukirchen-Vluyn 1997.

Seebass, Horst, Genesis II. Vätergeschichte 2 (23,1–36,43), Neukirchen-Vluyn 1999.

Seebass, Horst, Genesis III. Josephsgeschichte (37,1–50,26), Neukirchen-Vluyn 2000.

Septuaginta, hrsg. v. Rahlfs, Alfred Stuttgart 1979 (Erstausgabe: 1935).

Seybold, Klaus, Art. מֶלֶךְ etc. II–IV, in: ThWAT IV (1984), 933–956.

Seybold, Klaus, Die Psalmen (HAT I/15), Tübingen 1996.

Sinclair, Cameron, Are Nominal Clauses a Distinct Clausal Type, in: Miller, Cynthia L. (Hg.), The verbless clause in Biblical Hebrew: linguistic approaches (Linguistic studies in ancient West Semitic 1), Winona Lake 1999, 51–75.

Ska, Jean-Louis, La place d'Ex 6,2–8 dans la narration de l'exode, ZAW 94 (1982), 530–548.

Ska, Jean-Louis, Quelques remarques sur PG et la derniere redaction du pentateuque, in: de Pury, André (Hg.), Le pentateuque en question. Les origines et la composition des cinq premiers livres de la Bible à la lumière des recherches récentes (MoBi), Genève 1989, 95–125.

Smend, Rudolf, Die Bundesformel, in: ders., Die Mitte des Alten Testaments. Gesammelte Studien 1. (Beiträge zur evangelischen Theologie 99), München 1986, 11 – 39 [zuerst in: ThSt(B) 68, Zürich 1963].

Smend, Rudolf, Die Entstehung des Alten Testaments, 5. neubearbeitete und erweiterte Auflage, Stuttgart u.a. 1995.

Smith, Morton, II Isaiah and the Persians, JAOS 83 (1963), 415–421.

Smith, Sidney, The statue of Idri-mi (Occasional Publications of the British Institute of Archaelogy in Ankara 1), London 1949.

Snell, Bruno, Der Aufbau der Sprache, Hamburg 31952.

Soden, Wolfram, von, Einführung in die Altorientalistik, Darmstadt 21992.

Soden, Wolfram, von, Grundriss der akkadischen Grammatik, Rom 1952.

Soggin, J. Alberto, Das Buch Genesis. Kommentar, Darmstadt 1997.

Speiser, Ephraim A., Genesis (AncB 1), Garden City 1964.

Spykerboer, Hendrik Carel, The Structure am Composition of Deutero-Isaiah. With Special Reference to the Polemics against Idolatry, Diss. Groningen (Meppel) 1976.

Sundermeier, Theo, Art. Religion, Religionen, in: Müller, Karl / Sundermeier, Theo (Hg.), Lexikon missionstheologischer Grundbegriffe, Berlin 1987, 411–422.

Sundermeier, Theo, Was ist Religion? Religionswissenschaft im theologischen Kontext. Ein Studienbuch (TB 96), Gütersloh 1999.

Steck, Odil Hannes, Die Prophetenbücher und ihr theologisches Zeugnis. Wege der Nachfrage und Fährten zur Antwort, Tübingen 1996.

Steck, Odil Hannes, Gott in der Zeit entdecken. Die Prophetenbücher des Alten Testaments als Vorbild für Theologie und Kirche (BThSt 42), Neukirchen-Vluyn 2001.

Steck, Odil Hannes, Gottesknecht und Zion. Gesammelte Aufsätze zu Deuterojesaja (FAT 4), Tübingen 1992.

Steck, Odil Hannes, Studien zu Tritojesaja (BZAW 203), Berlin, New York 1991.

Stolz, Fritz, Das erste und zweite Buch Samuel (ZBK.AT 9), Zürich 1981.

Stolz, Fritz, Einführung in den biblischen Monotheismus, Darmstadt 1996.

Streck, Maximilian, Assurbanipal und die letzten assyrischen Könige bis zum Untergang Ninivehs, Teil II: Texte. Die Inschriften Assurbanipals und der letzten assyrischen Könige (VAB 7,2), Leipzig 1916.

Stuart, Douglas, Hosea-Jonah (WBC 31), Waco 1987.

Tadmor, Hayim, The inscriptions of Tiglath-Pileser III King of Assyria. Critical Edition, with Intoduction, Translations and Commentary, Jerusalem 1994.

Tate, Marvin, E., Psalms 51–100 (WBC 20), Dallas 1990.

Thyen, Hartwig, Art. Ich-Bin-Worte, in: RAC XVII (1996), 147–213.

Toorn, Karel, van der, Art. Yahweh יהוה, Dictionary of deities und demons in the Bible, hrsg. v. van der Toorn, Karel / Becking, Bob / van der Horst, Pieter W., Leiden u.a. ²1999, 910–919.

Toorn, Karel, van der, Art. Shepard, Dictionary of Deities and Demons in the Bible, hrsg. v. van der Toorn, Karel / Becking, Bob / van der Horst, Pieter W., Leiden u.a., ²1999, 770–771.

Tropper, Josef, Ugaritische Grammatik (AOAT 273), Münster 2000.

Veijola, Timo, Das Königtum in der Beurteilung der deuteronomistischen Historiographie. Eine redaktionsgeschichtliche Untersuchung, Helsinki 1977.

Vincent, Jean, Neuere Aspekte der Dekalogforschung, BN 32 (1986), 83–104.

Volz, Paul, Jeremia (KAT X), Leipzig ²1928.

Volz, Paul, Jesaja II (KAT IX), Leipzig 1932.

Vorländer, Hermann, Der Monotheismus Israels als Antwort auf die Krise des Exils, in: Lang, Bernhard (Hg.), Der einzige Gott. Die Geburt des biblischen Monotheismus. Mit Beiträgen von Bernhard Lang, Morton Smith und Hermann Vorländer, München 1981, 84–113.

Vorländer, Hermann, Mein Gott. Die Vorstellungen vom persönlichen Gott im Alten Orient und im Alten Testament (AOAT 23), Neukirchen-Vluyn, 1975.

Wagner, Andreas, BEKENNEN. Zur Analyse eines religiösen Sprechaktes, in: König, Peter-Paul / Wiegers, Helmut (Hg.), Satz – Text – Diskurs. Akten des 27. Linguistischen Kolloquiums Münster 1992, 2 (Linguistische Arbeiten 313), Tübingen 1994, 117–123.

Wagner, Andreas, Dichten und Denken. Zum Verständnis des 'Personenwechsels' in alttestamentlicher, ugaritischer und verwandter Literatur, in: Kropp, Manfred / Wagner, Andreas (Hg.), Schnittpunkt Ugarit (Nordostafrikanisch-Westasiatische Studien 2), Frankfurt/M. u.a. 1999, 271–283.

Wagner, Andreas, Die Prädikation im Verbal- und Nominalsatz bzw. in unterschiedlichen Nominalsatztypen aus sprechakttheoretischer Sicht (am Beispiel des Biblischen Hebräisch), in: Strässler, Jürg (Hg.), Tendenzen europäischer Linguistik. Akten des 31. Linguistischen Kolloquiums Bern 1996 (Linguistische Arbeiten 381), Tübingen 1998, 266–269.

Wagner, Andreas, Die Stellung der Sprechakttheorie in Hebraistik und Exegese, in: Lemaire, André (Hg.), Congress Volume Basel 2001 [International Organization for the Study of the Old Testament], (VT.S 92), Leiden 2002, 55–83.

Wagner, Andreas (Hg.), Primäre und sekundäre Religion als Kategorie der Religionsgeschichte des Alten Testaments (BZAW 364), Berlin, New York 2006.

Wagner, Andreas, Prophetie als Theologie. Die *so-spricht-JHWH*-Formeln und das Grundverständnis alttestamentlicher Prophetie (FRLANT 207), Göttingen 2004.

Wagner, Andreas, Sprechakte und Sprechaktanalyse im Alten Testament (BZAW 253), Berlin, New York 1997.

Wagner, Andreas, Zum Problem von Nominalsätzen als Sprechhandlungen am Beispiel des SEGNENS im Althebräischen oder: Gibt es neben primär und explizit performativen Äußerungen eine dritte Kategorie von Äußerungen? Grazer Linguistische Studien 41 (1994), 81–93.

Waldow, Hans-Eberhard, von, Anlaß und Hintergrund der Verkündigung des Deuterojesaja, Diss. Bonn 1953.

Waltke, Bruce K. / O'Connor, Michael Partick, An Introduction to Biblical Hebrew syntax, Winona Lake 1990.

Wanke, Gunther, Jeremia. Teilband 1: Jeremia 1,1–25,14 (ZBK.AT 20,1), Zürich 1995.

Watts, John D.W., Isaiah 34–66 (WBC 25), Dallas 1987.

Weidner, Ernst, Die Inschriften Tukulti-Ninurtas I. und seiner Nachfolger (AfO.B 12), Graz 1959.

Weimar, Peter, Aufbau und Struktur der priesterlichen Jakobsgeschichte, ZAW 86 (1974), 174–204.

Weimar, Peter, Die Meerwundererzählung. Eine redaktionskritische Analyse von Ex 13,17–14,32 (ÄAT 9), Wiesbaden 1985.

Weimar, Peter, Hoffnung auf Zukunft. Studien zu Tradition und Redaktion im priesterschriftlichen Exodusbericht in Ex 1–12, Diss. Freiburg 1971.

Weimar, Peter, Gen 17 und die priesterschriftliche Abrahamsgeschichte, ZAW 100 (1988), 22–60.

Weimar, Peter, Untersuchungen zur priesterschriftlichen Exodusgeschichte (fzb9), Würzburg 1973.

Weimar, Peter / Zenger, Erich, Exodus. Geschichten und Geschichte der Befreiung Israels (SBS 75), Stuttgart 1975.

Weinfeld, Moshe, Deuteronomy 1 – 11. A new translation with introduction and commentary (AncB 5), Garden City 1991.

Weippert, Manfred, Assyrische Prophetien der Zeit Asarhaddons und Assurbanipals, in: Fales, Frederick Mario (Hg.), Assyrian Royal Inscriptions: New Horizons in literary, ideological, and historical analysis. Papers of a Symposium held in Cetona (Siena) June 26–28, 1980, (OAC XVII), Roma 1981, 71–115.

Weippert, Manfred, Erwägungen zu Jes 44,24–28, DBAT 21 (1985), 121–132.

Weippert, Manfred, "Heiliger Krieg" in Israel und Assyrien. Kritische Anmerkungen zu Gerhard von Rads Konzept des "Heiligen Krieges im alten Israel", ZAW 84 (1972), 460–493 [wiederabgedruckt in: Müller, Hans-Peter (Hg.), Babylonien und Israel. Historische, religiöse und sprachliche Beziehungen (WdF 633), Darmstadt 1991, 259 – 300].

Weippert, Manfred, «Ich bin Jahwe» – «Ich bin Ištar von Arbela». Deuterojesaja im Lichte der neuassyrischen Prophetie, in: Huwyler, Beat / Mathys, Hans-Peter / Weber, Beat (Hg.), Prophetie und Psalmen. Festschrift für Klaus Seybold zum 65. Geburtstag (AOAT 280), Münster 2001, 31–59.

Weippert, Manfred, Synkretismus und Monotheismus. Religionsinterne Konfliktbewältigung im Alten Israel, in: Assmann, Jan / Harth, Dietrich (Hg.), Kultur und Konflikt, Frankfurt 1990, 143–179.

Werner, Wolfgang, Das Buch Jeremia (NSKAT 19,2), Stuttgart 2003.

Weiser, Artur, Das Buch der zwölf kleinen Propheten I: Die Propheten Hosea, Joel, Amos, Obadja, Jona, Micha, (ATD 24/1), Göttingen / Zürich 81985.

Weiser, Artur, Der Prophet Jeremia. Kapitel 1–25,14 (ATD 20), Göttingen 41960.

Weiser, Artur, Die Psalmen I. Psalmen 1–60 (ATD 14), Göttingen 61963.

Weiser, Artur, Die Psalmen. Zweiter Teil. Psalm 61–150 (ATD 15), Göttingen 61963.

Weissbach, Franz H., Die Keilschrift der Achämeniden (VAB 3), Leipzig 1911.

Wellhausen, Julius, Die Composition des Hexateuchs und der Historischen Bücher des Alten Testaments, Berlin 31899.

Wenham, Gordon, J., Genesis 1–15 (WBC I), Waco 1987.

Wenham, Gordon, J., Genesis 16–50 (WBC II), Dallas 1994.

Westermann, Claus, Das Buch Jesaja. Kapitel 40–66 (ATD 19), Göttingen / Zürich 51986.

Westermann, Claus, Die Verheißungen an die Väter. Studien zur Vätergeschichte (FRLANT 116), Göttingen 1976.

Westermann, Claus, Genesis. 2. Teilband Genesis 12–36 (BK I/2), Neukirchen Vluyn 1981; 3. Teilband Genesis 37–50 (BK I/3), Neukirchen Vluyn 1982.

Wetzel, Friedrich / Weissbach, Franz H., Das Haupttheiligtum des Marduk in Babylon, Esagila und Etemenanki, Osnabrück 1967.

Whybray, Roger Norman, Isaiah 40–66 (NCB), London 1975.

Wildberger, Hans, Der Monotheismus Deuterojesajas, in: Donner, Herbert / Hanhart, Robert / Smend, Rudolf (Hg.), Beiträge zur Alttestamentlichen Theologie. Festschrift für Walther Zimmerli zum 70. Geburtstag, Göttingen 1977, 506–530.

Wildberger, Hans, Jesaja. 3. Teilband: Jesaja 28–39. Das Buch der Prophet und seine Botschaft (BK X/3), Neukirchen-Vluyn 1982.

Williams, Catrin H., I am He. The interpretation of ʾanî hûʾ in Jewish and Early Christian Literature (WUNT Reihe 2, 113), Tübingen 2000.

Williamson, Hugo Godfrey Maturin, Ezra, Nehemiah (WBC 16), Waco 1985.

Williamson, Hugo Godfrey Maturin, The book called Isaiah. Deutero-Isaiah's role in composition and redaction, Oxford 1994.

Wimmer, Joseph F., Tradition reinterpreted in Ex 62–7, Aug 7 (1967), 405–418.

Wolff, Hans Walter, Dodekapropheton 3. Obadja und Jona (BK XIV/3), Neukirchen-Vluyn 1977.

Woude, Adam S. van der, Art. שֵׁם *šēm* Name, in: THAT II (1979), 935–963.

Würthwein, Ernst, Der Ursprung der prophetischen Gerichtsrede, ZThK 49, 1952, 1–16.

Würthwein, Ernst, Die Bücher der Könige, 1. Kön 17 – 2. Kön 25, Göttingen 1984.

Zenger, Erich, Das Buch Ruth (ZBK. AT 8), Zürich 1986.

Zenger, Erich, Das Zwölfprophetenbuch, in: ders. u.a., Einleitung in das Alte Testament, dritte, neu bearbeitete und erweiterte Auflage, Stuttgart u.a. 1998.

Zenger, Erich, Funktion und Sinn der ältesten Herausführungsformel ZDMG Suppl. I (1969), 334–342.

Zenger, Erich, Gottes Bogen in den Wolken. Untersuchungen zu Komposition und Theologie der priesterschriftlichen Urgeschichte (SBS 112), Stuttgart 1983.

Zewi, Tamar, The Definition of the copula an the role of 3rd independent personal pronouns in nominals sentences of semitic languages, in: Folia Linguistica Historica XVII/1–2 (1996), 41–55.

Zewi, Tamar, The Nominal Sentence in Biblical Hebrew, in: Goldenberg, Gideon / Raz, Shlomo (Hg.), Semitic and Cushitic Studies, Wiesbaden 1994.

Zewi, Tamar, Subordinate Nominal Sentence Involving Prolepsis in Biblical Hebrew, JSS 41 (1996), 1–20.

Zimmerli, Walther, Das Wort des göttlichen Selbsterweises (Erweiswort), in: ders., Gottes Offenbarung. Gesammelte Aufsätze zum Alten Testament, München 1963, 120–132 [zuerst in: Mélanges Bibliques rédigés en l'honeuer de André Robert (TICP 4), Paris 1957, 154–164].

Zimmerli, Walther, Erkenntnis Gottes nach dem Buche Ezechiel, in: ders., Gottes Offenbarung. Gesammelte Aufsätze zum Alten Testament, München 1963, 41–119 [zuerst in: ders., Erkenntnis Gottes nach dem Buche Ezechiel. Eine theologische Studie (AThANT 27), Zürich 1954].

Zimmerli, Walther, Ezechiel. 2. Teilband Ezechiel 25–48 (BK XIII/2), Neukirchen-Vluyn 1969.

Zimmerli, Walther, Ich bin Jahwe, in: ders., Gottes Offenbarung. Gesammelte Aufsätze zum Alten Testament (TB 19), München 1963, 11–40 [zuerst in: Albright, William Foxwell (Hg.), Geschichte und Altes Testament (BHTh 16), Albrecht Alt zum 70. Geburtstag dargebracht, Tübingen 1953, 179–209].

Zimmerli, Walther, "Offenbarung" im Alten Testament. Ein Gespräch mit Rolf Rendtorff, EvTh 22 (1962), 15–31.

Zimmerli, Walther, Sinaibund und Abrahambund. Ein Beitrag zum Verständnis der Priesterschrift, in: ders., Gottes Offenbarung (TB 19), München 1963, 205–216 [zuerst in: ThZ 16 (1960), 268–280].

Zobel, Hans-Jürgen, Art: עֶלְיוֹן, in: ThWAT VI (1989), 131–151.

Zwickel, Wolfgang, Religionsgeschichte Israels. Einführung in den gegenwärtigen Forschungsstand in den deutschsprachigen Ländern, in: Janowski, Bernd / Köckert, Matthias (Hg.), Religionsgeschichte Israels. Formale und materiale Aspekte (Veröffentlichungen der Wissenschaftlichen Gesellschaft für Theologie 15) Gütersloh 1999, 9–56.

Bibelstellenregister

(aufgenommen wurden nur alttestamentliche Belege)

	233, 236
5,22	228
6,2.13	279
6,4	93
6,15	232
7,6ff	114
10,17	237
10,20	279
12–26	225
12	239
13,4	279
18,10.14	308
28	273
29,5	279, 293
29,12	114
32,39	286
32,40	347

Josua
1,7	86
5,14	20
10,13	222
22,22	86
24	280
24,14	191
24,17	280
24,19	232, 280
24,28	280

Richter
1,26	297
2,1–5	280
6,7–10	279, 280
6,8–10	279
6,8ff	14, 279
6,8	230
6,10	17, 61, 230, 279, 280
9,28	222
11,24	219
16,17	38
17,9	67

1. Samuel
1,8	222
1,26	55, 63
2,30.35	191
8,8	247
9,18f	63
9,20	222
9,21	67, 222, 338

10,18ff	279
10,18	279
12,2	191
12,7	222
12,14	279
13,16	86
15,23	308
17,4	297
17,8	222
18ff	279
23,19	222
24,17	86
26,15	222
26,21	86
28,14	90
30,13	68
31	68

2. Samuel
1,4	86
1,8	68
1,13	69
7,22	338
7,24	114
9,6	313
11,11	86
12,7	51
14,5	38
15,3	48
15,34	38
16,19	222
17,7	48
18,28	347
20,21	347

1. Könige
1,11	86
1,13	86
6,13	205
8,43	293
8,60	293, 315
11,13	86
11,32	86
11,41	222
12,28	230
18	108, 110 203
18,39	364
20,13	279
20,28	279
20	30

2. Könige
4,6	315
5,7	79, 80
5,12	222
9,36	86
17,35.37	279
17,38	279
20,3	191
22,17	247

Jesaja
1–39	281, 342
5,1–7	342
5,26ff	334
10	307
10,8	222
27,2–6	342
27,3	342
31,3	78
40–55	281, 283, 306, 337
40–48	283, 303, 322, 333, 337
40–45	338
40	83
40,1	326, 335
40,4–5	333
40,12–31	333
40,17	317
41–45	283
41	285
41,1–5	285, 288, 300
41,1–4	285
41,1	326
41,2	285, 287
41,4	283, 284, 285, 287, 288, 333
41,8–20	291
41,8–16	299
41,8–13	289, 292
41,8–9	289
41,8	86, 291
41,9	291
41,10	75, 76, 77 236, 289, 290, 291
41,12.29	317
41,13	284, 291, 337
41,14–16	289, 292